시골 친구에게
보낸 편지

시골 친구에게 보낸 편지

초판 1쇄 발행 2023년 5월 31일
초판 2쇄 발행 2025년 9월 30일

지은이 블레즈 파스칼
옮긴이 김형길

펴낸곳 서울대학교출판문화원
주소 08826 서울 관악구 관악로 1
도서주문 02-889-4424, 02-880-7995
홈페이지 www.snupress.com
페이스북 @snupress1947
인스타그램 @snupress
이메일 snubook@snu.ac.kr
출판등록 제15-3호

ISBN 978-89-521-3121-8 93860

Pascal, Blaise, *Les Provinciales, Les Pensées et opuscules divers*, éd. Gérard Ferreyrolles, (en collaboration avec Philippe Sellier), Paris, Classiques Garnier, La Pochotèque, 2004.

시골 친구에게 보낸 편지

LES PROVINCIALES

블레즈 파스칼 지음
김형길 옮김

서울대학교출판문화원

머리말

이 책은 17세기 프랑스 파리 소르본 대학에서 일어났던 실제 사건을 다루고 있다. '아르노'라는 한 젊고 유능한 교수가 교회 권력과 정치 권력의 탄압에 의해서 제명을 당하려 하자, 파스칼은 이 일의 부당성을 폭로하면서, 그의 제명 사유가 되었던 신학 문제가 전혀 제명 사유가 될 수 없는 것임을 온 세상에 알리려고 노력했다. 말하자면 이것은 17세기 프랑스 저널리즘의 표본인 셈이었다.

아르노 교수는 신학 논쟁에서 성 아우구스티누스의 '은총론'을 지지했다. 이것이 그의 제명 사유였다. 파스칼은 이 신학 논쟁에 대한 심판을 대중들의 판단에 맡기고 싶어 했다. 이 방법은 18세기 말의 계몽주의자들이 답습했던 방법이기도 하다. 우리는 『페르시아인의 편지』를 쓴 몽테스키외와 『철학편지』를 쓴 볼테르, 그리고 『달랑베르에게 보낸 편지』를 쓴 장 자크 루소의 글에서 파스칼의 영향을 읽을 수 있다. 사도 바울이 쓴 여러 통의 편지들이 세계 역사의 흐름을 바꾸어 놓았던 것처럼, 천재 파스칼이 쓴 편지들은 후대의 역사의 흐름을 바꾸어 놓았다. 신은 언제나 우리들에게 따뜻한 햇볕과 온갖 종류의 축복을 내려 주신다. 그럼에도 불구하고, 불행한 사람들이 그렇게 많은 이유는 무엇 때문일까? 그것은 우리 사회를 지탱하는 두 개의 축인 정치 권력과 교회 권력이 그 축복을 가로막고 있기 때문이다. 이것이 파스칼과 계몽주의자들의 공통된 생각이었다.

이 편지들에 대한 독자들의 반응은 매우 뜨거웠다. 지성인들 사이에서 놀라울 정도로 갈채가 이어졌고, 문학인들 사이에서도 감탄사가 터져 나왔다.[1] 처음 두 통의 편지들에 대한 답장이 알려지고 나자, 아카데미 회원 한 사람의 찬사가 발표되었다. 뒤이어, 17세기 프레시외지테의 가장 유명한 소설 작가였던 스퀴데리 양[2]의 찬사가 터져 나왔고, 귀족이며 여류 작가였던 세비녜 부인[3]은 열한 번째 편지를 읽고 나서, 그에 대한 감탄을 그녀의 글 속에 옮겨 적었다.

정치계의 분위기도 매우 뜨거웠다. 리슐리외의 후임자인 마자랭 수상과 어린 루이 14세는 일곱 번째 편지가 발간되자 사람을 시켜서 그것을 읽어 보게 했다. 국회의원들도 편지들이 발간되는 것을 기다리곤 했다. 독자들의 반응은 양 진영으로 나누어졌으나, 일반 대중들의 반응은 대체로 성공적이었다. 다섯 번째 편지부터 6천 부를 인쇄했고, 열일곱 번째 편지부터는 1만 부를 인쇄했다. 당시로서는 놀랄 만한 부수였다. 경찰들은 인쇄업자들의 집을 급습했고, 포르루아얄 수녀원을 수색했다. 이것들이 편지의 발행을 중지시키려는 정부의 대응책이었다.

파스칼은 전문가들만이 다룰 수 있는 난해한 신학 문제들을 수학자의 정확성으로 예리하게 분석하면서, 일반 교양인들은 물론 여인들과 어린 아이들까지도 재미있게 읽고 이해할 수 있을 만한 글로 풀어쓰는 묘기를 발휘했다. 그는 변증법과 아이러니와 웅변이라는 세 가지의 수사학적 무기들을 자유자재로 활용하면서, 결의론자들의 문란한 윤리를 무섭게 공격했다. 논리의 정연함과 형식의 자연스러움으로 인해서, 이 작품은 아직까지도 프랑스 문학의 불후의 기념비로 인식되고 있다. 그렇다 하더라도, 이미 수 세기가 지난 작품이 현대의 독자들의 관심을 끌 수 있을까? 그 점에 대해서 문학사가인 랑송은 이렇게 쓰고 있다. "3세기가 지났음에도 불구하고, 이 작품의 단 한 페이지도 그 활력이 사라지거나

1 2008년 Chez Nolin에서 발간한 Journal de Saint-Gilles은 좋은 자료다.

2 Madeleine de Scudéry (1607-1701)

3 Marie de Rabutin-Chantal de Sévigné (1626-1696)

퇴색되지 않고 있다."[4]

내가 이 책을 번역하게 된 동기는 천재에 대한 호기심이었다. 천재는 하늘이 내려 준 특별한 재능을 가진 인물이다. 파스칼이 그렇다. 그의 문학적 재능이 처음으로 표출된 작품이 바로 이 『시골 친구에게 보낸 편지』다. 이 작품은 그가 또 다른 작품 『팡세』를 작성하게 된 촉매가 되었다.[5] 이 작품과 『팡세』의 차이점은, 전자가 당시 교회의 부패한 지도자들과의 논쟁적인 작품인 데 반해서, 후자는 신앙이 없는 모든 사람들과의 호교론적인 작품이라는 점이다. 그는 생애 중에 두 번의 회심을 경험했다. 그 후, 그는 성령 충만을 체험했다. 세상에서 천재로 인정을 받은 후에, 파스칼처럼 철저하게 예수 그리스도에게 순복하기를 원했던 인물은 그리 흔치 않을 것이다.

이 번역서가 빛을 볼 수 있도록, 값진 조언과 소중한 자료를 제공해 주신 제라르 페레이롤 소르본 대학 명예교수님께 진심으로 감사를 드린다. 국무총리를 역임하셨던 정운찬 전 서울대 총장님께, 이 책이 출판될 수 있도록 추천해 주신 것에 대해서 감사를 드린다. 그리고 이 책이 발간될 수 있도록 애써 주신 서울대학교출판문화원 이경묵 원장님과 출판문화원의 모든 가족들에게도 감사를 드린다.

2023. 4.
옮긴이 씀

4 G. Lanson, *Histoire de la Littérature Française*, Paris, Hachette, 1929, p. 214.

5 Anne Régent, "Pascal, de la polémique à l'apologie", Courrier du C.I.B.P., 2003, p. 7.

Aux lecteurs coréens

Blaise Pascal est probablement le dernier génie universel de l'histoire humaine. Personne depuis sa mort n'a pu produire une œuvre qui soit exceptionnelle à la fois en mathématiques, en physique, en philosophie et en littérature, et il est vraisemblable, en raison de la spécialisation croissante des savoirs, que personne ne le pourra à l'avenir. Pour les modernes, cette œuvre s'identifie aux *Pensées*, mais c'est là une vue réductrice : jusqu'à la première moitié du XIXe siècle, Pascal était d'abord l'auteur des *Provinciales* et la critique contemporaine, depuis une quarantaine d'années, a pleinement remis ce texte à l'honneur. Voltaire écrivait déjà : « Le premier livre de génie qu'on vit en prose fut le recueil des Lettres Provinciales » et aujourd'hui on reconnaît unanimement qu'elles sont l'œuvre reine de la littérature polémique en langue française.

Comme toute œuvre polémique, celle-ci s'inscrit dans un contexte particulier — celui de la controverse entre les jansénistes et les jésuites au milieu du XVIIe siècle —, mais les problématiques qu'elle soulève sont toujours actuelles : s'il existe un Dieu tout-puissant, quel est pour l'homme l'espace de sa liberté? si la loi morale est universelle, comment l'appliquer aux cas singuliers que l'on rencontre chaque jour? Surtout, la magie des *Provinciales* consiste à ne pas traiter ces questions de façon abstraite, comme dans un traité, mais de façon com-

한국의 독자들에게

블레즈 파스칼은 아마도 인류 역사상 다재다능했던 마지막 천재일 것이다. 그가 죽은 후로는, 아무도 수학, 물리학, 철학, 문학 등의 여러 분야에 걸쳐서 동시에 특출한 작품을 만들어 내지 못했다. 지식이 점점 더 전문화되어 감에 따라서, 앞으로는 그럴 수 있는 사람이 아무도 없을 것 같다. 현대인들의 눈에, 이 작품은 『팡세』와 동급으로 보인다. 하지만, 그것이야말로 좁은 관점에서 바라본 것이다. 19세기 초반까지만 하더라도, 파스칼은 우선적으로 『시골 친구에게 보낸 편지』의 저자였다. 그래서 40여 년 전부터 현대의 비평가들은 전적으로 이 작품 내용의 명성을 인정해 왔었다. 볼테르는 이미 이런 글을 남겼다. "산문으로 쓰여진 최초의 천재적인 작품은 시골 친구에게 보낸 편지 묶음이다." 그래서 오늘날에도 사람들은 이구동성으로 이 편지들이 프랑스어로 쓰여진 논쟁문학의 여왕과도 같은 작품임을 인정한다.

논쟁적인 모든 작품들이 그러하듯이, 이 작품은 독특한 배경 속에서 쓰여졌다. 즉, 이 작품의 배경은 17세기 중엽의 장세니스트들과 제주이트들 사이에서 벌어졌던 논쟁이다. 그렇지만, 이 작품이 제기하는 문제들은 여전히 현대적 관심거리가 되고 있다. 만약에 전지전능하신 신이 존재한다면, 인간에게 자유의 영역이 얼마만큼이나 주어지는 것일까? 만약에 윤리에 관한 법이 일반적인 것이라면, 그것을 어떻게 우리들이 매일 마주치는 특수한 상황에 적용할 것인가? 특히 『시골 친구에게 보낸 편지』의 매력은 이런 문제들을 한 편의 논문처럼 추상적인 방법으로 다루지 않고, 폭소를 터뜨리게 만드는 유머를 포함해서, 편지와 대화 형

préhensible par tous, sous la forme de lettres et de dialogues et avec un humour irrésistible. Même en dehors du contexte religieux, Les Provinciales emportent le lecteur tout simplement parce qu'elles sont un chef-d'œuvre littéraire : elles donnent, dit Chateaubriand, « le modèle de la plus parfaite plaisanterie comme du raisonnement le plus fort ».

C'est pourquoi cette œuvre a été traduite très rapidement dans les langues européennes et elle l'est aujourd'hui dans presque toutes les langues du monde. C'est naturellement le cas en Corée, mais une nouvelle traduction s'imposait. D'une part, parce que le texte mérite d'être traduit en entier et non par morceaux ; d'autre part, parce qu'il exige du traducteur une grande familiarité avec la langue du XVIIe siècle, avec le style et la pensée de Pascal, ainsi qu'une compréhension approfondie des enjeux théologiques, moraux et rhétoriques de la polémique. Ces conditions sont pour la première fois réunies en la personne du professeur Hyung-Kil KIM, qui a une longue carrière d'enseignement de Pascal au plus haut niveau, qui a déjà traduit les *Pensées* dans leur version la plus autorisée, et qui, en relation régulière avec les chercheurs du Centre International Blaise Pascal, vient de consacrer de nombreuses années à la mise au point de cette traduction des Provinciales, là encore dans leur version de référence. Grâce à lui, les lecteurs coréens vont avoir l'accès le plus sûr à l'un des chefs-d'œuvre de la littérature universelle : au nom des pascaliens français, je lui présente mes remerciements et mes félicitations.

Gérard Ferreyrolles,

Professeur émérite à la Sorbonne

식으로 다루고 있다는 점에 있다. 종교적 배경을 벗어나서까지도, 이 작품은 아주 단순하게 독자들의 마음을 사로잡는다. 그 이유는 이 편지들 하나하나가 문학적 걸작이기 때문이다. 샤토브리앙은 이렇게 말했다. “이 편지들은 가장 완벽한 농담의 모델은 물론, 가장 강력한 추론의 모델을 제시하고 있다.”

그렇기 때문에, 이 작품은 유럽 각국의 언어로 매우 신속하게 번역이 되었고, 전 세계의 거의 모든 언어로 번역이 이루어지고 있다. 당연히 한국어의 경우에도 마찬가지다. 그렇지만, 새로운 번역이 필요했다. 왜냐하면, 한편으로는 이 작품은 단편적이 아닌, 작품 전체로서 번역되어야만 하기 때문이고, 또 다른 한편으로는, 신학적이고 윤리적이며 수사학적인 논쟁의 내기에 대한 깊은 이해력을 가진, 그러면서도 17세기의 고전어와 파스칼의 문체나 사상에 아주 익숙한 번역자의 번역이 필요하기 때문이다. 김형길 교수는 처음으로 이런 조건들을 골고루 갖춘 인물이다. 그는 오랫동안 대학에서 파스칼에 관한 매우 수준 높은 강의를 해왔을 뿐만 아니라, 이미 『팡세』의 번역판을 출간한 바 있고, 국제파스칼연구소의 연구자들과 꾸준히 교류하면서, 이 작품의 번역본을, 그것도 표준이 되는 번역본을 출간하기 위해서 수년 동안 노력을 기울여 왔다. 한국의 독자들은, 김 교수 덕분에 세계적인 문학 걸작 중 하나를 만나볼 수 있게 될 것이다. 나는 그에게, 프랑스 파스칼 연구자들의 이름으로 감사를 표현하며 축하를 드린다.

소르본 대학 명예교수
제라르 페레이롤

차례

『시골 친구에게 보낸 편지』의 줄거리

이 책은 천재 파스칼의 문학적 재능이 발휘된 걸작이다. 이 책의 원고들 중 상당수가 『팡세』 속에서 발견되기 때문에, 이 두 작품 사이에는 서로 직접적인 연관성이 있다. 저자 파스칼은 1656년 1월 23일부터 1657년 3월 24일까지의 14개월 동안 '루이드 몽탈트'라는 가명으로 열여덟 통의 편지들을 작성하여, 한 편씩 한 편씩 세상에 발표하였다. 나중에, 이 편지들이 한데 모아져서 『시골 친구에게 보낸 편지』라는 제목으로 발간되었다.

그 내용은 파리에 사는 한 친구가 시골에 사는 그의 친구와 편지를 교환하는 형식으로, 당시 파리의 소르본 대학에서 일어난 사건을 대중들에게 알리는 것이다. 말하자면, 이것은 저널리즘의 한 형태다. 그런데 이 사건이 당시 파리 시민들의 주목을 끌게 되었다. 아르노라는 젊고 유능한 교수가 권력에 의해서 부당하게 해직을 당할 위기에 처해 있었다. 절대 권력 앞에서 아무도 용기 있게 나서지 못하고 있었을 때, 파스칼이 뛰어들었다. 그는 익명으로 숨어서 글을 썼다. 그는 과연 이 어려운 난제를 어떻게 해결하려고 했을까?

몽탈트라는 가명의 인물이 등장하여, 시골에 살고 있는 그의 친구에게 소르본 대학의 사건에 관해서 이야기하기 시작한다. 처음 열 통의 편지들은 등장인물들 사이에 생생하게 이어지는 대화의 형식이다. 이 대화 도중에 몽탈트(앙케이터)는 겉으로 보기에 중립을 지키는 순진한 사람처럼 보이지만, 점차로 그가 당황하고 실망하게 되면서부터 장세니스트의 편을 들게 된다. 그러다가, 마지막 열일곱 번째~열여덟 번째 편지들은 제주이트 최고위직 사제이며, 국왕의 고해신부인 아나 신부를 향해서 직접 말을 건다.

열여덟 통의 편지들은 주제에 따라서 다음과 같이 세 부분으로 나눌 수 있다.

첫 번째~네 번째 편지들은 소르본 대학에서 일어난 사건에 관한 것이다. 그 가운데 '은총'에 관한 신학 논쟁이 포함되어 있다. 그 이유는 아르노 교수가 해직을 당하게 된 원인이 바로 이 은총에 관한 논쟁이었기 때문이다. 소르본 대학 당국은 아르노 교수를 대학에서 제명시키기 위해서 정당하지 못한 방법을 시도하였다. 몽탈트의 최대의 관심은 아르노를 변호하는 것이다. 그는 소르본 대학에서 현재 벌어지고 있는 논쟁의 진상을 파악하려고 노력한다. 제주이트들은 토마스주의자들과 공모하여 '효력은총'을 '근접능력'이라고 부르기로 한다. 장세니스트들은 이 생소한 용어를 모르고 있다(편지 1). 몽탈트는 강도 만난 환자의 에피소드를 이야기하면서, '충분은총'과 '근접능력'과 '효력은총'에 대해서 설명한다(편지 2). 몽탈트의 편지를 받은 시골 친구는 충분은총과 근접능력을 비판하면서, 대중들이 몽탈트의 편지에 대해서 찬사를 보내고 있다고 알려 준다. 몽탈트는 그의 친구로부터 받은 답장을 공개한다(친구의 답장). 마침내, 아르노 교수의 징계가 결정되었다. 몽탈트는 이 징계 처분에 대해서 강력하게 항의한다. "이단은 아르노의 견해가 아니라, 바로 아르노라는 사람이로군요!"(편지 3) 몽탈트는 토마스주의자들인 자코뱅 수도사[1]들을 공격한다. 이들은 처음에는 아르노를 공격하는 제주이트들의 편을 지지하다가, 나중에는 제주이

1 도미니크 수도회를 프랑스에서는 자코뱅 수도회라 부른다.

트들의 반대편인 장세니스트들 편을 지지하게 된다. 토마스주의자들과 제주이트들은 '용어의 모호성' 때문에 처음에는 서로 의견이 일치한다고 오해하고 있었다. 그렇지만 이 용어들의 의미를 추궁하자, 양쪽이 그 의미를 서로 다르게 이해하고 있음을 깨닫는다. 토마스주의자들은 자기들의 견해가 사실상 제주이트들보다도 장세니스트들과 더 가깝다는 것을 깨닫는다. 몽탈트는 그의 시골 친구에게 제주이트와 장세니스트 두 계파의 견해들을 알려 주면서, 전자가 죄에 대한 견해를 잘못 인용하고 있음을 지적한다. 그는 경쾌하면서도 신랄한 아이러니와 함께 그의 적들이 즐기고 있는 애매모호한 말장난을, 한마디로 근접하지 않는 '근접능력', 충분하지 않은 '충분능력'이라고 비난한다(편지 4).

두 번째 부분에 해당하는 다섯 번째~열여섯 번째 편지들은 제주이트 사제들의 문란한 윤리 문제에 관해서 이야기한다. 그 가운데, 개연론과 결의론에 관한 내용이 포함되어 있다. 그중에서 다섯 번째~열 번째에 이르는 여섯 통의 편지들은 몽탈트와 제주이트 신부들 사이의 대화체로 구성되어 있다.

몽탈트는 다섯 번째 편지에서 갑자기 논쟁을 확대해서 본질 문제로 들어간다. 그는, 일부 퇴폐적인 결의론자들과 다수의 제주이트 사제들의 윤리신학을 공격하고 나서, 그들이 자기들의 일시적인 지도력을 확대하기 위해서, 용서할 수 없는 교묘한 술책으로 죄인들을 다루고 있다고 비난한다. 그 술책은 어떤 견해든지 간에 박사 한 사람만 있으면 개연적으로 만들어 버리는 **개연론**(probabilism)[2]이다. 그들의 윤리가 문란해진 주된 원인은 이 개연론 때문이다. '참과 거짓'에 대한 확실한 지식이란 있을 수 없기 때문에, "좀 더 가능성이 있는 것, 혹은 좀 더 확실한 것이 기준이 되어야만 한다."라는 것이 개연론의 핵심이다(편지 5). 몽탈트는 제주이트 사제들의 결의론과 개연론을 비판한다. 결의론자는 "아무런 보수도 받지 않고, 단지 친구를 도와주기 위해서 살인한 자"를 살인자로 보지 않는다. 개연론에 의하면, 윗사람의 말에 반드시 순종해야만 되는 것은 아니다. 단지 개연적으로 그에게 순종하는 태도를 보이

2 원어로는 'probable' 그렇듯한 의견을 의미한다. 개연론은 프랑스어로 probabilisme.

면 된다(편지 6). 살인의 허용 문제를 다룬다. 제주이트들의 '의도의 지도'라는 방법에 의하면, 아무리 비난받을 만한 행동을 했다 할지라도, 만약에 그 의도가 좋다면 그 행동은 용서받을 수 있다. 그러므로 '복수하려는 의도'를 '명예를 지키려는 의도'로 바꾸기만 하면 된다. 따귀를 맞은 사람이 복수하려는 의도에서가 아니라, 자기의 명예를 지키려는 의도에서 살인을 했다면, 그것은 죄가 되지 않는다(편지 7). 뇌물과 고리대금도 만약에 그 의도가 좋다면 정당화될 수 있다. 고리대금은 죄악이며 이단이다. 하지만, 단순히 의도를 다른 방향으로 돌림으로써 고리대금의 죄명을 피할 수 있다. 만약 빚을 진 사람에게 이윤을 요구하여 그것을 취하는 것은 고리대금이 될 것이다. 하지만, 빚진 사람에게서 감사의 의미로 이윤을 받는다면, 그것은 고리대금이 아니다(편지 8). 몽탈트는 제주이트 신부들이 끌어들인 성모 마리아에 대한 **그릇된 숭배**, 쉽게 구원을 얻기 위한 방법들, 삶의 편리함과 재미들을 맛보기 위해서 그들이 고안해 낸 여러 가지 용이한 방법들을 열거한다. 그들은 실천하기 쉬운 백 가지의 공경들 하나하나가 천국의 문을 열기에 충분하다고 생각한다. 예를 들면, 성모상을 볼 때 인사하기, 성모의 열 가지 기쁨 묵주 기도하기, 마리아의 이름 자주 부르기 등이다. '**고해성사**'에서도 갖가지 숨기는 행위를 허용하는 것은 **심중유보**(心中留保)의 원리다. 이 원리에 의하면, 사람들은 자기가 실제로 어떤 일을 했음에도 불구하고, 자기가 그 일을 하지 않았다고 선언할 수 있다. 그렇지만, 몽탈트는 "그와 유사한 실천들은 기독교를 분노하게 만든다."라고 강조한다(편지 9). 고해성사가 과거에는 어려웠던 것이 지금은 쉬워졌다. 각자 두 분의 고해신부를 두도록 하는 것이 편리하다. 고해신부는 고해자가 참회하고 있는 죄가 습관적인 죄인지를 질문할 수 있는 권리가 없다. 고해자도 그것에 관해서 그에게 답변할 의무가 없다(편지 10).

대화가 전개되면 될수록, 아나 신부를 포함한 제주이트들의 우스꽝스러운 논리와 어처구니 없는 교리가 노출된다. 이 부적절한 교리는 먼 훗날 교황에 의해서 단죄된다. 이 여섯 통의 편지들 속에 제주이트 윤리에 대한, 풍부하면서도 재치에 넘치는 설명들이 가득하다. 몽탈트는 상대편의 가증스러운 신학, 즉 그들의 구제나 성물 거래, 살인이나 중상모략에 관한 해로운 교리들을 여지없이 폭로한다. 그는 그 시대의 필요성이나 죄악상과 타협함으로써 복음서의 영원한 윤리적 원칙을 위반하는 행위나, 기독교의 진정한 교훈을 훼손하는 행위는 어떠한 변명으로도 정당화될 수 없다고 강조한다.

이에 대해 볼테르가 잘 지적했다. "몰리에르의 최고의 코미디 걸작 속에도 시골 친구에게 보낸 처음 몇 통의 편지보다 더 좋은 양념은 없다. 명설교가였던 보쉬에도 시골 친구에게 보낸 마지막 두 통의 편지보다 더 숭고한 글을 쓰지 못했다."

열한 번째 편지는 새로운 전환점을 보여 준다. 여기서부터는 대화 형식이 사라지고, 필자는 일방적인 편지 메시지로 직접 제주이트 사제들에게 말한다. 편지의 수신인은 '시골 친구'라는 허구의 인물 대신에, '존경하는 신부님들'로 바뀐다. 성스러운 것을 조롱한다는 비난에 대해서, 몽탈트는 "조롱은 하나님께서도 사용하셨던 성경적인 수사학이다."라고 응수한다(편지 11). 그들은 '자선'과 '성직매매'로 사람들을 속인다(편지 12). 그는 적들이 그에게 던지는 '텍스트를 위조했다는 비난'을 강력하게 부인한다. 그는 살인에 관한 결의론자들의 견해가 매우 혐오스럽다고 이야기한다(편지 13). 몽탈트는 '살인'에 관한 결의론자들의 그릇된 견해를 세상에 알리는 일이 중요하다고 생각한다. 그들이 '살인을 허용했다'는 사실은 그들이 그 정도로 하나님의 법을 망각하고 있다는 것을 보여 준다. "한 개인은 다른 개인의 생명에 대해서 아무런 권한이 없다."라는 견해보다 더 자연스러운 것이 있을까? 오직 하나님만이 인간의 생명을 빼앗을 권한을 가지고 있다. '결투'나 '명예'라는 이름으로 저질러지는 살인 행위, 그리고 허술한 사형 제도로 인해서 발생하는 생명경시의 문제를 언급한다(편지 14). 몽탈트는 제주이트들의 '중상모략'에 대해서 개탄한다. "그들은 <자기의 명예를 지키기 위해서, 거짓으로 중상모략하는 일은 결코 죽을 죄가 되지 않는다.>라는 견해를 가지고 있다. 하지만 그들은 너무나도 명백하게 부당하고 무례했기 때문에, 나는 나 자신을 변호하기 위해서만이 아니라, 순진한 사람들이 그들의 유혹을 받지 않도록 하기 위해서 그들의 행동을 공개적으로 증오했다. 만약에 그렇게 하지 않았다면, 나는 예수 그리스도와 그분의 교회를 포기해야만 했을 것이다."(편지 15) 몽탈트는 아르노 교수가 '사실상 칼빈주의자'라는 제주이트 사제들의 주장에 대해서 이렇게 대답한다. "아니다. 그는 칼빈주의와는 반대로, 하나님의 아들의 실제적인 임재의 진리를 그의 책의 기초로 삼고 있다."(편지 16)

마지막 부분인 열일곱 번째~열여덟 번째 편지들은 또다시 맨 처음 주제였던 은총에 관해서 언급한다. 이 마지막 두 통의 편지들은 국왕의 고해신부인 '아나' 신부에게 직접 말한다. "이제야 신부님이 말씀해 주시는군요. 당신 진영의 최고 수장으로서 장세니우스의 의미는 칼뱅의 의미와 다르지 않다는 것을요." "만약 징계가 이루어진다면 평화는 오지 않을 것입니다. 그 징계는 소르본 대학을 경멸의 대상으로 만들 뿐일 것입니다." 몽탈트는 은총 문제에 대한 개인적인 입장을 밝힌다. 그러고 나서, 그는 논쟁 전체의 결론으로서, "교회에 이단은 없다."라는 것을 강조한다. 그는 로마에서 단죄된 다섯 개의 명제들이 "장세니우스의 글 속에서 발견되지 않는다."라는 그의 처음 주장을 재확인한다.

파스칼 동상

포르루아얄 수도원 전경

일러두기

1. 이 책의 대본은 소르본 대학의 페레이롤 교수와 셀리에 교수가 편집하여 2004년에 클라식 가르니에 출판사에서 발행한 것이다.
   Pascal, Blaise, *Les Provinciales, Les Pensées et opuscules divers*, éd. Gérard Ferreyrolles, (en collaboration avec Philippe Sellier), Paris, Classiques Garnier, La Pochotèque, 2004.
2. 그 외에도 두 권의 텍스트를 참고하였다.
   Pascal, Blaise, *Oeuvres Complètes*, éd. Louis Lafuma, Paris, Seuil, 1963.
   Pascal, Blaise, *Les Provinciales*, éd. Louis Cognet, Paris, Garnier, 1983.
3. 편지들 속에는 다양한 등장인물과 사건, 그리고 여러 신학 개념과 계파들이 등장하기 때문에, 독자의 이해를 돕기 위해서 옮긴이가 각 편지마다 앞에 간단한 내용 요약을 첨부하였다.
4. 편지들은 400여 년 전, 당시의 특수한 시대 상황 속에서 쓰여졌기 때문에, 문화적으로 이해하기 어려운 내용들이 있어서 가능한 한 현대인의 감각에 맞도록 번역하였다.
5. 필자의 의도가 이해되지 않는 어구나 문장은 원편집자의 해설을 참조하여 번역하였다.
6. 필요한 경우, 각 단어를 문자적으로 옮기는 것보다 저자가 전달하려는 의도와 문맥의 흐름에 맞게, 그리고 독자의 이해가 용이하도록 번역하였다.
7. 가독성을 높이기 위해서 가능하면 구어체로 번역하였다.
8. 불필요한 반복이나 장황한 문장을 가능하면 간결하게 교정하였다.
9. 필요한 경우, 논리성을 고려하여 어순을 바로잡았다.
10. 제수이트는 프랑스어 발음의 표기에 따라 '제주이트'라고 표기하였다.
11. 17세기 고전어를 이해하기 위해서, 퓌르티에르 사전 *Dictionnaire Universel d'Antoine Furetière*(Tome 1-3), Paris, S.N.L., Le Robert, 1978을 주로 활용하였다.

시골 친구에게 보낸 편지

Les Provinciales
ou Lettres de Louis de Montalte

[첫 번째 편지 내용 요약]

몽탈트는 소르본 대학에서 벌어지는 **논쟁의 주제**가 어떤 중요한 원칙들을 검토하는 문제라고 생각했었으나, 사실은 그렇지 않았다. 논쟁의 주제는 두 가지였다. 하나는 **법의 문제**(당위성의 문제)다. 즉, 제주이트 신학자들이 장세니우스의 저서 『아우구스티누스』 속에 들어 있다고 고발한 5개 명제들은 그릇된 의미를 나타내고 있다. 다른 하나는 **사실의 문제**다. 즉, 그 5개 명제들은 이 저서 속에서 발견되지 않는다. 소르본 대학의 유명한 교수인 아르노는 이 두 가지를 주장하였다. 그러자, 소르본 대학 당국은 이러한 주장에 답변하지 않은 채, 아르노 교수를 대학에서 제명시키기 위해서 정당하지 못한 방법을 시도하였다. 이 대학에서 71명의 재직 교수들이 아르노를 옹호했고, 15명의 교수들은 중립을 지켰음에도 불구하고, 대학 당국은 이 대학에 재직하지 않는 재속 신학자 80명과 탁발 수도회 수도사 40명을 포함한 120명을 동원하여 투표를 강행한 결과, 3표 차이로 가까스로 아르노를 징계하자는 의견을 통과시켰다.

사건의 진상을 알아보기 위해서, 몽탈트는 관련된 신학자들을 찾아다니면서 대화를 나눈다. "은총은 효력이 있으며, 선을 행하는 우리의 의지를 결정한다."라는 장세니스트들의 견해 때문에, 아르노가 징계를 받은 것일까? 아니다. 문제의 핵심은 그것이 아니라, 그들이 '효력은총'을 '근접능력'이라고 부르지 않기 때문이다. 그런데, 몽탈트가 좀 더 조사해 보니, 문제의 핵심은 또 다른 데 있었다. 토마스주의자나 몰리니스트나 제주이트는 동일하게 '근접능력'이란 용어를 사용하고 있었지만, 그들이 이 용어에 대해서 이해하고 있는 의미는 제각기 달랐다. 그래서, 그들은 '근접'

이란 용어의 의미를 설명하지 않기로 합의한 후, 이 동일한 용어를 사용하여 표면상 일치를 보여 줌으로써, 수적으로 다수를 차지하려고 하였다. 몽탈트는 논쟁의 핵심이 여기에 있음을 발견하고, 성경도 교부들도 교황도 성 토마스도 사용하지 않았던 이 '근접'이란 단어를 추방시키지 않는 한, 어떤 해결책도 찾을 수 없을 것이라고 말한다.

소르본 대학에서 현재 벌어지고 있는 논쟁에 관하여
한 친구가 시골 친구에게 보낸

첫 번째 편지

파리에서, 1656년 1월 23일[1]

친구에게[2]

우리가 잘못 생각하고 있었네. 나는 어제서야 그 사실을 알았어. 지금까지 나는 소르본 신학 대학의 논쟁의 주제가 매우 중요한 것이고, 종교적으로도 중요한 결과를 가져올 수 있는 문제라고 생각했었네. 파리의 소르본 신학대학은 매우 유명한 대학이고, 그곳에서 아주 특별하고 예외적인 일들이 여러 번 일어났었기 때문에, 그곳에서 그렇게 여러 번 회의가 열리는 것을 보고, 나는 매우 극단적인 생각을 했었지. 그래서 설마 별로 특별한 문제가 아닐 거라고는 미처 생각하지 못했었네.

그래서 자네는 이 편지를 읽은 후에 그렇게 떠들썩하던 사건이 어떻게 끝이 났는지 알게 된다면, 아마 깜짝 놀랄 것이네. 내가 이 사건을 완전히 이해하고 난 후에, 그것을 자네에게 몇 마디로 요약해서 이야기해

1 이 날짜는 첫 번째 편지의 작성일이며, 이 편지가 회람되기 시작한 날짜는 1월 27일 목요일이다.

2 원문에는 친구(ami) 대신에 선생님(Monsieur)이라는 호칭을 사용하였다. 17세기 프랑스 사회에서는 상류층 초등학교 학생들 사이에서도 친구의 이름 대신에 선생님이란 존칭을 사용하였다.

주려고 하네.

그들은 두 가지 문제를 조사하고 있네. 하나는 사실의 문제이고, 다른 하나는 법의 문제이네.

사실의 문제는, 아르노 씨가 그의 두 번째 편지에서 쓴 내용들이 '무모하다'고 볼 수 있는지, 그렇지 않은지를 조사하는 것이라네. 두 번째 편지에서 그가 쓴 내용은 이렇네. 〈**그는 분명히 장세니우스의 책을 읽었다는 것, 그런데 그는 고인이 되신 교황께서 단죄했던 명제들을 그 책 속에서 전혀 발견하지 못했다는 것, 그렇지만 그 명제들이 어떤 곳에서 발견된다면, 그도 역시 그것들을 단죄하기 때문에, 만약에 그 명제들이 장세니우스의 책 속에서 발견된다면, 그는 그것들을 단죄할 것이라는 것.**〉

여기서 문제는, 주교님들께서 그 명제들이 그 책 속에 들어 있다고 발표했는데도 불구하고, 아르노 씨가 그 명제들이 장세니우스의 것인지 의심하는 것을 '무모하지 않다'고 증언할 수 있느냐를 알아보는 데에 있네.

이 사건이 소르본 대학에 제소되었네. 71명의 박사들이 아르노 씨를 옹호하고 있네. 이들은 수많은 글을 통해서, 아르노 씨가 그 명제들이 그 책 속에 들어 있다는 것을 인정하는지를 묻는 사람들에게 "아르노 씨는 그것들을 그 속에서 발견하지 못했다. 그렇지만 만약에 그것들이 그 속에 들어 있다면, 그는 그것들을 단죄한다고밖에는 달리 대답할 수 없다."라고 주장했네.

그중에 몇몇 사람들은 한 걸음 더 나아가서, 자기들이 그에 대해 아무리 조사를 해 보아도, 장세니우스의 책 속에서 그 명제들을 전혀 발견하지 못했을 뿐만 아니라, 오히려 그 속에서 정반대의 명제들을 발견하기까지 했다고 공언했네. 그러고 나서, 그들은 만약 어떤 박사님이든지 그 명제들이 그 책 속에 들어 있는 것을 본 사람이 있다면, 그것들을 보여 주기 바란다고 강경하게 요구했네. 그런데 이 요구는 거절할 필요가 없을 정도로 아주 쉬운 문제라네. 왜냐하면 이것은 모든 사람들, 특히 아르노 씨까지도 입을 다물게 만들 수 있는 매우 확실한 방법이기 때문이지. 그렇지만 이러한 요구는 계속해서 받아들여지지 않고 있네. 바로 이것이 이쪽에서 벌어진 일이네.

반대편 쪽에는, 80명의 재속 신학자와 40여 명의 탁발 수도사들이 있는데, 이들은 아르노 씨가 말한 것이 사실인지 거짓인지 조사해 보려고도 하지 않고 그 명제들을 단죄하면서, 이것은 그 명제들이 사실이냐 아니냐의 문제가 아니라, 단지 아르노 씨의 주장이 '무모하냐, 그렇지 않느냐'의 문제라고 주장하고 있네.

그 외에는, 징계에 전혀 찬성하지 않았던, 중립파라고 불리는 열다섯 명의 박사들이 있네.

바로 이것이 사실의 문제가 지금 어떤 상황에 놓여 있는지를 말해 주는 것이네. 이 문제에 대해서는 나는 아무런 고민도 하지 않네. 왜냐하면 내 속마음은 아르노 씨가 '무모하냐, 그렇지 않느냐'의 문제에 별 관심이 없기 때문이네. 그리고, 만약에 내가 그 명제들이 장세니우스의 것이냐 아니냐 하는 문제에 호기심을 느낀다면, 그 책이 그렇게 희귀한 책도 아니고, 그렇게 두꺼운 책도 아니기 때문에, 소르본 대학에 자문을 구할 필요도 없이 내가 그 책을 다 읽어 보면 알 수 있을 것이네.

그렇지만, 만약에 내가 '무모한 사람'이 되는 것을 두려워하지 않는다면, 나는 내가 만나는 대부분의 사람들의 의견에 따를 생각이네. 그들은 지금까지 공론에 따라서 그 명제들이 장세니우스의 책 속에 들어 있다고 믿고 있었는데, 이상하게도 아르노 씨를 단죄한 사람들이 그 명제들을 있는 그대로 보여 주기를 거부하고 있기 때문에, 그들은 오히려 그 반대쪽 의견을 믿어야 되지 않을지 의심하기 시작했다네. 나는 아직까지 그 명제들을 그 책 속에서 보았다고 말하는 사람을 한 사람도 보지 못했네. 따라서 아르노 씨의 징계 문제가 좋은 결과보다는 오히려 좋지 않은 결과를 가져오지 않을까 염려되네. 그리고 문제의 내막을 알게 될 사람들에게 예상된 결과와 전혀 반대되는 느낌을 주게 되지 않을까 걱정되네. 왜냐하면 세상 사람들은 의심이 많아서 눈으로 직접 보고 나서야 믿기 때문이네. 그렇지만 내가 이미 말했던 것처럼 이 점은 그렇게 중요하지 않네. 왜냐하면 이것은 신앙에 관한 문제가 전혀 아니기 때문이네.

법의 문제로 말할 것 같으면, 이것은 신앙 문제와 관련되어 있어서 훨씬 더 중요한 문제인 것처럼 보이네. 따라서, 나는 이 문제를 알아보기 위해서 특별히 신경을 썼네. 그렇지만, 이 문제도 역시 첫 번째 문제와 마찬가지로 그리 중요한 문제가 아니라는 사실을 알게 된다면, 자네는 은근히 만족스러워 할 것이네.

이 문제는 아르노 씨가 동일한 편지에서 다음과 같이 썼던 내용을 조사하는 것이네. 즉 "사람들은 은총 없이는 아무것도 할 수 없다. 그러므로 성 베드로가 실수했을 때, 그에게는 은총이 결여되어 있었다." 이 점에 있어서, 자네나 나나 모두 은총의 가장 중요한 원리들을 살펴보는 것이 문제라고 생각하고 있을 것이네. 예를 들어서, 은총이 모든 사람들에게 주어지는 것은 아니라든지, 또는 은총은 효력이 있는 것이라든지와 같은 문제 말이네. 그런데 우리가 잘못 생각하고 있었네. 나는 짧은 시간 동안에 벌써 훌륭한 신학자가 되어 버린 느낌이네. 자네는 곧 그 이유를 알게 될 것이네.

문제의 진상을 알기 위해서, 나는 우리 집 근처에 살고 있는 나바르 대학의 N 박사님을 만났네. 자네도 알다시피, 그는 가장 열성적으로 장세니스트를 반대하는 사람이네. 그의 열성 못지않게 나의 호기심도 강했기 때문에, 그리고 더 이상 그 문제에 대한 의심을 키우지 않기 위해서, 나는 그에게 '은총이 모든 사람들에게 주어진다'고 명백하게 단정하고 있는 것인지 그렇지 않은 것인지 물어보았네. 그런데 그는 완강하게 부인하면서, 문제는 그것이 아니라고 말하더군. 그는 나에게 "은총이 모든 사람들에게 주어지는 것이 아니라고 주장하는 사람들이 자기들 편에도 있다. 그리고 심사 위원들조차도 이 의견은 소르본 대학 내에서도 '문제가 되고 있다.'[3]고 그리고 자기 자신도 그런 생각을 품고 있다."라고 말했네. 그러고 나서 그는 성 아우구스티누스의 다음과 같은 유명한 구절을 인용하면서 자신의 생각을 나에게 확인시켜 주었네. "우리는 은총이 모든 사람들에게 주어지는 것이 아니라는 사실을 알고 있다."

나는 내가 그분에 대해 잘못 생각하고 있었던 점을 사과드렸네. 그러고 나서 나는 그에게, 그네들이 그토록 소란스럽던 의견, 즉 '은총은 효력이 있는 것이며, 우리의 의지로 하여금 선을 행할 수 있도록 결정하는 것'이라고 하는 장세니스트들의 또 다른 의견을 단죄하는지 말해 달라고 부탁했네. 그렇지만 나는 이 두 번째 질문에 대해서도 만족할 만한 대답을 얻을 수 없었네. 그는 나에게 이렇게 말했네. "당신은 아무것도 이해하지 못하는군요. 그것은 이단이 아닙니다. 그것은 정통 교리입니다. 즉, 모든 토마스주의자들이 그것을 지지하고 있습니다. 나 역시도 소르본 대학의 학위 논문에서 그렇게 주장했었죠."

나는 더 이상 내가 의심하고 있는 것을 그 사람에게 물어볼 엄두가 나지 않았네. 나는 도대체 어디에 어려운 문제가 있는 것인지 알 수가 없었네. 그때, 나는 그것을 알아보기 위해서, 아르노 씨의 명제가 어떤 점에서 이단이 되는지 말해 달라고 그에게 간청했네. 그는 나에게 이렇게 말했네. "그것은, 우리들이 알고 있는 바로는, 의인들에게는 하나님의 계명을 지킬 수 있는 능력이 있다는 사실을 아르노 씨가 인정하지 않고 있다는 점에 있습니다."

나는 그의 설명을 들은 후에 그의 집에서 나왔네. 그리고 이 사건의 핵심을 알게 되었다고 매우 우쭐대면서, N 씨를 만나러 갔네. 그는 나날이 건강이 좋아지고 있었기 때문에 나를 자기 매형의 집으로 데려다 주

3 샤플라(Chapelas) 박사는 이 문제들이 대학 내에서도 문젯거리가 되고 있다고 말했다. 번역 원본 270쪽, 각주 2 참조.

었는데, 이 사람은 장세니스트이긴 했지만 보기 드문 대단한 호인이었네. 나는 좋은 대접을 받기 위해서 그들과 한편인 척했지. 나는 그에게 이렇게 말했네. "소르본 대학이 이런 오류를 교회 안으로 끌어들이다니, 있을 수 있는 일입니까? 모든 의인들이 계명을 성취할 수 있는 능력을 항상 소유하고 있다니요?" 그 박사님은 나에게 이렇게 말했네. "무슨 말씀을 하시는 겁니까? 그렇게 가톨릭적인 견해를 오류라고 부르다니요? 이런 견해에 반대하는 사람들은 오직 루터파와 칼뱅파밖에 없습니다." 그래서 나는 그에게 이렇게 말했네. "아니 뭐라고요? 당신들의 견해가 그것이 아니란 말입니까?" "아닙니다. 우리는 그런 생각을 가진 사람들을 이단자나 불경한 자로 보고 파문시킬 겁니다."라고 그분이 말하더군. 나는 그 대답을 듣고 깜짝 놀라서, 새로운 사실을 알게 되었네. 아차, 내가 너무나 장세니스트인 척했구나! 지난번에는 내가 너무나 몰리니스트인 척했던 것처럼 말이지… 그렇지만, 이 사람의 대답에 확신을 가질 수가 없어서, 나는 '의인들이 계율을 지킬 수 있는 진정한 능력을 항상 소유하고 있다는 것'을 그도 역시 지지하는지 솔직하게 말해 달라고 그에게 부탁했네. 그 점에 대해서 그는 흥분하면서, 그리고 독실한 신자의 열성을 보여 주면서, 어떤 이유에서든지 간에 자신은 결코 자기의 판단을 숨기지 않을 것이며, 이것이 그들의 스승인 성 아우구스티누스와 성 토마스 아퀴나스의 순수한 교리이기 때문에 이것이야말로 바로 자신의 신조이며, 자기는 물론이고 자기 쪽 사람들 모두가 죽을 때까지 이것을 수호할 것이라고 말했네.

그 사람이 너무도 진지하게 이야기했기 때문에, 나는 더 이상 의심할 수가 없었네. 그래서 나는 확신을 가지고, 처음에 내가 만났던 박사님[4]의 집으로 다시 갔네. 나는 매우 만족스러워 하면서 그에게 '소르본 대

4 몰리니스트인 나바르 대학의 니꼴라 교수.

학에 곧 평화가 찾아올 것을 확신한다'고 말씀드렸네. 즉, 장세니스트들도 의인들이 계율을 실천할 수 있는 능력을 가지고 있다는 데 동의하고 있다는 것, 그래서 나는 그들에게 피로써 맹세하게 만들 수 있을 정도로, 그 점에 대해서 보증할 수 있다고 말씀드렸네. 그랬더니 그가 나에게 이렇게 말하더군. "진정하세요! 그 결말은 신학자가 되어 봐야만 알 수 있어요. 우리들 사이에 존재하는 차이점은 너무도 미묘하기 때문에 우리들 자신도 겨우 그것을 알아볼 수 있을 정도지요. 당신이 그것을 이해하기에는 너무 어려운 문제입니다. 그러니까 당신은 '장세니스트들이 모든 의인들은 항상 계명을 지킬 수 있는 능력을 가지고 있다고 말한다'는 사실을 아는 정도로 만족하세요. 우리들이 다투고 있는 것은 그것 때문이 아니고, 그들이 이 능력을 '근접능력'[5]이라고 말하지 않는 것 때문입니다. 그것이 바로 요점입니다."

그의 말은 나에게 생소하고 아리송하게 들렸네. 그때까지 나는 이 사건을 이해하고 있다고 생각했었는데, 그의 말로 인해서 다시 암흑 속으로 빠져드는 느낌이 들었네. 나는 이 말이 단지 문제를 복잡하게 만들기 위해서 만들어졌다는 생각이 들었네. 그래서 나는 그에게 설명을 부탁드렸네. 그렇지만, 그는 나에게 만족스런 대답을 주지 않고 수수께끼만을 던져 준 채 나를 돌려 보내면서, 장세니스트들한테 가서 그들이 이 '근접능력'을 인정하고 있는지 물어보라고 했네. 나는 그의 말을 잘 기억하려고 노력했네. 왜냐하면, 나는 그러한 용어에 대해서 아무런 지식도 없었으니까. 나는 혹시라도 잊어버릴까 두려워서 곧장 지난번의 그 장세니스트를 다시 찾아갔네. 서로 인사를 나눈 후에, 나는 곧바로 그에게 이렇게 물어 보았네. "당신은 '근접능력'을 인정하시나요? 말씀 좀 해 주세요." 그분은 웃으시더니 냉정한 어조로 말했네. "당신 자신이 그 말을

5 프랑스어로 pouvoir prochain.

어떤 의미로 이해하고 있는지 말해 보세요. 그러면 내가 생각하고 있는 것을 말해 주겠소." 나의 지식이 거기까지는 미치지 못했기 때문에, 나는 무슨 말로 그에게 대답해야 좋을지 알 수 없었네. 그렇지만 나의 방문이 헛수고가 되지 않도록 하기 위해서 나는 그에게 아무렇게나 이야기했네. "나는 그 말을 몰리니스트의 의미로 이해하고 있습니다." 이 말을 듣자 그분은 태연하게 나에게 이렇게 말했네. "어떤 몰리니스트를 말하는 거죠?" 나는 그들이 하나의 동일한 단체를 구성하고 있고, 또 하나의 동일한 정신으로 움직이고 있기 때문에, 그들 전체를 의미한다고 말했네.

그러자 그분은 나에게 이렇게 말했네. "당신은 잘 모르시는군요. 그들 가운데 동일한 생각을 가진 사람들은 아주 소수이고, 전혀 상반된 생각을 가진 사람들이 많습니다. 그렇지만 아르노 씨를 파면시키려는 계획에 있어서는 모두 단합하고 있기 때문에, 비록 그들이 이 '근접'이란 용어를 서로 다른 의미로 이해하고 있음에도 불구하고, 이 말에 대해서는 의견의 일치를 보기로 결정한 것입니다. 그 이유는 그들이 동일한 언어를 사용하여 표면상 의견의 일치를 보여 줌으로써, 아르노 씨를 확실하게 제압할 수 있는 강력한 단체, 그리고 수적으로 다수를 차지하는 단체를 형성하기 위한 것입니다."

나는 이런 대답을 듣고 깜짝 놀랐네. 그렇지만 나는 그의 말을 그대로 믿고 싶지도 않았고, 또 그런데는 아무런 흥미도 없었기 때문에, 몰리니스트들의 고약한 의도대로 영향을 받지 않으려고 단지 그 '근접'이라는 신비스러운 말에 그들이 부여하고 있는 여러 가지 의미들을 파악하는 데에만 신경을 썼네. 그러자 그분은 나에게 이렇게 말했네. "그 점에 대해서 기꺼이 설명해 드리지요. 그렇지만 당신은 거기에 대해서 거부감을 느끼게 되고, 또 너무나 조잡한 모순점을 보게 되어, 내 말을 믿기가 어려우실 겁니다. 그러니 직접 그 사람들에게 가서 그 의미를 알아보시는 것이 더 확실할 겁니다. 그들의 주소를 드리지요. 르무안 씨와 니콜라이 신부를 따로따로 만나 보시기만 하면 될 겁니다." "저는 두 분 다 모르는데요."라고 내가 그에게 말했더니, 그분은 나에게 이렇게 말했네. "그럼 내가 호명하는 사람들 중에서 아는 사람이 있는지 보세요. 왜냐하면 그들은 르무안 씨의 의견을 따르는 사람들이거든요." 실제로 그가 호명한 사람들 중에는 내가 아는 사람들이 몇 사람 있었네. 그러고 나서, 그분은 다시 말했네. "신(新)토마스주의자라고 부르는 도미니크회 수도사들을 아시나요? 그들은 모두 니콜라이 신부와 똑같은 생각을 하고 있거든요." 나는 그분이 호명하는 사람들 중에서 몇 사람을 알고 있었거든. 나는 그의 의견에 따라서 이 사건을 해결해야겠다고 마음을 먹고, 그와 헤어진 후 먼저 르무안 씨의 제자 한 사람을 찾아갔네.

나는 그 사람에게 **어떤 것을 할 수 있는 근접능력을 갖는다는 것**이 무슨 뜻인지 말해 달라고 부탁했네. 그는 나에게 이렇게 말했네. "그것은 쉬운 일이지요. 어떤 일을 하기 위해 필요한 모든 것을 가지고 있다는 뜻이지요. 그래서 그 일을 하기 위해서 부족한 것이 아무것도 없다는 뜻입니다." 나는 그에게 이렇게 말했네. "그러니까, 강을 건너기 위한 '근접능력'을 가진다는 말은, 배와 사공과 노와 그밖에 필요한 것들을 모두 가지고 있어서 어느 것도 부족함이 없다는 말씀이로군요." "바로 그겁니다."라고 그가 나에게 말했네. "그러니까, '보기 위한 근접능력을 가진다'는 말은 좋은 시력과 한낮의 밝은 햇빛 아래 있다는 거네요? 왜냐하면 당신의 말에 의하면, 어둠 속에서 좋은 시력을 가진 사람은 볼 수 있는 근접능력을 가진 것이 아닐 것이기 때문이죠. 빛이 없으면 볼 수 없을 테니까요."라고 내가 또 말씀드렸네. "정확하군요."라고 그가 말했네. 나는 계속해서 이렇게 말했네. "따라서 당신이 '모든 의인들은 계율을 지키기 위한 근접능력을 항상 가지고 있다'라고 말씀하셨을 때, 그것은 '그들이 계율을 실천하기 위해서 필요한 모든 은총을 항상 가지고 있다'라는 의미이군요. 그래서 하나님으로부터 받지 못한 것이 아무것도 없다는 말이로군요." 그러자 그분이 말했네. "잠깐만요. 그들은 계율을 지키기 위해, 또는 하나님께 그것을 기도하기 위해 필요한 모든 것들을 항상 가지고 있는 것이지요."[6] 나는 그에게 이렇게 말했네. "잘 알겠습니다. 그러니까 그들은 하나님께 자기들을 도와 달라고 기도하기 위해 필요한 모든 것을 가지고 있는 것이로군요. 기도하기 위해 하나님의 다른 어떤 새로운 은총도 필요치 않은 거죠." "이제 이해하셨군요."라고 그가 말했네. "그러니까 그들은 하나님께 기도하기 위해서 '효력은총'을 필요로 하지 않는 것이지요?" "르무안 씨의 말에 따르면 필요하지 않습니다."라고 그가 나에게 말했네.

시간을 낭비하지 않기 위해서, 나는 곧바로 신토마스주의자들이라고 알고 있는 자코뱅파 신부님들[7]을 찾아갔네. 나는 그들에게 '근접능력'이 무엇인지 말해 달라고 부탁했네. 나는 그들에게 이렇게 물었네. "그것은 어떤 일을 하는 데 있어서 부족한 것이 아무것도 없는 능력을 말하는 것이죠?" 그러자 그들은 나에게 "아니지요."라고 대답하더군. "아니, 뭐라고요! 신부님, 그 능력에 무엇인가 부족한 것이 있다면 '근접'이란 말을 사용할 수 있겠습니까? 예를 들어서, 어떤 사람이 밤에 빛이 전혀 없는데 '볼 수 있는 근접능력'을 가지고 있다고 말할 수 있습니까?" "분명히 있지요.[8] 우리들의 견해로는, 그가 장님이 아니라면 그 능력을 가지고 있는 것입니다." 그래서 내가 그들에게 이렇게 말했네. "나도 그렇게 생각했으면 좋겠네요. 그런데 르무안 씨는 그와 반대로 알고 있던데요." "그건 사실이죠. 그렇지만 우리는 이렇게 알고 있어요."라고 그들이 나에게 말했네. 그래서 내가 그들에게 이렇게 말했지. "나도 거기에 동의합니다. 왜냐하면, 사람들이 그 명칭에 어떤 의미를 부여하고 있는지를

6 여기에 계속 이어지는 1659년 판은 인쇄 실수로 보인다. 1657년 판에서처럼 '기도하다'를 '요청하다'로 읽어야 할 것이다. 르무안 씨의 학설에 대해선 앞서 언급한 것 참조.

7 도미니크회 수도사들과 토마스주의자들. 처음에는 몰리니스트에 동의했으나, 나중에는 장세니스트에 동의한다.

8 원문에는 고어로 'oui-da'라고 쓰여 있다. 이것은 현대어로 'oui, assurément'이다.

미리 알려 주기만 한다면, 나는 결코 그 명칭 때문에 다투려고 하지 않으니까요. 하지만, 내가 그 점을 통해 이해하게 된 것은, 당신들이 '의인들은 하나님께 기도하기 위한 근접능력을 항상 가지고 있다'라고 말씀하실 때, 그것은 '기도하기 위해서는 또 다른 도움이 필요하다'라는 의미라는 것입니다. 그 도움이 없다면, 그들은 결코 기도를 할 수 없을 것이라는 거죠." "바로 그거예요. 바로 그겁니다." 신부님들은 나를 얼싸안으면서 이렇게 말했네. "왜냐하면 그들에게는 효력은총이 더 필요하기 때문이죠. 이 은총은 모든 사람들에게 다 주어지는 것은 아닙니다. 또한 이 효력은총은 그들의 의지로 하여금 기도하도록 결정해 주는 것입니다. 그러니까 기도하기 위한 이 효력은총의 필요성을 부인하는 것이 이단입니다."

이번엔 내가 그들에게 말했네. "바로 그렇군요. 그렇지만 당신들의 의견에 따르자면, 장세니스트들은 가톨릭이고 르무안 씨는 이단이군요. 왜냐하면 장세니스트들은 의인들이 기도할 능력을 가지고 있기는 하지만, 효력은총이 더 필요하다고 말하고 있기 때문입니다. 당신들도 그것을 인정하고 있고요. 그런데 르무안 씨는 의인들이 효력은총이 없이도 기도한다고 말하고 있고, 당신들은 그것을 비난하고 있으니까요." 그러자 그들이 이렇게 말하더군. "그렇습니다. 그렇지만 우리들은, 의인들이 가지고 있는 기도할 수 있는 능력을 '근접능력'이라고 부른다는 점에서 르무안 씨와 일치하지요. 장세니스트들은 그렇게 부르지 않거든요."

나는 그들에게 이렇게 말했네. "뭐라고요! 신부님들, 말의 의미가 서로 반대임에도 불구하고, 당신들이 공통된 용어를 사용하고 있기 때문에 의견이 일치한다고 말하는 것은 말장난하는 것이지요!" 신부님들은 아무 대답도 안하시더군. 바로 그때 다행스럽게도 내가 전에 만났었던 르무안 씨의 제자가 찾아왔네. 정말로 이상하게 생각할 정도로 우연의 일치였네. 그런데 알고 보니, 그들의 만남이 그렇게 드문 일이 아니었네. 게다가 그들은 서로서로 지속적인 관계를 가지고 있었더군.

그래서 나는 르무안 씨의 제자에게 이렇게 말했네. "저는 한 사람을 알고 있는데요, 그 사람은 '모든 의인들은 하나님께 기도할 수 있는 능력을 항상 가지고 있지만, 그들이 기도할 수 있도록 결정해 주는 효력은총 없이는 결코 기도할 수 없다. 그런데 하나님께서는 그 효력은총을 모든 의인들에게 항상 부여해 주시는 것은 아니다'라고 말하더군요. 그렇다면, 이 사람은 이단입니까?" 그러자 그 박사님은 나에게 이렇게 말했네. "잠깐만요. 당신은 나를 놀라게 만드시는군요. 자! 그러면 천천히 구분해 봅시다(*distinguo*).[9] 만약에 그 사람이 이 능력을 '근접능력'이라고 부른다면, 그는 토마스주의자일 것이고, 따라서 가톨릭일 것입니다. 그렇지 않다면 그는 장세니스트일 것이고, 따라서 이단자일 것입니다." 그래서 내가 그에게 이렇게 말했네. "그 사람은 이 능력을 근접능력이라고도 하지 않고 근접능력이 아니라고도 하지 않습니다." 그러자 그가 나에게 말했네. "그렇다면 그 사람은 이단자입니다. 여기 계신 신부님들께 여쭈어 보세요." 그렇지만 나는 이 신부님들이 판단자라고는 생각지 않고 있었네. 왜냐하면 이분들은 벌써 고개를 끄덕이면서 동의를 표시하고 있었으니까. 하지만 나는 그분들께 이렇게 말했네. "그 사람은 이 '근접'이란 용어의 사용을 거부합니다. 왜냐하면 사람들이 그 용어의 뜻을 설명해 주려고 하지 않기 때문이지요." 이 말을 듣자, 신부님들 중 한 분이 그에 대한 정의를 내리고 싶어 했었네. 그러자, 르무안 씨의 제자가 그의 말을 가로막으면서 그에게 이렇게 말했네. "당신은 우리의 말다툼을 다시 시작하고 싶으신가요? 우리들은 그 '근접'이란 말을 절대로 설명하지 않기로 합의했고, 그리고 쌍방 모두가 그 의미를 말하지 않은 채 그 용어를 사용하기로 합의하지 않았던가요?" 그 말에 그 자코뱅파[10] 신부님이 동

9 번역 원본 277쪽, 〈각주 1〉 참조.

10 도미니크회 사제. 토마스주의자.

의하더군.[11]

그제서야 나는 그들의 의도를 알아차릴 수 있었네. 그래서 나는 작별 인사를 하려고 일어나면서 그들에게 이렇게 말했네. "신부님들, 저는 정말로 이 모든 것들이 순전히 억지를 부리는 것이 아닌지 걱정됩니다. 당신들의 회의에서 어떤 결과가 나오든지 간에, 제가 감히 예견하기로는 징계가 내려지면 평화는 깨어질 것입니다. 왜냐하면 사람들이 '근접'이란 음절을 발음해야만 한다고 결정했지만, 그 단어에 대한 설명은 결코 하지 않을 것이기 때문이죠. 당신들 각자가 승리를 자축할 것이라는 것을 누가 모르겠습니까? 자코뱅파(도미니크회) 신부님들은 그 말이 자신들이 생각하는 의미로 이해되었다고 할 것이고, 또 르무안 씨는 자기가 생각하는 의미로 이해되었다고 할 테지요. 따라서 그 말을 사용하는 것 때문이 아니라 그 말을 설명하려는 것 때문에 훨씬 더 많은 다툼이 일어날 것입니다. 왜냐하면 말의 의미로 인해서 피해가 생기는 것이기 때문입니다. 결국 아무런 의미 없이 그 말을 받아들이는 것은 크게 위험한 일이 아니니까요. 그렇지만 이런 애매모호하고 궤변적인 단어를 아무런 설명도 없이 사용한다는 것은 소르본 대학으로서나 신학 당국으로서나 결코 어울리지 않는 일일 것입니다. 어쨌든 신부님들, 마지막으로 말씀해 주세요. 제가 가톨릭으로 인식되려면 어떻게 해야 하죠?" 그들은 모두가 나에게 이렇게 말했네. "토마스주의자의 의미에서 추론하건, 다른 신학자들의 의미에서 추론하건 간에(*abstrahendo a sensu Thomistarum, et a sensu aliorum theologorum*), 다른 모든 의미들을 배제시키면서, 모든 의인들은 근접능력을 가지고 있다고 말해야만 됩니다."

나는 방금 그들과 헤어지면서 이렇게 말했네. "다시 말하자면, 그것은 명목상 이단자가 되는 게 두려워서 입 밖으로 발설해야만 하는 단어라

11 토마스주의자들과 제주이트들은 표면적으로 동일한 용어를 사용하고 있으나, 그 의미는 서로 다르게 사용하고 있다.

는 말이로군요. 그 말이 성경에서 나온 말인가요?" "아니지요."라고 그들이 나에게 대답했네. "그렇다면 교부님들이나 종교회의, 아니면 교황님들의 말씀인가요?" "아닙니다." "그러면 토마스 아퀴나스의 말씀인가요?" "아니요." "그렇다면, 그 말을 사용해야만 할 필요가 어디에 있습니까? 권위가 있는 것도 아니고, 그 자체가 아무런 의미도 없는데 말이에요." 그러자 그들이 나에게 말했네. "당신은 참 끈질기시군요. 당신도 그 말을 사용하도록 하세요. 그렇지 않으면 당신은 이단자가 될 것입니다. 아르노 씨도 역시 그랬었죠. 왜냐하면 우리들은 수가 훨씬 더 많으니까요. 그리고 필요하다면, 우리가 이길 수 있을 만큼 많은 탁발 수도회 수도사들을 데려올 것입니다."

나는 이 확실한 이유를 듣고 나서, 방금 그들과 헤어진 후, 자네에게 이 편지를 쓰고 있네. 이 편지를 읽어 보면, 자네는 다음 몇 가지 점들 가운데서 그 어느 것도 문제가 되지 않는다는 것을 알게 될 것이네. 그리고 이것들이 어느 편으로부터도 징계를 당할 문제가 아니라는 것을 알게 될 것이네. — 첫째, 은총은 모든 사람들에게 주어지는 것은 아니다. 둘째, 모든 의인들은 하나님의 계명을 성취할 능력을 가지고 있다. 셋째, 그렇지만 그들에게는 효력은총이 필요하다. 이 효력은총은 그들이 계명을 성취하기 위해서, 그리고 기도하기 위해서 그들의 의지로 하여금 결정할 수 있게 해 준다. 넷째, 이 효력은총은 하나님의 순수한 자비에 달려 있으며, 이것은 모든 의인들에게 항상 주어지는 것은 아니다. — 따라서 아무런 의미도 없이 '근접'이란 말을 사용하는 것보다 더 위험한 일은 없다네.

이런 단어를 모르는 국민들은 행복할 것이네! 이런 단어가 만들어지기 전에 살았던 사람들은 행복했을 것이네! 왜냐하면, 아카데미 회원들이 권위적으로, 수많은 분열을 야기시키고 있는 이 야만적인 단어를 소르본 대학으로부터 추방시키지 않는 한, 나는 더 이상 그 어떤 해결책도 찾을 수 없기 때문이네. 그렇지 않는 한, 아르노 씨에 대한 징계는 확실할 것으로 보이네. 나는 이 징계가 소르본 대학의 권위를 실추시키고, 이 대학을 웃음거리로 만드는 것 외에는 다른 어떤 영향도 끼치지 않을 것이라고 보네. 이 대학에는 또 다른 모임들을 위해서 권위가 있어야만 되거든.

그렇지만 나는 '근접'이란 말을 사용해야 할지, 말아야 할지의 선택은 자네의 자유에 맡기겠네. 왜냐하면, 나는 내 이웃을 너무나 사랑하니까 이런 핑계로 이웃을 박해하고 싶지 않기 때문이네. 만약에 자네가 이 이야기를 싫어하지 않는다면, 앞으로 일어나는 모든 일들에 대해서 계속해서 알려 주겠네.

그럼 이만…[12]

12 나는 … 등등(Je suis etc.). 필자는 익명으로 보낸 편지에서, 당시 상투적인 예절의 표현이었던 "선생님, 저는 당신의 사랑 받는, 보잘것없는 종입니다." 등의 표현을 생략하고 있다.

[두 번째 편지 내용 요약]

두 번째 편지에서는 '충분은총'에 관해 이야기한다. 제주이트 주요 인사들의 비밀을 잘 알고 있는 N 박사가 몽탈트를 찾아와서 양측의 논점을 알려 준다. 두 가지 논점은 '충분은총'과 '근접능력'이다. 그리고, 신학적인 세 계파들, 즉 제주이트와 장세니스트와 토마스주의자의 견해가 무엇인지를 설명한 후, 위의 용어들이 단지 정치적인 용어에 불과한 것임을 알려준다.

양측의 견해 차이

- 장세니스트: 충분은총이란 없다. 실제로 의지가 움직이도록 결정하는 것은 '효력은총'이다.
- 제주이트: '충분은총'은 모든 사람에게 보편적으로 주어지는 은총이다. 이것은 자유의지에 종속되어 있어서, 자유의지의 선택에 따라서 효력을 발휘하거나 그렇지 못하거나 한다. 이 은총은 하나님의 다른 어떤 도움 없이도 효력을 가지기에 충분하다.
- 토마스주의자(도미니크회, 자코뱅파): 모든 사람에게 '충분은총'이 주어졌다(제주이트와 동일). 그러나, 이 은총만으로는 행동하지 못한다. 행동하기 위해서는 '효력은총'이 필요하다(장세니스트와 동일). 효력은총은 모든 사람에게 주어지지 않는다. 즉, 그들은 충분하지 않음에도 불구하고, 충분은총이라고 부른다. 그러므로, 토마스주의자와 제주이트는 표면적으로는 동일한 용어를 사용하고 있지만, 그 의미는 서로 다르게 사용하고 있다.

몽탈트는 '강도 만난 환자'의 비유를 이야기한다. 세 명의 의사들이 각기 다른 진단 결과를 이야기한다.

의사 1: 상처가 치명적이다, 하나님만이 치료할 수 있다(장세니스트).

의사 2: 환자가 집에 갈 만한 힘이 있다(제주이트).

의사 3: 두 번째 의사와 동일하게 진단한다. 그렇지만, 실상은 치명적이라고 판단함으로써, 첫 번째 의사의 진단에 동의한다(토마스주의자).

결국 환자는 첫 번째 의사의 진단을 받아들인다.

그들의 숨은 의도는 다음과 같다.

제주이트: 정치적이다. 토마스주의자들의 반대에 부딪쳐서 어려움을 겪었던 적이 있기 때문에, '충분은총'이란 용어를 사용해 주는 것만으로도 자기 편이라고 생각한다. 토마스주의자들이 동일한 용어만 인정해 준다면, 설령 그것이 다른 의미를 가지고 있다 하더라도, 언젠가 사람들은 "그들이 동일한 의미를 인정하고 있다."라고 생각하게 될 것이다.

토마스주의자: 견해의 내용이 장세니스트와 동일함에도 불구하고, 동일한 용어를 사용하는 제주이트와 공모하여 결탁한다. 그들에게는 '충분은총'이란 용어를 인정하면서 사실은 충분하지 않다고 말하는 것이 최선의 해결책이다. 그렇지 않을 경우, 칼뱅처럼 이단자가 되거나, 아니면 장세니스트로 취급당할 것을 두려워한다. 그렇지만, 그들은 제주이트의 의미로 충분은총에 동의하느니, 차라리 순교하겠다고 생각한다.

장세니스트: '효력은총'은 예수 그리스도로부터 바울, 아우구스티누스 등 모든 신학자들이 가르쳐 온 것이다. 그러므로, 부끄러운 이해관계 때문에 이 은총을 버리면 안 된다고 생각한다.

몽탈트의 결론: '충분은총'이나 '근접능력'은 정치적인 용어들이다. 결국, 소르본 대학은 아르노에게 '견책'이라는 징계를 결정했다.

시골 친구에게 보낸

두 번째 편지

파리에서, 1656년 1월 29일[1]

친구에게,

자네에게 쓴 편지를 봉투 속에 막 넣고 있을 때, 천만다행히도 나의 호기심을 충족시켜 줄 옛 친구 N 씨가 찾아왔네. 왜냐하면 그는 시사에 매우 밝은 사람이고, 제주이트들의 비밀을 완벽하게 알고 있는 사람이기 때문이지. 그는 제주이트의 주요 인물들과 함께 많은 시간을 보내고 있는 사람이거든. 나를 찾아온 이유를 듣고 나서, 나는 그에게 두 계파들 사이의 쟁점이 무엇인지 간단하게 말해 달라고 부탁했네.

그는 즉석에서 나의 부탁을 들어주더군. 그는 나에게 이렇게 말했네. "두 가지 쟁점이 있는데, 첫 번째는 '근접능력'에 관한 것이고, 두 번째는 '충분은총'[2]에 관한 것이네." 첫 번째 쟁점에 대해서는 지난번 편지에서 내가 이미 설명했으니, 이번 편지에서는 두 번째 쟁점에 대해서 말해 주려고 하네.

한마디로 말해서, 충분은총에 관한 그들 사이의 차이점은 이렇다네.

1 이 두 번째 편지는 2월 1일에 인쇄되어 2월 5일부터 회람되기 시작했다.

2 스콜라 신학자들이 신학의 전문 용어로서 도입한 용어. 프랑스어로는 la grâce suffisante.

제주이트 신부님들은, 모든 사람들에게 일반적으로 주어지는 은총이 있는데, 이 은총은 인간의 자유의지의 선택에 따라 효력이 있을 수도 있고 없을 수도 있을 정도로 자유의지에 순응하는 은총이라고 주장한다네. 그래서 실제로 하나님으로부터 어떤 새로운 도움을 받지 않고서도 행동하기 위해서는 아무것도 부족한 것이 없다고 주장한다네. 즉, 행동하기 위해서는 그 은총만으로 충분하다는 것이지. 그 때문에 그들은 이것을 '충분은총'이라고 부른다네. 반면에, 장세니스트들은 현실적으로 충분한 은총이란 존재하지 않으며, 따라서 충분은총은 효력 있는 은총이 아니라고 주장한다네. 즉, 인간의 의지로 하여금 효력 있게 행동하도록 결정하지 못하는 모든 은총은 행동하기 위해서 충분하지 않은 은총이라는 것이지. 왜냐하면, 그들은 '효력은총' 없이는 인간은 결코 행동하지 못한다고 말하고 있기 때문이지. 이것이 바로 그들의 차이점이네.

그는 신(新)토마스주의자들의 교리를 설명하면서, 나에게 이렇게 말했네. "이들의 교리는 이상하지. 그들은 모든 사람들에게 주어지는 '충분은총'을 인정하고 있다는 점에서 제주이트 신부들과 의견이 일치한다네. 그렇지만 그들은, 사람들이 이 은총만으로는 결코 행동할 수 없고, 사람들이 행동하기 위해서는 하나님께서 그들의 의지로 하여금 실제로 행동할 수 있도록 결정하는 '효력은총'을 주셔야만 하며, 하나님께서는 이 은총을 모든 사람들에게 다 부여해 주는 것은 아니라고 주장한다네." 나는 그에게 이렇게 말했네. "그러니까 그들의 교리에 따르면, 그 은총은 충분하지 않은 충분은총인 셈이로군." 그러자 그가 나에게 말했네. "정확히 봤네. 왜냐하면 그 은총이 충분한 것이라면, 행동하기 위해서 더 이상 필요한 것이 없어야만 되고, 또 그 은총이 충분한 것이 아니라면 충분은총이 아닌 것이지."

그래서 나는 그에게 이렇게 말했네. "그렇다면, 그들과 장세니스트들과의 차이점은 무엇인가?" 그가 나에게 말했네. "도미니크회 신부들[3]은 모든 사람들이 최소한의 충분은총을 가지고 있다고 계속해서 주장하고 있네. 그 점에 있어서 장세니스트들과 차이가 있네." 그래서 내가 그에게 이렇게 대답했지. "잘 알겠네. 그렇지만, 그것은 아무런 생각도 없이 하는 주장이로군. 왜냐하면 그들은, '행동하기 위해서는 효력은총이 반드시 필요하다'고 덧붙이고 있기 때문이네. 이 은총은 모든 사람들에게 다 주어지는 것은 아니라네. 그렇게 된다면, 그들이 아무런 의미도 없는 용어를 사용하고 있다는 점에서, 제주이트들과 의견이 일치한다 하더라도 실제로는 이들과 다른 것이네. 오히려 사물의 본질에 있어서는 장세니스트들의 의견과 일치하는 것이지." 그러자 그는 "그것은 사실이지."라고 말하더군. 나는 그에게 이렇게 말했네. "그렇다면, 제주이트들은 어떻게 해서 그 사람들과 연합하기도 하고, 또 장세니스트들처럼 그 사람들을 공격하기도 하는 것이지? 왜냐하면 제주이트들은 인간의 행동을 결정하는 '효력은총'의 필요성을 주장하는가 하면, 자네 말대로 그것만으로 충분하다고 하는 그 '충분은총'을 주장하기도 하기 때문이네. 그렇게 되면 그들은 도미니크회 신부들을 강력한 적으로 상대해야만 될 텐데 말이지?"

그러자, 그는 나에게 말했네. "그렇게 되어서는 안 되지. 그들은 교회 안에 있는 유력한 사람들을 잘 관리해야만 하거든. 제주이트회는 너무도 정치적인 단체이기 때문에 다르게 행동할 수가 없다네. 이 단체는 도미니크회 사람들이 적어도 '충분은총'이라는 명칭을 인정하고 있다는 것만으로도 이들을 설득했다고 만족해 한다네. 설사 도미니크회 사람들이 그 명칭을 다른 의미로 이해하고 있다 하더라도 말이지. 그리고 바로 그 점 때문에, 제주이트회는 적당한 때가 되면 사람들이 도미니크회 신부들의 의견을 더 이상 지지할 수 없는 의견으로 취급하도록 만들어 버릴 수 있는, 아주 유리한 입장에 서 있다네. 그들에게는 그런 일이 쉬울

3 신토마스주의자들.

것이네. 왜냐하면, 모든 사람이 충분은총을 가지고 있다고 일단 가정하고 나면, 효력은총은 필요가 없는 것이라고 결론을 내리는 일이 너무도 쉬운 일이기 때문이네. 왜냐하면, 이 일반은총의 충분성은 그 밖의 다른 모든 은총들의 필요성을 배제시킬 테니까 말이네. '충분하다'라는 것은 행동하기 위해 '필요한 모든 것을 갖추고 있다'는 뜻이거든. 도미니크회 신부들이 '충분하다'라는 단어를 아무리 다른 뜻으로 이해하고 있다고 소리쳐 봤자 아무 소용도 없을 것이네. 사람들은 그 단어의 일반적인 의미에 익숙해져 있어서 그들의 설명을 더 이상 들으려고도 하지 않을 것이네. 따라서 제주이트회는 도미니크회 신부들이 한 번 받아들인 그 표현을 충분히 이용하는 셈이네. 그들을 더 이상 밀어붙일 필요도 없는 것이지. 만약에 자네가 교황 끌레망 8세나 바오로 5세 때 일어났던 일들을 알고 있다면, 그리고 충분은총을 확립할 때 제주이트회가 얼마나 도미니크회 신부들의 방해를 받았었는지를 알고 있다면, 자네는 이 단체가 이 신부들과의 다툼을 피하는 상황이 전혀 놀랍지 않을 것이네. 그리고 자네는 제주이트회가 자기들의 의견이 유지될 수만 있다면 도미니크회 신부들의 의견을 묵인해 주려고 하는 것을 보고 놀라지 않을 것이네. 특히 도미니크회 신부들이 제주이트회가 '충분은총'이라는 명칭을 공개적으로 사용하도록 찬성함으로써 이들에게 호의를 베풀어 준다고 생각했을 때는 더더욱 좋아할 것이네.

이 단체는 도미니크회 수도사들의 호의에 매우 만족스러워 하고 있네. 이 단체는 그들이 효력은총의 필요성을 부인하도록 요구하지도 않는다네. 그것은 지나치게 그들을 밀어붙이는 일이 될 것이기 때문이지. 자기 친구들을 괴롭힐 필요가 없는 것이지. 제주이트회는 충분히 이득을 얻은 셈이네. 왜냐하면 세상 사람들은 말만 하면 다 되기 때문이네. 사람들이 어떤 사물에 대해서 철저하게 규명하는 일은 거의 드문 일이지. 그래서 '충분은총'이라는 말이 양쪽 편에서 인정을 받고 있기 때문에, 비록 그 말이 여러 가지 의미를 가지고 있다 하더라도, 극히 예민한 신학자들 외에는 그 말의 의미가 제주이트회 신부들의 이해와 자코뱅파 신부들[4]의 이해가 동일하지 않다고 생각할 사람은 아무도 없다네. 이후에 벌어지는 일들을 보게 되면, 제주이트회 신부들이 가장 수완이 좋은 사람들이라는 것을 자네도 곧 알게 될 것이네."

나는 친구 N 씨의 말대로 이들이 매우 수완이 좋은 사람들이라는 것을 알았네. 그리고 나는 그의 의견을 확인하기 위해서 곧장 자코뱅파 신부들을 만나러 갔네. 그런데 문 앞에서 장세니스트의 중심 인물인 내 친구 한 사람을 만났네. 왜냐하면, 여러 교단 속에 내가 잘 알고 지내는 친구들이 있거든. 그는 내가 찾고 있던 신부님을 만나지 말고, 다른 어떤 분을 만나 보라고 말하더군. 나는 그에게 여러 번 간청해서, 나와 함께 신토마스주의자 한 사람을 만나 보자고 부탁했네. 이 신토마스주의자는 나를 보더니 매우 기뻐했네. 그래서 내가 그에게 이렇게 말했네. "그러면 신부님! 모든 사람들이 '근접능력'을 가지고 있다는 것만으로는 충분치 않다는 말씀이시군요. 이 능력만으로는 실제로 행동을 할 수 없으니까요. 그렇다면 충분은총이 더 있어야만 하는데, 이 은총을 가지고도 마찬가지로 거의 행동을 할 수가 없다는 것이로군요. 그것이 바로 당신네 교단의 견해가 아닌가요?" "그렇습니다. 오늘 아침에 소르본 대학에서 내가 그렇게 말했지요. 정확히 30분 동안 얘기를 했죠. 그리고 모래시계[5] 없이도 나는 파리 시내에 퍼져 있는 그 좋지 않은 격언, 즉 '소르본 대학의 수도사처럼 남의 의견에 무조건 동의한다'라는 격언을 바꿀 수 있었던 것 같습니다." 그래서 내가 그에게 대답했네. "30분은 무슨 말이고, 또 모래시계는 무슨 말이죠? 당신의 의견을 무슨 자로 측정한답니까?" 그는 나에게 말했네. "그렇습니다. 며칠 전부터죠." "그럼 당신은

4 15쪽 각주 1 참조.

5 소르본 대학의 신학 논쟁에서 교수의 발언 시간을 30분으로 제한하기 위해 사용된 모래시계.

30분 동안만 말해야 되나요?" "아니죠. 자기가 말하고 싶은 만큼 거의 말할 수 없는 거지요." 나는 그에게 말했네. "하지만 30분이면 자기가 말하고 싶은 만큼 할 말을 못할 것도 없죠." "아! 아는 게 없는 사람들에게는 멋있는 규칙이겠군요. 아! 별로 할 말이 없는 사람들에게는 그럴듯한 핑계가 되겠군요!" "하지만 신부님, 결국 모든 사람에게 주어진 은총이 충분은총인가요?" "그렇소."라고 그가 말했네. "그렇지만 그 은총은 효력은총이 없으면 아무런 효력이 없나요?" "그건 그렇죠."라고 그가 말했네. 나는 계속해서 말했네. "그러면, 충분은총은 모든 사람이 가지고 있는 것이고, 또한 효력은총은 모든 사람이 다 가지고 있는 것은 아니죠?" "그렇습니다."라고 그가 말했네. 그래서 나는 그에게 이렇게 말했네. "다시 말해서, 모든 사람이 은총을 충분히 가지고 있지만, 또 모든 사람이 은총을 충분히 가진 것은 아니로군요. 즉, 그 은총은 충분한 것이 아님에도 불구하고, 충분한 것이로군요. 다시 말해서, 그 은총은 명칭으로는 충분한 것인데, 실제로는 충분한 것이 아니로군요. 신부님, 정말로 그 교리는 매우 미묘하군요. 당신은 속세를 떠나시고 나서, '충분하다'는 말이 무슨 뜻인지 잊으셨나요? 그 말이 행동하기 위해 필요한 모든 것을 내포하고 있다는 것을 기억하지 못하시나요? 그렇지만 당신은 이런 기억을 잃어버리지 않으셨겠지요. 왜냐하면, 당신에게 좀 더 실감 나는 비유를 해 드리려고 하니까요. 만약에 사람들이 당신의 식탁 위에 매일 2온스의 빵과 물 한 컵씩만 제공한다면, 그러면서도 수도원장은 '그것으로 당신의 양식은 충분하다'라고 말한다면, 그리고 당신에게 주어지지 않은 다른 것들이 있는데도 불구하고, 당신은 당신의 양식에 필요한 모든 것을 다 받으셨다고 그가 핑계를 댄다면, 당신은 그 수도원장의 처사에 만족하시겠습니까? 어떻게 당신은 계속해서 모든 사람들이 행동을 하기 위한 충분은총을 가지고 있다고 말씀하시겠습니까? 왜냐하면 당신은 모든 사람이 은총을 다 가지고 있는 것은 아니므로, 행동을 하기 위해서는 또 다른 은총이 절대로 필요하다는 것을 시인하고 있으니까요. 그러한 신앙은 별로 중요치 않은 것인가요? 그런데도 당신은 효력은총이 필요하다고 믿는 것이나 그렇지 않다고 믿는 것을 사람들의 자유에 맡기시려고 합니까? 사람들이 충분은총을 가지고 실제로 행동을 한다고 말한다 하더라도 별 상관이 없는 일입니까?" 그러자 그 신부님이 말했네. "어떻게 상관이 없겠어요! 그것은 이단입니다. 그것은 명백한 이단이에요. 실제로 행동을 하기 위해서 효력은총이 필요하다는 것은 신앙 고백에 속하는 일입니다. 그것을 부정하면 이단입니다."[6]

"도대체 어떻게 해야 됩니까?"라고 내가 소리쳤네. "나는 여기에서 어느 편을 택해야 됩니까? 만약에 내가 충분은총을 부정한다면 나는 장세니스트가 되고, 만약에 제주이트 신부님들처럼 그것을 인정한다면 결국 효력은총은 필요 없는 것이 되고, 따라서 나는 이단자가 되는 것이라고 말씀하시는 거죠? 하지만 만약에 내가 당신처럼 효력은총을 인정한다면, 그래서 효력은총이 필요한 것이 된다면, 나는 상식에 어긋나는 죄를 범하게 되는 것이로군요. 그래서 나는 제주이트 신부들의 말대로 괴상한 사람이 되는 것이고요. 그렇다면 괴상한 사람이 되거나, 이단자가 되거나, 아니면 장세니스트가 되어야만 하는 이 불가피한 상황 속에서 내가 어떻게 해야 됩니까? 그리고 만약에 신앙에도, 이성에도 어긋나지 않으면서, 광기나 오류에서 모두 벗어나는 사람들이 장세니스트들뿐이라면, 우리는 우리 자신들을 뭐라고 표현해야 되죠?"

내 친구 장세니스트는 이 말을 좋은 징조라고 생각하고, 자기가 나를 이미 설득했다고 생각하는 것 같더군. 그러면서도 나에게는 아무 말도 안 하고, (옆에 있는) 신부님에게 이렇게 말을 걸더군. "신부님, 제발 말씀 좀 해 주세요. 당신들은 어떤 점에서 제주이트 신부들과 일치하는지요." 그러자 그분이 말했네. "제주이트 신부들과 우리들은 충분은총이

6 역주) 인간이 활동하기 위해서 물과 빵만으로도 충분한 양식이 된다고 생각하는 사람들이 있는가 하면, 그것들 외에 다른 양식이 반드시 필요하다고 생각하는 사람들이 있다.

모든 사람에게 주어진다는 것을 인정한다는 점이 같지요." 내 친구가 이렇게 말했네. "하지만, 충분은총이란 말 속에는 두 가지 것들이 들어 있거든요. 바람에 불과한 소리가 있고, 또 그 소리가 의미하는 현실적이고 실제적인 것이 있지요. 따라서, 당신이 '충분하다'는 말 자체는 제주이트 신부님들과 일치하고 있고, 그 의미는 그들과 다르다면, 당신은 그 용어의 본질에 있어서는 그들과 다른 것이고, 다만 그 소리에 있어서만 일치한다는 것이 분명합니다. 그게 진지하고 성실하게 행동하는 것입니까?" 그러자 그 호인은 이렇게 말했네. "아니 뭐라고요! 우리들은 그런 식으로 말을 하면서도 아무도 배신하는 사람이 없는데, 당신은 불평하시는 겁니까? 왜냐하면 우리 교단에서는 그 말을 제주이트 신부들과는 다르게 이해한다는 사실을 공공연하게 이야기하고 있기 때문이죠." 내 친구가 그에게 이렇게 말했네. "내가 불평하는 것은, 당신네들이 충분하지 않은 은총을 충분은총으로 이해하고 있다는 사실을 널리 공표하지 않는다는 것이죠. 당신들이 통상적인 종교 용어들의 의미를 그처럼 변형시켜 놓았다면, 당신들은 충분은총이 모든 사람에게 주어졌다는 사실을 인정했을 경우라 하더라도, 실제로는 모든 사람들에게 충분은총이 주어져 있지 않은 것으로 이해하고 있노라고 양심적으로 말해 주어야만 할 책임이 있습니다. 세상 모든 사람은 '충분하다'는 말을 한 가지 동일한 의미로 이해하고 있는데, 유독 신토마스주의자들만이 그것을 다른 의미로 이해하고 있습니다. 세상 사람의 절반을 차지하는 모든 여자들, 궁정의 모든 사람들, 모든 군인들, 모든 관리들, 모든 법조인들, 상인들, 기술자들, 모든 국민들, 결국 도미니크회 신부들을 제외한 모든 종류의 사람들이 이 '충분하다'는 말을 '필요한 모든 것을 내포하고 있다'는 의미로 이해하고 있습니다. 그런데 이런 기이한 일을 아무도 알려 주지 않습니다. 다만 도처에서 사람들은 자코뱅파 신부들이 '모든 사람은 충분은총을 가지고 있다'고 주장한다고 말할 뿐입니다. 그리고 특히 그들이 그 말을 그런 식으로 이해하고 있는 제주이트 신부들과 이해와 음모를 함께 나누는 것을 보면서, 우리들은 그들이 '모든 사람들은 행동을 하기 위해 필요한 모든 은총을 가지고 있다'고 주장한다는 것 외에 달리 무슨 결론을 내릴 수 있겠어요? 교단의 연합과 연결되어 당신네들의 표현이 일치하는 것을 보면, 그것은 당신네들의 감정이 서로 일치하고 있다는 분명한 해석이며 확인이 아니겠습니까?"

모든 신자는 타락 후 인간 본성의 진정한 상태가 어떤 것인지 신학자들에게 묻고 있습니다. 성 아우구스티누스와 그의 제자들은 "인간의 본성은 하나님께서 부여해 주시고자 하는 만큼만 충분은총을 가지고 있다."라고 대답합니다. 그 다음에 제주이트 신부들이 와서 "모든 사람들은 실제로 충분한 은총을 가지고 있다."라고 이야기합니다. 사람들은 이러한 모순에 대해서 도미니크회 신부들에게 물어봅니다. 그들은 이것에 대해서 뭐라고 대답할까요? 그들은 제주이트들과 단합을 하지요. 이렇게 단합하면, 그들의 숫자가 가장 많아지니까요. 그 다음에 그들은 충분은총을 부인하는 사람들과는 결별합니다. 그리고 그들은 모든 사람은 충분은총을 가지고 있다고 선언합니다. 그것을 보면서, 우리들은 그들이 제주이트 신부들에게 권한을 부여해 주고 있다는 것 외에 달리 무슨 생각을 할 수 있겠습니까? 그러면서도, 그들은 이렇게 덧붙여 말합니다. "효력은총이 없다면 충분은총은 무용한 것이다. 그리고 효력은총은 모든 사람에게 다 주어지는 것은 아니다."

이렇게 서로 의견이 다른 사람들 속에서, 당신은 교회의 풍속도를 보고 싶지 않으세요? 저는 그 속에서 마치 고향을 떠나 여행을 하러 나섰다가, 도둑을 만나 여러 번 칼에 찔려서 상처를 입고 거의 반쯤 죽어 있는 사람을 보는 듯합니다. 이 여행자는 가까운 도시에 세 명의 의사를 부르러 사람을 보냅니다. 첫 번째 의사는 상처를 확인하고 치명적이라고 판단합니다. 그리고 하나님만이 그의 잃어버린 원기를 회복시켜 줄 수 있다고 말합니다. 그 다음에 도착한 두 번째 의사는 환자의 기분을 좋게 하려고, 그에게는 집까지 돌아갈 수 있는 충분한 힘이 있다고 말합니다. 그리고 자기와 반대 의견을 가졌던 첫 번째 의사를 욕하면서 은근히 그를 파면시켜야 한다는 의중을 드러냅니다. 환자는 이런 의심스러운 상태 속에서 세 번째 의사가 오는 것을 멀리서 알아보고, 그가 마치 결정자인 것처럼 그에게 손을 내밉니다. 이 의사는 상처를 진찰한 다음에 앞의 두 의사의 처방을 듣고 나서, 두 번째 의사의 진단이 옳다고 말하면서, 그와 한편이 됩니다. 이 두 의사들은 함께 단합하여, 첫 번째 의사를 배척하고 그를 수치스럽게 만듭니다. 왜냐하면 그들은 수적으로 우세했으니까요. 환자는 이러한 과정을 지켜보면서 두 번째 의사의 의견이 맞다고 판단하여, 결국 세 번째 의사에게 의견을 물어봅니다. 그러자 이 의사는 단호하게, 그에게는 여행할 수 있는 충분한 힘이 있다고 진단을 내립니다. 그렇지만, 그 환자는 힘이 없는 것을 느끼면서 어떤 이유로 자기의 상처를 그렇게 진단하는지 묻습니다. 의사는 그에게 이렇게 말합니다. "그 이유는 당신이 지금 두 다리를 가지고 있기 때문이죠. 다리라는 것은 당연히 걷기 위해서 충분한 기관이거든요." 그 환자는 의사에게 다시 말합니다. "하지만 제가 이 다리를 사용하는 데 필요한 힘을 충분히 가지고 있나요? 왜냐하면 저는 무기력 상태에서, 제 다리가 아무 쓸모없는 것처럼 느껴지니까요." 그러자 의사는 이렇게 말합니다. "물론, 그렇습니다. 만약에 하나님께서 당신을 도와주시고 인도하시기 위해 특별한 도움을 주시지 않는다면, 당신은 실제로는 결코 걸을 수 없을 것입니다." 환자는 이렇게 말합니다. "아니 뭐라고요! 그러니까 실제로 걷기 위해 부족한 것이 아무것도 없는, 그 충분한 힘이 지금 제게 없다고요?" 의사는 그에게 말합니다. "당신은 그 힘으로부터 너무 멀리 떨어져 있습니다." 환자는 그에게 이렇게 말합니다. "그렇다면, 당신은 저의 현 상태에 대해서 당신의 동료 의사와는 반대 의견을 가지고 계시는군요." 그러자 의사가 그에게 말합니다. "솔직히 그렇습니다."[7]

"당신은 이 환자가 말한 것에 대해서 어떻게 생각하세요? 그는 세 번째 의사의 이상한 진찰 방법과 애매모호한 용어에 대해 불평했습니다.

그리고 그는 세 번째 의사가 자기와 생각도 다르고 단지 외관상으로만 자기와 의견이 동일한 두 번째 의사와 단합한 것에 대해서, 그리고 실제로는 자기와 의견이 동일했던 첫 번째 의사를 배척한 것에 대해서 비난했습니다. 환자는 자기의 힘을 시험해 본 후, 자기가 무력하다는 사실을 인정하고 나서 두 의사들을 모두 돌려보내고, 다시 첫 번째 의사를 불러 그의 손에 자신을 맡기고 그의 진단에 따라서 자기가 가지고 있지 않다고 고백한 그 힘을 하나님께 구했습니다. 그는 하나님의 자비를 얻었고, 의사의 도움을 받아 다행스럽게도 집으로 돌아갔습니다."

이 비유를 듣고 놀란 신부님은 아무 대답도 하지 않았네. 그래서 나는 그를 안정시키기 위해 그에게 부드럽게 말했네. "하지만 신부님, 결국 신앙 양심상 그 은총은 '충분하지 않다'고 생각하는 것이 옳은데, 당신들은 무슨 생각으로 '충분하다'는 명칭을 부여하려고 생각하셨습니까?" 그는 이렇게 말했네. "당신은 당신이 하고 싶은 대로 이야기를 하시는군요. 당신은 자유롭고 혼자이지만, 나는 종교인이고 단체에 속해 있습니다. 그 차이를 모르시겠어요? 우리는 윗사람들의 지시를 따라야 합니다. 그리고 윗사람들 또한 다른 곳의 지시를 따르지요. 그들은 우리에게 투표하기로 약속했어요. 내가 어떻게 되기를 바라세요? 우리들은 몇 마디만 들어도 무슨 말인지 다 이해합니다. 우리들은 이와 비슷한 문제로 아브빌로 쫓겨났던 동료 한 사람을 생각하지요."[8]

나는 그에게 이렇게 말했네. "그렇다면 왜 당신의 교단은 그 은총을 인정하기로 약속하셨습니까?" 그러자 그가 나에게 말했네. "그것은 또 다른 이야기이죠. 내가 당신에게 한마디로 말할 수 있는 것은, 우리 교단

7 역주) 필자는 비유 속에서 첫 번째 의사는 장세니스트, 두 번째 의사는 제주이트, 세 번째 의사는 신토마스주의자를 가리키고 있다.

8 1655년 7월, 신학박사학위 논문 지도교수였던 도미니크회 사제 필립 부르데로는 어거스틴주의 논문을 통과시켰다는 이유로 아브빌(Abbeville)로 쫓겨나고 논문은 취소되었다.

은 효력은총에 관해서 성 토마스의 교리를 최선을 다해 지지했다는 것입니다. 몰리나의 교리가 나왔을 때, 우리 교단이 얼마나 열렬히 반대했었다고요! 예수 그리스도의 효력은총의 필요성을 확립하기 위해, 얼마나 노력했었다고요! 당신은 교황 클레멘스 8세와 바오로 5세 때 무슨 일들이 일어났었는지 모르세요? 교황 한 분은 죽음을 앞당겼고, 다른 한 분은 이탈리아의 몇 가지 사건들 때문에 교서를 발표하지 못했으며, 우리 프랑스 군대가 바티칸에 머물러 있었다는 것을 모르세요? 그런데 제주이트 신부들은 루터와 칼뱅의 이단이 퍼지기 시작하자, 성 토마스의 진정한 교리와 이단의 오류를 구분하기 위해서 백성들의 빈약한 지식을 이용해서, 아주 짧은 시간 동안에 자기들의 교리를 곳곳에 확산시켜 놓았지요. 그 결과, 사람들은 얼마 안 돼서 그들이 백성들의 신앙적 지도자가 되는 것을 볼 수 있었습니다. 만약에 우리들이 최소한 명백한 고백의 형식으로라도 충분은총을 인정하면서, 효력은총의 진리를 완화시키지 않는다면, 우리들은 칼빈주의자들처럼 그들의 공격을 당하거나, 오늘날 장세니스트들이 당하고 있는 것과 똑같은 취급을 당해야 할 상황에 놓여 있는 것이죠. 이런 급박한 상황 속에서 우리는 우리의 신용을 잃지 않으면서 진리를 수호하기 위해서는 충분은총이라는 용어를 인정해야만 되고, 그렇지만 실제로는 그 의미를 부정할 수밖에 없는 것이지요. 어떻게 그 이상 더 잘할 수 있겠어요? 자! 일이 바로 그렇게 된 겁니다."

신부님이 우리들에게 그것을 아주 슬픈 표정으로 말했기 때문에, 나는 그가 측은하다는 생각이 들었네. 그렇지만 나의 친구는 그렇지 않았네. 그는 이 신부님에게 이렇게 말했네. "진리를 수호했다고 자랑하지 마세요. 만약에 다른 보호자들이 없었다면, 진리는 아주 힘이 약한 사람들의 손에서 실종되어 버렸을 겁니다. 당신네들은 교회 안에 적들의 용어를 받아들였어요. 그것은 적 자체를 받아들인 것과 똑같아요. 용어는 사물과 분리될 수 없는 것입니다. 일단 충분은총이라는 말이 확고해지고 나면, 당신이 아무리 그 용어가 '충분하지 않은 은총'을 의미한다고 말해 보았자 소용이 없을 겁니다. 당신 말은 받아들여지지 않을 겁니다. 당신이 아무리 설명하려 해도 세상 사람들은 그것을 역겹게 생각할 것입니다. 사람들은 중요하지 않은 일을 더 진지하게 이야기하는 법이거든요. 그러니 제주이트 신부들이 승리할 것입니다. 실제로 확립된 것으로 간주되는 것은 그들의 충분은총이지, 당신네들이 생각하는 용어에 불과한 은총이 아닐 겁니다. 그러면 사람들은 당신네들의 신앙과 반대되는 것을 신조로 삼게 될 것입니다."

신부님은 그에게 이렇게 말했네. "우리들이 죽기까지 따르기로 맹세했던 성 토마스께서 거기에 직접 반대를 하셨기 때문에, 제주이트 신부들이 말하는 의미로 충분은총을 확립하는 데 찬성하기보다는 차라리 우리 모두 순교를 당하는 편이 더 나을 것 같아요." 이 말을 듣자 내 친구가 그에게 말했네. "자! 신부님, 당신네 교단은 명예를 얻었는데 그 명예를 잘못 관리하고 있군요. 당신들은 당신들에게 맡겨진 은총을 포기하고 있군요. 이 은총은 창세 이후로 한 번도 포기된 적이 없었는데 말입니다. 이 승리의 은총은 구약의 족장들이 기다렸고, 예언자들이 예언했고, 예수 그리스도가 가져다준 은총이며, 성 바오로가 설교했고, 가장 위대한 교부였던 성 아우구스티누스가 설명했고, 그를 따르던 사람들이 선택했던 은총이고, 마지막 교부인 성 베르나르가 확립했고, 교단의 천사와 같은 존재인 성 토마스가 옹호했으며, 그를 통해서 당신네 교단에 전해졌고, 당신네 교단의 수많은 교부들에 의해서 유지되었던 은총이며, 교황 클레멘스와 바오로의 치하에서 수많은 수도사들이 그렇게도 자랑스럽게 수호했던 은총입니다. 이 효력은총은 영원히 계속될 거룩한 질서 속에서 세상의 종말이 올 때까지, 선교사들을 통해서 온 세상에 선포될 수 있도록 마치 위탁물인 것처럼 당신들의 손에 맡겨져 있었는데, 매우 부끄러운 이익 때문에 버려지고 있습니다. 지금은 이 은총을 지키기 위한 싸움을 위해서 사람들이 무장을 해야 할 때입니다. 지금은 하나님께서 이 시대의 사회 참여를 모르는 채 오로지 하나님을 위해서 하나님께만 봉사하는, 은총의 박사[9]의 용감한 제자들을 보내 주셔야 할 때입니다. 도미니크회 신부들은 더 이상 은총의 수호자가 되지 못할 것입니다. 그렇지만, 수호자들이 결코 부족하지는 않을 것입니다. 왜냐하면 은총이 그 자체의 전지전능한 힘으로 수호자들을 육성할 것이기 때문입니다. 은총은 순수하고 거리낌이 없는 마음을 원합니다. 그리고 은총 자체가 그 마음을 순화시키고, 또 복음서의 진리와 양립할 수 없는 세상의 이익들을 그들의 마음에서 제거해 줄 것입니다. 신부님, 잘 생각해 보세요. 그리고 하나님께서 횃불을 그 자리에서 옮기시지 않을까 조심하세요. 그리고 하나님께서 당신들이 교회의 그렇게 중요한 소송 문제를 냉정하게 대했던 것을 벌하시게 되면, 당신들은 면류관도 없이 암흑 속에 버림받지 않을까 조심해야만 할 것입니다."

그는 아마도 더 많은 말을 했을 것이네. 왜냐하면, 그는 점점 더 열정을 보여 주기 시작했거든. 하지만, 나는 그의 말을 가로막고 일어서면서 이렇게 말했네. "정말로 신부님, 만약에 내가 프랑스에서 신용을 얻은 사람이라면, 나는 나팔을 불어 세상에 알리겠습니다. 자코뱅파 수도사들이 모든 사람에게 충분은총이 주어졌다고 말했을 때, 그 말이 의미하는 바는 '실제로는 모든 사람이 다 충분한 은총을 가진 것은 아니다.'라고요. 그 다음에는 당신이 하고 싶은 대로 말씀하세요. 하지만, 그와 달리 말씀하지는 마십시오." 이렇게 해서 우리의 방문이 끝났네.

그러니, 자네는 근접능력의 경우와 비슷한 문제가 여기에서는 정치적인 충분성이라는 사실을 알게 될 것이네. 그렇지만 나는 자네에게, 자신이 자코뱅파만 아니라면, '근접능력'과 '충분은총'을 별 위험 부담 없이 불신해 볼 수 있는 것처럼 보인다고 말할 것이네.[10]

9 '예수 그리스도의 은총의 박사이며 수호자'라는 성 아우구스티누스에게 붙여진 칭호.

10 역주) 여러 가지 의미가 함축되어 있으나, 매우 조심스러운 표현. 몽탈트는 이 두 용어 때문에 문제가 발생되고 있으나, 자코뱅파가 모호한 태도를 취함으로써 그 문제가 해결되지

편지를 봉하면서, 나는 징계가 내려졌다는 사실을 방금 알았네.[11] 그러나 나는 아직 그것이 어떤 내용인지 모르기 때문에, 그리고 그것이 2월 15일에나 발표될 것이기 때문에, 그에 관해서는 다음 편지에서 이야기하겠네.

않는다고 생각하고 있다.

11 두 번째 편지의 작성일인 1656년 1월 29일, 아르노에 대한 징계가 내려졌고, 2월 15일 이전에 자신의 견해를 철회하지 않을 경우, 그는 소르본 대학 교수직을 잃게 될 위기에 놓였다.

[처음 두 통의 편지들에 대한 시골 친구의 답장 요약]

친구의 편지 두 통을 나뿐만 아니라 모든 사람들이 읽었다. 신학자들만이 아니라 세상 사람들이 모두 재미있어 하고 여자들도 쉽게 이해한다. 유명 인사인 아카데미 회원 한 분이 이 글을 읽고 편지를 보내왔다. 자기는 "그 근접능력을 단죄한다."라고 한다. 또 한 사람은 내 편지에 대한 감사의 표시를 하면서, 이 편지는 "재치있고 교묘하게 야유하며, 읽는 이의 즐거움을 배가시킨다. 풍부한 재치와 판단이 들어 있어서, 필자가 누구인지 알고 싶다. 견책이 결정되겠지만, 자기는 '근접능력'과 '충분은 총'이 더 이상 두렵지 않다."라고 말한다.

처음 두 통의 편지들에 대한

시골 친구의 답장

1656년 2월 2일

친구에게,

자네의 두 통의 편지들은 나만을 위한 것이 아니네. 모든 사람이 그것들을 읽고, 모든 사람이 그것들을 듣고, 모든 사람이 그것들을 믿고 있네. 신학자들만 그 편지들을 높이 평가하는 것이 아니네. 세상 사람들도 모두 그것들을 재미있게 생각하고 있고, 여인들까지도 그것들을 이해하고 있네.[1]

모든 유명 인사들 중 가장 유명하신 아카데미 회원님 한 분이 아직 첫 번째 편지밖에 읽지 못하셨지만, 나에게 다음과 같은 글을 써 주셨네. "나는 고인이 되신 추기경님을 추모해야 할 의무가 있는 소르본 대학이 프랑스 아카데미의 권한을 인정하기를 바랍니다. 그러면 이 편지의 저자가 만족스러워 할 것입니다. 왜냐하면, 그 '근접능력', 즉 필요한 것이 무엇인지도 알지 못한 채, 아무것도 아닌 일로 그렇게 소란을 피우는 그 '근접능력'을 나는 아카데미 회원의 자격으로 강권적으로 단죄하고, 추

1 다니엘 신부(P. G. Daniel)는 그가 쓴 『클레앙드르와 외독스의 대화』에서 편지에 대한 여인들의 뜨거운 관심에 대해서 지적했다.

방하고, 금지하며(*peu s'en faut que je ne die*), 전력을 다해 근절시키고 싶기 때문입니다. 좋지 않은 것은 우리 아카데미의 권한이 (현실과) 너무 거리가 멀고 제한적이라는 점입니다. 나는 그 점을 유감으로 생각합니다. 그리고 나의 모든 권한으로도 당신에게 은혜를 갚지 못하고 있다는 점을 훨씬 더 유감으로 생각합니다."

내가 자네에게는 전혀 알려 주지 않았던 어떤 분께서 자네의 첫 번째 편지를 전해 준 어떤 부인에게 다음과 같이 글을 썼네.

"나는 당신이 나에게 전해 준 편지에 대해서 당신이 상상할 수 있는 것보다 훨씬 더 많은 감사를 드립니다. 그 편지는 완벽하게 독창적이고 완벽하게 잘 쓰여졌습니다. 그 편지는 서술하지 않는 듯 서술하고 있고, 가장 혼란스러운 세상의 사건을 해명하면서 섬세하게 야유하고 있습니다. 그래서 이 편지는 그 사건들을 모르는 사람들조차도 깨우쳐 주고, 그 일들을 듣는 사람의 즐거움을 배가시켜 줍니다. 이 편지는 훌륭한 변호이고, 이런 표현이 괜찮으시다면, 이것은 일종의 절묘하고도 순수한 검열입니다. 그래서 어쨌든 나는 이것을 누가 썼는지 알고 싶을 정도로, 이 편지 속에는 수많은 재치와 판단이 들어 있습니다."

자네도 이런 편지를 쓴 사람이 누구인지 알고 싶겠지… 하지만, 그를 모르는 채, 그를 존경하는 것으로 만족하기를 바라네. 그리고 혹시 (나중에라도) 그 사람을 알게 된다면, 더욱더 그를 존경해 주기를 바라네.

내 말을 믿고 계속해서 편지를 보내 주게. 때가 되면 징계가 내려지겠지… 우리는 징계를 받을 준비가 되어 있네. 우리들을 위협하고 있는 '근접능력'과 '충분은총'과 같은 단어들은 더 이상 우리들에게 겁을 주지 못할 것이네. 우리들은 제주이트 신부들에 대해서, 그리고 자코뱅파 신부들에 대해서, 또 르무안 씨에 대해서 사람들이 얼마나 다양한 방법으로 그들을 비웃고 있는지, 또 우리들에게 고통을 주고 있는 그 신조어들 속에 얼마나 확실성이 결여되어 있는지 너무도 잘 알고 있네. 그렇지만, 나는 계속해서 … 할 것이네.

[세 번째 편지 내용 요약]

몽탈트는 시골 친구에게 아르노의 징계 소식을 알려준다. 그들은 아르노의 글에서 다음과 같은 문구를 인용하여 그를 징계했다. "우리는 하나님의 은총 없이는 아무것도 할 수 없다. 베드로의 타락은 그에게 은총이 부족했기 때문이다." 이것은 사실 교부들의 글에 명백하게 표현되어 있는 내용이다. 그럼에도 불구하고, 사람들은 그 속에 사악한 내용들이 많이 들어 있을 것이라고 상상한다. 반면에 아르노는 자신의 명제는 교부들의 글과 일치한다고 대답한다. 그에 대한 사람들의 의견은 다음과 같다.

몰리니스트 박사들: 이 명제는 신성모독이고, 파문 대상이며 이단적이다.

대부분의 사람들: 오히려 아르노를 견책한 자들을 비난한다.

몽탈트는 이를 보고 두 개의 질문을 던진다. 첫 번째 질문: 아르노와 교부들 사이에 어떤 표현의 차이가 있는가? 그에 대해서 중립을 지켰던 신학자의 대답: 무슨 차이가 있겠는가? 만약에 조금이라도 차이가 있다면, 그들이 벌써 떠들고 보여 주었을 것이다.

몽탈트의 두 번째 질문: 왜 그들은 이 명제를 비난하는가? 그에 대해서 신학자의 대답: 그 이유를 알려면 다음 두 가지를 알아야 한다. 첫째, 아르노는 교회의 전통에 어긋나는 것을 말하지 않으려 했다. 둘째, 아르노의 적들은 어떻게 해서든지 그를 교회에서 쫓아내려고 했다. 그래서, 그들은 아르노의 글에서 자신들의 의도에 적합한 것을 찾지 못하게 되자, 명제 하나를 골라서 이유도 근거도 말하지 않고 단죄한 것이다.

그에 대해서 몽탈트는 이렇게 묻는다. 그들의 견책은 무효다. 그 견책을 보고 사람들이 무엇을 믿겠는가? 그에 대해서 어느 박사의 말: 그래도, 견책은 당분간 효과적이다. 사람들은 아르노 견책이란 말만 듣고, 그대로 믿는다. 그것을 깊이 검토해 보는 사람은 아무도 없다.

회의장에서 그들은 교수들의 의견 발표 시간을 모래시계로 30분씩 제한했다. 자유가 제한되자, 다수의 박사 교수들이 회의장에서 퇴장해 버렸다.

결론: 이 명제가 다른 사람의 입에서 나왔다면 가톨릭적이다. 그러나, 이 명제가 아르노의 입에서 나왔기 때문에, 그것은 이단적이다. 교부들에게서 가톨릭적인 것이 아르노에게서는 이단적이다. 펠라기우스에게서 이단적인 것이 제주이트에게서는 정통적이다. 그러므로, 이단은 아르노의 견해가 아니라, 아르노라는 인물이다. 그들의 논쟁은 신학자들의 논쟁이지, 신학 논쟁이 아니다.

친구의 이전 편지에 대한 답장으로 보낸

세 번째 편지

파리에서, 1656년 2월 9일

친구에게,

자네의 편지를 방금 받았네. 그리고 동시에 사람들이 검열 문서의 사본을 나에게 가져다주었네. 자네는 편지에서 나를 좋게 평가해 주었는데, 검열 문서를 보면 아르노 씨가 좋지 않은 평가를 받고 있네. 양쪽 모두 너무 지나친 것이 아닌지, 그리고 심판관들이 우리 두 사람을 잘 모르고 있는 것이 아닌지 걱정되네. 만약에 그들이 우리를 좀 더 잘 알았더라면 아르노 씨는 소르본 대학에서 인정을 받았을 것이고, 반대로 나는 아카데미에서 검열을 받았을 것이라고 확신하네. 그처럼 우리의 이해관계는 정반대라네. 아르노 씨는 자신을 알려야만 자신의 무죄를 변호할 수 있고, 반대로 나는 조용히 있어야만 나에 대한 평판을 잃지 않을 수 있다네. 그래서, 내가 나서면 안 되기 때문에 나를 지지해 주신 유명 인사들께 감사를 표시하는 일은 자네에게 부탁하네. 그 대신 나는 검열에 대한 새로운 사실들을 자네에게 알려 주겠네.

친구, 솔직히 말해서 나는 아르노 씨의 징계 소식을 듣고 굉장히 놀랐네. 나는 세상에서 가장 혐오스런 이단들이나 심판을 받는 것이라고 생각했네. 그런데 그렇게도 요란스럽게 준비했던 많은 것들이 대단한 효과를 보이려던 순간, 순식간에 모든 것이 무산되어 버리는 것을 보고 자네도 나처럼 깜짝 놀랐을 것이네.

이런 일을 쉽게 이해하기 위해서는, 그들이 사람들에게 오래전부터 장세니스트 신부들에게 기괴한 이미지를 심어 주려고 노력했던 사실을 기억해 주기 바라네. 기억을 잘 더듬어 보게. 그들이 얼마나 오래전부터 각종 음모와 악담과 오류와 분파와 테러를 장세니스트들 탓이라고 비난했었는지를 생각해 보게. 그 결과, 사람들은 설교 강단이나 서적들을 통해서 이들을 중상모략하고 이들의 이름에 먹칠을 했네. 또한, 이들에게 최근 몇 년 동안 급류처럼 수많은 욕설들이 얼마나 난폭하게, 오랫동안 쏟아졌었는지를 생각해 보게. 사람들은 드러내 놓고 공개적으로, 이들은 이단자들이고 분파주의자들일 뿐만 아니라 배교자들이며 불신자들이라고, 그리고 화체(化體)[1]의 신비를 부정하고 예수 그리스도와 복음서를 부인하는 사람들이라고 비난했었네.

이렇게 수많은 놀라운 비난에 뒤이어, 사람들은 이들의 책을 조사해서 재판을 받게 하려는 계획을 세웠네. 그들은 아르노 씨의 「두 번째 편지」[2]를 선택했다네. 그리고 사람들은 이 편지가 중대한 오류로 가득 차 있다고 말했었네. 사람들은 아르노 씨의 공공연한 적들을 심사위원으로 임명했네. 그들은 그의 편지 속에서 질책할 수 있는 점들을 찾아내려고 골몰했다네. 그러다가 교리에 관계되어 있는 어떤 명제를 찾아내어 징계를 받도록 내놓았네.

이 모든 과정들을 지켜보면서, 이렇게 놀랄 만한 상황들 속에서 선택된 그 명제는 사람들이 상상할 수 있는 가장 흉악한 이단의 본질을 내포하고 있을 것이라고 생각하는 것 외에, 달리 무슨 생각을 할 수 있겠

1 성체성사(성찬예식)의 빵과 포도주가 예수 그리스도의 몸으로 변화되는 것.

2 아르노는 프랑스 귀족들에게 두 통의 편지들을 보냈다. 그중 두 번째 편지는 「프랑스 귀족원 의원인 어느 공작님께 드리는 편지」(1655)였다.

는가? 그런데 아르노 씨가 그 부분에서 진술했던 명제 속에는 교부들의 글[3]에서 아주 분명하고 명확하게 표현되어 있는 것 외에는 아무것도 없었다네. 나는 그 부분에서 어떤 차이점이 있는지 이해하고 있는 사람을 한 사람도 본 적이 없네. 그렇지만, 사람들은 거기에 많은 차이점이 있다고 상상하고 있었네. 왜냐하면, 교부들의 글은 틀림없이 가톨릭적인 것이기 때문에, 아르노 씨의 명제가 이단적인 것이 되려면 그와 정반대의 것이 되어야만 하기 때문이지.

사람들은 소르본 대학이 이 문제를 규명해 주길 기대하고 있었네. 모든 기독교 신자들이 눈을 부릅뜨고 보통 사람들이 감지하기 어려운 점을 신학 박사들의 검열을 통해서 확인해 보려고 했었던 것이지. 그런데 아르노 씨는 자신을 변호하는 글에서, 자기의 명제와 자기가 인용한 교부님들의 문구들을 여러 개의 대조표로 제시하면서 지극히 통찰력이 부족한 사람들에게까지도 그 글들이 같은 내용이라는 것을 보여 주려고 노력했다네.

그는 한 인용문에서 성 아우구스티누스가 다음과 같이 말한 것을 보여 주고 있네. 〈예수 그리스도는 성 베드로라는 인물을 통해서 우리들에게 의인의 한 예를 보여 주고 있는데, 이것은 우리들로 하여금 그의 실수를 통해서 자만심을 피하도록 교훈을 준다.〉 그는 이 교부님의 또 다른 글을 인용하고 있는데, 그 내용은 다음과 같네. 〈하나님께서는 우리들이 은총 없이는 아무것도 할 수 없다는 것을 보여 주시기 위해서, 성 베드로를 은총 없이 버려 두셨다.〉 그는 성 크리소스토무스의 다음과 같은 글도 인용했네. 〈성 베드로의 실수는 예수 그리스도에 대해 냉담하였기 때문이 아니라, 은총이 그에게 결여되었기 때문이다. 성 베드로의 실수는 그의 부주의로 인해서라기보다는 하나님으로부터 잠시 버림받음

3 성 아우구스티누스와 성 크리소스토무스의 글들.

으로 인해서 일어난 것이며, 이것은 우리가 하나님 없이는 아무것도 할 수 없다는 것을 모든 교회에 가르쳐 주기 위한 것이다.〉 그러고 나서, 그는 고소를 당한 자기의 명제를 인용하고 있는데, 그 내용은 다음과 같네. 〈교부님들께서는 우리들에게 성 베드로라는 인물을 통해서 은총이 결여되어 있었던 한 의인의 예를 보여 주고 있습니다. 즉 우리들은 은총 없이는 아무것도 할 수 없습니다.〉

바로 이 점에 있어서 사람들은, 진리가 오류와 다르고 신앙이 이단과 다르듯이, 아르노 씨의 표현이 어떻게 해서 교부들의 표현과 다르다고 말할 수 있는지를 찾아 보려고 노력했지만 헛수고였다네. 그 차이점을 어디에서 찾을 수 있겠는가? 그가 '교부님들께서 성 베드로라는 인물을 통해서 우리들에게 의인의 한 예를 보여 주고 있다는 것'이라고 말한 점일까? 그렇지만 성 아우구스티누스가 자신의 말로 그렇게 말했거든. 그러면 그가 '그에게는 은총이 결여되어 있었다.'라고 말한 점일까? 하지만, '성 베드로는 의인이다.'라고 말했던 동일한 성 아우구스티누스가 '그 경우에 그에게는 은총이 없었다.'라고 말하고 있거든. 그러면, 그가 '은총 없이는 우리들은 아무것도 할 수 없다.'라고 말한 점일까? 그렇지만, 그것은 성 아우구스티누스가 이미 동일한 구절에서 말했던 것이 아닌가? 그리고 그보다 먼저, 성 크리소스토무스도 역시 '그의 실수는 그의 냉담함 때문이라거나 그의 부주의 때문이 아니라 은총의 결여 때문에, 그리고 하나님의 버리심 때문에 일어났다.'라고 말했는데, 이것은 아르노가 훨씬 더 강한 어조로 표현했다는 차이점만 있을 뿐, 동일한 것이 아닌가?

그렇게 기다렸던, 그렇게 유명한 징계가 여러 번의 회의를 거친 후에 마침내 발표되자, 모든 사람이 아르노와 교부의 말에 어떤 차이점이 존재하는지 알아보기 위해 고심하느라 숨 돌릴 틈이 없었다네. 그렇지만 애석하게도 그 징계는 우리의 기대에 대단히 어긋난 것이었네. 몰리니스트 박사들이 우리에게 조금은 낮은 자세로 그 점을 가르쳐 주려고 하지 않았던 것인지, 아니면 어떤 다른 비밀스러운 이유가 있었는지 모르겠지만, 그들은 다음과 같은 말 외에는 다른 아무 일도 하지 않았네. "그 명제는 무모하고 불경스럽고 신성모독적이며 파문당하고, 이단의 심판을 받을 만한 것입니다."

친구, 대부분의 사람들이 그들의 기대가 어긋난 것을 알게 되자, 마음이 상해서 검열한 사람들을 오히려 비난하고 있다고 말한다면, 그 말이 믿어질까? 그런데 그들은 검열한 자들의 행동을 보면서 오히려 아르노 씨가 무죄라는 놀라운 결론을 이끌어 내고 있다네. 그들은 이렇게 말하고 있네. "아니 뭐라고요! 그렇게 열성적인, 수많은 박사님들이 단 한 사람을 놓고 그렇게 오랫동안 그의 모든 저서들 중에서 비난할 만한 문구를 고작 세 줄밖에 찾아내지 못했다고요? 게다가, 그 문구들이 그리스와 로마 교회의 가장 위대한 박사님들의 말씀 속에서 인용해 온 것들이라고요? 만약 사람들이 어떤 저자를 파멸시키려고 작정한다면, 그의 글 속에서 지금보다 더 그럴싸한 핑곗거리를 찾아내지 못할 리가 있을까요? 또한 이 유명한 피고의 신앙심을 볼 때, 그 이상 더 수준 높은 어떤 증거를 찾아낼 수 있을까요?"

그들은 이렇게 말하고 있네. "사람들은 그 징계 문서 속에서 악독, 흑사병, 혐오, 무모한 짓, 불경함, 신성모독, 가증함, 증오, 파문, 이단과 같은 각종 단어들을 쏟아 놓고 있는데, 이것들은 아리우스나 적그리스도에게 사용할 수 있는 가장 혐오스런 표현들입니다. 그런데 쉽게 알아보기 어려운 이단에 대해서, 그리고 아직 이단의 증거가 발견되지도 않은 상태에서 그렇게 많은 저주들을 쏟아 놓고 있는 이유는 무엇인가요? 만약에 이런 식으로 행동하는 것이 교부님들의 말씀에 대항하려는 것이라면, 신앙과 전통은 어디에 있는 것입니까? 그리고 만약에 아르노 씨의 명제에 반대해서 그러는 것이라면, 어떤 점에서 그 명제가 교부님들의 말씀과 다른지를 우리들에게 보여 주어야만 할 것입니다. 왜냐하면, 우리들 눈에는 그 둘이 완전히 일치하는 것으로밖에는 달리 보이지 않기 때문입니다. 우리들은 그 속에서 죄악을 인정할 수 있을 때, 그것을 혐오하게 될 것입니다. 그렇지만, 우리들이 거기에서 죄악을 전혀 발견하지 못한다면, 그리고 교부님들의 말로 표현된, 교부님들의 감정들만을 거기에서 발견한다면, 어떻게 우리들이 그에 대한 신성한 존경심 외에 다른 감정을 가질 수 있겠습니까?"

바로 이런 식으로 그들은 분노하고 있다네. 그들은 매우 지각이 있는 사람들이네. 우리로서는 문제를 너무 깊이 파고들지 말고, 만사를 마음 편하게 생각하도록 하세. 우리가 우리 스승들보다 더 유식해지기를 바랄 수 있겠는가? 그러니 그들보다 더 많은 것을 시도하려고 하지는 말게. 그렇게 하기를 바라다가는 오히려 빗나가게 될 것이네. 이 징계를 이단적인 것으로 만들기 위해 필요한 것은 더 이상 아무것도 없을 것 같네. 그 명제와 신앙 사이에는 알아차리기 어려운 한 가지 차이점이 있을 뿐이네. 하지만 그 차이점이 너무 미미하기 때문에 내가 그것을 알아차리지 못한 채 소르본 대학 박사님들의 의견과 너무 일치되는 척하다가, 교회의 교부님들과 반대 입장에 놓이게 될까 두렵네. 이런 두려움 속에서, 나는 첫 번째 문제에 있어서 정치적으로 중립을 지키고 있는 어떤 분에게, 진정으로 그 문제의 실상을 알아보기 위해서 자문을 구하는 것이 필요하다고 판단했네. 그래서 나는 아주 유능한 어떤 분을 만나 뵙고 그 차이점의 진상을 나에게 알려 주시라고 부탁드렸네. 왜냐하면, 나는 그분에게 내가 거기에서 아무런 차이점도 발견하지 못했다고 솔직하게 고백했기 때문이네.

나의 부탁에, 그분은 마치 나의 순진함이 재미있다는 것처럼 웃으면서 이렇게 대답했네. "차이가 있다고 생각하시다니 당신은 참으로 순진하시군요! 어디에 차이가 있을 수 있겠어요? 만약에 그들이 어떤 차이점을 발견했다면, 그것을 큰 소리로 떠들어 대지 않을 것이라 생각하세요? 그리고 모든 대중들이 보는 앞에서 그것을 설명하면서 정신적으로 아르노 씨를 헐뜯으면서 기뻐하지 않을 거라 생각하세요?" 그 몇 마디 말에, 나는 첫 번째 문제에서 중립을 지켰던 사람들이 두 번째 문제에서는 중립을 지키지 않을지도 모른다는 생각을 했네. 그렇지만 나는 그의 설명을 좀 더 듣고 싶어서, 그에게 이렇게 말했네. "그렇다면, 무슨 이유로 그들은 그 명제를 공격하나요?" 이 말에 그분은 나에게 이렇게 응수했네. "이 사건에 대해서 잘 모르고 있는 사람들조차도 알고 있는 두 가지 사실을 당신은 모르시나요? 한 가지는, 아르노 씨가 항상 교회의 전통에 근거를 두고 있는 것이 아니면 어떤 말도 회피해 왔다는 것이죠. 다른 한 가지는, 그렇지만 그의 적들은 어떤 대가를 치르더라도 그를 교회에서 제명하기로 결정했다는 것이죠. 그런데 아르노의 글이 그들의 계략에 아무런 실마리도 제공하지 않게 되자, 그들은 그들의 욕심을 채우기 위해서 명제 하나를 있는 그대로 선택할 수밖에 없었습니다. 그리고 어떤 점에서 그런지, 왜 그런지 말하지도 않은 채 그 명제를 단죄할 수밖에 없었다는 것이죠. 왜냐하면, 당신은 모르세요? 장세니스트 신부들이 얼마나 그들을 저지했었는지, 얼마나 심하게 추궁했었는지… 그들이 교부님들의 원칙에 반대되는 말을 조금이라도 입 밖에 내놓을라치면, 즉시 모든 서적을 동원하여 공격을 퍼부었기 때문에 그들은 굴복하지 않을 수 없었죠. 그 결과 그들은 자신들의 약점 때문에 수많은 어려움을 겪은 후, 자기들이 응수하기보다는 상대편에 징계를 내리는 것이 훨씬 더 쉽고 더 적절한 일이라고 판단했던 것이죠. 왜냐하면, 그들에게는 이유를 찾아내는 것보다는 자신들의 편을 들어 줄 수도사들을 찾아내는 것이 훨씬 더 쉬운 일이기 때문입니다."

"아니 뭐라고요! 만약에 일이 그렇게 되었다면, 징계는 아무 쓸데없는 일입니다. 왜냐하면 아무런 근거도 없고, 답변을 하다가 결국 궁지에 몰릴 거라면, 누가 그들을 신뢰를 하겠어요?"라고 내가 그에게 말했네. 그러자 그 박사님은 나에게 이렇게 말했네. "만약에 당신이 군중의 마음을 아신다면, 다르게 말씀하셔야 될 텐데요… 그들의 징계가 아무리 비난받을 만하다 하더라도, 한동안은 틀림없이 효과가 있을 것입니다. 그리고 아무리 그 징계가 무효라는 사실을 보여 준다 하더라도, 사람들이 징계란 말을 듣게 될 것은 뻔한 일이고, 사람들 대부분이 처음에는 세상에서 가장 정당한 징계를 본 것만큼이나 강한 충격을 받게 되는 것 또한 사실입니다. 그들은 사람들이 길거리에서 이렇게 소리치도록 하기만 하면 됩니다. "아르노 씨가 징계를 받았습니다. 장세니스트 신부들이 단죄를 받았습니다. 제주이트 신부들이 옳았습니다." 그 징계 문서를 전부 읽는 사람들이 얼마나 있겠습니까? 게다가 그것을 이해하고 읽는 사람들은 얼마나 소수이겠습니까? 그 징계 문서가 피고의 항변에 대해서 결코 만족스러운 답변을 주지 못한다는 사실을 알아차릴 수 있는 사람들이 얼마나 있겠습니까? 당신은 그 문제들을 마음속에 새기면서 심도 있게 검토해 보려는 사람이 누군가 있으리라 생각하세요? 그러니까 생각해 보세요! 이것이 장세니스트 신부들의 적들에게는 얼마나 유용한 일인지… 보통 때나 마찬가지로 쓸데없는 승리이기는 하지만, 적어도 몇 달 동안은 그들이 그 징계를 통해서 승리했다고 확신을 하는 거죠. 그리고 그것이 그들에게는 대단한 것이 됩니다. 그 다음에 그들은 살아남기 위한 어떤 새로운 방법을 찾을 것입니다. 그들은 그날그날 살아갑니다. 그들이 지금까지 유지되어 온 것도 바로 그런 식이었죠. 어떤 때는, 교리교육을 통해서 어린아이 하나가 적대자들을 단죄하기도 하고, 어떤 때는 가장행렬을 통해서 '충분은총'이 우쭐대면서 '효력은총'을 끌고 가기도 하고, 때로는 연극을 통해서 악귀들이 장세니우스를 끌고 가기도 하고, 어떤 때는 달력에 의해서 하기도 하고, 지금은 이런 징계를 통해서 하기도 하고…"

나는 그에게 이렇게 말했네. "사실 나는 어떤 때는 몰리니스트들의 방식을 비난할 수 있는 방법을 찾곤 했었습니다. 그러나 선생님 말씀을 듣고 보니 그들의 신중함과 정치성에 감탄하게 됩니다. 그들이 이보다 더 적절하고 더 확실하게 일을 처리할 수 없었겠다는 생각이 듭니다." 그러자 그분은 나에게 이렇게 말했네. "잘 이해하셨군요. 그들이 사용하는 가장 확실한 방법은 항상 침묵을 지키는 것입니다. 그렇기 때문에, 어떤 유능한 신학자는 '그들 중에서 제일 수완이 좋은 사람들은 많은 궁금증을 불러일으키면서도 말을 거의 하지 않고, 글도 전혀 쓰지 않는 자들이다'라고 말했지요."

바로 그와 같은 생각으로, 회의가 시작될 때부터 그들은 '만약에 아르노 씨가 소르본 대학에 출석한다면, 그것은 그가 생각하고 있는 것을 단순히 설명하려는 것일 뿐이지, 어느 누구와 논쟁하려는 것이 아니다.'라는 지침을 조심스럽게 내려 보냈다네. 조사위원들은 이런 방법을 피하고 싶었지만, 그럴 수가 없었지. 그래서 그들은 아르노 씨의 '두 번째 변호'에서 너무도 심하게 반박을 당할 처지에 놓이게 되었네.

동일한 생각에서, 그들은 '30분'과 '모래시계'라는 희귀하고도 아주 새로운 방안을 찾아냈던 것이네. 그렇게 해서, 그들은 사람들이 자기들의 논지를 반박하려 한다거나, 또는 박사님들이 그것이 잘못되었음을 이해시키기 위해 책을 출판하려고 한다거나, 또는 박사님들이 그들에게 답변을 하라고 재촉하면서 반박할 수 없도록 그들을 굴복시키고자 귀찮게 부탁을 한다거나 하는 일들을 막을 수가 있었다네.[4]

발언의 자유가 없으면 수많은 박사님들이 회의장에서 빠져 나가게 될 텐데, 이것이 징계를 내리는 일에 방해가 될 것임을 그들이 몰랐던 것이 아니네. 그리고 징계가 결정되기 전부터 아르노 씨의 무죄를 주장하는 항의서가 제출되었다는 것이 알려지게 되면, 그 징계를 호의적으로 수용하도록 만드는 데 있어서 좋지 않은 징조가 될 것임을 그들이 몰랐던 것이 아니네. 이 문제에 깊은 관심을 갖고 있지 않은 사람들은 아르노 씨를 옹호해 보았자 아무런 유익이 없는 70여 명의 박사님들의 판단과, 아르노 씨를 징계한다 하더라도 손해 볼 것이 아무것도 없는 100여 명

4 그럼에도 불구하고, 두 명의 박사들은 책을 출판했다.

의 또 다른 박사님들의 판단을, 모두 고려하고 있을 것이라는 사실을 그들이 충분히 예상하고 있었던 것이네.

비록 그 징계가 소르본 대학 전체의 일이 아닌 일부의 일에 불과하기는 했지만, 비록 그것이 자유가 전혀 없거나 극히 제한되어 있는 상태에서 이루어지긴 했지만, 비록 그것이 정정당당한 방법이 아닌 수많은 편법에 의해서 얻어진 것이긴 했지만, 비록 그것이 쟁점이 될 수 있는 것에 대해서는 아무런 설명도 없이 이루어지긴 했지만, 비록 그것이 어떤 점에 근거해서 이단이라고 하는지 전혀 알려 주지 않긴 했지만, 결국 그들은 여전히 큰 성과가 있는 일이라고 생각했다네. 그들은 사람들이 스스로 오해할까 봐 두려워서 거의 아무 말도 하지 않을 것이라고 생각했던 것이지. 이 침묵 자체는 순진한 사람들에게는 하나의 신비라네. 그리고 징계는 가장 비판적이고 가장 예민한 신학자조차도 거기에서 아무런 부당한 이유를 찾아내지 못한다는 이상한 소득을 얻어 내게 될 것이라네.

그러니까 마음을 편하게 가지게. 그리고 파문을 당한 그 명제를 사용한다고 해서 이단자가 되지 않을까 하는 걱정은 조금이라도 하지 말게. 그 명제가 좋지 않은 것은 다만 아르노 씨의 '두 번째 편지' 속에 있을 때일 뿐이네. 내 말이 믿어지지 않는가? 그러면 조사위원들 가운데서 가장 열성적인 사람인 르무안 씨의 말을 믿게. 그는 오늘 아침에도 그 점에 대해서 이야기하면서, 내 친구 중 한 사람인 어느 신학자가 교부님들의 말과 그 명제 사이에서 차이점이 어디에 있는지, 그리고 교부님들께서 말했던 것을 인용하는 것이 더 이상 허용되지 않는 것인지 그에게 묻자, 놀랍게도 그는 이렇게 대답했다네. "그 명제가 다른 사람의 입에서 나왔다면 그것은 가톨릭적인 것이 될 것입니다. 소르본 대학이 그 명제를 정죄했던 것은 바로 그것이 아르노 씨의 입에서 나왔기 때문입니다." 이와 같이, 교부님들의 글에서 가톨릭적인 것이 아르노 씨의 글에서는 이단이 되고, 반(半)펠라기우스 신학자들의 글에서 이단인 것이 제주이트 신부들의 글에서는 정통 교리가 되고, 그리고 성 아우구스티누스의 오랜 역사를 가진 교리가 참을 수 없는 생소한 교리로 바뀌고, 우리들의 눈앞에서 매일 만들어지는 새로운 교리들이 교회의 오래된 신앙으로 바뀔 정도로 경이로운 변신을 일으키는 몰리니즘의 술책이 너무도 놀랍군요." 그는 이런 말을 남기고, 나와 헤어졌네.

이번의 깨달음이 나에게 큰 도움이 되었네. 나는 여기에서 이것이 바로 신종(新種) 이단이라는 사실을 깨달았네. 이단은 아르노 씨의 의견이 아니네. 이단은 바로 아르노라는 사람 자신이네. 한 개인이 이단인 것이지. 그가 어떤 것을 말하고 어떤 글을 썼기 때문에 이단이 아니라, 단지 그가 아르노 씨이기 때문에 이단인 것이네. 그래서 이단은 그에게서 발견되는 모든 것이고, 그에게서 인용되는 모든 것이네. 그가 무슨 일을 하든지 간에, 그가 존재하는 것을 멈추지 않는 한, 그는 결코 좋은 가톨릭 신자가 되지 못할 것이네. 그가 성 아우구스티누스의 은총을 변호한다면, 그것은 절대로 진정한 은총이 되지 못할 것이네. 그러나 만약에 그가 그 은총을 공격한다면, 반대로 그것은 진정한 은총이 되겠지. 그것은 몰리니즘을 확립하기도 하고, 무너뜨리기도 하는 가장 확실하고 유일한 방법이 되겠지. 그 정도로 그가 선택하는 의견은 불행을 초래하게 되는 것이네.

그러니, 그들의 분쟁을 그냥 내버려두게. 그것은 신학자들 간의 싸움이지, 신학의 싸움은 아니네. 결코 박사가 못 되는 우리들은 그들의 분쟁 속에서 할 만한 일이 아무것도 없네. 이 징계에 관한 소식을 우리의 모든 친구들에게 알려 주게. 친구, 있는 그대로의 내 모습을 사랑해 주게.

[네 번째 편지 내용 요약]

몽탈트는 그의 시골 친구에게 두 계파의 견해를 알려 주면서, 제주이트가 죄에 대한 견해를 잘못 인용하고 있음을 지적한다.

제주이트의 '조력은총'에 대한 견해: '조력은총이란 하나님의 뜻을 알게 해 주고, 그분의 뜻을 실행하도록 우리 자신을 이끌어 가는 하나님의 계시(영감)'이다.

장세니스트와의 차이점은 다음과 같다.

제주이트: 만약에 조력은총이 없다면, 죄를 짓더라도 우리에게 책임이 없다.

장세니스트: 아니다. 조력은총 없이 지은 죄에 대해서도 우리에게는 책임이 있다.

죄에 대한 견해는 다음과 같다.

제주이트: 우리는 어떤 행동을 하기 전에, 하나님께서 우리에게 그것이 악이라는 것을 깨닫게 해 주시지 않으면, 또 그것을 피할 수 있도록 우리를 이끄는 영감을 주시지 않으면, 그 행동은 죄라고 할 수 없다. 그들은 보니 신부의 『죄의 대전(大典)』을 인용한다. <하나님 앞에서 죄가 되고 잘못이 되기 위해서는, 하고자 한 일이 아무런 가치가 없다는 것을 알아야만 하고, 적어도 의심하고 두려워할 줄 알아야만 하며, 하나님은 그분이 금하시는 일을 하는 것을 기뻐하지 않으신다는 것을 판단할 줄 알아야만 한다. 그럼에도 불구하고 그 일을 한다면, 타락하는 것이고 계명을 어기는 것이다.>

장세니스트: 이 책은 로마에서 단죄되었고, 프랑스 주교들에 의해서도 단죄되었다.

제주이트는 '르무안' 신부의 책을 인용한다. "어떤 행동이 죄가 되려면 이 모든 일들이 영혼 속에서 일어나야만 된다. 첫째, 한편으로는 하나님이 영혼 속에 명령받은 것 쪽으로 기울어지게 하는 어떤 사랑을 일으키시고, 다른 한편으로는 반항하는 탐욕이 그 영혼을 유혹한다. 둘째, 하나님은 영혼에게 자신의 연약함을 알도록 일깨우신다. 셋째, 하나님은 영혼을 치유하는 의사를 알도록 일깨우신다. 넷째, 하나님은 영혼 치유에 대한 갈망을 일깨우신다. 다섯째, 하나님은 영혼이 그분께 기도하고 그분의 도우심을 간구하도록 일깨우신다. 이 모든 일이 영혼 속에서 일어나지 않으면 그 행동은 죄가 아니다."

몽탈트는 르무안 신부를 다음과 같이 비웃는다. "신부님은 절망적일 정도로 병들었다고 생각되는 영혼들이 건강하다고 말씀하시는군요!" 그리고 몽탈트의 장세니스트 친구가 성경의 증거들을 인용하면서 좀 더 추궁하자, 제주이트 신부는 슬슬 논쟁을 회피하기 시작한다.

장세니스트 친구: 의인들마저도 미처 깨닫지 못한 채 죄에 빠진다. 죄인들뿐만 아니라 의인들도 역시 죄짓는 순간에 그런 생각과 갈망과 영감을 갖는 것은 아니다. 그들이 죄를 짓는 경우마다 '조력은총'을 가지는 것은 아니다. "정의를 모를 때 죄짓는 것은 불가능하다."라고 말하지 말고 "정의를 모를 때 죄를 짓지 않을 수 없다."라고 말하라.

제주이트: '보니' 신부는 아리스토텔레스를 인용하면서, '어떤 행위가 의도적이지 않을 때는 비난받을 수 없다'고 주장한다.

장세니스트: 당신은 아리스토텔레스의 주장을 잘못 인용하고 있다. 그와는 정반대로, 이 철학자는 "모르고 죄짓는 사람은 죄짓고 싶어 죄를 짓는 것은 아니지만, 그런 행동을 하고자 해서 그렇게 하는 것이다. 따라서 그 행동이 여전히 죄가 되는 이유는 해서는 안 되는 것을 했기 때문이다."라고 말했다.

네 번째 편지

파리에서, 1656년 2월 25일

친구에게,

제주이트 신부님 같은 분들은 어디에도 없을 것이네. 나는 자코뱅파 신부님들과 여러 박사님들과 여러 종류의 사람들을 만나 보았었지만, 만나 보아도 나의 지식에 별 도움이 되지 못했네. 그들은 모두 제주이트 신부님들을 흉내 내고 있을 뿐이었네. 모든 일은 항상 근원으로 올라갈수록 더 좋은 법이거든. 그래서 나는 그들 중에서도 가장 유능한 사람 한 분[1]을 만나 보았네. 나는 자코뱅파 신부들을 만났을 때 나와 함께 갔었던 충실한 친구인 장세니스트 한 사람을 데리고 갔네. 나는 특히 제주이트 신부들이 '조력은총'[2]이라고 부르는 것 때문에 장세니스트 신부들과 의견 충돌이 있었던 문제에 관해 설명을 듣고 싶었네. 그래서 나는 그 신부님에게, 그에 관해서 나한테 가르쳐 주시면 대단히 고맙겠다고 말씀드렸지. 나는 '조력은총'이란 말이 무슨 뜻인지조차 모르고 있으니

1 유명한 설교자이며 지도자였던 제주이트 신부 클로드 드 랭장드(1591-1660)로 추정됨.

2 인간의 구원 사역에 작용하는 하나님의 일시적인 도움. 프랑스어는 grâce actuelle. 하지만 이 용어는 교부들이나 성 토마스 아퀴나스의 글에서는 발견되지 않는다.

나에게 설명해 주시라고 부탁드렸네. 그러자 그분은 나에게 이렇게 말했네. "기꺼이 설명해 드려야죠. 왜냐하면 나는 호기심이 많은 사람들을 좋아하니까요. 그 말의 정의는 다음과 같습니다. 하나님께서는 어떤 영감을 통해서 우리에게 자기의 뜻을 알게 해 주시고, 그 뜻을 성취할 수 있도록 격려해 주시는데, 이 하나님의 영감을 가리켜서 우리들은 '조력은총'이라고 부릅니다." 나는 그에게 이렇게 말했네. "그러면 당신은 어떤 점에서 장세니스트들과 그 문제 때문에 다투고 있나요?" 그분은 나에게 이렇게 대답했네. "우리들이 원하는 대답은 사람들이 시험을 당할 때마다 하나님께서 그들에게 조력은총을 주기를 원하신다는 것이죠. 왜냐하면 우리들은, 인간이 시험을 받을 때 그가 범죄를 저지르지 않도록 도와주는 조력은총이 없다면, 설령 그가 어떤 죄를 범한다 하더라도 그것은 결코 죄가 될 수 없다고 주장하기 때문이죠. 그런데 장세니스트들은 반대로 조력은총 없이 범한 죄라 할지라도, 그것은 죄가 될 수 있다고 말하죠. 그들은 몽상가들입니다." 나는 그가 말하고자 하는 의도를 알아차렸네. 그렇지만, 그가 좀 더 분명하게 설명할 수 있도록, 그에게 이렇게 말했네. "신부님, 저는 그 조력은총이란 용어가 좀 혼란스럽습니다. 익숙하지 않아서요. 만약에 당신이 그 용어를 사용하지 않고서 동일한 내용을 저에게 설명해 주신다면 무한히 감사하겠습니다." 그러자 신부님이 이렇게 말했네. "좋습니다. 다시 말해서 당신은 정의되는 말 대신에 정의하는 말로 대체하기를 원하시는 것이로군요. 논리의 의미는 전혀 바꾸지 않으면서 말이죠. 그렇게 하죠. 그러니까 우리들은 다음과 같은 확고한 원칙을 가지고 있습니다. 만약에 하나님께서 우리들이 어떤 행동을 하기 전에 그 행동 속에 죄악이 내포되어 있다는 지식을 우리들에게 가르쳐 주지 않으신다면, 그리고 우리들이 그 죄악을 피할 수 있도록 영감을 주시지 않는다면, 그 행동은 죄가 될 수 없다. 이제 이해하시겠어요?"

뜻하지 않게 갑작스럽게 범한 모든 죄, 말하자면 하나님에 대한 완전한 망각 속에서 범한 죄들은 우리가 그 속에 내포되어 있는 죄악에 대한 지식도 가지지 못했었고, 그것들을 피하려는 생각도 미처 하지 못했었기 때문에 결코 죄가 될 수 없다는 그의 논리를 듣고 깜짝 놀라서, 나는 내 친구인 장세니스트를 쳐다보았네. 나는 그의 태도로 볼 때, 그가 그런 논리를 전혀 믿고 있지 않다는 것을 알았네. 그렇지만 그가 아무 대답도 하지 않았기 때문에, 나는 신부님에게 이렇게 말했네. "신부님, 저는 신부님께서 하시는 말씀이 사실이었으면 좋겠습니다. 그리고 그에 대한 충분한 증거들이 있었으면 좋겠습니다." 그러자 신부님은 즉시 나에게 말했네. "증거를 원하신다고요? 가서 보여 드리지요. 가장 좋은 증거가 있지요. 기다리세요." 그러고 나서 그분은 책을 찾으러 가더군. 그 동안에 나는 내 친구에게 말했네. "이분처럼 말하는 사람이 또 있을까?" 내 친구는 나에게 이렇게 대답했네. "그것이 당신한테는 그렇게 새로운가? 하지만 최근에까지도 교부님들도, 교황님들도, 주교 회의도, 성서도, 어떤 신앙 서적도 이런 식으로는 결코 말한 적이 없다는 사실을 믿게. 그렇지만 결의론자와 신(新)스콜라 학파 사람 중에는 그렇게 말하는 사람들이 많을 걸세." 나는 그에게 이렇게 말했네. "아니, 뭐라고! 나는 교회의 전통에 반대되는 글을 쓰는 사람들이라면 다 무시해 버린다네." 그러자 그가 나에게 말했네. "옳으신 말씀이네." 이런 대화를 하고 있을 때, 그 신부님이 여러 권의 책을 들고 와서, 그중에 첫 번째 책을 나에게 내밀면서 이렇게 말했네. "보니 신부님의 『죄의 대전(大典)』을 읽어 보세요. 자! 여기 있군요. 게다가 제5판입니다. 즉, 좋은 책이라는 거죠. 장세니스트인 내 친구가 아주 낮은 목소리로 이렇게 말했네. "유감스럽게도, 그 책은 로마 교황청에서 파문을 받았고, 프랑스 주교들에 의해서도 파문을 받았지." 그 신부님이 나에게 이렇게 말했네. "906쪽을 보세요." 그래서 내가 찾아서 읽었지. 그 내용은 다음과 같았네. 〈죄를 짓기 위해서는, 그래서 하나님 앞에 죄인이 되기 위해서는, 자기가 하고 싶어 하는 일이 전혀 무가치한 일이라는 것을 알아야만 한다. 또는 적어도 그 일에 대해서 의심하거나 두려워해야만 한다. 또는 하나님께서는 자기가 하려고 하는 행동을 기뻐하지 않으신다는 사실과 그 행동을 금지하셨다는 사실을 판단할 줄 알아야만 되며, 그럼에도 불구하고 금지 사항을 무시하고 단숨에 뛰어넘어, 그런 행동을 해야만 된다.〉

나는 그에게 이렇게 말했네. "시작부터 대단하군요." 그러자 신부님은 나에게 이렇게 말했네. "하지만 사람들이 이 신부님을 얼마나 질투하고 있는지 보세요. 알리에 씨[3]는, 우리와 친구가 되기 전에는 바로 이 점 때문에 보니 신부를 놀려 대면서, 다음과 같은 성경 말씀을 인용했답니다. "저분이 바로 세상 죄를 지고 가는 분이로군요!"(*Ecce qui tollit peccata mundi!*)[4] 그래서 내가 그에게 이렇게 말했네. "보니 신부님의 말씀에 의하면, 그것이 바로 전혀 새로운 구원이라는 말이로군요."

그러자 그분이 이렇게 덧붙여 말했네. "당신은 이보다 더 권위 있는 분을 원하시는가요? 그렇다면 아나(Annat) 신부님의 책을 보십시오. 이것이 바로 그분이 아르노 씨에게 반박하기 위해서 최근에 쓰신 책입니다. 접혀 있는 부분, 34쪽을 읽어 보세요. 연필로 내가 표시해 놓은 몇 줄을 읽어 보세요. 모두 명언들뿐입니다." 그래서 나는 다음과 같은 글을 읽어 보았네.

〈하나님에 대해서나 자기의 죄에 대해서 아무런 생각도 없고 아무런 걱정도 없는 사람, 다시 말해서 내가 이해하는 바로는, 하나님에 대한 사랑의 행동이나 회개의 행동에 대해서 아무런 지식이나 의무감이 없는 사람은 그런 행동을 하기 위한 조력은총을 가지지 못한 사람이다. 그렇지만, 그가 그런 행동들을 한다고 해서 죄를 짓는 것이 아니라는 것도 또한 사실이다. 만약 그가 영벌을 받는다면, 그가 부주의했기 때문에 받는 것은 아닐 것이다.〉 그리고 몇 줄 더 내려가서 이런 문장을 읽었네.

3 프랑수아 알리에(François Hallier, 1595-1659). 신학대학 대표 이사. 툴(Toul)의 주교.

4 요한복음 1장 29절.

〈우리는 죄가 되는 행동에 대해서도 동일하게 말할 수 있다.〉

신부님은 나에게 이렇게 말했네. "부주의로 인한 죄들과 범행으로 인한 죄들에 대해서 아나 신부님께서 어떻게 말씀하시는지 아시겠죠? 그분은 어느 것도 빠뜨리지 않으시니까요. 당신은 어떻게 생각하세요?" 나는 그에게 이렇게 대답했네. "야! 정말로 마음에 드는군요! 굉장한 결과를 가져오겠네요! 저는 벌써부터 다음 상황들이 눈에 보입니다. 얼마나 많은 신비스러운 일들이 일어나게 될지… 은총이나 성사로 인해서보다도, 비교가 안 될 정도로 훨씬 더 많은 의인들이 하나님에 대한 무지와 망각으로 인해서 생겨나겠군요! 하지만 신부님, 혹시 저에게 거짓된 즐거움을 던져 주시려는 것은 아니시죠?[5] 혹시 여기에 '충분하지 않은 충분함'과 비슷한 어떤 것이 있는 것은 아니시죠? 저는 그 '구분해 보세요(*distinguo*)'라는 말이 몹시 두렵습니다. 저는 이미 그런 일을 당했던 적이 있었거든요. 지금 진심으로 말씀하시는 거죠?" 그러자 신부님은 흥분하면서 이렇게 말했네. "뭐라고요! 농담하시면 안 돼요. 여기에 애매모호한 점은 전혀 없어요." 그래서, 내가 그에게 이렇게 말했네. "농담하는 것이 아닙니다. 오히려 기대하는 것이 너무 많아서 두려운 거지요."

신부님은 나에게 이렇게 말했네. "그러시면, 당신이 좀 더 확신을 가질 수 있도록 르무안 씨[6]의 글을 읽어 보세요. 그는 소르본 대학에서 충분은총에 대해 강의한 적이 있어요. 사실은 그가 우리들에게서 그것을 배웠지요. 그렇지만, 그는 설명을 잘해 놓았죠. 어쩌면 그렇게 논증을 잘하는지! 그는 어떤 행동이 죄가 되기 위해서는 모든 것이 머릿속에서 일어나야만 한다고 가르칩니다. 한번 읽어 보세요. 그리고 한 마디 한 마디를 깊이 생각해 보세요. 저는 라틴어로 읽었었는데, 여기에는 우리 말로 다음과 같이 되어 있군요." 〈첫째, 한편으로는 하나님께서 인간의 마음

5 필자의 아이러니와 조소적인 비판이 계속된다.

6 1642-1654년 사이에 소르본 대학 교수로 재직했으며 충분은총에 대해서 강의했다.

속에 어떤 사랑을 퍼트리셔서, 그 사랑이 그의 마음으로 하여금 하나님께서 명령하신 일을 실천하는 쪽으로 기울어지도록 만든다. 다른 한편으로는, 거기에 저항하는 사욕이 그의 마음을 반대쪽으로 유혹한다. 둘째, 하나님께서는 그의 마음속에 자신의 연약함을 알 수 있도록 계시하신다. 셋째, 하나님께서는 그의 연약함을 치료해 줄 만한 의사를 알게 하신다. 넷째, 하나님께서는 그 사람의 마음에 치료받고 싶은 욕구를 불러일으키신다. 다섯째, 하나님께서는 그의 마음에 기도하고 싶은 욕구와 도움을 간청하고 싶은 욕구를 불러일으키신다.〉

이 제주이트 신부님은 이렇게 말했네. "그러므로 이 모든 일이 그 사람의 마음속에서 일어나지 않는다면, 그 행동은 엄밀하게 말해서 죄가 되지 않습니다. 르무안 씨가 이 부분에서 이야기했고, 그 다음 부분에서도 이야기했던 것처럼, 그 행동은 죄가 될 수 없습니다. 또 다른 권위 있는 사람들의 증거를 보시겠습니까? 여기 있습니다."

그러자 장세니스트인 내 친구가 슬며시 나에게 말하더군. "그렇지만 모두가 아주 최근에 알려진 작가들일세." 나는 친구에게 "그렇군."이라고 응수하면서, 그 신부님을 향해서 이렇게 말했네. "아! 신부님, 그분들은 제가 알고 있는 분들이라서 잘됐군요! 제가 그분들을 신부님께 한 번 모시고 와야겠군요. 어쩌면 신부님께서는 그분들보다 죄를 더 적게 지은 사람들을 만나 보신 적이 없을 것 같습니다. 왜냐하면, 그들은 하나님을 전혀 생각하지 않거든요. 악행이 그들의 이성보다 더 앞서가지요. 다시 말해서, 그들은 자신의 결함을 모르고 있고, 그 결함을 치료해 줄 수 있는 의사도 전혀 알지 못합니다. 그들은 자신의 영혼 상태가 건강해지기를 바라지도 않고, 더군다나 영적인 건강을 주시라고 하나님께 기도할 생각조차 하지 않습니다. 그래서 르무안 씨의 말에 의하면, 그들은 세례를 받을 때처럼 순수한 상태에 있습니다. 그들은 하나님을 사랑할 생각도 없고, 죄를 회개할 생각도 전혀 없습니다. 그래서 아나 신부님의 말씀대로, 그들은 사랑과 회개가 부족하여 죄를 짓는 일이 전혀 없습니다.

즉, 그들의 삶은 온갖 종류의 쾌락을 끊임없이 추구하는 데 있고, 그 흐름을 막아 줄 수 있는 최소한의 후회도 결코 해 본 적이 없습니다. 이런 극단적인 모습을 보면서, 저는 그들이 확실히 천벌을 받을 사람들이라고 생각했습니다. 그런데 신부님께서는 그런 극단적인 모습을 보면서도 그들이 확실히 구원을 얻을 것이라고 가르치시는군요. 그런 사람들을 의인으로 인정하시는 신부님께 축복이 있으시길 빕니다! 다른 분들은 힘든 고행을 통해서 영혼을 치료하라고 가르칩니다. 그런데 신부님께서는 지극히 절망적일 정도로 병든 영혼들처럼 생각되는 사람들에 대해서도 매우 건강한 영혼들이라고 말씀하십니다. 아! 그야말로 이 세상에서나 저 세상에서 모두 행복해질 수 있는 참으로 그럴싸한 방법이로군요! 저는 항상 사람들이 하나님을 적게 생각하면 적게 생각할수록, 더 많은 죄를 짓게 된다고 생각해 왔습니다. 그런데 이제 보니까, 하나님에 대해서 전혀 생각하지 않도록 일단 자기 자신을 설득할 수만 있다면, 앞으로는 모든 것이 깨끗해지겠군요. 덕성(德性)에 대한 어느 정도의 사랑을 가지고 있는, 어중간한 죄인들의 종착점이라고 할까요? 그런 어설픈 죄인들은 모두 다 천벌을 받게 되겠군요. 그렇지만 노골적인 죄인들과 완악한 죄인들, 그래서 진짜 죄인들, 말하자면 최고로 완전한 죄인들은 악마도 속일 수 있기 때문에 지옥조차도 그들을 가두어 둘 수 없는 모양이군요."

이 착한 신부님은 자신의 원칙과 그 결과 사이의 관계를 꽤 분명하게 알고 있었기 때문에, 능숙하게 상황을 피하더군. 그는 화를 내지도 않고, 부드럽고 신중하게 나에게 이렇게 말했네. "우리가 그런 곤란한 문제들을 어떻게 해결하는지 이해하기 위해서 이것을 알아 두십시오. 우리는 곧잘 이렇게 이야기한답니다. 즉 당신이 말하는 그 불경한 사람들은 죄가 없을지도 모른다고요. 설령 그들이 개심할 생각이 전혀 없고 하나님께 헌신하려는 의욕이 전혀 없다 할지라도 그렇습니다. 우리는 그들 모두가 그렇다고 주장합니다. 그리고 우리는, 하나님께서 인간이 범하려고 하는 죄악을 그에게 미리 알게 하지 않고서는, 또한 그 죄를 피하거나 혹은 적어도 그 죄를 피할 수 있도록 도움을 간청하고 싶은 욕구를 미리 주지 않고서는 결코 죄를 짓도록 내버려두시지 않는다고 주장합니다. 이와 반대로 이야기하는 사람들은 장세니스트들밖에 없어요."

나는 이분에게 이렇게 응수했네. "아니 뭐라고요, 신부님! 보니 신부님이 말씀하셨던 것처럼, 인간이 죄를 지을 때마다, '양심의 가책이 일어나면 그것을 무시하고 금지 사항을 단숨에 뛰어넘어 행동을 해야 한다.'라는 것을 부정하는 것이 바로 장세니스트 이단이라고요? 그런 것 때문에 이단이 된다니 꽤 재미있는 일이군요. 저는 사람들이 선한 생각을 가지고 있지 않았기 때문에 죄를 지었다고 믿고 있었습니다. 그런데 모든 사람이 선한 생각을 가지고 있다는 것을 믿지 않았기 때문에 죄를 짓는다니, 정말로 저는 그렇게 생각하지 않습니다. 오히려 신부님, 저는 양심상 신부님을 깨우쳐 드려야만 한다는 생각이 듭니다. 그리고 아무런 가책도 없이 즐거운 마음으로 죄를 지으면서, 자랑스럽게 허풍을 떨고 있는 사람들이 수없이 많다는 사실을 당신에게 말씀드려야만 되겠어요. 이런 정보를 신부님보다 더 잘 알 수 있는 사람이 누가 있겠습니까? 제가 말하는 사람 중 누군가의 고해를 들어 보지 않으셨습니까? 왜냐하면 일상적으로 마주치는 상류층 사람들 사이에 그런 일들이 실제로 일어나고 있기 때문이죠. 하지만 신부님, 당신의 가르침이 위험한 결과를 가져올 수 있다는 것을 조심하십시오. 당신의 가르침이 종교에 대해서 의심하려고만 하는 자유사상가들에게 어떤 영향을 주게 될지 생각해 보지 않으셨습니까? 그들은 죄를 범할 때마다, 그 죄를 삼가고 싶은 어떤 경고 혹은 어떤 내면의 욕구를 느끼게 되는데, 그것을 마치 신앙의 원리인 것처럼 당신이 그들에게 이야기한다고 했을 때, 당신은 그들에게 어떤 핑곗거리를 제공하게 되지 않겠어요? 왜냐하면 그들이 그들 자신의 경험을 통해서 당신이 말씀하시는 신앙의 교리가 거짓된 것임을 깨닫고 나면, 그 깨달음을 다른 모든 교리에까지 확대시킬 것이 분명하지 않습니까? 만약 신부님께서 어떤 한 문제에 진실하지 못하다면, 그들은 다른 모든 문제에서도 당신이 의심스럽다고 말할 것입니다. 그렇게 되면, 당신은 그들로 하여금 종교는 거짓된 것이라거나 혹은 당신이 어쨌든 종교에 대해서 잘못 가르치고 있다는 결론을 내리게 만들 것입니다."

나와 함께 갔던 장세니스트 친구가 내 의견을 지지하면서 그에게 이렇게 말했네. "신부님, 당신의 교리를 고수하시려면 조력은총이란 말이 무엇을 의미하는지를 당신이 우리들에게 설명했던 것처럼 그렇게 명확하게 설명하지 않는 것이 더 좋겠습니다. 어떻게 당신은 공개적으로 그런 주장을 하실 수가 있습니까? 즉, 신앙심을 잃지 않으면서, 자기의 질병에 대한 지식과 의사에 대한 지식, 그리고 그 질병을 치료하고 싶은 욕구와 하나님께 치료를 간구하고 싶은 욕구를 마음속에 미리 가지고 있지 않을 경우에는, 죄를 짓는 것이 아니라고요? 탐욕과 외설과 폭언과 결투와 복수와 절도와 신성모독에 빠져 있던 사람들이 당신의 말을 듣고 나면, 진정으로 순결과 겸손과 그 외의 기독교의 다른 여러 미덕을 실천하고 싶은 욕구를 가지게 될까요?

인간 본성의 잠재력을 그렇게 큰소리로 뽐내고 있던 철학자들이 갑자기 인간 본성이 허약하다는 것도 알고, 또 그 치료자가 누구인지도 알게 될 것이라고 사람들이 생각할까요? 덕성(德性)을 부여해 주는 분은 하나님이 아니라고 확고한 금언인 것처럼 주장하며, 덕성을 하나님께 요청하는 사람을 한번도 본 적이 없는 사람들이, 갑자기 그들 스스로가 하나님께 그 덕성을 요청하려는 생각을 가지게 될 것이라고 당신은 말씀하시는 거죠?[7]

하나님의 섭리를 부정하던 에피쿠로스파[8]들이 갑자기 변해서 하나님께 기도하게 될 것이라고 생각할 사람이 누가 있겠어요? 그들은 '우리들

7 난해한 이유는 필자가 4쪽에 달하는 아르노의 변호 내용을 요약하고 있기 때문이다.

8 쾌락주의자들.

이 무언가 필요할 때 하나님께 애원하는 것 — 마치 하나님께서 우리들을 생각하면 기뻐하시기라도 하는 것처럼 — 은 그를 모독하는 일'이라고 말했던 사람들인데요?

결국, 우상 숭배자들이나 무신론자들이 그들을 죄악에 빠뜨리는 수없이 많은 유혹들 속에서 그들이 잘 알지도 못하는 하나님께, 그리고 그들이 잘 알지도 못하는 진정한 덕성을 주시라고 기도하고 싶은 욕구를 가지게 될 거라고 어떻게 상상할 수 있겠어요?"

그러자 그 착한 신부님은 단호한 어조로 이렇게 말했네. "있지요. 우리들은 그렇게 말할 것입니다. 우리들은 사람들이 자기가 악을 행하고 있다는 자각이나, 그 반대의 미덕을 실천하고 싶은 욕망 없이 죄를 짓는다고 말하기보다는 오히려, 불경한 자들이건 불신앙자들이건 간에 모든 사람은 유혹을 받을 때마다 그런 계시와 그런 욕망을 가지게 된다고 주장할 것입니다. 왜냐하면 적어도 성서를 통해서, 당신은 그것이 그렇지 않다는 것을 나에게 증명할 수 없을 것이기 때문입니다."

그 말을 듣고 나는 그에게 이렇게 말했네. "아니 뭐라고요! 신부님, 그렇게 뻔한 일을 증명하기 위해서 성서의 도움을 받아야만 됩니까? 이것은 신앙의 문제도, 추론의 문제도 아닙니다. 이것은 사실의 문제입니다. 우리들은 그것을 보고, 알고, 느낍니다."

그러자, 장세니스트인 나의 친구가 그 신부님이 사용했던 용어를 사용하면서 그에게 이렇게 말했네. "신부님, 성서만을 참고하고 싶어 하신다면 저도 찬성입니다. 하지만, 적어도 다음과 같은 성경 말씀에 거역하지는 마십시오. 왜냐하면 성경에 이렇게 기록되어 있으니까요. 〈하나님께서는 자기의 법도를 이방인들에게 알리지 않으셨다.〉[9] 〈그들로 하여금 그들의 길에서 방황하게 내버려 두셨다.〉[10] 그렇지만 〈암흑과 죽음의

9 시편 147편 20절 참조.

10 사도행전 14장 16절 참조.

그늘 속에 버림을 받았다.〉[11]라고 성경이 확인했던 사람들에게 하나님께서 빛을 비추어 주셨다고 말씀하지는 마십시오.

당신의 원리가 잘못된 것임을 이해하기 위해서는, 성 바울이 무지와 열정으로 인해 죄를 범했다고 고백하면서, 자기 자신을 가리켜서 '내가 죄인 중에 괴수'라고 말하고 있는 것을 보면 충분히 알 수 있지 않습니까?

예수 그리스도를 십자가에 못박았던 자들이, 비록 자기들의 죄악을 알지 못했다 할지라도, 〈예수께서 그들을 위해 용서를 빌어 줄 필요가 있었다.〉라는 사실과, 사도 바울의 말대로 〈만약에 그들이 죄악을 알았었다면 결코 죄를 행치 않았을 것이다.〉[12]라는 사실을 성경에서 읽어보면 충분히 알 수 있지 않겠어요?

사도의 말씀에 의하면, 모든 죄악 중에서 가장 큰 죄는, 죄를 짓지 않으면서도 자기가 죄를 짓고 있다고 생각할 정도로 자신이 죄를 짓고 있음을 전혀 알지 못하는 사람들에 의해서 저질러질 수 있습니다. 이 사실을 우리가 이해하기 위해서는, 교회를 파괴하려고 노력하면서도, 그것이 하나님께 봉사하는 일이라고 믿고 있는 교회의 박해자들이 있을 것이라고 경고해 주신 예수 그리스도의 말씀을 보면 충분히 알 수 있지 않습니까?[13] 결국, 예수 그리스도께서 우리에게 두 종류의 죄인이 있다고 가르쳐 주신 것으로 충분하지 않습니까? 한 종류는 알면서도 죄를 짓는 사람들이고, 다른 한 종류는 모르고 죄를 짓는 사람들이며, 그들은 사실상 다르게 벌을 받기는 하지만, 모두가 벌을 받게 될 것이라고 가르쳐 주셨거든요."[14]

이 착한 신부님은 자기가 도움을 받았던 성경으로부터 수많은 증거들

11 이사야 9장 2절 참조.

12 고린도전서 2장 8절 참조.

13 요한복음 16장 2절 참조.

14 누가복음 12장 47-48절 참조.

이 쏟아져 나오자 다급해져서 발뺌을 하기 시작하더군. 그는 우리에게 이렇게 말했다네. "하나님의 계시를 받지 못하는 불경한 자들은 죄를 짓거나 말거나 내버려 두고, 적어도 당신은 하나님께서 의인들에게 …(계시를) 주시지 않는다면 그들은 결코 죄를 짓지 않는다는 사실을 부정하지 마세요." 그래서 나는 그의 말을 가로막으면서, 이렇게 말했네. "한 발 물러나시는군요. 신부님, 물러나시려는 것이군요. 그래서 일반 원칙을 포기하시는 것이로군요. 그 원칙이 죄인들의 관점에서는 더 이상 아무런 쓸모가 없다는 것을 알게 되자, 타협하시려는 것이군요. 그래서 최소한 의인들을 위해서만이라도 그 원칙을 적용하시려는 것이군요. 하지만, 그렇게 되면 그 원칙의 적용 범위가 매우 축소되어야 한다는 것을 알게 될 겁니다. 왜냐하면, 그 원칙이 더 이상 사람들에게 거의 쓸모가 없을 것이기 때문입니다. 그러면 당신도 그것 때문에 다툴 필요가 없어질 테니까요."

그런데 나와 함께 갔던 친구가 — 내가 생각하기에 그날 아침에도 이 문제를 깊이 연구해서 모든 면에서 준비가 되어 있었기 때문에 — 그에게 이렇게 대답했네. "신부님, 논쟁을 원했던 신부님 쪽 사람들이 피할 수 있는 마지막 보루가 바로 그것이로군요. 그렇지만 당신은 거기에서도 역시 별로 안심할 수 없을 겁니다. 의인들을 예로 드는 것도 당신에게 그렇게 유리한 것이 아니거든요. 의인들도 자주, 그들 자신도 알지 못한 채 갑작스럽게 죄악에 빠지게 된다는 사실을 의심할 사람이 누가 있겠어요? 성자들조차도 사욕으로 인해서 얼마나 많은 은밀한 올가미에 빠지게 되는지, 그래서 성 아우구스티누스가 그의 참회록에서 말했던 것처럼, 의인들이 아무리 조심한다 할지라도 꼭 필요한 일에 쏟으려고 생각했던 마음을 사실은 정욕에 쏟는 일이 얼마나 일상적으로 일어나는지를 우리들도 잘 알지 않습니까?

지극히 신앙심이 좋은 사람들조차도 논쟁을 하다 보면, 그들이 오직 진리에 대한 관심만으로 행동할 때를 제외하고는, 그들의 양심상 즉석에서 다른 증거를 대지 못하면 자신의 이익 때문에 신랄한 감정 속으로 빠져드는 일을 너무도 흔히 경험할 수 있거든요! 그리고 때로는 오랜 시간이 지난 뒤에서야 그것을 깨닫게 되는 일이 얼마나 자주 일어나는 일입니까!

그렇지만, 교회의 역사를 통해서 그 좋은 예들을 볼 수 있듯이, 자기들은 실제로 선한 일이라고 믿기 때문에 실제로 악한 일에 열성적으로 뛰어들었던 사람들에 대해서 우리는 무슨 말을 해야 할까요? 교부님들의 말씀에 의하면, 그럴 경우라 하더라도 그들은 어쨌든 죄를 범한 것이라고 하지 않습니까?

그런 일이 없다면, 어떻게 의인들이 숨은 죄를 짓겠습니까?[15] 어떻게 하나님만이 그 죄의 크기와 횟수를 아신다는 말과 자기가 사랑을 받을지 미움을 받을지 아무도 알지 못한다는 말이 진실일 수 있겠습니까?[16] 그리고 성 바울이 자기 자신에 대해서 말했던 것처럼, 가장 위대한 성자들이라 할지라도, 자기들이 어떤 일에 대해서 죄책감을 느끼고 있지 않음에도 불구하고, 항상 두려움과 떨림 속에서 살아야 한다는 말이 진실일 수 있겠습니까?

그러니까 신부님, 의인들의 예와 죄인들의 예는, 신부님께서 죄를 짓기 위해서는 죄악을 알아야만 하고, 그 반대의 경우에는 덕을 사랑해야만 한다고 가정하고 계시는 그 필요조건을 정반대로 뒤집어 놓는 것이라고 생각하십시오. 왜냐하면 불경한 자들이 가지고 있는 죄악에 대한 열정은 반대로 그들이 덕에 대한 아무런 욕구도 가지고 있지 않다는 것을 충분히 입증해 주는 것이고, 또한 의인들이 가지고 있는 덕에 대한 사랑은 성서에 의하면 그들이 일상적으로 범하는 죄악에 대한 지식을 항상 소유하고 있는 것만은 아니라는 사실을 명백하게 입증해 주기 때

15 시편 19장 12절 혹은 13절 참조. 〈숨은 허물에서 벗어나게 하소서.〉

16 전도서 9장 1절 참조.

문입니다.

그래서 의인들이 이런 식으로 죄를 짓는 것은 분명한 사실이며, 그와 달리 위대한 성인들이 죄를 짓는 일은 매우 드물다는 것도 분명한 사실입니다. 왜냐하면 하나님께서 싫어하시는 것이면 무엇이든지 지극히 작은 것이라도 알아차리자마자 정성과 열심을 기울여 회피할 정도로, 매우 순수한 영혼의 소유자들임에도 불구하고, 매일 여러 번씩 죄를 짓는 사람들이 죄를 짓기 전에 스스로의 연약함을 알고, 그 연약함을 치료해 주는 의사를 알고, 스스로의 영적 건강에 대한 욕구와, 하나님께서 자기를 도와 주시라고 기도하고 싶은 욕구를 가질 것이라고 어떻게 상상할 수 있겠습니까? 그리고, 이런 모든 계시에도 불구하고, 그렇게 열성적인 영혼의 소유자들이 금지사항을 무시하고 죄를 범할 수 있을 것이라고 어떻게 상상할 수 있겠습니까?

그러므로 신부님, 이렇게 결론을 내리시지요. 죄인들이나 위대한 의인들이나 모두가 죄를 지을 때마다 그러한 지식과 그러한 욕구와 그러한 계시를 항상 가지고 있는 것만은 아니라고요. 다시 말해서 당신이 말씀하신 것처럼 그들은 죄를 짓는 모든 상황 속에서 항상 '조력은총'을 가지고 있는 것만은 아니라고요. 그래서 당신이 언급하셨던 최근의 저자들 말대로 인간은 의가 무엇인지 알지 못할 때는 죄를 짓는 일이 불가능하다고 더 이상 말씀하지 마세요. 오히려 성 아우구스티누스나 옛날의 교부님들이 말씀하신 것처럼 이렇게 말씀하세요. '정의가 무엇인지 모르는 사람은 죄를 짓지 않을 수가 없다.'(*Necesse est ut peccet, a quo ignoratur justitia*)[17]

신부님은 죄인들과 마찬가지로 의인들에 대해서도 자기 의견을 주장하기가 곤란하다는 것을 깨닫고는, 그렇지만 용기를 잃지 않고 잠시 생각에 잠긴 후에, 우리들에게 이렇게 말했네. "제가 당신을 잘 이해시

17 라틴어의 의미는 바로 앞 문장과 동일함.

켜 드리지요." 그러더니, 앞에서 우리에게 보여 주었던 보니 신부 저서의 동일한 부분을 다시 보여 주면서 "자! 이분이 자기의 생각을 굳히게 된 이유를 보세요. 저는 그가 좋은 증거들을 빠뜨리지 않는다는 것을 잘 알고 있었죠. 그가 아리스토텔레스를 인용하고 있는 이 부분을 읽어 보세요. 그러면 당신은 아주 명백한 권위를 확인하신 후에 이 대표적인 철학자의 서적을 불태워 버리든가, 아니면 우리들의 의견에 찬성하든가 하지 않을 수 없다는 것을 알게 되실 겁니다. 그럼 보니 신부가 설정한 원칙들을 들어 보세요. 이분은 첫째로, 어떤 행동이 고의적인 것이 아닐 때는 비난받을 수 없다고 말하고 있습니다." 그러자 내 친구가 말했네. "저도 동의합니다." 나는 그들에게 이렇게 말했네. "보세요. 처음으로 두 분의 의견이 일치하는군요. 신부님, 제 말을 듣고 그 정도로 해 두시죠." 그는 나에게 말했네. "그러면 아무것도 하지 않은 셈이지요. 왜냐하면, 어떤 행동이 고의적인 것이 되기 위해서는 그것에 필요한 조건들이 무엇인지를 알아야만 하거든요." 그래서 내가 이렇게 대답했네. "그러다가 당신들끼리 다투게 될까 걱정됩니다." 그러자 그가 말했네. "걱정하지 마세요. 이것은 확실한 것입니다. 아리스토텔레스가 제 편입니다. 보니 신부가 말하는 것도 역시 잘 들어 보세요. 〈어떤 행동이 고의적인 것이 되기 위해서는, 그 행동 속에 내재하고 있는 선한 것과 악한 것을 보고, 알고, 통찰한 사람의 행동이어야만 한다.〉 사람들은 이 철학자와 같은 이야기를 하지요(그는 내 손을 꽉 잡으면서 말했네. '아시죠, 이 철학자가 아리스토텔레스라는 것을.'). '고의적인 행위는 그 행위의 특수성을 알고 있다는 원칙하에 이루어진다.'(*Voluntarium est quod fit a principio cognoscente singular, in quibus est actio.*)[18] 그래서, 보니 신부는 다음과 같이 말합니다. 〈인간의 이성이 어떤 일을 원하거나 회피하거나, 어떤 행동을 하거나 하지 않거나 하는 데에 있어서 거기에 죄악이 존재하는지를 알

18 아리스토텔레스의 문구.

기 전에, 인간의 의지가 토론할 사이도 없이 재빨리 그 일을 원하거나 싫어해서, 그 행동을 하거나 하지 않거나 하게 될 때, 그러한 행동은 선한 것도 악한 것도 아니다. 왜냐하면 인간이 하려고 하는 그 일의 성격이 선한 것인지 악한 것인지에 대해서 인간의 정신이 조사해 보고, 알고, 성찰하기 전이기 때문이다. 그 행동은 고의적인 것이 아니다.〉"

신부님은 나에게 이렇게 말했네. "자, 이제 만족하시죠?" 나는 이렇게 대꾸했네. "아리스토텔레스는 보니 신부와 의견이 일치하는 것 같군요. 하지만, 저는 그래도 역시 놀라울 뿐입니다. 신부님, 뭐라고요! 고의적인 행동이 되기 위해서는 자기가 하는 일이 무엇인지를 아는 것과, 자기가 그 행동을 하고 싶어서 하는 것만으로는 충분치 않고, 그 행동 속에 선과 악이 존재한다는 것을 보고, 알고, 통찰해야만 한다고요? 그렇다면 이 세상에는 고의적인 행동이란 거의 없을 것입니다. 왜냐하면 사람들은 자신의 행동에 대해서 거의 생각하지 않기 때문이죠. 놀이를 할 때 수많은 선서를 하고, 난봉을 피울 때는 과음을 하고, 축제 때는 열광에 빠지는데, 그런 행동들은 전혀 고의적인 것들이 아니지요. 따라서 그런 행동들은 사람들이 좋은 행동인지 나쁜 행동인지에 관한 정신적 성찰을 전혀 수반하지 않았기 때문에, 선한 행동도 악한 행동도 아니란 말씀이군요! 그런데 신부님, 아리스토텔레스가 그런 생각을 했다는 것이 있을 수 있는 일입니까? 왜냐하면 저는 그 사람이 매우 유능한 사람이었다고 들었거든요." 그러자 장세니스트인 내 친구가 나에게 말했네. "내가 대신 설명해 드리죠." 그러고 나서, 그는 신부님에게 아리스토텔레스의 윤리학에 대해서 아느냐고 물어본 후에, 그 책 3권의 처음 부분을 펼쳐서 보니 신부가 인용했던 말들을 다시 언급했네. 그리고 신부님에게 이렇게 말했네. "신부님, 저는 당신이 보니 신부의 말을 믿고 아리스토텔레스가 그런 생각을 했다고 믿으신 점은 이해할 수 있습니다. 그렇지만 만약에 당신 자신이 그 내용을 직접 읽어 보신다면, 당신은 의견을 바꾸셔야 될 겁니다. 그가 '어떤 행동이 고의적인 것이 되기 위해서는 그 행동의 특수성들을 알아야만 된다.'(*Singula in quibus est actio.*)고 가르친 것은 사실입니다. 하지만, 그것을 통해서 그가 의미하려고 했던 것은 바로 인간 행동의 특수한 상황들이 아니고 무엇입니까? 그가 제시하고 있는 예들은 그것을 분명히 입증해 주고 있죠. 왜냐하면 기계를 보여 주려고 하다가 투창을 쏘아 사람을 다치게 만들었던 예라든가, 적인 줄 알고 자기 아들을 죽인 메로페의 예라든가, 그와 유사한 예들을 들어서 그러한 상황들 중 어떤 상황에 속하는 것인지 우리가 잘 알 수 없다는 것 외에는 다른 것을 전혀 언급하고 있지 않기 때문이죠."

(내 친구가 계속해서 말했네.) "그러면 이제 당신은 인간의 무지가 어떻게 해서 그의 행동을 고의적이 아닌 것으로 만드는지 아실 겁니다. 그리고 신부님, 당신이 너무도 잘 알고 계신 것처럼, 그것은 신학자들이 특수 상황이라고 부르는 것에 대한 무지, 즉 '사실에 대한 무지'라는 것도 아실 겁니다. 하지만, '법에 대한 무지', 즉 어떤 행동 속에 내포되어 있는 선과 악에 대한 무지 — 여기에서는 이것만이 문제가 되는데 — 와 관련해서, 아리스토텔레스와 보니 신부의 의견이 일치하는지 봅시다. 이 철학자가 말한 내용은 다음과 같습니다. 〈모든 악인은 자기가 무슨 일을 해야 하는지, 무슨 일을 하지 말아야 하는지 알지 못한다. 바로 그 때문에 그들은 악인이 되고, 또 사악한 인간이 되는 것이다. 사람들은 자기의 의무를 이행하기 위해서 무슨 행동을 하는 것이 적절한지를 모르기 때문에, 자기의 행동이 고의적인 것이 아니라는 말은 할 수가 없다. 왜냐하면 선과 악을 구분할 줄 모르는 사람의 행동은 고의적이 아닌 행동을 하는 것이 아니라, 단지 악한 행동을 할 뿐이기 때문이다. 우리는 자기의 의무에 대한 규칙을 전반적으로 모르고 있는 사람에 대해서도 똑같은 말을 해야 한다. 왜냐하면 사람들은 그 무지 때문에 비난 받는 사람이 되고, 용서 받지 못할 사람이 되기 때문이다. 따라서 그의 행동이 인간의 무지 때문에 고의가 아닌 행동, 그래서 용서 받을 수 있는 행동이 되는 경우는 단지 그의 무지 때문에 그 사실을 특별한 것으로, 그리고 그 상황들을 독

특한 것으로 바라볼 수 있는 경우뿐이다. 왜냐하면, 그런 경우에 우리들은 그 사람을 용서해 주고, 변명의 여지가 있다고 생각하고, 본의가 아닌 행동을 했다고 짐작해 주기 때문이다.〉"

"신부님, 제 설명을 들으시고 나서 당신의 의견이 아리스토텔레스의 의견과 동일하다고 말씀하시겠습니까? 그리고 윤리학 전반에 걸친 이렇게 중요한 문제에 관해서, 인간의 행동이 고의적인 것인지 아닌지, 그의 행동이 용서 받을 수 있는 것인지 아닌지를 결정하는 여러 가지 조건을 알아야만 하는 영적인 안내에 있어서, 이교도 철학자 한 사람이 당신네 박사님들보다 더 명료하게 설명해 주고 있는 것을 보고서 놀라지 않을 사람이 누가 있겠습니까? 그러므로 신부님, 이 철학의 왕자에게서 더 이상 도움을 기대하지 마십시오. 그리고 그의 『철회(*Retractations*)』 제1권 15장에서 이 점에 관해서 다음과 같이 결론을 내려 준 그 신학의 왕자의 말에 더 이상 반대하지 마십시오. 〈무지로 인해서 죄를 짓는 사람들은, 비록 그들이 죄를 짓고 싶은 마음이 없이 죄를 지었다 할지라도, 그들이 그 행동을 원했기 때문에 저지른 것이다. 그래서 무지로 인한 죄 자체는 단지 그것을 저지른 사람의 의지가 있어야만 가능한 것이다. 어떤 사람의 의지가 그 행동을 원했을 뿐이지 죄를 원했던 것은 아니라 할지라도, 그가 저지른 행동은 역시나 죄가 된다. 왜냐하면 죄가 되기 위해서는 결코 해서는 안 될 행동을 했다는 것만으로도 충분하기 때문이다.〉"

신부님은 매우 놀란 것 같았네. 성 아우구스티누스의 인용 구절보다도 아리스토텔레스의 인용 구절 때문에 더욱 놀란 것 같았네. 그런데 그가 무슨 말을 하면 좋을지 잠시 생각하고 있었을 때, 어느 원사 부인과 어느 후작 부인께서 그를 찾는다는 연락이 왔었네. 그렇게 해서, 그는 서둘러 우리들과 헤어지면서 이렇게 말했네. "그 점에 대해서 우리 신부님들과 이야기해 보겠습니다. 그분들은 충분히 어떤 대답을 찾을 수 있을 겁니다. 이것은 매우 민감한 문제인 것 같군요. 잘 알았습니다." 내 친구와 단둘이 있게 되자, 나는 이 교리가 윤리 문제에서 혼란을 일으킨 점 때문에 놀랐다고 고백했네. 그러자 그는 내가 놀라는 것이 매우 놀랍다고 대답했네. "다른 어떤 분야보다도 윤리 분야에서 그들의 탈선이 훨씬 더 심각하다는 것을 당신은 아직도 모르고 있나요?" 그는 나에게 몇 가지 이상한 이야기들을 해 주었고, 나머지 것들은 다음으로 미루었네. 내가 새롭게 알게 된 그 내용들에 대해서는 다음에 우리가 다시 만날 때 이야기해 주겠네.

나는 이만…

[다섯 번째 편지 내용 요약]

몽탈트는 그의 친구에게 개연론에 의존하고 있는 제주이트 사제들의 문란한 윤리에 관해서 이야기한다. 그들의 윤리가 문란해진 주된 원인은 개연론(probabilism) 때문이다. '참과 거짓'에 대한 확실한 지식이란 있을 수 없기 때문에, "좀 더 가능성이 있는 것, 혹은 좀 더 확실한 것이 기준이 되어야만 한다."라는 것이 개연론의 핵심이다. 그러나, 몽탈트는 "개연론의 가장 큰 장애물은 성경과 교황과 공의회다."라고 반론을 제기한다.

다섯 번째 편지*

파리에서, 1656년 3월 20일

친구에게,

이제 자네에게 약속했던 것을 이야기하겠네. 교리와 지혜에 있어서 뛰어난 사람들인 제주이트 신부들의 윤리의 첫 번째 특징은 철학 전체보다 더 확실한 하나님의 지혜에 의해서 인도된다는 것이네. 자네는 아마도 내가 농담을 한다고 생각하겠지만, 나는 진지하게 말하고 있네. 아니 오히려 그들 자신이 『일백 주년의 모습』[1]이라는 제목의 책에서 그렇게 말하고 있네. 나는 단지 그들의 말을 옮긴 것뿐이네. 다음과 같은 찬사의 말을 보게. 〈이것은 이사야가 예언했던 것처럼, 사람들의 모임이라기보다는 오히려 천사들의 모임이로구나. 가볍고 날쌘 천사들아, 갈지

* 3월 20일 자 「다섯 번째 편지」는 「네 번째 편지」 이후 3주가 지난 후에야 작성되었고 발표도 열흘 이상 걸렸다. 1-2주 간격을 두고 쓰여진 이전 편지들과 비교된다. 이것은 논쟁을 어떻게 이끌어 가야 할 것인가에 대한 모색이 포르루아얄 내부에서 이루어지고 있었음을 말해준다. 결국 파스칼은 은총에 관한 이야기 대신에 「다섯 번째 편지」에서부터는 제주이트의 윤리를 논하기 시작한다. 그는 첫 번째 주제로 '개연론'을 선택한다. 결의론자들의 해이한 윤리의 모든 원인이 여기서부터 비롯된다고 보았기 때문이다. 파스칼의 조카인 마르게리트에게 성 가시관의 기적이 일어난 때가 「다섯 번째 편지」가 쓰여진 직후인 3월 24일이었다.

1 제주이트 교단의 『일백 주년의 모습』(*Imago primi soeculi*).

어다!〉 이 예언이 분명하지 않은가?

이것은 독수리의 기풍이네. 그리고 이것은 불사조의 무리네. 이렇게 비유한 것은 최근에 어느 작가가 그러한 무리들이 여럿이 있다는 것을 보여 주었기 때문이지. 그들이 기독교의 면모를 바꾸어 놓았네. 그들이 그렇게 말하는 것을 믿어야만 되네. 그러면 자네는 그 뒤에 이어지는 이야기 속에서 그것을 알게 될 것이네. 그 이야기가 자네에게 그들의 교훈이 무엇인지를 가르쳐 줄 것이네.

나는 그것을 올바르게 배우고 싶었네. 나는 내 친구가 가르쳐 준 것을 믿지 않았지. 나는 그들을 직접 만나 보고 싶었네. 하지만 나는 내 친구가 진실만을 말해 주었다는 것을 알게 되었네. 나는 그가 결코 거짓말을 하지 않는다고 생각하네. 자네도 이 만남에서 나눈 이야기로 그것을 알게 될 것이네.

내가 어느 만남에서 그를 만났을 때 그는 나에게 아주 믿기 어려운, 이상한 이야기를 해 주었네. 그렇지만 그는 제주이트 신부들의 책에서 그것을 직접 보여 주었네. 그래서 나는 그들을 변호하려는 생각에서, 그 책은 이 단체 전체에게 책임을 돌리기에는 적절치 않은, 몇몇 사람들의 견해일 뿐이라고 말했었네. 그리고 나는 실제로 그가 언급했던 사람들이 윤리적으로 해이해져 있는 만큼, 또한 그에 못지않게 윤리적으로 엄격한 사람들도 있다면서, 그를 안심시켰네. 온 세상에 모두 알려져 있지는 않은 이 단체의 정신을 그가 나에게 알려 주었는데, 바로 이런 내용이네. 아마 자네도 그것을 알게 되면 기뻐할 것이네. 이것이 바로 그가 나에게 말해 준 것이네.

"당신은 그들에게 복음서의 가르침과 반대되는 사제들이 있는 반면에, 그 가르침에 일치하는 사제들도 있다는 것을 보여 줌으로써 그들을 위해서 많은 도움을 주려고 생각하시겠죠. 그렇기 때문에 당신은 그렇게 관대한 견해들은 이 단체 전체에 속한 견해가 아니라고 결론을 내리실 겁니다. 나는 그것을 잘 알고 있습니다. 왜냐하면, 만약 사정이 그러하다면, 그들은 복음서의 가르침에 매우 반대되는 사제들을 용서하지 않으려고 할 것이기 때문입니다. 그렇지만 그들에게는 매우 방종한 교리에 빠져 있는 사제들도 있기 때문에, 이 단체의 정신은 엄격한 기독교 정신이 아니라고 결론을 내리기 바랍니다. 왜냐하면 만약 그것이 사실이라면, 그들은 엄격한 기독교 정신에 그렇게 반대되는 사제들을 용서하려 하지 않을 것이기 때문이죠." 나는 그에게 이렇게 대답했네. "아니 뭐라고요! 그렇다면 이 단체의 목적은 무엇인가요? 틀림없이 그들은 목적에 대해서는 아무것도 결정해 놓은 것이 없겠군요. 그래서 각자가 자기가 생각한 것을 아무렇게나 말할 수 있는 자유를 가지고 있음이 분명합니다." 그는 나에게 이렇게 대답했네. "그런 일은 있을 수 없어요. 모든 활동을 통제하고 통솔하는 구심체도 없이 각자가 무모하게 행동한다면, 그렇게 큰 조직이 존속할 수 없을 것입니다. 게다가 그들에게는 고위 성직자들의 허가 없이는 아무것도 출판하지 못한다는 특별한 규율이 있거든요." 내가 그에게 말했네. "아니 뭐라고요! 어떻게 똑같은 고위 성직자들이 그렇게 상이한 가르침에 동의할 수 있는 것입니까?" 그러자 내 친구는 나에게 이렇게 응수했네. "자네가 그것을 알아야만 되네."

(친구는 이어서 이렇게 말했네.) "풍속을 타락시키는 것이 그들의 목적이 아니라는 것을 알아 두게. 그것이 그들의 목적이 아니네. 그렇지만 풍속을 개혁하는 것만을 유일한 목적으로 삼는 것도 아니라네. 그것은 좋지 않은 정책 같아. 이것이 바로 그들의 생각이네. 그들은 도처에서 그들에 대한 신용이 쌓이고 그들이 모든 사람의 의식을 지배하는 것이 종교의 발전에 유익하고 필요하다고 생각할 만큼 꽤 건전한 생각을 하고 있다네. 그리고 복음서의 엄격한 가르침들이 어떤 종류의 사람들을 지도하는 데는 적합하기 때문에, 그 가르침들이 그들에게 유리할 경우에는 그것들을 사용한다네. 그렇지만 또 동일한 가르침일지라도 사람들 대부분의 의도와 일치하는 것은 아니기 때문에, 모든 사람을 만족시키기 위해서는 그 사람들의 생각대로 내맡겨 둔다네. 바로 이런 이유 때문에 그들

은 다양한 신분의 사람들과 다양한 국적의 사람들이 갖는 그 모든 다양성에 잘 어울릴 수 있는 결의론자들이 필요한 것이지."

이런 원칙하에서 본다면, 만약에 그들에게 해이한 결의론자들밖에 없다면, 모든 사람들을 포용한다는 그들의 주요 목표가 손상될 것임을 자네는 쉽게 판단할 수 있겠지. 왜냐하면 진정으로 경건한 사람들은 품행이 좀 더 신실한 사람을 찾을 테니까 말이지. 하지만 그런 종류의 사람들은 많지 않기 때문에, 그런 사람들을 지도할 수 있는 엄격한 지도자들이 많이 있을 필요가 없다네. 찾는 사람도 적고 지도할 사람도 적기 때문이지. 그 대신에 수많은 해이한 결의론자들이 방종을 추구하는 수많은 사람들을 지도하겠다고 나선다네.

페토 신부가 말했듯이, 그들이 모든 사람에게 팔을 내밀며 보여 주는 것은 바로 '친절하고 싹싹한' 행동이라네. 만약에 어떤 사람이 부정하게 번 재물을 돌려주려고 굳게 결심하고 찾아온다면, 자네는 그들이 그 사람의 결심을 포기하게 만들면 어쩌나 하고 걱정하지 않아도 된다네. 오히려 그들은 그 사람을 칭찬해 주면서 그것은 매우 거룩한 결심이라고 확신을 가지도록 만들어 준다네. 그렇지만, 만약에 다른 어떤 사람이 자기가 부정하게 번 재물을 돌려주지 않은 채 죄를 용서받고자 찾아올 경우, 만약에 보증이 될 만한 수단을 제공해 주지 않는다면, 그런 상황에서 그 사면은 매우 어려워질 것이네.

그렇게 해서 그들은 그들의 모든 친구들을 관리하면서 모든 적들을 방어한다네. 만약에 누군가가 그들이 지나치게 해이해져 있다고 비난한다면, 그들은 즉시 대중들에게 엄격한 지도자들과 기독교의 엄격한 율법에 따라서 이들이 저술한 책들을 보여 줄 수 있으니까. 그러면 단순한 사람들과 더 이상 이 문제를 심화시키고 싶지 않은 사람들은 그 증거를 보고 만족해 하지.

이와 같이 그들은 온갖 종류의 사람들을 상대할 수 있는 준비가 되어 있고, 그들에게 무엇을 요구하든지 간에 아주 잘 대응을 한다네. 그래서 만약에 그들이 십자가에 못 박히신 하나님을 어리석은 분으로 인식하는 나라에서 전도를 한다면, 그들은 십자가의 스캔들은 삭제하고 영광스러운 예수 그리스도만 전파하고, 고통받는 예수 그리스도는 전파하지 않는다네. 그들이 실제로 인도와 중국에서 그렇게 했던 것처럼 말이지. 이 두 나라에서는 박해받는 기독교인들이 그들의 옷 속에 예수 그리스도의 성상(聖像)을 숨기도록 하는 교묘한 방안을 짜내서 신자들에게 우상숭배까지도 허용을 했다네. 그들은 신자들에게 마음속으로, 우상인 옥황상제와 공자에게 바치는 공적인 숭배를 예수의 성상에게 바치라고 가르친다네. 이 점에 대해서 도미니크회 수도사인 그라비나[2]가 그들을 비난하고 있네. 그리고 필리핀 군도의 프란체스코회 수도사들은 스페인의 국왕 필립 4세에게 바친 스페인어로 쓴 회상록에서 그것을 증언하고 있네. 토마스 후르타도[3]는 이것을 그의 책 『신앙의 순교』(*Martyre de la foi*) 427쪽에서 인용하고 있네. 그 결과 '로마 포교성'의 추기경 회의는 특별히 예수회 신부들에게 파문도 불사하겠다는 말과 함께, 어떤 핑계로든 우상숭배를 허용하지 말도록 지시했다네. 그리고 그들이 기독교 교육을 받는 신자들에게 십자가의 신비를 숨기지 말도록 지시하고, 또 이러한 지식을 가져야만 세례를 받을 수 있다고 분명하게 지시하면서, 그들의 교회에 십자가상을 걸어 놓으라고 명령했네. 이것은 카포니 추기경[4]이 서명한, 1646년 7월 9일에 발표된 총회의 칙령에 상세히 기술되어 있네.

이것이 바로 어떻게 해서 그들이 '개연론의 교리'를 온 세상에 퍼뜨렸는지에 대한 설명이네. 이 개연론의 교리가 모든 방종의 원천이며 기초라네. 이 점에 대해서는 자네가 그들에게서 직접 알아보아야만 될 것이

2 도미니크 그라비나(Dominic Gravina, 1573-1643). 도미니크회 수도사. 이 교단의 검찰총장.

3 토마스 후르타도(Thomás Hurtado, 1580?-1659). 스페인 중부 도시인 살라망카의 교수이며 성직자.

4 루이지 카포니 추기경(Luigi Capponi, 1583-1659). 이탈리아의 도시 라벤나의 대주교이며 추기경.

네. 왜냐하면, 그들은 아무에게도 그것을 숨기지 않을 뿐만 아니라, 자네가 방금 들었던 모든 것도 숨기지 않기 때문이네. 다만 한 가지 차이점이 있다면, 그들은 기독교적이고 신성한 신중함이라는 핑계로 그들의 인간적이고 정치적인 신중함을 숨기고 있다는 것이지. 마치 신앙과 이 신앙을 유지하는 전통이 어느 시대에나, 어떤 장소에서나 항상 불변하는 것이 아니기라도 하다는 듯이, 그리고 마치 자기 주인에게 순응하기 위해서 규칙을 위반해야만 되기라도 한다는 듯이, 그리고 마치 자기 영혼의 죄를 정화하기 위해서는 주님의 율법을 바꾸어도 괜찮기라도 하다는 듯이 말일세. 그렇지만 사실은 '흠이 없이 거룩한 주님의 율법이 인간들의 영혼을 변화시키고' 그들을 구원의 가르침에 일치하도록 만드는 것인데 말이지!

"그러니 가서 그 신부님들을 만나 보게. 나는 자네가 그들의 윤리적 방종의 원인을 '은총'에 관한 교리에서 쉽게 발견하게 될 것이라고 확신하네. 자네는 그들의 도덕 속에서 기독교의 정신이며 생명인 사랑이 빠져 있는, 매우 낯선 기독교의 덕성들을 보게 될 것이네. 자네는 너무도 많은 범죄들이 숨겨지고 너무도 많은 무질서들이 용인되는 것을 보게 될 것이기 때문에, 제주이트 신부들의 주장이 더 이상 이상하지 않다는 생각이 들 정도일 것이네. 그들은 이렇게 주장하지. 모든 사람은 항상 충분한 은총을 소유하고 있기 때문에, 각자가 이해하고 있는 방식으로 경건하게 살 수 있다고. 그들의 윤리는 전적으로 이교도적인 것이기 때문에 타고난 본성의 눈으로도 충분히 관찰할 수가 있다네. 우리가 효력은총의 필요성을 주장할 때는 이 은총에다 또 다른 덕성들을 목표로 제시하려는 것이라네. 그것은 단순히 어떤 악덕을 또 다른 악덕으로 고치려는 것이 아니네. 그것은 사람들이 단지 종교의 외적 의무들을 실천하도록 만들려는 것만도 아니네. 그것은 바리새인이나 이교의 현자들보다 좀 더 높은 덕성을 추구하도록 하려는 것이라네. 법과 이성이 그런 결과를 얻기 위한 충분은총들이지. 그렇지만, 세상에 대한 사랑으로부터 영혼을 구해 내는 것, 보다 더 소중히 여기는 것으로부터 영혼을 이끌어 내는 것, 그리고 영혼이 자기 자신에 대하여는 죽고, 오로지 변함없이 하나님께만 관심을 두며 하나님만을 사랑한다는 것은 오로지 전능자의 손으로만 가능한 일이라네. 우리들이 항상 완전한 능력을 가지고 있다고 주장하는 것도 가당치 않은 일이고, 하나님에 대한 사랑이 빠져 있는 덕성들 — 제주이트 신부들은 그것들을 기독교의 덕성들과 혼동하고 있는데 — 이 우리의 능력 밖에 있음을 부정하는 것 또한 가당찮은 일이라네."[5]

이런 식으로 내 친구는 매우 괴로워하면서 나에게 말했네. 왜냐하면, 그는 그런 모든 무질서에 대해서 진심으로 안타깝게 생각하고 있었기 때문이지. 나로서는 제주이트 신부들의 정책이 훌륭하다고 생각했기 때문에 그의 조언에 따라서 제주이트의 한 훌륭한 결의론자를 찾아갔네. 그는 내가 예전에 알고 지내던 사람이라서 일부러 친분을 다시 확인하고 싶었지. 나는 그들을 대하는 방법을 알고 있었기 때문에 어렵지 않게 대화를 시작할 수 있었네. 우선 그는 나를 몹시 반겨 주었네. 그는 여전히 나를 좋아하고 있었지. 몇 가지 대수롭지 않은 이야기들을 나눈 후에, 기회를 보아서 슬그머니 화제를 돌려 절식(絶食)에 관하여 뭔가를 알아보려고 했네. 나는 절식을 견디기가 힘들다고 그에게 말했네. 그는 나를 격려해 주려고 애를 썼지만, 내가 계속해서 불평을 하자 마음이 움직여 무언가 절식을 면제해 줄 만한 이유를 찾기 시작하더군. 결국 그는 내게 몇 가지 제안들을 했는데 나에게는 적합하지 않았네. 마침내 그는 어떤 생각이 떠올랐던지 나에게 밤참을 먹지 않으면 잠들기 힘들지 않은지 물어보더군. "네 신부님, 그 때문에 저는 가끔씩 점심에는 간식을 먹고 저녁에는 밤참을 먹어야만 합니다."라고 내가 그에게 대답했네. 그러

5 파스칼은 17세기 초반에 일어났던 기독교적인 덕성과 자연적인 덕성 사이의 관계에 대한 격렬한 논쟁을 암시하고 있다.

자 그는 나에게 이렇게 말하더군. "죄를 짓지 않고서도 당신의 짐을 덜어 드릴 수 있는 방법이 있어서 매우 기쁩니다. 자, 당신은 절식을 하지 않아도 됩니다. 당신은 제 말이 믿어지지 않으시겠죠. 도서실로 가 봅시다." 나는 그의 말대로 했고, 도서실에서 그는 책 한 권을 집어 들면서 나에게 이렇게 말했네. "여기에 증거가 있습니다. 하나님이 아시죠. 이 분이 에스코바르입니다." "신부님, 에스코바르가 누구인가요?" 내가 그에게 물었네. "뭐라고요! 우리 제주이트 교단의 에스코바르가 누군지 모르다니요. 그가 우리 신부님들 24명의 『윤리 신학』(*Théologie morale*)을 편찬한 분입니다. 그는 서문에서 이 책을 '일곱 개의 도장으로 봉인한 묵시록'에 비유하고 있지요? 그리고 그는 〈예수님께서 이 책을 24명의 장로들을 나타내는 24명의 제주이트 신부들 앞에, 네 마리의 짐승들을 나타내는 수아레즈, 바스케즈, 몰리나, 발렌티아의 이름으로 날인을 해서 주셨다.〉라고 했지요?"라고 그가 말했네. 그는 계속해서 자신은 이 모든 비유를 다 읽었고, 아주 옳다고 생각했다고 말했지. 그리고 이 작품의 탁월함에 관한 많은 생각들을 나에게 말해 주었네. 그러고 나서 마침내 그는 절식에 관한 구절을 찾아내서 나에게 이렇게 말했네. "여기 있군요. 개론 1, 예제 13의 67번에, 〈밤참을 먹지 않으면 잠을 잘 수 없는 사람도 절식을 해야만 하는가? 전혀 그렇지 않다.〉 만족스럽죠?" "아니요, 꼭 그렇지만은 않습니다. 왜냐하면 아침에는 간식을 먹고, 저녁에는 밤참을 먹으면서 절식을 견딜 수 있으니까요."라고 내가 말했네. "그러면 다음을 보세요. 그들은 모든 것을 다 생각해 두었습니다."라고 그가 내게 말했네. "아침에 간식을 먹지 않고 저녁에 밤참을 먹는다면, 뭐라고 할까요?" "제가 바로 그 경우죠." 그러자 그가 이렇게 말했네. "당신은 여전히 절식할 필요가 없습니다. 아무도 자기 식사의 순서를 바꿀 필요가 없기 때문이죠." "정말로 멋진 이유로군요."라고 내가 말했네. "그리고 당신은 포도주를 많이 드시나요? 말씀해 보세요."라고 그가 말을 계속했네. "아니오. 신부님, 저는 그걸 참을 수 없어요."라고 내가 말했네. 그러자 그가 말했네. "내가 당신에게 말하려는 것은 절식을 중단하지 않고도 아침에는 당신이 원하는 시간에 포도주를 마실 수 있다는 것을 알려드리기 위해서입니다. 그래도 절식은 계속 유지되는 거지요. 같은 곳 75번에 그에 관한 결정이 있습니다. 〈절식을 중단하지 않고도 원하는 때, 그것도 많은 포도주를 마실 수 있는가? 마실 수 있다. 히포크라스[6]도 마실 수 있다.〉 이 히포크라스가 뭔지 생각나지 않는군요. 내 기록 수첩에 기록해 두어야겠습니다." 내가 그에게 말했네. "에스코바르는 정말 신사로군요." 그러자 이렇게 신부가 대답했네. "모든 사람들이 그를 사랑하지요. 그는 정말 재미있는 문제들을 다루고 있지요! 이걸 보세요. 같은 곳 38번입니다. 〈어떤 사람이 자신이 스물 한 살인지 의심스러울 때 절식해야 하는가? 아니다. 그러나 오늘 밤 자정이 지난 한 시간 후에 내가 스물한 살이 되고 내일이 절식일이라면 내일 절식을 해야만 하는가? 아니다. 자정부터 한 시까지 당신이 원하는 만큼 먹어도 좋은 까닭은 당신이 아직 스물한 살이 아니기 때문이다. 그러니 절식을 하지 않을 권리가 있으므로 당신은 절식을 할 필요가 없는 것이다.〉" 내가 그에게 말했네. "아! 그것 참 재미있군요!" 그러자 그가 말했네. "그 책에서 빠져나오기 힘들어요. 난 밤낮으로 그 책을 읽으면서 지내지요. 다른 일은 하지 않아요." 신부님은 내가 재미있어 하는 걸 보자 아주 기뻐서 계속했네. "또 여기 필리티우스의 말을 좀 보세요. 그분은 이 24명의 제주이트 신부들 중 하나랍니다. 제2권 개론 27, 2부 6장 123번입니다. 〈여자를 쫓아다니는 것 따위의 일로 지친 사람이 절식을 해야 하는가? 조금도 그렇지 않다. 그러나 그가 절식을 면제 받기 위해 의도적으로 그런 일로 자신을 피곤하게 만들었다면 과연 절식을 해야 하는가? 비록 그런 의도가 있었다 해도 전혀 그럴 필요가 없다.〉 자! 이제 믿어지시지요?"라고 그

6 계피를 넣고 빚은 포도주 이름.

가 물었네. "사실, 신부님, 전 아직도 믿을 수 없습니다. 뭐라고요! 할 수 있으면서도 절식을 하지 않는 것이 죄가 아니란 겁니까? 죄지을 기회를 찾는 것이 묵인된다는 건가요? 오히려 그 기회를 피해야 하는 것 아닙니까? 그건 아주 편리한 것 같군요."라고 내가 말했네. "항상은 아니지요. 경우에 달린 겁니다."라고 그가 말하더군. "무슨 경우 말인가요?" 내가 물었네. "오! 죄를 짓는 경우를 피하려면 어떤 곤란을 겪을지라도 당신 의견을 따라야 하나요? 적어도 보니 신부의 의견은 그렇지 않습니다. 여기 1084쪽을 보세요." 〈죄를 짓는 것과 유사한 경우에 놓인 사람들에게 사면을 거부해서는 안 된다. 사람들의 입방아에 오르내리게 되거나 그들 자신이 곤란하게 되는 그런 상태에 처하게 된다면 말이다.〉라고 신부가 대꾸했네. "신부님, 그 말을 들으니 전 기쁩니다. 죄를 지을 기회를 피하지 않아도 괜찮은 이상, 이제 의도적으로 그 기회를 찾을 수도 있다고 말할 수밖에 없겠네요." 그러자 신부는 이렇게 덧붙였네. "그것 자체도 가끔은 허용됩니다. 유명한 결의론자인 바질 퐁스가 그렇게 이야기했고, 보니 신부는 그걸 인용해 그의 의견에 동의하고 있습니다. 여기 『고백성사론』 94쪽 4번 문항입니다. 〈우리나 우리 이웃의 정신적이거나 혹은 물질적인 선이 우리를 죄로 이끌 때, 우리는 곧바로 그 자체를 보고(*primo et per se*) 어떤 기회를 찾을 수 있다.〉"

"사실 수도사에게서 이런 식으로 이야기를 들으니 저는 꿈을 꾸고 있는 것 같습니다. 자, 신부님, 양심껏 말씀해 주세요. 신부님도 이 의견에 동의하시나요?" "사실은 아닙니다."라고 신부가 말했네. "그렇다면 신부님은 신부님의 양심과는 반대로 말씀하시는 거네요?"라고 나는 계속했네. "천만에요. 나는 내 양심에 따라서가 아니라 퐁스와 보니 신부의 양심에 따라 말한 겁니다. 그리고 당신도 안심하고 그들을 따르세요. 그들은 노련한 사람들이거든요."라고 그는 말하더군. "뭐라고요! 신부님, 그들이 이 세 줄을 책에 썼다고 해서 죄지을 기회를 찾아도 된다는 건가요? 저는 성경과 교회의 전통만을 규범으로 지켜야 한다고 믿고 있었습니다. 당신네 결의론자가 아니고요." "오, 하나님! 당신은 내게 장세니스트를 생각나게 하는군요! 보니 신부와 바질 퐁스의 의견이 개연적이지 않다는 겁니까?"라고 신부가 외쳤네. "저는 개연적인 것에 만족하지 않습니다. 저는 확실한 것을 찾고 있습니다."라고 내가 말했네. "잘 알겠습니다. 당신은 개연적 의견에 관한 교리를 잘 모르시는군요. 그걸 알고 있다면 다르게 말씀하실 텐데요. 아! 정말 내가 당신에게 그걸 가르쳐 드려야겠군요. 이곳에 온 것이 시간을 낭비한 게 아닐 겁니다. 오지 않았다면 아무것도 알지 못했을 테니까요. 그건 우리 도덕 전체의 기초이고 ABC입니다."라고 신부가 말했네. 나는 내가 원하던 것에 신부가 빠져드는 것을 보고 기뻤네. 그래서 기쁜 마음을 그대로 신부에게 이야기한 후, 개연적 의견이 어떤 것인지 설명해 달라고 부탁했네. "우리 저자들이 나보다 더 잘 대답해 줄 겁니다. 그들은 이 문제에 관해 모두 다음과 같이 이야기하고 있습니다. 그들 중에서도 우리 24명의 저자들은요. 여기 예제 3의 8번 앞부분에서[7] 이렇게 말합니다. 〈한 의견이 어떤 고려할 만한 이유에 근거를 둘 때, 그 의견을 개연적이라 부른다. 그 때문에 가끔씩 단 한 사람의 권위 있는 박사가 어떤 의견을 개연적으로 만들 수 있게 되는 일이 생긴다.〉 여기 그 이유가 있습니다. 〈특별히 연구에 전념하는 사람은 한 가지 의견에 집착하지 않을 것이기 때문이다. 바르고 충분한 이유에 의해 그 의견에 끌려간 것이 아니라면 말이다.〉" "이렇게 해서 단 한 사람의 박사가 자기 마음대로 양심을 변하게도 하고 어지럽게도 하는군요. 그것도 늘 확실하게요."라고 내가 말했네. "이것을 비웃으면 안 됩니다. 이 교리와 싸우려고 생각해도 안 돼요. 장세니스트들이 그렇게 하려고 했을 때 그들은 시간만 버렸습니다. 이 교리는 너무도 잘 확립되어 있어요. 산체스의 말을 들어 보세요. 그는 우리 신부님들 중 가

7 원서에는 약자 in princ.로 표시됨. 라틴어로 In principio, 프랑스어로 au début de l'examen 3의 의미.

장 유명한 분 가운데 한 분입니다. 『개요』 1권, 9장 7번이에요. 〈훌륭하고 박식한 단 한 사람의 박사의 권위가 어떤 의견을 개연적으로 만들 수 있는지 여러분은 아마 의심스러울 것이다. 여기에 대해 나는 가능하다고 대답한다. 그리고 이것은 안젤루스, 실브, 나바르, 엠마뉴엘 사아 등 여러분들이 확신하고 있는 것이다. 그리고 여기 그 증거가 있다. 개연적인 의견은 상당한 토대를 가진 의견이다. 그런데 박식하고 경건한 한 사람의 권위는 대수롭지 않은 것이 아니라 오히려 상당히 중요하다.〉 그 이유를 잘 들어보세요. 〈왜냐하면 그러한 사람의 증언이 예를 들어 어떤 일이 로마에서 일어났다는 것을 우리가 확신하도록 큰 비중을 가진다면, 왜 도덕적 의문에서도 그렇지 않겠는가?〉"

"재미있는 비교로군요. 세상사를 양심의 일과 비교하다니요!"라고 내가 그에게 말했네. 그러자 그가 답했지. "인내심을 가지세요. 산체스는 바로 이어지는 다음 구절에서 이것에 관해 답하고 있어요."

〈나는 어떤 저자들이 거기에 가하는 제재가 마음에 들지 않는다. 그런 박사의 권위는 인간의 법에 관한 문제에서는 충분하지만 하나님의 법에 관한 문제에서는 그렇지 않다. 왜냐하면 그 권위는 양자 모두에게서 큰 비중을 차지하기 때문이다.〉

"신부님, 저는 이 규칙을 존중할 수 없습니다. 당신네 박사들이 이성으로 자유롭게 사물을 검토한다 하더라도, 어떤 사람에게는 확실해 보이는 것이 다른 모든 사람에게도 그렇게 보인다는 것을 누가 보증하겠습니까? 판단의 다양성이 너무나 큽니다."라고 나는 그에게 솔직하게 말했네. 신부가 "이해를 못하시는군요."라고 내 말을 가로막으면서 말했네. "그들 역시 종종 아주 다른 의견을 가지고 있습니다. 하지만 그것은 아무것도 아닙니다. 각자가 자신의 의견을 개연적이고 확실하게 만듭니다. 사실 그들 모두가 같은 의견이 아니라는 것을 우리는 잘 알고 있습니다. 그리고 그것이 더 좋은 거죠. 그와 반대로 그들의 의견이 일치한 적이 거의 없습니다. 어떤 사람은 '예'라고만 하고 다른 사람은 '아니오'

라고만 하는 문제는 거의 없기 때문입니다. 그리고 이 모든 경우에 양자의 상반되는 의견은 개연적입니다. 그래서 디아나는 어떤 주제에 대해 4권 3부, 답 244에서 〈퐁스와 산체스는 반대의 견해를 가지고 있다. 그러나 그 두 사람 모두 박식하므로 각자는 자신의 의견을 개연적으로 만든다.〉라고 말했습니다."

"하지만 신부님, 그렇다면 선택하기가 매우 힘들어질 게 틀림없어요." 라고 내가 그에게 말했네. "전혀 그렇지 않습니다. 당신은 그저 가장 마음에 드는 의견을 따르기만 하면 됩니다."라고 그가 말했네. "아니 뭐라고요! 만일 다른 사람의 의견이 더 개연적이라면요?" "그건 중요하지 않습니다."라고 그가 나에게 말했네. "만일 다른 사람의 의견이 더 확실하다면요?" "그것도 중요하지 않아요."라고 말하면서 신부는 나에게 "자! 여기 잘 설명되어 있습니다."라고 말하더군. "이건 우리 교단의 엠마누엘 사아가 그의 『격언』 183쪽에서 했던 이야기입니다. 〈비록 그 반대의 것이 더 확실하다 할지라도, 한 개연적 의견에 따라 허용된다고 생각되는 것은 할 수 있다. 그것은 권위 있는 박사 단 한 명의 의견만으로도 충분하다.〉" "만일 어떤 의견이 개연적이지도 않고 확실하지도 않다 하더라도 더 개연적이고 더 확실한 것을 버려두고 그 의견을 따라야 한다는 겁니까?" "그렇습니다."라고 신부는 다시 한번 내게 말했네. "위대한 로마의 제주이트 회원인 필리우티우스의 말을 들어 보십시오. 『도덕 탐구』 21론, 4장 128번입니다. 〈비록 그것이 가장 개연적이지도 않고 가장 확실하지도 않은 의견이라 할지라도 그것을 따르는 것이 허용된다. 이것은 새로운 저자들의 공통된 의견이다.〉 분명하지 않습니까?" "존경하는 신부님, 여러분의 개연적 의견 덕택으로 우린 이제 아주 여유가 생겼습니다. 아주 자유로운 양심을 갖게 된 거죠. 그리고 신부님들 측의 또 다른 결의론자들도 당신네 대답에서 똑같은 자유를 얻은 것이지요?" "그렇습니다."라고 그가 나에게 말했네. "우리는 우리 마음에 들도록, 아니 오히려 우리에게 질문한 사람들의 마음에 들도록 대답합니다. 여기 우리 교단의 신부들인 레이만 신부님이 『윤리 신학』 1권, 1부 2장 2번과 7번에서, 바스케즈 신부님이 『분류 62』 9장 47번에서, 산체스 신부님이 『개요』 1부 9장, 23번에서, 그리고 24명의 신부님들이 『규범』 예제 3의 24번에서 정한 규칙이 있으니까요. 이제부터 소개하는 것은 레이만 신부님의 말씀입니다. 우리 24명이 쓴 저서는 이분의 말씀을 따른 겁니다. 〈자문을 받은 한 박사는 자신의 의견에 따른 개연적인 조언뿐만 아니라 자신의 의견과 반대되는 조언도 할 수 있다. 만일에 다른 사람들이 그 의견을 개연적이라고 생각하거나, 자신의 생각과 반대되는 의견이 자문을 청한 사람에게 더 호감이 가고 더 마음에 든다면 말이다.(*Si forte haec illi favorabilior seu exoptatior sit.*) 그러나 나는 여기에 덧붙이겠다. 그에게 자문을 청한 사람들에게 어떤 박식한 사람이 개연적이라고 인정한 의견을 조언해 주는 것도 이치에 벗어나지는 않을 것이다. 비록 그 사람이 자신의 의견이 완전히 잘못된 것이라고 확신한다 하더라도 말이다.〉"

"정말로 신부님, 당신들의 교리는 편리하군요. 뭐라고요! 자신의 의향에 따라서 '예', '아니오'라고 대답할 수 있다는 겁니까? 그런 이점은 값으로 매길 수 없지요. 저는 이제 당신네 박사들이 각각의 문제에 대해 가지고 있는 서로 다른 의견들이 어떻게 이용되는지 잘 보았습니다. 하나는 당신에게 늘 도움이 되고, 다른 하나는 당신에게 결코 해가 되지 않는다는 거죠. 당신들은 한쪽에서 이득을 얻지 못한다면 다른 쪽으로 달려갑니다. 그것도 늘 안전하게 말이죠." "그건 사실입니다. 그렇게 해서 우리는 디아나와 함께 늘 '종종 어떤 신이 우리들을 박해한다면, 또 다른 신은 우리들을 보호해 준다.'(*Saepe, premente deo, fert deus alter opem.*)고 이야기할 수 있는 겁니다. 디아나는 루고 신부의 의견이 자신의 의견과 반대될 때, 보니 신부가 자신의 편인 것을 발견했었던 겁니다." "잘 알겠습니다. 하지만 이해하기 어려운 점이 있네요. 당신네 박사들 중 한 명에게 자문을 구해 다소 관대한 의견을 들을 후, 만약에 그런 생각을 갖지 않은 고해신부를 만나서 생각을 바꾸지 않을 경우에는 죄를 용서받지 못한다는 말을 듣게 된다면, 우리는 아마도 곤경에 처하고 말 겁니다. 신부님, 그런 경우에 내릴 수 있는 명령은 없습니까?"라고 내가 말했네. 그러자 그가 말했네. "의심스러우신가요? 개연적 의견을 가진 고해자에게 부족함이 없도록 하기 위해 고해신부는 대죄를 받을 각오를 하고 그들의 죄를 용서해야만 합니다. 이것이 바로 우리 신부님들, 그리고 다른 사람들 중에서도 보니 신부가 『회개』 4론, 질문 13, 93쪽[8]에서 보여 준 것입니다. 〈고해자가 개연적 의견을 따를 때, 고해신부는 비록 자신의 의견이 고해자의 의견과 반대된다 하더라도, 고해자의 죄를 사해 주어야 한다.〉" "그러나 보니 신부는 고해자의 죄를 사해 주지 않는 것이 대죄인지에 대해서는 말하지 않았습니다."라고 내가 말하자, 그는 나에게 말했네. "참 성미도 급하십니다! 그 다음을 들어 보세요. 그는 그 점에 관해 명확한 결론을 내리고 있습니다. 〈개연적 의견에 따라 행동하는 고해자에게 사면을 거부하는 것은 죄이며, 본래 대죄다.〉 그리고 그분은 이 의견을 더 확실히 하기 위해 우리 신부님들 중에서도 가장 유명한 세 분 신부님들의 글, 수아레즈의 4권, 32절 5번, 바스케즈의 62조 7장, 그리고 산체스의 29번 글을 인용합니다."

"오! 신부님, 정말로 신중하게 지시되었군요! 두려워할 것은 이제 아무것도 없습니다. 고해신부는 이제 틀림없이 고해자의 죄를 용서할 겁니다. 당신들은 명령을 내릴 힘이 있고, 그렇게 하지 않으면 큰 죄를 받는다는 걸 제가 모르고 있었네요. 나는 당신들이 죄를 없앨 줄만 안다고 생각했었지 죄를 끌어들일 줄 안다고는 생각하지 못했었는데 이제 보니 당신들은 모든 힘을 갖고 있군요."라고 내가 그에게 말했네. "그렇게 단정적으로 말하지 마십시오. 우리는 죄를 끌어들이지 않고 그것을 지적할 뿐입니다. 이미 두세 번 알아챘지만 당신은 훌륭한 스콜라 철학자는

8 보니(Bauny) 신부의 『윤리 신학(*Theologia Moralis*)』에서 인용.

아니로군요."라고 그가 나에게 말하더군. "비록 그렇다 하더라도 이제 제 의심은 풀렸습니다. 하지만 신부님께 여쭤볼 게 하나 있습니다. 교회 교부들이 당신네 결의론자 중 누군가의 의견과 다를 때 신부님은 어떻게 하는지 모르겠습니다."

그가 나에게 이렇게 말했네. "당신은 거의 이해하지 못하시는군요. 교부들은 그들 시대의 도덕에 대해서는 훌륭했지만, 우리 시대의 도덕과는 너무 멀리 떨어져 있습니다. 도덕을 규정하는 것은 더 이상 그들이 아니라, 새로운 결의론자들입니다. 우리 셀로 신부님 말을 들어보세요. 그분은 유명한 레기날두스 신부님을 따르고 있지요. 『교계제도』 8서, 16장 714쪽입니다. 〈비록 교부들이 사도들과 더 가깝다 할지라도 도덕 문제에 있어서는 새로운 결의론자들이 고대 교부들보다 낫다.〉 그리고 이 금언을 따라 디아나는 5부 8론, 답 31에서 다음과 같이 말합니다. 〈성직록을 받는 사람이 잘못 소유한 수입을 반환할 의무가 있는가? 고대 교부들은 그렇다고 말했으나, 새로운 결의론자들은 '아니다'라고 말한다. 그러니, 반환할 의무를 면제해 주는 이 의견을 버리지 말아야 한다.〉" "많은 사람들에게 정말 위안이 되는 참으로 좋은 말이로군요."라고 내가 말했네. "우리는 교부들을 실증 신학을 다루는 사람들에게 맡깁니다. 양심을 다루는 우리로서는 그러한 것을 거의 읽지 않고 우리 글에서 새로운 결의론자들을 인용하기만 합니다. 그렇게 많은 것을 쓴 디아나를 보세요. 그는 자신의 책의 도입부에서 그가 인용한 저자들의 명단을 싣고 있어요. 그들은 296명이나 되고, 그 가운데 가장 나이 많은 사람이 80세입니다."라고 그는 말했네. "그러니까 그것은 신부님네 교단이 만들어진 후에 태어났다는 것이로군요."라고 내가 말했네. "대략 그렇지요."라고 그가 대답했지. "다시 말하자면 신부님, 당신네 단체가 온 후, 성 아우구스티누스, 성 크리소스토모스, 성 암브로시오, 성 제롬, 그리고 다른 이들이 도덕 문제에서 사라졌다는 것이로군요. 그러나 적어도 그들의 뒤를 잇는 사람들의 이름이라도 알 수 있을까요? 이 새로운 저자들은 누굽니까?" "그들은 아주 노련하고 유명한 사람들입니다. 그들은 빌라로보스, 코넹크, 라마스, 아코키에, 데알코제르, 델라크뤽스, 베라크뤼즈, 위골렝, 탕부렝, 페르낭데스, 마르티네즈, 수아레즈, 앙리케즈, 바스케즈, 로페즈, 고메즈, 산체즈, 드 베키스, 드 그라시스, 드 그라살리스, 드 피티지아니스, 드 그라페이스, 스키랑티, 비조제리, 바르콜라, 드 보바딜라, 시망차, 페레즈 드 라라, 알드레타, 로르카, 드 스카르시아, 콰랑타, 스코프라, 페드레자, 카브레자, 비스브, 디아스, 드 클라바시오, 빌라구트, 아당 아 망당, 이리바른느, 벵스펠드, 볼팡기 아 보르베르그, 보스테리, 스트레브스도르프입니다." "오 신부님, 이 사람들이 모두 그리스도인이었습니까?" 난 놀라서 그에게 물었네. "뭐라고요, 그리스도인이냐고요! 이분들이야말로 오늘날 기독교를 지도하는 유일한 분들이라고 내가 당신에게 말하지 않았던가요?"라고 그가 대답했네. 나는 딱한 마음이 들었지만 그에게는 아무 내색도 하지 않고 단지 이 저자들 모두가 제주이트 회원이냐고만 물었네. "아닙니다. 하지만 그것은 중요하지 않지요. 그들이 좋은 말들을 하고 있으니까요. 대부분의 사람이 우리 단체의 것을 인용하거나 모범으로 삼았다는 것은 아니에요. 그렇지만 우리는 명예에 관한 일이라고 생각하지는 않지만, 그들은 늘 찬사를 보내며 우리 신부님들을 인용하고 있습니다. 디아나를 보세요. 그분은 우리 교단은 아니지만 바스케즈에 대해 말할 때 그를 '정신의 불사조'라고 부릅니다. 그리고 가끔은 '바스케즈 단 한 사람이 다른 모든 사람과 대등한 가치가 있다(*instar omnium*)'고 말합니다. 우리 모든 신부님들 역시 이 훌륭한 디아나를 종종 이용합니다. 당신이 우리의 개연론[9]을 잘 이해한다

9 이것은 참이고 저것은 거짓이라는 식의 확실한 지식이란 있을 수 없으므로, 어떤 신념이나 행동에 있어서 '좀 더 가능성이 있는 것이나 좀 더 확실한 것'이 기준이 되어야 한다는 것이 개연론(probabilism)의 핵심이다. 이것은 어떤 행동이 죄가 될지 안 될지 모를 때, 좀 더 개연적인 견해에 따른다면 그 행동을 옹호할 수 있다는 것을 전제로 하고 있다. 적절한 논거를 댈 수 있거나(내재적 개연성), 널리 인정받는 권위자가 그 의견을 지지하면(외래적 개연

면 그것이 괜찮다는 걸 알게 될 겁니다. 반대로 우리가 정말 원했던 것은 제주이트 신부가 아닌 다른 사람들이 그들의 의견을 개연적으로 만들 수 있는 것입니다. 그래서, 개연적 의견의 모든 책임을 우리 탓으로 돌리지 않는 것입니다. 그렇게 되면 어떤 저자가 하나의 의견을 내놓았을 때, 그가 누구든지 간에 우리가 원한다면 개연적 의견의 교리에 의해 우리가 그것을 인용할 권리를 가지는 것입니다. 그렇지만 그 저자가 우리 교단의 일원이 아닐 때는 그 의견을 보증하지 않습니다." "모두 다 잘 알겠습니다. 이로써 저는 고대 교부들을 제외한 모두가 신부님들께 환영을 받으며, 신부님들이 작전의 대가라는 것을 알게 되었습니다. 신부님들은 달려가기만 하면 되는군요."라고 내가 말했네.

"그러나 저는 신부님들의 길을 가로막게 될 서너 가지 어려움과 강력한 장애물들을 예감합니다." "그게 무엇입니까?" 신부는 아주 놀라서 물었네. "그것은 당신들도 부정할 수 없는 성경과 교황과 공의회입니다. 이들 모두는 오직 복음의 길 위에 있습니다."라고 내가 대답했네. "그게 전부입니까? 당신은 나에게 겁을 주는군요. 그렇게 분명한 것을 우리가 예측하지 못하고 대비하지 못했다고 생각하십니까? 우리가 성경과 교황과 공의회와 반대 입장에 있다고 생각하다니 당신도 참 대단한 사람이로군요! 사실은 그와 정반대라는 것을 당신에게 보여 주어야겠습니다. 우리가 그들의 은혜를 잊을 거라고 생각하다니 매우 유감입니다. 아

성) 개연성이 있다고 보는 것이다. 개연론에 바탕을 둔 양심결의론의 직접적인 결과는 기독교 선교 사상 유례가 없는 예수회의 성공적인 선교 사업으로 나타난다. 그러나 이와 같은 교세 확장에도 불구하고 예수회의 근간이 된 개연론은 태생상 '윤리의 세속화'라는 약점을 안고 있었다. 개연론 자체가 어떤 의미에서는 불가피하다 하더라도, 양심을 적당히 속이는 것이 아니라 확고한 양심을 갖게 만드는 양식과 의식의 기준이 문제가 되기 때문이다. "개연론이 없다면 예수회는 어떻게 될까요? 개연론을 제거해 보시오, 그들은 더 이상 사람들의 환심을 살 수 없을 것입니다. 개연론을 덧붙여 보시오, 그들은 더 이상 사람들의 환심을 사지 않을 수 없을 것입니다."라는 『팡세』의 한 구절은 이들 관계를 바라보는 파스칼의 근본적 시각이라 할 수 있다.

마 우리 신부님들 중 몇몇 분의 의견이 그들의 결정과 상충되어 그렇게 생각하는 것 같은데, 사실은 그렇지 않습니다. 그러나 당신이 그 일치점을 이해하기 위해서는 더 많은 시간이 필요할 것 같습니다. 부디 우리에 대해 오해하지 마시기를 바랍니다. 내일 다시 만나고 싶으시다면 그때 설명해 드리겠습니다."

이렇게 해서 우리의 만남은 끝이 났네. 이것이 우리 대화의 끝이 되겠지. 또한 그 이야기는 편지 한 통으로도 충분하네. 나는 자네가 기꺼이 다음 편지를 기다릴 거라고 믿네. 잘 있게.

[여섯 번째 편지 내용 요약]

몽탈트는 제주이트 사제들의 결의론과 개연론을 비판한다. 결의론자는 '아무런 보수도 받지 않고, 단지 친구를 도와주기 위해서 살인한 자'를 살인자로 보지 않는다. 개연론에 의하면, 자기가 쓰고 남은 것으로 자선을 베풀어야 한다는 자선의 의무감을 느끼지 않아도 된다. 왜냐하면, 비록 왕이라 할지라도 '남은 것'이 없을 수 있기 때문이다. 또한 윗사람의 말에 반드시 순종해야만 되는 것은 아니다. 단지 개연적으로 그에게 순종하는 태도를 보이면 된다. 왜냐하면, 그의 말은 단지 개연적으로만 옳을 뿐이기 때문이다.

여섯 번째 편지*

파리에서, 1656년 4월 10일

친구에게,

나는 지난번 편지 말미에서, 제주이트 신부님이 그들의 의견과 교황, 공의회, 그리고 성경의 결정 사이에서 일어나는 모순을 어떤 식으로 조화시키는지 가르쳐 주겠노라고 내게 약속했다고 자네에게 말했었네. 내가 두 번째 방문했을 때 실제로 그는 나에게 가르쳐 주었고, 내가 지금 하려는 이야기가 바로 그것이네.

이 신부님은 나에게 다음과 같이 말했네. "우리가 이 명백한 모순들을 조화시키는 방법 중 한 가지는 용어의 해석을 통한 방법입니다. 예를 들어서, 교황 그레고리오 14세는 살인자는 교회 은신처를 이용할 수 없으며 그곳에서 그들을 쫓아내야 한다고 공표했습니다. 하지만 우리 24명

* 「다섯 번째 편지」에서 「아홉 번째 편지」에 이르는 다섯 통의 편지에는 몇 가지 공통 요소가 있다. 우선 대화의 등장인물이 화자인 몽탈트와 제주이트 신부로 한정되어 있다. 소재는 양심 결의론에 기초한 제주이트 사제의 윤리다. 형식은 몽탈트가 제주이트 신부에게 직접 그들의 교리를 정의하고 설명하도록 유도하는 방식이다. 이 다섯 통의 편지에는 제주이트 윤리의 일반적 원리에 대한 서술과 개별적인 몇몇 경우에 대한 분석이라는 두 가지 방법이 혼재하는데, 「여섯 번째 편지」는 장 달바의 일화를 통해 제주이트 신부들의 결의론과 개연론을 비판하고 있다.

의 원로들은 개론 6, 예제 4, 27번에서 〈계략을 써서 살인한 자는 모두 이 교서의 징벌을 받지 않아도 된다.〉라고 말합니다. 당신에게는 모순으로 보이겠지만, 우리는 이 의견에 동의합니다. 우리는 살인자라는 단어를 다음과 같이 해석하니까요. 〈살인자는 교회의 특권을 누릴 자격이 없는가? 그레고리오 14세의 교서에 의하면, 그렇다. 그러나 우리는 살인자라는 단어를 계략을 써서 누군가를 죽이기 위해 돈을 받은 사람으로 이해한다. 그 때문에 아무런 보수도 받지 않고 단지 친구를 도와주기 위해 살인을 한 자들은 살인자로 불리지 않게 된다.〉 마찬가지로, 성경에서는 〈너희에게 남은 것으로 자선을 베풀어라〉라고 말합니다. 그러나 여러 결의론자들은 가장 부유한 사람들이 자선의 의무를 면하는 방법을 찾아냈습니다. 이것도 당신에게 모순으로 보이겠지만, '남은'이라는 단어의 해석을 통해 우리는 쉽게 그 일치점을 보게 됩니다. 따라서 아무도 남은 것을 갖게 되는 일이 절대 일어나지 않게 되지요." 학식이 많은 바스케즈가 그의 『자선 개론』 4장에서 다음과 같이 썼습니다.

〈세상 사람들이 자신과 자신의 부모님의 형편을 더 나아지게 하기 위해 가지고 있는 것은 남은 것이라 부르지 않는다. 따라서 세상 사람들에게, 심지어 왕에게조차 남은 것이 있다고 생각하기란 힘들다.〉

디아나 역시 바스케즈의 이 말을 인용했어요. 왜냐하면 그는 보통 우리 신부님들의 말에 근거를 두고 있기 때문이지요. 그는 다음과 같이 결론을 아주 잘 내렸습니다. 〈그 문제에 있어 부자들이 그들에게 남은 것으로 자선을 해야 한다면, 그것을 긍정하는 게 사실이라 하더라도, 자선이 실제로 의무가 되는 일은 결코 혹은 거의 절대로 일어나지 않을 것이다.〉

"잘 알겠습니다. 신부님, 그것이 바스케즈의 가르침을 따른 것이로군요."라고 내가 말했네. "그렇지만 만약에 사람들이 이렇게 반박한다면 뭐라고 답변하시겠습니까? 구원을 얻기 위해서, 복음서의 말씀대로 욕심을 버리면 남은 것이 많아서 자선을 베풀 수 있는 것이 분명하겠지만,

바스케즈의 말대로 욕심이 많아서 남은 것이 전혀 없으면 자선을 베풀 수 없는 것이 분명할 텐데요." (그러자 그가 나에게 말했네.) "이 두 가지 방법들이 모두 동일한 복음서를 따르는 것이 분명합니다. 하나는 가장 문자적이며 가장 알기 쉬운 의미로 복음서를 따르는 방법이고, 다른 하나는 바스케즈가 해석한 동일한 복음서를 따르는 방법이죠. 이로써 당신은 해석의 유용성을 알게 되는 것입니다."

(그가 이어서 이렇게 말했네.) "그러나 당신이 다음 예에서 보듯이 용어들이 너무도 분명해서 어떤 반박도 용인할 수 없을 때, 우리는 유리한 조건에 주목해야 합니다. 교황들은 수도사 복장을 벗은 수도사들을 파문했는데, 우리 24명의 원로들은 그래도 개론 6, 예제 7, 103번에서 '어떤 경우에 수도사들이 파문을 당하지 않고 수도사복을 벗을 수 있는가?'에 대해서 말합니다. 여러 가지 경우들이 소개되는데 그중에서도 다음의 것을 보시죠. '그가 소매치기를 한다거나 몰래(*incognito*) 방탕한 곳에 가는 것'처럼 수치스러운 이유로 수도사복을 벗는다면, 그는 곧 다시 입어야 할 것이다. 그런데 교서들은 이런 경우에 대해 전혀 말하고 있지 않다는 것이 분명하다."

난 그것을 거의 믿을 수 없었지. 그래서 신부님께 원본에서 그것을 보여 달라고 부탁해서 『제주이트 학파에 따른 실천』(*Praxis ex Societatis Jesu schola*)이라는 제목이 붙은 장을 보았지. 나는 또 이런 말을 보았네. 〈만일에 몰래 도둑질하거나 간음하려고 옷을 벗는다면〉(*Si habitum dimittat ut furetur occulte, vel fornicetur.*) 그리고 그는 디아나의 책 속에서 〈몰래 창녀의 집에 갈 때에〉(*Ut eat incognitus ad lupanar*)라는 말을 내게 보여 주었네. "신부님, 이런 경우에 그들이 그런 수도사들을 파문하지 않는 이유는 뭐죠?" 나의 질문에, 그가 나에게 계속해서 말했네. "그걸 이해하지 못하시나요? 수도사가 수도복을 입은 채로 그런 상태에 있는 것이 얼마나 추문이 될지를 모르시겠어요? 사람들이 첫번째 교서 *Contra sollicitantes*(유혹에 대하여)[1]에 대해서 뭐라고 답했는지 말하는 소리를 전혀 못 들었나요? 그리고 우리 제주이트 학파의 실천이라는 장에서 우리 24명의 원로들이 비오 5세의 교서 *Contra clericos*(성직자에 대하여)[2]를 어떤 식으로 설명하는지 등에 관해서는요?" 난 그 모든 것이 무엇인지 모르겠다고 그에게 말했네. "그렇다면 당신은 에스코바르를 전혀 읽지 않으셨군요."라고 그가 내게 말하더군. "신부님, 나는 어제서야 그의 책을 읽었는데 그 부분을 찾기가 어려웠습니다. 최근에 일어난 일은 잘 알지 못하는데, 그 일 때문에 모든 사람들이 그의 책을 찾고 있군요." 그러자 신부가 이렇게 대꾸했네. "내가 당신에게 말한 것은 개론 1, 예제 8, 102번입니다. 따로 보아 두세요. 교서를 유리하게 해석하는 방식의 좋은 예를 거기서 발견하게 될 겁니다." 사실 난 어제 저녁부터 그것을 읽었네. 하지만 자네에게 감히 얘기하지 못한 이유는 그 내용이 끔찍하기 때문이네.

마음씨 좋은 신부는 계속해서 이렇게 말했네. "이제 당신은 어떻게 상황을 유리하게 이용하는지 잘 아셨지요. 하지만 가끔 너무나 분명해서 이것으로 모순을 조화시킬 수 없는 경우가 있습니다. 이런 경우에 당신은 다른 방법이 있을 거라고 믿을 겁니다. 예를 들어서 세 명의 교황은 다음과 같이 결정했습니다. 비록 주교라 할지라도 어떤 개인적인 서원에 의해서도 그들의 금욕 생활이 면제되지 않는다. 그러나 디아나는 〈그들의 결정에도 불구하고 그들에게는 면제된다〉고 말합니다." 그래서 내가 물었지. "그러면 그는 어떻게 그것을 조화시킨 것일까요?" 그러자 신부가 대답했네. "그것은 모든 새로운 방법 중에서도 가장 섬세한 방법, 개연론 중에서도 가장 세밀한 부분에 의해서죠. 제가 당신에게 설명해 드리죠. 당신도 언젠가 본 것처럼 우리 박사님들의 판단에 의하면 대부분의 의견들은 긍정적인 면과 부정적인 면을 가지고 있고, 또 각

1 고해하는 여인을 유혹하는 성직자들에 대하여 보낸 1561년 4월 16일 자 교황 비오 4세(Vio IV)의 교서.

2 동성애에 빠진 성직자들에 대하여 보낸 1568년 8월 30일 자 교황 비오 5세(Vio V)의 교서.

각 어떤 개연성을 가지고 있지요. 그리고 양심상 안심하고 따르기에 충분하구요. 긍정과 부정이 모두 동일한 의미에서 진리인 것은 아니지요. 그건 불가능합니다. 그러나 그것들은 단지 개연성에 있어서 결과적으로 확실하다는 겁니다."라고 신부가 대답했네.

"이 원칙에 따라서, 우리의 친구 디아나는 제5부, 개론 13, 답 39에서 이와 같이 말하고 있습니다. 〈나는 내 의견과 반대되는 이 세 교황의 결정에 이렇게 답한다. 그들은 긍정적인 면에 집착해서 그렇게 말했으며, 내 판단으로는 금욕 면제가 실제로 개연성이 있다. 그러나 그로 인해서 부정적인 면 또한 개연성이 없다는 말은 아니다.〉 그리고 같은 개론 답 65에서 또 다른 주제에 관하여 이렇게 말하고 있습니다. 여기서도 그는 한 교황과 반대되는 의견을 가지고 있지요. 〈교황이 교회의 수장이기 때문에 그렇게 말했기를 바란다. 그러나 그는 단지 자신의 개연적 의견의 범위 내에서 그렇게 말한 것이다.〉 그러니 당신은 그 말이 교황들의 의견을 손상시키는 것이 아니라는 것을 잘 아시겠지요. 디아나가 큰 신임을 받고 있는 로마에서 그런 것을 묵인하지 않을 겁니다. 그가 교황들이 결정한 것이 개연성이 없다고 말하지는 않으니까요. 그러나 그들의 의견을 모든 개연성의 범주에 넣으면서, 그는 여전히 그 반대 또한 개연적이라고 말하고 있습니다." 나는 그에게 이렇게 말했네. "그거 아주 존경할 만하네요." 그가 이렇게 덧붙이더군. "로마에서 보니 신부의 저서들을 비판했을 때, 보니 신부가 했던 대답보다 더 세심하지요. 왜냐하면 그는 당시 노발대발하며 자신을 못살게 굴었던 알리에 신부에 대해서 '로마의 비난이 프랑스의 비난과 어떤 공통점이 있습니까?'라고 반박하는 글을 쓰지 않았거든요. 이것으로 당신은 용어의 정의에 의해서나, 유리한 상황에 주목하는 것에 의해서나, 마지막으로 긍정과 부정이라는 이중의 개연성에 의해서나, 이전에 당신을 놀라게 만들었던 이른바 그 모순이라는 것들을 당신이 보았듯이 결코 성경이나 공의회나 교황의 결정을 손상시키지 않으면서 항상 일치시키고 있다는 것을 충분히 아시겠지요." 나는 그에게 이렇게 말했네. "존경하는 신부님, 당신들을 스승으로 모시고 있는 사람들은 참으로 행복하겠군요! 개연성은 정말 유용하군요! 나는 왜 당신들이 단 한 명의 박사가 — 그가 비중있는 사람일 경우에 — 어떤 의견을 개연적인 것으로 만들 수 있게 하는, 그리고 그 반대 의견도 역시 개연적인 것으로 만들 수 있게 하는 규정을 만듦으로써, 사람들이 긍정과 부정 중에서 좀 더 마음에 드는 것을 — 비록 그것을 진리라고 생각하지는 않지만, 아무런 양심의 거리낌 없이 — 선택할 수 있을 정도로, 그래서 결의론자들의 말을 믿고 사면해 주기를 거절하는 고해신부는 엄벌을 받게 될 정도로 그렇게도 지극정성을 쏟았던 이유가 무엇인지를 모르고 있었습니다. 그로부터 나는 단 한 사람의 결의론자가 자기 마음대로 새로운 윤리 규칙들을 만들어 낼 수 있다는 사실을 알게 되었고, 그가 품행에 관한 모든 것을 자기의 상상에 따라서 마음대로 결정할 수 있다는 사실을 알게 되었습니다." 그러자 신부는 나에게 이렇게 말했네. "당신이 말한 것들을 어느 정도 조정해야 되겠군요. 이 점을 잘 알도록 하세요. 우리의 방법은 그렇습니다. 당신은 여기에서 새로운 견해의 발생부터 성숙까지의 모든 진보의 과정을 보게 될 것입니다."

(그가 계속해서 말했네.) "우선 개연적 의견을 만들어 낸 그 '근엄한' 박사는 이 의견을 세상에 내놓고, 마치 그것이 한 알의 씨앗인 것처럼 뿌리를 내릴 수 있도록 던져 놓습니다. 그 씨앗은 이 상태에서는 아직 연약하지만, 조금씩 조금씩 시간이 지남에 따라서 성숙해 갈 것입니다. 그래서 디아나는 몇 알의 씨앗을 던져 놓고 어떤 곳에서 이렇게 말합니다. 〈나는 이 의견을 내놓지만 새로운 의견이기 때문에, 감히 그 성숙은 시간의 흐름에 맡기겠습니다(*relinquo tempori maturandam*).〉 그렇게 해서 몇 년이 지나면 그 의견은 모르는 사이에 확고해지는 것을 볼 수 있습니다. 그리고 꽤 시간이 흐른 후, 이 의견은 교회로부터 무언의 동의를 얻어 권위를 인정받게 되는 것이죠. 보니 신부의 다음과 같은 위대한 금언에 따른다면 말이죠. 〈이 의견은 몇몇 결의론자가 내놓았던 것으로서, 교

회는 이 의견에 전혀 반대하지 않았기 때문에, 이것은 교회가 인정한다는 증거입니다.〉 사실, 바로 이 원칙에 의해 그는 개론 6, 312쪽에서 자신의 견해 중 하나를 정당화합니다." 나는 그에게 이렇게 말했네. "아니, 뭐라고요? 신부님, 교회가 그렇게 생각한다면 교회가 묵인하는 모든 악습, 비난하지 않은 모든 책의 오류들을 승인하는 것이 되겠네요?" 그러자 그가 나에게 말했네. "보니 신부에게 항의하십시오. 내가 당신에게 이야기를 하나 해 줄 테니 내게 반박해 보십시오. 어떤 사실에 대해 논쟁해서는 결코 안 됩니다. 시간이 하나의 의견을 이처럼 성숙시켰고, 마침내 이 의견은 완전히 개연적인 것이며 동시에 확실한 것이 된다고 내가 당신에게 이야기했었지요. 여기서 학식 있는 카라뮈엘이 디아나에게 그의 『기초 신학』을 보내면서 동봉한 편지에서 이 위대한 디아나가 이전에는 그렇지 않았던(*quae antea non erant*) 여러 가지 의견을 개연적으로 만들었다. 그리고 이렇게 해서 그 의견에 따르면, '비록 전에는 죄가 되었을지라도 지금은 더 이상 죄가 되지 않는다.'(*jam non peccant, licet ante peccaverint.*)라고 말하게 된 것이지요."

내가 그에게 말했네. "사실 신부님, 신부님네 박사들 옆에 있으면 유익한 게 아주 많겠군요. 뭐라고요! 똑같은 일을 한, 두 사람 중에서 그들의 교리를 모르는 사람은 죄를 짓는 것이고, 그걸 아는 사람은 죄를 짓는 게 아니라니요! 그러면 그들의 교리가 교육적이면서도 죄를 사해 주는 거란 말입니까? 성 바오로에 따르자면 하나님의 율법이 부정한 자를 만들고 있었던 거군요. 이 율법은 거의 결백한 사람만을 만들어 내고 있고요. 신부님, 제발 부탁이니 잘 좀 가르쳐 주세요. 당신들 결의론자가 확립한 중요한 원리들이 무엇인지 말해 주지 않는다면 나는 가지 않겠습니다."

그러자 신부가 나에게 말했네. "안타깝군요! 우리의 주된 목적은 아주 엄격한 복음서의 금언들 외에 또 다른 금언들이 확립되지 않도록 하는 것이었을 텐데요. 그리고 우리가 다른 사람들의 문란함을 다소 묵인해 주는 것은 의도한 것이라기보다는 오히려 관대함 때문이라는 것을 우리의 윤리규칙을 통해 잘 알게 될 겁니다. 우리로서는 불가피한 일이죠. 오늘날 사람들이 많이 타락해서, 만약에 그들을 우리에게 오게 할 수 없다면 우리가 그들에게 가야 합니다. 그렇지 않으면 그들은 우리를 떠날 것이고, 더 나빠져서 완전히 버려질 것입니다. 우리 결의론자들이 사람들이 온갖 조건들 가운데서도, 특히 악에 기우는 경향이 가장 심하다고 생각했던 것도, 그들을 붙잡기 위해서입니다. 우리는 아주 유연한 금언을 세웠지만 진리를 훼손하지는 않지요. 사람들이 이에 만족하지 않는다면, 그것은 까다로운 사람이 되기 위해서입니다. 우리 단체가 종교의 선을 위해 정한 중요한 계획은 그게 누구든지 간에 사람들이 절망하지 않도록 매정하게 거절하지 않는 것입니다."

그는 이어서 이렇게 말했네. "따라서 우리는 모든 종류의 사람들, 성직록을 받는 사람, 사제, 수도사, 귀족, 하인, 부자, 상업에 종사하는 사람, 일에서 어려움을 겪는 사람, 빈곤한 상태에 있는 사람, 경건한 여인, 그렇지 못한 여인, 결혼한 사람, 타락한 사람에 대한 금언들을 가지고 있습니다. 결국 그들의 예상을 벗어나는 것은 아무것도 없습니다." 내가 그에게 말했네. "말하자면 성직자, 귀족, 제3 계급에 대한 금언들도 있다는 것이로군요. 그것들을 들려 주십시오."

신부가 이렇게 말했네. "성직록을 받는 사람들부터 시작해 봅시다. 오늘날 어떤 거래가 이익을 보는지 알고 있나요? 성 토마스와 고대인들이 그에 관해 말한 것을 믿어야 한다면, 교회 안에는 많은 성직매매가 있을 것입니다. 그래서 우리 신부들은 에스코바르의 네 마리 동물 중 하나로 상징되는 발렌시아의 말처럼 당신은 아주 신중하게 사건을 완화시킬 필요가 있다는 것을 알게 될 것입니다. 이것이 그가 여러 가지 방안을 제시했던 긴 이야기의 결론입니다. 내 생각에는, 그중에 제일 나은 것이 제3권 2039쪽에 있는 것입니다. 〈영적인 재산 대신에 세속적인 재산을 준다면, 즉 성직록에 대한 값으로 돈을 낸다면, 그것은 명백한 성직매매다. 그러나 성직을 주게끔 성직록 수여자의 의지를 유도하는 동기로써 돈을 준다면, 비록 그것을 주는 이가 돈을 중요한 목적으로 간주하고 기대한다 하더라도, 그것은 성직매매가 아니다.〉 탄네루스 역시 우리 단체의 일원인데, 그는 제3권 1519쪽에서 이런 말을 하고 있습니다. 비록 성 토마스가 거기에 반대한다는 것을 인정하고 있기는 하지만, 그가 〈세속적인 것 대신에 영적인 것을 주는 것은 — 만약에 세속적인 것이 그 목적이라면 — 그것은 언제나 성직매매라는 것을 반드시 가르친다.〉는 점에서 그는 동일한 말을 하고 있는 것입니다. 우리는 이런 방법으로 수많은 성직매매를 금지시킵니다. 왜냐하면 성직록을 위해서 돈을 줄 경우, 성직록의 대가로 돈을 주는 것이 아니라 성직록의 수혜자가 성직록을 포기하도록 유도하려는 동기에서 돈을 주도록 그의 의도를 유도하는 것을 거절할 만큼 냉혹한 사람이 누가 있겠습니까? 아무도 그것 때문에 하나님으로부터 버림받지 않습니다." 나는 그에게 말했네. "모든 사람들이 그런 거래를 할 만큼 충분한 은총을 가지고 있다는 것에는 저도 동의합니다." 그러자 신부가 대답했네. "그건 확실하지요."

"바로 이런 방식으로, 우리는 성직록을 받는 사람들의 문제를 완화시켰던 것입니다. 우리는 사제들에게 충분히 유리한 몇 가지 금언을 가지고 있지요. 예를 들어서, 개론 1, 예제 11, 96번은 우리 원로 24명의 금언입니다. 〈'미사 드리는 것으로 돈을 받은 사제가 똑같은 미사에 대해 또다시 돈을 받을 수 있는가? 있다. 사제로서 자신에게 속한 제사의 일부를 새로 돈을 지불한 사람에게 적용시킨다면 가능하다.' 단 미사 전체에 대해서가 아니라 미사의 3분의 1과 같이 단지 일부분에 대한 것으로서 그만큼만 돈을 받는 것이다.〉라고 필리우티우스는 말한다."

"확실히 신부님, 이것은 '찬성'과 '반대'가 아주 개연성이 있는 경우 중 하나군요. 왜냐하면 필리우티우스와 에스코바르의 권위에 따른다면, 당신이 말하는 것이 그렇게 되지 않을 수 없으니까요. 하지만, 개연론의 영역에 당신이 말한 것을 놓는다면 우리는 그 반대로도 말할 수 있을 것입니다. 다음과 같은 이유로 근거를 주장하면서 말이죠. 〈교회가 가난한 사제들에게 미사를 드리는 것에 대해 돈을 받을 수 있도록 허락할 때, 제단에서 일하는 사람들이 제단에서 나오는 것으로 사는 것[3]〉은 너무도 정당하다. 그렇기 때문에, 그로 인해서 그들이 제사를 돈으로 바꾼다는 말을 교회는 이해하지 못합니다. 그들이 그 제사에서 이끌어 내야만 할 온갖 은총을 스스로 포기한다는 것은 더 이해 못할 일이지요. 그래서 나는 이렇게 말할 것입니다. 〈성 바오로에 따른다면, 사제들은 무엇보다도 그들 자신을 위해, 그리고 동시에 다른 사람들을 위해 제사를 드려야 한다.〉[4] 그렇게 해서 사제들은 다른 사람들을 제사의 열매에 잘 결합시키게 되는 것이죠. 그들 자신이 제사의 열매 전체를 포기하고 미사의 3분의 1, 즉 4솔이나 5솔에 대한 것을 다른 사람에게 주는 것이 아닙니다. 사실, 신부님, 제가 조금이라도 '비중 있는' 사람이라면 이 의견을 개연적인 의견으로 만들 텐데요." 그러자 신부가 내게 말하더군. "그건 어렵지 않을 겁니다. 이 의견은 확실히 개연적이니까요. 명백하게 좋은 의견에 대한 반대 속에서 개연성을 찾아내는 데에 어려움이 있는 것이고, 그것은 위대한 사람만 할 수 있는 일이죠. 보니 신부는 그 점에서 뛰어납니다. 이 박식한 결의론자가 사제들에 관한 동일한 문제에 대해서 찬성과 반대를 깊이 통찰하고 도처에서 그 이유를 찾아내는 것을 보면 즐거움을 느끼게 되죠. 그만큼 그가 솜씨 있고 섬세한 것이죠."

(그가 이어서 말했네.) "그는 한곳에서 이렇게 말합니다. 개론 10론, 474쪽입니다. 〈사제는 매일 미사를 드려야 한다는 법을 만들 수는 없다. 왜냐하면 그런 법은 의심할 여지 없이(*haud dubie*) 그들이 가끔 대죄를 범한 중에 미사를 드릴 위험에 처하도록 만들 것이기 때문이다.〉 그럼에도 불구하고, 같은 개론 10론, 441쪽에서 그는 이렇게 말합니다. 〈매일 미사

3 고린도전서 9장 13절.

4 히브리서 5장 3절.

를 드리는 것으로 돈을 받은 사제는 매일 미사를 드려야 하며, 늘 회개할 수 있다는 이유로 미사 드릴 준비를 항상 충분히 잘하지 못하는 것에 대해서 변명을 할 수 없다. 그리고 그들이 이 의무를 저버린다면, 그것은 그들의 잘못이지 그들에게 미사를 드리게 한 사람의 잘못이 아니다.〉 그리고 그들이 미사 드리는 것을 어렵게 만드는 제일 큰 어려움을 덜어주기 위해 이 문제에 대해 같은 개론서 질의 32에서 다음과 같은 결론을 내리지요. 〈사제가 큰 죄 중에서도 대죄를 지은 바로 그날, 미리 고해를 한다면 미사를 집전할 수 있는가? 빌라보스는 그의 부정함 때문에 안 된다고 말한다. 그러나 상티우스는 '할 수 있으며, 조금도 죄가 안 된다'고 말한다. 나는 이 의견이 맞고, 실제 생활에서 그대로 해야 된다고 생각한다(*et tuta et sequenda in praxi*).〉"

나는 그에게 이렇게 말했네. "뭐라고요! 신부님, 실생활에서 이 의견을 따라야 한다는 말씀이세요? 그런 무절제에 빠진 사제가 보니 신부의 말을 믿고 감히 죄를 저지른 바로 그날 제단에 가까이 가다니요? 이런 종류의 죄를 범한 사제들을 영원히 혹은 적어도 오랜 기간 동안 추방했었던 교회의 오래된 법에 그가 복종할 필요는 없나요? 오히려 사제들이 죄를 범한 바로 그날, 그들에게 미사를 허용하는 결의론자의 새로운 의견에 마음을 굳히는 것보다 말이지요." 신부가 이렇게 말했네. "당신은 전혀 기억하지 못하는군요. 우리의 셀로 신부와 레기날두스 신부의 말에 따라 〈도덕에 있어서는 옛 교부들이 아니라 새로운 결의론자들을 따라야 한다〉고 예전에 내가 당신에게 가르쳐주지 않았던가요?" 내가 그에게 대답했네. "잘 기억하고 있습니다. 그러나 여기 그 이상의 것이 있습니다. 교회의 법이 있으니까요." 그러자 그가 나에게 말했네. "당신 말이 옳습니다. 하지만, 당신은 아직 필리우티우스가 제2권, 25론 33번에서 말하듯이 〈사람들이 교회의 법을 더 이상 준수하지 않을 때 교회의 법은 그 힘을 잃어버린다.(*cum jam desuetudine abierunt*)〉는 우리 신부님들의 이 멋진 금언을 모르고 있군요. 우리는 고대인들보다 교회에서 현재 필요로 하는 것을 더 잘 알고 있습니다. 만일 우리가 제단에서 사제들을 엄격하게 추방해 버린다면 상당히 많은 미사가 이루어질 수 없으리라는 것을 당신은 잘 아시겠지요. 그런데 미사가 갖는 의미의 다양성은 하나님께는 영광이 되고, 사람의 영혼에는 많은 유용함을 주는 것이라고 감히 말할 수 있겠습니다. 우리의 셀로 신부도 루앙에서 인쇄된 그의 책 『교회의 위계』 611쪽에서, 〈모든 남자들과 여자들 — 그것이 가능하다면 — 뿐만 아니라 마비된 육체, 야생의 짐승(*bruta animalia*)조차 미사를 거행하기 위해 사제로 변한다 하더라도, 사제들이 지나치게 많다고 할 수 없을 것이다.〉라고 말하고 있습니다."

나는 이 이상한 상상에 너무도 놀라 아무 말도 할 수 없었네. 그러고 나서, 그는 이렇게 계속했네. "사제들에 대해서는 충분히 이야기했지요. 이야기가 너무 길었던 것 같습니다. 이제 수도사들 이야기로 넘어 갑시다. 그들의 제일 큰 어려움은 윗사람에게 순종해야 한다는 것입니다. 우리 신부님들이 이것을 완화시킨 것을 들어보세요. 우리 회의 카스트루스 파라우스의 『도덕론』 제1부 조항 2, 6쪽입니다. 〈자기 자신이 개연적 의견을 가지고 있는 사람은 윗사람의 의견이 아무리 개연적일지라도 그에게 순종하지 않아도 된다는 것은 논쟁의 여지가 없다(*non est controversia*). 상체스가 말한 것처럼 수도사에게는 가장 자기 마음에 드는 의견을 택하는 것(*quae sibi gratior fuerit*)이 허용되기 때문이다. 또한 윗사람의 명령이 정당하다 하더라도, 그의 말에 반드시 순종해야만 하는 것은 아니다. 그가 모든 점에서, 그리고 모든 방법에 있어서 바른 것은 아니기 때문이다(*non undequaque juste praecepit*). 그의 의견은 단지 개연적일 뿐이다. 이런 식으로 여러분은 단지 개연적으로 그에게 순종하는 태도를 취하면 된다. 개연적으로 순종의 의무에서 해방되는 것이다.(*probabiliter obligatus, et probabiliter deobligatus*)〉" 내가 그에게 이렇게 말했네. "확실히 신부님, 그 이중적인 개연론의 대단한 열매를 지나치게 높이 평가할 수는 없겠습니다." 그가 나에게 말했네. "이것은 아주 유용합니다. 그렇지만 간추려 봅시다. 무절제함으로 인해 자신의 수도원에서 쫓겨난 수도사를 위해서 우리 유명한 몰리나[5]가 쓴 이 개론서에 대해서만 당신에게 이야기하겠습니다. 우리 에스코바르 신부가 개론 6, 예제 7, 111번에서 다음과 같은 말로 그것을 인용하고 있지요. 〈자신의 수도원에서 쫓겨난 수도사가 수도원으로 다시 돌아가기 위해 자신의 행동을 고칠 필요는 없으며, 그는 더 이상 자신의 순종 서원에 얽매이지 않는다.〉"

내가 그에게 말했네. "신부님, 그들은 자기 편할 대로 행동하는 성직자들이로군요. 나는 당신네 결의론자들이 성직자들을 호의적으로 대했다는 것을 잘 알겠습니다. 그들은 마치 자기 자신을 위하는 것처럼 행동했습니다. 그러나 나는 다른 환경에 있는 사람들도 그같이 잘 대해지지 않을까 봐 염려됩니다. 각자가 자기 자신을 위해야만 할 것입니다." 그러자 신부가 나에게 이렇게 대답했네. "그들이 자기 자신에게 한다고 하더라도 그보다 더 잘 하지는 못할 것입니다. 그들은 가장 높은 사람부터 가장 보잘 것 없는 사람에 이르기까지 모두가 그런 동일한 자비심을 가지고 행동합니다. 그것을 알기 위해서, 하인에 대한 우리의 금언을 들어 보시면 당신도 그것을 알 수 있을 겁니다."

(그는 이렇게 말했네.) "하인이 양식 있는 사람일 경우, 방탕한 주인을 섬겨야만 하는 어려움을 우리는 그들의 입장에서 고려했습니다. 왜냐하면 그들은 고용주의 모든 심부름을 실행하지 않으면, 쫓겨나게 되기 때문입니다. 그리고 주인에게 복종한다면, 그들은 양심의 가책을 느끼게 됩니다. 우리 24명의 원로가 개론 7, 예제 4, 223번에서 그들이 양심의 가책 없이 할 수 있는 일들을 예로 든 것은 이러한 그들의 가책을 덜어 주기 위해서입니다. 여기 그 몇 가지 예들이 있습니다. 〈편지와 선물을 전

5 루이스 몰리나(Luis Molina, 1535-1600). 『은총의 선물과 자유의지의 조화』(1588)의 저자.

하는 것, 현관문과 창문을 여는 것, 그들의 주인이 창문을 넘도록 돕는 것, 그가 창문에 오르는 동안 사다리를 잡고 있는 것, 하인들에게는 이 모든 것이 허용되며 양심과 아무런 상관이 없다. 그들이 사다리를 잡고 있기 위해서는, 그렇게 하지 않는 평상시보다 더 협박을 받아야 한다는 게 사실이다. 창문으로 들어가는 것은 그 집주인에게는 해를 끼치는 일이기 때문이다.〉"

나는 그에게 이렇게 말했네. "당신은 이게 얼마나 공정한지 아시겠지요? 나는 24명의 제주이트 회원들이 쓴 책에 대해서는 아무것도 기대하지 않고 있었습니다." 하지만 신부님은 덧붙여 말했네. "우리 보니 신부님 말씀은 하인들은 중재자이므로 그들의 의도를 범죄 쪽으로 돌리지 말고, 단지 그들에게 돌아오는 이익 쪽으로 돌리면서 순수하게 자기 주인에게 모든 의무를 다 하라고 가르쳤습니다. 이것이 그가 『죄의 대전』 초판의 710쪽에서 설명한 것입니다." 그는 이렇게 말했네. "〈하인들이 그들 주인의 죄에 동의한다면, 파렴치한 심부름을 한 하인들은 용서 받을 수 없다는 점을 고해신부들은 주목해야 한다. 그러나 만약에 그들이 자신의 일시적 편의 때문에 그렇게 한다면, 그 반대로 말해야 한다.〉 그리고 그것은 아주 쉬운 일이지요. 왜냐하면 무엇 때문에 그들이 자신에게 고통뿐인 죄에 굳이 동의하려고 하겠습니까?"

(그는 이어서 말했네.) "그리고 이 보니 신부는 또한 자신의 급료에 만족하지 못하는 사람들을 위해 이런 위대한 금언을 만들었습니다. 그의 『죄의 대전』 6번째 판, 213쪽과 214쪽입니다. 〈자신의 급료에 불만을 가진 하인들이 자신들의 수고에 급료를 일치시키기 위해 필요하다고 생각하는 것만큼 그들 주인에게 속한 재산을 훔쳐서 스스로 급료를 올릴 수 있는가? 그들이 아주 가난해서 일자리를 찾을 때 그들에게 제시된 제안을 받아들일 수밖에 없었고, 그들과 같은 다른 하인들은 다른 곳에서 더 많은 급료를 받을 때와 같은 몇 가지 경우에는 그럴 수 있다.〉"

"신부님, 장 달바에 관한 구절이 바로 그것입니다."라고 내가 그에게 말했네. "어떤 장 달바 말인가요?"라고 신부가 말했네. "무슨 말씀이세요? 신부님, 1647년 이 도시에서 일어났던 일을 이젠 기억하지 못하시나요? 그때 신부님은 어디 계셨었지요?" 그러자 신부가 말했네. "난 파리에서 꽤 떨어진 우리 학교에서 양심에 관한 문제들을 가르치고 있었지요." "신부님, 그렇다면 신부님이 이 이야기를 모른다 생각하고 그 이야기를 해 드려야겠습니다. 제가 살던 곳에서 언젠가 저에게 그 이야기를 해 준 사람은 명예를 존중하는 사람이었습니다. 그가 우리에게 말하기를, 이 장 달바라는 사람은 생 자크 거리에 있는 클레르몽 학교에서 신부들을 돕는 사람[6]이었는데, 자신의 급료에 만족하지 않아서 그것을 보상받기 위해 뭔가를 훔쳤습니다.[7] 당신네 신부들이 이것을 알고서는 교회 내에서 도둑질을 했다고 그를 비난하면서 감옥에 넣어 버렸죠. 그리고 이에 관한 소송이, 제 기억이 맞다면, 1647년 4월의 여섯 번째 날[8] 샤틀레에서 열렸습니다. 그 사람이 우리에게 이 모든 자초지종을 알려 주었기 때문에 믿었지 사실 그가 말해 주지 않았더라면 우리도 믿기 어려웠을 겁니다. 아무튼 이 불행한 사람은 심문을 받자 신부의 주석 접시 몇 개를 훔쳤다는 사실을 인정했습니다. 그러나 그는 자신의 정당함에 대해 보니 신부의 이 원리를 이야기하면서, 자신은 그것을 훔친 게 아니라고 주장했습니다. 그는 판사에게 신부 중 한 명의 글을 제출했는데, 그는 이 글을 가지고 양심 문제를 검토했으며, 이 글이 그에게 이러한 것을 가르쳐 주었던 겁니다. 이에 대해 제주이트 교단에서 가장 존경받는 분 중 한 분인 몽트루즈 씨는 '부도덕하고 해로우며 자연, 하나님, 인간의 모든 법에 반대되고, 모든 가족을 혼란스럽게 하며 온갖 가정 내

6 장 달바는 1612년경 로렌의 옹드넬르에서 태어났으며, 1645년 클레르몽 학교에서 교정관이 되었다. 그의 역할은 학생들을 매질하는 것이었다.

7 그는 예수회 신부가 실제로 30에퀴를 그에게 주지 않았다고 증명할 수 있었던 것으로 보이며, 성작(聖爵)을 훔친 것으로 의심받았다.

8 정확한 날짜다.

의 절도를 허용할 수 있는 어떤 원칙을 포함하고 있는 이 신부님들의 글에 대하여, 자신은 이 의견에 동의하지 않았지만, 이 피고인을 용서해야 한다. 그러나 이렇게 지나치게 충실한 제자가 매질하는 사람의 손에 의해 학교 문 앞에서 매질 당하고, 동시에 이 신부들에게 더 이상 그런 원리를 가르치면 사형이라고 경고하면서 절도를 다룬 이 책을 불사르는 것에는 동의한다'는 의견을 내놓았습니다."

(나는 이어서 말했네.) "확실하게 인정되었던 이 견해의 추이를 기다리고 있을 때, 이 소송의 재판을 다시 하게 되는 사건이 일어났습니다. 그 사이에 죄수가 달아나 버렸기 때문이죠. 이 사건에 대해 아무도 더 이상 말하지 않은 채 사람들은 어찌할 바를 모르게 되었던 것이지요. 따라서, 장 달바는 떠나고 없습니다. 그가 훔친 접시를 되돌려 주지도 않고 말이지요. 이게 그가 우리에게 들려준 이야기입니다. 거기에다, 그는 몽트루즈 씨의 의견은 샤틀레의 기록에 남아 있으며, 모두가 그걸 볼 수 있다고 덧붙였지요. 우리에게는 이 이야기가 아주 재미있었습니다."

신부가 말하더군. "뭐가 재미있었나요? 그것이 다 무엇을 의미합니까? 나는 당신에게 우리 결의론자의 금언에 대해 말하고 있습니다. 그리고 나는 귀족에 관한 금언을 당신에게 이야기하려는 참이었는데, 당신은 주제에서 벗어난 이야기를 내게 묻는군요." 내가 그에게 이렇게 말했네. "나는 다만 지나치면서 슬쩍 그것을 말했을 뿐이고, 또 이 주제에 대해 한 가지 중요한 점을 당신에게 알려 주려고 했던 것이죠. 나는 당신이 당신네들의 개연론 원칙을 세우면서 이 점을 잊었다는 걸 알았습니다." 그러자 신부가 말했네. "아니, 뭐라고요! 그토록 노련한 분들이 검토했는데도 부족한 점이 있을 수 있습니까?" 내가 그에게 이렇게 대답했네. "당신들은 당신네 개연적 의견을 따르는 사람들을 하나님과 양심에 대하여 자신 있게 믿도록 만들어 놓았군요. 왜냐하면 당신이 말하는 바로는, 비중 있는 박사의 말을 따른다면 이 점에 있어서는 확실하기 때문이지요. 당신은 고해신부 쪽도 그들이 안심할 수 있게끔 만들어 두었지요. 사제들이 개연적 의견을 따라 그들의 죄를 용서하지 않으면 죄를 받는다는 조건으로 죄를 사하도록 만들어 놓았으니까요. 하지만 재판관 쪽에서는 그들이 안심하도록 만들어 놓지 못했습니다. 따라서, 당신들의 개연론을 따를 때 그들은 매를 맞고 교수형에 처해질 지경에 놓이게 되었습니다. 그것은 치명적 결함이지요." 신부가 이렇게 말했네. "당신 말이 맞습니다. 당신은 날 기쁘게 하는군요. 하지만, 그것은 우리가 고해신부에게만큼 사법관에게 영향력을 갖고 있지 못하기 때문입니다. 고해신부라면 양심의 문제에 관해서는 우리와 일치해야 합니다. 왜냐하면 그 문제는 우리가 최종적으로 판단하니까요." 내가 그에게 말했네. "잘 알겠습니다. 그러나 한편으로 당신이 고해신부들의 재판관이라면 다른 한편으로는, 당신들이 재판관들의 고해신부가 아닌가요? 당신들의 영향력은 대단히 큽니다. 당신이 이론상 무죄라고 생각했던 사람들이 개연론으로 인해 멸시 받고 빈축을 사서, 실제로는 매질을 당하거나 교수형에 처해지는 일이 일어나지 않도록 성사에서 배제될 각오를 하고 개연적 의견을 가진 죄인들을 용서해 주도록 하십시오. 그렇지 않다면, 어떻게 당신들이 제자들을 찾아내겠습니까?" 그러자 그가 나에게 말했네. "그 점을 깊이 생각해 보아야겠군요. 무시할 부분이 아니네요. 우리 광구장님께 제안해 보겠습니다. 그렇지만 당신은 우리가 귀족들을 위해서 만들어 놓은 금언들에 관해서, 내가 당신에게 해야 할 말을 가로막지 않는다면 이 의견을 다른 어떤 때 다시 해 줄 수도 있어요. 그렇다면, 난 당신이 더 이상 말썽을 일으키지 않는다는 조건으로 당신에게 그 금언들을 알려 드리겠습니다."

바로 이게 자네가 오늘 알게 될 내용의 전부네. 내가 이 단 한 번의 대화에서 알게 된 모든 것을 자네에게 알려 주기 위해서는 편지 한 장으로는 부족할 테니까 말일세. 하지만 이만 줄이네.

[일곱 번째 편지 내용 요약]

살인의 허용 문제를 다룬다. 국왕은 결투와 살인을 금지하는데, 제주이트 교단은 그것을 허용하고 정당화한다. 따귀를 맞은 사람이 복수하려는 의도에서가 아니라, 자기의 명예를 지키려는 의도에서 살인을 했다면, 그것은 죄가 되지 않는다. 여기서 '복수하려는 의도'를 '명예를 지키려는 의도'로 바꾸는 것을 '의도의 지도'라고 한다. 따라서 '복수하려는 의도'를 '명예를 지키려는 의도'로 바꾸면, 죄가 되지 않는다고 말한다.

일곱 번째 편지*

파리에서, 1656년 4월 25일

친구에게,

신부님을 진정시키고 난 후, 내가 신부님께 그 같은 일을 더 이상 하지 않겠다는 약속을 하고 나서야 신부님은 이야기를 다시 시작했네. 내가 장 달바에 관한 이야기로 신부님의 말을 다소 혼란스럽게 했었거든. 그는 귀족에 대한 자기네 결의론자들의 준칙에 대해 대략 다음과 같이 말했네.

"당신도 아시다시피 이런 신분의 사람들을 지배하는 열정은 명예입니다. 이것이 늘 그들을 기독교 신앙과는 정반대로 보이는 폭력[1]으로 끌어들입니다. 따라서 우리 신부들이 인간의 연약함에 순응하기 위해 종

* 「일곱 번째 편지」는 살인의 허용 여부에 관한 이야기다. 파스칼은 결투를 허용하는 것에서 시작된 살인의 허용 여부를 국왕의 칙령과 연결시킨다. 국왕은 결투와 살인을 금하는데, 제주이트 교단은 그것을 교묘하게 허용하며 정당화하고 있다는 것이다. 그리고 바로 이 점에서 제주이트 교단이 국왕의 권위를 무시하고 로마의 권위만을 따르고 있다는 점을 부각시킨다. 제주이트회는 국가의 법률을 하나의 장애물로 간주하고 있다는 것이다. 또한, 살인을 금하는 것은 모세 때부터 전해 내려온 율법이므로, 제주이트회의 윤리는 신의 명령에 대한 불순종이기도 하다는 것을 부각시키고 있다.

1 주로 결투를 말함.

교의 엄격함을 다소 완화시키지 않았더라면, 우리는 고해실에서 그들을 거의 모두 내쫓아야만 될 겁니다. 그러나 우리 신부들은 하나님에 대한 자신들의 의무를 따라 복음에 충실하고자 했고, 이웃에 대한 사랑으로 세상 사람들에게 애정을 보이고자 했습니다. 그 때문에 세상 사람들이 사용하는 보통의 방법으로 양심에 거리낌 없이 자신의 명예를 유지하고 회복할 수 있는 방법을 찾기 위한 온갖 빛(지혜)을 필요로 했던 겁니다. 경건한 마음과 명예심같이 겉으로 보기에 대립되는 두 가지를 모두 함께 보존하기 위해서죠. 그러나 이 계획이 유용했던 것만큼 그 실행은 힘들었습니다. 당신도 이 시도의 위대함과 어려움을 충분히 아시리라 생각합니다만…"이라고 그는 내게 말했네. 나는 꽤 냉정하게 그에게 말했네. "그 시도는 놀랍습니다." 그러자 그가 나에게 말했네. "그게 놀랍습니까? 제 생각에도 그렇습니다. 다른 사람들도 놀랄 겁니다. 한편으로는 복음서의 율법이 〈악을 악으로 갚지 말고 그 복수는 하나님께 맡겨라〉[2]라고 명령하고, 다른 한편으로는 세상의 법이 종종 적들을 죽이더라도 모욕을 참지 말고 자기 스스로 앙갚음을 하라고 한다는 걸 당신은 모르시나요? 이보다 더 반대로 보이는 것을 전혀 본 일이 없으시지요? 하지만 우리 신부들이 이 두 가지를 일치시켰다고 내가 당신에게 말했더니, 당신은 단지 놀랍다고만 말했지요." "신부님, 전 충분히 납득하지 못하고 있었습니다. 만약에 제가 당신네 신부님들에게서 본 바에 따라 다른 사람들에게는 불가능한 것을 신부님들이라면 쉽게 할 수 있다는 것을 몰랐다면, 저는 그 일이 불가능하다고 생각했을 겁니다. 그게 뭔지는 모르지만 경탄할 만한 어떤 방법을 신부님들이 찾아냈다고 믿으니까 제발 저에게 좀 알려 주십시오."

그러자 그가 나에게 말했네. "당신이 정 그러시다면, 거절할 수가 없

2 로마서 12장 17절.

군요. 이 놀랄 만한 원칙은 '의도의 유도'라는 정말 대단한 방법으로서 그 중요성은 우리 도덕 중에서 개연론 교리와 거의 비교할 정도라는 것을 알고 계십시오. 내가 당신에게 말했던 어떤 금언들은 당신도 지나치면서 그 몇 가지 특징들을 보았습니다. 왜냐하면 하인들이 양심에 꺼려지는 곤란한 어떤 심부름을 어떻게 할 수 있는지 내가 당신에게 설명했을 때, 그들이 자신들의 악한 의도를 — 그들은 이 의도의 알선자에 불과하므로 — 단지 자신들에게 돌아올 이익을 얻으려는 의도 쪽으로 돌린다는 점에 당신은 주목하지 않았었나요? 바로 이것이 '의도를 유도하는' 겁니다. 마찬가지로 당신은 성직록으로 돈을 주는 사람들도 이러한 의도의 전환을 하지 않는다면 정말로 성직매매자가 될 것이라는 점을 아셨습니다. 그러나 나는 지금 당신에게 수없이 많은 경우에 이 방법을 정당화시킨 살인과 관련하여, 이 위대한 방법이 얼마나 빛나는 것인지 보여 주고 싶습니다. 당신이 이 방법이 가져올 수 있는 모든 것을 그 결과로서 판단하도록 하기 위해서죠." 내가 그에게 말했네. "나는 이미 모든 것이 허용될 것이고, 그것으로 인해 아무것도 빠져나가지 못하리라는 것을 알고 있습니다." 그러자 신부가 이렇게 대답했네. "당신은 늘 한쪽 극단에서 다른 쪽 극단으로 가시는군요. 그 점은 고치세요. 우리가 모든 것을 허용하지는 않는다는 것을 당신에게 증명하기 위해서 이것을 알도록 하세요. 예를 들어, 우리는 죄를 지으려는 목적만을 위해서 죄를 짓는 명백한 의지를 가지는 것을 결코 용납하지 않습니다. 그리고 악에서 악 자체 외에 또 다른 목적은 전혀 가지고 있지 않는 사람이라면, 우리는 그 누구와도 관계를 끊습니다. 그런 건 악마적인 거죠. 여기에는 나이도 성별도 신분도 예외가 없습니다. 그러나 이 불행한 기질을 가진 사람이 아니라면, 그때는 우리의 '의도의 유도' 방법을 실행에 옮기려고 합니다. 이 '의도의 유도'란 허용되어 있는 것을 그 행동의 목적으로 제시하는 것입니다. 우리들이 할 수 있는 한, 금지된 것들을 사람들이 하지 못하도록 우리가 막지 않는 것은 아니지만, 우리가 그런 행동을 막지 못할 때라 하더라도, 적어도 그 의지만큼은 순수하게 만드는 것이죠. 그리고 그렇게 해서 우리는 수단의 악함을 목적의 순수성으로 교정하는 겁니다."

(그는 말을 계속했네.) "바로 이렇게 우리 신부들은 명예를 지키기 위해 행사하는 폭력을 허용하는 방법을 발견한 겁니다. 복수하려는 열망은 범죄인데, 이러한 의도를 자신의 명예를 보호하려는 열망으로 유도하기만 하면 되니까 말입니다. 우리 신부들에 따르면 이건 허용됩니다. 이런 식으로 우리 신부들은 하나님과 인간에 대해서 모든 의무를 다하고 있습니다. 그분들은 그런 행동을 허용하면서 사람들을 기쁘게 하고, 그런 의도를 정화하면서 복음서를 만족시키니까요. 이것을 고대인들은 전혀 몰랐고, 바로 이 점에서 사람들이 우리 신부들 덕을 본 거죠. 이제 이해가 되십니까?" 나는 그에게 이렇게 말했네. "아주 잘 알겠습니다. 당신들은 사람에게는 외면적이며 물질적인 행동의 결과를 인정해 주고 하나님께는 내면적이며 정신적인 의도의 변화를 드리는군요. 그런 공평한 분배를 통해서 당신들은 인간의 법을 하나님의 법에 결합시킵니다. 그러나 신부님, 진실을 말씀드리자면 저는 당신들의 약속이 그리 믿음직스럽지 않습니다. 그리고 신부님네 저자들이 신부님처럼 말하는지 의심스럽습니다." 그러자 신부가 말했네. "당신은 날 오해하고 있습니다. 나는 증명되지 않은 것은 아무것도 내놓지 않습니다. 그렇게 많은 구절들과 그 숫자와 그 권위와 그 이유가 당신을 아주 감탄하게 만들 겁니다."

(그는 이렇게 말했네.) "우리 신부들이 이 '의도의 유도'에 의해서 복음서의 원칙을 세상의 원칙들과 연결시킨 것을 당신이 알려면 우리 레기날두스 신부님의 말을 들어 보세요. 『실천강령』 1부 21권, 62번 260쪽입니다. 〈개인이 사적으로 복수하는 것은 금지된다. 성 바오로가 로마서 12장에서 '사람에게 악을 악으로 갚지 말라'고 말하기 때문이다. 그리고 집회서 28장에 '복수하고 싶은 사람은 스스로에게 하나님의 징벌을 초래하게 될 것이며, 그 죄는 하나도 잊혀지지 않을 것이다'라고 기록되어 있

기 때문이다. 여기에 더하여 복음서에서 말해진 것은 모두 마태복음 6장과 18장에서처럼 모욕에 대한 용서다.〉" "확실히 신부님, 이런 말을 한 후에 그가 복음서에 있는 것과는 다른 말을 한다면, 그것은 복음서를 아는 것이 부족해서는 아닐 테지요. 그러면 그는 결국 뭐라고 결론을 내리나요?" 신부가 이렇게 말했네. "여기 있습니다. 이 모든 점에서 군인은 그에게 부상을 입힌 자를 당장이라도 쫓아갈 수 있는 것처럼 보인다. 그런데 사실은 악을 악으로 갚으려는 의도로 그런 것이 아니라 자신의 명예를 지키려는 의도로 그런 것이다.(*non ut malum pro malo reddat, sed ut conservet honorem.*)"

(그는 계속해서 말했네.) "악을 악으로 갚으려는 의지를 갖지 않게 하려고 그들이 얼마나 세심한 노력을 기울이는지 보이시죠? 왜냐하면 복음서가 그것을 금하고 있기 때문입니다. 그들은 결코 그걸 묵인하지 않았습니다. 레시우스를 보세요. 『의로움에 대하여』 2서 9장, 토의 12, 79번입니다. 〈따귀를 맞은 사람이 그걸 복수하려는 의지를 가지는 건 허용되지 않는다. 그러나 그런 불명예를 피하려는 의지, 그리고 이를 위해 당장이 모욕을 물리치고 심지어 칼로(*etiam cum gladio*) 찌르려는 의도조차도 가질 수 있다.〉 우리는 적에게 복수하려는 의도를 묵인하는 것과는 아주 거리가 멀기 때문에, 우리 신부님들은 단지 증오심 때문에 사람들이 적의 죽음을 원하는 것을 바라지 않습니다. 우리 에스코바르 신부님의 책을 보십시오. 5론, 예제 5, 145번입니다. 〈여러분의 적이 여러분을 해치려 할 때라 할지라도 여러분은 증오심 때문에 그의 죽음을 원해서는 안 된다. 그러나 여러분이 해를 입지 않기 위해서라면, 당연히 그렇게 할 수 있다.〉 왜냐하면, 그것은 이런 의지를 갖는 것과 더불어 정말로 합법적이며, 우리 위대한 후르타도 데 멘도자가 이렇게 말하고 있기 때문입니다. 〈달리 박해를 피할 도리가 없다면 우리를 박해하려는 사람들이 즉시 죽게 해 달라고 하나님께 기도할 수 있다.〉 이것은 『희망에 대하여』 제2권, 토의 15, 3-4부, 55번에 있습니다."

내가 그에게 말했네. "존경하는 신부님, 교회가 기도문 속에 이런 의도를 담은 기도를 집어 넣는 걸 잊어버렸군요." 그러자 그가 나에게 말했네. "하나님께 간구할 수 있는 모든 것을 넣지는 않았습니다. 게다가 가능할 수도 없지요. 왜냐하면 이 의견은 성무일도보다 더 새로운 것이니까요. 당신은 연대기를 잘 모르시는군요. 하지만 이 주제를 벗어나지 않은 우리 가스파르 후르타도 신부님의 이 구절을 다시 들어 보세요. 『죄의 전환에 대하여』 9권에 있는데, 디아나가 5부 14론, 답 99에서 인용했습니다. 이분은 에스코바르의 스물네 명의 신부들 가운데 한 사람입니다. 〈성직록을 받는 사람이 그의 성직록 연금을 받는 사람의 죽음을 바란다 해도 대죄는 아니며, 또한 아들이 아버지의 죽음을 바라고 아버지가 돌아가셨을 때 기뻐한다 해도 마찬가지다. 그 이유가 개인적인 원한이 아니라 단지 자신에게 돌아올 재산 때문이라면 말이다.〉"

나는 그에게 말했네. "오 신부님! 이게 바로 그 '의도의 유도'의 훌륭한 열매군요! 그 적용 범위가 참으로 넓다는 것을 잘 알겠습니다. 그렇지만 귀족들에게는 매우 절실한 문제임에도 불구하고, 여전히 해결하기 어려운 몇 가지 경우가 있습니다." "어떤 것인지 말씀해 보세요."라고 신부가 말하더군. 내가 그에게 말했네. "결투가 허용되는 것을 이 의도의 유도를 가지고 저한테 보여 주십시오." 그러자 신부가 이렇게 말했네. "우리 위대한 후르타도 데 멘도자가 당장 이 구절에서 당신을 만족시켜 줄 겁니다. 디아나가 5부 14론, 답 99에서 인용한 것입니다. 만약에 결투 신청을 받은 귀족이 독실한 사람이 아니라고 알려져 있다면, 그리고 만약에 그가 양심의 가책 없이 늘 죄를 짓는 사람이라고 알려져 있기 때문에 그가 결투를 거부한다면, 그것은 하나님에 대한 두려움 때문이 아니라, 소심하기 때문이라고 쉽사리 판단하게 될 것이다. 그렇게 되면 사람들은 그를 남자가 아니라 암탉이라고(*gallina, et non vir*) 부를 것이므로, 그는 자신의 명예를 지키기 위해 지정된 장소에 가도 좋다. 결투를 하려는 명백한 의사를 가지고서가 아니라, 그에게 결투를 신청한 사람이 부당하게 그를 공격할 때 단지 자신을 방어할 의사를 가지고서 말이다. 따라서 그의 행동은 그 자체로는 전적으로 아무 관련이 없다. 왜냐하면 들판에 가서 한 사람을 기다리면서 산책하다가 누군가 그를 공격한다면 자신을 방어하는 것에 무슨 악함이 있겠는가? 그렇게 해서 그는 어떤 식으로든 죄를 짓지 않게 된다. 그것은 절대로 결투를 받아들인 것이 아니라 또 다른 상황에 의해서 의도가 유도된 것이기 때문이다. 결투를 받아들이는 것은 결투를 하려는 명백한 의도를 가지고 이루어지는데 여기서는 그런 뚜렷한 의도가 없기 때문이다."

"신부님, 저한테 한 약속을 지키지 않으셨네요. 정확히 말하자면 그것은 결투를 수락하는 것이 아닙니다. 반대로 그는 정말로 결투를 금지된 것으로 생각하기 때문에 그것을 수락하기 위해 결투란 말을 피하는 것이죠." 신부가 이렇게 말했네. "호오! 이제 이해하기 시작하시는군요. 정말 기쁩니다. 그럼에도 불구하고 그는 결투하는 사람들이 요구하는 모든 것을 수락한다고 내가 말씀드릴 수 있겠습니다. 하지만 당신에게 정확하게 대답해야 하니까, 우리 레이만 신부님이 나를 대신해 대답하도록 하지요. 레이만 신부님에 따르면, 단지 자신의 명예나 재산을 보호하기 위해 결투를 수락하도록 의도를 유도하기만 한다면 본래의 말 그대로 결투가 허용됩니다. 3권 3부, 3장 2번과 3번에 있습니다. 〈군대에서 한 병사가, 혹은 궁정에서 한 귀족이 결투를 수락하지 않으면 자신의 명예나 재산을 잃게 될 상황에 처할 때, 자신을 지키기 위해 결투를 받아들이는 사람을 단죄할 수 있다고는 나는 생각하지 않는다.〉 페트루스 후르타도도 같은 말을 하는데, 우리 저명한 에스코바르가 개론 1, 예제 7, 96번에서 인용하고 있으며, 98번에서는 후르타도의 다음과 같은 말을 덧붙입니다. 〈자신의 재산을 보호하기 위해서 이 방법밖에 없다면 재산을 위해서도 결투를 할 수 있다. 왜냐하면 각 개인은 적을 죽여서라도 자신의 재산을 보호할 권리가 있기 때문이다.〉" 나는 이 구절에서 왕의 신앙심은 자신의 권한을 이용해 국가 안에서 결투를 금지하고 폐지하기 위해 노력하는 데 반해, 제주이트 회원의 신앙심은 그들의 교묘함을 이용해 교회 안에서 결투를 허용하고 정당화하기 위해 노력하고 있는 것을 보고 정말 놀랐네. 하지만 신부님이 너무 신이 나 있었기 때문에 그를 제지하는 것은 신부님께 폐가 될 것 같았네. 신부님은 다음과 같이 이야기를 계속했네. "마지막으로 산체스입니다.(내가 어떤 사람들을 인용하는지 좀 보세요!) 그는 한 걸음 더 나아갔지요. 그는 결투를 받아들이는 것뿐만 아니라 자신의 의도를 잘 유도해서 결투를 신청하는 것까지도 허용하고 있으니까요. 또한 우리의 에스코바르 신부도 이에 관해 같은 곳 97번에서 그의 논리를 따르고 있습니다." "신부님, 그게 사실이라면 난 그를 떠날 겁니다. 하지만 그가 그런 것을 썼다는 것을 제 눈으로 보지 않고는 정말 믿지 못하겠습니다."라고 내가 말했네. 그러자 그가 나에게 말했네. "그렇다면 직접 읽어 보십시오." 나는 정말로 산체스의 『윤리 신학』 2권 29장, 7번에 있는 이런 말을 읽어 보았네. 〈누군가가 소송과 교활한 책략으로 부당하게 자신의 생명이나 명예 혹은 상당한 양의 재산을 빼앗고자 하는 것이 확실할 때, 그리고 이를 지키는 방법이 결투라는 방법밖에 없을 때는 결투할 수 있다고 말하는 것은 매우 타당하다. 또한 나바루스도 이런 경우에 결투를 제안하고 수락하는 것이 허용된다(*Licet acceptare et offerre duellum*)고 아주 적절하게 말하고 있다. 그리고 또한 몰래 적을 죽여도 된다. 이런 경우 몰래 적을 죽일 수 있어서 그로 인해 문제를 해결할 수 있다면, 결투라는 방법을 사용할 필요조차 없다. 왜냐하면 몰래 적을 죽이는 이 방법으로 인해 싸움에 목숨을 거는 일과 우리의 적이 결투로 인해 저지르게 될 죄에 가담하게 되는 일을 모든 피하게 될 것이기 때문이다.〉

내가 그에게 말했네. "신부님, 그것은 경건함을 빙자한 간계(奸計)입니다. 아무리 독실하다 할지라도 그것은 여전히 간계일 뿐입니다. 왜냐하면 그것은 계략으로 적을 죽이는 것을 허용하는 거니까요." 그러자 신부가 말했네. "계략으로 적을 죽여도 된다고 내가 말했던가요? 하나님께서 보고 계십니다! 난 몰래 죽여도 된다고 말했는데, 거기서 당신은 마치 두 개가 같은 것인 것처럼 계략을 써서 죽여도 된다는 결론을 내리신 거군요. 에스코바르의 개론 6, 예제 4, 26번에서 계략을 써서 죽인다는 것이 어떤 것인지 배우고 말씀하시지요. 〈어떤 식으로든 도전하지 않는 사람을 죽일 때, 계략을 써서 죽인다고 말한다. 따라서, 비록 등 뒤에서 죽이거나 매복을 해서 적을 죽인다 하더라도(*licet per insidias aut a tergo percutiat*) 계략을 써서 죽이는 자라고는 말하지 않는다.〉 같은 개론 56번에는 〈더 이상 생명을 해치지 않겠다는 약속하에 서로 화해한 적을 죽인 자는 그들 사이에 매우 밀접한 우정이 있지 않는 한(*arctior amicitia*), 절대로 계략을 써서 죽인 자라고 말하지 않는다.〉라고 나와 있습니다."

"이것으로 당신은 이 말들이 의미하는 것이 뭔지도 잘 모르면서, 마치 박사나 된 듯이 말하고 있다는 것을 아셨겠지요." 내가 그에게 이렇게 말했네. "말씀하신 것이 나에게는 아주 새롭다는 것을 인정합니다. 나는 이 정의대로 말한다면 사람들은 결코 계략을 써서 아무도 죽이지 않았다는 것을 알게 되었습니다. 자신의 적 말고는 결코 죽이려고 하지 않으니까요. 그러나 그건 그렇다 하더라도, 산체스의 말에 따라 나는 이제 계략을 쓴다는 말은 하지 않겠습니다만, 우리를 고소한 험담자를 단지 등 뒤에서 또는 함정에 빠뜨려서 과감하게 죽일 수 있다는 것인가요?" 신부가 말했네. "네 그렇습니다. 하지만 의도를 잘 유도해야지요. 당신은 늘 원칙을 잊고 있군요. 이것이 몰리나가 제4권, 개론 3, 토의 12에서 주장하는 것입니다. 우리의 학식 높은 레기날두스도 제21권 5장, 57번에서 〈우리에게 해를 끼치는 위증자들을 또한 죽일 수 있다.〉고 말하고 있습니다. 그리고 마지막으로 우리의 위대하고 저명한 탄네루스 신부와 엠마누엘 사아에 따르면 마찬가지로 위증자들을, 그리고 만약에 이들과 공모했다면 재판관을 죽여도 됩니다. 여기 제3권 토의 4, 질문 8, 83번에 그가 한 말이 있습니다. 〈소투스와 레시우스는 서로 공모해 무죄한 자를 죽게 만든 위증자와 재판관을 죽이는 것은 허용되지 않는다고 말한다.

그러나 엠마누엘 사아와 또 다른 저자들이 이 의견에 동의하지 않는 것은 옳다. 적어도 양심에 관한 문제에 있어서는 말이다.〉 그리고 그는 또한 같은 곳에서 증인과 재판관을 죽여도 괜찮다고 확인하고 있습니다."

내가 그에게 말했네. "신부님, 이제 저는 당신들의 '의도의 유도' 원칙을 잘 알게 되었습니다. 그러나 나는 또한 이 원칙의 결과가 어떤지, 그리고 이 방법이 사람을 죽이는 권한을 허용하는 경우들이 어떤 것들인지 알고 싶습니다. 그리고 신부님이 나에게 말씀하신 것들을 잘못 생각할까 두려우니까 다시 반복해 보기로 하지요. 왜냐하면 모호한 점이 있다면, 여기서 위험할 테니까요. 아주 적절한 경우이거나 훌륭한 개연적 의견에 근거하지 않는다면 사람을 죽여서는 안 되지요. 그런데 당신네 신부님들의 말에 따른다면, 의도를 잘 유도하기만 한다면 자신의 명예, 심지어 재산을 보존하기 위해 결투를 받아들일 수 있고, 때로는 결투를 신청할 수도 있으며, 거짓 고소인과 그와 공모한 증인들, 게다가 그들을 두둔한, 부패한 재판관을 몰래 죽일 수 있다고 신부님은 나에게 확인해 준 바 있습니다. 그리고 또 따귀를 맞은 사람이 복수하려는 의도 없이도 그를 칼로 찔러 보복할 수 있다고 말했습니다. 하지만 신부님, 신부님은 어느 정도까지 허용되는지는 말씀하시지 않았습니다." 신부가 말했네. "절대 잘못할 수 없지요. 사람을 죽이기까지 할 수 있으니까요. 우리 학자 앙리케즈가 제14권, 10장 3번에서, 그리고 우리 신부님들 중 또 다른 분들도 이걸 아주 잘 증명하고 있어요. 에스코바르가 개론 1, 예제 7, 48번에서 다음과 같이 인용했지요. 〈증오심이나 복수심으로 살인하는 것을 피할 수만 있다면, 그리고 그로 인해 국가에 해를 끼치는 극단적인 살인을 하지만 않는다면, 따귀를 때린 사람이 도망친다 하더라도 그를 죽일 수 있다. 그 이유는 빼앗긴 재산을 되찾는 것과 마찬가지로 자신의 명예를 되찾을 수 있기 때문이다. 당신의 명예가 적의 손에 달려 있지는 않다 하더라도, 적이 당신에게서 훔쳐 간 옷가지를 되찾는 것과 같은 방식으로 명예를 되찾을 수 있을 것이다. 위대함과 권위의 표시를 하면서,

그리고 그로 인해 사람들의 존경을 얻으면서 말이다. 그리고 실제로 따귀를 맞은 사람이 적을 죽일 정도로까지 명예가 실추된 것은 사실이 아닌가?〉" 이야기가 너무도 끔찍해서 난 자제하기가 힘들었지만, 나머지 이야기를 알고 싶어서 그가 계속 이야기하도록 내버려 두었네. 그가 이렇게 말했네. "마찬가지로 따귀 맞는 것을 피하는 방법이 따귀를 때리려는 사람을 죽이는 방법밖에 없을 때는 그를 죽일 수도 있습니다. 이것은 우리 신부들의 공통된 의견입니다. 그 예가 아조르(이분도 24명의 원로 중 한 분입니다)의 『윤리학 강의』 제3부 105쪽입니다. 〈자신의 따귀를 때리거나 몽둥이질하려는 자를 죽이는 것이 명예를 중시하는 사람에게 허용되는가? 어떤 사람들은 이웃의 생명이 우리의 명예보다 더 소중하기 때문에, 안 된다고 말한다. 게다가, 단지 따귀 맞는 것을 피하기 위해 사람을 죽이는 것은 잔인하다고 말한다. 그러나 또 다른 사람들은 가능하다고 말한다. 따귀 맞는 것을 달리 피할 도리가 없다면 확실히 그럴 수 있다고 나는 생각한다. 그렇지 않으면, 무고한 사람의 명예가 끊임없이 무례한 사람의 악행에 노출될 것이기 때문이다.〉 우리 위대한 필리우티우스도 마찬가지로 제2권 개론 29, 제3장 50번에서, 에로 신부는 살인에 관한 그의 글에서, 후르타도 데 멘도자는 제2권 2장, 토의 170, 16절 137번에서, 베캉은 『신학대전』 제1권 질문 64, '살인에 관하여'에서, 그리고 우리 플라오 신부님과 르쿠르 신부님은 각각 그들의 글에서 — 대학이 이 글을 비난하기 위해 세 번째 청원서에서 글 전부를 인용했지만 성공하지 못했지요. — 그리고 에스코바르는 같은 곳 48번에서 동일한 것을 말하고 있습니다. 결국 이 의견은 아주 보편적으로 지지를 받고 있어서 레시우스는 어떤 결의론자도 이의를 제기하지 않는 것이라고 제2권, 제9장, 76번에서 결론을 내리고 있습니다. 왜냐하면, 많은 사람들이 이 의견에 동의하는 견해를 제시했지만, 아무도 반대하는 견해를 제시하지 않았으니까요. 마찬가지로 레시우스는 77번에서 피에르 나바르가 모욕에 관해 일반적으로 말하는 것을 인용하면서, 따귀보다 더한 모욕은 없기 때문에 모든 결의론자의 동의에 따라 따귀를 때리려는 자나 몽둥이질을 하려는 자를 죽여도 된다(*ex sententia omnium, licet contumeliosum occidere, si aliter ea injuria arceri nequit*)고 공언하고 있습니다. 당신은 좀 더 많은 걸 원하십니까?"

나는 그 정도로 고맙다고 했네. 이미 충분히 많이 들었거든. 하지만 이토록 가증한 교리가 어디까지 가는지 알고 싶어서, 내가 그에게 말했네. "그런데 신부님, 조금 덜 심한 것에 대해서는 죽이는 것이 절대로 허용되지 않겠지요? 진실을 부인하는 사람을 죽이기 위해 그의 의도를 유도할 수 있을까요?" 신부가 이렇게 말했네. "네, 우리 발델 신부님에 따르면 가능합니다. 제3권, 토의 24번에 있고, 에스코바르가 같은 곳을 49번에서 인용했지요. 〈거짓말을 했다고 말하는 사람을 달리 제어할 방법이 없을 때는 당신이 그 사람을 죽일 수 있다.〉 그리고 우리 신부님들에 의하면 험담을 하는 사람들을 같은 식으로 죽일 수 있습니다. 레시우스가 앞서 인용한 곳에서 다음과 같이 말하고 있기 때문이지요. 신부들 중에서도 에로 신부는 이분의 말을 글자 그대로 따르고 있습니다. 〈만일 당신이 명예를 존중하는 사람들 앞에서 험담으로 내 평판을 손상시키려 하는데, 나는 당신을 죽이는 것밖에는 그것을 피할 도리가 없다면, 그렇게 해도 되는가? '그렇다'고 요즘의 저자들은 말한다. 그리고 당신이 공개한 죄가 사실이라 할지라도 어쨌든 그것이 비밀이라면, 정의로운 방법으로 당신의 죄를 드러내기 위한 증거가 여기 있다. 당신이 내 따귀를 때리면서 명예를 훼손하려 한다면, 나는 무력으로 그것을 막을 수 있다. 따라서 당신이 말로 똑같은 모욕을 내게 주려 할 때도, 똑같은 방어 방법이 허용된다. 또한 모욕을 저지할 수 있으므로 험담도 저지할 수 있다. 결국 명예가 생명보다 더 소중한 것이다. 자신의 생명을 보호하기 위해서 사람을 죽일 수 있기 때문에, 자신의 명예를 보호하기 위해서도 사람을 죽일 수 있다.〉

이것이 바로 형식을 갖춘 논증입니다. 이것은 이야기가 아니라 논증이죠. 마지막으로, 이 위대한 레시우스는 같은 곳 78번에서 단 하나의 행동이나 모욕적인 표시에도 사람을 죽일 수 있다는 것을 보여 줍니다. 그는 이렇게 말합니다. "사람들은 여러 가지 방법으로 명예를 공격하고 훼손한다. 마치 말이나 몸짓으로(*sive per signa*) 우리에게 해를 가하거나, 마치 몽둥이로 때리거나 따귀를 때리는 것처럼 말이다. 그럴 때 그 공격을 막아 내는 것은 아주 정당해 보인다."

내가 그에게 말했네. "오! 신부님, 결론은 명예를 지키기 위해서는 무엇이든 할 수 있다는 거로군요. 하지만 단순한 험담이나 불친절한 행동 때문에 양심의 가책도 없이 사람을 죽일 수 있다면 우리의 생명이 너무나 위태롭습니다." 그가 나에게 이렇게 말했네. "그건 사실입니다. 그러나 우리 신부님들은 매우 신중하기 때문에, 이처럼 사소한 경우에는 이 원리를 적용하지 않도록 적절히 고려했습니다. 왜냐하면, 그들은 적어도 '그것을 겨우 실천할 수 있을 뿐이다'(*practice vix probari potest*)라고 말하고 있으니까요. 그리고 거기에는 이유가 없지는 않았습니다. 그 이유가 바로 이겁니다." 내가 그에게 말했네. "그것은 저도 잘 알고 있습니다. 하나님의 법이 살인을 금하고 있기 때문이지요." 그러자 신부가 나에게 말했네. "그것 때문에 그런 게 아닙니다. 그들은 양심껏 그것을 허용해도 되는 것으로 생각하고 있으며, 그 자체를 진리라고 간주하고 있습니다." "그렇다면 그들은 왜 그것을 금지하나요?" 나의 물음에 그가 말했네. "잘 들어 보세요. 험담하는 자들을 모두 죽인다면 순식간에 나라의 인구가 감소될 테니까요. 우리의 레기날두스가 제21권 63번, 260쪽에서 한 말에서 배우십시오. 〈험담 때문에 사람을 죽일 수 있다는 이 의견이 이론상으로는 개연성이 없지 않을지라도, 실제로는 그 반대를 따라야만 한다. 왜냐하면 자신을 방어하는 방식이라 할지라도 국가에 해가 되는 것은 늘 피해야만 하기 때문이다. 그런데 이런 식으로 사람을 죽인다면, 너무나 많은 살인이 발생하게 되리라는 게 확실하다.〉 레시우스는 이미 인용된 곳에서 똑같이 말합니다. 〈이 금언을 사용하는 것이 국가에 해가 되지 않도록 주의해야 한다. 왜냐하면 그럴 경우에는 이 금언을 허용해서는 안 되기 때문이다.(*tunc enim non est permittendus.*)〉”

“뭐라고요! 신부님, 그렇다면 여기서 종교적 금지가 아니라 정치적 금지일 뿐이란 말인가요? 거의 아무도, 특히 화가 난 사람들은 그만두지 않을 겁니다. 왜냐하면 악인을 제거하는 것이 국가에 전혀 해가 되지 않는다는 것은 충분히 개연적일 수 있기 때문입니다.” 그러자 신부가 말했네. “따라서 우리 필리우티우스 신부는 그러한 이유 외에 〈그런 문제 때문에 살인을 하면 법으로 처벌을 받을 것이다.〉라는 아주 중요한 또 다른 이유를 개론 29, 제3장 51번에서 덧붙이고 있습니다.” “신부님, 제가 이미 말씀드렸듯이 신부님 편이 될 재판관을 찾지 못하면, 당신들은 결코 가치 있는 것은 아무것도 못할 겁니다.” 그러자 신부가 이렇게 말했네. “재판관들이 양심의 문제를 잘 알지 못하는 까닭에 우리는 주로 의도를 보는 데 반해서 그들은 행동의 외양으로만 판단합니다. 그로 인해서 우리 금언들이 때로는 그들의 것과 다소 달라지게 되는 것이죠.” “어찌 되었든지 간에 신부님, 당신들의 금언에 의하면 자신의 안전이 확보되기만 한다면 국가에 해를 끼치지 않는 범위 내에서는 양심에 거리낌 없이, 험담하는 자를 죽일 수 있다는 결론이 내려집니다.”

“그러나 신부님, 명예에 대해서는 아주 잘 준비해 놓으셨는데 재산에 대해서는 아무 일도 하지 않으셨나요? 재산이 명예보다 덜 중요하다는 것을 나는 잘 알고 있지만 그것은 중요치 않습니다. 제가 보기에는 의도를 잘 유도해서 재산을 보호하기 위해 사람을 죽일 수도 있을 것 같은데요.” 신부가 이렇게 말했네. “그렇습니다. 당신에게 이 이야기를 시작할 수 있도록 뭔가를 내가 언급했었지요. ‘우리에게서 재산을 빼앗아간 사람들이 도망칠 때처럼 더 이상 그들의 어떤 폭력도 겁내지 않지만’ 우리 결의론자들이 모두 이 의견에 동의하고, 그걸 허용하기까지 합니다. 우리 교단의 아조르가 제2권, 제3부 제1장 질문 20에서 그것을 입증해 줍니다.”

"그러나 신부님, 물건이 얼마나 가치가 있어야 이런 극단적 행동을 하게 될까요?" 신부가 말했네. "레기날두스의 제21권, 제5장 68번, 그리고 탄네루스 제2권 제2장, 토의 4, 질문 8, 의의 4, 69번에 따르면 〈그 물건은 신중한 사람의 판단으로 상당한 금액의 것이어야 한다.〉라는 것입니다. 레이만과 필리우티우스도 똑같이 말합니다." "신부님, 그것은 아무 말도 하지 않은 겁니다. 신중한 사람을 만나기도 어려운데, 어디서 찾아내 그걸 판단해 달라고 합니까? 그들이 정확하게 얼마라고 정해 놓지 않았나요?" 그러자 신부가 이렇게 말했네. "뭐라고요! 당신 생각에는 일반인의 생명과 기독교인의 생명을 돈으로 비교하는 일이 어디 그렇게 쉬운가요? 당신에게 우리 결의론자들의 필요성을 느끼도록 만들어 주고 싶은 것이 바로 이런 경우입니다." 내가 이렇게 대답했네. "모든 옛 교부들 중에서 얼마의 돈 때문에 사람을 죽이는 것이 허용되어 있다고 말한 사람을 찾아 주세요. '절대로 살인을 해서는 안 된다'(*non occides*)라는 말 외에 그들이 당신에게 무슨 말을 할까요? 그리고 누가 감히 그 금액을 결정했습니까?" 그러자 신부가 말했네. "비할 데 없이 위대한, 우리 교단의 영광인 몰리나입니다. 그분은 타의 추종을 불허하는 신중함으로 〈6이나 7듀카[3] 정도라면 비록 그것을 훔친 이가 도망친다 하더라도 그를 죽여도 좋은 것이 확실하다.〉라고 평가했습니다. 이것은 그의 책 제4권, 개론 3, 토의 16, 의의 6에 있습니다. 그리고 또, 그는 같은 곳에서 〈1에퀴(금화 한 닢) 혹은 그 이하의 가치를 지닌(*unius aurei, vel minoris adhuc valoris*) 물건이라도 빼앗으려는 자를 죽인 사람은 어떤 죄도 받아서는 안 될 것이다.〉라고 말합니다. 이것이 에스코바르로 하여금 〈1에퀴의 가치에도 사람을 죽일 수 있다.〉라는 몰리나의 규칙을 44번 일반 규칙으로 확립하게 만들었지요."

3 유럽의 옛 금화.

"오 신부님! 몰리나는 어디서 알게 되어 이렇게 중요한 것을 성경과 공의회와 교부들의 아무런 도움이 없이 결정할 수 있었을까요? 나는 그가 살인에 관해서나, 은총에 관해서나 성 아우구스티누스와는 아주 거리가 먼, 아주 독특한, 지식을 가지고 있었다는 것을 잘 알겠습니다. 이제 나는 그것들에 관해 아주 박식하게 되었습니다. 그들의 명예나 재산에 해를 끼칠 만한 사람들을 죽이지 못하게 막아 줄 수 있는 교회 사람들이 더 이상 없다는 것을 나는 확실히 알겠습니다." 그러자 신부가 대답했네. "무슨 말을 하시는 겁니까? 당신 생각에는 세상에서 가장 존경을 받아야 될 사람들이 악인들의 무례함에 노출되어 있다는 것이 있을 법한 일인가요? 우리 신부들은 그런 혼란을 예견했습니다. 왜냐하면 탄네루스가 개론 2, 토의 4, 질문 8, 의의 4, 76번에서 이렇게 말했거든요. 〈성직자나 수도사도 그들의 생명뿐만 아니라 재산, 혹은 그들 공동체의 재산을 보호하기 위해서 살인을 하는 것이 허용된다.〉 에스코바르가 인용한 몰리나는 43번에서, 베캉은 제2권 제2장, 질문 7, '살인에 관하여' 결론 2, 5번에서, 레기날두스는 제21권 제5장 68번에서, 레이만은 제3권 개론 3, 제3부 제3장, 4번에서, 레시우스는 제2권 제9장, 토의 11, 72번에서, 그리고 또 다른 이들은 여러 글에서 똑같은 말을 하고 있습니다."

"마찬가지로 우리의 유명한 라미 신부의 말에 따르면, 사제들과 수도사들은 험담으로 그들의 명성을 더럽히려는 자들을 저지하기 위해서 그들을 죽이는 것이 허용됩니다. 그렇지만 언제나 의도를 잘 유도하면서 해야지요. 여기 제5권 토의 36, 118번에 그가 한 말이 있습니다. 〈성직자나 수도사들은 자신의 공동체나 그 자신의 수치스러운 죄를 공개하겠다고 위협하는 험담자를 저지할 수 있는 방법이 그를 죽이는 방법밖에 없을 때는 그를 죽여도 된다. 마치 그를 빨리 죽이지 않으면 곧바로 험담이 퍼지기라도 하는 것처럼 말이다. 이 경우에 그 수도사의 생명을 위협하려는 자를 죽이는 것이 허용될 것이므로, 그 자신의 명예나 그의 공동체의 명예를 위협하려는 자를 죽이는 것도 허용되고, 세상 사람들에게도 마찬가지로 허용될 것이기 때문이다.〉" 나는 그에게 이렇게 말했네. "저는 그걸 잘 모르고 있었습니다. 나는 그것을 깊이 생각하지 않고 그 반대로만 믿고 있었지요. 교회가 피를 몹시 혐오하여 종교 재판관들이 형사 재판에 참여하는 것도 허용하지 않는다고 들었었거든요." 그러자 그가 말했네. "그것은 신경 쓰지 마세요. 우리 라미 신부님이 위대한 분답게 겸손한 글로 이 교리를 아주 잘 증명하고 있습니다. 신중한 독자들에게는 이 교리를 복종시킨다 해도 말이지요. 그리고 카라뮈엘은 우리의 유명한 옹호자인데, 그의 『기초 신학』 543쪽에서 이를 인용하고 있으며, 이 교리를 너무도 확실하게 믿고 있으므로 〈이 반대는 개연적이 아니다.〉라고 주장합니다. 또한 그는 여기서 〈사제는 어떤 경우에는 험담자를 죽일 수 있을 뿐만 아니라 죽여야만 하는 경우도 있다.〉(*etiam aliquando debet occidere*)와 같은 놀라운 결론을 이끌어 냅니다. 그는 이것을 결론 중의 결론(*conclusionum conclusio*)이라고 부르지요. 그는 이 원칙을 근거로 여러 가지 새로운 질문들을 검토합니다. 그 한 예가 〈제주이트 사제가 장세니스트 사제를 죽여도 좋은지를 아는 것〉입니다." 내가 이렇게 소리쳤네. "신부님, 이건 참으로 놀라운 신학 문제군요! 라미 신부의 교리 때문에 장세니스트들은 이미 죽은 목숨이나 다름없다고 생각되는군요." "당신 말이 맞았어요. 카라뮈엘은 똑같은 원리에서 정반대의 결론을 이끌어 냈습니다." "신부님, 어떻게 그럴 수가 있습니까?" 그러자 그가 나에게 말했네. "그들이 우리 평판을 해치지 않기 때문입니다. 여기 1,146번과 1,147번, 547쪽과 548쪽에 그의 말이 있습니다. 〈장세니스트들은 제주이트들을 펠라기우스주의자[4]라고 부른다. 그것 때문에 그

4 영국 출신의 수도사 펠라기우스는 이름만 기독교인인 나태한 기독교인들을 로마에서 접하게 되자, 인간 의지, 도덕, 자유에 따른 책임, 실천적 행위 등의 필요성을 역설하게 된다. 그 자신은 근엄한 수도 생활로 많은 사람의 존경을 받았지만, 인간 스스로의 의지로 자유로이 선악을 행할 수 있다고 믿는 이유로 인하여 그만큼 많은 비난을 받았다. 특히 성 아우구스티누스와 성 히에로니무스(St. Hieronymus)는 예수 그리스도의 구원이나 세례의 가치마저

들을 죽일 수 있을까? 아니다. 장세니스트들이 제주이트 교단의 광채를 가릴 수 없는 것은 올빼미가 태양의 광채를 가릴 수 없는 것과 같다. 오히려 그들의 의도와는 반대로, 제주이트회의 광채를 더 드러내 주고 있다. 그들이 피해를 줄 수 없기 때문에, 그들을 죽일 수 없다.(*occidi non possunt, quia nocere non potuerunt.*)〉"

"아니 뭐라고요! 신부님, 그러면 장세니스트의 목숨이 오직 그들이 당신들의 평판을 해치는지 그렇지 않는지에 달려 있다는 건가요? 만일 그렇다면 그들은 결코 안전하지 못한 것이네요. 왜냐하면 그들이 당신들에게 해를 끼칠 개연성이 거의 없다 하더라도 이렇게 어렵지 않게 그들을 죽일 수 있을 테니까요. 당신들은 의도의 유도로 형식을 갖춰 논증하면 더 이상 필요한 것이 없이 안전하게 사람을 해치워 버릴 수 있군요. 아! 그런 교리를 알게 되면 모욕을 당하고 싶지 않은 사람들은 얼마나 기뻐할까요! 그렇지만 그들을 모욕한 사람들은 얼마나 불행할까요! 사실 신부님, 이런 '의도의 유도'를 배운 사람들을 상대하는 것은 종교를 전혀 가지지 않은 사람들을 상대하는 것과 마찬가지겠네요. 왜냐하면 결국 상처 준 사람의 의도가 상처받은 사람의 고통을 전혀 덜어 주지 못하니까요. 그는 이 은밀한 의도의 지도에서 아무것도 알아채지 못하고 자기가 받은 타격의 의도만 느낄 테니까요. 저는 독실한 사람들에 의해 양심적으로 칼에 찔려 죽는 것보다 성미 급한 사람에 의해 난폭하게 죽는 것이 덜 원통하지 않을지 어떨지 잘 모르겠습니다."

"정말로 신부님, 나는 이 모든 것에 좀 놀랐습니다. 라미 신부님과 카라뮈엘의 이 문제들은 전혀 내 마음에 들지 않습니다." 그러자 신부가 말했네. "왜요? 당신은 장세니스트인가요?" 내가 그에게 말했네. "다른 이유가 있습니다. 그것은 내가 당신네 신부님들께 배운 금언들에 관해

부정하는 펠라기우스를 맹렬히 공격하였다.

서 가끔씩 시골에 있는 내 친구 한 사람에게 편지를 쓰기 때문입니다. 그리고 내가 비록 당신들의 말을 단순하게 그리고 성실하게 인용할 뿐이라 하더라도, 내 친구가 어딘가 이상한 정신의 소유자를 만나 당신들의 원칙으로부터 어떤 고약한 결론을 끌어내어 당신들에게 피해를 주지 않을지 잘 모르겠습니다." 그러자 신부가 내게 말했네. "자, 당신에게 나쁜 일은 절대로 일어나지 않을 겁니다. 내가 보장합니다. 우리 신부들이 직접 출판한 것은 우리 고위 성직자들에게 인정을 받은 것이라서 공개해도 해롭지도 않고, 위험하지도 않다는 것을 알고 계십시오."

그래서 나는 이 신부님의 말을 믿고 자네에게 편지를 쓰네. 하지만, 종이가 언제나 모자라는군. 할 말은 많은데 말이야. 다른 이야기도 많거든. 그것도 아주 대단한 이야기들을 다 말하려면 상당히 많은 지면이 필요할 거네. 이만 줄이네.

[여덟 번째 편지 내용 요약]

제주이트 신부의 말에 의하면, 법관이 소송 당사자로부터 선물을 받을 수 있다고 말한다. 법관은 여러 사람 중에서, 어떤 한 사람의 일을 다른 사람들보다 더 빨리 처리해 주어야만 할 법적인 근거가 없을 때, 법관이 한 사람의 일을 먼저 처리해 주는 조건으로 무엇인가를 받는다면, 그 법관은 죄를 짓는 것일까? 아니다. 왜냐하면, 법관이 누군가의 선물을 받고 그 사람의 편의를 보아주었을 경우, 자연법에 따르면 그는 다른 사람들에게 아무런 해도 끼치는 것이 아니기 때문이다. 법관은 법의 평등에 따라, 모든 사람을 동일한 의무로 대해야 하기 때문에 자기에게 선물을 준 사람에게 더 많은 의무가 있다는 것이다.

고리대금은 죄악이며 이단이다. 하지만, 단순히 의도를 다른 방향으로 돌림으로써 고리대금을 피할 수 있다. 만약에 빚을 진 사람에게서 이윤을 요구한다면, 그 사람에게서 이윤을 취하는 것은 고리대금이 될 것이다. 하지만, 빚진 사람에게 감사의 의미로 이윤을 요구한다면, 그것은 결코 고리대금이 아니다. 그리고, 돈을 빌린 사람의 호의로 이윤을 바란다면, 그것은 결코 고리대금이 아니다.

여덟 번째 편지

1656년 5월 28일, 파리에서

친구에게,

자네는 우리들이 어떤 사람들인지 호기심을 갖는 사람이 아무도 없을 것이라 생각했겠지? 하지만, 호기심을 가졌던 사람들이 있었다네. 그렇지만, 그들의 예상이 빗나갔었지. 어떤 사람들은 나를 소르본 대학의 박사들 중 한 사람이라고 생각했고, 또 어떤 사람들은 나처럼 사제도 아니고 성직자도 아닌 네다섯 사람들이 이 편지들을 썼다고 생각했지. 그 모든 잘못된 억측들을 보면서, 나는 오직 자네와, 또 항상 내가 방문할 때마다 불편을 참아 주신 마음씨 좋은 신부님에게만 알려지고 싶었던 내 계획이 어느 정도는 성공했다는 것을 알 수 있었네. 이 신부님은 아무리 어려워도 항상 대화에 응해 주었거든. 그렇지만, 나는 자제하지 않으면 안 되었지. 왜냐하면, 우리의 대화로 인해서 내가 너무 충격을 받고 있다는 것을 신부님이 알아차린다면, 이 대화를 계속하지 않으려 할지도 모르니까. 그렇게 되면, 내가 자네한테 그들의 윤리 문제를 알려 주겠다고 말했던 그 약속을 지키지 못할 수도 있었을 테니까. 분명히 말하지만, 내가 자제하는 이유가 무엇 때문인지 자네는 꼭 알아야만 하네. 이상한 실수로 인해서, 기독교 윤리 전체가 뒤집히는 것을 지켜보면서도, 공개적으로 한마디 반박도 못 한다는 것은 몹시 괴로운 일이거든. 하지만, 자네를 만족시키기 위해 그만큼 참아 왔는데, 결국은 나를 만족시키기 위해서 이제는 분노를 터뜨릴 생각을 하고 있네. 그때는 이 신부님이 나에게 할 말이 더 이상 아무것도 남아 있지 않겠지. 그렇지만, 나는 할 수 있는 대로 참고 있을 생각이네. 왜냐하면, 내가 침묵하면 할수록, 그는 나에게 여러 가지 일을 이야기할 테니까. 그는 지난번에도 자네에게 전부 다 이야기하기가 어려울 정도로, 자신들의 원칙에 관해서 많은 것을 나에게 알려 주었거든. 자네는 여러 원칙이 전혀 복원이 안 될 정도로 아주 편리하다는 사실을 알게 될 거네. 왜냐하면, 그가 자기의 원칙에 대해서 어떤 방식으로 변명한다 하더라도, 내가 자네에게 말하려고 하는 이 원칙들은 결국에는 부패한 법관들과 고리 대금업자들, 파산자들, 도둑놈들, 타락한 여자들, 마술사들이 그들의 직업 활동을 통해서 각자가 벌어들인 것들을 반환하지 않고 모두 면제받기에 용이하도록 만들어져 있었으니까. 바로 그것이 이 착한 신부님이 대화를 통해서 나에게 가르쳐 준 내용이라네.

신부는 나에게 이렇게 말했네. "우리가 처음 대화를 시작할 때부터, 나는 당신에게 모든 종류의 상황에 맞추어 우리 저자들이 세운 원칙들을 설명해 주겠다고 약속했었지요. 당신은 성직록 수혜자와, 사제, 수도사, 하인, 귀족에 관한 원칙들을 벌써 다 알고 있죠. 이제는 다른 사람들을 대충 훑어보고 나서, 법관들부터 이야기해 봅시다."

"먼저 나는 우리 신부들이 가르쳤던 것들 중에서 법관들에게 가장 유리하고 가장 중요한 원칙들 가운데 한 가지를 당신에게 말해 주겠어요. 이것은 우리 24명의 원로들 중 한 사람인 학자 카스트로 팔라오[1]의 원칙인데, 다음과 같죠. 〈법관이 법의 문제에 있어서 가장 개연적인 의견을

1 Ferdinand de Castro Palao. 「여섯 번째 편지」 360쪽 2번 참조.

버리고 어떤 한 가지 개연적인 의견에 따라서만 판단할 수 있는가? 할 수 있다. 설령 그것이 자기 자신의 의견에 반대된다 할지라도.(*imo contra propriam opinionem.*)〉[2] 그것은 바로 우리 에스코바르 신부님이 6론 예제 6, 45번에서 말한 것입니다." 그래서 내가 그에게 이렇게 말했네. "오 신부님! 정말로 시작이 멋있군요! 법관들이 당신들에게 아주 고마워하겠군요. 그래서, 우리들이 몇 번 지적했던 바와 같이, 나는 법관들이 당신들의 개연론에 반대한다는 것이 아주 이상한 일이라고 생각해요. 왜냐하면 개연론이 그들에게 매우 유리한 것이거든요. 당신은 그것을 이용해서 사람들의 양심 위에 미치는 영향력과 동일한 영향력을 그들의 재산 위에 미칠 수 있으니까요." 그 신부님은 나에게 이렇게 말했네. "우리가 행동하는 것은 우리의 이익 때문이 아니란 것을 당신도 아셔야 합니다. 우리들은 단지 그들이 양심에 아무런 거리낌이 없도록 배려한 것뿐이죠. 우리의 위대한 몰리나 신부가, 사람들이 그들에게 주는 선물에 대해서 매우 유익한 내용을 연구했던 것도 바로 이것 때문이었죠. 그는 몇 가지 우연한 경우에서 그들이 선물을 받을 때 느끼는 양심의 가책을 최대한 덜어 주기 위해서, 그들에게 그것을 금지하는 어떤 특별법이 있지 않는 한, 그들이 양심적으로 선물을 받을 수 있는 모든 경우들을 세심하게 다 열거했지요. 몰리나의 1서 2론 토의 88, 6번에 있는 내용은 다음과 같습니다. 〈법관은 이런 경우에는 소송 당사자로부터 선물을 받을 수 있다. 즉, 소송인이 호의에 의해서, 혹은 자기가 받은 재판에 대한 감사의 뜻으로, 혹은 다음번에 다시 재판을 의뢰하기 위해서, 혹은 자기의 사건에 특별한 관심을 가져 달라고 부탁하기 위해서, 혹은 자기의 재판을 신속하게 처리해 준다는 약속을 받기 위해서 선물을 주는 경우다.〉[3] 우리의 학자인 에스코바르 신부님은 6론 예제 6, 43번에서 다시 한번 이렇

2 에스코바르 713쪽 참조.

3 본래의 텍스트를 요약했지만, 의미상 정확한 인용이다.

게 이야기했죠. 〈여러 사람들이 있는데, 그중 어떤 한 사람의 일을 다른 사람들보다 더 빨리 처리해 주어야만 할 법적인 근거가 없을 때, 법관이 계약에 따라(*ex pacto*), 한 사람의 일을 먼저 처리해 주는 조건으로 무엇인가를 받는다면, 그 법관은 죄를 짓는 것일까? 레이만의 말에 의하면, 분명히 아니다. 왜냐하면 자연법에 따르면 법관이 자기 마음에 드는 누군가의 선물을 받고 그 사람의 편의를 보아주었을 경우, 그는 다른 사람들에게 아무런 해도 끼치지 않았기 때문이다. 마찬가지로, 법관은 법의 평등에 따라 모든 사람을 동일한 의무로 대해야 하기 때문에, 자기에게 선물을 준 사람에게 더 많은 의무가 있다. 그래서 이러한 의무는 돈으로 평가될 수 있는 것처럼 보인다.(*Quae obligatio videtur pretio aestimabilis.*)〉[4]

나는 그에게 이렇게 말했네. "존경하는 신부님, 그런 것을 허용하다니 놀라운 일이군요. 국가 최고의 법관들도 그것을 아직 모르고 있습니다. 왜냐하면, 고등법원장[5]은 법원의 일부 서기들이 이런 종류의 편의를 보아주는 것을 대가로 돈을 받는 것을 금지하는 명령을 내렸기 때문이죠. 이것은 그런 일이 법관들에게 허용되어 있다고 믿는 것이 결코 아님을 입증해 주는 거죠. 그리고 모든 사람들이 소송 쌍방에게 매우 유익한 개혁을 단행한 것에 찬사를 보냈거든요." 이런 말을 듣고 깜짝 놀란 신부님은 나에게 이렇게 말했네. "그 말이 사실인가요? 난 전혀 모르고 있었네요. 우리의 의견은 개연적이고, 반대쪽 의견도 개연적이죠." 그래서 내가 그에게 이렇게 말했네. "사실 신부님, 사람들은 고등법원장이 취한 조치가 틀림없이 매우 잘한 일이며, 그가 그것으로 인해서 너무도 오랫동안 묵인해 왔던 공적인 일에서의 부패의 흐름을 중단시켰다고 생각하고 있죠." 그러자 신부님이 말했네. "나도 그에 대해서 같은 생각입니다.

4 '선물을 준 사람의 편의를 더 보아주는 것이 공평하다'라는 제주이트의 궤변. 파스칼은 그들의 위선적 태도를 비판한다.

5 벨리에브르(Pomponne II de Bellièvre, 1606-1657). 1653년 4월에 임명된 고등법원장.

하지만, 이 문제는 법관들에게 맡기고 넘어갑시다." 내가 그에게 말했네. "당신 말씀이 옳습니다. 그도 그럴 것이, 법관들은 당신이 그들을 위해 해 준 일에 대해서 충분히 고마워하지 않는 것 같군요." 그러자 신부님이 말했네. "그런 것은 아니죠. 그렇지만, 모든 사람들에 대해서 할 말이 너무 많아서, 각각의 사람들에 대해서는 간단히 말해야만 할 것 같군요."

(그가 계속해서 말했네.) "이제 사업하는 사람들에 대해서 이야기 해 봅시다. 당신도 알다시피, 이런 사람들을 상대할 때 가장 큰 어려움은 그들이 고리대금[6]을 하지 못하게 하는 일입니다. 우리 신부들이 특별히 신경을 썼던 것도 역시 바로 이 문제였습니다. 왜냐하면 우리들은 이 악덕을 몹시 혐오합니다. 그래서 에스코바르 신부님이 3론 예제 5, 1번에서 〈고리대금은 죄악이 아니라 이단이다.〉라고 말했을 정도랍니다. 그리고 우리의 보니 신부님도 그의 『죄의 대전』 14장에서 고리대금업자들로 인한 고충을 여러 쪽에 걸쳐서 기술하고 있습니다. 그는 이 사람들을 〈살아 있을 때는 야비스럽고, 죽어서는 무덤에 묻힐 자격도 없는 사람들〉이라고 표현합니다."[7] 그래서 내가 그에게 말했다네. "오! 신부님, 나는 그 분이 그렇게 엄격한 분인 줄 생각지 못했었네요." 그러자 그는 나에게 이렇게 말했네. "그분은 엄격해야 할 때는 엄격합니다. 그렇지만, 이 위대한 결의론 학자는 사람들이 고리대금에 유혹을 느끼는 것은 수익을 올리려는 욕심 때문인 것에 주목하고서, 동일한 곳에서 이렇게 말했죠. 〈만일에 사람들이 어떤 좋은, 합법적인 일자리에 의해서 고리대금의 악습과 그로 인한 모든 죄악들로부터 그를 보호해 주면서, 그가 고리대금으로부터 얻은 만큼의 이윤, 그리고 그 이상의 이윤을 얻는 방법을 그에게 제시해 준다면, 그는 세상 사람들에게 거의 아무런 속박도 받을 필요가 없을 것이다.〉" 그래서 내가 물었네. "신부님, 그렇게 되면 아마도 고

6 대부분의 가톨릭 윤리학자들은 고리대금업을 단죄한다.

7 보니(Bauny)의 저서 315쪽.

리대금업자는 한 사람도 없을 것 같군요." 그러자 그는 이렇게 말했네. "그렇기 때문에 그는 온갖 종류의 사람들, 귀족, 법원장, 의원들과 같은 사람들에게 필요한 일반적인 방법을 제시했습니다. 이 방법은 돈을 빌려 주면서 몇 마디의 해야 될 말만 하면 되는 정도로 아주 쉽습니다. 말을 다르게 한다면, 아마도 고리대금이 될 수도 있을 테니까요. 그 다음에는, 고리대금일지 모른다는 불안감 없이 이윤을 취할 수 있게 됩니다." "신부님, 그 수수께끼 같은 말이 뭐죠?" 그가 나에게 말했네. "필자의 말로 하자면, 바로 이런 말입니다. 당신도 보니 신부님이 모든 사람들이 이해하기 쉽게 프랑스어로 『죄의 대전』을 저술했다는 사실을 알고 계시죠. 그분은 서문에서 이렇게 말했죠. 돈을 빌려 달라고 부탁 받은 사람은 이런 식으로 대답하면 됩니다. '난 빌려 줄 돈이 전혀 없소. 그렇지만, 정직하고 적법한 이윤을 받고 빌려 줄 돈은 있소. 만약에 당신이 이득과 손해를 절반씩 나누면서 당신의 사업을 위해서 이자를 주고 돈을 빌릴 생각이라면, 내가 빌려 줄 수 있소. 그러나 이윤을 맞추기가 너무도 어렵기 때문에 위험성을 없애기 위해서, 만약에 당신이 원금과 이자를 나에게 확실하게 약속한다면, 우리들은 좀 더 빨리 합의를 할 수 있고, 나는 지금 당장이라도 당신에게 돈을 빌려줄 수 있소.'[8] 이게 바로 죄를 짓지 않고서도 돈을 벌 수 있는 아주 쉬운 방법이 아닌가요? 그래서, 보니 신부님은 이런 방법을 다음과 같은 말로 결론을 내리지 않았습니까? 〈내 견해로는, 바로 이것이 고리대금과 착취와 불법계약으로 하나님의 분노를 사게 될 세상의 수많은 사람들이 정직하고 적법하게 이윤을 취하면서 구원 받을 수 있는 방법이다.〉"

나는 그에게 이렇게 말했네. "오! 신부님, 그거 참 그럴듯한 말이로군요! 어쩌면 그런 말이 고리대금을 몰아낼 수 있는, 내가 이해하지 못하

8 원문에는 고어 형식으로 쓰여 있다.

는 어떤 숨은 효력이 있겠군요. 왜냐하면, 나는 항상 고리대금업의 죄는 자기가 빌려 준 돈보다 더 많은 돈을 받아 내는 데 있다고 생각했거든요." 그러자 그가 나에게 말했네. "당신은 그것을 잘 모르시는군요. 우리 신부들 말에 의하면, 고리대금의 목적은 대부분 높은 이자로 이윤을 취하려고 하는 데 있거든요. 그 때문에, 우리 에스코바르 신부님은 단순히 의도를 다른 방향으로 돌림으로써 고리대금을 피하게 만들어 주는 것입니다. 3론 예제 5의 4번, 33번과 44번에서 그는 이렇게 말했죠. 〈만약에 정당하게 빚을 진 사람에게 이윤을 요구한다면, 그 사람에게서 이윤을 취하는 것은 고리대금이 된다. 하지만, 빚진 사람에게서 감사의 의미로 이윤을 요구한다면, 그것은 결코 고리대금이 아니다.〉[9] 그리고 3번에 보면, 〈빌려 준 돈에 대해서 즉시 이윤을 취하려는 의도를 가지는 것은 허용되지 않는다. 하지만, 돈을 빌려 간 사람에게 감사 표시로(*media benevolentia*) 이윤을 바란다면, 그것은 결코 고리대금이 아니다.〉[10]

(그가 말했네.) "이것이 바로 기묘한 방법입니다. 그렇지만, 내 생각으로는 최선의 방법들 중 하나죠. 왜냐하면, 우리들은 그것을 선택하지 않으면 안 되니까요. 이 방법이 모하트라 계약입니다."[11] "모하트라 계약이라고요, 신부님?" "당신이 그게 무엇인지 모른다는 것을 난 잘 알아요. 이름만 이상할 뿐이죠. 에스코바르 신부님이 3론 예제 3, 36번에서 잘 설명해 줍니다. 〈모하트라 계약은 옷감을 외상으로 비싸게 사서, 그 즉시 동일한 사람에게 현금으로 싼값에 다시 파는 방법이다.〉[12] 이것이 바로 모하트라 계약입니다. 이 계약에 의해서, 그 사람은 일정액의 현금을 받지만, 더 많은 외상 빚이 남게 되죠." "그렇지만 신부님, 제 생각에는 이

9 에스코바르, 393쪽.

10 에스코바르, 388쪽.

11 Mohattra. 아랍어로 mokahtara는 '기회'를 의미하는 용어이며, 16세기 후반에 결의론자들이 사용했던 것으로 보인다. 이 계약은 인노첸시오 11세에 의해서 단죄되었다.

12 에스코바르, 367쪽.

런 말을 사용할 만한 사람이 에스코바르 외에는 아무도 없을 것 같은데요. 그런 말을 해 주는 다른 책들이 있나요?" 그러자 신부님이 나에게 말했네. "당신은 너무도 모르고 있군요! 가장 최근에, 바로 금년에 파리에서, 윤리신학에 관해서 출판된 책이 모하트라에 관해서 학술적으로 이야기해 줍니다. 그 책의 제목은 『대전(大全) 결말』이죠.[13] 이 책은 제목 그대로 수아레즈, 산체스, 레시우스, 프라군데스, 후르타도, 그리고 다른 저명한 결의론자들이 수립한 모든 신학 대전들의 요약입니다. 54쪽에 보면 나옵니다. 〈20피스톨[14]이 필요한 사람이 일 년 후에 갚기로 하고 어느 상인에게서 30피스톨어치 옷감을 사서, 즉시 현금 20피스톨을 받고 그 옷감을 그 상인에게 되팔 때, 이것을 모하트라라고 한다.〉 이 정도 이야기했으면, 당신도 이제 못들어 본 말은 아니겠죠." "신부님, 아니 그럼, 이런 계약이 허용되어 있나요?" 신부님이 대답했네. "에스코바르 신부님은 동일한 곳에서 〈아주 엄격한 벌칙으로 이것을 금지하는 법규가 있다.〉고 말했죠." "신부님, 그렇다면, 이런 계약이 쓸모없다는 말인가요?" 그러자 그가 이렇게 말했네. "전혀 아닙니다. 왜냐하면, 동일한 곳에서, 에스코바르 신부님은 이런 계약을 허용해 주기 위해서 편법들을 제시해 주고 있기 때문이죠. 그는 이렇게 말합니다. 〈사고파는 사람이 팔 때는 이런 종류의 옷감에 책정된 최고의 가격을 초과하지 않고, 다시 살 때는 최저의 가격을 초과하지 않기만 한다면, 그리고 사전에 특별한 말이나 어떤 다른 방식으로 서로 합의를 보지 않기만 한다면, 그 사람의 주된 목적이 이윤을 얻으려는 의도라 할지라도 허용된다.〉[15] 그러나 레시우스는 『정의에 대하여』 2서 21장, 16에서 〈자기가 최저가로 다시 살

13 *Epilogus Summarum, sive amplissimum compendium*(1650), 스페인 프란시스코회 수도사인 Jean Soria-Butron의 작품.

14 스페인과 이탈리아의 일부 지방에서 사용하는 금화. 1피스톨은 10프랑 정도에 해당한다.

15 에스코바르, 368쪽.

의도를 가지고 팔았을 경우라 하더라도, 결코 그 이윤을 되돌려 줘야 할 의무는 없다. 만약에 그 이윤을 요구하는 사람이 너무 가난한 경우라면, 그리고 그것을 돌려주는 것이 불편한 일이 아니라면, 그래서 만일 적절하게 할 수만 있다면.(*si commode potest.*)〉 내가 할 수 있는 말은 이게 전부입니다." "신부님, 나는 결국 지나치게 관대한 것도 죄악이라고 생각합니다." 그러자 그가 말했네. "우리 신부들은 필요한 곳에서는 멈출 줄을 알죠. 이렇게 해서 당신은 모하트라의 유용성을 충분히 알게 되셨을 겁니다."

(그는 이어서 이렇게 말했네.) "나는 당신에게 가르쳐 줄 또 다른 방법들을 알고 있지만, 이것으로 충분합니다. 이제 나는 당신에게 장사가 잘 안 되는 사람들에 대해서 이야기해 주어야 할 것 같군요. 우리 신부들은 그들이 처해 있는 상태에 따라서 짐을 덜어 줄 수 있는 생각을 하고 있죠. 만약에 그들이 빚을 모두 갚고, 정직하게 살아갈 만한 충분한 재산이 없다면, 우리는 그들이 채권자들에게 재산의 일부를 감추어 놓고 파산 선고를 하도록 허용합니다. 이것은 우리 레시우스 신부님이 결정한 것이고, 에스코바르 신부님이 3론 예제 2, 163번에서 다음과 같이 확인해 준 것입니다. 〈파산 선고하는 자는 불명예스럽게 살지 않기 위하여(*ne indecore vivat*), 양심에 거리낌 없이 자기 가족들과 함께 행복하게 살아가는 데 필요한 만큼의 재산을 간직할 수 있는가? 나는 레시우스와 마찬가지로 그럴 수 있다는 의견을 지지한다. 그리고 그가 모든 사람들이 알고 있는 불의와 악명 높은 범죄로(*ex injustitia et notorio delico*) 재산을 모았다고 할지라도, 그래서 다른 방법으로는 그만큼 많은 재산을 모을 수 없는 경우라 할지라도, 그럴 수 있다.〉" "뭐라고요, 신부님! 이 무슨 이상한 자비심입니까! 그 재산이 합법적인 채권자들에게 돌아가기보다는 오히려 명예롭게 살아가도록 하기 위해서 절도에 의해서 재산을 모은 사람에게 돌아가기를 바란다고요?" 그러자 신부가 말했네. "우리는 모든 사람들을 다 만족시킬 수는 없습니다. 그래서 우리 신부들은 특히 비참한 사람

들의 짐을 덜어 줄 생각을 했죠. 카스트로 팔라오가 제1권 6론, 토의 6의 6쪽 12번에서 인용했던 우리의 위대한 바스케즈는 빈곤한 자들을 위해서 다음과 같이 말했습니다. 〈우리가 어떤 가난한 자의 것을 훔칠 결심을 하고 준비하고 있는 어떤 도둑을 보았을 때, 그것을 막기 위해서 그 대신에 특히 부자인 어떤 사람을 그에게 알려 주어 그의 것을 훔치게 할 수 있다.〉 만일 당신이 바스케즈나 카스트로 팔라오의 책을 가지고 있지 않다면, 에스코바르의 책에서도 동일한 것을 찾을 수 있을 겁니다. 왜냐하면 당신도 알다시피, 이분은 우리 신부님들 중에서도 가장 유명한 24명의 말이 아니면, 거의 아무 말도 인용하지 않거든요. 그것은 5론 예제 5, 120번에 있는 〈이웃 사랑을 위한 우리 협회의 실천 방법〉입니다."

"신부님, 한 사람에게 손해를 입힘으로써 다른 사람에게는 손해를 면하게 해 준다는 것은 정말로 이상한 사랑이로군요. 오히려 제 생각에, 그 사랑이 완전해지도록 만들기 위해서는 그렇게 조언을 해 준 사람이 그 부자에게 자기가 손실을 입힌 재산을 양심껏 갚아 주어야만 될 것 같은데요." 그러자 그가 나에게 말했네. "전혀 그렇지 않습니다. 왜냐하면, 그 자신이 그 부자의 것을 훔친 것이 아니라 다른 사람에게 그렇게 조언을 했을 뿐이거든요. 그러면, 당신이 훨씬 더 놀랄 만한 경우에 우리 보니 신부님이 가르쳐 준 현명한 해결책을 들어 보세요. 그 경우에, 당신은 아마도 훨씬 더 보상해 줄 의무가 있다고 생각할 겁니다. 그의 『대전』 13장입니다. 그는 우리말(프랑스어)로 이렇게 썼어요. 〈어떤 사람이 한 군인에게 그의 이웃을 때려 달라고 부탁하거나, 또는 그에게 모욕을 준 사람의 창고에 불을 질러 달라고 부탁한다면, 사람들이 이렇게 물을 것이다. 그 군인 대신에, 그 모든 손실을 입히라고 그 군인에게 부탁했던 사람이 그로 인한 피해를 자기 것으로 보상해야만 되는가? 나의 의견으로는 그렇지 않다. 그가 정의를 침해한 것이 아니라면, 손해배상을 전혀 이행하지 않아도 된다. 다른 사람에게 호의를 부탁하는 것이 정의를 침해하는 행동인가? 사람들이 그에게 어떤 부탁을 하든지 간에 그것을 들어주거나 거절하는 것은 항상 그 사람의 자유다. 그의 마음이 어느 쪽으로 기울어지든지 간에 그의 마음을 이끌어 가는 것은 그의 의지다. 그의 마음의 선의와 부드러움과 편의 외에는 아무것도 그에게 강요하지 못한다. 따라서 그 군인이 입힌 손실을 보상하지 않는다 하더라도, 무고한 사람에게 피해를 주도록 부탁했던 사람에게 배상을 강요해서는 안 될 것이다.〉"[16] 이런 말을 듣고 우리의 대화가 단절될 뻔했네. 왜냐하면, 나는 창고에 불을 지른 자의 '선의'와 '부드러움'이란 말에, 그리고 불을 지르도록 시킨 최초의 장본인이 배상하지 않아도 된다는 그 이상한 논리에 웃음을 터뜨릴 뻔했거든. 법관이라면 사형을 내릴 테니까. 그렇지만, 내가 참지 않았더라면, 신부님은 기분이 상할 뻔했네. 왜냐하면, 그는 진지하게 이야기했고, 그 다음에도 나에게 동일한 어조로 말했거든.

"당신은 당신의 반박이 얼마나 헛된 것인지를 수많은 증거들을 통해서 인정해야만 될 겁니다. 그렇지만, 그 반박 때문에 우리의 주제가 빗나가게 되었군요. 그러니, 돈이 궁핍한 사람들 문제로 다시 화제를 돌려 보죠. 이들의 짐을 덜어 주기 위해서, 우리 신부님들, 그중에서도 레시우스 신부님은 2서 12장 12번에서 〈극도로 궁핍한 경우뿐만 아니라, 그 정도는 아니더라도 심각하게 궁핍한 경우에는 도둑질이 허용된다.〉는 것을 확인해 주고 있습니다. 에스코바르 신부님도 1론 예제 9, 29번에서 그렇게 이야기하죠." "놀라운 이야기로군요, 신부님. 세상에 심각하게 궁핍하지 않은 사람들이 거의 없습니다. 당신들은 그렇게 해서 그들에게 양심의 가책 없이 도둑질할 수 있는 권한을 주는 것이로군요. 그래서, 당신들이 실제로는 그렇게 궁핍한 상태에 놓여 있는 사람들에게만 제한적으로 허용한다 하더라도, 그것은 무수히 많은 도둑들에게 문을 열어 주는 결과를 가져오겠죠. 법관들은 그런 심각한 궁핍에도 불구하고 처벌을

16 보니(Bauny), 201쪽.

하게 될 것이고, 더더군다나 신부님은 그런 원칙에 의해서 파괴된 정의와 사랑을 사람들 사이에서 유지해야 하기 때문에 더욱 규제를 해야만 하는 것 아닙니까? 왜냐하면, 결국은 이웃의 재산을 잃게 만들어서 그것을 자기가 이용한다는 것은 이웃에게 피해를 입히는 것이고, 사랑을 침해하는 것이기 때문이죠. 이것이 바로 지금까지 내가 알게 된 것입니다." 그러자 신부님이 말했네. "그것이 항상 진리인 것은 아닙니다. 왜냐하면, 우리의 위대한 몰리나 신부님은 2권 2서, 토의 328의 8번에서 〈사랑의 질서에 의하면, 자기 이웃의 손해를 구하기 위해서 그와 유사한 자기의 이익을 포기해야만 되는 것은 아니다.〉라고 가르쳐 주거든요. 그는 이 부분에서, 그가 증명하려고 시도했던 것을 입증하기 위해서 다음과 같이 말합니다. 〈채권자의 재산을 빼앗으려면, 타인이 우리에게 주었던 재산을 양심껏 되돌려 주어서는 안 된다.〉[17] 그리고 동일한 견해를 주장했던 레시우스 신부님도 2서 20장, 토의 19, 168번에서 동일한 원칙으로 이것을 확인해 줍니다."

"당신은 궁핍한 사람들에 대한 동정심이 부족하시군요. 우리네 신부들은 그보다는 좀 더 사랑을 가지고 있죠. 그들은 부자들과 마찬가지로 가난한 사람들의 권리도 인정하죠. 좀 더 이야기하자면, 그들은 죄인들의 권리도 인정합니다. 왜냐하면, 그들은 범죄를 저지른 사람들과는 정반대 입장이기는 하지만, 그래도 역시 그들은 범죄에 의해서 벌어들인 재산을 합법적으로 소유할 수 있다고 가르칩니다. 이것이 바로 레시우스 신부님이 2서 14장 토의 8에서 전반적으로 가르치고 있는 것입니다. 그는 이렇게 말합니다. 〈자연법에 의해서건 실정법에 의해서건, 즉 어떤 법에 의해서건, 그리고 간음 행위처럼 비록 정의에 어긋난다 할지라도, 범죄 행위의 결과로 받은 것을 돌려주어야만 할 의무는 결코 없

17 이것은 번역이 아니라, 몰리나의 생각을 요약한 것이다.

다.〉 에스코바르 역시 1론 예제 8, 59번에서 레시우스를 인용하여 〈여인이 간음으로 번 재산은 비록 비합법적인 방법으로 취득한 것이라 할지라도, 그 소유는 합법적이다.(*Quamvis mulier illicite acquirat, licite tamen retinet acquisita.*)〉라고 말하고 있으니까요. 그렇기 때문에, 우리 신부들 가운데서 가장 유명한 분들은 공식적으로 다음과 같이 결정했습니다. 〈법관이 소송인 중 한쪽에게 유리하게 부당한 법령을 적용하기 위해서 악법을 적용한 어느 한쪽으로부터 받은 것, 그리고 군인이 사람을 죽이고 받은 것, 그리고 파렴치한 범죄에 의해서 벌어들인 것은 합법적으로 소유할 수 있다.〉 아래의 내용은 에스코바르가 우리의 저자들의 책에서 모은 것과, 3론 예제 1, 23번에서 모은 것들을 가지고 일반 규칙을 만든 것입니다. 〈살인, 부당한 판결, 불명예스런 행동과 같은 수치스런 방법으로 벌어들인 재산은 합법적으로 소유할 수 있으며, 결코 그것들을 반환할 의무가 없다.〉[18] 또한 5론 예제 5, 53번에서, 〈살인, 부당한 판결, 파렴치한 범죄의 결과로서 자기가 받은 것은 자기 마음대로 처분할 수 있다. 왜냐하면 그에 대한 소유는 정당하며, 그는 자기가 벌어들인 것들의 저작권과 소유권을 획득했기 때문이다.〉"[19] 내가 그에게 말했네. "오! 신부님, 나는 이런 식으로 재산을 취득하는 방법에 대해 이야기하는 소리를 들어 본 적이 없습니다. 그래서, 나는 정의가 그것을 허용하는지, 그리고 살인이나 부정이나 간음을 정당한 권리로 간주하는지도 의심스럽습니다." 그러자 신부님은 이렇게 말했네. "나는 법률 서적들이 그에 관해서 무어라고 말하는지 모르겠지만, 우리 서적들은 양심에 관한 진정한 규칙들이기 때문에 나처럼 이야기하죠. 하지만 그들이 반환해야만 할 의무가 있는 한 가지 경우는 예외로 하고 있는 게 사실입니다. 그것은 미성년자들과 수도사들처럼 자기의 재산을 마음대로 처분할 권리

18 에스코바르, 335쪽.

19 에스코바르, 609쪽.

가 없는 자들의 돈을 받은 경우입니다. 왜냐하면, 우리의 위대한 몰리나 신부님께서 『정의에 대하여』 1권 2론 토의 94에서 이들을 제외하고 있으니까요. 만일에 여인이 수도사나 미성년자처럼 자기 재산의 소유권을 행사할 수 없는 자로부터 돈을 받은 것이 아니라면 말이죠.(*Ni si mulier acceptisset ab eo qui alienare non potest, ut a religioso et filiofamilias.*) 왜냐하면, 그 경우에는 돈을 그들에게 돌려주어야만 되니까요. 에스코바르 신부님도 이 구절을 1론 예제 8, 59번에서 인용하고 있고, 3론 예제 1, 23번에서도 동일한 내용을 확인해 줍니다."[20]

나는 그에게 말했네. "존경하는 신부님, 그 문제에 있어서 수도사들이 다른 사람들보다 좀 더 대우를 받는 것 같네요." 그러자 신부님이 말했네. "전혀 그렇지 않습니다. 일반적으로 사람들이 모든 미성년자들에 대해서는 그만큼 대우를 하지 않는가요? 수도사들은 평생 동안 그 숫자에 포함되지 않나요? 이들을 예외로 취급하는 것이 당연하지요. 하지만, 다른 모든 사람들에 대해서는, 악행의 결과로 그들에게서 받은 것을 그들에게 되돌려 주어야만 할 의무가 전혀 없습니다. 레시우스 신부가 『정의에 대하여』 1권 2론 14장 토의 8, 52번에서 그것을 상세하게 증명해 줍니다. 그는 이렇게 말하죠. 〈왜냐하면, 악한 행위는 그것을 하도록 시킨 사람이 얻는 이득과, 그 악한 행동을 실행에 옮긴 사람이 당한 수고를 고려하면서 돈으로 평가될 수 있기 때문이다. 그렇기 때문에, 그 행위가 어떤 성격의 것이건 간에, 예를 들어 살인이나 부당한 판결이나 추악한 행위나 (이것들은 레시우스가 이 문제 전체에서 사용한 예들이다.) 만약에 그들의 재산을 마음대로 처분할 권리가 없는 사람들로부터 받은 것이 아니라면, 그 악한 행위의 결과로서 자기가 받은 것을 반환해야 할 의무가 전혀 없다.〉 당신은 아마도 악한 짓을 한 결과로서 돈을 받

20 에스코바르, 142, 335쪽.

은 사람은 죄를 지은 것이고, 따라서 그는 그 돈을 착복할 수도 소유할 수도 없다고 말씀하시겠지요. 하지만 나는 이렇게 대답합니다. 그런 일이 일단 실행에 옮겨진 후에는, 더이상 아무런 죄도 없고, 더 이상 돈을 지불할 필요도 없고, 돈을 받을 필요도 없습니다.[21] 우리의 위대하신 필리우티우스는 세부적인 실천 사항에 있어서 한 걸음 더 나아 갑니다. 그는 이런 종류의 행위들에 대해서는 그 행위를 한 사람들의 다양한 조건에 따라서, 즉 어떤 행위는 다른 행위보다 더 가치가 있다는 식으로, 양심껏 서로 다르게 지불해야만 된다고 지적합니다. 이것은 그가 그의 저서 31론 9장 231번에서 확고한 이유에 근거해서 다음과 같이 정한 것입니다. 〈양심껏 은밀하게 범한 간음의 대가(代價)는 공공연하게 범한 간음의 대가보다 더 커야 한다. 왜냐하면, 여인이 자기 몸을 은밀하게 내준 것은 창녀가 공공연히 그러는 것보다 더 가치가 있기 때문이다. 값을 매길 수 없는 것을 계산해 주는 실정법은 없다. 처녀와 유부녀와 수녀에게, 그리고 어떤 다른 누구에게 약속한 대가에 대해서도 마찬가지다. 왜냐하면, 사실상 모든 계산이 마찬가지이기 때문이다.〉(*Occultoe fornicarioe debetur pretium in conscientia, et multo majore ratione, quam publicoe. Copia enim quam occulta facit mulier sui corporis, multo plus valet quam ea quam publica facit meretrix; nec ulla est lex positiva quoe reddat eam incapacem pretii. Idem dicendum de pretio promisso virgini, conjugatoe, moniali, et cuicumque alii. Est enim omnium eadem ratio.*)

그러고 나서, 신부님은 그의 저자들의 책 속에서, 차마 입에 담기도 어려울 정도로 파렴치한 일들을 나에게 알려 주었네. 그것들에 대해서 신부님 자신도 혐오감을 느끼고 있는 것 같았네. (왜냐하면 그는 호인이었으니까.) 그에게는 그들 입장에서 나오는 모든 것들에 대해서 어떤 경

21 이 내용은 파스칼이 본문의 요지를 요약한 것이다.

애심을 가지고 받아들일 만한, 그 신부님들에 대한 존경심이 없었으니까. 그렇지만, 나는 입을 다물고 조용히 있었네. 그것은 이 문제를 계속 해서 이야기하도록 만들려는 의도는 아니었다네. 온통 혐오스럽고 부당하고 괴상한 결정들로 가득 차 있는 그 신앙 서적들을 보고 놀랐기 때문이었지. 그래서 신부님은 자유롭게 그의 이야기를 계속했는데, 그 결론은 이런 것이었지. 그는 이렇게 말했네. "우리의 유명하신 몰리나 신부님은 그 문제에 대해서 다음과 같이 결정했지요. (나는 당신이 결국에는 만족하게 될 것이라 생각하죠.)"

"〈악한 행위를 한 결과로 돈을 받은 사람이 그 돈을 돌려주어야 할 의무가 있는가? 이 위대한 사람은 이렇게 말했다. 구분을 할 필요가 있다. 만약에 돈을 받은 후에 그 행위를 실행하지 않았다면, 돈을 돌려주어야 한다. 그러나 만약에 그 행위를 실행했다면, 전혀 그럴 필요가 없다.(*Si non fecit hoc malum, tenetur restituere; secus si fecit.*)〉 이것은 에스코바르가 3론 예제 2, 138번에서 이야기한 것입니다."[22]

"이것이 바로 배상에 관한 우리의 몇 가지 원칙들입니다. 당신은 오늘 그에 대해서 잘 배웠으니 이제 당신이 그것을 어떻게 적용하는지 보고 싶군요. 그럼 대답해 보세요. 소송 당사자들 중 한쪽으로부터 돈을 받고 그에게 유리하게 판결을 내린 법관이 그 돈을 돌려주어야만 될 의무가 있나요?" "신부님, 당신이 방금 아니라고 말씀하셨지요." 그러자 그가 이렇게 말했네. "그럴 줄 알았어요. 내가 당신에게 말한 것은 일반적인 이야기였죠? 만약에 정당하지 못한 사람과의 소송에서 승소했다면, 돌려주어야 할 의무가 없다고 말한 거지요. 하지만, 그 사람이 정당한 경우에, 당신은 합법적이어야만 되는 소송에서 돈을 주고 승소하기를 원하시나요? 그건 옳지 못하죠. 법관은 항상 정의에 빚을 지고 있다는 것

22 몰리나, 356쪽.

을 이해해야 합니다. 따라서, 그는 정의를 돈을 받고 팔 수는 없지요. 그러나 그는 불의에는 빚을 지고 있지 않습니다. 따라서 그것으로는 돈을 받을 수 있지요. 몰리나 94조와 99조, 레기날두스 10서 184, 185, 178번, 필리우티우스 31론 220번, 228번, 에스코바르 3론 예제 1, 21번과 23번, 레시우스 2서 14장 토의 8, 52번에서처럼 우리의 주요 저자들은 모두 한결같이 이렇게 가르칩니다. 〈만약에 기부에 의해서 그에게 준 것이 아니라면, 법관은 재판을 한 후에 받은 것을 돌려주어야만 한다. 그러나 그가 부당한 법령을 호의로 적용해 준 사람에게서 받은 것은 전혀 돌려주어야 할 의무가 없다.〉"

나는 이런 이상야릇한 결정에 몹시 당황했었네. 내가 그로 인한 해로운 결과들에 대해서 생각하는 동안, 신부님이 나에게 또 다른 질문을 던졌네. "그러면, 이 질문에 좀 더 신중하게 대답해 보세요. 내 질문은 이렇습니다. 점을 치는 사람이 그 일로 벌어들인 돈을 되돌려 주어야만 될까요?" 나는 그에게 대답했네. "존경하는 신부님, 당신 좋으실 대로 정하시죠." "뭐라고요, 내 좋을 대로 정하라고요! 정말로 당신은 놀랍군요! 당신이 말하는 식으로 한다면, 진리가 우리 의지에 달려 있는 거로군요. 내가 보기에, 당신 스스로는 결코 답을 찾을 수 없겠군요. 그러니 이 어려운 문제를 산체스 신부님께 맡겨 보시죠. 역시 산체스입니다. 먼저 그는『도덕론』2서 38장, 94, 95, 96번에서, 그 점쟁이가 점성술과 또 다른 자연적 방법만을 사용하는지, 아니면 귀신의 술수를 사용하는지를 구분하고 있습니다. 왜냐하면, 그는 한 가지 경우에는 배상을 해야만 되고, 다른 한 가지 경우에는 배상할 필요가 없다고 말하고 있으니까요. 이제 어느 경우에 배상해야 되는지 말해 보세요." 내가 그에게 대답했네. "여기에 어려운 점은 없습니다." 그러자 그가 나에게 응수했네. "나는 당신이 무슨 말을 하고 싶어 하는지 알겠습니다. 당신은 사탄의 중재를 이용하는 경우에 배상해야 된다고 생각하시는 거죠? 하지만, 당신은 아무것도 이해하지 못하신 겁니다. 그와 정반대입니다. 동일한 곳에서, 산체스가 내린 결정은 다음과 같습니다. 〈만약에 점쟁이가 달리 알아낼 수 없는 것을 귀신의 방법에 의해서 알아내려는 노력과 정성을 기울이지 않았다면(*si nullam operam apposuit ut arte diaboli id sciret*) 그는 배상을 해야만 된다. 그러나 그가 그런 노력을 했다면, 전혀 배상할 필요가 없다.〉" "신부님, 그것은 왜 그렇죠?" 그가 나에게 말했네. "당신은 그게 이해가 안 되세요? 그 이유는, 점성술은 거짓된 방법이지만, 사탄의 술수로는 점을 칠 수 있기 때문이죠." "하지만 신부님, 사탄은 점성술보다도 더 진실하지 못하기 때문에,[23] 만약에 사탄이 진리에 응답을 해 주지 않는다면,[24] 동일한 이유로 점쟁이가 배상을 해야 되나요?" 그러자 그가 나에게 대답했네. "아닙니다. 항상 그런 것만은 아닙니다. 산체스는 이렇게 말했죠. 〈구분해 봅시다(*Distinguo*). 왜냐하면, 점쟁이가 사탄의 술수를 모르고 있다면(*Si sit artis diabolicae ignarus*) 그는 배상해야만 된다. 그렇지만, 그가 능숙한 마법사이고 진리를 알기 위해 자기가 가진 것을 다 이용했다면, 그는 전혀 배상할 필요가 없다. 왜냐하면, 그런 마법사의 근면성은 돈으로 평가받을 수 있기 때문이다(*Diligentia a mago apposita est pretio aestimabilis*)〉." 나는 그에게 이렇게 말했네. "신부님, 그것은 양식에 맞는 일이군요. 왜냐하면, 당신네 교훈에 따르면, 그것은 바로 마법사들이 성실하게 대중들에게 봉사하면서 합법적인 방법으로 재산을 늘리려는 기대를 할 수 있고, 전문적인 기술자나 학자로서 참여하는 방법이 될 테니까요." 그러자 신부님이 말하더군. "조롱하는 말 같군요. 그건 좋지 않은 겁니다. 왜냐하면, 만약에 당신이 모르는 장소에서 그렇게 말을 한다면, 당신의 말을 오해하고서 종교적인 일들을 조롱거리로 삼는다고 당신을

23 제주이트 신부인 마르틴 A. 델 리오(Martin A. Del Rio)가 『마술 연구』(*Disquisitiones magicae*, Louvain, 1599)에서 주장했던 명제.

24 사탄은 거짓의 아버지이기 때문에 사탄의 방법을 이용하는 자는 거짓을 말한다.

비난하는 사람들이 생길지도 모르니까요."[25] "신부님, 나는 그런 비난을 쉽게 반박할 수 있습니다. 왜냐하면 내 생각에, 만약에 사람들이 내 말의 진정한 의미를 조금만이라도 검토해 본다면, 완전히 그와 반대되는 의미의 말은 전혀 찾을 수 없을 것이기 때문이죠. 그리고 아마도 언젠가는 우리들의 대화 속에서 그 진정한 의미가 충분히 나타날 기회가 올 겁니다." 그러자 신부님이 말했네. "저런! 저런! 당신은 이제 농담하는 게 아니로군요." 나는 그에게 이렇게 말했네. "내가 당신에게 고백합니다. 사람들이, 내가 거룩한 일들을 조롱거리로 삼고 싶어 한다고 의심하는 것은 나에게 매우 민감한 일입니다. 그것은 아주 부당한 일이니까요." 그러자 신부님이 이렇게 응수했네. "나는 정말로 그렇게 말하지 않았어요. 그렇지만, 좀 더 진지하게 이야기 해 봅시다." "신부님, 당신이 그걸 원하신다면, 나는 모든 준비가 되어 있습니다. 그것은 당신에게 달려 있습니다. 하지만, 나는 당신네 신부들이 마법사들에게 합법적인 소득을 보장해 주고 싶어 할 정도로, 온갖 종류의 사람들을 배려해 주는 것을 보고 깜짝 놀랐다는 것을 고백합니다." 신부님은 이렇게 말하더군. "우리들은 너무 많은 사람들을 대상으로 글을 쓸 수 없을 테고, 너무 많은 사례들을 개별화시킬 수도 없을 테고, 여러 가지 책들 속에서 동일한 이야기를 너무 자주 반복할 수도 없을 테지요. 우리 신부들 중 가장 비중 있는 분의 다음과 같은 구절을 통해서 그것을 알 수 있을 겁니다. 당신도 알 겁니다. 그분은 현재 우리 지방의 신부님이시니까요. R. P. 셀로 신부님이죠. 그분은 그분의 『위계』 8서, 16장 2번에서 이렇게 말합니다. 〈어떤 사람이 그의 고해신부의 지시에 따라 막대한 돈을 되돌려 주려고 하

25 파스칼은 여기에서 그를 '조롱꾼'이라고 비난했던 적들에게 응수한다. 이 내용은 시골 친구가 포르루아얄의 서기에게 보낸 '여섯 번째 편지' 직후에 발행된 익명의 '반박문'과 관련되어 있다. 사람들은 그가 기독교 교리의 중요한 문제들과 신앙의 중요한 쟁점들을 조롱거리로 삼는다고 비난했었다.

고 있었는데, 지나는 길에 서점 주인에게 새로 나온 책이 있느냐(*Num quid novi*)고 물었다. 서점 주인은 그에게 새로 나온 윤리신학 책을 보여주었다. 그는 별 생각 없이 무심코 책장을 넘기다가 자기와 똑같은 경우를 발견하고, 전혀 되돌려 줄 필요가 없다는 사실을 알게 되었다. 그래서 그는 근심 보따리를 내려놓고, 돈가방은 그대로 지닌 채 훨씬 더 가벼운 마음으로 집으로 돌아갔다.(*Abjecta scrupuli sarcina, retento auri pondere, levior domum repetiit.*)〉"

"그럼, 이것을 읽고 나서 우리의 금언을 아는 것이 유익한지 그렇지 않은지 나에게 말해 보세요. 지금도 그것을 조롱하시겠어요? 그러기보다는 오히려, 셀로 신부님과 함께 이런 만남의 행복에 대해서 경건하게 성찰해 보시는 게 어떻겠어요? 〈이런 종류의 만남들은 하나님 안에서 그분의 섭리의 결과이고, 수호천사에 의한 그분의 인도의 결과이며, 그런 만남들이 이루어진 사람들에게서는 그들의 예정의 결과인 것이다. 하나님께서는 영원 전부터 구원의 황금 줄이 어떤 저자에게 연결되기를 원하셨고, 동일한 것을 이야기하는 수백 명의 다른 저자들에게는 연결되기를 원치 않으셨다. 왜냐하면, 그들 간에는 만남이 이루어지지 않기 때문이다. 그러므로 수많은 우리의 저자들을 비난하는 사람들이 예수 그리스도의 심정으로, 하나님의 영원하신 선택과 예수 그리스도의 피가 마련해 준 이 책들을 질시하지 않도록 간구해야 한다.〉 얼마나 아름다운 말입니까? 이런 말로 이 현명하신 분은 자신이 다음과 같이 제시했던 명제를 확고하게 증명하셨지요."

〈윤리신학에 관해서 책을 쓴 수많은 저자들이 존재한다는 사실은 얼마나 유익한 일인가!〉(*Quam utile sit de theologia morali multos scribere!*)

나는 그에게 이렇게 말했네. "신부님, 나는 이 구절에 대한 나의 의견을 다음번에 당신에게 말해 주겠습니다. 왜냐하면, 당신의 교훈들이 매우 유익하고, 그것들을 출판하는 일이 매우 중요하기 때문에, 지금은 당신이 나에게 계속해서 그에 관해서 가르쳐 주는 것 외에 다른 것들을 이야기하지 않겠습니다. 그렇지만 내가 그 교훈들을 어떤 사람에게 보내 주면, 그 사람이 다시 수많은 사람들에게 그것들을 보여 주고 있다는 사실을 나는 확실히 말씀드립니다. 우리들이 그것들을 사용하려는 의도가 있어서가 아니라, 세상 사람들이 그것들을 알게 되면 유익할 것이라고 생각하기 때문입니다." 그러자 그가 나에게 말했네. "그러면, 내가 그것들을 숨기지 않는다는 것을 아실 겁니다. 이야기를 계속하자면, 구원을 용이하게 만들고, 헌신을 용이하게 만들기 위해서 우리 신부들은 처음으로 생활의 즐거움과 편리함에 대해서 당신에게 말해 줄 수 있겠습니다. 그 이유는 당신이 지금까지 특별한 조건들에 관해서 공부한 후에, 모든 것들에 관해서 일반적인 것을 배우게 함으로써 완전한 교육을 위해서 아무것도 빠뜨린 것이 없이 배우도록 하려는 것이죠." 신부님은 이런 식으로 말한 뒤에 나와 헤어졌네.

이만 쓰네.

에스코바르 신부의 저서들은 여러 가지 판본들이 있다는 것을 자네한테 말해 준다는 걸 잊고 있었네. 자네가 그것들을 사려면, 리옹 판들을 사게. 앞부분에 일곱 개의 도장이 찍혀 있고 책 위에 양의 그림이 있는 것을 사거나, 아니면 1651년에 나온 브뤼셀 판본을 사게. 이 판본들은 최신 판이기 때문에, 1644년이나 1646년에 나온 리옹 판본들보다 더 질도 좋고 분량도 많네. 이 책은 모든 판본들에 기초하여 파리 피제(Piget) 출판사에서 나왔는데, 다른 모든 판본들보다 더 정확하네. 그렇지만, 『윤리 신학』 전집에 관한 에스코바르의 견해를 훨씬 더 잘 알 수 있는 것은 폴리오(Folio) 판 두 권으로 리옹에서 인쇄된 것이네. 이것들은 제주이트 신부들이 교회의 윤리를 얼마나 끔찍하게 뒤집어 놓고 있는지를 알기 위해서라면 아주 볼만한 것들이네.[26]

26 작은 글씨체의 이 문단은 필자가 서둘러 쓴 편지 끝에서 덧붙인 추신(追伸)이다.

[아홉 번째 편지 내용 요약]

몽탈트는 제주이트 신부들이 끌어들인 성모 마리아에 대한 그릇된 숭배, 쉽게 구원을 얻기 위한 방법들, 삶의 편리함과 재미들을 맛보기 위해서 그들이 고안해 낸 여러 가지 용이한 방법들을 열거한다. 실천하기 쉬운 백 가지의 공경들 하나하나가 천국의 문을 열기에 충분하다. 예를 들면, 성모상을 볼 때 인사하기, 성모의 열 가지 기쁨 묵주 기도하기, 마리아의 이름 자주 부르기, 성모님께 대한 우리의 공경을 천사에게 의탁하기, 매일 아침저녁에 그분께 인사하기, 마리아의 마음에 경의를 표하면서 아베 마리아 암송하기 등이다.

제주이트 교단에는 한 가지 규칙이 있다. 이 규칙에 의하면, 이 교단의 신학자들과 고위 성직자들의 허가 없이는 모든 서점에서 이 교단 소속 신부들의 저서를 출판하는 것이 금지되어 있다. 그 결과, 각자의 저서들에 대해서는 이 교단 전체가 책임을 진다. 그로 인해서, 이 교단의 정신을 지니지 않은 저서는 단 한 권도 발행되지 않는다.

'고해성사'에서 갖가지 숨기는 행위를 허용하는 것은 심중유보(心中留保)의 원리다. 이 원리에 의하면, 사람들은 자기가 실제로 어떤 일을 했음에도 불구하고, 자기가 그 일을 하지 않았다고 선언할 수 있다. 이것은 수많은 경우에 아주 편리하다. 이것이 건강이나 명예나 재산을 지키기 위해서 필요할 경우에는 항상 정당하다.

『죄의 대전』에는 처녀들이 자기 부모의 동의 없이 처녀성을 마음대로 취급할 수 있는 권리에 관한 윤리 원칙이 발견된다(148쪽). 여자는 도박을 할 수 있고, 그것을 위해서 남편의 돈을 훔칠 수 있다.

아홉 번째 편지*

1656년 7월 3일, 파리에서

친구에게,

내가 신부님을 마지막으로 만났던 날, 그가 나에게 던져 준 칭찬의 말씀에 대해서는 자네에게 더 이상 말하지 않겠네. 이분은 나를 보자마자 나에게 다가오더니, 손에 들고 있던 책을 쳐다보면서 이렇게 말하더군. "누가 당신에게 천국 문을 열어 줄까요? 누가 당신에게 전적으로 은혜를 베풀어 줄까요? 당신이 천국의 열쇠를 구해서, 당신이 좋을 때 그곳으로 들어가기 위해서는 수백만 금을 주어야 되지 않을까요? 아니, 결코 그렇게 큰 돈을 주고 들어갈 필요가 없습니다. 여기에 싼값으로 들어갈 수 있는 방법이 한 가지, 아니 백 가지가 있죠." 나는 이 신부님이 책을 읽고 있는 건지, 자기 말을 하고 있는 건지 알 수 없었네. 그렇지만, 그 다음에 그가 한 말을 듣고 의문점이 풀렸다네. "이것은 우리 교단의 바

* 니꼴(Nicole)의 요약에 의하면, 이 편지의 내용은 다음과 같다. 필자는 제주이트 신부들이 끌어들인 성모 마리아에 대한 그릇된 숭배와 쉽게 구원을 얻기 위한 방법들, 그리고 삶의 편리함과 재미들을 맛보기 위해서 그들이 고안해 낸 여러 가지 용이한 방법들을 열거한다. 야심, 질투심, 탐식, 애매모호한 문제들, 정신적 속박, 처녀들에게 허용된 자유, 여인들의 의상, 놀이, 미사를 듣는 방법 등.

리 신부님[1]이 쓴 멋진 책의 첫마디입니다." 나는 전혀 아무 말도 하지 않고 있다가 내가 그에게 물었네. "신부님, 무슨 책인가요?" 그러자 그가 말했네. "이것이 그 제목입니다."

『하나님의 어머니께 바친, 실천하기 쉬운 백 가지의 공경들을 통해서, 필라지에게 열려진 천국』. "뭐라고요! 신부님, 그렇게 쉬운 공경들 하나하나가 천국의 문을 열기에 충분하다고요?" 그러자 그가 이렇게 말했네. "그렇죠. 당신이 조금 전에 들었던 말들 다음에 나오는 구절도 읽어 보세요. 〈당신이 이 책에서 발견하는 하나님의 어머니에 대한 공경들은, 당신이 그것들을 실천하기만 한다면, 모두가 하늘 문의 열쇠들이다.〉 그는 결론적으로 이렇게 말합니다. 〈그렇기 때문에, 그중에서 한가지만이라도 실천한다면, 기쁜 일이다.〉"

"신부님, 그러면 가장 쉬운 것 하나만 알려 주세요." 그러자 그가 대답했네. "모두가 쉽죠. 예를 들면, 성모상을 볼 때 인사하기, 성모의 열 가지 기쁨 묵주 기도하기, 마리아의 이름 자주 부르기, 성모님께 대한 우리의 공경을 천사에게 의탁하기, 모든 군주들 전체가 세운 것보다 더 많은 교회를 세워 줄 것을 그분께 기원하기, 매일 아침저녁에 그분께 인사하기, 마리아의 마음에 경의를 표하면서 아베 마리아 암송하기 등입니다." 그는 또 이렇게 말했네. "게다가 그러한 공경은 성모의 마음을 확실하게 얻게 해 주죠." 내가 그에게 말했네. "하지만 신부님, 그건 자기의 마음을 그분께 드리기만 하면 되는 문제겠죠?" 그가 말했네. "세상에 대한 애착이 너무 클 때는, 그럴 필요가 없습니다. 그의 말을 들어 보세요. 〈마음을 위한 마음은 정말 필요하죠. 하지만, 당신의 마음이 피조물에게 너무 집착하고 애착을 느끼고 있을 때, '나는 노예다'라고 볼 수 있는 당

1 Boursier de Barry(1587-1661). 제주이트 신부. 아비뇽, 엑스, 님므에서 교수로 있었다. 1636년 리옹에서 발간된 『필라지에게 열려진 천국』의 저자. 참고로 이 책은 극히 풍부한 '경건'에 관한 책이다.

신의 마음을 감히 오늘 바치라고 권하지는 않겠습니다.〉" 이렇게 해서, 바리 신부님은 자기가 요구했던 '아베 마리아'에 만족했네. 이것들이 이 책 초판의 33, 59, 145, 156, 172, 258, 420쪽에 나오는 공경들이라네. 그래서, 내가 그에게 이렇게 말했네. "그거 완전히 편리하군요. 그에 따르면, 벌을 받을 사람은 한 사람도 없겠네요." 그러자 신부님이 이렇게 말했네. "정말 안타깝군요! 당신은 사람들의 마음이 어느 정도까지 완고한지를 모르시는 것 같군요. '안녕하세요!'처럼, 매일 아침과 저녁에 하는 단 한마디 인사조차도 결코 하려고 하지 않는 사람들이 있어요. 그것은 기억해 두지 않으면 할 수 없는 일이니까요. 그래서 바리 신부님은 밤이나 낮이나 묵주를 팔찌처럼 팔에 끼고 있거나, 몸에 묵주나 성모상을 지니고 있으라는 등의 훨씬 더 쉬운 실천 방법을 가르쳐 주어야만 했지요. 바로 이것들이 14, 326, 447쪽에 나오는 공경들입니다. 그리고 106쪽에서 바리 신부님이 말한 것처럼, 내가 당신에게 마리아의 자비로운 은혜를 얻기 위해서 쉬운 공경들을 제시한 것은 아니라고 말씀하세요." 그래서 내가 그에게 말했네. "신부님, 지극히 쉬운 일이군요." 그러자 그가 말했네. "따라서, 그것이 사람들이 할 수 있는 전부죠. 나는 그것들이면 충분하다고 생각해요. 왜냐하면, 팔에 묵주를 차거나 호주머니 속에 묵주를 넣고 다니거나 하다가 평생에 단 한 순간만이라도 그것을 차고 싶어 하지 않는다면, 그것은 매우 불행한 일이 될 테니까요. 우리들은 그래도 역시 잘 살라고 충고하겠지만, 그들이 어떤 방식으로 살았든지 간에, 그것을 시험해 보는 사람들은 분명한 확신을 가지고 자기의 구원을 확실하게 해야 될 테니까요. 내가 당신에게 34쪽에 나오는 어떤 여인의 예를 소개해 보죠. 그 여자는 매일 성모의 사진을 보며 인사하는 공경을 실천하면서도 평생 동안 죽을 죄를 지으며 살다가, 그런 상태로 죽게 되었습니다. 그래도 역시 그런 공경 덕분에 구원을 얻었답니다." 그래서 내가 소리쳤네. "어떻게 그럴 수가 있죠?" 그러자 그가 말하더군. "우리 주님께서 그녀를 특별히 부활시키셨답니다. 그 정도로, 사람들이 이런 공경들 중 어떤 것을 실천할 때는 멸망 당하지 않는다는 것이 확실합니다."

"신부님, 나는 정말로 성모에 대한 공경들이 구원을 얻는 유력한 방법이라는 것, 그리고 성자들이 그것들을 실천했던 것처럼 그런 공경들이 믿음과 사랑에서 출발한 것이라면, 지극히 작은 공경이라 할지라도 큰 공덕이 된다는 것을 잘 알고 있습니다. 그렇지만, 나는 이렇게 생각합니다. 그런 공경들을 실천하는 사람들은 죄악으로 가득 찬 그들의 삶을 변화시키지 못한 채 죽는 순간에 회심하게 된다거나, 신의 은총에 의한 진정한 회심을 통해서 그들을 방탕에서 이끌어 내주기보다는, 오히려 하나님께서 그들을 부활시켜 주실 것이라고 믿는 무모한 신앙심에서 비롯된 그릇된 평안으로 인해서 죄인들을 방탕 속에 내버려 둔다거나 하기에 더 적합한 것이죠." 그러자 신부님이 말했네. "우리의 관구장님이었던 유명하신 비네 신부님[2]이 그의 유명한 저서 『예정의 표시에 관하여』 15판, 130쪽 31번에서 그와 비슷한 주제에 대해서 말했던 것처럼, 우리들이 어디를 통해서 천국에 들어가든지 간에 그리로 들어가기만 하면 되는 것이지 그 방법이 무슨 상관입니까? 그 신부님이 동일한 곳에서 다시 말씀하셨던 것처럼, 우리들이 영광스런 도시를 차지하기만 하면 되는 것이지, 뛰어오르건 날아오르건 그것이 우리들에게 무슨 관계가 있습니까?" 내가 그에게 이렇게 말했네. "그것이 중요치 않다는 것을 나도 인정합니다. 하지만, 문제는 우리들이 그곳에 들어가는지 그렇지 않는지를 아는 것입니다." 그러자 신부님이 이렇게 말했네. "성모님이 대답해 주십니다. 바리 신부님의 저서 마지막 몇 줄을 읽어 보세요. 〈당신이 죽는 순간에 원수가 당신에 대해서 무엇인가를 요구한다든지 당신의 생각의 작은 공화국에 어떤 문제가 발생한다든지 하면, 당신은 '마리아님이 나를 위해 대답해 주십니다. 그러니 마리아님께 물어보세

2 에티엔 비네(Etienne Binet, 1569-1639)는 파리, 리옹, 샹파뉴 지방의 관구장을 역임했다.

요'라고 말하기만 하면 된다.〉"[3]

"그렇지만 신부님, 누가 그렇게까지 추궁해서 당신을 성가시게 만들겠어요? 왜냐하면, 결국은 우리들에게 성모님이 거기에 대답해 주신다고 확신을 준 사람은 누굽니까?" 그러자 그가 말했네. "성모님에 대해서는 바리 신부님이 465쪽에서 이렇게 답해 주죠. 〈그로부터 당신에게 돌아올 유익과 행복에 관해서는, 내가 답해 주죠. 그리고 성모님에 관해서도 내가 보증하겠습니다.〉" "하지만 신부님, 바리 신부님에 대해서는 누가 답해 줍니까?" 그러자 신부님이 말했네. "뭐라고요! 그분은 우리 교단 소속입니다. 그러니, 우리 신부들의 모든 저서들에 대해서는 우리 협회가 답해 줍니다. 당신은 아직도 모르고 계신가요? 당신에게 그것을 알려 드려야 되겠군요. 당신도 그것을 아는 것이 좋습니다. 우리 교단에는 한 가지 규칙이 있습니다. 이 규칙에 의하면, 모든 서점에서 우리 교단의 신학자들의 동의 없이는, 그리고 고위 성직자들의 허가 없이는 우리 신부들의 어떤 저서든 출판이 금지되어 있습니다. 이 규정은 1583년 5월 10일 앙리 3세가 제정했고, 1603년 12월 20일 앙리 4세가, 그리고 1612년 2월 14일 루이 13세가 다시 확인했죠. 그 결과 우리 신부들 각자의 저서들에 대해서는 우리 교단 전체가 책임을 집니다. 이것은 우리 교단의 특별한 점입니다.[4] 그로 인해서, 우리들은 교단의 정신을 지니지 않은 저서는 단 한 권도 발행하지 않습니다. 바로 이것이 당신이 알아야만 되는 점입니다." 그래서 내가 그에게 말했네. "신부님, 당신은 재미있는 분이시군요. 내가 좀 더 일찍 그것을 알지 못했던 것이 유감스러울 뿐입니다. 미리 알았더라면, 당신네 저자들에 대해서 더 많은 관심을 가졌을 테

3 『필라지』(*Philagie*), 480쪽.

4 이것은 정확한 내용이 아니다. 예를 들어서, 오라토리오회는 1642년 7월 21일 면허장에 의해 허가해 주는 특허를 이용했다. 그 후로는 오라토리오회의 저서들 머리말에서 특허에 대한 언급이 자주 발견되었다.

니까요." 그러자 그가 말했네. "만약에 그럴 기회가 주어졌었다면, 내가 그렇게 했겠죠. 아무튼 앞으로 그런 기회를 이용하도록 하고, 이제 우리의 주제에 대해서 이야기해 봅시다."

(그는 이어서 말했네.) "나는 당신에게 자신의 구원을 쉽고 분명하게 확신할 수 있는 방법들, 그리고 그 구원이 꽤 많은 사람들에게 주어질 수 있는 방법들을 공개했다고 생각합니다. 그렇지만, 우리 신부들은 구원을 위해서 정확하게, 꼭 필요한 것만 실천하는 초보 단계에 머무르고 싶어 하지 않는 것 같아요. 그들은 끊임없이 하나님의 가장 큰 영광을 갈망하기 때문에, 사람들의 생활을 좀 더 경건한 생활로 향상시키고 싶어 합니다.[5] 왜냐하면, 세상 사람들은 보통 그들에게 주어지는 이상한 개념에 의해서 공경하는 일을 싫어하기 때문이죠. 따라서 우리들은 이 첫 번째 장애물을 무너뜨리는 것이 극히 중요하다고 생각했습니다. 그래서, 르 무안 신부님께서 이런 의도로 쓴 『쉬운 공경』이라는 책을 통해서 많은 명성을 얻을 수 있었던 것입니다. 이 책에서, 그는 공경에 대해서 완벽하게 매혹적으로 묘사해 놓았어요. 이분처럼 그것을 잘 알고 있었던 사람은 아무도 없었죠. 이 책의 첫 구절로 그것을 알 수 있습니다. 〈덕성은 아직까지 아무에게도 그 모습을 드러내지 않고 있다. 사람들은 그와 유사한 모습조차도 결코 그려내지 못했다. 이 덕성의 암벽을 조금이라도 기어오르려는 사람이 아무도 없다는 것은 전혀 이상한 일이 아니다. 사람들은 덕성을 고독만 좋아하는 불쾌한 것으로 만들었고, 거기에 고통과 노동을 결부시켰다. 그래서 결국에는 이 덕성을 오락과 놀이의 적으로 만들어 버렸다. 사실은 이것들이 즐거움의 꽃이며 인생의 양념과 같은 것들인데도….〉 이것이 그가 92쪽에서 말한 내용입니다."

"하지만 신부님, 나는 적어도 극도로 엄격한 삶을 살았던 위대한 성자

5 교단의 표어인 "*Ad majorem Dei gloriam*"에 대한 암시.

들이 있었다는 것을 잘 알고 있는데요." 그러자 그가 말했네. "그것은 사실입니다. 그렇지만 191쪽에서, 이 신부님의 말에 의하면, 항상 세련된 성자들과 교양 있는 경건한 신자들이 있었죠. 또한 86쪽에서도, 당신은 그들의 품성의 차이가 기질의 차이로부터 나온다는 사실을 알게 될 것입니다. 한번 들어 보세요. 〈나는 그들의 체질상 창백하고 우수에 찬, 그리고 침묵과 은둔을 좋아하는, 그리고 얼굴은 흙빛이고 혈액 속에는 냉정한 기운만 감도는 경건한 신자들이 있다는 것을 부인하지 않는다. 그렇지만, 좀 더 행복한 체질을 가진 사람들도 꽤 많이 있다. 그들은 온순하고 따뜻한 기질을 가지고 있고, 즐거움을 주며, 너그럽고 다듬어진 혈액을 가진 사람들이다.〉"

(그는 이어서 말했네.) "그런 점 때문에, 당신은 은둔과 침묵을 좋아하는 것이 모든 경건한 신자들의 공통점만은 아니라는 사실을 알게 될 것입니다. 그리고 내가 당신에게 말했듯이, 그것은 그들의 신앙심의 결과라기보다는 오히려 그들의 기질의 결과입니다. 당신이 말하는 그 엄격한 품성들은 엄밀히 말해서 야생적이고 비사교적인 성격들이죠. 또한 당신은 르무안 신부가 『윤리적 묘사』[6] 일곱 번째 책에서 서술한 '우수에 차 있는 미치광이의 거칠고 우스꽝스러운 품성들' 가운데서 그것들을 보게 될 것입니다. 여기에 몇 가지 특징들을 소개해 보죠. 〈그에게는 예술과 자연의 아름다움을 바라보는 안목이 없다. 만약에 그에게 자신을 즐겁게 만들어 주는 무언가가 있다 하더라도, 그는 마치 불편한 짐을 짊어지고 있다고 생각한다. 축제 날에는 죽은 사람들처럼 은둔해 있다. 그는 궁전에 있거나 보좌 위에 앉아 있기보다는 오히려 동굴이나 나무 밑둥에 앉아 있기를 더 좋아한다. 만약에 모욕이나 수치를 당한다면, 그는 마치 동상의 눈과 귀를 가진 사람처럼 무감각해진다. 명예나 영광이 그에게

6 르무안(Pierre Le Moyne), 『윤리적 묘사』(*Les Peintures morales*), 파리, 1640.

는 전혀 낯선 우상에 불과하다. 그것들에 대해서 그는 단 한 마디의 칭찬도 할 줄 모른다. 그에게는 아름다운 사람도 유령이나 마찬가지다. 도처에서 사슬이 없이도 스스로 자원하는 노예 지원자들을 거느린 우아한 압제자들이나 최고 권력자들의 거역할 수 없는 얼굴들을 바라볼 때에도, 그의 눈은 마치 태양의 위력을 바라보는 올빼미의 눈과 흡사하다.〉"

"존경하는 신부님, 만약에 당신이 나에게 이 묘사의 저자가 르무안 신부님이라고 말해 주지 않았더라면, 나는 틀림없이 이것을 쓴 저자가 성자들을 고의적으로 웃음거리로 만들려고 하는 불경한 사람이라고 말했을 겁니다. 왜냐하면, 만약 그 모습이 복음서가 포기하도록 가르치고 있는 감정들을 완전히 포기한 사람의 모습이 아니라면, 나는 거기에서 아무것도 이해하지 못할 것이라고 고백할 테니까요." 그는 이렇게 말했네. "그렇다면 당신은 그에 대해서 너무 모르고 있군요. 왜냐하면, 르무안 신부님이 그의 서술 말미에서 말한 것처럼, 그것이 바로 인간이 당연히 가져야만 하는 자연스럽고도 솔직한 감정들을 가지지 못한, 미개하고도 '나약한 정신'[7]의 소유자의 특징이거든요. 이 책의 머리말에서 예고하고 있듯이, 그가 기독교의 철학과 덕목을 가르치려고 했던 방법이 바로 이것입니다. 실제로 우리들 이전 세대 사람들이 사용해 오던 방법과는 달리, 경건한 신앙심을 다루는 이 방법은 세상 사람들의 호감을 사지 못하고 있다는 사실을 우리는 부인할 수 없습니다." 나는 그에게 말했네. "그것과는 전혀 비교가 안 되지요. 나는 당신이 나에게 했던 약속을 지켜주었으면 합니다." 그러자 그가 말했네. "당신은 다음에는 훨씬 더 잘 알게 될 겁니다. 나는 경건한 신앙심에 대해서 아직은 일반적인 것밖에 이야기하지 않았으니까요. 그렇지만, 우리 신부들이 그에 대한 수고를 얼마나 많이 줄여 주었는지를 당신에게 보여 주기 위해서, 위대한 사람들

7 '나약한 정신'이란 표현은 파스칼이 추가한 것이다.

은 무절제한 애정을 가지고 있으면서도 진정한 신앙심을 유지할 수 있다고 알려 주는 것이 야심을 가진 자들에게 충분히 위안이 되지 않을까요?" "뭐라고요! 신부님, 그들이 도에 지나칠 정도로 영예를 추구하는데도요?" 그러자 그가 말했네. "그렇습니다. 왜냐하면, 좀 더 쉽게 말해서, 하나님이나 국가를 모독하기 위해서 영예를 바라는 것이 아니라면 그것은 항상 가벼운 죄에 불과할 테니까요. 가벼운 죄는 경건한 신앙인이 되는 것을 방해하지 않거든요. 왜냐하면, 지극히 위대한 성자들조차도 그런 것들이 전혀 없지는 않으니까요. 에스코바르 2론, 예제 2, 17번을 들어 보세요. 〈야심이란 직책과 영예에 대한 무절제한 욕구로서, 그 자체는 가벼운 죄다. 그렇지만 그들이 국가를 해치거나, 아니면 좀 더 쉽게 하나님을 모독하기 위해서 영예를 바랄 때는, 외적인 상황들이 그것을 대죄(大罪)로 만든다.〉"[8]

"신부님, 그거 아주 편리하군요." 그러자, 신부님은 말을 계속했네. "에스코바르가 5론 예제 5, 154번에서 말한 것처럼, 〈부자들이 매우 궁핍한 처지에 놓여 있는 가난한 자들에게 그들이 쓰고 남은 것 중에서 구제 헌금을 주지 않는다 하더라도 대죄가 되지 않는다는 것을 나는 알고 있다.〉(*Scio in gravi pauperum necessitate divites non dando superflua, non peccare mortaliter.*)라고 말하는 것은 인색한 구두쇠들에게는 매우 달콤한 교리가 아닐까요?" 나는 그에게 이렇게 말했네. "만약에 사정이 그렇다면, 나는 정말로 죄에 대해서 거의 아는 것이 없는 셈이군요." 그러자 그가 말했네. "당신에게 좀 더 쉽게 설명해 보자면, 자기 자신에 대해서 좋게 평가를 하는 것과, 자기 자신의 작품에 대해서 칭찬하는 것이 더 위험한 죄라고 생각지 않으세요? 그런 좋은 평가는 아무런 근거가 없는 것이지만, 만약에 내가 당신에게 그것이 반대로 하나님의 선물이라고 말하고, 그

8 에스코바르, 283쪽.

것이 아주 작은 죄라고 알게 해 준다면, 당신은 매우 놀라지 않겠어요?" "신부님, 그런 일이 가능합니까?" 그러자 그가 말했네. "가능하죠. 우리 위대하신 가라스[9] 신부님이 『기독교의 핵심 진리 요약』이라는 제목의 프랑스어판 책의 2서, 419쪽에서 우리들에게 가르쳐 주신 것이 바로 그것입니다. 그것은, 모든 정직한 작업은 보상이나 칭찬을 받아야만 하고, 만족을 얻어야만 한다는 것이 만인 평등의 정의의 결과라는 것입니다. 재능 있는 자들이 우수한 작품을 만들었을 때는 당연히 대중들의 찬사에 의해서 보상을 받아야만 합니다. 그러나 재능이 빈약한 자들이 아무런 가치도 없는 것에 많은 노력을 쏟은 결과, 대중들로부터 아무런 찬사도 받지 못하고 그의 노력이 아무런 보상도 받지 못하고 있을 경우, 하나님께서는 그에게 개인적인 만족을 주십니다. 이러한 그를 사람들이 질시한다면, 그들은 야만적이고 부당한 사람들일 것입니다. 이와 같이 의로우신 하나님께서는 개구리들에게도 그들의 노래에 만족을 주십니다."

나는 그에게 이렇게 말했네. "허영과 야심과 탐욕을 위한, 그럴듯한 결정들이로군요! 그럼 신부님, 질투는 용서 받기에 더 어려운 죄일까요?" 신부님이 대답했네. "그것은 미묘한 문제입니다. 『죄의 대전』에서 보니 신부님이 구분한 것을 활용할 필요가 있습니다. 왜냐하면, 제5판과 제6판의 7장 123쪽에 나오는 그의 의견에 의하면, 이웃의 영적인 선행에 대한 질투는 죽을 죄이지만, 물질적인 선행에 대한 질투는 가벼운 죄에 불과하기 때문입니다." "신부님, 어떤 이유에서 그렇죠?" 그는 나에게 말했네. "들어 보세요. 왜냐하면 물질적인 선행들은 매우 하찮은 것들이고, 하늘에 미치는 결과도 아주 하찮은 것들이기 때문에, 하나님과 성자들 앞에서 전혀 고려되지 않을 정도이기 때문이죠." "하지만 신부님, 그런 선행이 아주 하찮은 것이고 아주 조금밖에 고려되지 않는다면,

9 프랑수아 가라스(François Garasse, 1584-1631). 제주이트 신부. 『기독교의 신학의 핵심 진리 요약』(1625)의 저자. 생 시랑은 이 작품을 맹렬히 비난했다(Louis Cognet, p. 161).

어째서 당신은 그런 선행을 유지하기 위해서 사람을 죽이는 일까지 허용하는 거죠?" 그러자 신부님이 말했네. "당신은 잘못 이해하시는군요. 그런 선행이 하나님 앞에서 고려되지 않는다는 말이지, 사람들 앞에서 고려되지 않는다는 말이 아니죠." 내가 그에게 말했네. "내가 그걸 생각지 못했었네요. 그런 식으로 구분하게 되면, 세상에 죽을 죄(대죄)는 존재하지 않겠군요." 그러자 신부님이 말했네. "그렇게 생각하지 마세요. 왜냐하면, 예를 들어서 게으름과 같은 타고난 죄들이 항상 존재하거든요."

나는 그에게 이렇게 말했네. "아! 신부님, 그러면 인생의 모든 안락함들은 잊어버려야 될까요?" 신부님이 말했네. "잠깐 기다려 보세요. 에스코바르 신부님이 2론 예제 2, 81번에서 제시하는 악에 대한 정의를 당신이 보게 되면, 아마도 판단이 달라질 겁니다. 들어 보세요. 성사(성례)가 은총의 원천이라는 점 때문에 고통스럽게 생각되는 것과 마찬가지로, 게으름은 영적인 사물들이 영적인 것들이라는 점 때문에 우울한 것으로 생각된답니다. 그래서 그것이 대죄가 되는 것이죠."[10] 내가 그에게 말했네. "아! 신부님, 나는 그런 식으로 게으름을 부릴 생각을 할 사람은 아무도 없다고 생각해요." 그러자 신부님이 말했네. "또, 에스코바르 신부님이 105번에서 이렇게 말했죠. 〈누군가 게으른 죄에 빠진다는 것은 매우 드문 일이라는 것을 나도 인정한다.〉[11] 이것으로, 당신은 사물들을 잘 정의하는 일이 얼마나 중요한 일인지를 이해하시겠죠?" 나는 그에게 이렇게 말했네. "네, 신부님. 그것으로, 나는 당신들이 암살이나 음모 등 그 밖의 여러 가지 것에 대해서 정의해 놓은 것을 기억하지요. 그런데 신부님, 어째서 당신들은 이 방법을 모든 경우로 확대시키지 않는 것이죠? 만약에 그렇게만 한다면, 모든 죄들을 당신들의 방식으로 정의해서, 죄

10 에스코바르, 292쪽. 저자는 게으름을 '영적인 것에 대한 혐오' 혹은 '영적인 것으로 인한 우울함'이라고 정의한다.

11 에스코바르, 295쪽.

를 짓지 않고서도 쾌락을 누릴 수 있을 텐데요."

그러자 그가 나에게 말했네. "그 때문에 사물들의 정의를 바꾸는 문제가 항상 필요한 것만은 아닙니다. 인생에 있어서 가장 큰 즐거움으로 생각되는 맛있는 식사 문제로 당신은 그것을 알게 될 것입니다. 에스코바르 신부님은 우리 수도회의 실천 사항 102번에서, 다음과 같은 식으로 그것을 허용하고 있습니다. 〈꼭 필요하지도 않은데, 향락만을 위해서 실컷 먹고 마시는 것이 허용되는가? 산체스에 의하면, 그것이 건강을 해치지만 않는다면, 분명히 허용된다. 왜냐하면 자기에게 알맞는 행동을 즐기는 일은 자연적인 식욕에도 역시 허용되기 때문이다.〉(*an comedere, et bibere usque ad satietatem absque necessitate ob solam voluptatem, sit peccatum? Cum sanctio negative respondeo, modo non obsit valetudini, quia licite potest appetitus naturalis suis actibus frui.*)[12] 나는 그에게 이렇게 말했네. "아, 신부님! 이것이 바로 당신네 윤리 중에서 가장 완벽한 구절이고 가장 완성된 원칙이로군요. 그래서 우리들은 거기에서 그만큼 편리한 결론을 이끌어 낼 수가 있죠. 아니 뭐라고요! 그렇다면, 탐식은 작은 죄도 아니란 말인가요?" 그러자 그가 이렇게 말했네. "내가 방금 말한 방식대로라면, 아닙니다. 그렇지만 에스코바르 56번에 의하면, 그것은 작은 죄가 될지도 모르죠. 만일에 아무런 필요도 없는데, 토할 정도까지 잔뜩 먹고 마신다면…."(*si quis se usque ad vomitum ingurgitet.*)[13]

(계속해서 그가 말했네.) "이 문제는 그 정도로 충분합니다. 이제는 세상 사람들의 대화나 이야기들 가운데서, 죄를 피하기 위해서 우리들이 제시했던 편리한 방법에 대해서 당신에게 말해 주고 싶군요. 가장 난처한

12 에스코바르, 294쪽. 산체스는 제주이트 신부가 아니다. 피로(P. Pirot)는 그의 『결의론 변호』에서 에스코바르를 옹호했으나, 니꼴은 이 사람을 쾌락주의자라고 비난했다. 이것은 인노첸시오 11세에 의해 단죄되었다.

13 에스코바르, 288쪽.

일은 거짓말을 피하는 일입니다. 특히 거짓된 일을 믿게 만들고 싶을 때죠. 그럴 때는 애매모호함에 대한 우리의 교리가 감탄스러울 정도로 도움이 되죠. 산체스가 『도덕론』 2부 3서, 6장 13번에서 말했듯이, 그 방법에 의하면, 자기 자신이 이해하고 있는 의미와는 다른 의미로 그들이 이해하도록 만들면서, 애매모호한 용어를 사용하는 것이 허용됩니다."[14] "저도 알고 있습니다."라고 내가 그에게 말했네. 그러자 그가 계속해서 말했네. "우리들이 너무도 자주 그것을 언급했기 때문에, 결국 모든 사람들이 알게 되었죠. 그렇지만, 당신은 애매모호한 단어를 발견하지 못할 때는 어떻게 해야 되는지 알고 있나요?" "모릅니다, 신부님." 그러자 그가 말했네. "그럴 줄 알았어요. 이것은 새로운 것입니다. 그것은 심중유보(心中留保)의 원리입니다. 산체스가 동일한 곳에서 그것을 설명해 주고 있죠." 그는 이렇게 말했네. "사람들은 자기가 실제로 어떤 일을 했음에도 불구하고, 자기가 그 일을 하지 않았다고 선언할 수 있다. 자기 스스로 어느 특정한 날, 또는 자기가 태어나기 전에, 또는 어떤 다른 비슷한 상황을 암시하면서, 그 일을 하지 않았다고 자기 스스로에게 인식시키면서, 자기가 사용하는 말들이 그 일을 알려 줄 수 있는 어떤 의미도 내포하지 않은 채, 그렇게 말할 수 있다. 이것은 수많은 경우에 아주 편리하다. 그리고 이것이 건강이나 명예나 재산을 지키기 위해서 필요할 경우에는 항상 정당하다."[15]

"뭐라고요! 신부님, 그게 바로 거짓말이고 위증이 아닌가요?" 그러자 신부님이 이렇게 말했네. "아니지요. 산체스 신부님이 같은 곳에서 그걸 증명하고 있습니다. 그리고 우리 필리우티우스 신부님도 역시 25론 11장 331번에서 다음과 같이 말하고 있으니까요. 〈행동의 성격을 규정하는 것은 그 의도다.〉 그리고 그는 328번에서 또다시 '거짓말'을 피하

14 『도덕론』, 30쪽.

15 이것은 제주이트 신부인 토마스 산체스의 긴 문장을 요약해서 인용한 것이다.

는 좀 더 확실한 다른 방법을 알려 줍니다. '나는 결코 그 일을 하지 않았다'고 아주 큰 소리로 말한 다음에, 아주 작은 소리로 '오늘'이라고 덧붙여 말하는 거죠. 그렇지 않으면, 아주 큰 소리로 '나는 맹세한다'라고 말한 다음에, 아주 작은 소리로 '내가 말한 것을'이라고 말하는 거죠. 그리고 계속해서 아주 큰 소리로 '나는 결코 그 일을 하지 않았다'라고 말하는 거죠. 이제 당신도 진실을 말하는 방법을 잘 아시겠죠." 내가 그에게 말했네. "알겠습니다. 진실은 아주 작은 소리로 말하고, 거짓은 아주 큰 소리로 말한다는 것을 말이지요. 그렇지만 많은 사람들이 그런 방법을 충분히 재치있게 사용할 수 있을지 걱정스럽군요." 그러자 그가 말했네. "우리 신부들은 이런 심중유보의 방법을 사용할 줄 모르는 사람들을 위해서 같은 곳에서 다음과 같이 가르칩니다. 결코 거짓말하지 않기 위해서는, 그들이 했던 일을 결코 하지 않았다고 단순하게 말하기만 하면 됩니다. 그들이 대체로 숙달된 사람만이 부여할 수 있는 의미를 그들의 말속에 부여하려는 의도를 그들이 가지고 있기만 하다면요."[16]

"사실대로 말씀해 보시지요. 당신은 이런 것을 몰라서 당황스러웠던 적이 여러 번 있었지요?" "가끔요."라고 내가 그에게 말했네. 그러자 신부님이 계속해서 말했네. "그럼, 당신은 마찬가지로 남이 하는 말들을 마음속에 간직해 두지 않는 것이 매우 편리하다는 것도 인정하지 않으시나요?" "그게 세상에서 가장 편리한 일일 것 같네요, 신부님!" 하고 내가 그에게 말했네. "그럼 에스코바르 신부님의 3론 예제 3, 48번을 들어보세요. 거기에서 그는 일반적인 규칙을 다음과 같이 제시합니다. 〈약속을 하면서도 이행하려는 의도가 전혀 없을 경우에는, 그 약속을 이행해야 할 의무가 없다. 그런데 맹세를 하거나 계약서를 써서 확인을 하지 않는 한, 그럴 의도를 가진 경우는 거의 발생하지 않는다. 따라서, 내가

16 이 심중유보의 방법은 인노첸시오 11세에 의해서 단죄되었다.

단순히 '그렇게 하겠다'라고 말했을 때는, 내가 나의 의도를 바꾸지 않을 경우에 '내가 그렇게 하겠다'는 의미이다. 왜냐하면, 사람들은 그것 때문에 나의 (의도를 바꾸는) 자유를 박탈하기를 원치 않기 때문이다.〉"[17] 신부님은 당신 자신이 거기에서 읽을 수 있는 또 다른 예들도 제시했네. 그리고 마지막으로 그는 이렇게 말했네. "이 모든 것들이 몰리나와 우리 교단의 다른 저자들에게서 차용해 온 것입니다. '모든 것은 몰리나와 다른 이들로부터'(*Omnia ex Molina et aliis*). 따라서, 우리는 여기에 대해서 의심할 수 없습니다."

나는 그에게 이렇게 말했네. "오, 신부님! 나는 '의도의 유도'가 약속을 백지화시킬 수 있는 위력을 가지고 있다는 것을 모르고 있었네요." 그러자 신부님이 이렇게 말했네. "당신은 이제 세상 사람들과 관계를 맺는 것이 얼마나 쉬운 일인지 아실 겁니다. 하지만, 우리들에게 가장 어려움을 주는 것은 남녀 관계를 조정하는 문제죠. 왜냐하면, 우리 신부들은 정조 문제에 관해서는 좀 더 조심해야만 하니까요. 그것은 우리 신부들이 주로 기혼자들이나 약혼자들에 관한 꽤 이상스럽고 꽤 관대한 문제들을 취급하고 있기 때문에 그런 것은 아닙니다." 나는 그 점에 관해서 사람들이 상상할 수 있는 지극히 특이한 문제들을 알게 되었네. 신부님은 나에게 여러 장의 편지지를 가득 채울 수 있을 만한 내용들을 알려 주었네. 그렇지만, 나는 그것들을 인용만 하고 넘어가고 싶지는 않네. 왜냐하면 자네는 내 편지를 온갖 종류의 사람들에게 보여 주고 싶어 할 테지만 나는 이 편지에서 심심풀이를 찾는 사람들에게는 읽어 볼 기회를 주고 싶지 않기 때문이지.

프랑스어로 된 그들의 서적들 속에서 신부님이 나에게 보여 준 것들 중에 내가 자네에게 알려 줄 수 있는 단 한 가지는 보니 신부의 『죄의 대

17 에스코바르, 369쪽.

전』 165쪽에 적힌, 자네도 읽을 수 있는 것이네. 신부님이 거기에서 설명하고 있는 것들은 여자의 의도를 잘 지도하기만 한다면, 남자가 여자의 호감을 사려고 하는 행동으로 간주할 수 있는 몇 가지 작은 추근거림에 관한 것들이네.[18] 자네는 그 책 148쪽에서 처녀들이 자기 부모의 동의 없이 처녀성을 마음대로 취급할 수 있는 권리에 관한 윤리 원칙을 발견하고서 깜짝 놀라게 될 것이네. 그 구절들은 다음과 같네. 〈그런 일이 그 처녀의 동의를 얻어서 이루어진 경우에는, 비록 그녀의 아버지가 불평을 한다 하더라도, 그 처녀 혹은 그 처녀가 몸을 준 남자가 그 아버지에게 아무런 잘못도 하지 않은 것이며, 그 점에 있어서 법을 위반한 것이 아니다. 왜냐하면, 그 처녀는 자기의 몸과 마찬가지로 그녀의 순결의 소유자이기 때문이다. 그녀는 자신의 신체의 일부를 절단한다거나 죽는 일을 제외하고는 그녀에게 좋다고 생각되는 행동을 할 수 있는 권리를 가진다.〉[19] 이것으로 나머지 것들에 대해서도 판단하기 바라네. 이 점에 관해서, 나는 이 신부님들보다 더 나은 결의론자였고 이교도였던 어느 시인의 시구가 생각났네. 그는 이렇게 말했지. "처녀의 순결은 전부가 그녀의 것이 아니라네. 일부는 아버지의 것이고, 일부는 어머니의 것이라네. 처녀가 결혼할 때에도 부모의 허락 없이 순결을 마음대로 해서는 안 된다네."[20] 나는 보니 신부의 금언과 반대되는 것이 법이라고 생각하지 않는 재판관이 있는지 의심스럽네.

바로 이것이 내가 들었던 것들 가운데서 말해 줄 수 있는 전부네. 이야기가 너무 오래 계속되었기 때문에, 나는 결국 신부님에게 화제를 바꾸자고 부탁했네. 신부는 그러자고 했고, 여인들의 의복에 관한 규율에 대해서 나에게 이야기해 주었네. 그는 이렇게 말했네. "우리들은 불순한

18 보니, 8장, 107쪽.

19 보니, 8장, 96쪽.

20 라틴 시인 카튈(Catulle)의 결혼 축가의 한 구절.

의도를 가진 여인들에 대해서는 결코 이야기하지 않을 겁니다. 그렇지 않은 여자들에 관해서는, 에스코바르가 1론 예제 8, 5번에서 다음과 같이 말하고 있습니다. 〈만약에 나쁜 의도가 없이, 단지 허영심에서 나온 자연스런 성향을 만족시키기 위해서(*ob naturalem fastus inclinationem*) 몸치장을 한다면, 그것은 가벼운 죄이거나 아니면 전혀 죄가 아니다.〉[21] 그리고 보니 신부님은 그의 『죄의 대전』 46장 1094쪽에서 이렇게 말합니다. 〈설령 어떤 여인이 자기가 부지런히 몸단장하는 것이 값비싸고 사치스런 옷으로 치장한 그녀를 바라보는 사람들의 육체와 영혼에 나쁜 영향을 미치리라는 것을 알고 있었다 하더라도, 그녀가 그렇게 하는 것이 죄짓는 것은 아닐 것이다.〉[22] 게다가, 그는 자기와 동일한 견해를 가진 사람들 중에서 특별히 산체스 신부님의 말을 인용하고 있습니다."

"하지만 신부님, 당신이 언급한 저자들은 그런 종류의 사소한 일들에 대해서 심하게 반대하고 있는 성경 구절들을 보고 뭐라고 말하고 있나요?" 그러자 신부님은 이렇게 말했네. "그 점에 대해서, 레시우스 신부님이 학자답게 우리에게 만족스런 답변을 주었지요. 『정의에 관하여』 4서 4장, 토의 14, 114번에서 그는 이렇게 말합니다. 〈그 성경 구절들은 그 당시의 여인들에게만 계율이 되었다. 당시 여인들의 검소함을 통해서 이교도들을 교화시키는 일에 모범이 될 수 있도록 하기 위한 것이었다.〉" "그런데 레시우스는 그것을 어디에서 인용한 것일까요, 신부님?" "그가 그것을 어디에서 인용했는지는 중요하지 않아요. 이 위대한 분들의 견해 그 자체가 항상 그럴 법하다는 것(개연적)으로 충분하죠. 그렇지만, 르무안 신부님은 이런 전반적인 허락을 완화시켰습니다. 왜냐하면, 그는 늙은 여자들이 고통스러워하는 것을 전혀 원치 않았기 때문이죠. 이것은 그가 쓴 『쉬운 헌신』(Devotion aisee) 127, 157, 163쪽에 있습니

21 에스코바르, 135쪽.

22 보니, 719쪽.

다. 그는 다음과 같이 말합니다. 〈젊을 때 단장하는 것은 타고난 권리다. 꽃피는 청춘 시절에는 단장하는 것이 허락될 수 있다. 하지만 그 정도에 머물러야 한다. 시간에 역행하는 것은 눈밭에서 장미꽃을 찾는 것처럼 이상한 일이다. 항상 무도회에 참석하는 일은 사교계 인사들만이 할 수 있는 일이다. 왜냐하면, 그녀들은 영원한 젊음을 선물로 받았기 때문이다. 그러므로 이 점에 있어서 최선의 방법은 좋은 거울과 이성의 조언을 따르면서, 예의범절과 필요성에 순응하고, 어둠이 다가오면 물러날 줄 아는 일이다.〉"[23] 내가 그에게 말했네. "그건 정말 맞는 말이네요." 그러자 그가 말을 계속했네. "우리 신부들이 모든 일에 얼마나 정성을 쏟는지를 당신이 알 수 있도록 하기 위해서 말씀드립니다. 그들은 여자들에게 도박을 허용해 주었지만, 만약에 도박을 할 수 있는 자금을 주지 않는다면 이런 허용이 그녀들에게 아무 소용이 없는 일이라는 것을 알고 나서, 그들은 그녀들을 위해서 또 다른 금언을 만들었죠. 에스코바르의 절도에 관한 장 1론 예제 9, 13번에 이렇게 나와 있습니다. 〈여자는 도박을 할 수 있고 그것을 위해서 남편의 돈을 훔칠 수 있다.〉"[24]

"신부님, 마무리가 정말로 훌륭하군요." 그러자 신부님이 말했네. "그렇지만, 다른 것들도 많이 있죠. 하지만, 그런 것들은 제쳐 놓고, 성스러운 것, 예를 들면 미사에 참여하는 방식과 같은 것들을 용이하게 만들어 주는 좀 더 중요한 금언들에 대해서 이야기해 보죠. 우리의 위대한 신학자인 가스파르 후르타도는 『성서에 관하여』 2권 5과에서, 그리고 코넹크는 질문 83, 6항 197번에서 이 주제에 대해서 다음과 같이 가르쳐 줍니다. 〈비록 정신을 다른 곳에 두고 있을지라도, 겉으로 존경하는 태도를 보이기만 한다면, 몸이 미사에 참석하고 있는 것만으로 충분하다.〉[25]

23 르무안, 1서 10장, 149쪽에서 인용한 모방시.

24 에스코바르, 154쪽.

25 에스코바르, 183쪽.

그리고 바스케즈는 한 걸음 더 나아갑니다. 왜냐하면, 그는 이렇게 말하니까요. 〈사람들은 자기가 설령 실천하려는 의도가 없다 할지라도, 미사를 들어야 한다는 규칙을 충족시킬 수 있다.〉 이 모든 것이 에스코바르 1론 예제 11, 74번과 107번에 나와 있습니다. 그리고 에스코바르 1론 예제 1, 116번에서 그는 예를 들어서, 강제로 미사에 끌려 나와서 고의적으로 미사를 전혀 듣지 않으려는 의도를 가진 사람들에 대해서 설명합니다."[26] 내가 그에게 말했네. "만약에 다른 사람이 나에게 그런 말을 했다면, 정말로 나는 그 말을 결코 믿지 않았을 겁니다." 그러자 그가 이렇게 말했네. "사실 이런 일에는 저명한 분들의 권위가 필요하지요. 에스코바르가 1론 예제 11, 31번에서 말하는 것도 이와 마찬가지입니다. 〈불순한 욕구를 가지고 여자들을 바라보는 것과 같은, 좋지 않은 의도가 미사를 드리려는 의도와 뒤섞여진다 하더라도, 그래도 역시 미사 참석 의무를 충족시킨다.〉(*Nec obest alia prava intentio, ut aspiciendi libidinose feminas.*)[27]

하지만, 우리 교단의 학자인 투리아누스[28]의 『선집』 2부 토의 16, 7에서도 한 가지 편리한 예를 발견합니다. 〈한 신부의 미사에 절반만 참석하고 나서, 다른 신부의 미사에 절반만 참석할 수 있다. 그리고 한 미사의 마지막 부분에 먼저 참석하고 나서, 다른 미사의 시작 부분에 참석할 수도 있다. 게다가, 두 사람의 사제들이 동시에 봉헌하는 미사에 절반씩 참석하는 것, 즉 하나는 미사를 시작할 때, 다른 하나는 성체를 들어 올릴 때 참석하는 것도 허용된다. 왜냐하면, 양쪽을 동시에 볼 수 있고, 미사 두 개의 절반이 합쳐져 하나의 완전한 미사가 되기 때문이다.(Duae medietates unam missam constituunt.)〉 이것들이 바로 우리의 보니 신부님이

26 에스코바르, 58쪽.

27 에스코바르, 174쪽.

28 투리아누스(Turrianus Complutensis, 1562-1635). 제주이트회 수사. *Selectae disputationes in theologiam* (Lyon, 1634)의 저자.

그의 저서 6론 질문 9, 312쪽에서, 후르타도 신부님이 『성사에 관하여』 2권 '미사에 관하여' 토의 5 쟁점 4에서, 그리고 아조리우스가 1부 7서 3장 질문 3에서, 에스코바르 신부님이 1론 예제 11, 73번 '우리 수도회의 미사에 참석하는 실천 요령에 대하여'에서 결정해 놓은 것들입니다. 그리고 당신은 에스코바르 신부님이 1644년과 1646년 사이에 리옹에서 출판한 동일한 제목의 책에서 다음과 같은 말로 결론을 맺은 것을 보게 될 겁니다. 〈그렇게 해서, 나는 당신이 아주 짧은 시간 동안에 미사에 참석할 수 있다고 결론을 내린다. 예를 들어서, 네 개의 미사가 동시에 이루어지는데, 절묘하게 조화가 이루어져 있어서 하나는 시작되고 있고, 다른 하나는 복음서를 읽고, 또 하나는 성체 축성을 하고, 마지막 하나는 영성체를 한다면 말이다.〉"[29] "신부님, 확실히 이런 방법으로 한다면 순식간에 노트르담 성당에서 미사를 볼 수 있겠네요." 그러자 신부님이 이렇게 말했네. "그러니, 당신은 쉽게 미사에 참석하는 방법 중 이보다 더 좋은 방법이 없다는 것을 아셨을 겁니다."

"그렇지만, 나는 당신에게 우리들이 성사(聖事), 특히 고해성사를 어떤 식으로 완화시켰는지 보여 주고 싶습니다. 왜냐하면, 우리 신부님들의 품행 중에서도 최고의 관대함을 보여 주는 것이 바로 이 부분이니까요. 모든 사람들을 놀라게 만드는 신앙심이 우리 신부님들에 의해서 너무도 용의주도하게 다루어지는 것을 보면 당신도 감탄하실 겁니다. 『쉬운 신앙심』 244쪽과 291쪽에 나오는 르무안 신부님의 표현을 빌리자면, 그들은 악마들이 문 앞에 세워 둔 도깨비를 쓰러뜨린 후에,[30] 그 문을 악습보다 더 쉽고, 쾌락보다 더 용이한 것으로 만들어 버렸습니다.[31] 그 결과 단순하게 사는 것이 잘 사는 것보다 비교가 되지 않을 정도로 더 불편해

29 이 문제는 인노첸시오 11세에 의해 단죄되었다.

30 에스코바르, 1권, 1장, 56쪽. '사기꾼 악마'.

31 에스코바르, 3권, 12장, 232쪽.

졌습니다.[32] 그게 바로 놀라운 변화 아닙니까?" 나는 그에게 이렇게 말했네. "신부님, 정말로 제 생각을 말씀드리지 않을 수가 없네요. 나는 사실 당신들이 조치를 잘못 취한 것이 아닌지, 그런 관대함이 세상 사람들의 호감을 사기보다도 오히려 충격을 주게 되지 않을지 걱정됩니다. 왜냐하면, 예를 들어서 미사는 너무도 위대하고 성스러운 것이기 때문에, 당신이 인용한 저자들이 그에 대해서 어떤 식으로 말했는지를 보여 주기만 하더라도, 수많은 사람의 마음속에 있는 당신들에 대한 신뢰심을 완전히 잃어버리기에 충분할 테니까요." 그러자 신부님이 이렇게 말했네. "일부 사람들에 대해서는 그게 사실이죠. 하지만, 당신은 우리들이 모든 종류의 사람들을 상대해야 된다는 사실을 모르세요? 내가 그 점에 대해서 너무도 자주 이야기했지만, 당신은 그것을 잊으신 것 같군요. 그러니, 고해성사를 완화시키는 문제에 관한 대화는 조금 미루어 두고, 여유가 있을 때 우리가 처음부터 다시 이야기하도록 하죠. 나는 당신이 그것을 결코 잊어버리지 않도록 잘 이해시켜 드리겠습니다." 그러고 나서, 우리는 헤어졌네. 다음번 우리들의 대화의 첫마디는 그들의 정치에 관한 것이 될 거라고 생각하네.

이만 줄이네.

32 에스코바르, 3권, 5장, 203쪽.

[열 번째 편지 내용 요약]

몽탈트는 제주이트 사제들이 윤리 문제에 있어서 지나치게 관대한 점을 비판한다. 그는 그 시대의 필요성이나 죄악상과 타협함으로써 기독교의 진정한 교훈을 훼손하는 행위는 어떠한 변명으로도 정당화될 수 없다고 강조한다.

고해성사가 과거에는 어려웠지만 지금은 쉬워졌다. 각자 두 분의 고해신부를 두도록 하는 것이 편리하다. 그래서 한 분에게는 대죄를 고해하고, 다른 한 분에게는 가벼운 죄를 고해한다면, 전담 고해신부하고는 좋은 평판을 유지할 수 있게 된다. 신부님은 그 사람이 지난번에 고해한 이후로 그가 다시 그 죄를 범했다는 사실을 의식하지 못한다. 고해자는 최근에 자신이 지은 죄를 자기가 대충 참회하고 있는 다른 죄들과 뒤섞어서 고백한다. 고해신부는 고해자가 참회하고 있는 죄가 습관적인 죄인지를 질문할 수 있는 권리가 없다. 고해자도 그것에 관해서 그에게 답변할 의무가 없다. 왜냐하면, 고해신부는 고해자가 자주 저지르는 죄를 고백하게 함으로써 그에게 수치심을 느끼게 만들 권리가 없기 때문이다.

만약에 고해자가 다음 세상에서 속죄하고, 그에게 부과될 모든 벌을 연옥에 가서 받겠다고 밝힐 경우에는, 고해신부는 고해성사를 끝마치기 위해서 그에게 훨씬 더 가벼운 보속을 부과해 주어야만 한다. 특히 그 사람이 더 무거운 보속을 받아들이지 않으리라는 것을 알고 있다면 말이다. 그에 대해서, 몽탈트는 다음과 같은 질문을 던진다. 사정이 그렇다면, 고백을 더 이상 고해성사라고 불러서는 안 되겠군요. 신부님은 거기에서 맺기도 하고 풀기도 할 권세를 가지고 있다는 사실을 모르시나요? 예수 그리스도께서 하늘에서 풀어 주실지 미리 확인해 보지도 않고, 사면을 요구하는 사람들에게 무차별적으로 사면을 해 주는 일이 당신에게 허용되어 있나요?

그러자 신부는 이렇게 대답한다. 고해신부는 고해자의 결심이 반드시 이행될 것이라고 믿을 필요도 없고, 그럴 가능성이 있다고 판단할 필요도 없다. 오히려, 고해자가 얼마 지나지 않아서 다시 죄에 빠진다 할지라도, 그가 그 당시에는 그럴 계획이었다고 생각하는 것으로 충분하다.

열 번째 편지

1656년 8월 2일, 파리에서

친구에게,

이것은 아직 제주이트 교단의 정책은 아니지만, 그들의 가장 중요한 원칙 중 하나라네. 자네는 여기에서 고해성사를 완화해 주는 방법을 보게 될 거네. 이것은 확실히 신부님들이 아무도 거절하지 않고 모든 사람들을 끌어들이는 방법이라네. 더 이야기하기 전에, 그 점을 알아 둘 필요가 있네. 그렇기 때문에 이 신부님은 나에게 그에 관해서 다음과 같이 가르쳐 주는 게 좋겠다고 생각했던 거지.

그는 나에게 이렇게 말하더군. "당신은 내가 지금까지 이야기한 모든 것을 통해 우리 신부들이 지혜를 동원해서 얼마나 성공적으로 과거에는 금지하던 수많은 것들을 지금은 허용하게 되었는지를 알게 될 겁니다. 그렇지만 아직도 용서할 수 없는 죄들이 남아 있고, 또 그에 대한 유일한 구제책은 고해성사이기 때문에, 지금 제가 당신에게 이야기하는 방식으로 고해성사에 대한 어려움들을 완화시켜 줄 필요가 있었던 거죠. 우리들이 앞에서 나누었던 대화에서는, 과거에 죄악이라고 생각했던 것들이 사실은 그렇지 않다는 것을 증명해서, 우리들이 어떻게 신자들의 양심의 가책을 덜어 주게 되었는지를 보여 주었죠. 그리고 지금 이 대화에서는 고해성사가 과거에는 그렇게 어려웠던 것이 지금은 이렇게 쉬워졌다는 것을 당신에게 일러 줌으로써, 실제로 죄가 되는 것들을 쉽게 용서해 주는 방법을 보여 주는 일만 남았어요." "신부님, 어떤 방법인데요?" 그는 이렇게 말하더군. "이것은 우리 교단에만 어울리는, 감탄스럽고 미묘한 것이죠. 그래서, 우리의 플랑드르 신부들은 이것을 『백 주년의 모습』 3서 1항, 401쪽과 1서 2장에서, '신앙심의 경건하고 성스러운 섬세함과 성스러운 기교'(*piam et religiosam calliditatem, et pietatis solertiam*)라고 부르고 있답니다. 그리고 3서 8장에 보면, 그들이 옛날에 범행을 저질렀던 것보다도 더 희열감 있게, 그리고 열정적으로 오늘날에는 그 범죄들이 용서되는(*alacrius*) 방법을 고안해 낸 거죠. 그 결과, 다수의 사람들이 쉽게 죄를 짓는 것만큼이나 쉽게 죄를 지워 버리게 되었습니다. (*plurimi vix citius maculas contrabunt quam eluunt.*) 이것은 그가 동일한 페이지에서 말했던 그대로죠."[1] "그럼, 신부님, 제발 그 섬세한 것들 중에서 매우 유익한 것들을 좀 가르쳐 주십시오." 그러자 그가 나에게 이렇게 말했네. "고해성사를 할 때 어려운 일들이 많이 있기 때문에, 우리들은 고해성사 때마다 어려움을 경감시켜 주려고 노력합니다. 왜냐하면, 어떤 죄를 고해할 때 겪게 되는 가장 큰 어려움은 수치심이니까요. 그리고 그 죄를 지은 상황을 표현할 때 조심스러운 점, 그럴 때 필요한 참회하는 마음, 그리고 더 이상 그런 죄에 빠지지 않겠다는 결심, 다음번에는 그런 죄에 이끌리는 것을 피하려는 마음, 그리고 그런 죄들을 범했다는 후회감, 그 모든 것들 중에서 난처한 점들이 더 이상 하나도 남아 있지 않다는 것을, 나는 오늘 당신에게 보여 주고 싶습니다. 그 정도로 우리들은 아주 필요한 치유 방법으로부터 가혹한 맛과 쓴맛을 제거하려고 정성을 기울이죠."

1 『백 주년의 모습』, 372쪽.

"왜냐하면, 고해신부에 대한 존경심을 유지하는 것이 꽤 중요한 일이라는 사실을 당신이 모르고 있기 때문에, 우선 사람들이 어떤 죄들을 고해할 때 느끼는 고충에 대해서 먼저 이야기를 해 보겠습니다. 우리 신부들, 특히 에스코바르 신부님이 수아레즈 7론 예제 4, 135번에서 인용한 것처럼, 두 분의 고해신부를 두도록 허락하는 것이 편리하지 않겠습니까? 그런다고 해서 그 사람이 대죄를 지을 상태에 빠지지만 않는다면, 전담 고해신부에게는 좋은 평판을 유지하기 위해서(*uti bonam famam apud ordinarium tueatur*), 한 분에게는 대죄를 고해하고, 다른 한 분에게는 가벼운 죄를 고해한다면, 편리하지 않겠습니까?" 그러고 나서, 신부님은 그 사람이 지난번에 고해한 이후로 다시 그 죄를 범했다는 사실을 의식하지 못한 채, 그의 전담 고해신부에게조차도 죄를 다시 고해할 수 있는 또 다른 미묘한 방법을 알려 주더군. 그가 이렇게 말했네. "그것은 일반적인 고백인데, 최근에 자신이 지은 죄를 자기가 대충 참회하고 있는 다른 죄들과 뒤섞어서 고백하는 방법이죠."[2] 그는 다시 원칙 예제 2, 73번에 있는 동일한 것을 이야기하더군.[3] "당신은, 보니 신부가 『윤리 신학』 4론, 문 15, 137쪽에서 말한 결정이 사람들에게 반복적인 죄를 고백할 때 느끼는 수치심을 덜어 줄 수 있다는 것을 인정하시는 게 틀림없군요. 즉, 드물게 발생하는 몇 가지 경우들을 제외하고는, 고해신부는 고해자가 참회하고 있는 죄가 습관적인 죄인지를 질문할 수 있는 권리가 없습니다. 그리고 물론 고해자도 그것에 관해서 그에게 답변할 의무가 없죠. 왜냐하면, 고해신부는 고해자에게 그가 자주 저지르는 죄를 고백하게 함으로써 수치심을 느끼게 만들 권리가 없기 때문이죠."

"뭐라고요, 신부님! 그건 마치 의사가 환자에게 열이 난 지가 오래되었느냐고 물어볼 권리가 없다는 말과 똑같네요. 지은 죄들은 상황에 따

2 에스코바르, 136쪽.

3 에스코바르, 19쪽.

라서 모두 다르지 않습니까? 그리고 진정한 고해자라면, 자기가 예수 그리스도에게 말할 때와 마찬가지로 진실하게, 마음을 열고 자기 양심의 모든 상태를 고해신부에게 설명해야만 하지 않나요? 사제는 예수 그리스도의 대리자이니까요. 그런데 자기 죄의 심각성을 감추기 위해서 자기가 자주 저지르는 죄를 숨긴다면, 이런 성향과는 거리가 먼 것이 아닌가요?" 나는 이 착한 신부가 당황해 하는 모습을 보았네. 그는 이 문제를 해결하려고 하지 않고 그것을 회피할 생각을 했는지, 그들의 또 다른 규칙을 나에게 알려 주었네. 하지만, 그것은 보니 신부님의 결정을 어떤 식으로든 정당화하지 못하고, 단지 새로운 무질서를 만들어 낼 뿐이었네. 내 생각에는 이것이 그들의 교훈 중에서도 가장 해로운 것이고, 사악한 자들을 못된 습관에 빠지도록 만들기에 가장 적합한 교훈 같아 보였네. 그는 나에게 이렇게 말했네. "나는 습관이 죄질을 더 악화시킨다는 말에 동의합니다. 하지만 습관은 죄의 본질을 바꾸어 놓지 못합니다. 그렇기 때문에, 우리네 신부들의 규칙에 의하면, 억지로 죄를 고백하도록 만들 필요가 없어요. 에스코바르 신부님은 그의 규칙 예제 2, 39번에서 이렇게 말하지요. 〈죄질을 악화시키는 상황들을 고백하려고 하지 말고, 죄질을 변화시킬 수 있는 상황들만을 고백하라.〉"

(그는 이어서 말했네.) "이것은 또한 우리 그라나도스[4] 신부님의 5부, 통회 7, 9권 토의 9, 22번에 있는 다음과 같은 규칙에서도 잘 설명됩니다. 〈누군가가 사순절에 고기를 먹었다고 했을 때, 자기가 고기를 먹었다, 혹은 고기 없이 두 끼의 식사를 했다고 말하지 않고, 금식을 깬 것을 참회하는 것으로 충분하다.〉 또 우리 레기날두스 신부님이 1론 6서, 4장 114번에서 이렇게 말했습니다. 〈악마적인 술수를 쓰는 점쟁이는 그런 사정을 밝혀야 할 의무가 없다. 손금을 본다든지 악마와 계약을 맺었다

4 자크 그라나도스(Jacques Granados, 1575-1632), 스페인의 제주이트 신부.

든지 하는 표현을 하지 말고, 단지 점술을 뒤섞었다고 말하는 것으로 충분하다.〉 그리고 우리 교단의 파군데스[5] 신부님 역시 2부 4서, 3장 17번에서 다음과 같이 말했죠. 〈미성년 소녀의 유괴는 그 유괴된 소녀가 동의했을 경우에는 굳이 그 상황을 밝히지 않아도 된다.〉 우리 에스코바르 신부님은 같은 곳 41, 61, 62번에서, 굳이 고백하지 않아도 되는 상황들 중에서 꽤 호기심을 끄는 또 다른 여러 가지 결정들과 함께 그 모든 것을 이야기하고 있지요. 당신도 그것들을 직접 읽어 볼 수 있어요." 나는 그에게 이렇게 말했네. "정말로 편리한 신앙의 묘책들이군요."

그는 이렇게 말하더군. "그렇지만 만약에 속죄 행위를 좀 더 완화시키지 않는다면, 그 모든 일은 아무 소용이 없을 겁니다. 이 속죄가 고해로부터 더 멀어지게 만드는 것들 중 하나니까요. 우리들은 클레르몽 대학에서 다음과 같은 논문을 발표했죠. 〈만약에 고해신부가 적당한 보속을 부과했음에도 불구하고, 보속을 받은 사람이 그것을 받아들이기를 원치 않는다면, 부과한 속죄 행위와 사면을 포기하고 철회할 수 있다.〉 이 논문이 발표된 후 지금은, 지극히 예민한 사람이라 할지라도 더 이상 고해성사를 겁내지 않는 것 같습니다. 에스코바르 신부님도 『우리 교단의 보속 실천』 7론, 예제 4, 188번에서 이렇게 말합니다. 〈만약에 고해자가 다음 세상에서 속죄하고 그에게 부과될 모든 벌을 연옥에 가서 받겠다고 밝힐 경우, 고해신부는 고해성사를 끝마치기 위해서 그에게 훨씬 더 가벼운 보속을 부과해 주어야 한다. 특히 그 사람이 더 무거운 보속을 받아들이지 않으리라는 것을 알고 있다면 말이다.〉"[6] 그래서 내가 말했네. "사정이 그렇다면, 고백을 더 이상 고해성사라고 불러서는 안 되겠군요." 그러자 그가 말했네. "당신은 모르고 계시는군요. 왜냐하면, 형식상으로 우리들은 항상 그 사람에게 적게나마 어떤 보속을 주어야만 하

5 에티엔 파군데스(Etienne Fagundez, 1577-1645). 포르투갈의 제주이트 신부.

6 에스코바르, 796쪽.

니까요." "그렇지만 신부님, 당신은 그 사람이 자기의 죄를 속죄하기 위해서 아무런 수고도 하고 싶어 하지 않는데도 불구하고, 그 사람이 사면을 받을 만한 사람이라고 판단하시나요? 그리고 그 사람들이 그런 상태에 있을 때는, 그들의 죄를 사면해 주기보다는 오히려 그들의 죄를 그대로 가지고 반성하도록 해 주어야 되지 않을까요? 신부님은 자신의 직무의 진정한 범위가 어느 정도인지 알고 계신가요? 그래서, 당신은 거기에서 맺기도 하고 풀기도 할 권세를 가지고 있다는 사실을 모르시나요? 당신이 이 땅에서 풀어 주는 사람들을 하늘에서 예수 그리스도께서도 풀어 주실지 미리 확인해 보지도 않고, 사면을 요구하는 사람들에게 무차별적으로 사면을 해 주는 일이 당신들에게는 허용되어 있나요?"[7] 그러자 신부님이 말했네. "당신은 우리들이 그런 걸 모른다고 생각하세요? 고해신부는 자기 고해자의 성향에 대한 심판자가 되어야만 합니다. 그 이유는 예수 그리스도께서 신실한 심판자가 되시고, 거룩한 것을 개들에게 주지 말라고 명령하셨기 때문이죠. 마찬가지로, 그는 용서 받을 만한 사람들은 풀어 주고, 용서 받을 수 없는 사람들은 묶어 두는 심판자이기 때문이며, 올바로 판단하는 것이 심판자의 의무이기 때문입니다. 또한, 그는 예수 그리스도께서 정죄하는 사람들을 용서해 주어서는 안 되기 때문이죠." "신부님, 그 말은 누가 한 말인가요" "우리 필리우티우스 신부님이 1권 7론, 354번에서 하신 말씀입니다."라고 그가 대답하더군. 그래서 내가 그에게 말했네. "놀랍군요. 나는 그 말들이 교부님들 중 한 분이 하신 말씀이라고 생각했었네요. 하지만 신부님, 그 말은 고해신부들을 깜짝 놀라게 만들겠군요. 그리고 그들이 고해성사를 베풀 때 훨씬 더 신중해지게 되겠군요. 그래서, 그들로 하여금 고해자들의 회개가 충분한지 그렇지 않은지, 그들이 앞으로는 더 이상 죄를 짓지 않겠다고

7 마태복음 16장 19절, 18장 18절 참조.

하는 약속이 받아들일 만한 것인지 그렇지 않은 것인지 확인하게 되겠군요." 그러자 신부가 이렇게 말하더군. "그건 전혀 곤란한 문제가 아닙니다. 필리우티우스 신부님은 고해신부들이 그런 어려움에 처하지 않도록 주의를 기울였지요. 그래서 그는 다음과 같은 말로 그런 어려움에서 빠져 나올 수 있는, 쉬운 방법을 가르쳐 주었죠. 〈고해신부는 고해자에 대한 조치에 대해서 마음을 편하게 가져도 된다. 왜냐하면, 만약에 고해자가 고통스럽다는 신호를 충분히 보여 주지 않는다면, 고해신부는 그에게 그의 마음속으로 죄를 싫어하는지 그렇지 않은지 물어보기만 하면 되기 때문이다. 만약에 그가 싫어한다고 대답하면, 그의 말을 그대로 믿어 주어야만 한다. 그래서, 다음에 어떤 기회가 온다면 그것을 떨쳐 버리든지, 아니면 다시 저지르든지 하는 어쩔 수 없는 사정이 있지 않는 한, 앞으로의 결심에 대해서도 똑같이 말해 주어야 한다.〉" "신부님, 나는 그 말이 필리우티우스의 말이란 것을 알겠네요." 그러자 신부님이 말하더군. "당신이 잘못 알고 계신 겁니다. 왜냐하면, 이 모든 말을 필리우티우스가 수아레즈 신부님의 3부 4권, 32조 2절 2번에서 차용해 온 것이거든요." "어쨌든 신부님, 필리우티우스가 마지막으로 했던 이 말은 그가 처음에 했던 말과 모순됩니다. 왜냐하면, 고해자들이 고통스럽다는 신호를 전혀 보여 주지 않는다 하더라도, 고해신부들은 그들의 말을 그대로 믿지 않을 수 없을 것이기 때문에, 고해신부들은 더 이상 고해자들의 심판자가 될 수 없기 때문이지요. 단 한 가지 신호가 설득력을 주는 만큼 사람들의 말이 확신을 줄 수 있을까요? 나는 당신네 신부들의 경험을 생각해 본다면 그 모든 사람들이 그들의 약속을 잘 지키는지 의문입니다. 게다가, 나는 그 사람들이 약속과는 반대로 행동을 하게 되는 것에 실망했었거든요." 그러자 신부가 이렇게 말하더군. "그것은 중요치 않습니다. 고해신부들은 항상 그들의 말을 믿어 주어야만 합니다. 보니 신부님이 그의 『죄의 대전』 46장 1090-1092쪽에서 이 문제를 심도 있게 다루고 있는데, 그의 결론은 이렇습니다. 〈조금도 개선될 기미가 보이지 않은 채 자주 죄를 반복하는 사람들이 고해신부를 찾아와서, 자기들은 과거를 뉘우치고 있다면서 앞으로는 잘하겠다고 말할 때마다, 설령 그런 결심들이 입술로만 내뱉는 것에 불과하다 할지라도, 그는 그들의 말을 믿어 주어야만 한다. 그리고 그들이 그 다음에 똑같은 실수를 전보다 더 자유롭게, 더 지나치게 저질렀다 하더라도, 내 생각에는 그들을 사면해 줄 수 있다.〉 여기까지 듣고 나면 당신의 모든 의문점들이 풀렸다고 나는 확신합니다."

나는 그에게 이렇게 말했네. "하지만 신부님, 나는 당신이 고해신부들에게 무거운 짐을 지워 주고 있다고 생각합니다. 그들은 자기 눈으로 보는 것과 반대의 것을 믿지 않을 수 없을 테니까요." 그러자 그가 말했네. "이해를 못하시는군요. 그 말의 뜻은 그들이 실제로는 그렇게 믿지 않지만, 그들이 마치 그 결심이 확고하고 변함이 없다고 믿고 있는 것처럼 행동하고 용서해 주어야만 한다는 말이거든요. 수아레즈 신부와 필리우티우스 신부가 방금 말한 구절에 대해서 설명하는 내용도 바로 그것입니다. 왜냐하면 그들은 다음과 같이 덧붙여 말하고 있거든요. 〈고해신부는 '사제가 고해자의 말을 믿지 않으면 안 된다'[8]고 말한 후라 할지라도, 고해자의 결심이 반드시 이행될 것이라고 믿을 필요도 없고, 그럴 가능성이 있다고 판단할 필요도 없다. 오히려, 고해자가 얼마 지나지 않아서 다시 죄에 빠진다 할지라도, 그가 그 당시에는 대체로 그럴 계획이었다고 생각하는 것으로 충분하다. 그래서, 우리 저자들은 모두가 그렇게 가르치고 있다.(*ita docent omnes autores*)〉[9] 당신은 우리 모든 저자들이 가르치는 것을 의심할 건가요?" "하지만 신부님, 페토 신부님 자신이 『대중의 회개』 서문 4쪽에서 다음과 같은 내용을 인정할 수밖에 없었던 것은 어떻게 된 거죠?" 〈교부님들과 박사님들과 공의회들이 성체성사(성찬

8 필리우티우스, 355번.

9 필리우티우스, 356번. 수아레즈의 글에서도 문구는 동일하다.

식) 때 준비하는 회개는 확실한 진리와 마찬가지로 진실해야 하며, 일관성이 있고 용기가 있어야 한다는 것. 그리고, 나태하거나 무감각해서는 안 되며, 재발하기 쉽고 반복하기 쉬워서는 안 된다는 것.〉 그러자 그가 말했네. "당신은 페토 신부님이 옛날 교회에 대해서 말하고 있다는 것을 모르십니까?" "그렇지만 우리 신부님들의 말을 인용하기 위해서 보니 신부의 말을 빌리자면, 지금은 그 반대쪽이 사실이라고 할 만큼 거의 시대에 맞지 않는다고 하던데요? 그게 4론, 질문 15, 95쪽에 나오죠."[10] 〈저자들 중에는 자주 똑같은 죄에 빠지는 사람들, 특히 여러 번 사면을 받은 후에도 조금도 개선될 기미가 보이지 않는 사람들에게는 사면을 거절해야 한다고 말하는 이들이 있다. 그러나 또 다른 이들은 그래서는 안 된다고 말한다. 하지만, 유일하게 참된 견해는 그들에게 사면을 거절하면 안 된다는 것이다. 그래서, 우리들이 자주 가르쳐 주는 모든 견해들을 그들이 전혀 활용하지 않는다고 하더라도, 그래서 그들이 삶을 변화시키겠다고 했던 약속을 지키지도 않고, 자기를 정화하려고 노력하지도 않는다 하더라도, 그건 중요치 않다. 다른 이들도 그 점에 대해서 이야기를 하지만, 우리들이 따라야 하는 참된 견해는, 그 모든 경우에도 그들을 사면해 주어야만 한다는 것이다.〉 그리고 4론 질문 22, 100쪽에 이런 내용이 나오죠. 〈비록 그들에게서 앞으로 개선될 희망이 전혀 보이지 않는다 할지라도(*Et si emendationis futuroe nulla spes appareat*), 하나님의 법에도, 자연법에도, 교회법에도 저촉되는 습관적인 죄에 빠지는 사람들에게, 우리들은 사면을 거절해서도 안 되고, 미루어서도 안 된다.〉

나는 그에게 이렇게 말했네. "하지만 신부님, 언제든지 사면을 받을 수 있다고 확신하기 때문에 더 많은 죄인들이 생겨나겠군요…" 그러자 신부는 내 말을 가로막으면서, 이렇게 말했네. "무슨 말인지 알겠습니

10 파스칼은 보니 신부의 여러 문장들을 요약 정리하였다. 이 명제는 인노첸시오 11세에 의해서 단죄되었다.

다. 하지만, 질문 15에 나오는 보니 신부의 말을 들어 보세요. 〈우리는 사면받을 수 있다는 기대 때문에 그런 기대가 없을 때보다 더 쉽게 죄를 짓게 되었다고 인정하는 사람을 사면할 수 있다.〉[11] 그리고 코생 신부[12]는 이 명제를 옹호하면서 그의 『윤리 신학에 대한 답변』 211쪽에서 다음과 같이 말합니다. 〈만약에 고해성사에 진실성이 없었다면, 대부분의 사람들이 그것을 거부할 것이고, 죄인들에게는 몽둥이와 동아줄 외에 다른 대책이 없을 것이다.〉" "오, 신부님! 그런 금언들이 수많은 사람들을 당신네 고해실로 끌어들이겠군요!" 그러자 신부가 이렇게 말하더군. "얼마나 많은 사람들이 몰려오는지 당신은 모르실 겁니다. 『우리의 초기 백 년의 모습』 3서 8장에는 이렇게 기록되어 있습니다. 〈우리들은 밀려드는 고해자들에게 짓눌려 죽을 지경이다.(*poenitentium numero obruimur.*)〉" 나는 그에게 말했지. "나는 그런 부담을 덜어 줄 수 있는 쉬운 방법을 알고 있습니다. 신부님, 그것은 단지 다음번에 죄를 지을 기회가 생기면 그것을 피할 수 있는 방법입니다. 이 방법만 있으면 부담을 꽤나 덜게 될 것입니다." 그러자 신부는 이렇게 말하더군. "그 반대입니다. 우리는 부담을 덜려고 노력하지 않아요. 왜냐하면, 동일한 책 3서 9장, 374쪽에서 말하고 있는 것처럼, 〈우리 교단의 목표는 덕을 세우려고 노력하는 것이고, 악과 싸우는 것이며, 수많은 영혼들을 섬기는 것〉이기 때문입니다. 그런데 다음번에 죄지을 기회를 피하고 싶어 하는 사람들이 극소수이기 때문에, 우리들은 다음번에 죄를 짓기 쉬운 경우가 어떤 것인지를 규정하지 않으면 안 됩니다. 에스코바르의 책 『우리 교단의 실

11 파스칼은 보니 신부의 말을 요약하고 있다. 아르노는 이 말을 그의 『윤리 신학』 29권 86-87쪽에서 인용했고, 그가 쓴 「어느 상원 의원이며 공작에게 보낸 두 번째 편지」에서도 언급했다.

12 니콜라 코생(Nicolas Caussin, 1583-1651) 제주이트 신부이며, 1637년 3-12월 사이에 루이 13세의 고해신부였다. '불완전 회개'에 대한 그의 비판적 견해 때문에, 리슐리외가 그를 캥뻬르(Quimper)로 추방했다. 그는 1644년 하반기에 『제주이트 교단의 수도사들을 위한 변호』와 『제주이트 윤리 신학이라는 비방문에 대한 답변』을 발간했다.

천』 7론 예제 4, 226번을 보면, 집에 함께 머물고 있는 여자와 일 년에 서너 번, 또는 보니 신부가 프랑스어로 쓴 책 1082쪽에서는 한 달에 한두 번, 갑자기 흥분하여 죄를 짓는 것과 같이 보기 드물게 죄를 지을 뿐인 경우, 그것을 '다음번 죄짓기 쉬운 경우'라고 부르지 않습니다. 그리고 1089쪽에서 그는 집에 함께 머물고 있는 집주인과 하녀들 사이에, 또는 사촌 남녀들 사이에, 경우에 따라서 서로에게 흥분하여 죄를 짓게 될 경우 어떻게 행동해야 되는지를 묻습니다." "그들을 떼어 놓아야 하죠." 하고 내가 그에게 말했네. 그러자 그는 이렇게 말했네. "만약에 재발하는 일이 많아서, 일상적으로 죄를 짓기는 하지만, 한 달에 한두 번씩 둘이서 함께 죄를 짓는 경우가 매우 드물다면, 그런데도 두 사람을 떼어 놓으면 대단히 불편하고, 손해가 발생하게 된다면, 그들이 더 이상 죄를 짓지 않겠다고 약속하고, 지난 일을 진심으로 회개하고 있기만 한다면, 이 저자들, 그중에서도 수아레즈의 말에 따른다면, 우리들은 그들을 사면해 줄 수 있습니다." 나는 그의 말을 잘 이해할 수 있었네. 왜냐하면, 그가 이미 나에게 고해신부가 (고해자의) 회개를 판단하고 만족할 수 있어야만 한다는 것을 가르쳐 주었기 때문이네. 그는 계속해서 이렇게 말을 하더군. "보니 신부는 1083-1084쪽에서 죄짓기 쉬운 상황에 빠져 있는 사람들에게, 서로 헤어지게 되면 사람들의 화젯거리가 되고, 그로 인해서 불편을 감수해야만 할 가능성이 있을 경우에는 그 상태에 그대로 머물러 있을 것을 허락했습니다. 그리고 그는 『윤리 신학』 4론, *De Poenit* 질문 14, 94쪽과 질문 13, 93쪽에서 동일하게 말하죠. 〈만약에 어떤 여자가 자기 집에서 어떤 남자와 종종 죄를 짓는데, 그 남자를 순순히 보내 줄 수 없거나, 그를 붙들어 둘 만한 어떤 이유가 있다면(*si non potest honest ejicere, aut habeat aliquam causam retinendi*), 그리고 그 여자가 더 이상 그 남자와 죄를 짓지 않겠다고 약속하기만 한다면, 그 여자를 사면할 수 있고, 또 사면해야만 한다.〉"

나는 그에게 이렇게 말했네. "오, 신부님! 만약에 불편을 느끼는 즉시 그런 의무를 면제해 준다면, 죄지을 기회를 피해야만 한다는 의무도 매우 줄어드는 거로군요. 그렇지만 나는 당신네 신부들의 말에 따라서, 그렇게 하는 것이 결코 어렵지 않다면, 나는 적어도 그럴 의무가 있다고 생각합니다." 그러자 신부님이 말했네. "그렇죠. 그렇지만, 예외가 없지 않아요. 왜냐하면, 보니 신부님도 같은 책에서 이렇게 말했거든요. 〈타락한 여자들의 용모와 아양으로 인해서 종종 죄에 빠져 본 경험이 있듯이, 비록 죄지을 가능성이 있다 하더라도, 그런 여자들을 회개시키기 위해서 방탕한 장소로 들어가는 일은 누구에게나 허락되어 있다. 비록 이런 견해에 찬성하지 않으면서, 이웃을 구원하기 위해서 기꺼이 자신의 구원을 위험에 빠뜨리는 일은 허락할 수 없다고 생각하는 박사님들이 있기는 하지만, 나는 그들이 반박하는 이 견해를 지지한다.〉"[13] "신부님, 그들이야말로 새로운 부류의 설교자들이로군요! 하지만, 무슨 근거로 보니 신부는 그들에게 이런 사명을 부여한단 말입니까?" 그가 나에게 말했네. "그가 같은 책에서 바질 퐁스[14]의 의견에 따라 제시한 원칙에 근거한 것이죠. 내가 전에 당신에게 이야기했던 적이 있어서, 기억하고 계시리라 생각하는데요.[15] 이것은 〈자기 자신이나 이웃의 물질적 혹은 영적 선을 위해서 우선적으로, 그리고 자기 스스로(*primo et per se*) 어떤 기회를 찾을 수 있다.〉는 것입니다." 이런 말을 듣고 나는 소름이 돋을 정도였기 때문에 그의 말을 끊을까 생각했지만, 꾹 참고 그의 말을 끝까지 들어 보려고 다음과 같이 말하는 것으로 만족해야만 했네. "신부님, 그 원칙과 복음서의 원리 사이에 무슨 관계가 있나요? 복음서는 〈아무리 필요한 것이라 하더라도 구원을 해칠 경우에는 그것들을 잘라 버리

13 보니 신부의 글. 아르노는 이 글을 1651년 12월에 발행된 「제주이트 신부들에 대한 권고」(작품집 29권, 514쪽)에서 인용하였다.

14 바질 퐁스(Bazil Pons 1569–1629). 아우구스티누스회 수도사.

15 다섯 번째 편지, 107쪽 바질 퐁스 참조. 아르노의 『윤리 신학』에서 인용되었다(전집 29권 86쪽). 보니 신부가 쓴 동일한 명제가 인노첸시오 11세에 의해 단죄되었다.

고, 눈이라도 뽑아 버려야 한다.〉라고 말하지 않았습니까? 그런데 어떻게 해서 신부님은 죄짓는 기회에 기꺼이 머물러 있는 사람이 죄를 싫어한다고 생각할 수 있단 말입니까? 아니 반대로, 그 사람은 필요한 만큼의 죄의식을 전혀 느끼지 못하고 있고, 하나님께서 피조물들을 사랑했던 것만큼 하나님을 사랑하게 만드는, 진정한 마음의 회개에 이르지 못하고 있는 것이 분명하지 않습니까?"

그가 이렇게 말하더군. "뭐라고요! 그게 진정한 회개일 텐데요. 당신은 부아직 신부의 이름으로, 팽트로 신부님이 2부 50쪽에서 다음과 같이 말했다는 것을 모르고 계신 것 같군요.[16] 〈우리 모든 신부들은 만장일치로 이렇게 가르친다. 진정한 회개가 필요하며, 단지 지옥의 형벌을 피하려는 동기 — 죄를 지으려는 의지를 꺾어 버리는 — 만으로 생각한 불완전 회개는 성사를 받기에 충분치 않다고 말하는 것은 오류이며, 거의 이단에 가깝다.〉" "뭐라고요, 신부님! 단지 형벌에 대한 두려움 때문에 하게 되는 불완전한 회개가 성사를 받기에 충분하다는 게 신앙의 교리라고요? 내 생각에는, 그것은 유독 당신네 신부들만의 특성인 것 같네요. 왜냐하면, 불완전 회개가 성사를 받기에 충분하다고 믿고 있는 또 다른 사람들은 최소한 이 불완전 회개 속에 어느 정도는 하나님에 대한 사랑이 혼합되어 있기를 바라기 때문이죠.[17] 게다가, 당신네 저자들조차도 옛날에는 이 교리가 그렇게 확실하다고 주장하지 않았던 것 같은데요. 왜냐하면, 당신네 수아레즈 신부가 『고해에 대하여』 질문 90, 4항, 토의 15, 4절 17번에서 이렇게 말했으니까요. 〈불완전 회개가 성사를 받기에 충분하

16 파스칼은 제주이트 논쟁가인 팽트로 신부(F. Pinthereau, 1605-1664)의 글을 요약하고 있다. 『윤리 신학』에 대한 응답으로 팽트로 신부는 부아직(Boisic) 사제라는 가명으로 비방문을 출판했다.

17 '진정한 회개'는 주로 하나님에 대한 사랑에 기초하여 죄를 회개하는 것을 의미하며, 불완전 회개는 단지 지옥에 대한 두려움에 기초하여 회개하는 것을 의미한다. 하지만, 대부분의 저자들은 이런 이론적 정의에 동의하지 않는다. 신학자들 사이에서도 의견이 서로 갈린다.

다는 것이 개연성이 있는 견해이기는 하지만, 그것은 확실치 않고, 오류일 수도 있다.(*Non est certa, et potest esse falsa.*) 그리고 만약에 이 견해가 오류라면, 불완전 회개는 인간을 구원하는 데 충분치 않다. 그러므로 그러한 상태에서 일부러 죽은 사람은 고의적으로 영원한 형벌의 도덕적 위험에 노출되어 있는 것이다. 왜냐하면, 이 견해는 아주 오래된 것도 아니고, 아주 일반화된 것도 아니기 때문이다.(*Nec valde antiqua, nec multum communis.*)〉[18] "산체스 역시 이 견해가 아주 확실한 것은 아니라고 생각했습니다. 왜냐하면, 그가 그의 『대전』 1서 9장, 34번에서 다음과 같이 말했으니까요. 〈임종 시에 성사와 함께 불완전 회개로 만족하는 병자와 그의 고해신부는 대죄(大罪)를 범하게 될 것이다. 그 이유는 만약에 불완전 회개가 성사만으로 충분하다고 믿는 견해가 아니라고 판명된다면, 그 고해자는 커다란 형벌의 위험에 노출될 것이기 때문이다.〉 코미톨루스 역시 『윤리에 관한 답변』 1서, 질문 32, 7, 8번에서 〈불완전 회개가 성사만으로 충분하다는 것은 그렇게 확실하지 않다〉고 말했습니다."[19]

이 착한 신부님은 여기에서 내 말을 가로막았네. 그가 말했네. "뭐라고요? 그럼 당신이 우리 저자들의 책을 읽고 있단 말씀인가요? 잘하고 계신 겁니다. 하지만 우리들 중 누군가와 함께 읽으시는 것이 좋을 겁니다. 지금 이 구절들이 불완전 회개의 교리를 주장하는 사람들에게 피해를 준다고 당신이 결론을 내리고 있는 이유는 당신 혼자서 읽었기 때문이라고 생각지 않으세요? 그와 반대로, 우리들은 당신에게 그 구절들 속에는 더 이상 지적할 점이 없다는 것을 보여 줄 겁니다. 자기들의 견해가 순식간에 곳곳에 널리 확산되어서, 불완전 회개가 신학자들을 제외하고는 모든 시대 신자들의 유일한 신앙이라는 사실을 우리들이 인정하고 있다고 생각하지 않는 사람이 거의 없다는 것은 오늘날 우리 신부들

18 파스칼은 수아레즈의 본문을 요약했다.

19 폴 코미톨로(Paul Comitolo, 1544-1626). 이탈리아의 제주이트 수사.

에게 얼마나 영광스러운 일입니까? 우리 신부들의 말을 통해서, 불과 몇 년 전만 하더라도 이 견해가 확실한 게 아니었다는 사실을 당신이 보여준다면, 이 견해를 확립한 모든 명예가 우리의 최근의 저자들에게 주어지는 일 외에 달리 무슨 일이 있겠습니까?"

(그는 말을 계속했네.) "또한 우리의 '친밀한 친구'[20]인 디아나도 사람들이 어떤 단계를 거쳐서 조금씩 여기에 이르게 되었는지를 기록하는 것이 우리들을 기쁘게 하는 일이라고 믿었습니다. 그는 13론 5쪽에서 이렇게 말했습니다. 〈옛날 스콜라 신학자들은 사람들이 대죄를 짓자마자 완전한 회개가 필요하다고 주장했었다. 그러나 그 후로는 축제일에만 회개하면 된다고 생각하다가, 그 다음에는 어떤 대재앙이 모든 사람들을 위협하고 있을 때에만 회개하면 된다고 생각했었다. 또 다른 사람들은 죽음의 순간이 다가올 때에는 회개하는 것을 오랫동안 미뤄서는 안 된다고 생각했었다. 그러나 우리의 후르타도 신부님과 바스케즈 신부님은 그 모든 견해들을 아주 훌륭하게 반박하고, 다른 방법으로는 사면을 받을 수 없거나, 임종이 가까워졌을 때에만 회개하면 된다는 견해를 확립했다.〉[21] 그렇지만, 나는 이 교리를 계속해서 놀랍게 발전시키기 위해서 몇 분의 견해를 덧붙이려고 합니다. 파군데즈 신부님이 실천 규칙 2의 2권, 4장 13번에서, 그라나도스 신부님이 3부 통회 7, 토의 3, 4절의 17번에서, 그리고 에스코바르 신부님이 7론 예제 4의 88번에서 우리 교단의 실천 방법 중 다음과 같은 것을 소개합니다. 그들은 이렇게 말합니다. 〈임종 때에도 완전한 회개가 필요하지 않다. 왜냐하면, 만약에 임종 때 불완전 회개가 성사를 받아도 충분치 않다면, 결론적으로 불완전 회개는 성사를 받아도 충분치 않다는 말이 될 것이기 때문이다.〉 그리고 디

20 여섯 번째 편지를 참조할 것. 아르노의 「제주이트 신부들에 대한 권고」(전집, 29권, 516쪽)에서 인용한 표현. *Diana, notre bon ami*.

21 파스칼은 디아나의 『윤리적 해결』의 긴 문장을 요약했다.

아나가 4부 4론 잡록 답 193에서 인용하고, 에스코바르가 7론 예제 4, 91번에서 인용한 우리의 학자인 후르타도는 이 논리를 좀 더 발전시킵니다. 그의 말을 들어 보세요. 〈건강이나 돈을 잃어버렸을 때처럼, 단지 그로 인한 일시적 불행 때문에 죄를 지었다고 후회하는 것이 충분한 것일까? 구분할 필요가 있다. 만약에 그 사람이 이 불행이 하나님의 손으로부터 오는 것이라고 생각하지 않는다면, 이 후회는 충분하지 않다. 그러나 만약에 그 사람이 이 불행이 하나님으로부터 오는 것이라고 믿는다면, 실제로 죄를 제외한 모든 불행이 하나님으로부터 오기 때문에, 이 후회는 충분한 것이다.〉[22] 이것은 에스코바르가 『우리 교단의 실천 요강』에서 말한 것입니다. 우리의 프랑수아 라미 신부 역시 8권 3조, 13번에서 같은 의견을 주장합니다."

"신부님, 당신이 나를 놀라게 만드시는군요. 왜냐하면, 나는 그 모든 불완전 회개 속에서 자연스러운 것밖에는 아무것도 보이지 않으니까요. 그런 식으로 한다면, 죄인은 아무런 초자연적 은총 없이도 사면을 받을 자격을 얻을 수 있을 테니까요. 그런데 이것이 공의회에서 단죄를 받은 이단이라는 사실을 모르는 사람은 아무도 없습니다." 그러자 그가 이렇게 말했네. "나도 당신처럼 그렇게 생각했던 것 같아요. 하지만 그렇지 않습니다. 왜냐하면, 우리의 클레르몽 대학의 신부들이 1644년 5월 23일과 6월 6일 자 논문에서 다음과 같이 주장했으니까요. 〈불완전 회개는 비록 그것이 초자연적이지 않다 하더라도 성사로 인해서 거룩해지고 충분해질 수 있다.〉 그리고 1643년 8월의 논문에서는, 〈단지 순수하게 자연스러울 뿐인 불완전 회개는 그것이 정직하기만 하다면, 성사를 받기에 충분하다.〉(*Ad sacramentum sufficit attritio naturalis, modo honesta.*)[23]고 주장합니다. 덧붙일 수 있는 말은 이것이 전부입니다. 만약에 우리들이 이 원

22 파스칼은 디아나의 본문을 자유롭게 인용했다.

23 이 논문들은 아르노가 언급하면서 알려졌다. 이 명제는 인노첸시오 11세에 의해 단죄되었다.

칙들로부터 쉽게 도출해 낼 수 있는 한 가지 결론을 덧붙인다면, 완전한 회개는 고해성사에 거의 필요치 않으며, 오히려 완전한 회개 자체가 죄를 지워 버리기 때문에 고해성사에 해로울 수가 있고, 아무런 도움이 되지 않는다는 것입니다. 발렌시아라는 유명한 제주이트 신부님이 4권 7조 질문 8, 4쪽에서 말씀하신 것이 바로 이것입니다. 〈성사의 주된 효과를 얻는 데에는 완전한 회개가 전혀 필요치 않다. 오히려 그것은 성사에 장애가 된다.(*Imo obstat potius quominus effectus sequatur.*)〉"[24] "우리는 불완전 회개의 이점을 더 이상 바랄 수 없지요. 신부님, 나는 그렇게 생각합니다. 괴로우시겠지만, 나는 당신에게 그에 대한 내 의견을 말씀드리고, 이 교리가 얼마나 극단으로 치우치게 하는지를 말씀드리는 겁니다. 당신들이 단지 형벌에 대한 두려움 때문에 하는 불완전 회개가 죄인들을 의인으로 만들기 위한 성사로 충분하다고 말한다면, 그것은 자기의 죄를 이런 식으로 일생 동안 속죄할 수 있을 것이라는, 그리고 그렇게 해서 평생토록 한번도 하나님을 사랑하지 않고서도 구원을 얻을 수 있다는 결론에 도달하게 되지 않겠습니까? 그런데도, 당신네 신부들은 그런 주장을 할 수 있나요?"

그러자, 신부가 이렇게 대답했네. "당신이 말하는 것을 들어 보니, 당신은 하나님의 사랑에 대한 우리 신부들의 교리를 알아야 할 필요가 있다는 생각이 듭니다. 그것이 우리 신부들의 모든 교리 중에서 가장 최근의 교리이고, 가장 중요한 특징입니다. 당신은 완전한 회개에 대해서 제가 인용한 구절들을 통해 그것을 이해하셔야만 됩니다. 하지만, 여기에 하나님의 사랑에 대한 더 정확한 또 다른 구절들이 있지요. 그러니 제 말을 끊지 마세요. 왜냐하면, 그 다음 내용들도 중요하니까요. 에스코바르 신부의 말을 들어 보세요. 이분은 우리 교단이 가르치고 있는

24 반대로 효과를 얻을 수 없도록 방해하는 것이다.

하나님 사랑의 실천에 관한 문제에 있어서 우리 저자들과는 다른 견해를 이야기하고 있지요. 1론 예제 2, 21번과 5론 예제 4, 8번에 있는 다음과 같은 질문에 관한 것입니다. 〈실제로 우리들은 언제 하나님을 사랑해야 하는가? 수아레즈 신부는 정해진 때는 없고, '임종 전에' 그분을 사랑하면 충분하다고 말한다. 바스케즈 신부는 '임종 때면' 충분하다고 한다. 다른 사람들은 '세례를 받을 때'라고 한다. 또 다른 사람들은 '회개해야만 될 때'라고 하고, 어떤 사람들은 '경축일에'라고 한다. 그렇지만, 우리 카스트로 팔라오 신부는 이 모든 견해들을 반박하는데, 이는 당연하다(*merito*). 후르타도 데 멘도자 신부는 '일 년에 한 번'이라고 주장한 후에, 우리들의 의견에 아주 호의적으로 그보다 더 자주 할 필요는 없다고 말한다. 그러나 우리의 코넹크 신부는 '3-4년마다', 앙리케즈 신부는 '5년마다', 그리고 필리우티우스 신부는 엄밀히 말하자면 5년마다 한 번일 필요는 없을 것 같다고 말한다. 그렇다면 언제일까?〉 그는 그것을 현인들의 판단에 맡기고 있습니다."[25] 나는 인간의 정신이 하나님에 대한 사랑을 너무도 무례하게 우롱하고 있는 이 모든 유치한 말장난들을 그대로 내버려 두었네. 신부는 말을 계속했네. "우리 앙투안 시르몽[26] 신부는 『덕성의 옹호』라는 놀라운 책에서 이 문제를 잘 해결해 주고 있죠. 그 책 제2론 1절, 2서 13-14쪽 등에서 그는 마치 독자들에게 말하듯이 프랑스어로 이렇게 말합니다. 〈성 토마스는 '우리가 이성을 사랑하게 되자마자' 하나님을 사랑해야만 한다고 말하는데, 그건 조금 빠른 것이다. 스코투스는 '일요일마다'라고 하는데, 그것은 무엇에 근거한 말인가? 다

25 파스칼은 본문을 자유롭게 번역했다.

26 앙투안 시르몽(Antoine Sirmond, 1591-1643). 몇 권의 저서를 쓴 프랑스의 제주이트 신부. 그의 삼촌 자크 시르몽이 쓴 『덕성의 옹호』는 강한 논쟁을 불러일으켰다. 아르노는 그의 『윤리 신학』에서 자크 시르몽의 논리를 반박했다. 어거스틴주의 신학자들과 장세니스트 신학자들은 '하나님에 대한 사랑'에 있어서 비타협성을 보여 준다. 그들은 로마서 5장 5절의 "하나님의 사랑이 우리 마음에 부어졌다"는 말씀을 인용한다. 시르몽과 에스코바르의 '하나님에 대한 사랑'에 관한 명제들은 알렉산데르 7세와 인노첸시오 11세에 의해서 단죄되었다.

른 사람들은 '심각하게 유혹을 받을 때'라고 하는데, 유혹을 피할 수 있는 길이 그 길밖에 없을 경우에는 맞는 말이다. 또한 스코투스는 '하나님의 은혜를 받았을 때'라고 하는데, 그 은혜에 감사하기 위한 것이라면 좋다. 또 다른 사람들은 '죽을 때'라고 하는데, 그것은 너무 늦다. 나는 그것이 '어떤 성사를 받을 때마다'라고도 생각하지 않는다. 그것이 편하다면, 불완전 회개를 고해성사와 함께 한다면 충분하다. 수아레즈 신부는 '어떤 때' 하면 된다고 하는데, 어느 때를 말하는 것인가? 그는 당신의 판단에 맡기고 있다. 그는 그에 관해서 전혀 모른다. 나는 그 박사님도 모르는 것을 누가 알 수 있는지 모른다.〉 그러고 나서, 그는 결국에는 우리가 하나님을 미워하지만 않는다면, 하나님에 대한 아무런 사랑이 없어도 되고, 우리의 마음이 그분을 생각하지 않아도 되고, 부득이한 경우에는 다른 계명들을 지키기만 하면 된다고 결론을 내립니다. 이것은 그가 제2론 전체에서 증명하고 있는 것입니다. 당신은 한 장 한 장 넘길 때마다 그것을 보게 될 겁니다. 그중에서도 16, 19, 24, 28쪽에서 그는 이렇게 말합니다. 〈하나님께서는 우리들에게 자기를 사랑하라고 명령하시고는, 우리들이 다른 계명들 가운데서 그분에게 순종하는 것으로 만족하신다. 만약에 하나님께서 '너희들이 아무리 나에게 순종한다 할지라도, 너희의 마음이 나에게 있지 않다면 나는 너희들을 버릴 것이다.'라고 말씀하셨었다면, 당신 생각에 그런 동기가 하나님께서 가지고 계셔야만 하는, 그리고 가지고 계실 수 있는 목적에 잘 부합된다고 생각하는가? (아니다) 그러므로 마치 우리들이 애정을 가지고 그분을 사랑하는 것처럼, 마치 사랑의 동기 때문에 우리들이 그분을 사랑하게 되는 것처럼, 우리들은 하나님의 뜻을 행하면서 그분을 사랑하게 될 것이다. 만약에 그런 일이 실제로 일어난다면, 더더욱 좋을 것이다. 그렇지만 그게 아니라면, 이것은 우리들이 그분을 결코 미워하지 말라는 명령도 아니고, 그분을 사랑하라는 명령도 아니다(하나님의 선하심을 생각해 보라). 우리들은 그래도 역시 행동에 있어서 사랑의 계명에 엄격하게 순종할 것이다.〉

"바로 이렇게 해서 우리 신부들은 사람들이 실제로 하나님을 사랑해야만 하는 고통스러운 의무를 덜어 주었죠. 이 교리는 매우 유용합니다. 그래서 사람들이 이것을 반박하려 할 때는 우리의 아나 신부님과 팽트로 신부, 르무안 신부, 시르몽 신부가 이것을 강력하게 옹호하죠. 당신은 『윤리 신학』에 대한 그들의 답변 속에서 그것을 보기만 하면 됩니다. 부아직 사제의 책 2부 53쪽에서 인용된 팽트로 신부의 답변을 통해서, 당신은 예수 그리스도가 피의 대가로서 지불한 그 면제의 가치를 판단하실 수 있을 겁니다. 이것이 이 교리의 최고 정점이지요. 그래서, 당신은 하나님을 사랑하라는 이 난처한 의무를 면제해 주는 것이 유대교 율법을 넘어서 복음적 율법의 특권이라는 사실을 알게 될 겁니다. 팽트로는 이렇게 말합니다. 〈신약 성서의 은혜의 법 안에서, 우리들이 의롭게 되기 위해서 완전한 회개의 행위를 실천해야만 하는 — 엄격한 율법 속에 있던 — 그 난처하고 어려운 의무를 하나님께서 제거하신 듯하다. 그리고 그 율법의 결함을 보충하기 위해서 좀 더 쉬운 규정의 도움을 받아 여러 성사들을 제정하신 듯하다.〉 그렇지 않았다면, 어린아이 신자들은 현재 주님의 자비를 얻기 위해서 그들의 아버지의 선한 은총 속에 들어가는 일이 노예 상태였던 유대인들보다도 더 쉽지 않았을 겁니다."[27]

나는 그에게 이렇게 말했네. "오, 신부님! 더 이상 당신 말을 참고 끝까지 들을 수가 없군요. 방금 들은 이야기들을 혐오감 없이는 들을 수가 없습니다." 그러자 그가 말했네. "이것은 내가 한 말이 아닙니다." "나도 잘 압니다, 신부님. 하지만, 당신은 그 말들에 대해서 조금도 반감을 가지고 있지 않군요. 그런 금언의 저자들을 싫어하기는커녕, 오히려 그들을 존경하고 있군요. 당신이 동의하는 것은 그들의 범죄에 동참하는 것인데, 두렵지도 않으세요? 당신은 성 바울이 그런 악행을 하는 사람들

27 파스칼은 '어린아이'와 '노예'라는 단어를 조금 길게 설명한다. 이 본문은 아르노가 이미 그의 「종교재판의 법령」(1951, 전집, 17권 758쪽)에 관한 성찰에서 사용한 적이 있다.

뿐만 아니라, 그것을 옳다고 하는 사람들도 역시 사형에 해당한다고 판단했던 사실을 알고 계시지 않습니까?[28] 변명을 늘어 놓으면서 금지된 것들을 사람들에게 허용해 준 것으로 충분하지 않나요? 만약에 그들이 그런 것을 전혀 받아들이려 하지 않을 때는 백 번이나 약속을 어기면서, 그리고 만약에 그들이 그로 인해서 불편을 느낄 때는 죄를 범할 기회를 피하지도 않으면서, 아무런 삶의 변화도 없고, 아무런 후회의 기색도 없고, 회개도 없이, 누구도 쉽게 용서할 수 없는 범죄들까지 저지를 수 있는 기회를 주면서, 가장 고질적인 죄인들까지도 사면해 주지 않을 수 없기 때문에, 재판관이라기보다는 오히려 노예로서, 사제들의 권한을 그런 의도로 폐기하면서, 당신들이 그들을 사면해 준다는 확신을 그들에게 주어야만 할 필요가 있었나요?"

(나는 계속해서 말했네.) "그런데 거기에서도 한 걸음 더 나아갑니다. 그들의 방종은 기독교인의 행위의 가장 성스러운 규칙들을 위태롭게 만들어서, 하나님의 법을 완전히 뒤엎는 데까지 이릅니다. 그들은 〈율법과 예언자들을 포함하는 대계명〉을 침해합니다.[29] 그들은 마음속의 신앙심을 공격합니다. 그들은 생명을 주는 정신을 빼앗습니다. 그들은 하나님에 대한 사랑이 구원을 위해 필요치 않다고 말합니다. 그들은 〈하나님에 대한 사랑을 면제한 것이 예수 그리스도께서 이 세상에 가져다주신 공로〉라고 주장하기까지 합니다. 이것은 불신앙의 극치입니다. 그렇게 되면, 예수 그리스도의 피의 대가는 우리들이 그분을 사랑하는 것을 면제받는 일이 되고 말 것입니다! 성육신 이전에는, 그들은 하나님을 사랑해야만 했습니다. 하지만, 〈하나님께서 이 세상을 너무도 사랑하셔서 자기의 독생자를 보내 주신 후로부터는〉[30] 그분으로 인해서 구원을 얻은 이

28 로마서 1장 2절.

29 마태복음 22장 36-40절.

30 요한복음 3장 16절.

세상 사람들이 그분을 사랑해야만 하는 책임을 면제받게 되었다니요! 오늘날의 이상한 신학이로군요! 그들은 감히 성 바울이 〈예수님을 사랑하지 않는 자들에게 선포했던 저주〉[31]를 제거해 버립니다! 그들은 성 요한이 말한 바, 〈사랑하지 않는 자는 사망 가운데 머물러 있다.〉[32]라는 말씀을 폐기해 버립니다. 게다가, 예수 그리스도 자신께서도 말씀하신 〈그분을 사랑하지 않는 자는 그분의 계명을 결코 지키지 않는 자다!〉라는 말씀을 폐기해 버립니다.[33] 이와 같이, 평생 동안 하나님을 사랑해 본 적 없는 사람들이 영원 속에서 그분과 함께 영생을 누릴 수 있게 된다니요! 그것이야말로 완성된 타락의 신비죠. 신부님, 이제 눈을 뜨십시오. 그래서, 만약에 당신이 결의론자들의 착란에 영향을 받지 않으셨다면, 그들의 방탕으로부터 속히 빠져 나오시길 바랍니다. 나는 당신과 당신네 모든 신부님들을 위해서 진심으로 그러기를 바랍니다. 나는 그들을 낭떠러지까지 인도했던 그 빛이 얼마나 잘못된 것이었는지를 하나님께서 그들에게 알게 하시기를, 그래서 감히 사람들에게 사랑을 면제해 주었던 그들을 그분의 사랑으로 가득 채워 주시기를 기도합니다."

이런 식으로 대화를 나눈 후, 나는 신부와 헤어졌네. 나는 이곳에 다시 올 것 같지 않네.[34] 하지만, 아쉬워하지는 말게. 왜냐하면, 자네에게 아직도 그들의 금언에 관해 이야기해 줄 필요가 있다면, 나는 그들의 책들을 꽤 많이 읽었으니까. 그들의 윤리에 관해서는 거의 그 신부만큼, 그리고 그들의 정치에 관해서는 어쩌면 그 신부보다 더 많은 이야기를 해줄 수 있을 거네.

이만 줄이네.

31 고린도후서 16장 22절.

32 요한일서 3장 14절.

33 요한복음 14장 24절.

34 이 날짜부터 '시골 친구에게 보낸 편지'의 논쟁은 어떤 결정에 의해서 새로운 국면에 접어든다.

[열한 번째 편지 내용 요약]

몽탈트의 편지를 받은 제주이트 사제들의 주된 반박 논리는 몽탈트가 <성스러운 것들을 조롱거리로 만들었다.>라는 것이다. 그러나, 그런 반박은 매우 부당한 것이다. 왜냐하면, 그는 그들의 책 속에 들어 있는 우스꽝스러운 것들만을 조롱했고, 복음서의 거룩한 교리와 아주 거리가 먼 그들의 교리만을 조롱했으며, 그들의 탈선만을 조롱했다. 그러므로, 신성한 종교를 조롱하는 것과, 종교를 세속화하는 사람들을 조롱하는 것은 커다란 차이가 있다.

인간이 타락한 이후, 하나님께서 아담에게 하셨던 말씀들 가운데 '조롱'의 말씀이 발견된다. "보라 이 사람이 우리 중 하나같이 되었다." 예언자들도 역시 이런 '조롱'의 방법을 사용했고, 예수 그리스도 자신도 니고데모에게 이렇게 말씀하셨다. "뭐라고요! 당신은 이스라엘의 선생이면서 이런 것도 모르시오?" 그러므로, 조롱당할 만한 사람에게 '조롱'의 방법을 사용하는 것은 정당한 행동이다. 성인들은 항상 진리에 대해서는 사랑과 두려움의 감정을, 오류에 대해서는 증오와 경멸의 감정을, 그리고 탈선에 대해서는 조롱의 감정을 가지고 있었다.

당연히 선생이 되어야만 할 사람들이 기독교의 원리도 모르고 있고, 평생 동안 한 번도 하나님을 사랑한 적 없는 사람이 구원을 얻을 수 있다고 주장한다면, 우리들은 그들의 허영심과 무지를 조롱해야 마땅한 것이다.

열한 번째 편지*

1656년 8월 18일

존경하는 신부님들,

내가 당신들의 윤리 문제에 관해서 내 친구들 중 한 사람에게 쓴 편지들에 대해 당신들이 반박하는 편지들을 읽어 보았습니다. 거기에서 당신들의 주된 변론 중 하나는 내가 당신들의 금언들에 대해서 충분히 진지하게 말하지 않았다는 것이더군요. 당신들은 모든 글에서 이 주장을 반복했고, 심지어 그것을 계속 밀고 나가서 "내가 성스러운 것들을 웃음거리로 만들었다"고 말하기까지 하더군요.

신부님들, 그런 비난은 매우 놀랍고도 부당한 것입니다. 당신들은 내가 성스러운 것들을 웃음거리로 만드는 것을 어디에서 보셨나요? 당신들은 특별히 모하트라 계약[1]과 장 달바 이야기[2]를 지적하더군요. 하지

* 열한 번째 편지부터는 이전까지의 편지에서 유지되었던 대화 형식이 사라지고, 화자만의 본격적인 논증이 시작된다. 화자는 '몽탈트'라는 허구의 인물 대신에 진정한 '나'가 되고, 수신인은 '시골 친구'라는 허구의 인물 대신에 '존경하는 신부님들'이 된다. 필립 셀리에(Philippe Sellier)에 의하면, 이번 편지는 전환점을 형성한다. 로제 뒤쉔(Roger Duchêne)은 그의 저서 『파스칼의 프로뱅시알 속에 나타난 문학적 중상모략』 속에서 '파스칼과 함께 웃기(Rire avec Pascal)'라고 표현한다.

1 여덟 번째 편지, 161쪽 참조.

만, 당신들이 성스럽다고 말하는 것이 바로 그런 것들입니까? 당신들이 보기에는 모하트라 계약이 너무도 존경스러운 것이라서, 그것에 존경을 표하지 않으면 신성모독이라도 된다는 말인가요? 장 달바는 도둑질에 관한 보니 신부의 교훈에 영향을 받아서 당신들의 것을 도둑질했는데, 이 신부의 교훈이 그렇게 성스러워서 그것을 조금이라도 조롱한다면 불경한 사람 취급을 당할 수밖에 없다는 말인가요?

뭐라고요! 신부님들, 당신네 저자들의 상상력이 신앙의 진리로서 인정받게 될 것이라고요? 그래서 사람들은 에스코바르가 쓴 구절들이나 또 다른 당신네 저자들이 쓴 이상야릇하고 거의 비기독교적인 결정들을 조롱할 수도 없을 것이라고요? 그리고 우리들은 종교를 웃음거리로 만든다고 고발당할 일도 없을 것이고요? 그렇게 사리에 맞지도 않는 일을 당신들은 감히 그렇게 자주 되풀이해서 말할 수 있나요? 그리고 당신들이 내가 당신들의 탈선을 조롱했다고 나를 비난하신다면, 그 비난에 대한 새로운 조롱거리를 나에게 주는 셈인데, 그게 전혀 두렵지 않으세요? 나는 당신들의 책 속에 들어 있는 우스꽝스러운 것들만을 조롱거리로 삼았었고, 따라서 당신들의 윤리를 조롱거리로 삼았었기 때문에, 당신네 결의론자들의 교리가 복음서의 거룩한 교리와 아주 거리가 먼 것처럼, 내가 성스러운 것들을 조롱한다는 말은 사실과 아주 거리가 먼 것이죠.

신부님들, 종교를 조롱하는 것과 엉뚱한 견해로 종교를 세속화하는 사람들을 조롱하는 것 사이에는 참으로 커다란 차이가 있습니다. 하나님의 영이 계시된 진리에 대해서 존경심을 갖지 않는 것은 경건하지 못한 태도일 것입니다. 하지만, 인간의 정신이 거부하는 거짓에 대해서 경멸감을 갖지 않는 것도 역시 경건하지 못한 태도일 것입니다.

왜냐하면 신부님들, 나를 이 논쟁에 끌어들인 것이 당신들이니까요.

2 여섯 번째 편지, 130쪽 참조.

나는 당신들이 기독교의 진리가 사랑과 존경에 어울리는 것처럼, 진리에 반대되는 오류는 경멸과 증오에 어울린다는 점을 참고해 주시기를 부탁드립니다. 왜냐하면, 우리 종교의 진리 가운데에는 두 가지가 존재하기 때문입니다. 하나는, 그 진리를 사랑하게 만드는 하나님의 아름다움이고, 또 하나는 그 진리를 존경하게 만드는 거룩한 위엄입니다. 오류 가운데에도 역시 두 가지가 존재합니다. 그 오류를 혐오하게 만드는 경건하지 못함과 그 오류를 우스꽝스럽게 만드는 부적절함입니다. 그 때문에 성인들은 항상 진리에 대해서 사랑과 두려움이라는 두 가지 감정들을 가지고 있습니다. 그리고 그들의 지혜는 진리의 시작인 두려움과 진리의 끝인 사랑 사이에 모두 포함되어 있습니다. 그리고 성인들은 오류에 대해서도 역시 증오와 경멸이라는 두 가지 감정들을 가지고 있습니다. 그들의 열정은 경건하지 못한 자들의 악을 힘으로 물리치고, 그들의 탈선과 광기를 조롱으로 무력화시킬 것입니다.

그러므로 신부님들, 세상 사람들의 오류를 조롱하는 것이 그리스도인답지 않은 일인 것처럼 믿게 만들려고 애쓰지 마십시오. 왜냐하면, 이런 행동이 정당한 것이라는 사실을 모르고 있는 사람들에게, 그것이 교부들의 견해를 통해서든지, 성경을 통해서든지, 가장 위대한 성인들의 예를 통해서든지, 그리고 하나님 자신의 예를 통해서든지, 오류를 조롱하는 것이 이미 허락된 사실임을 알게 하기는 쉬운 일이기 때문입니다.

왜 그런고 하니 하나님께서 죄인들 모두를 가장 유감스럽고 가장 슬픈 순간까지도 미워하시고 멸시하신다는 사실을, 그리고 하나님의 지혜는 죄인들을 정죄하여 영원한 형벌을 받게 만드는 복수와 분노에 조롱과 조소를 덧붙일 것이라는 사실을 우리들이 모를 리가 있겠습니까?(*In interitu vestro ridebo et subsannabo?*)[3] 그리고 성자들은 동일한 영에 의해서

3 파스칼은 아르노가 작성한 글을 체계적으로 활용한다.

행동하고 마찬가지로 그 영을 활용할 것입니다. 왜냐하면, 다윗이 이렇게 말했기 때문입니다. 〈의인들은 두려워 떨면서도 동시에 그들을 비웃을 것이다.(*Videbunt justi et timebunt: et super eum ridebunt.*)〉[4] 욥도 똑같은 말을 합니다. 〈죄없는 자가 그들을 경멸하리라.(*Innocens subsanabit eos.*)〉[5]

그러나 이 문제에 관해 매우 주목할 만한 것이 있는데, 그것은 인간이 타락한 이후 하나님께서 인간에게 처음으로 하셨던 말씀들 가운데 '조롱'의 말씀이 발견된다는 것입니다. 교부들에 의하면, 그것은 '신랄한 아이러니'입니다. 사탄의 유혹을 받아 하나님과 같이 된다는 희망 속에서 이 사람이 불순종한 이후, 성경에 의하면 하나님께서는 그를 죽을 수 밖에 없는 존재로 만드셨고, 이 사람이 그의 죄로 인하여 비참한 조건에 놓인 후에, 하나님께서는 이런 상태 속에 있는 그에게 조롱하는 말씀을 하셨습니다. 〈보라 이 사람이 우리 중 하나같이 되었다.(*Ecce Adam quasi unus ex nobis.*)〉[6] 크리소스토무스와 다른 주석자들의 말에 따르면, 이것은 하나님께서 신랄하게 꾸짖는, 민감하고도 피눈물 나는 아이러니입니다.[7] 러퍼트[8]는 이렇게 말했습니다. "이 사람은 이런 아이러니로 조롱을 당할 만했었다. 진지한 표현보다는 아이러니의 표현이 그로 하여금 훨씬 더 적나라하게 자신의 어리석음을 깨닫게 만들었다." 위그 드 생빅토르[9]도 똑같은 말을 한 후에, 이렇게 덧붙였습니다. "이런 아이러니는 어리석은 믿음을 가진 자에게 적합하다. 그리고 조롱당할 만한 사람에게

4 시편 52장 6절.

5 욥기 22장 19절.

6 창세기 3장 22절.

7 아르노가 인용한 말이다. 그는 히브리의 주석자들인 바타블과 메르세루스를 언급한다.

8 12세기에 창세기 주석서를 쓴 독일 베네딕트회 수도사. 아르노가 그의 주석을 인용했고, 파스칼은 아르노의 인용을 재인용했다.

9 위그 드 생빅토르(Hugues de Saint-Victor, 1096-1141). 파리 생빅토르 수도원의 참사회원. 그의 창세기 주석서를 파스칼은 아르노의 글을 통해서 인용했다.

이런 종류의 조롱을 사용해 죄를 꾸짖는 것은 정당한 행동이다."

그러므로 신부님들, 탈선하는 사람들을 돌이키게 만드는 데는 '조롱'이 때로는 훨씬 더 적절하고, 그럴 경우 그것이 정당한 행위가 된다는 사실을 아십시오. 왜냐하면, 예레미야 선지자가 말했던 것처럼, 그것들(방황하는 자들의 행동들)은 헛되며, 조롱을 받아 마땅하기 때문입니다.(*vana sunt et risu digna.*)[10] 이것은 하늘의 지혜에서 나온 결과이기 때문에, 그런 일을 비웃는 것은 불경스럽지 않은 것입니다. 성 아우구스티누스는 이렇게 말했죠. "현인들은 미련한 자들을 비웃는다. 왜냐하면, 그들은 그들 자신의 지혜에서 나온 현인들이 아니라, 하늘의 지혜에서 나온 현인들이기 때문이다. 그들은 악인들의 죽음을 보고 비웃는다."[11]

우리들이 다니엘과 엘리야의 예를 통해서 보듯이, 하나님의 영으로 충만한 예언자들 역시 이런 '조롱'의 방법을 사용했습니다. 게다가 예수 그리스도 자신의 말씀 속에서도 그런 예들이 발견됩니다. 성 아우구스티누스는 다음과 같이 지적합니다. "예수님께서는 율법 지식이 해박하다고 스스로 생각하고 있던 니고데모를 겸손하게 만들고자 하셨을 때, 그분은 그가 유대인 박사라는 신분 때문에 오만심에 부풀어 있는 것을 보시고, 수준 높은 질문으로 그의 자만심을 시험하시고, 놀라게 만드셨습니다. 그리고 그가 대답을 할 수 없게 되자, 그분은 이렇게 말씀하셨습니다. "뭐라고요! 당신은 이스라엘의 선생이면서 이런 것도 모르시오?" 이것은 이렇게 말하는 것과 같습니다. "위대하신 박사님, 당신은 아무것도 모르고 있다는 것을 인정하시지요." 그래서 성 크리소스토무스와 성 시릴은 이 말씀에 관해서 '그는 이런 식으로 놀림을 당할 만했다'고 말했습니다.

그러므로 신부님들, 보십시오. 유대인들을 상대하는 니고데모와 바리

10 예레미야 51장 18절. 아르노는 이것을 그의 편지에서 두 번이나 인용했다.

11 이 말은 루뱅(Louvain)의 설교집 『주님의 말씀에 관한 설교』 속에서 발견된다.

새인들처럼, 오늘날 기독교인들의 선생이 되어야 할 사람들이 기독교의 원리도 모르고 있고, 예를 들어서, 〈평생 동안 한 번도 하나님을 사랑한 적 없는 사람이 구원을 얻을 수 있다〉고 주장하는 일이 일어난다 하더라도, 우리들은 그저 그들의 허영심과 무지를 비웃으면서, 오직 예수 그리스도의 모범만을 따를 것입니다.

신부님들, 이런 거룩한 모범들은 사람들의 오류와 탈선을 보고 비웃는 것이 성인들의 모범에 반대되는 행위가 아님을 당신들에게 충분히 이해시킬 수 있는 예시라고 나는 확신합니다. 만약에 그렇지 않다면, 조비니엥과 비지랑스와 펠라기우스 파들에 반대하는 편지와 글을 쓴 성 제롬과, 우상 숭배자들의 광기에 반대하여 변증론을 쓴 터툴리아누스, 아프리카 수도사들을 '더벅머리'라고 부르며 반대했던 성 아우구스티누스, 그노시스 파에 반대했던 성 이레니우스, 예수님의 사도들을 모범으로 삼다가 그 이후 시대에는 자신이 성도들의 모범이 된 성 베르나르와 또 다른 교회의 교부들처럼, 그런 행실을 실천했던 교회의 가장 위대한 박사님들의 행실을 비난해야만 할 것입니다. 왜냐하면, 이들은 누가 뭐라 하든지 간에, 오늘날의 신자들에게까지도 진정한 모범이 되고 있기 때문입니다.[12]

그래서 나는 이들을 따라 살면 틀림없이 잘못된 길로는 가지 않을 것이라 생각했습니다. 나는 그 점을 충분히 보여 주었다고 생각하기 때문에, 이 문제에 대해서 나는 다음과 같은 터툴리아누스의 훌륭한 말씀 외에는 더 이상 말하지 않겠습니다.[13] 그것이 내 모든 행동의 이유를 말해 줄 것입니다. "내가 한 것은 진짜 싸움을 하기 전에 놀이를 한 것에 불과하다. 나는, 내가 당신에게 상처를 입혔다기보다는 오히려 다른 사람들이 당신에게 입힐 수 있는 상처를 보여 준 것이다. 만약에 웃음을 자아

12 이 문단의 내용은 아르노의 편지를 요약한 것이다.

13 파스칼의 번역은 원본보다 더 깊이가 있고, 그의 개성을 보여 준다.

내는 부분들이 있다면, 그것은 동일한 주제와 관련되어 있기 때문이다. 그것들에 대해서 심각하게 공격한다면 사람들이 거기에 너무 비중을 두게 될까 겁이 나서, 이런 식으로 조롱과 놀림을 당하게 하는 일들이 많이 있다. 웃음을 터뜨리는 것보다 더 공허한 것은 없다. 그런데 엄밀히 말해서, 웃는 것은 진실에 속한 것이다. 왜냐하면, 진실은 즐거운 것이고, 적들을 놀리는 것이기 때문이다. 진실이 즐거운 이유는, 진실은 승리를 확신하는 것이기 때문이다. 웃기는 것은 저속한 것이 아니라, 사실은 진리에 합당한 것이라는 점에 주의해야만 한다. 하지만, 이 점을 제외하고는, 조롱을 능숙하게 사용할 수 있을 때 조롱을 사용하는 것은 하나의 의무다." 신부님들, 이 구절이 우리의 주제에 정말 적합하다고 생각하지 않으십니까? "내가 지금까지 쓴 편지들은 진짜 싸움을 시작하기 전의 놀이에 불과할 뿐이다." 나는 아직까지 놀이를 한 것뿐입니다. "내가 당신들에게 상처를 입혔다기보다는 오히려 다른 사람들이 당신들에게 입힐 가능성이 있는 상처를 보여 준 것뿐이다." 즉, 나는 거의 아무 생각도 없이, 단순히 당신들이 말한 구절들을 설명해 주었을 뿐입니다. "만약에 사람들이 그 문제로 웃음을 터뜨렸다면, 그것은 그 주제들 자체가 그 문제와 관련이 있었기 때문이었다." 왜냐하면, 기독교 윤리 문제만큼 중요한 문제가 당신들의 상상력만큼이나 기괴한 상상력으로 가득 차 있는 것을 보여 주는 것보다 더 웃음을 자아내기에 좋은 것이 무엇이 있겠습니까? 사람들은 '예수 그리스도 자신이 이 교단의 신부님들에게 직접 계시하셨다.'[14]고 하는 당신들의 금언들에 대해서 아주 높은 기대감에 부풀어 있습니다. 그런데 그 금언들 속에서, 사제가 미사를 드리고 돈을 받는 것 외에도 사제가 성사에서 차지할 수 있는 몫을 사람들에게 양보하게 되면, 또 다른 사람들에게서 그 몫을 갈취할 수도 있다는 내용, 수도

14 제주이트 교단의 『일백 주년의 모습』에서 인용한 것. 이 구절은 사실 성 이냐시오(Saint Ignace)가 계시를 받고 그의 정관을 작성한 일에 관한 것이다.

사가 춤을 추거나 사기를 치거나, 혹은 몰래 사제복을 벗고 방탕한 장소에 출입할지라도 파문을 당하지 않는다는 내용, 그리고 한꺼번에 서로 다른 네 명의 사제들에게 4분의 1씩 네 번 미사에 참석하면 미사에 참례해야만 하는 원칙을 충족시킨다는 내용[15]을 사람들이 알게 된 바로 그 때, 내가 이렇게 말했습니다. "이러한 결정들과 또 그와 유사한 다른 결정들에 대한 이야기를 들었을 때, 너무 놀란 나머지 웃음을 터뜨리지 않을 수 없습니다. 왜냐하면, 사람들이 기대하는 것과 실제로 보는 것 사이에 그보다 더 놀라운 불균형이 일어날 수 없기 때문입니다." 그리고 사람들은 이런 대부분의 문제들을 어떻게 달리 취급할 수 있겠습니까? 왜냐하면, 터툴리아누스의 말에 의하면, 이런 것들을 허가해 주는 것은 곧 그것들을 진지하게 취급하라는 말이거든요.

뭐라고요! 매복해 있다가 뒤에서 칼로 찔러 죽이는 것은 배신하여 죽이는 것과 같고, 성직을 포기하게 만들려는 의도로 돈을 주는 것은 성직매매와 같다는 것을 증명하기 위해서 성서와 전승의 힘을 빌릴 필요가 있을까요? 그래서, 당신들의 주장은 무시받고 놀림과 조롱을 당할 만한 문제들이 있다는 겁니다. 결국, "웃기는 것보다 더 공허한 것은 없다."는 옛 저자의 말과 그 밖의 여러 말들을 통해 여기서는 예절을 손상시키지 않으면서도 잘못을 적절하게 비웃을 수 있게 됩니다. 그리고 그 말들은 더 이상 의심할 수 없을 정도로 아주 설득력 있게, 그래서 아주 올바르게 적용이 됩니다.

그래서 신부님들, 나는 당신들에게 하나님에 대한 사랑에 어긋나지 않으면서도 조롱할 수 있다고 말할 것입니다. 비록 이것이 바로 당신들의 글에서 나를 비난하고 있는 이유이긴 하지만요. 왜냐하면, 성 아우구스티누스의 말에 의하면, 사랑은 때로는 사람들의 잘못을 비웃지 않으

15 여섯 번째와 아홉 번째 편지에 대한 암시.

면 안 되는 것이기 때문입니다. **자기들의 잘못을 스스로 비웃고 피하도록 만들기 위해서 너는 동정심을 가지고 그들을 비웃어야만 한다.**(*Hoec tu misericorditer irride, ut eis ridenda ac fugiendacommendes.*) 그리고 나지앙즈의 성 그레고리오의 말에 따르면, 똑같은 사랑인데도 때로는 화가 나서 거부하지 않을 수 없습니다. "사랑과 온유의 정신 속에는 그 나름의 감동과 그 나름의 분노가 존재한다." 결국, 성 아우구스티누스가 말한 것처럼, 누가 감히 진실은 거짓에 대하여 무방비 상태로 있어야만 된다고, 그리고 신앙의 적들은 혹독한 말로 성도들을 겁박하고, 자기들끼리 유쾌한 정신적 만남을 통해서 즐길 수 있는 반면에, 가톨릭 신자들은 독자들을 지루하게 만드는 무미건조한 문체로만 글을 써야 된다고 말할 것입니까?

사랑이 없다고 비난당할까 두려워서, 잘못들을 강력하게 꺾어 버리지도 못하고, 또 예절을 해친다고 비난받을까 두려워서, 그것들을 경멸하고 조롱하지 못한 채, 그런 행실들을 허용하다 보면, 가장 엉뚱하고 가장 해로운 오류들이 교회 안으로 들어오는 것을 보게 되지 않겠습니까?

뭐라고요! 신부님들, '따귀나 욕설을 피하기 위해서 살인을 할 수 있다'고 말하는 것이 당신들에게는 허용이 되고, 그 결과로 발생하는 공공연한 오류를 공개적으로 반박하는 것은 허용되지 않는다고요? 당신들은 '판사가 부정을 저지르고 받은 것을 양심의 가책 없이 착복할 수 있다'고 말할 수 있는 자유가 있지만, 다른 사람들은 당신들에게 그것에 대해 항변할 수 있는 자유가 없다는 것입니까? 당신들은 '사람들이 하나님을 한 번도 사랑해 본 적이 없어도 구원을 받을 수 있다'[16]는 것을 박사님들의 동의와 함께 특허를 받아서 책을 출판하면서도, 다른 사람들이 당신들을 공격한다면 그것은 형제의 사랑을 해치는 것이라고 말하

16 일곱 번째와 여덟 번째와 열 번째 편지를 암시하는 것.

고, 당신들의 금언을 조롱한다면 그것은 기독교인의 겸손을 해치는 것이라고 말하면서, 신앙의 진리를 옹호하는 사람들에게는 그저 입을 다물고 있으라고 말한단 말입니까? 신부님들, 나는 당신들의 그 말을 믿을 수 있는 사람들이 있는지조차 의심스럽습니다. 그렇기는 하지만, 만약에 당신들의 말에 설득을 당하는 사람들이 있다면, 그래서 내가 당신들의 윤리를 악평하면서 사랑을 해치고 있다고 믿는 사람들이 있다면, 나는 그들에게 그런 감정이 어디에서 나오는지를 주의 깊게 관찰해 보라고 말하고 싶습니다. 왜냐하면, 그들은 그런 감정이 아무런 실수가 없는 자기 이웃을 비난하는 것을 참지 못하는 열정에서 나오는 것이라고 상상하겠지만, 나는 그들에게 그런 감정이 다른 데에서 나올 수도 있다는 점, 이를테면 그들 자신들도 모르고 있는 은밀한 불쾌감에서 나올 가능성도 충분히 있다는 점, 그리고 우리들 속에 잠재되어 있는 불행한 배경 때문에, 풍기문란을 반박하는 사람들에 대해서 어김없이 화를 내게 된다는 점을 생각해 보라고 부탁드리고 싶습니다. 그리고 그 사람들이 그에 대한 진정한 원칙을 인정할 수 있도록 한 가지 규칙을 제시하기 위해서 나는 그들에게 이렇게 물어보고 싶습니다. 사람들이 수도사들을 그와 같이 취급하는 것에 대해서 불평을 하는 것인지, 동시에 수도사들이 진리를 그와 같이 취급하는 것에 대해서 훨씬 더 많은 불평을 하는 것인지. 만약에 그 사람들이 그 편지들뿐만 아니라, 그 편지에 언급되어 있는 금언들에 대해서도 역시 화를 내는 것이라면, 그들의 불평은 매우 불분명한 열정에서 나오는 것일 수 있다고 나는 생각할 것입니다. 그럴 경우에, 여기 있는 이 구절들이 그들을 이해시켜 주기에 충분할 것입니다. 하지만, 만약에 그들이 단지 비난받는 것 그 자체에 대해서만 화를 내고, 사람들이 비난하는 내용에 대해서는 화를 내지 않는다면, 신부님들, 사실은 그들이 크게 오해하고 있으며, 그들의 열정은 매우 맹목적인 것이라고 나는 그들에게 말해 주지 않을 수 없습니다.

공공연하게 잘못을 저지르는 사람들에게는 화를 내지 않으면서, 그런 잘못에 대해서 비난하는 사람들에게는 화를 내다니 참으로 이상한 열정이로군요! 명백한 오류들로 인해서 도덕이 무너지는 것에 대해서는 전혀 기분 나빠하지 않으면서도, 그런 오류들을 금지시키는 것을 보고는 기분 나빠하다니 그 무슨 기발한 자비심인가요! 만약에 자기들이 암살당할 위기에 처해 있다면, 누군가가 그들을 목표로 함정을 파 놓고 있다고 알려 주는 사람에 대해서 욕을 할 것인가요? 그래서, 그 함정을 피하려고 다른 길로 돌아서 가기는커녕, 암살자들의 범죄 계획을 발견하고서 사랑이 부족한 사람들이라고 불평하면서 빈둥거릴 건가요? 사람들이 소고기 속에 독이 들어 있으니 먹지 말라고 말해 준다든지, 도시 안에 페스트가 전염되고 있으니 들어가지 말라고 말해 준다든지 했을 때에도, 그들은 화를 낼까요?

그들은 종교를 해치는 금언들을 발견할 때, 사랑이 부족하다고 생각하는데, 반대로 그들의 건강이나 생명에 해로운 것들을 발견하지 못할 때에도, 사랑이 부족하다고 믿으니, 왜 그런 거죠? 혹시 그 이유가 생명에 대한 그들의 애착 때문일까요? 즉 생명을 유지하는 데 도움이 되는 것들은 모두 호의적으로 받아들이게 되기 때문이 아닐까요? 그리고 진리에 대한 그들의 무관심 때문에, 진리를 옹호하는 일에 전혀 관여하지 않을 뿐만 아니라, 사람들이 거짓을 타파하려고 노력하는 것마저도 못마땅하게 바라보기 때문이 아닐까요?

그러므로 그들은 한번 하나님 앞에서 성찰해 보기를 바랍니다. 당신네 결의론자들이 사방에 퍼뜨리고 있는 윤리가 교회에 얼마나 수치스럽고 해가 되는 것인지를, 그리고 그들이 사회의 풍습 속에 끌어들이는 방종이 얼마나 파렴치하고 지나친 것인지를, 그리고 당신들이 그들을 두둔해 주는 무모한 태도가 얼마나 고집스럽고 난폭한지를 말입니다. 만약에 그들이 지금이야말로 그러한 무질서에 반대해야만 할 때라고 판단하지 않는다면, 당신들의 맹목과 마찬가지로 그들의 맹목도 역시 개탄스러운 일일 것입니다. 왜냐하면, 신부님들, 당신들이나 그들이나 마찬가지로 복음서에 나오는 예수 그리스도의 말씀에 근거해서, 성 아우구스티누스가 했던 말씀을 두려워해야만 할 이유가 있기 때문입니다. 〈장님이 되어 남을 인도하는 자는 불행할지어다! 장님의 인도를 받는 자는 불행할지어다!〉(*vae caecis ducentibus! vae caecis sequentibus!*)[17]

하지만 당신들이 더 이상 남들에게도, 당신 자신들에게도 그런 인상을 줄 필요가 없도록 하기 위해서 신부님들(내가 당신들에게서 배워야 할 텐데, 오히려 내가 당신들에게 말씀을 드리게 되다니 부끄럽군요), 그런 비난이 경건과 자비의 정신에서 비롯된 것인지, 아니면 불경건과 미움의 정신에서 비롯된 것인지를 판단할 수 있도록, 교부님들께서 우리들에게 주신 규칙들을 말씀드리겠습니다.

그 규칙들 가운데 첫 번째 규칙은 신앙의 정신은 항상 진실하고 성실하게 말한다는 것입니다. 반면에, 시기와 미움은 거짓과 중상을 사용합니다. 성 아우구스티누스는 이렇게 말했습니다. 〈멋있는 말, 열정적인 말을 사용하라. 그러나 진실을 위해 사용하라.〉(*splendentia et vehementia, sed rebus veris.*) 거짓을 사용하는 사람은 누구나 사탄의 영에 의해서 행동합니다. 중상모략을 교정해 주는 '의도의 지도'란 결코 존재하지 않습니다. 그리고 온 세상 사람들을 회개시켜야 하는 때라 할지라도, 결백한 사람을 중상모략할 수는 없을 것입니다. 왜냐하면, 아무리 큰 선을 이루기 위한 일이라 할지라도, 지극히 작은 악이라도 범해서는 안 되기 때문입니다.[18] 그래서 성경은 이렇게 말합니다. 〈하나님의 진리는 우리의 거짓말을 필요로 하지 않는다.〉[19] 성 일레르는 〈오직 진실만을 제시하는 것이 진리를 수호하는 사람들의 의무다.〉라고 말했습니다. 따라서 신부님들, 나는 하나님 앞에서 이렇게 말할 수 있습니다. "나에게는 진리를 조금이

17 마태복음 15장 14절을 암시.

18 로마서 3장 8절 참조.

19 욥기 13장 7절 참조.

라도 손상시키는 것보다 더 혐오스러운 일은 없다. 나는 성경을 위조하는 것을 금지할 뿐만 아니라, 단 한 구절의 의미라도 날조하거나 왜곡하지 않도록 항상 아주 특별한 정성을 기울여 왔다." 따라서, 내가 그런 경우에 감히 성 일레르의 말을 사용한다면, 나는 당신들에게 이렇게 말할 수 있습니다. "만약에 우리들이 거짓된 것을 말한다면, 우리들의 말이 수치스러운 것으로 인정되기를 바랍니다. 그렇지만 만약에 우리들이 한 일들이 공개적이고 명백한 것으로 증명된다면, 그것들을 비난하는 것은 결코 사도들의 겸손과 자유에서 비롯된 것이 아닙니다."[20]

그렇지만 신부님들, 진실한 것들만 말한다고 해서 충분한 것은 아닙니다. 진실한 것들이라고 해서 모두 말해서는 안 됩니다. 왜냐하면, 드러냄으로써 유익한 것들만을 이야기해야 되고, 또 아무런 열매도 없이 상처만 주는 것들은 이야기해서는 안 되기 때문입니다. 그래서, 첫 번째 규칙이 진실하게 말하는 것인 것처럼, 두 번째 규칙은 신중하게 말하는 것입니다. 성 아우구스티누스는 이렇게 말했습니다. 〈외과 의사들은 자기들이 무엇을 찌르는지를 잘 관찰하지만, 살인자들은 자기들이 칼로 무엇을 찌르고 있는지 생각해 보지도 않는다. 마찬가지로, 악인들은 그들을 부추기는 맹목적인 열정에 따라서 선인들을 박해하는 반면에, 선인들은 현명하고도 신중하게 악인들을 박해한다.〉[21] 신부님들, 당신들의 금언들 중에서 가장 민감한 것들에 대해서 — 비록 신중함의 규칙을 어기지 않고서도 — 내가 이야기할 수 있었음에도 불구하고 그렇게 하지 않은 것을 당신들도 잘 알 것입니다. 예전에 학식 있는 독실한 가톨릭 신자들이 그렇게 했던 것에 대해서도 내가 이야기하지 않은 것을 잘 알 것입니다.[22] 그리고 당신네 저자들이 쓴 책들을 읽었던 사람들은 모두

20 파스칼은 아르노의 번역을 수정했다.

21 파스칼은 아르노가 번역한 것을 요약했다.

22 파스칼은 16세기 말에 여론을 들끓게 만들었던 시역죄 논쟁에 대해서 암시하고 있다.

가, 이 점에 있어서 내가 얼마나 당신들을 너그럽게 대해 주고 있는지를, 당신들만큼 잘 알 것입니다. 그 외에도 당신들 개인에 관한 것들에 대해서는, 내가 그 어떤 것도 특별히 말하지 않았다는 점을 잘 알고 계시겠죠. 하지만 아무리 내가 그에 대한 증거를 가지고 있었다 하더라도, 은밀하고 개인적인 잘못들에 대해서는 내가 아무것도 말하지 않았던 것이 지금은 유감스럽게 느껴집니다.[23] 왜냐하면, 나는 그것이 미움과 원한의 속성이라는 사실을 잘 알고 있고, 또 교회의 선을 위해서 아주 절박하게 필요한 일이 아닌 한, 결코 그렇게 해서는 안 된다는 사실을 잘 알고 있기 때문입니다. 그러므로 내가 당신들의 윤리에 관한 금언들에 대해서는 어떤 식으로든지 내가 조심성이 부족하지 않았고, 그래서 당신들이 내가 신중하지 못하다고 불평하기보다는 오히려 내가 조심성이 있다고 칭찬해 줄 만한 이유가 더 많았음이 분명합니다.

신부님들, 세 번째 규칙은 어떤 조롱거리를 이용하지 않을 수 없을 때, 경건한 정신의 소유자는 잘못을 반박할 때만 그것을 이용하고, 성스러운 것을 반박할 때는 그것을 이용하지 않는다는 것입니다. 반면에, 우스꽝스럽고, 불경건하고, 이단적인 정신의 소유자는 성스러운 것도 조롱합니다. 이 점에 있어서는, 나의 정당성이 이미 입증되었습니다. 그래서 내가 당신네 저자들에 관해 이야기했던 의견들을 단지 말해 주기만 하면 되는 경우, 사람들은 결코 그런 악덕에 빠지지 않습니다.

끝으로 신부님들, 이 규칙들을 요약해 보자면, 나는 다른 모든 규칙들의 원리이자 목적인 다음과 같은 규칙 외에는 더 이상 말씀드리지 않겠습니다. 그것은 바로 사랑의 마음입니다. 이 마음 때문에 우리는 사람들

23 이것은 포르루아얄 수도원이 그 당시부터 이 문제에 관한 자료를 보유하고 있었음을 암시한다. 그러나 아르노는 그가 쓴 『제주이트 사제들의 실천 윤리』에서 이 자료를 거의 사용하지 않았다. 그러다가, 18세기에 『새로운 성직자들』이라는 유명한 책을 통해서 그에 대한 비판이 알려지게 되었다.

에게 반박을 하면서도 그 사람들의 구원을 위한 소망을 마음속에 간직하고 있으며, 사람들을 비난하면서도 동시에 그들을 위해 하나님께 기도하게 됩니다. 성 아우구스티누스는 이렇게 말했습니다. "우리들은 마음속에 항상 사랑을 간직해야만 한다. 겉으로는 남들에게 가혹하게 보이는 일을 하지 않을 수 없을 때라 할지라도, 그리고 그들에게 거칠고 모질게 타격을 주지 않을 수 없을 때라 할지라도, 자신들의 만족보다는 먼저 그들의 유익을 앞세워야만 한다." 신부님들, 내 편지들 속에는 내가 당신들에 대한 사랑의 감정을 가지고 있지 않았다는 사실을 입증할 만한 것이 아무것도 없다고 생각합니다. 따라서, 당신들이 내 편지들 속에서 사랑과 반대되는 것을 아무것도 찾지 못한다면, 결국 내 안에 사랑이 있다고 믿지 않을 수 없을 것입니다. 그러므로 당신들은 내가 이 사랑의 규칙을 위반하면서, 그리고 사랑에 뒤따르는 규칙들 중 그 어떤 것을 위반하면서, 잘못을 저질렀다는 것을 증명하지 못할 것으로 보입니다. 그렇기 때문에, 당신들은 내가 했던 행동들 가운데 그 어떤 것도 사랑에 위배된다고 말할 수 있는 아무런 권리가 없습니다.

하지만 신부님들, 그 규칙들 하나하나를 위반하는, 정말로 익살과 시기와 미움의 성격을 내포한 당신들의 행위를 단 몇 마디로 알아볼 수 있는 즐거움을 지금 맛보고 싶으시다면, 내가 그 몇 가지 예들을 보여 드리겠습니다. 그리고 그 예시들이 좀 더 알려지고 좀 더 당신들에게 친숙해질 수 있도록, 당신들의 글에서 직접 인용하도록 하겠습니다.[24]

먼저, 당신네 저자들이 성스러운 주제들과 전혀 어울리지 않게 이야기하는, 그 방식에 관한 것부터 시작해 보죠. 당신들은 농담이건, 연애 이야기이건, 아니면 진지한 이야기이건, 『환자들의 위로』[25]에 나오는 비네

24 다음에 계속되는 모든 구절들은 아르노의 편지에서 영향을 받은 것들이 아닌, 새로운 것들이다.

25 올프 가이야르(Olphe-Gaillard), 『환자들과 슬픔을 당한 자들을 위한 위로와 즐거움』, 루

신부의 수많은 우스운 꽁트들이 영적으로 슬퍼하는 사람들을 신앙적으로 위로해 주려는 목적과 어울린다고 생각하시나요? 당신들은 르무안 신부가 그의 『쉬운 헌신』 속에서 신앙심에 관해 이야기하는 방식이, 너무 세속적이고 너무 애교를 부린다고 말씀하지 않으시겠어요? 다시 말해서, 기독교의 덕을 세우려는 목적을 고려할 때 경멸심보다 존경심을 주기에 더 적합하다고 말씀하실 건가요? 그가 쓴 『윤리적 묘사』[26] 속에서는, 산문체에서건 운문체에서건 세속적인 허영심과 광기로 가득 찬 정신 외에 다른 것이 느껴지던가요? 『정숙함에 대한 찬가』라는 제목의 책 제7권에 나오는 오드 시(詩)에서 〈아름다운 것들은 모두가 붉은색이거나 아니면 불그스름한 색이다.〉라는 내용이 성직자에게 어울리는 단편인가요? 이 단편은 필자가 자주 얼굴이 붉어지는, 델핀이라는 부인을 위로하기 위해서 쓴 것이죠. 그래서 그는 매 소절마다 가장 존경스러운 것들은 장미나 석류처럼, 입이나 혀처럼 붉은 색이라고 말하죠. 그래서, 기독교 신자들이 경애심을 가지고 표현해야만 하는, 하나님 앞에 서 있는 듯한 축복된 영혼을, 그는 불경스럽게도 수도사들에게 수치스러운, 마치 여인의 환심을 사는 듯한 표현들과 감히 뒤섞고 있습니다.

하나님께서 그의 영으로 불을 밝히시고
그의 눈빛의 광채로 밝혀 주는
머리와 깃털로 이루어진
영광스런 천사들이여,
하늘을 나는 그 빛나는 얼굴들은
하나님의 불빛인지 그들의 불빛인지
항상 붉게 타오르는데,

앙, 1616.
26 1640년 파리에서 발간.

그들은 서로서로 날갯짓을 하며
그들의 열기에 부채질을 하네.
하지만 델핀, 그대에게선 붉은빛이
더욱 돋보이게 반짝이네.
왕처럼 자줏빛 옷을 입은
그대의 얼굴에 영광이 비칠 때.

신부님들, 이 시에 대해서 뭐라고 말씀하시겠습니까? 오직 자비심 외에는 다른 것은 아무것도 갖고 있지 않는 천사들의 열정보다도 델핀의 붉은 얼굴빛을 더 좋아하고, 천사들의 신비스런 날개를 한낱 부채와 비교하는 것이, 당신들이 보기에는 흠모할 만한 예수 그리스도의 몸을 신성시 여겨야만 할 신자의 입에서 나온, 매우 신앙적인 표현이라고 생각하십니까? 나는 그가 단지 여자의 환심을 사기 위해서, 델핀의 웃음을 자아내기 위해서, 그런 말을 했다고 알고 있습니다. 그리고 그것이 바로 거룩한 것들을 웃음거리로 만드는 일이라 할 수 있는 거죠. 만약에 사람들이 이 시 때문에 그에게 제재를 가했더라면, 비록 그가 그것을 변호하기 위해서 그 어떤 이유를 둘러댄다 할지라도, 그는 검열을 피할 수 없었을 것이라는 게 사실이 아닙니까? 그가 제1권에서[27] 다음과 같이 이야기하는 이유도 사실은 그에 못지않게 비난을 받을 만한 것이죠. 〈파르나스에 관해서는 소르본도 전혀 판결권이 없다. 그리고 그 나라에서 범하는 오류들은 검열도, 종교재판도 받지 않는다.〉 이것은 마치 산문체로 쓸 때만 신성모독이나 불경건이 금지되어 있는 것 같습니다. 하지만 그렇다고 해서 사람들은 적어도 같은 책의 서문 중 다른 부분에 나오는 다음과 같은 구절을 변호해 주지는 못할 것입니다. 〈그가 시를 쓰고 있는

27 사실은 제3권이다. 『윤리적 묘사』 243쪽 참조.

강변의 물은 시인들이 성수로 시를 지을 때처럼 너무도 깨끗하지만, 그 강물이 시에서 사탄을 쫓아내지는 못할 것이다.〉[28] 『종교의 핵심 진리 대전』 649쪽에서 가라스 신부가 했던 말도 마찬가지입니다. 그 책에서 그는 성육신의 신성한 신비에 대해서 〈인간의 인격과 말씀의 인격 사이에 양다리를 걸치고 있다.〉라는 식으로 이야기합니다. 이것은 이단에 신성모독을 추가하는 것입니다. 그리고 같은 책의 다른 곳, 510쪽에서 그는 다른 것들에 관해서는 많은 이야기를 하지 않았지만, 보통 'I+HS'라고 표시하는 예수님의 칭호에 대해서 이렇게 말합니다. "어떤 사람들은 십자 표시를 떼어내고 IHS와 같은 활자들만을 사용하는데, 이것은 벌거벗겨진 예수다."[29]

이런 식으로 당신들은 경애심을 가지고 말하지 않으면 안 된다는, 침범할 수 없는 규칙을 위반하고, 어쨌든 진실하고 신중하게 말해야만 한다는 규칙도 역시 위반하면서, 기독교의 진리를 수치스럽게 취급하고 있습니다. 당신들의 글 속에서 남을 중상모략하는 것보다 더 흔한 것이 뭐가 있죠? 브리자시에 신부의 글, 제1부 14-15쪽에서, 그가 하는 말은 진실한 것인가요? 포르루아얄의 수녀들은 성자들에게 기도하지 않으며, 그들의 교회당 안에는 성상이 전혀 없다는 말이 진실인가요? 그것은 아주 대담한 거짓말이 아닌가요? 왜냐하면, 파리의 모든 시민들의 눈에는 그와 정반대로 보이니까요. 신부님, 그가 순수하고 엄격한 생활을 하고 있는 수녀들의 순수성을 헐뜯으면서, 그 수녀들은 회개하지 않는 여자들이라고, 성사도 참여하지 않고 영성체도 하지 않는, 환상적인 미친 여자들이며, 절망에 빠진 갈리칸족들이라고 말할 때, 그리고 그가 지금은 고인이 되신 파리 대주교의 검열을 받도록 만들 만큼 또 다른 수많은 험

28 이것은 인용이 아니라 본문을 각색한 것이다. 『윤리적 묘사』 28쪽 참조.

29 파스칼이 인용한 원문은 생 시랑의 책에 있다. 그는 아마도 이것을 아르노를 통해서 알았을 것이다.

담으로 수녀들을 비방할 때, 그는 과연 신중하게 말한 것입니까?[30] 사제들의 품행이 전혀 나무랄 만한 점이 없음에도 불구하고, 게다가 아무런 증거가 없을 뿐만 아니라 전혀 그런 기미도 겉모습도 보이지 않음에도 불구하고, 그는 그의 책 제1부 22쪽에서 그렇게도 끔찍한 중상모략을 합니다. 그것은 참기 어려울 정도로 무모한 짓이 아닌가요? 그는 이렇게 비방합니다. "그 사제들은 예쁘고 순진한 수녀들을 손에 넣기 위해서 새로운 고해 방법을 시행하고 있는데, 그들이 범하고 있는 가증스런 범죄들은 입에 담기에도 혐오스럽다." 이 주제에 대해서는 더 이상 이야기하지 않겠습니다. 다음에, 좀 더 자세히 당신들에게 다시 이야기하겠습니다. 왜냐하면, 나는 이 문제에 관해서 당신들에게 꼭 이야기해야 하기 때문이죠. 그리고 내가 말한 것들은 당신들이 얼마나 진실함과 신중함에 위배되는 죄를 짓고 있는지를 보여 주기에 충분한 것이기 때문입니다.

그렇지만 이렇게 말할 수는 있겠지요. 당신들은 적어도 마지막 규칙, 즉 '자기가 중상모략하고 있는 사람들이 구원을 얻기를 바라는 마음을 가져야만 한다'라는 규칙을 위반하는 죄를 짓지는 않는다고요. 그리고 하나님만이 알고 계시는 당신 마음속의 비밀을 남들이 꿰뚫어 보지 않고서는 그런 비난을 할 수 없을 것이라고요. 그렇지만 신부님들, 당신들을 설득할 만한 것들을 우리가 알고 있다는 게 오히려 이상한 일입니다. 그리고 적들에 대한 당신들의 증오는 그들이 영원히 멸망하기를 바랄 정도까지, 그리고 당신들의 맹목은 추악한 소망을 드러낼 정도까지 되었죠. 게다가, 그들이 구원을 얻도록 은근히 도와주기는 커녕, 당신들은 공개적으로 그들이 영벌을 받기를 소망하셨지요. 그리고 캉 시에서의 그 불행한 기원[31]이 교회 전체의 추문이 된 후에, 당신들은 파리에서 출

30 역주) 포르루아얄 수녀원에 대한 비방과 탄압을 암시하는 것으로 보인다.

31 1653년 6월, 캉 시에 있는 제주이트 학교 학생들의 기원. 성모에게 드리는 20줄의 라틴어 시 형식으로서, 장세니우스와 그의 제자들을 비난하는 내용이 담겨 있다(Louis Cognet, p. 211).

판한 책에서도 감히 그토록 악마적인 행동을 지지했지요.[32] 당신들의 신앙심에 어긋나는 이런 지나친 행위들에 대해서, 나는 더 이상 덧붙일 말이 없습니다. 지극히 성스러운 것들에 대해서도 비열하게 말하면서 비웃고, 수녀들과 사제들을 거짓말로 터무니없이 중상모략하고, 결국에는 그들을 정죄하기를 바라고, 또 그렇게 기원하다니요. 신부님들, 나는 당신들이 혼동에 빠져 있지 않은지 걱정됩니다. 그리고 어떻게 해서 당신들이 나를 사랑이 결여된 사람이라고 비난할 생각을 하셨는지 모르겠습니다. 나는 최대한 진실하게, 신중하게 말하고 있을 뿐인데, 당신들은 자신들의 행동이 사랑에 대한 무서운 모독이 된다는 것을 생각해 보지도 않은 채, 그렇게 심한 분노를 표시하다니요.

끝으로, 신부님들, 당신들이 나에게 하고 있는 또 다른 비난으로 마무리 하려고 합니다. 당신들은 내가 말한 당신들의 수많은 금언들 가운데 몇 가지 금언들에 대해서 〈사람들이 이미 반박한 적이 있었던 것들인데, 내가 또다시 되풀이한다〉고 불평하고 있습니다. 나는 반대로 사람들이 말한 것을 당신들이 참고하지 않았기 때문에 내가 당신들에게 반복해서 이야기한 것이라고 대답하겠습니다. 왜냐하면, 유식한 박사님들과 대학 전체가 그렇게나 많은 책들 속에서 당신들에게 반복해서 이야기했지만, 무슨 결과가 있었습니까? 아나, 코생, 팽트로, 르무안 등, 당신네 신부님들이 했던 답변들을 보면, 자기들에게 그렇게 유익한 의견들을 제시했던 사람들을 욕설로 뒤덮은 것 외에, 무엇이 있었습니까? 그 사악한 금언들을 가르치는 책들을 없애 버렸나요? 그 책들의 저자들을 처벌했나요? 그로 인해서 당신들이 좀 더 조심하게 됐나요? 그때 이후로, 에스코바르의 책이 프랑스와 네덜란드에서 여러 번 출판되었고, 셀로, 바고, 라미, 르무안과 또 다른 당신네 교단의 신부들이 여전히 동일한 것들을 끊

32 1655년 5월, 아르노가 아나 신부에게 보낸 편지에서 언급하였다.

임없이 출판하고 있고, 그 어느 때보다도 더 추잡한, 새로운 것들을 출판하고 있지 않나요? 그러므로 신부님들, 내가 당신들이 결코 버리지 못하는 금언들에 대해서 비난하는 것도, 내가 당신들의 새로운 금언들에 대해서 반박하는 것도, 내가 그 모든 것들에 대해서 조롱하는 것도 불평하지 마십시오. 당신들은 그 금언들 속에서 당신들이 혼동하고 있는 것과 내가 변호하고 있는 것을 알아보기 위해서는 곰곰이 생각해 보기만 하면 됩니다. 헛간에 불을 지른 사람에 대한 보니 신부의 결정, 도둑질의 배상에 대한 셀로 신부의 결정, 마술사들에게 유리한 산체스의 규정, 들판에서 산책하면서 사람을 기다렸던 것이라고 말함으로써 '결투'를 하는 것을 피하게 만든 후르타도의 방법, 고리대금을 피하기 위한 보니 신부의 의례적인 말, 의도를 돌려서 성직 매매를 피하는 방법, 어떤 때는 큰 소리로, 어떤 때는 작은 소리로 말함으로써 거짓말을 피하는 방법, 이외에도 당신네 가장 권위 있는 박사님들의 의견들을 들어 보고서 웃지 않을 사람이 누가 있겠습니까?[33] 신부님들, 내가 나의 입장을 정당화하기 위해서 더 필요한 게 있을까요? 〈조롱은 그러한 의견들의 헛됨과 약점 탓이다〉라는 터툴리아누스의 말[34]보다 더 적합한 게 있을까요? 하지만 신부님들, 당신들의 금언 때문에 발생하는 품행상의 부패는 또 다른 성찰을 해 볼 만합니다. 그래서, 앞서 말한 터툴리아누스의 다음과 같은 물음을 던져 볼 수 있습니다. "그들의 광기를 보고 비웃어야 할까, 아니면 그들의 맹목을 보고 슬퍼해야 할까?"(*Rideam vanitatem, an exprobrem coecitatem?*) 신부님들, 나는 성 아우구스티누스의 말대로, "자신의 선택에 따라서 웃을 수도 있고 울 수도 있다."(*Hoec tolerabillius vel ridentur, vel flentur.*)고 생각합니다. 그러므로 성경 말씀대로 〈웃을 때가 있고, 울 때

33 일곱 번째 편지부터 아홉 번째 편지 참조.

34 위에서 언급했다.

가 있다.〉는 것을 인정하십시오.[35] 그래서 신부님들, 나는 당신들에게서 다음과 같은 잠언서 말씀의 진리를 경험하게 되지 않기를 바랍니다. 〈분별력이 없는 자들과 함께 있으면 웃든지, 분노하든지, 그들과 어떤 방법으로든지 만족할 수가 없다.〉[36]

35 전도서 3장 4절.
36 잠언 29장 9절.

[열두 번째 편지 내용 요약]

몽탈트는 이 편지에서 제주이트 신부들의 속임수를 폭로하고 있다. 당신들은 나를 불경한 자, 익살꾼, 무식쟁이, 어릿광대, 험담꾼, 중상모략자, 협잡꾼, 이단자, 변장한 칼뱅파, 악마 군대에 소속된 뒤물랭의 제자 등 당신들 마음에 드는 대로 다 부르고 있다. 나는 왜 당신들이 나를 이런 식으로 취급하는지를 세상 사람들에게 알리고 싶다. 혼자서, 힘도 없이, 오직 진실성과 성실성만으로 버티고 있는 내가 사기를 친 것으로 입증되어 모든 것을 잃어버릴 처지에 놓인다는 것은 있을 법한 일이 아니다. 당신들은 당신들이 하고 싶은 대로, 마음대로 나를 반박할 수 있지만, 나는 하소연할 사람이 아무도 없다. 하지만 당신들이 온갖 수단을 동원하여 나를 위협하는 것으로는 내가 나 자신을 변호하지 못하도록 막을 수 없을 것이다. 당신들은 힘을 가지고 있고, 처벌을 면제해 줄 수 있는 권한이 있다고 생각하겠지만, 나는 진리와 결백함을 가지고 있다고 생각한다.

당신들이 첫 번째로 속인 것은 '자선'에 관한 것이다. 바스케즈 추기경의 이론에 의하면, <남은 것으로 하는 자선>은 다음과 같은 한 가지 금언만으로도 완전히 사라지게 된다. "세상 사람들은 자기 자신이나 자기 부모들의 생활 수준을 높이기 위해서 간직하고 있는 것들을 '남은 것'이라고 부르지 않는다. 그렇게 되면, 왕들에게조차도 남은 것이란 거의 있을 수가 없다." 따라서, 대부분의 사람들에게서 '자선'이란 말이 사라져 버릴 것이다. 두 번째로 속인 것은 '성직매매'에 관한 것이다. 당신들은 성직매매자들에게 가혹한 처벌을 가하는 교회의 규정과, 치사한 거래를 추구하는 수많은 사람들의 탐욕 사이에서 통상적인 방법을 따르고 있다. 즉, 사람들에게는 그들이 원하는 것을 허락해 주고, 하나님께는 다음과 같이 공허한 말과 겉치레를 바치는 것이다. "만약에 영적인 것을 주게 하려는 동기에서, 혹은 그것을 주었다고 감사하는 마음에서 물질적인 재물을 취할 경우, 그것은 성직매매가 아니다."

열두 번째 편지

존경하는 제주이트 신부님들께

1656년 9월 9일[1]

존경하는 신부님들,

당신들이 아주 오래전부터 나를 모욕하는 글을 써 왔었기 때문에, 나는 답장을 쓸 준비를 하고 있었습니다. 당신들은 나를 〈불경한 자, 익살꾼, 무식쟁이, 어릿광대, 험담꾼, 중상모략자, 협잡꾼, 이단자, 변장한 칼뱅파, 악마 군대에 소속된 뒤물랭[2]의 제자〉 등 당신들 마음에 드는 대로 다 부르고 있습니다. 나는 왜 당신들이 나를 이런 식으로 취급하는지를 세상 사람들에게 알리고 싶었습니다. 왜냐하면 나는 사람들이 나에 대해서 그렇게 생각하고 있다는 것이 불쾌했기 때문이죠. 그래서 나는 당신들의 험담과 중상모략에 항의하기로 결심하고 있었는데, 당신들이 또다시 나를 고발하는 내용의 답장들을 읽게 되었습니다. 당신들은 그렇게 해서 나의 계획을 억지로 바꾸려고 하겠지만, 나는 그래도 역시 어떻

1 아르노는 그의 형제인 앙제의 주교에게 9월 17일에 이렇게 썼다. “사람들이 스웨덴 여왕에게 열두 통의 편지들을 보냈다. 그녀는 편지를 받고 기뻐했지만, 뭐라고 했는지는 알려지지 않았다.”

2 피에르 뒤물랭(Pierre Du Moulin, 1568-1658). 유명한 개신교 논쟁가. 1631년 결의론자들을 공격하는 작품인 『성서의 전통과 완벽성과 충분성』을 발표했다.

게 해서든지 내 계획을 계속 밀고 나갈 것입니다. 왜냐하면 나는 나 자신을 변호함으로써, 당신들이 내 탓으로 돌리고 있는 그 거짓된 것이야말로 진짜 사기라는 것을 당신들에게 입증해 주고 싶기 때문입니다. 신부님들, 사실 당신들이 나보다 더 의심스럽습니다. 나처럼 혼자서, 힘도 없이, 오직 진실성과 성실성만으로 버티고 있는 사람이 '사기(詐欺)'를 친 것으로 입증되어 모든 것을 잃어버릴 처지에 놓인다는 것은 있을 법한 일이 아니기 때문입니다. 이와 같은 사실의 문제들 속에서 거짓을 드러내기는 너무도 쉬운 일이기 때문에 나를 고발할 사람들이 틀림없이 있을 것입니다. 그렇다고 해서, 그 사람들이 정의를 거부할 수는 없을 것입니다. 신부님들, 당신들은 이런 처지에 놓여 있지 않습니다. 당신들은 당신들이 하고 싶은 대로, 마음대로 나를 반박할 수 있지만, 나는 하소연할 사람이 아무도 없습니다. 우리들의 상황이 이렇게 다르다 보니, 고려해야 할 또 다른 상황들이 발생하지 않는 한, 나로서는 신중하게 행동하지 않을 수 없습니다. 그렇지만 당신들이 나를 굉장한 중상모략가 취급을 하고 있어서, 나는 맞대응을 하지 않을 수 없군요. 하지만, 그러기 위해서는 당신들의 몇 가지 도덕적인 문제점들을 다시 설명하고, 그것들을 좀 더 심도 있게 들춰내야만 한다는 것을 당신들도 아실 겁니다. 그 점에 있어서, 나는 당신들이 좋은 정치가들인지 의심스럽습니다.[3] 싸움은 당신네 진영에서, 당신들의 비용으로 이루어지고 있죠. 당신들은 스콜라 학파의 용어를 써 가면서 문제를 복잡하게 만들어서, 그에 대한 답변이 아주 길어지고, 모호해지고, 매우 까다로워지게 되면 사람들이 그에 대한 흥미를 잃어버리게 될 거라고 생각하셨겠지만, 그런다고 해서 그런 일이 꼭 그렇게 되지는 않을 것입니다. 왜냐하면, 나는 이런 종류의

3 파스칼은 다른 메모장에 이렇게 썼다. "당신들은 악한 정치가들입니다."(『팡세』, 셀리에 판, 450편) 조금 위에서 언급한 '사기'는 누에 신부가 몽탈트의 편지들을 사기라고 규정하면서 쓴 반박문들이다. 열다섯 번째 편지 참조할 것.

글쓰기에서 가능한 한, 당신들을 지루하지 않게 만들려고 노력할 것이니까요. 당신들의 금언은 사람들을 항상 즐겁게 만드는, 뭔지 모를 어떤 흥미거리가 있죠. 이런 해명을 하도록 나를 끌어들인 게 바로 당신들이라는 사실을 기억하시고, 지금부터 누가 더 자기 변호를 잘하는지 보십시다.

여러분들이 첫 번째로 속인 것은 '자선에 관한 바스케즈의 의견'에 대한 것입니다. 그러니, 우리들의 논쟁에서 애매모호한 점들을 모두 제거하기 위해서 내가 명확하게 설명할 테니까, 인내하면서 내 말을 들어 보십시오. 신부님들, 교회의 정신에 따르면, 자선에 두 가지의 원칙이 있다는 것은 잘 알려진 사실입니다. 하나는, 자기가 쓰고 남은 것 중에서 가난한 자들의 일상생활에 필요한 것들을 제공해 주는 것이고, 다른 하나는, 자기에게 필요한 것인데도 상황에 따라서 꼭 필요한 자들에게 제공해 주는 것입니다. 이것은 성 토마스에 이어서, 카즈탕[4]이 말했던 것입니다. 그러므로 자선에 관한 바스케즈의 정신을 보여 주기 위해서는, 그가 남은 것으로 하는 자선과 필요한 것으로 하는 자선을 어떻게 정리했는지 보여 주면 됩니다.

가장 일상적으로 가난한 자들을 도와줄 수 있는 '남은 것의 자선'은, 내가 편지에서 언급한 적이 있는 『자선론』 제4장 14번의 다음과 같은 단 한 가지 금언만으로도 완전히 사라지게 됩니다. 〈세상 사람들은 자기 자신이나 자기 부모들의 생활 수준을 높이기 위해서 간직하고 있는 것들을 '남은 것'이라고 부르지 않는다. 그렇게 되면, 세상 사람들은 물론이고 왕들에게조차도 남은 것이란 거의 있을 수가 없다.〉[5] 신부님들, 바스

4 토마스 데 비오(Thomas de Vio, 1469–1534). 카즈탕(Cajetan)이라고도 부른다. 루터와의 논쟁에서 매우 중요한 역할을 했던 도미니크회 수도사. 가장 잘 알려진 그의 저서는 『성 토마스의 대전에 관한 해설』(로마, 1507–1523)이다.

5 여섯 번째 편지, 118쪽에서 디아나가 인용했던 내용. 복음서의 '남은 것'을 임의로 해석하여 자선의 필요성을 희석시켰다.

케즈의 정의에 따르면 야심을 가진 모든 사람들에게는 남은 것이란 존재하지 않을 것임을 당신들도 잘 알겠지요. 그렇게 되면, 대부분의 세상 사람들에게서 '자선'이란 말이 사라져 버릴 것입니다. 바스케즈는 부자들에게 자선을 베풀도록 요구하는 것에 반대합니다. 그의 의견에 따르면, 그들에게 '남은 것'이 있을 때라 하더라도, 궁핍한 처지에 있는 사람들에게 그것을 제공해 주지 않아도 될 것입니다. 그의 책 제1장 32번에서, 바스케즈가 말한 것은 다음과 같습니다. 〈코르두바[6]는 자기에게 남은 것이 있을 때는 계율을 어느 정도 성취하기 위해서, 적어도 그 일부를 궁핍한 사람들에게 제공해 주어야 한다고 가르친다. 하지만, 그 일은 내 마음에 들지 않는다.(*sed hoc non placet.*) 왜냐하면, 카즈탕과 나바르가 그와 반대되는 말을 했기 때문이다.〉 따라서 신부님들, 바스케즈[7]가 원하는 바대로 자선의 의무는 완전히 사라져 버립니다.

극도로 긴급하게 필요한 처지에 놓여 있는 사람들에게 자선을 베풀어야 하는, '필요한 것'의 자선에 대해서 말하자면, 그런 의무를 이행하기 위해서 바스케즈가 이야기하고 있는 조건에 따른다면, 파리 최고의 부자라 하더라도 평생에 단 한 번도 자선을 베풀지 않을 수도 있습니다. 그에 관해서는 두 가지 상황만 말씀드리겠습니다. 한 가지 상황은 제1장 28번에 의하면, '가난한 자는 다른 어떤 사람의 도움도 받지 못할 것'임을 알아야 한다는 것이죠.(*hoec intelligo et coetera omnia, quando scio nullum alium opem laturum.*) 신부님들, 당신들은 그에 관해서 뭐라고 말씀하시겠습니까? 자비로운 사람들이 그토록 많이 살고 있는 파리에서, 우리들 눈앞에 보이는 가난한 자를 도와줄 사람이 아무도 없게 되는 일이 자주 발생하지 않을까요? 그렇지만, 바스케즈의 의견에 따르면, 사람들은 이런 사실도 모른 채, 가난한 사람에게 아무런 도움도 주지 않고 돌려보낼 수

6 앙투안 드 코르두바(Antoine de Corduba, 1485-1578). 프란치스코 수도사이다.

7 바스케즈(Gabriel Vasquez), 『윤리 소품집』(*Opuscula Moralia*), 리옹, 1631.

도 있을 것입니다. 다른 한 가지 상황은, 24번, 26번에 따르면 그 가난한 자의 궁핍함이 '그가 어떤 치명적인 사고를 당하거나, 또는 그의 평판을 잃어버릴 정도로 위협을 당하는 것'이죠. 그런 일은 흔한 일이 아니고, 매우 희귀한 경우입니다. 이것은 그가 45번[8]에서 말하고 있죠. 〈사람들이 자선을 베풀어 주지 않으면 안 되는 상태에 놓여 있는 가난한 자는 '양심의 가책 없이 부자의 것을 훔칠 수 있다.'〉 그러므로 도둑질이 허용되는 것을 바라지 않는다면, 그런 일은 아주 예외적인 경우여야만 합니다. 그 결과, 바스케즈가 자비심의 가장 큰 원천인 '남은 것'으로 자선을 베풀어야 하는 의무를 폐지시킨 후에, 가난한 자들이 부자들의 것을 도둑질하도록 허용하는 경우가 아니라면 부자들은 그들의 '필요한 것'들 중에서 가난한 자들을 도와주어야 할 의무가 없습니다. 바로 이것이 바스케즈의 원리입니다. 당신들은 독자들에게 이 점을 참조하게 하십시오.

이제 나는 당신들의 '사기(詐欺)'에 대해서 이야기하려고 합니다. 당신들은 바스케즈가 성직자들에게 자선을 베풀도록 의무를 부과한 것에 대해서 길게 이야기했었죠. 하지만 나는 그에 관해서 아직 단 한 마디도 하지 않았고, 당신들이 원할 때 그에 관해서 이야기하려고 합니다.[9] 그래서, 여기서 내가 말하고자 하는 문제는 그게 아닙니다. 여기서 문제는 단지 평신도들에 관한 것입니다. 당신들은 내가 인용한 부분에서, 바스케즈가 말한 것은 자기 자신의 의견이 아니라, 카즈탕이 말한 의견이라는 것을 이해시키려고 하는 것 같습니다. 그렇지만 그보다 더 틀린 말이 없는 데다가, 당신들이 그것을 분명하게 말하지 않았기 때문에, 나는 이렇게 믿고 싶습니다. 당신들이 그것을 말하고 싶어 하지 않는 이유는 바로 당신들의 명예 때문이라고 말이죠.

8 오류 수정. 사실은 60번이다.

9 사실상, 파스칼은 뒤에서 이 문제를 언급하지 않았다. 다만, 니꼴이 열두 번째 편지 각주 2에서 간결하게 바스케즈를 인용한다.

그러고 나서, 바스케즈의 금언인 "세상 사람들은, 심지어 왕이라 할지라도, 결코 '남은 것'이 아무것도 없다."는 말을 듣자마자, 나는 이렇게 결론을 내렸죠. "따라서 부자들은 그들의 남은 것으로 자선을 베풀 의무가 거의 없다." 그런데 이것에 대해서, 당신들은 큰소리로 불평을 합니다. 하지만 신부님들, 당신들은 뭐라고 하시겠습니까? 만약에 부자들마저 남은 것이 거의 없다는 게 사실이라면, 그들이 결코 남은 것으로 자선을 베풀 의무도 거의 없다는 게 확실하지 않은가요? 디아나는 바스케즈를 '정신의 불사조'[10]라고 부를 정도로 존경하고 있는데, 만약에 디아나가 동일한 원리로부터 동일한 결론을 이끌어 내지 않았었다면, 나는 이 문제를 논증의 형식을 갖추어 당신들에게 제시할 겁니다. 왜냐하면, 디아나는 바스케즈의 이 금언을 이야기한 후에, 다음과 같이 결론을 내렸기 때문이죠. "그 문제에 있어서, 부자들이 그들의 남은 것으로 자선을 베풀어 줄 의무가 있는지를 아는 것은, 설령 그들이 그럴 의무를 가지고 있다는 의견이 사실이라 할지라도, 일상생활에서 그 의견이 의무가 되는 일은 결코 일어나지 않을 것이다."[11] 나는 그 논리를 단지 한 마디 한 마디 따라서 한 것뿐입니다. 그러니 신부님들, 이것에 대해서 뭐라고 하시겠습니까? 디아나가 찬사를 보내며 바스케즈의 견해를 이야기했을 때, 그리고 그가 같은 책 동일한 대목에서 말한 것처럼, 그의 견해들이 개연성이 있고, 부자들에게는 매우 편리한 것이라고 생각했을 때, 그는 중상모략자도 위조자도 아니었죠. 그리고 당신들은 그가 바스케즈를 존경한다는 사실에 대해 결코 불평하지도 않았습니다. 반면에, 내가 — 비록 그를 불사조 취급은 하지 않았지만 — 바스케즈의 견해를 동일하게 설명하자, 나는 그의 금언에 대한 중상모략자요, 위조자요, 파괴자가 되었습니다. 신부님들, 당신들은 분명히 무언가 두려워하고 있는

10 다섯 번째 편지, 113쪽 참조.

11 여섯 번째 편지, 118쪽에서 인용된 내용.

어떤 이유가 있는 것이로군요. 그들이 진술하는 내용에는 아무런 차이가 없음에도 불구하고, 그들이 단지 당신들의 교리를 어떻게 평가하고 있느냐에 따라서 당신들이 그들을 전혀 다르게 대접하는 것을 보면, 당신들의 속마음을 알 수 있겠군요. 즉, 당신들의 주된 목적이 당신네 교단의 신용과 명예를 유지하는 것이라고 판단하게 만드는군요. 왜냐하면, 당신들의 타협적인 신학이 현명한 관용으로 받아들여지고 있는 동안에, 당신들은 당신들의 의견에 맞는 신학을 발표하는 사람들에 대해서는 결코 비난하지 않을 뿐만 아니라, 오히려 당신들의 계획에 도움이 되는 것처럼 그들을 칭찬하고 있기 때문입니다. 그렇지만, 사람들이 그 신학을 해로운 방종이라고 인식할 때는, 당신들의 공동의 이익 때문에 그 금언들을 부인하지 않을 수 없게 되고, 결국 그 금언들 때문에 당신들이 세상 사람들에게 피해를 주게 되죠. 그렇게 해서, 당신들은 그 금언들을 인정하든지 부인하든지 하게 되는데, 불변의 진리를 따르는 것이 아니라, 다양한 시대의 변화에 따라갑니다. 즉, 옛사람이 했던 말과 같은 거죠. "시대를 따라서 모든 것을 하고, 진리를 따라서는 아무것도 하지 않는다.(*Omnia pro tempore, nihil pro veritate.*)" 신부님들, 이 점에 주의하십시오. 당신들은 내가 바스케즈의 원리로부터 그가 부인했던 결과를 이끌어 냈다고 고발할 수 없습니다. 그 자신도 제1장 27번에서 다음과 같은 결론을 이끌어 냈다는 사실을 아셔야 하니까요. 〈카즈탕과 나의 견해에 따르면, 즉 우리들의 견해에 따르면(*secundum nostram*), 사람들이 자기의 남은 것만 가지고 자선을 베풀어야 될 때는 거의 자선을 베풀지 않는다.〉 그러니, 신부님들, 바스케즈 자신이 증언한 것처럼 내가 그의 생각을 정확하게 따르고 있는 것을 인정하십시오. 그래서 당신들이 무슨 생각으로 감히 이런 말을 했는지 생각해 보십시오. "원전(原典)으로 거슬러 올라가 보면, 자기가 정반대로 가르치고 있구나 하는 것을 알고 깜짝 놀라게 될 것이다."

결국 당신들은 무엇보다도 당신들이 이렇게 말한 것을 강조합니다.

"바스케즈는 부자들이 그들의 '남은 것'으로 구제를 베풀도록 요구하지는 않지만, 그 대신에 그들에게 '필요한 것'으로 자선을 베풀도록 요구한다." 하지만, 당신들은 바스케즈가 이 의무를 이행하기 위해서 필요하다고 밝힌 조건들 전체를 기록하는 것을 잊으셨습니다. 내가 방금 언급한 그 조건들은 자선을 너무 심하게 축소시키기 때문에, 자선의 의무를 거의 완전히 없애 버립니다. 이와 같이 당신들은 바스케즈의 교리를 진지하게 설명해 주지 않은 채, 부자들에게 그들의 삶의 여건에서 필요한 것까지도 내어 주라는 일반적인 이야기를 합니다. 신부님들, 그것은 지나친 말입니다. 복음서의 규칙은 그렇게 깊이 들어가지 않습니다. 그것은 바스케즈와는 거리가 먼, 또 다른 오류일 것입니다. 당신들은 그의 풍기문란을 덮어 주기 위해서, 그에게 지나치게 엄격함을 부여함으로써 그를 비난하게 만들어 버립니다. 그렇게 함으로써, 당신들은 그 풍기문란에 대해서 성실하게 이야기해 주는 것에 대한 신뢰감을 잃게 만듭니다. 그러나 내가 보여 드렸던 바와 같이, 부자들은 정의에 의해서건 자비에 의해서건, 그들의 남은 것으로, 더군다나 그들의 꼭 필요한 것으로 가난한 자들의 일상적인 궁핍에 대해 자선을 베풀어야만 될 의무는 없는 것이며, 게다가 부자들이 꼭 필요한 것으로 자선을 베풀어 주는 만남의 경우는 거의 한번도 발생하지 않을 정도로 매우 보기 드문 경우에만 있을 수 있다고 설정해 놓고 본다면, 바스케즈는 비난받을 이유가 없습니다.

당신들은 나에 대해서 더 이상 아무것도 반박하지 못합니다. 그러니, 나에게는 이제 "바스케즈가 카즈탕보다 더 엄격하다."는 당신들의 주장이 얼마나 잘못되었는지를 보여 주는 일만 남았군요. 그런데 그것은 아주 쉬운 일입니다. 왜냐하면, 이 추기경은 이렇게 가르치고 있기 때문입니다.[12] 〈사람들은 가난한 자들의 일상적인 빈곤 상태에 대해서도 자기

12 니꼴은 추기경인 카즈탕의 견해를 이야기하는 바스케즈의 본문과 카즈탕의 본문을 질문 118, 4항에서 각주와 함께 삽입하였다.

의 남은 것으로 자선을 베풀어 주는 것이 당연한 의무다. 왜냐하면, 교부들의 말씀에 의하면, 부자들은 단지 필요한 사람들 중에서 자기가 원하는 사람에게 자기들의 남은 것을 베풀어 주는 공급자들이기 때문이다.〉 디아나는 바스케즈의 금언들이 부자들과 그들의 고해신부들에게는 매우 편리하고 유쾌할 것이라고 말하였지만, 이 추기경은 그들에게 해 줄 만한 위로의 말이 없었기 때문에 『자선론』 6장에서 이렇게 선언합니다. 〈부자들에게는 예수 그리스도의 다음과 같은 말씀 외에는 해 줄 말이 없다. '부자가 천국에 들어가는 것보다 낙타가 바늘 구멍으로 들어가는 것이 더 쉽다.' 그리고 그들의 고해신부들에게는 '소경이 다른 소경을 인도하면, 두 사람 모두 구덩이에 빠지게 될 것이다'라는 주님의 말씀 외에는 더 이상 해 줄 말이 없다.〉 그러니까 그는 이 의무가 반드시 필요하다고 생각했던 것이죠! 따라서, 교부들과 성자들은 이것을 변함없는 진리로 규정했습니다. 성 토마스는 제2부 제2편, 질문 118, 4항에서 이렇게 말합니다. 〈자선을 베풀어 주는 것이 당연한 의무가 되는 것은, 법적인 의무에 따라(*ex debito legali*) 두 가지의 경우들이 있다. 한 가지는 가난한 자들이 위험에 처해 있을 때이고, 다른 한 가지는 우리들이 남은 물질을 소유하고 있을 때이다. 그리고 질문 87, 1항에서는 유대인들이 가난한 자들과 함께 음식을 먹어야만 하는 세 번째의 10분의 1이 새로운 법에 추가되었다. 왜냐하면, 예수 그리스도께서는 우리들이 가난한 자들에게 10분의 1뿐만 아니라 우리들에게 남은 모든 것을 주기를 원하시기 때문이다.〉 그렇지만, 바스케즈는 사람들이 일부분만 주는 것을 의무라고 생각하기를 바랍니다. 그 정도로 그는 부자들에게는 호의적이고, 가난한 자들에 대해서는 가혹하죠. 이것은 세상의 부자들에 대해서 매우 가혹한 것처럼 보이고, 말씀의 진리를 달갑게 생각하는, 성 그레고리오의 다음과 같은 견해와 반대된 것입니다. 〈우리들이 가난한 자들에게 필요한 것을 줄 때, 그들의 것을 그들에게 돌려주는 것만큼 우리들의 것을 그들에게 주지 않고 있다. 그런데, 이것은 자비의 행위라고 하기보다는 당연

한 의무다.〉

성자들은 부자들에게 이런 식으로 권고합니다. 만약에 그들이 하늘의 보화를 가난한 자들과 함께 소유하고 싶다면, 지상의 보화도 그들과 함께 나누어 가지라고요. 반면에, 당신들은 사람들로 하여금 욕심을 가지라고, 그래서 남은 것이 하나도 없게 만들라고, 그리고 인색함을 가지라고, 그래서 남은 것이 있어도 베푸는 것을 거절하라고 이야기합니다. 그와 반대로, 성자들은 사람들이 그들의 '남은 것'을 남에게 주게 하려고 노력했습니다. 그리고 그들이 만약에 끝없는 탐욕에 의해서가 아니라 지혜롭게 절약하는 신앙심에 의해서 측정해 본다면, 그들에게 '남은 것'이 많이 있을 것임을 가르쳐 주려고 노력했습니다. 그래서 자비를 실천하면서 무언가 자기의 것을 베풀어 주려고 노력했습니다. 성 아우구스티누스는 이렇게 말했죠. "만일에 우리들이 필요한 것만 소유한다면, 남은 것이 많을 것이다. 그러나 만일에 우리들이 헛된 것들을 추구한다면, 우리들에게는 아무것도 충분치 않을 것이다. 형제들이여, 하나님의 일을 하기에 충분한 것, 즉 자연을 추구하시오. 사탄의 일을 하기에 충분한 것, 즉 탐욕을 추구하지 마시오. 그리고 부자들에게 남은 것은 가난한 자들에게 필요한 것임을 기억하시오."

신부님들, 내가 진정으로 당신들에게 바라는 것은, 내가 당신들에게 말한 것이 나를 정당화하는 데 도움이 될 뿐만 아니라 — 이것은 별 것이 아니겠지만 — 당신네 결의론자들의 금언 속에 들어 있는 부패한 것들을 당신들이 느끼고 혐오할 수 있도록 만드는 데에도 도움이 되는 것입니다. 그 이유는, 우리들 서로가 복음서의 거룩한 규칙들 속에서 진심으로 연합하게 되기 때문입니다.[13] 그리고 이 규칙들에 따라서 우리들 모두가 심판을 받아야만 하기 때문입니다.

13 파스칼, 『팡세』, 셀리에 판, 796편, 김형길 옮김(서울대학교출판문화원, 2010), 638-639쪽 참조.

두 번째 논점은 성직매매[14]에 관한 것입니다. 나에 대한 당신들의 비난에 답하기 전에, 나는 먼저 이 문제에 관한 당신들의 교리를 규명해 보려고 합니다. 성직매매자들에게 가혹한 처벌을 가하는 교회의 규정과, 치사한 거래를 추구하는 수많은 사람들의 탐욕 사이에서, 당신들은 통상적인 방법을 따라 왔습니다. 그 방법은 사람들에게는 그들이 원하는 것을 허락해 주고, 하나님께는 (공허한) 말과 겉치레를 바치는 것이었죠. 성직매매는 특혜(성직)를 주는 대신에 돈을 받으려는 것이 아니고 무엇이겠습니까? 그런데 당신들은 성직매매에서 이것(돈 받는 것)을 면제(용인)해 버렸습니다. 그렇지만, '성직매매'라는 말은 있어야만 하고, 또 이 말에 관련된 주제는 있어야만 하기 때문에, 이것 대신에 당신들은 성직매매자들의 머릿속에 전혀 떠오르지 않는, 그들에게 아무런 쓸모도 없는, 가상의 개념을 선택했습니다. 그것은 영적인 이익을 그 자체로서 고려했다고 평가하는 것과 마찬가지로, 돈도 그 자체로서 고려했다고 평가하는 것이죠. 어느 누구가 서로 종류가 다르고, 서로 균형이 맞지 않는 것들을 비교해 보려고 생각하겠습니까? 그래서, 당신네 저자들의 말에 의하면, 그런 형이상학적인 비교만 하지 않는다면, 그들은 자기의 특혜를 다른 사람에게 줄 수도 있고, 성직매매를 하면서도 하지 않는다고 떳떳하게 돈을 받을 수도 있는 것이죠.

당신들이 인간의 열정을 쫓기 위해서 종교를 우롱하고 있는 것은 바로 이런 식입니다. 당신들의 발렌시아 신부가 나의 편지 3권 토의 16, 3부 2044쪽의 인용 부분에서 얼마나 비중 있게 자기의 몽상을 늘어놓고 있는지 보십시오. 그는 이렇게 말합니다. 〈사람들은 영적인 것에 대한 대가로서 물질적인 것을 다음과 같은 두 가지 방식으로 줄 수 있다. 한 가

14 폴만은 성직매매를 이렇게 정의했다. "이것은 기독교에 위배되는 악덕이며 일종의 신성모독이다."(Polman, 1655). Jean Polman, 『신학 소사전』(*Breviarium theologium*), 리옹, 1655.

지는, 영적인 것보다 물질적인 것을 더 높이 평가하는 것인데, 이것이 성직매매다. 다른 한 가지는, 영적인 것보다 물질적인 것을 더 높이 평가하지는 않지만, 물질적인 것을 영적인 것을 주도록 유도하는 동기와 목적으로 생각하는 것이다. 그럴 경우에, 그것은 결코 성직매매가 아니다. 그 이유는 성직매매가 영적인 것에 대한 정당한 대가로서 물질적인 것을 받는 것이기 때문이다. 그러므로 만약에 사람들이 대가로서가 아니라 대가를 주도록 결정하는 동기로서 물질적인 것을 요구한다면(*si petatur temporale*), 비록 그 주된 기대와 목적이 물질의 소유에 있다고 할지라도, 그것은 전혀 성직 매매가 아니다.(*minime erit simonia, etiam si temporale principaliter intentatur et expectetur.*)〉[15] 그리고 당신네 위대한 산체스도 에스코바르의 이야기 6론, 예제 2, 40번에서 이와 유사한 내용을 밝히지 않았던가요? 그의 말은 이렇습니다. 〈만약에 사람들이 대가로서가 아니라 성직의 수여자에게 그 대가를 주도록 유도하는 동기로서 혹은 그에 대한 감사로서 영적인 것에 대해서 물질적인 재물을 준다면, 그리고 성직자가 이미 그것을 받았다면, 그것이 성직매매일까?〉 산체스는 '아니다'라고 단언합니다. 1644년에 캉 대학에서 발표된 당신들의 논문 내용은 다음과 같습니다. 〈사람들이 그것을 대가로서 주지 않을 경우, 영적인 것에 대해서 물질적인 재물을 주는 것은 성직매매가 아니라는 것이 여러 가톨릭 신자들이 배워 온 개연적 견해다.〉[16] 그리고 탄네루스에 관해서 말하자면, 그의 교리는 발렌시아의 교리와 유사합니다. 이것은 그의 교리가 성 토마스의 교리와 일치하지 않는다는 내 말에 대한 당신들의 불평이 얼마나 잘못되었는지를 보여 줄 것입니다. 왜냐하면, 나의 편지 3권 토의 5, 1519쪽의 인용 부분에서 그(탄네루스) 자신이 그 점을 인정하

15 파스칼은 여섯 번째 편지(125쪽)에서 발렌시아의 본문을 자유로운 형식으로 인용하였다.

16 캉 시(市)의 신학대학 교수이며 오라토리오회 수도사인 자크 뒤프레(Jacques Dupré)와의 논쟁(1652)에 의해서, 이 도시의 제주이트들에게 알려졌다.

고 있으니까요. 그는 이렇게 말하죠. 〈영적인 것에 대한 대가로 물질적인 재물을 취하는 것이 아니라면, 엄밀한 의미에서, 그리고 실제로 성직매매란 결코 존재하지 않는다. 하지만 만약에 영적인 것을 주도록 만들려는 동기에서, 혹은 그것을 준 것에 대한 감사로서 물질적인 재물을 취할 경우, 그것은 적어도 양심상으로는 결코 성직매매가 아니다.〉 그러고 나서 조금 후에는 이렇게 말합니다. 〈비록 사람들이 물질적인 것을 그 주된 목적으로 생각한다 할지라도, 그리고 영적인 것보다 물질적인 것을 더 우선시한다 할지라도, 동일하게 말해야만 한다. 즉, 성 토마스와 또 다른 사람들이 그와 반대로 말하고 있는 것처럼 보인다 할지라도 '물질적인 것이 그 목적일 경우, 물질적인 것을 얻기 위해서 영적인 특혜를 주는 것은 틀림없이 성직매매다'라고 그들이 확신하고 있다는 점에서, 동일하게 말해야만 한다.〉[17]

신부님들, 이것이 바로 당신들의 가장 훌륭한 저자들이 가르친 성직매매의 교리입니다. 그들은 이 점에 있어서 아주 정확하게 일관성이 있습니다. 그래서, 이제 나에게는 당신들의 '사기'[18]에 대답하는 일만 남아 있습니다. 당신들은 발렌시아의 의견에 대해서는 아무런 언급도 하지 않았지요. 따라서 당신들의 답변 후에도, 이 사람의 의견에 관한 답변이 여전히 남아 있는 거죠. 그런데 당신들은 탄네루스의 의견에만 머물러 있군요. 그래서 당신들은 탄네루스가 다만 '그것이 하나님의 법에서 성직매매가 아니다'라고 결정했을 뿐이라고 말하면서, 내가 이 구절에서 '하나님의 법에서'라는 말을 삭제했다는 것을 믿게 만들고 싶어 합니다. 신부님들, 그 점에 있어서는 당신들이 옳지 못합니다. 왜냐하면, 이 '하나님의 법에서'라는 말은 그 구절 속에 전혀 포함되어 있지 않기 때문이

17 여섯 번째 편지, 124-125쪽에서 본문이 언급되어 있다. 영적인 것보다 물질적인 것에 더 높은 가치를 두는 것이 '성직매매'라는 의미.

18 두 번째 '사기(Imposture)', 5쪽.

죠. 당신들은 그 다음에 덧붙여서 〈탄네루스가 그것은 '실정법에서' 성직매매다.〉라고 선언했다고 말합니다. 신부님들, 당신들은 오해하고 있습니다. 탄네루스는 일반적으로 그렇다고 말한 게 아니라, 그가 이곳에서 말한 바와 같이 '법으로 명시된 경우에(*in casibus a jure expressis*)'[19] 그렇다고 말한 것입니다. 이 점에 있어서는, 그가 "그것은 양심상의 성직매매가 아니다."라는 구절 속에 자기가 일반적으로 설정했던 것으로부터 한 가지 예외 조항을 둔 것입니다. 만약에 당신들이 탄네루스가 실정법에서 규정한 성직매매는 양심상의 성직매매가 아니라고 주장할 만큼 상당히 불경건한 사람이라고 말하고 싶지 않다면, 이 말은 '실정법에서도 역시 성직매매가 아니다.'라는 의미를 내포하고 있는 것입니다. 그렇지만, 당신들은 의도적으로 당신들의 탈선을 알아보지 못하도록, 어떤 애매모호한 말로 회피하기 위해서 하나님의 법이라든가 실정법, 자연법, 법정의 내부와 외부, 법에 명시된 경우와 외부의 추정, 그리고 또 다른 거의 알려져 있지 않은 말들을 찾아냅니다. 그렇지만 신부님들, 그런 쓸데없는 기교를 통해서 회피할 수는 없을 겁니다. 왜냐하면, 내 질문들은 너무나 단순한 것들이기 때문에, 굳이 구분해 봅시다(*distinguo*)라는 말이 필요없기 때문이죠.

나는 당신들에게 실정법에 대해서도, 외부 법정의 추정에 대해서도 말하지 않고, 다만 이렇게 질문하겠습니다. 4천 리브르의 급여를 받는 성직을 주고, 1만 프랑의 현금을 받았는데, 그것이 성직의 대가로서가 아니라 그 성직을 주도록 유도하는 동기로서 받은 것이라면, 당신네 저자들의 말에 의하면, 그 수혜자는 성직매매의 죄를 지은 것일까요? 신부님들, 나에게 분명하게 대답해 주십시오. 당신네 저자들의 말에 의하면, 그럴 경우에 뭐라고 결론을 내려야 됩니까? 탄네루스는 단호하게 이렇

19 '법으로 표현된 경우에'라는 의미. 이 말은 탄네루스의 구절 속에 들어 있다.

게 말하지 않겠어요? "그것은 양심상 성직매매가 아니다. 왜냐하면 그 물질은 성직의 대가가 아니고, 단지 그 성직을 주도록 만드는 동기일 뿐이기 때문이다." 발렌시아와 캉 시(市)에서 나온 당신들의 논문들 중에, 산체스와 에스코바르도 역시 동일한 이유로 〈그것은 성직매매가 아니다.〉라고 결정을 내리지 않겠어요? (그렇다면) 성직매매의 수혜자가 변명할 수 있도록 하기 위해서, 더 이상 필요한 게 뭐가 있겠습니까? 그러니 당신들 자신들이 그에 대해서 어떤 의견을 가지고 있다고 하더라도, 당신들은 고해소에서 그 수혜자를 감히 성직매매의 죄인으로 취급할 수 있겠습니까? 왜냐하면 그 수혜자는 비중 있는 여러 박사님들의 의견에 따라서 행동했기 때문에, 당신들의 입을 막을 권리가 있을 테니까요. 그러니 당신들도 그런 수혜자가 성직매매에 대해서 변명하는 것을 인정하시고, 할 수 있다면 이제는 그들의 교리를 옹호해 주시지요.[20]

신부님들, 당신들이 최근에 비난을 퍼부으면서 그랬던 것처럼, 스콜라 학파의 용어를 사용하거나, 아니면 질문의 형태를 바꾸어서 문제들을 더 복잡하게 만들지 않고 그 문제들을 해결하기 위해서 그 문제들을 어떻게 다루어야 하는지에 대한 방안이 바로 여기에 있습니다. 당신들은 이렇게 말했죠. 탄네루스는 적어도 '그러한 거래는 중대한 범죄다'라고 선언했다고 말입니다. 그러고 나서, 당신들은 나를 이렇게 비난하고 있죠. 내가 당신들이 주장하는 것 중에서 '그를 완전히 정당화시켜 주는' 특수성을 악의적으로 삭제해 버렸다고요.[21] 하지만, 당신들은 여러 가지 면에서 잘못하고 있습니다. 왜냐하면 당신들의 말이 사실일 경우, 내가 말하는 것 중에서 중요한 문제는 거기에 죄가 있느냐가 아니라, 단지

20 역주) 필자는 여기에서 성직매매자들에 대한 조소적인 표현을 사용하고 있다.

21 두 번째 '사기', 6쪽. "스콜라 학파의 구분을 모르는 백성들에게 탄네루스가 성직매매의 문을 열어 주었다는 것을 믿게 만들기 위해서, 탄네루스를 정당화시켜 주는 마지막 부분을 삭제하고, 처음 부분을 부각시킨 것은 비상할 정도로 악한 사람만이 할 수 있지 않겠는가?"

성직매매가 있느냐를 알아보려는 것뿐이기 때문이죠. 그런데 이것들은 전혀 다른 별개의 문제들입니다. 당신들의 금언에 의하면, 죄는 고해성사를 해야만 하고, 성직매매는 돌려주어야만 하는데, 어떤 사람들에게는 그것들이 서로 꽤 다르게 보입니다. 왜냐하면, 당신들은 고백을 부드럽게 만드는 편법들을 잘 찾아냈지만, 성직 반환을 기분 좋게 만드는 편법들은 전혀 찾아내지 못했기 때문이죠. 게다가, 나는 당신들에게 탄네루스가 죄라고 비난하는 경우는 그 주된 동기가 단순히 물질적인 재물 대신에 영적인 특혜를 주는 경우가 아니라는 점을 말해 주어야만 됩니다. 오히려 탄네루스는, 영적인 특혜보다도 물질적인 재물을 더 가치 있게 평가하는 경우를 덧붙여 말하고 있습니다. 이것이 바로 우리들이 말했던 가상적인 경우죠. 그리고 그는 이 경우를 '죄'라고 단정하는 잘못을 범하지 않습니다. 왜냐하면, 어떤 것에 대한 대가로 또 다른 것을 주는 것이 허용되어 있을 때, 이 두 가지의 가치를 비교하지 못하게 금지해 버리는 아주 손쉬운 방법으로 죄를 피하고 싶어 하지 않는 사람이 있다면, 그는 틀림없이 아주 악한 사람이거나, 아니면 아주 어리석은 사람일 테니까요. 그 밖에도, 앞에서 이미 인용한 부분에서, 발렌시아는 그 주된 동기가 되는 물질적인 재물 대신에 영적인 특혜를 주는 것이 죄가 되는지 검토하면서, '그렇다'(죄가 된다)고 말하는 사람들의 이유에 대해서 다음과 같이 덧붙여 이야기합니다. 〈그러나 그것은 나에게 충분히 확실한 것처럼 보이지 않는다.(*Sed hoc non videtur mihi satis certum.*)〉

그러나 그 후 캉 대학의 양심 문제 교수인 당신네 에라르 빌 신부[22]는 이런 경우에 아무런 죄가 안 된다고 결정했죠. 왜냐하면, 개연적인 견해는 계속해서 성숙해져 가기 때문입니다. 이것이 바로 그가 1644년에 그의 글에서 선언했던 내용인데, 캉 대학의 교수이며 박사님인 뒤프레 씨

22 에라르 빌(Erard Bill, 1591-1650). 제주이트 신부. 교황 수위권에 관한 의견으로 1644년에 또 다른 논쟁을 불러일으켰다.

는 그것에 반대하여 멋진 연설문을 써서 발간했고, 이것이 꽤 알려지게 되었죠. 그런데, 비록 에라르 빌 신부가 발렌시아의 교리가 "공통된 견해와는 반대된다."는 사실을 인정한다 할지라도 — 밀라르 신부[23]는 이 교리를 추종한 뒤에 소르본에서 단죄를 받았습니다 — 이 교리가 실제로 적용될 경우 여러 가지 면에서 성직매매로 의심을 받게 되고, 또 법정에서 벌을 받게 되는데 그래도 역시 에라르 빌 신부는 "이것은 개연적인 의견이다."라고 말하고 있습니다. 따라서 양심상 믿을 만하기 때문에 거기에는 성직매매가 존재하지 않으며, 죄도 되지 않는다고 말합니다. 그는 이렇게 말합니다. "그것은 많은 가톨릭 박사님들이 가르치고 있는 개연적인 견해다. 즉, 받은 특혜와 동등한 값을 준 것이 아니라면, 감사의 형식으로서이건 특혜를 얻으려는 동기로서이건, 돈이나 또 다른 어떤 물질적 재물을 혜택으로 주는 것은 성직매매도 아니고 죄도 아니다." 그게 바로 사람들이 기대할 수 있는 모든 것입니다. 그래서, 신부님들, 그 모든 금언에 의하면, 성직매매란 너무도 보기 드문 일이라서, 성령을 돈으로 사려고 했던 마술사 시몬[24]조차도 성직매매에서 제외될 정도임을 당신들은 알게 될 것입니다. 그러나 그 속에 돈을 주고 사는 성직 매매의 이미지가 내포되어 있습니다. 그리고 기적에 대한 대가로 돈을 받은 게하시[25] 속에는 돈을 주고 사는 성직매매의 인물상이 내포되어 있습니다. 왜냐하면, 사도행전에서 시몬이 사도들의 능력을 돈으로 사기 위해서 그들에게 돈을 주었을 때, 그는 '산다', '판다', '가격'이란 용어들을 사용하지 않았고, 영적인 특혜를 얻으려는 동기에서 돈을 준 것 외에는 다른 일을 하지 않았기 때문입니다. 당신네 저자들의 말에 따라서 당

23 밀라르(Pierre Milhard). 베네딕트회 수도사이며, 생트-도드의 수도원장. 1619년 파리 신학대학의 판단에 따라 단죄되었다.

24 사도행전 8장 18-24절.

25 열왕기하 5장 20-27절.

신들의 금언의 가르침을 받는다면, 이것은 성직매매가 아니었지만, 시몬은 이를 몰랐기 때문에, 성 베드로의 저주를 받은 것 같습니다. 그리고 이런 무지 때문에 게하시가 중대한 잘못을 저질렀고, 그때 엘리사 선지자가 그녀에게 나병으로 타격을 주었을 것입니다. 왜냐하면, 기적에 의해 치료된 장군으로부터 돈을 받은 것은 단지 이 사람의 감사의 표시에 불과했고, 기적이 이루어진 신적인 능력은 받은 돈과 동일한 가치가 아니었기 때문입니다. 그러므로 엘리사 선지자는 죽을 죄를 무릅쓰고 그를 치료해 주었던 것 같습니다. 왜냐하면, 그는 수많은 비중 있는 박사님들의 말에 따라서 행동했을 것이기 때문이며, 또한 이와 유사한 경우에, 당신들의 고해신부님들은 참회자들을 용서해 주지 않을 수 없었고, 따라서 영적인 나병으로부터 그들을 치유해 주지 않을 수 없었기 때문이죠. 육체적인 나병은 그에 대한 상징에 불과합니다.

정말로 신부님들, 이 점에서 당신들을 웃음거리로 만들기는 쉬운 일입니다. 나는 당신들이 어째서 그런 것을 노출시키는지 모르겠습니다. 왜냐하면, 나는 제주이트 교단의 성직매매 실천 40번[26]에 의거해서, 에스코바르가 말한 다음과 같은 금언처럼 당신들의 또 다른 금언들에 대해서 이야기하기만 하면 되니까요. 〈두 사람의 수도사들이 서로에게 '내가 교구장에 선출될 수 있도록 나에게 투표해 주게. 그러면, 나는 자네가 수도원장이 될 수 있도록 자네에게 투표해 주겠네.'라고 약속할 경우, 이것이 성직매매일까? 전혀 아니다.〉 그리고 또 다른 금언 14번[27]에서, 〈실제로 돈을 줄 계획이 없는 경우에, 돈을 주기로 약속하면서 특혜를 얻어 내려고 하는 것은 성직매매가 아니다. 왜냐하면, 그것은 성직매매로 위장한 것에 불과하기 때문이다. 즉 그것은 가짜 금화로만 매매한 것이지, 진짜 금화로 한 것이 아니다.〉 이것은 바로 양심의 미묘함을 이용

26 실제로는 에스코바르, 6론, 예제 2, 44번, 681쪽이다.

27 에스코바르, 6론, 예제 2, 14번, 673쪽.

해서, 그가 성직매매에 사기를 추가하면서, 돈 거래도 없고 성직매매도 없이 특혜를 받게 해 주는 방법을 찾는 것이죠. 그렇지만, 나는 그 점에 관해서 더 이상 이야기할 여유가 없군요. 왜냐하면, 파산자들에 관한 문제로 당신들이 나를 공격했던 세 번째 모략에 대해서 변호할 생각을 해야만 되니까요.[28]

신부님들, 이 세 번째 중상모략에 관해서 말하자면, 그 이상 더 조잡한 것이 없습니다. 당신들은 레시우스의 견해와 관련하여 나를 사기꾼 취급을 하는데, 사실 나는 이 사람의 글을 한 번도 인용한 적이 없었어요. 내가 이야기한 구절 속에서 레시우스를 인용한 사람은 에스코바르였죠. 그런데 에스코바르가 레시우스의 견해라고 말한 것에 대해서 레시우스 자신이 동의하지 않은 경우인데, 그것에 대해서 나를 비난한다면 그보다 더 부당한 일이 어디 있겠어요? 나 자신이 레시우스나 당신네 또 다른 저자들을 인용했을 경우에는, 내가 거기에 대해서 답장을 쓰는 것에 동의해야만 하겠죠. 그렇지만, 에스코바르가 당신네 신부들 스물네 명의 의견들을 한데 모아 놓았기 때문에, 레시우스에 대해서 내가 인용하지 않은 다른 것에 대해서도 내가 책임을 져야 되는 것인지, 그리고 그것 외에 내가 선택한 구절 중 에스코바르가 인용한 것들에 대해서도 내가 대답을 해야 되는 것인지 나는 당신들에게 묻고 있는 것입니다. 그것은 부당한 일일 것입니다. 그런데 이 대목에서 문제가 되는 것이 바로 그 점입니다. 나는 내 편지 속에서 아주 충실하게 번역된 에스코바르의 다음과 같은 구절에 관해서 이야기했습니다. 〈파산한 사람이 불명예스럽게 살지 않도록(*ne indecore vivat*) 필요한 만큼의 재산을 양심의 가책 없이 보유할 수 있는가?〉 그런데 당신들은 이것에 관해서는 〈**나는 레시**

28 세 번째 '사기' 7쪽에서, 누에(Nouet) 신부는 파스칼의 여덟 번째 편지가 레시우스 신부를 직접 공격하기라도 한 것처럼 이 신부를 변호한다.

우스와 함께 '그렇다'라고 대답한다.〉는 등(*CUM LESSIO ASSERO POSSE*,[29] etc)의 단 한마디 언급도 하지 않았죠. 그렇기 때문에 당신들은 사실상 "레시우스의 견해는 그게 아니다."라고 말하고 있는 것이죠. 그러나 당신들이 처해 있는 상황을 좀 생각해 보십시오. 왜냐하면 만약에 레시우스가 그런 견해를 가진 것이 사실이라면, 사람들은 정반대 의견을 믿게 만들었던 당신들을 사기꾼들이라고 할 것이기 때문입니다. 반대로 만일에 그게 사실이 아니라면, 에스코바르가 사기꾼이 되겠지요. 그 결과, 이제는 어쩔 수 없이 당신네 교단의 누군가는 사기꾼이라고 믿을 수밖에 없죠. 이 얼마나 수치스러운 일입니까! 결국 당신들은 그 다음에 일어날 일들을 예측하지 못한 거죠. 당신들은 당신들의 욕설이 누구에게 떨어질지 생각하지도 않고, 그저 욕을 하기만 하면 된다고 생각하는 것 같군요. 당신들이 처한 어려움을 공개하기 전에, 당신들은 왜 그것을 에스코바르에게 알리지 않았나요? 그는 당신들을 만족시켜 주었을 텐데요. 현재 그가 있는 발라돌리드의 소식을 알아보는 일은 그리 어렵지 않습니다. 그곳에서 그의 건강 상태는 아주 좋고, 그는 여섯 권으로 된 방대한 윤리 신학을 완성했는데, 그중에 처음 몇 권에 관해서는 내가 언젠가 당신들에게 이야기해 줄 수 있을 겁니다.[30] 사람들은 에스코바르에게 편지 열 통을 발송했습니다.[31] 당신들 역시 그에게 반대 의견을 보낼 수도 있었겠죠. 그랬더라면, 그가 답장을 잘 해 주었을 거라고 나는 확신합니다. 왜냐하면, 그는 아마도 레시우스의 책에서 그 구절을 발견했을 것이고, 그는 거기에서 '불명예스럽게 살지 않기 위해'(*ne indecore vivat*)라는 말을 인용했을 테니까요. 신부님들, 이것을 잘 읽어 보십시오. 그러면, 나와

29 에스코바르, 3론, 예제 2, 163번, 359쪽.

30 이때, 처음 두 권, 즉 1652년에 한 권, 1655년에 또 한 권이 발행되었고, 파스칼은 열세 번째 편지에서 그 내용을 언급하였다.

31 에스코바르는 이 편지들을 받지 못했던 것 같다. 아마 프랑스와 스페인 간의 전쟁으로 인해 배달이 어려웠을 것이다.

마찬가지로 당신들은 2서 16장 45번에서 그 말을 발견하게 될 겁니다. 〈인용된 여러 법으로부터 분명하게 동일한 결론이 내려진다. 특히 파산 후에 취득한 재산에 대해서는, 과실로 인해 채무자가 된 사람이 자신의 조건에 따라 불명예스럽게 살지 않도록 필요한 만큼 보유할 수 있다. 사람들은 그가 파산 당시에 소유했던 재산에 대해서도 이 법이 적용되느냐고 묻는다. 박사들은 그렇다고 결론을 내리는 것 같다.(*Idem colligitur aperte ex juribus citatis, maxime quoad ea bona quoe post cessionem acquirit, de quibus is qui debitor est etiam ex delicto, potest retinere quantum necessarium est, ut pro sua conditione NON INDECORE VIVAT. Petes an leges id permittant de bonis quoe tempore instantis cessionis habebat? Ita videtur colligi ex DD.*)〉

레시우스는 위의 금언을 정당화하기 위해서, 파산자들에게 간소한 생활만을 허용하고, 명예롭게 생계를 유지할 만한 어떤 것도 허용하지 않는 법을 악용하고 있습니다. 나는 당신들에게 이런 사실을 입증하는 것으로 멈추지 않을 것입니다. 당신들은 그런 비난을 무릅쓰고, 에스코바르를 변호해 준 것으로 충분합니다. 이것은 내가 해야만 할 일 그 이상입니다. 그러나 신부님들, 당신들은 당연히 해야만 하는 일을 하지 않고 있습니다. 왜냐하면, 문제가 되는 것은 에스코바르의 구절에 답하는 것이니까요. 이 사람의 결정들은 전후의 맥락과 상관없이 독립적이기 때문에 편리합니다. 그리고 모든 것이 작은 항목들 속에 내포되어 있기 때문에, 당신들이 구분하기 쉽지 않습니다. 나는 당신들을 위해 그의 구절 전체를 인용해 주었습니다. 그 구절에 의하면, 그는 그들의 가족들이 명예롭게 생계를 유지할 수 있도록 하기 위해서, 비록 부당하게 획득한 재산이라 할지라도, 양도하는 사람들이 그들의 재산을 보유하는 것을 허용하고 있습니다. 그 점에 대해서, 나는 내 편지에서 이렇게 부르짖었지요. "뭐라고요! 신부님들, 그 재산이 합법적인 채권자들에게가 아니라 오히려 부당하게 재산을 획득한 사람들에게 귀속되기를 바라신다니, 이 얼마나 이상한 자비입니까?" 당신들은 이 문제에 대답해야만 됩니다.

그렇지만, 당신들을 난처하게 곤경에 빠뜨리는 것은 바로 이 문제입니다. 당신들은 이 문제의 핵심을 왜곡하고, 회피해 보려고 헛수고를 하면서 아무런 관련도 없는 레시우스의 다른 구절들을 인용하고 있습니다. 따라서, 나는 파산한 자들이 에스코바르의 이 금언을 양심적으로 따를 수 있을지 당신들에게 묻습니다. 이제부터 당신들은 말을 조심하십시오. 왜냐하면, 만약에 당신들이 '아니오'라고 대답한다면, 당신네 박사님은 어떻게 될 것이며, 당신들의 개연성의 교리는 어떻게 되겠습니까? 그리고 만약에 당신들이 '예'라고 대답한다면, 나는 당신들을 고등 법원에 기소할 것입니다.

신부님들, 나는 당신들을 이런 고민 속에 빠뜨릴 것입니다. 왜냐하면, 나에게는 살인[32]에 관한 레시우스의 구절에 근거해서 다음에 또다시 '사기'를 칠 여유가 없기 때문입니다. 이것이 첫 번째이고, 나머지는 다음이 될 것입니다.

그렇지만, 당신들이 '사기' 문제를 끝마칠 때마다 사용하는, 터무니 없는 거짓말로 가득 찬 경고들[33]에 관해서는 나는 말하지 않겠습니다. 나는 다음 편지에서[34] 그 모든 문제들을 다시 이야기하겠습니다. 거기에서 나는 당신들의 중상모략의 출처를 보여 주려고 합니다. 신부님들, 나는 당신들이 그런 방법들을 동원하고 있는 것이 개탄스럽습니다. 당신들이 나에게 퍼붓는 욕설은 우리들 사이의 분쟁을 해결하지 못할 것입니다. 그리고 당신들이 온갖 수단을 동원하여 나를 위협한다고 해서 내가 나 자신을 변호하는 것을 막지 못할 것입니다. 당신들은 당신들이 힘을 가지고 있고, 처벌을 면제해 줄 수 있는 권한을 가지고 있다고 생각하겠지만, 나는 내가 진리와 결백함을 가지고 있다고 생각합니다. 우리의 논쟁

32 네 번째 '사기'.

33 '사기'는 매번 장세니스트들의 행위를 고발하는 경고로 끝을 맺는다.

34 열다섯 번째 편지.

은 폭력이 진리를 억압하는, 장기간의 이상한 전쟁입니다. 그러나 폭력의 모든 노력들은 진리를 약화시킬 수 없고, 오히려 진리를 더욱 일으켜 세우는 데 도움이 될 뿐입니다. 그리고 진리의 모든 빛은 폭력을 멈추게 만들 수 없고, 오히려 더욱 격노하게 만들 뿐입니다. 힘과 힘이 맞서 싸울 때는 강한 힘이 약한 힘을 파괴시킵니다. 마찬가지로 논리와 논리가 대립할 때는, 진정성 있고 설득력 있는 논리가 공허하고 거짓으로 가득 찬 논리를 무력화시키고 사라지게 만듭니다. 그렇지만, 폭력과 진리는 서로에게 아무것도 할 수 없습니다. 그렇다고 해서, 나와 당신들의 사정이 동일하다고 주장하지 마시기 바랍니다. 왜냐하면 거기에는 극단적인 차이점이 있기 때문이죠. 즉 하나님의 질서 안에서, 폭력은 제한된 흐름에 불과하지만, 그 폭력이 공격하는 진리는 영광스러운 결과를 얻게 되기 때문입니다. 진리는 영원히 존재하며,[35] 결국에는 모든 적들과 싸워 승리하게 됩니다. 왜냐하면, 진리는 영원하며, 하나님 자신과 마찬가지로 강력하기 때문입니다.[36]

35 시편 116편(117편) 2절의 기억. “La vérité du Seigneur demeure éternellement.”

36 열두 번째 편지 끝부분 및 파스칼, 『팡세』, 셀리에 판, 119편, 힘과 정의 사이의 관계 참조.

[열세 번째 편지 내용 요약]

당신들은 내 편지가 사기(詐欺)라는 주장을 계속하고 있다. 그래서 나는 당신들이 나를 거짓말쟁이라고 몰아붙이는 것에 맞서서, 내가 인용한 것들이 진실임을 입증하려고 한다.

당신들은 살인에 관한 주제를 이야기하면서, "따귀를 맞은 사람은 복수하기 위해서가 아니라 명예 회복을 위해서, 그 사람을 즉시 뒤쫓아 가서 칼로 찔러도 된다."라고 말한다. 그러나, 이것은 저자의 본래 의도를 잘못 인용한 결과다. "험담 때문에 살인을 해도 되는가?"라는 질문에 대해서, "그것은 이론적으로는 허용된다. 그러나, 실제로는 그것을 실행하는 것을 인정하지 않는다."라는 것이 저자의 본래 의도다. 그럼에도 불구하고 '실제'라는 명목하에 단죄를 받게 될 견해가 '이론'이란 명목하에서는 안전하게 보호되는 일이 발생한다. 당신들은 당신들의 견해를 조금씩 조금씩 부풀린다. 그러면 사람들이 서서히 거기에 익숙해져서, 결국 국가나 교회에 매우 가증스러운 살인의 허용 문제가 먼저 교회 안으로 들어오고, 그 다음에는 교회에서 국가로 들어가게 된다. 만약에 당신들이 "한 개인은 험담으로 인한 살인을 할 권리를 가진다."라고 결정할 경우, 이런 결정에 의해서 살인을 금지하는 하나님의 율법은 파괴되고 말 것이다. 하지만 그렇게 된다 하더라도, 당신들은 안전할 것이라고 생각할 것이다. 왜냐하면, 당신들은 교회에서 신뢰를 받고 있기 때문에, 설령 당신들이 진리에 대해서 테러 행위를 저지른다 하더라도, 처벌하지 못할 것이라고 생각할 것이기 때문이다.

열세 번째 편지

존경하는 제주이트 신부님들께

1656년 9월 30일

존경하는 신부님들,

나는 방금 당신들의 마지막 글[1]을 읽었습니다. 이 20번째[2] 글에서까지 당신들은 내가 사기(詐欺)라는 주장을 계속하고 있습니다. 당신들은 제1부를 이런 식의 고발로 끝내고, 제2부에서는 당신들 외에도 당신들처럼 방종 상태에 있는 결의론자들이 많다는 것을 보여 주면서, 새로운 방식으로 당신들을 변호해야 하겠다고 선언했었죠.[3] 그래서 신부님들, 나는 내가 이제 얼마나 많은 '사기'에 대해 답변을 해야 되는지 알겠습니다. 왜냐하면, 우리들이 지금 이야기할 제4부는 살인에 관한 주제인데, 이 주제에 대한 답변을 하게 되면, (내가 쓴) 동일한 주제의 편지들인 열

1 누에 신부가 쓴 「장세니스트들이 발행한 제주이트들을 비판하는 사기의 연속」. 1656년 9월 중순경에 발간되었다.

2 사실은 마지막 글이 19번째다. 인쇄상 실수로 20번의 번호가 붙여졌다.

3 누에 신부는 그의 「답변서」 앞부분에서 이렇게 예고했었다. "이 글은 4부로 나누어지고, 제2부에서는 『시골 친구에게 보낸 편지』가 가장 박식한 스콜라 신학자들이 가르쳐 왔던 개연적 견해를 재판도 없이 단죄하고 있음을 보여 줄 계획이다."

한 번째 편지와 열세 번째 편지부터 열여덟 번째 편지까지 동시에 관련이 될 것이기 때문이죠.[4]

그래서, 나는 당신들이 나를 거짓말쟁이로 몰아붙이는 것에 맞서서 내가 인용한 것들이 진실임을 입증하려고 합니다. 하지만 당신들은 당신들의 글에서 감히 다음과 같은 명제, 즉 "살인에 관한 우리 저자들의 견해는 교황님들과 교회법에 일치한다."[5]는 명제를 제시하고 있기 때문에, 나는 다음번 편지를 통해서 교회에 대한 매우 무모하고 모욕적인 명제를 타파할 수밖에 없습니다. 이단자들이 당신들의 탈선을 이용하여 교회를 불명예스럽게 만드는 결과를 가져오지 못하도록 하기 위해서는, 교회가 당신들의 부패와 무관하다는 사실을 보여 주는 일이 중요합니다. 그렇게 하면 사람들이 한편으로는 당신들의 금언들이 해롭다는 것을 알게 되고, 다른 한편으로는 그런 금언들을 항상 단죄해 왔던 교회의 규정들을 알게 됨으로써 무엇을 피해야 할지, 그리고 무엇을 따라야만 할지를 알게 될 것입니다.

당신들의 네 번째 '사기'[6]는 살인에 관한 금언인데, 당신들은 내가 이 금언을 레시우스의 것으로 잘못 알고 있다고 주장하더군요. 그 내용은 이와 같습니다. "따귀를 맞은 사람은 복수하기 위해서가 아니라 명예 회복을 위해서, 그 사람을 즉시 뒤쫓아 가서 칼로 찔러도 된다." 그에 관해서, 당신들은 이 견해가 결의론자인 빅토리아의 것이라고 말하고 있죠. 그런데 그것은 논쟁거리가 아닙니다. 왜냐하면, 그 견해가 빅토리아와 레시우스 두 사람의 것이라고 말한다고 해도 전혀 틀린 말이 아니기 때

4 열한 번째 편지는 결투에 관한 것이고, 열세 번째 편지부터 열여덟 번째 편지까지는 누에 신부에 의해서 살인에 관한 주제로 분류되었다.

5 이 문장은 누에 신부의 글에서 글자 그대로 발견되지는 않는다. 이것은 다만, 이 의견이 교황들이나 교회법에 의해 단죄된 적이 없었다는 것을 의미할 뿐이다.

6 「답변서」 9쪽은 일곱 번째 편지의 내용을 인용하고 있다. 파스칼은 여기에서 이 편지의 내용을 약간 수정하여 재인용하고 있다.

문이죠. 레시우스 자신도 역시 그 견해는 나바르[7]와 앙리케즈[8] 신부의 것이라고 말하고 있으니까요. 이 두 사람은 이렇게 가르치고 있죠. "따귀를 맞은 사람은 그 즉시 상대를 뒤쫓아 가서 자기의 명예를 회복하는데 필요한 만큼 때려 줄 수 있다." 그러므로 이것은 다만 레시우스가 그의 동료와 마찬가지로, 이 두 저자와 견해가 같은지에 관한 문제입니다. 그렇기 때문에, 당신들은 다음과 같이 덧붙여 말했지요. "레시우스가 그 견해를 이야기한 것은 다만 이 견해를 반박하기 위해서였을 뿐이다. 그런데 그가 반박하기 위해서 인용했을 뿐인 그 견해에 대해서, (필자인) 나는 그것이 레시우스의 견해라고 말한다. 이것은 작가에게 있어서, 세상에서 가장 비겁하고 가장 수치스러운 행동이다." 신부님들, 그렇지만 나는 레시우스가 그 견해에 대해서 이야기했던 것은 오로지 그 견해를 따르기 위해서였다고 주장합니다. 이것은 사실의 문제이며, 이것을 판단하기는 아주 쉬운 일입니다. 그러니 당신들이 말한 것을 당신들이 어떻게 증명하는지 두고 봅시다. 그 다음에는, 내가 말한 것을 내가 어떻게 증명하는지 당신들도 보게 될 것입니다.

레시우스가 그런 견해를 가지고 있지 않다는 것을 보여 주기 위해서, 당신들은 그가 그 견해를 실천하는 것을 비난하고 있다고 말하죠. 그것을 증명하기 위해서, 당신들은 그의 책 2서 9장, 82번의 구절들 중 〈나는 이를 실행에 옮기는 것을 비난한다.〉라는 구절을 인용합니다. 당신들은 당신들이 인용한 레시우스의 책 82번에서 이 말을 쉽게 발견하게 될 거라는데, 이 점에 대해서는 동의합니다. 하지만, 신부님들, 그가 이 대목에서 다루고 있는 문제는 우리가 말하고 있는 문제와 전혀 다른 것이라는 사실을 알게 되면, 우리는 무슨 말을 해야 할까요? 그리고 이 부분에서 그가 "나는 그 견해의 실행을 비난한다."라고 말했던 것은 여기에서

7 이 책 다섯 번째 편지 108쪽 참조.

8 이 책 일곱 번째 편지 144쪽 참조.

문제가 되고 있는 견해가 아니고, 완전히 서로 동떨어진 전혀 다른 견해라는 사실을 알게 되면, 우리는 무슨 말을 해야 할까요? 이 사실을 규명하기 위해서는 당신들이 참고하고 있는 바로 그 책을 펼쳐 보기만 하면 됩니다. 왜냐하면, 거기에서 그의 말이 전부 다음과 같이 계속되는 것을 발견하게 될 테니까요.

레시우스는 79번에서 〈따귀 때문에 사람을 죽일 수 있는지〉를 알아보는 문제를 다루고 있습니다. 그리고 그는 그 모든 이야기 속에 '비난한다'는 말은 단 한 마디도 없이 80번에서 이 문제를 끝마칩니다. 이 문제를 끝마친 후에, 그는 81번에서 새로운 문제인, 〈험담 때문에 사람을 죽일 수 있는지〉에 대한 이야기를 시작합니다. 결국 그가 당신들이 인용했던 "나는 그것을 실행하는 것을 비난한다."라는 말은 바로 이 새로운 문제와 관련되어 있었습니다.

그러니 신부님들, 레시우스가 따귀 때문에 살인을 할 수 있다는 견해를 비난한다고 믿게 만들기 위해서 당신들이 감히 이런 말을 했다는 것은 수치스러운 일이 아닙니까? 그리고 이 한 가지 증거만 가지고 모든 일에 적용했기 때문에, 다음과 같이 말하면서 당신들이 우쭐대는 것도 그와 마찬가지 아닙니까? "파리에 사는 여러 명망 있는 분들이 레시우스의 글을 읽고 나서, 이것이 엄청난 거짓임을 벌써 확인한 후, 이런 중상모략가를 어떻게 믿어야 좋을지 깨달았답니다."[9] 뭐라고요! 신부님들, 당신들은 당신들에 대한 그 명망 있는 분들의 신뢰를 그런 식으로 악용하는 것입니까? 당신들이 그분들에게 레시우스의 견해가 그런 것이 아니라는 사실을 이해시키려면, 그의 책 속에서 그가 다른 사람의 견해를 비난하고 있는 부분을 그분들에게 펼쳐 보여 주셔야 하지요. 그러면, 그분들은 당신들의 성실성을 불신하지도 않고, 논란이 된 문제가 그

9 「답변서」 10쪽.

부분에 관련이 있는지 검토하려고 생각하지도 않기 때문에, 당신들은 그 순진한 사람들을 그런 식으로 속이게 될 겁니다. 신부님들, 당신들은 아주 수치스러운 거짓말을 보호하기 위해서 애매모호한 교리의 도움을 받았었고, (관련된) 구절을 읽을 때는 매우 큰 소리로 읽다가 (관련이 없는) 다른 구절을 읽을 때는 아주 작은 소리로 말하곤 했었다는 것을 나는 확실히 알고 있습니다. 하지만, 그런 해명은 당신들의 양심을 만족시키기에는 충분할지 모르겠지만, 명망 있는 분들이 당신들에게 그런 식으로 우롱당했다는 사실을 알게 되었을 때, 그들이 당신들에게 던지는 정당한 불평을 만족시키기에 충분할지, 나는 모르겠군요.

그러므로 신부님들, 명망 있는 분들이 내 편지를 읽지 못하게 방해하십시오.[10] 왜냐하면, 그것이 얼마 동안 당신들의 신용을 유지하게 해 주는, 당신들에게 남아 있는 유일한 방법이니까요. 나는 당신들과 같은 방법으로 당신들의 글을 대하지 않습니다. 나는 그 글들을 내 친구들 모두에게 보내 줍니다. 나는 모든 사람들이 그것들을 읽기를 바랍니다. 그래서 나는 우리가 모두 옳았다고 생각합니다. 왜냐하면, 결국 네 번째 '사기'가 요란스럽게 발간이 되고 난 후에, 당신들이 어떤 구절을 다른 구절로 속였다는 것을 사람들이 알게 되자마자, 당신들의 신용이 추락하게 되었기 때문이죠. 사람들은 다음 사실을 쉽게 판단할 수 있을 것입니다. 즉, 만약에 당신들이 레시우스가 이 문제를 다루고 있는 동일한 곳에서 당신들이 찾고 있는 것을 발견했더라면, 다른 곳에서는 찾으려고 하지 않았을 것이다. 그런데 당신들이 그 부분에서 도움을 받았던 이유는 단지 당신들의 의도에 유리하게 들어맞는 것을 아무것도 발견하지 못했기 때문이다. 당신들은 당신들의 '사기' 10쪽, 열두 번째 줄에서 말하고 있는 것, 즉 〈그는 '이 의견이 이론적으로는 개연적이다.'라는 것에 동의하

10 파스칼의 조소적인 표현.

지 않는다.〉라고 말한 것을 레시우스의 글에서 발견하도록 만들고 싶었던 것이죠. 그런데 레스우스는 80번에서 결론으로 분명하게 다음과 같이 말했죠. 〈'사람들은 따귀를 맞은 것 때문에 살인을 할 수 있다'는 견해는 이론적으로는 개연적이다.〉 이것은 한 마디 한 마디가 당신들의 논리와 정반대되는 것이 아닙니까? 그러니, 당신들이 아주 대담하게 사실의 진리와 정반대되는 것을 적당한 말로 만들어 내는 것을 보고서, 깜짝 놀라지 않을 사람이 누가 있겠습니까? 그 결과, 당신들은 가짜 구절을 가지고 '레시우스는 그런 견해가 아니었다'고 결론을 내렸지만, 레시우스 자신은 진짜 구절을 가지고 '나는 이와 동일한 견해였다'라고 매우 강하게 결론을 내리고 있는 것입니다.

당신들은 아직도 레시우스가 '나는 그 견해를 실행에 옮기는 것을 단죄한다'라고 말해 주길 원하고 있었죠. 그런데 내가 이미 말했듯이, 그 대목에서 비난하는 말은 단 한 마디도 발견되지 않습니다. 오히려 그는 이렇게 말합니다. 〈그 견해의 실행을 **쉽게 허용해서는** 안 될 것처럼 보인다.(*in praxi non videtur FACILE PERMITTENDA.*)〉[11] 신부님들, 그것이 어떤 금언을 단죄하는 사람의 말투입니까? 당신들은 실행에 있어서, 간음이나 근친상간을 쉽게 허용해서는 안 된다고 말씀하시려는 거죠? 레시우스는 그 견해의 실행이 쉽게 허용되면 안 된다는 말 외에 다른 말을 하지 않았습니다. 따라서 그의 견해는 비록 드물기는 하지만, 그 견해의 실행이 **가끔씩 허용될 수 있다**는 말과 반대되는 결론을 내리면 안 되는 것이죠. 그런데 그 견해를 실행하면서 레시우스가 어떤 경우에 그들에게 살인을 허용해야 하는지 모르는 데도 불구하고, 마치 그가 모든 사람들에게 언제 그 견해의 실행을 허용해야 할지를 가르치고 싶어 하기라도 했던 것처럼, 그리고 모욕을 당한 사람들을 부적절하게 당황하도록 만

11 정확한 인용이다.

들지도 모른다는 의구심을 그들에게서 제거해 주고 싶어 하기라도 했던 것처럼, 그는 양심적으로 이 교리를 실행하기 위해서 그들이 무엇을 피해야만 하는지를 조심스럽게 그들에게 알려 주었다는 말이로군요. 신부님들, 들어 보십시오. 그는 이렇게 말합니다. "증오심 때문에, 또는 복수심 때문에, 그런 일을 저지를 위험이 있기 때문에, 또는 그런 일이 지나친 살인을 촉발시킬 위험이 있기 때문에, 그런 일을 쉽게 허용하면 안 될 것처럼 보인다." 그 결과, 레시우스의 말에 따르면, 수많은 살인들이 야기되는 상황 속에서, 만약에 사람들이 불리한 상황을 피할 수만 있다면, 다시 말해서 증오심이나 복수심이 없이 행동할 수만 있다면, 실제로는 살인이 완전히 허용되어 있는 것이 분명합니다. 신부님들, 한 가지 예를 들어 볼까요? 그것은 콩피에뉴의 따귀 사건입니다.[12] 왜냐하면, 따귀를 맞은 사람이 처신했던 태도로 미루어 볼 때, 그가 증오심과 복수심의 행동을 꽤 잘 억제했다고 사람들이 증언한 것을 당신들도 인정하고 있을 테니까요. 따라서, 그에게는 너무나 많은 수의 살인 사건들을 피하는 일만 남아 있습니다. 그래서 신부님들, 당신들도 아시겠지만, 제주이트 신부들이 왕실 시종들의 따귀를 때리는 일은 매우 드문 일이라서, 이런 경우에 하나의 살인 사건이 결과적으로 또 다른 많은 살인 사건들을 일으키지 않을까 두려워할 필요는 없습니다. 그리고 당신들은 제주이트 신부가 아무런 양심의 가책 없이 죽임을 당할 가능성이 있다는 것과, 모욕을 당한 자가 이런 경우에 레시우스의 교리를 실천할 가능성이 있다는 것을 부인할 수 없을 것입니다. 그래서 신부님들, 만약에 그 사람이 당신들의 가르침을 받았다면, 그리고 만약에 그가 "따귀를 맞은 사람은 자기에게 따귀를 때린 사람을 죽이기 전까지는 명예스럽지 못한 것으로

12 왕실 식당의 주방장인 귀이유가 제주이트 학교에서 왕의 명령에 따라 스웨덴의 크리스티나 여왕의 식사를 준비하는 과정에서, 보랭 신부로부터 따귀를 맞은 사건. 이것은 당시에는 꽤 큰 사건이었던 것 같다.

간주된다."[13]는 것을 에스코바르에게서 배운 사람이라면, 아마도 그는 그런 짓을 저질렀을 겁니다. 그렇지만, 그 사람이 당신들이 별로 좋아하지 않는 사제[14]한테서 정반대로 교육을 받았다면, 당신들은 이런 경우에 그가 제주이트의 목숨을 구하는 데 도움이 되지 않을 거라고 생각하겠죠.

그러므로 수많은 충돌 가운데 사람들이 피할 수 있는 장애물들에 대해서는 더 이상 말하지 마십시오. 레시우스의 말에 의하면, 그런 것들 외에도 살인은 실제로 허용되어 있습니다. 그것은 당신네 저자들도 인정하고 있는 것으로서, 「제주이트 교단에 의한 살인의 실천」에서는 다음과 같이 인용했습니다. 그는 이렇게 말합니다. 〈따귀를 때린 사람을 죽여도 되는가? 레시우스는 이렇게 말한다. 그것은 이론적으로는 가능하지만, 증오심의 위험 또는 그로 인해서 발생할 수 있는, 국가에 해가 되는 살인의 위험 때문에, 실제로는 그렇게 조언해서는 안 된다(*non consulendum in praxi*). 그렇지만, 앙리케즈 등 또 다른 사람들은 그런 장애물들을 피해 가면서 살인이 허용되어 있고, 또 실제로도 확실히 존재한다고 판단했다.(*in praxi probabilem et tutam judicarunt Henriquez, etc.*)〉 이것이 바로 여러 의견이 어떻게 해서 조금씩 조금씩 개연론의 정점에까지 도달하게 되는지를 보여 주는 것입니다. 왜냐하면, 당신들은 이론과 실제 사이의 아무런 구분도 없이 다음과 같은 말로 이런 의견을 허용하면서, 결국에는 그것을 개연론으로 끌어들였으니까요. "따귀를 맞았을 때, 복수를 위해서가 아니라, 자기의 명예를 지키기 위해서 그 즉시 달려가 따귀를 때린 사람을 칼로 찌르는 것은 허용된다." 이것은 1644년 캉 대학에서 당신네 신부들이 공식 문서로 강의했던 내용입니다. 이 내용을 캉

13 일곱 번째 편지에서 이미 인용되었다.

14 1644년부터 생메리(Saint-Merry)의 사제로 있던 앙리 뒤아멜(Henri Duhamel)을 가리킨다. 그의 장세니스트적인 견해로 인해, 1654년 사직했다.

대학은 고등법원(의회)에 제출했는데, 그 당시에 인쇄했던 책 339쪽에서 볼 수 있듯이,[15] 이 대학은 살인에 관한 당신들의 교리에 반대하여 세 번째 청원서를 제출했던 것이죠.

그러므로 신부님들, 당신네 저자들 스스로가 이론과 실제의 그 무익한 구분을 폐지시켰고, 대학은 그 구분을 웃음거리로 만들었다는 점에 주목하십시오. 이런 구분을 고안해 낸 것이 당신들의 책략의 비밀이죠. 그것을 이해하는 것이 좋겠습니다. 왜냐하면, 그것을 아는 것이 열다섯 번째, 열여섯 번째, 열일곱 번째, 열여덟 번째 '사기'를 이해하는 데 필요할 뿐만 아니라, 이 은밀한 책략의 원리들을 조금씩 조금씩 들춰내는 것이 시기적절하기 때문이죠.

당신들이 양심 문제들을 다루기 쉬운 유리한 방법으로 결정하고자 했을 때, 당신들은 회개나 참회, 하나님 사랑 같은 문제들, 양심의 내면만 건드리는 문제들, 종교만 관련되어 있는 문제들을 찾아냈었죠. 그렇지만, 당신들은 고리대금이나 파산, 살인 등 이와 유사한 다른 문제들처럼, 종교는 물론이고 국가가 관련되어 있는 또 다른 문제들도 찾아냈습니다. 그런데 이것은 교회를 진정으로 사랑하는 사람들에게는 아주 민감한 일이죠. 종교가 당신들이 투쟁해야 할 대상이 되는 무수히 많은 사건 속에서, 회개나 하나님의 사랑과는 반대로, 당신들의 의견이 아주 대담해지기 때문입니다. 당신들은 아무런 제한도 구분도 두려움도 없이, 법을 수시로 뒤집었죠. 왜냐하면, 당신들은 이 세상이 하나님께서 자신의 정의를 가시적으로 행사하는 곳이 아니라는 사실을 알고 있었기 때문입니다. 그러나 종교뿐만 아니라 국가가 관련되어 있는 문제에서는 당신들이 인간의 정의를 어떻게 이해하고 있느냐에 따라서 당신들의 결정이 나누어집니다. 그래서, 이런 문제들과 관련하여 두 가지 질문들이 생

15 플라오(Flahaut) 신부와 르쿠르(Lecourt) 신부가 쓴 논문. 이것에 대해 파스칼은 일곱 번째 편지 145쪽에서 문제를 제기하였다.

깁니다. 한 가지는 이론적인 질문입니다. 즉, 당신들은 그 범죄 자체만을 고려함으로써, 국가의 이익을 생각하지 않고, 그 범죄를 변호해 주시는 하나님의 법만을 생각하기 때문에, 그 범죄를 단죄하는 하나님의 법을 뒤엎어서, 주저함 없이 그 범죄를 허용한다는 것에 대한 의문이죠. 다른 한 가지는 실제적인 질문입니다. 즉, 국가가 그로 인해서 입게 될 손실을 고려함으로써, 공공의 안전을 유지하는 법관들이 존재하기 때문에, 당신들은 은근히 이 법관들 편에 서서, 당신들이 이론적으로는 허용했던 살인과 범죄들을 실제로는 항상 인정하지 않는다는 것에 대한 의문입니다.[16] 예를 들어서, '험담 때문에 살인을 해도 되는가?'라는 질문에 대해서, 필리우티우스는 29권 3장 52번에서, 레기날두스는 21권 5장 63번에서, 그리고 또 다른 사람들도 각자의 책에서 다음과 같이 대답합니다. 〈그것은 이론적으로는 허용된다.(*ex probabili opinione licet.*) 그러나 만약에 모든 험담꾼들을 다 죽인다면, 그로 인해서 무수히 많은 살인들이 발생하게 되어, 국가에 손실을 가져올 것이고, 또한 사람들이 이 문제 때문에 살인죄로 법정에서 형벌을 받게 될 것이기 때문에, 나는 그것을 실행하는 것을 인정하지 않는다.〉 바로 이런 방식으로, 당신들의 여러 견해가 이렇게 구분되어 나타나는데, 이런 방식대로라면 당신들은 국가에는 뚜렷하게 상처를 입히지 않겠지만, 종교에는 커다란 손상을 입히게 될 것입니다. 하지만 그렇게 되더라도 당신들은 안전할 것이라고 생각하겠지요. 왜냐하면, 당신들은 교회에서 신뢰를 받고 있기 때문에, 당신들이 진리에 대해서 테러 행위를 저지른다 하더라도 처벌하지 못할 것이라고 상상할 테니까요. 그리고 당신들이 범죄들을 실제로 쉽게 허용하지 않기 위해서 신중히 행동했었기 때문에, 당신들은 은근히 법관들 편에 서 있는 것처럼 보였을 거라고 상상하시겠지만, 이 법관들은 양심 문제의

16 파스칼, 『팡세』, 셀리에 판, 801편에서 이 구절의 원고 초안이 발견된다.

법관들이 아니라, 엄밀하게 말해서 외적으로 드러나는 실행에 대해서만 관심을 가지는 법관들이거든요. 그래서, '실제'라는 명목하에 단죄를 받게 될 견해가 '이론'이란 명목으로는 안전하게 보호받는 일이 발생합니다. 그렇지만, 이런 기초는 확고한 것이기 때문에, 당신들의 다른 나머지의 금언들을 그 기초 위에 확립하는 것은 어려운 일이 아닙니다. 하나님께서 살인하지 말라고 금지하신 것과 당신네 저자들이 살인에 대해서 이론적으로 허용한 것 사이에는 무한한 거리가 있습니다. 그런데 허용에서 실행에 이르는 거리는 매우 가깝습니다. 이론적으로 허용되는 것이 실제적으로도 허용된다는 것을 보여 주기만 하면 됩니다. 그런데 그럴 만한 이유들이 없지 않습니다. 게다가 당신들은 그보다 더 어려운 경우에도 이유들을 잘 찾아냅니다. 신부님들, 당신들은 사람들이 어떤 경로를 통해서 그렇게 되는지 알고 싶으신가요? 그러면, 에스코바르의 논리를 따라가 보십시오. 내가 당신들에게 이야기했던 그의 『윤리 신학』[17] 여섯 권 중 제1권에서, 이 사람은 그것을 분명하게 정하고 있죠. 이 책에서, 그는 당신네 원로들이 설명했던 것과는 전혀 다르게 설명하고 있습니다. 왜냐하면, 에스코바르는 그 당시에 실제로는 확실하지 않은데, 이론적으로는 개연적인 견해가 있을 수 있다고 생각했던 반면에, 그 후에는 그와 반대였음을 알게 되었기 때문이죠. 그래서, 그는 최근의 저서에서는 이 문제를 아주 잘 정리해 놓았습니다. 그렇게 해서 일반적인 개연론의 교리가 시간이 지남에 따라서 개별적인 각각의 개연적인 견해와 마찬가지로 수용되었던 것입니다. 그러므로 서론 15번에서 그가 한 말을 들어 보십시오. 그는 이렇게 말합니다. 〈이론적으로 허용되어 있는 것처럼 보이는 일이 어떻게 해서 실제적으로는 그렇게 되지 않을 수 있는지, 나는 모릅니다. 왜냐하면, 실제로 실행할 수 있는 일이 이론적으로

17 1652년 리옹에서 발행. 이것은 파스칼이 에스코바르의 책을 인용한 유일한 경우다.

허용된다고 생각되는 일에 의해서 좌우될 수 있고, 또 원인과 결과가 다르듯이, 그런 일들도 서로 다르기 때문이죠. 왜냐하면, 이론은 행동을 결정하는 것이기 때문입니다. 사람들은 이론적으로 개연적인 견해를 양심껏 확고하게 따를 수도 있고, 심지어 이론적으로 충분히 검토하지 않았던 견해들보다도 더욱 확고하게 따를 수도 있다는 결론이 나옵니다.〉

신부님들, 사실 당신네 에스코바르 신부는 어떤 때는 추론을 아주 잘합니다. 실제로 이론과 실제 사이에는 깊은 관계가 있기 때문에, 이들 중 하나가 뿌리를 박으면, 당신들은 다른 쪽도 숨김없이 쉽게 허용해 버립니다. 따귀 때문에 살인을 허용하는 문제에서, 당신들이 보았던 것이 바로 그것이죠. 레시우스에 의해서, 단순한 이론에서부터 쉽게 허용하면 안 되는 일이 대담하게 실제로 옮겨졌고, 이것이 에스코바르에 의해서 더욱 손쉽게 실제로 옮겨졌던 것이죠. 그리고 당신들도 이미 보았듯이, 캉 대학의 신부들은 거기에서부터 이론과 실제 사이의 구분이 없이 살인을 완전히 허용하도록 이끌었습니다.

바로 이런 식으로, 당신들은 당신들의 견해를 조금씩 조금씩 부풀립니다. 만약에 그 견해들이 갑자기 최악의 과격한 행동처럼 보여진다면, 사람들에게 공포심을 불러일으키겠죠. 하지만, 그런 진전이 감지하기 어려울 정도로 느리게 이루어질 경우에는, 사람들이 서서히 거기에 익숙해져서, 수치스러운 요소들이 제거됩니다. 이런 식으로, 국가나 교회에 매우 가증스러운 살인의 허용 문제가 먼저 교회 안으로 들어오고, 그 다음에는 교회에서 국가로 들어오게 되는 것입니다.

우리는 '험담'을 이유로 살인을 허용하자는 견해가 그와 유사하게 성공하는 사례를 경험했습니다. 왜냐하면, 그런 견해가 오늘날 아무런 구분도 없이 그와 유사하게 허용되고 있기 때문입니다. 당신들은 당신들의 글 '사기' 15번, 26쪽과 30쪽에서 〈험담을 이유로 살인을 허용하는 제주이트 신부는 한 사람도 없다.〉라고 두 번이나 말했던 그 확신을 깨뜨렸기 때문에, 만약에 그런 말이 필요 없다고 한다면, 나는 당신네 신부들이 말했던 그에 관한 구절들을 끊임없이 계속해서 당신들에게 이야기하겠습니다. 신부님들, 당신들이 그런 말을 하실 경우에는, 내가 그런 말을 듣지 못하도록 막아야만 할 것입니다. 왜냐하면, 나로서는 거기에 대답하기가 아주 쉽기 때문입니다.[18] 내가 이미 말했던 것처럼, 당신네 레기날두스 신부와 필리우티우스 신부 등이 이론적으로는 살인을 허용했다는 것과, 그 때문에 에스코바르의 원칙이 우리들로 하여금 확실하게 (살인을) 실행에 옮기도록 이끌었다는 것, 그 외에도 당신들 가운데 여러 저자들이 자신의 말로 살인을 허용했었다는 것을 말하기만 하면 되니까요. 그들 중에서, 에로 신부는 그의 공개 강의 도중에, "명망이 있는 분들 앞에서 우리를 헐뜯는 사람이, 그만 그치라는 경고를 받은 후에도 계속해서 험담을 한다면, 우리는 그 사람을 죽여도 된다. 실제로는 추문이 두려우니까, 공개적으로 하지 말고 비밀리에(*sed clam*) 그렇게 해도 된다."라고 강의했다는 이유로, 국왕이 그를 가택 연금시켰습니다.[19]

나는 당신들에게 라미 신부에 관해서 이미 이야기했습니다. 그러니 당신들은 이 문제에 관한 이 신부의 교리가 루뱅 대학에서 1649년에 검열을 받았다는 사실을 모르지 않으시겠죠.[20] 그럼에도 불구하고, 채 두 달도 지나지 않아서, 당신네 데부아 신부는 라미 신부가 검열을 받았던 그 교리를 루앙에서 주장했고,[21] "수도사는 '자신의 평판을 더럽힌 사람을 죽이면서까지라도(*ETIAM CUM MORTE INVASORIS*)', 자신의 덕성으로

18 역주) 내가 그런 구절들을 읽기만 하면 되기 때문에.

19 일곱 번째 편지, 146쪽에서 문제가 된 바 있다. 클레르몽 대학에서, 에로(Héreau) 신부가 강의했던 내용이 르망(Le Mans) 대학의 어느 어거스틴 교단의 수도사의 노트에서 발견되었다.

20 프란체스코 아미코에 관해서는 일곱 번째 편지, 150쪽 참조. 루뱅 대학에서 이루어진 그에 대한 검열에 관해서는 『제주이트의 윤리 신학』, 187쪽 참조. 니꼴은 이것을 열세 번째 편지에서 노트 형식으로 삽입했다.

21 파스칼은 여기서 1656년 8년 28일 자에 대주교 관할 신학대학의 신학 담당 교수였던 데부아(Des Bois) 신부를 고발했던 글을 인용하고 있다.

얻은 명예를 지키는 일이 가능하다."라고 가르쳤습니다. 당연히 이 일은 이 도시에서 스캔들을 일으켰고, 모든 사제들이 그에게 침묵을 요구하기 위해서 연합했으며, 교회법에 따라서 그의 교리를 철회하지 않을 수 없도록 만들었습니다. 결국 이 사건은 종교 재판에 회부되었습니다.[22]

그러니 신부님들, 무슨 말씀을 하시려는 것입니까? 그런 일이 있은 후, 어떻게 해서 당신들은 "어떤 제주이트 신부도 험담을 이유로 살인을 할 수 있다는 의견을 가지고 있지 않다."라고 주장하실 수가 있나요? 그럼 당신들 스스로 납득하기 위해서, 당신들이 이야기했던 당신네 신부님들의 견해 자체와 다른 어떤 것이 필요했나요? 살인으로 인해서 국가에 발생할 수 있는 해악 때문에, 그들은 이론적으로는 살인을 금지하지 않지만 실제적으로는 금지한다는 말입니까? 왜냐하면 신부님들, 내가 그것 때문에 당신들에게 질문하려는 것은 우리의 논쟁에서 문제가 되는 것이 살인을 금지하는 하나님의 율법을 당신들이 무너뜨린 것인지 아닌지를 검토해 보는 문제이기 때문입니다. 다시 말해서 문제가 되는 것은 당신들이 국가에 상처를 입힌 것이 아니라, 종교에 상처를 입혔다는 것입니다. 그러므로 당신들이 1서 3항 28쪽에서 말했던 것처럼, 〈험담으로 인한 살인 문제에 관해서 레기날두스가 말한 의미는, 이 문제를 단순히 그 자체만 가지고 생각해 본다면, '한 개인이 이런 종류의 방어를 이용할 권리가 있다'[23]는 의미다.〉라고 말함으로써, 동시에 당신들이 종교를 무너뜨리는 것을 보여 주고 있는데, 이런 식의 싸움에서 당신들이 국가를 도와 주었다는 것을 입증해 본들 무슨 소용이 있겠습니까? 나는 당신들을 꼼짝 못하게 만드는 이런 고백 그 이상의 것을 바라지 않습니다. 당신들은 이렇게 말하죠. "이 문제 자체만을 생각한다면, 한 개인은 방어

22 「열세 번째 편지에 대한 답변서」에서 누에 신부는 이 사실을 부인했다. 그러나 이것은 위에서 인용한 루앙의 사제들의 편지와 모순된다.

23 역주) 죽을 죄를 지은 사람도 살인 금지의 율법을 이용해서 죽음을 모면할 권리가 있다. 그러므로 이런 살인 금지의 종교법은 무너뜨려도 된다는 의미.

를 이용할 권리, 즉 험담으로 인해서 살인할 권리를 가진다." 따라서, 신부님들, 살인을 금지하는 하나님의 율법은 이런 결정에 의해서 파괴되고 맙니다.

그 다음에는, 당신들이 말하는 것처럼, 그로 인해서 국가에 발생할 수 있는 각종 살인이나 무질서를 고려해 보아도 그렇고, 하나님의 법을 고려해 보아도 그렇고, 당신들이 아무리 "그것은 불법이며 범죄다."라는 말을 해 보았자 아무런 소용이 없습니다. 왜냐하면 사람들은 국가의 유익을 고려하지 않을 수 없기 때문입니다.[24] 이것은 문제의 주제에서 벗어난 것입니다. 왜냐하면 신부님들, 준수해야만 하는 법이 두 가지가 있기 때문입니다. 한 가지는 살인을 금지하는 법이고, 다른 한 가지는 국가에 피해를 입히는 것을 금지하는 법입니다. 레기날두스는 아마도 국가 피해 금지법을 위반하지는 않았을 겁니다. 그렇지만, 그는 확실히 살인 금지법을 위반했습니다. 그런데 여기에서는 전자의 법만이 문제가 됩니다. 그 외에도, 당신네 신부들은 실제로 살인을 허용했고, 전자의 법뿐만 아니라 후자의 법을 어기는 것 또한 허용했죠. 하지만 신부님들, 좀 더 이야기를 계속해 봅시다. 당신들이 가끔씩 국가에 피해를 입히는 것을 금지하고 있다는 것을 우리는 잘 알고 있죠. 그래서 당신들은 이렇게 말하죠. "그 점에 있어서, 우리의 의도는 국가를 유지해야 하는 하나님의 법을 준수하는 것이다." 이것은, 비록 확실한 것은 아니지만, 사실일 수도 있습니다. 왜냐하면, 당신들은 법관들에 대한 두려움으로 인해서 동일한 행동을 하게 될지도 모르니까요. 그러므로 제발 이러한 변화가 어떤 원칙으로부터 시작되는지 조사해 봅시다.

신부님들, 만약에 당신들이 진정으로 하나님을 바라보며, 그분의 법을 지키는 것이 당신들이 생각하는 첫째의 주된 목표가 되어야 한다면, 사실은 그러한 경외심이 당신들의 모든 중요한 결정들을 일관성 있게

24 열다섯 번째 '사기' 참조.

지배해야만 할 것이고, 종교에 대한 관심이 매사에 당신들을 이끌어 가야만 하는 것 아닙니까? 하지만, 만약에 그와 정반대로, 수많은 경우에 (그분의 법을 공격하기만 할 때) 하나님께서 인간들에게 부여하신 가장 신성한 질서들조차도 당신들이 위반하는 것을 세상 사람들이 지켜본다면, 그리고 문제가 될 경우에는, 그런 범죄 행위 자체를 금지하고 있는 하나님의 법을 당신들이 무너뜨리면서도 실제로는 그런 행동을 인정하기를 두려워하는 이유가 단지 법관들이 두렵기 때문이라고 고백하는 것을 세상 사람들이 지켜본다면, 당신들은 그러한 두려움 때문에 당신들이 생각하는 것은 결코 하나님이 아니라고 판단할 수 있도록, 그러면서도 당신들이 국익을 해치지 않아야만 한다는 의무감 때문에 겉으로만 하나님의 법을 지킨다면, 그것은 그분의 법 자체를 위해서가 아니라, 가장 비종교적인 정치가들이 항상 그렇게 해 왔듯이, 당신들의 목적을 달성하기 위해서라고 판단할 수 있는, 빌미를 우리들에게 주는 것이 아닙니까?

뭐라고요, 신부님들! 당신들은 살인을 금지하는 하나님의 법만을 중시한다고 말하면서도, 험담 때문에 살인할 권리가 우리에게 있다고 말씀하신다구요? 게다가, 그런 식으로 하나님의 영원한 법을 침해해 놓고서, 당신들이 일으킨 스캔들을 무마하려고 생각하다니요? 그리고 당신들이 국가를 고려하고, 법관들에 대한 두려움을 생각해서, 살인의 실행을 금지한다고 덧붙여 말하면서, 하나님을 향한 당신들의 존경심을 우리들에게 보여 주려고 생각하다니요? 그것은 그 일에서 당신들이 법관들에게 존경심을 표시하는 것이 아니라, 반대로 새로운 스캔들을 부추기는 일이 아닙니까? 왜냐하면, 내가 당신들을 비난하는 이유는 그 문제 때문이 아니거든요. 그런데 당신들은 그에 대해서 29쪽을 가지고 우스꽝스럽게 장난을 치고 있군요.[25] 내가 당신들을 비난하는 이유는 당신

25 29쪽에 이런 구절이 있다. "왕실의 종교가 매우 의심스럽기 때문에, 그는 그들의 판결에 관한 견해를 조성한 일에 대해서, 제주이트 신부들에게 죄가 있다고 평가하고 있다."

들이 법관들을 두려워하기 때문이 아니라, 법관들만 두려워하기 때문입니다. 내가 비난하는 것은 바로 그 점입니다. 왜냐하면, 그것은 하나님께서 사람들보다도 범죄를 덜 미워하는 것으로 만들기 때문입니다. 만약에 당신들이 '험담하는 자를 죽일 수 있다'고 말하는 것이 하나님의 말씀에 의해서가 아니라 사람의 말에 의해서라면, 그것은 그런대로 참을 수 있겠지요. 그러나 사람들이 볼 때 참을 수 없을 정도로 죄질이 나쁜 일을 정의 자체이신 하나님께서 보시기에는 순수하고 정의로운 일이라고 당신들이 주장한다면, 그것은 성자들의 정신과는 너무나 상반된 끔찍한 전도(顚倒)가 아니겠습니까? 그것은 당신들이 하나님을 거역하는 일에는 담대하고, 사람들을 두려워하는 소심한 존재들이라는 것을 온 세상 사람들에게 보여 주는 것이 아니고 무엇이겠습니까? 만약에 당신들이 살인을 진지하게 단죄하기를 원했었다면, 당신들은 그것을 금지하는 하나님의 질서를 존속시켰어야만 할 것입니다. 그리고 하나님의 법이나 사람의 법이 살인을 금지했음에도 불구하고, 만약에 당신들이 감히 살인을 허용했다면, 그것을 공개적으로 허용했어야만 할 것입니다. 그렇지만, 당신들은 사람들 눈에 띄지 않게 살인을 허용함으로써 공공의 안전을 감시하는 법관들을 속이고 싶어 했기 때문에, 당신네 금언들을 둘로 나누어서, 한편으로는 이론적인 방법으로 험담한 자의 살인을 허용한다고 제안하고(왜냐하면, 사람들이 일을 조사하는 것은 이론적으로 하는 거니까요), 다른 한편으로는, 앞선 금언과는 동떨어지게 이론적으로 허용된 일이 실제로도 역시 충분히 허용된다고 조작하면서 교묘하게 행동했던 것입니다. 그런 일반적이고 형이상학적인 제안을 통해서 국가에는 무슨 이익이 있을까요? 이와 같이, 이 두 가지 원칙들은 별다른 의심을 받지 않고 따로따로 수용이 되기 때문에, 용의주도한 관리들조차도 오해하게 됩니다. 왜냐하면, 그로부터 당신들이 내놓은 결론, 즉 '단순한 험담 때문에 살인을 할 수 있다'는 결론을 이끌어 내기 위해서, 이제는 그런 종류의 금언들을 끌어 모으기만 하면 되기 때문이죠.

왜냐하면 신부님들, 여기에서도 또한 당신들의 책략의 가장 미묘한 재주 가운데 하나는 당신들의 의견 속에 모아 놓은 금언들을 당신들의 글 속에서 분리해 내는 일이기 때문입니다. 그렇게 해서, 당신들은 당신들의 개연론의 교리를 별도로 설정해 놓았습니다. 내가 그 교리에 대해서 가끔씩 편지에서 설명했던 적이 있었죠. 그런데 이 일반적인 원칙이 확고해지고 나면, 당신들은 몇 가지 사안들을 따로 분리해 놓는데, 그것들은 그 자체로는 순수하다고 할 수 있지만, 일단 해로운 원칙과 결합이 되고 나면 끔찍한 사안들로 변합니다. 예를 들어 보죠. 당신들이 '사기' 11쪽에서 주장한 것은 "여러 명의 유명한 신학자들은 따귀를 맞았다는 이유로 살인을 할 수 있다는 견해에 찬성한다."[26]는 의견이고, 나는 거기에 답변할 필요가 있는 거죠. 신부님들, 만약에 개연론을 전혀 주장하지 않는 사람이 그런 말을 했다면, 비난할 것이 아무것도 없다는 게 분명합니다. 왜냐하면, 그런 경우 그는 아무런 결과 없이 단순히 이야기를 할 뿐이기 때문입니다. 그렇지만 신부님들, 당신들은 물론이고, 〈유명한 저자들이 인정한 모든 것들이 개연성이 있으며, 양심에 아무 거리낄 것이 없다.〉는 이 위험한 교리를 주장하는 사람들이, 〈여러 유명한 저자들은 따귀를 맞았다는 이유로 살인을 할 수 있다는 의견에 찬성한다.〉는 말을 덧붙일 경우, 그것은 모든 기독교인들에게 양심의 가책 없이 살인을 할 수 있다고 선언하는 것이 됩니다. 이것은 손에 칼을 들고 자기들에게 모욕을 준 사람을 죽이라고 말하는 것이 아니고, 달리 무엇이겠습니까? 왜냐하면, 그들은 그런 일에 있어서 당신네 수많은 비중 있는 저자들의 의견을 따를 것이기 때문입니다.

말로는 여러 저자들이 영벌을 받을 만한 의견을 주장하고 있다고 하

26 누에(Nouet) 신부는 네 번째 '사기' 11쪽에서 이렇게 썼다. "레시우스가 거부한 빅토리아의 의견은 아주 유명한 여러 신학자들의 견해에 근거하고 있지만, 우리 교단의 견해는 아닙니다."

면서도, 동시에 영벌을 받을 만한 의견에 유리한 결정을 내리고, 말로만 하는 모든 것들을 아무런 양심의 가책도 없이 허용한다니 이 얼마나 끔찍한 말입니까! 신부님들, 당신네 학파의 말을 세상 사람들이 다 듣고 있습니다. 게다가, 당신들이 그런 말을 그렇게 큰소리로 뻔뻔스럽게 이야기한다는 것이야말로 놀랄 만한 일입니다. 왜냐하면, 그것은 너무나 드러내 놓고 당신들의 감정을 표현하는 것이며, 또한 당신들이 우리들에게 여러 유명한 저자들이 그것을 주장하고 있다고 말하자마자, '따귀를 맞으면 살인할 수 있다'는 의견을 아무런 양심의 가책 없이 확신하고 있다는 것을 인정한다고 당신 자신들에게 확신시켜 주는 것이기 때문이죠.

신부님들, 당신들은 그 점에 있어서 스스로를 변호할 수도 없고, 당신들이 나와 대립시키는 바스케즈와 슈아레즈의 구절들을 능가할 수도 없습니다. 이 사람들은 그들의 동료들이 인정하는 살인을 단죄하고 있습니다. 당신들의 나머지 교리와는 분리되어 있는 이 증거들은 그 점을 충분히 이해하지 못하는 사람들을 현혹시킬 수도 있습니다. 그렇지만, 당신들의 원칙들과 금언들을 함께 결합시켜야 합니다. 그래서 당신들은 여기에서 바스케즈가 절대로 살인을 용납하지 않는다고 말합니다. 그렇지만 신부님들, 당신들은 다른 쪽의 견해, 즉 "어떤 감정에 대한 개연성은 그와 반대된 감정에 대한 개연성을 방해하지 않는다."라는 의견에 대해서 뭐라고 말씀하시겠습니까? 그리고 또 다른 곳에서는, 이런 의견이 있죠. "가장 개연성이 크고 가장 확실한 의견을 버리고, 가장 개연성이 적고 가장 덜 확실한 의견을 따르는 것이 허용되어 있다." 이 모든 것을 함께 고려해 볼 때, 우리가 내릴 수 있는 결론은 이렇게 상반된 모든 견해 중에서, 우리 마음에 드는 견해를 따를 수 있는, 완전한 양심의 자유가 우리에게 주어져 있다는 것이 아니고 무엇이겠습니까? 그러므로 신부님들, 이 모든 인용 구절 중에서 당신들이 기대한 결과는 무엇이 될까요? 그것은 사라져 버리고 말 것입니다. 왜냐하면, 당신들이 단죄하기 위해서는, 당신들의 입장을 정당화할 수 있는 금언들을 분리해서 따로 모아 놓기만 하면 되니까요. 그럼, 당신들은 왜 내가 인용했던 사람들을 용서해 주기 위해서, 내가 전혀 인용하지 않았던 당신네 저자들의 구절들을 제시하는 것이죠? 그들 사이에는 아무런 공통점이 없는데요? 그것이 당신들에게 나를 사기꾼이라고 부를 수 있는 어떤 권리를 주던가요? 내가 당신네 신부들 모두가 동일하게 방탕한 사람들이라고 말했던가요? 그와는 반대로 내가 보여 주었던 것은, 당신들의 주된 관심사가 그 모든 의견들을 모아 가지고 필요에 따라서 이용한다는 게 아니었나요? 당신들은 살인하고 싶은 사람들에게는 레시우스를 제시하고, 살인하고 싶지 않은 사람들에게는 바스케즈를 제시하죠. 그것은 누구든지 (고해소에서) 나갈 때는 만족스러운 마음으로 나갈 수 있도록, 그리고 자기편에도 비중있는 저자가 있다고 생각하도록 만들려는 것이죠. 레시우스는 살인에 대해서는 이교도처럼 말할 것이고, 자선에 대해서는 아마도 기독교인처럼 말하겠죠. (반대로) 바스케즈는 자선에 대해서는 이교도처럼 말하고, 살인에 대해서는 기독교인처럼 말할 겁니다. 그렇지만, 바스케즈와 레시우스 모두가 지지하고 있고, 또 당신들 모두의 의견을 공통되게 만들어 주는 개연론에 관해서는, 당신들은 서로서로 함께 감정을 나누면서, 그들 중 한 사람이 단죄한 의견에 따라 행동한 사람들을 사면해 주지 않을 수 없을 것입니다. 그러므로 당신들을 더욱 혼란스럽게 만드는 것은 바로 이런 다양성입니다. 아마도 통일성은 좀 더 참을 만할 것입니다. 온갖 종류의 견해들이 복잡하게 혼합된 것보다 더 성 이냐시오와 당신들의 초창기의 장군들의 특별한 명령에 위배되는 것은 없습니다. 신부님들, 나는 아마도 언젠가는 그 점에 대해서 이야기할 것입니다. 그러면, 당신들이 얼마나 당신들 협회의 초창기의 정신으로부터 타락했는지를 깨닫고, 놀랄 것입니다. 그리고 당신네 장군들이 당신들의 윤리적인 교리의 문란함이 당신네 교단뿐만 아니라, 교회 전체에까지 얼마나 피해를 가져올 것인지를 미리 예견했었다는 사실을 깨닫고 놀라게

될 것입니다.[27]

그렇지만, 나는 당신들에게 이렇게 말하겠습니다. 당신들은 바스케즈의 의견으로부터 아무런 유익도 이끌어 낼 수 없다고요. 수많은 제주이트 신부들 가운데서 모든 기독교인들이 고백하는 것을 이야기해 주는 신부가 한두 사람 정도도 없다고 한다면, 그것은 이상한 일일 것입니다. 복음서에 의거해서, '따귀를 맞았다는 이유로 살인을 할 수 없다'고 주장하는 것은 별로 자랑스러울 게 없습니다. 그렇지만, 그것을 부정하는 것은 끔찍한 수치가 됩니다. 그래서 당신들을 그보다 더 짓누르는 것은 아무것도 없다고 할 정도로 그것은 당신들을 정당화시켜 주지 못할 것입니다. 그 이유는 당신들 가운데에는 진리를 말해 준 박사님들이 있었음에도 불구하고, 당신들은 진리 가운데 머물러 있지 못하고, 빛보다는 어둠을 더 사랑하게 되었기 때문이죠.[28] 왜냐하면, 당신들이 바스케즈에게서 다음과 같은 내용들을 배웠기 때문입니다. "따귀를 때린 사람에게 몽둥이질을 할 수 있다고 말하는 것은 이교도적인 견해이며, 기독교적인 견해가 아니다. 그리고 그런 이유로 살인을 할 수 있다고 말하는 것, 그리고 그 사람들 가운데서 가장 대죄를 지은 사람이라 할지라도 이것을 인정한다고 말하는 것은 십계명과 복음서를 무너뜨리는 일이다."[29] 그렇지만 당신들은 이렇게 잘 알려져 있는 진리와는 반대로, 레시우스와 에스코바르와 또 다른 사람들이 다음과 같이 결정한 것을 묵인했습니다. "하나님께서 모든 살인을 금지하셨음에도 불구하고 따귀 때문에 살인을 할 수 있다는 원칙을 막을 수 없다." 그러므로 바스케즈의 말에 따라서 레시우스가 이교도이고 대죄를 지은 자임을 증명하려는 것이 아니

27 파스칼은 이것을 깨닫지 못하고 있었지만, 아르노가 가지고 있던 메모가 남아 있다. 파스칼, 『팡세』, 셀리에 판, 790편, 623쪽 참조.

28 요한복음 3장 19절.

29 누에 신부가 네 번째 '사기' 속에서 인용했던, 바스케즈의 *De restitutione*의 한 구절이다. 파스칼은 그 내용을 요약하고 있다.

라면, 레시우스의 견해와 상충되는 바스케즈의 그 구절을 제시해 보았자 무슨 소용이 있습니까? 이것은 내가 감히 말하지 못하고 있었던 것입니다. 만약에 이것이 레시우스가 십계명과 복음서를 무너뜨리는 것에 불과하다면, 그리고 마지막 날에 바스케즈가 이 점에 근거해서 레시우스를 단죄하고, 레시우스가 또 다른 점에 근거해서 바스케즈를 단죄한다면, 그래서 모든 저자들이 심판 때에 예수 그리스도의 법에 맞지 않게 그들의 무서운 방탕을 서로서로 단죄하게 된다면, 우리들은 그로부터 어떤 결론을 내릴 수 있을까요?

그러므로 신부님들, 이렇게 결론을 내립시다. 당신들의 개연론으로 인해서, 당신네 저자들 중 일부 사람들의 견해가 교회에는 무익한 것이 되었고, 오로지 당신들의 정치에만 유익한 것이 되었기 때문에, 당신네 저자들은 우리들에게 한편으로는 바스케즈와 슈아레즈가 살인에 반대하고 있고, 다른 한편으로는 당신네 여러 유명한 저자들이 살인에 찬성하고 있다고 선언함으로써, 당신들이 우리들에게 완벽하게 드러냈던 그들의 모순성과 그들 마음의 이중성을 증명하는 데 도움이 될 뿐입니다. 이것은 당신네 저자들이 마음의 이중성으로 인하여 두 갈래 길을 준비하고 있는 사람들을 저주하시는 성령님의 단순성을 훼손하면서, 사람들에게 두 갈래 길을 보여 주려는 것입니다. 두 마음을 품고 두 길을 가는 자에게 화가 있으리라!(*Voe duplici corde, et ingredienti duabus viis!*)[30]

30 시편 119편 113절.

[열네 번째 편지 내용 요약]

몽탈트는 '살인'에 관한 결의론자들의 견해가 매우 혐오스럽다는 것을 세상에 알리는 일이 중요하다고 생각한다. 그들이 '살인을 허용했다'는 사실은 그들이 그 정도로 하나님의 법을 망각하고 있다는 것, 그리고 그 정도로 그들에게는 자연의 빛이 꺼져 있다는 것을 보여 주는 것이다. "한 개인은 다른 개인의 생명에 대해서 아무런 권한이 없다."는 견해보다 더 자연스러운 것이 있을까? 오직 하나님만이 인간의 생명을 빼앗을 권한을 가지고 있다. 군주들에게 사람을 죽일 수 있는 권한을 주신 분은 하나님이시기 때문에, 그들은 이 권한을 하나님이 행사하시는 것과 마찬가지로 행사하지 않으면 안 된다.

필자는 여기에서 인간의 존엄성을 강조한다. '결투'나 '명예'라는 이름으로 저질러지는 살인 행위, 그리고 허술한 사형 제도로 인해서 발생하는 생명 경시 문제를 언급한다. 하나님의 권위 없이 범죄자를 죽인 자는 그 자신이 범죄자가 된다. 하나님의 정의를 위반하고 죄 없는 자를 죽인 자는 살인자가 된다. 이것이 바로 모든 시대, 모든 장소에서 받아들여진 안녕과 안전의 원칙들이다. 왜냐하면, 키케로가 말했듯이, 이 원칙들이 없다면 법조차도 필요한 사람들에게 무기가 될 수 있기 때문이다. 로마의 12법전의 법에 다음과 같은 내용이 포함되어 있다. "무기 없이 전혀 자기 방어를 하지 않는 낮도둑을 죽이는 것은 허용되지 않는다." 출애굽기 22장에서도 마찬가지로 그것을 금지하고 있다. 결국, 이런 방종의 극치로 말할 것 같으면, 비록 그가 수도사나 사제라 할지라도, 권위도 없이 법을 위반해 가면서 이런 식으로 사람을 죽인다면, 죄도 부정도 줄어들게 만들지 못할 것이다.

열네 번째 편지

존경하는 제주이트 신부님들께*

1656년 10월 23일

존경하는 신부님들,

만약에 내가 살인에 관한 세 편의 '사기'에 답변하기만 하면 되는 것이라면,[1] 나는 길게 쓸 필요가 없을 것입니다. 그래서 당신들은 이 편지에서 그 '사기'들이 불과 몇 마디로 반박당하는 것을 보게 될 것입니다. 하지만, 나는 내가 사용한 인용문들이 충실하다는 것을 입증하기보다는 이 살인이라는 주제에 관한 당신들의 견해가 매우 혐오스럽다는 것을 세상에 알리는 일이 더 중요하다고 생각합니다. 그렇기 때문에, 나는 당신들이 교회의 견해로부터, 그리고 물론, 자연으로부터 얼마나 멀어져 있는가를 설명하기 위해서,[2] 당신들의 금언들을 반박하는 일에 이 편지의 대부분을 할애하지 않을 수 없을 것입니다. 여러 번의 모임을 통해서 당신들이 '살인을 허용했다'는 사실은 이 문제에 있어서 당신들이 그

* 니꼴은 소제목을 이렇게 붙였다. "필자는 교부님들의 말을 인용해서 살인에 관한 제주이트들의 금언들을 반박한다."

1 파스칼의 이 편지는 아마도 11, 13, 14번째 '사기'를 목표로 한 것 같다.

2 니꼴은 열네 번째 편지에서 「살인에 관한 신학 논문(*Dissertatio theologica de homicidio*)」이라는 노트를 삽입한 후, 파스칼의 논증을 인용하였다.

정도로 하나님의 법을 망각하고 있다는 것, 그리고 그 정도로 당신들에게는 자연의 빛이 꺼져 있다는 것을 보여 주는 것이며, 그래서 당신들을 종교의 가장 단순한 원칙과 상식 아래로 되돌려 놓을 필요가 있다는 사실을 보여 주는 것입니다. 왜냐하면, "한 개인은 다른 개인의 생명에 대해서 아무런 권한이 없다."는 견해보다 더 자연스러운 것이 있을까요? 성 크리소스토모스가 이렇게 말했죠. 〈우리들은 우리 자신에 대해서 그 정도로 잘 알고 있다. 하나님께서 결코 살인하지 말라는 계율을 만드셨을 때, 그분은 그 이유가 살인이 악이기 때문이라고 덧붙여 말씀하지 않으셨다.〉 이 신부님은 이렇게 말했습니다. 〈그 이유는 이 법은 사람들이 그런 자연의 진리를 이미 알고 있었다는 것을 전제하고 있기 때문이다.〉

따라서, 이 명령은 모든 시대의 사람들에게 주어졌습니다. 복음서는 율법의 명령을 확인한 것이고, 십계명은 율법 이전에 사람들이 노아라는 인물을 통해서 하나님으로부터 받은 명령을 갱신한 것 뿐이며, 결국 이 노아로부터 모든 인류가 태어난 것입니다. 왜냐하면, 세상을 새롭게 하시면서 하나님께서 노아에게 이렇게 말씀하셨기 때문입니다. 〈내가 (사람의 생명에 대해서) 사람들과 계산하고, 자기 형제의 생명에 대해서 그 형제와 계산하겠다. 사람의 피를 흘리게 한 자는 그의 피도 흘리게 될 것이다. 왜냐하면, 사람은 하나님의 형상대로 창조되었기 때문이다.〉[3]

이런 전반적인 금지로 인해서, 인간의 생명에 관한 모든 권한이 인간들에게 주어지지 않았습니다. 게다가, 하나님께서 그 권한을 하나님 자신에게만 제한해 놓으셨기 때문에, 이교도들의 잘못된 금언들과 반대되는 기독교 진리에 의하면, 인간은 자기 자신의 생명에 관한 권한조차도 가지고 있지 않습니다. 그렇지만 인간 사회를 보존하는 일과, 이 사회를 혼란시키는 악인들을 처벌하는 일은 하나님의 섭리에 적합한 일이기 때

3 창세기 9장 5-6절. 파스칼 자신의 번역.

문에, 범죄자들의 생명을 빼앗을 수 있는 법률을 하나님 스스로가 제정하셨습니다. 그래서 살인은 그분의 명령 없이 처벌할 수 있을 것 같으나, (사실은) 그분의 명령에 의해서 징계할 때 칭찬을 받게 됩니다. 만약에 그분의 명령 없이 징계한다면, 그것은 부당한 징계가 될 뿐입니다. 바로 이 점을 성 아우구스티누스는 『신의 도성』 1권 제1서, 21장에서 놀랄 만큼 잘 설명해 놓았습니다. 그는 이렇게 말합니다. 〈하나님께서 살인을 전반적으로 금지하기 위해서 몇 가지 예외 조항들을 만드셨다. 즉, 범죄자들을 죽이기 위해서는 그 분이 제정하신 법규에 의해서, 그리고 어떠 어떠한 사람들을 죽이기 위해서는 이따금씩 내려 주시는 특별한 명령들에 의해서 해야 한다. 그러한 경우에 사람을 죽일 때, 죽이는 자는 인간이 아니라 하나님이시다. 인간은 단지 자기를 사용하는 자의 손에 들려 있는 칼과 같은 도구에 불과할 뿐이다. 그렇지만 이런 경우를 제외하고 사람을 죽인 자는 살인죄를 짓게 된다.〉

그러므로 신부님들, 하나님만이 인간의 생명을 빼앗을 권한을 가지고 있음이 분명합니다. 그렇지만, 그분은 범죄자들을 죽일 수 있는 법규를 제정하신 후에, 왕과 공화국에 이 권한을 위임하셨습니다. 군주들이 사람을 죽일 수 있는 권한을 가지고 있는 것에 대해서 말하면서, 성 바울이 우리들에게 가르쳐 주는 바가 바로 이것입니다. 〈그들은 공연히 칼을 가지고 있는 것이 아니다. 그들은 범죄자들을 징계하기 위한 하나님의 사역자들이기 때문이다.〉[4]

그러나 그들에게 이 권한을 주신 분은 하나님이시기 때문에, 그들은 이 권한을 하나님 자신이 행사하시는 것과 마찬가지로 행사하지 않으면 안 됩니다. 다시 말해서, 성 바울이 동일한 본문에서 다음과 같이 말씀했던 것처럼 주어진 권한을 정의롭게 행사해야만 합니다. 〈군주들은 선인

4 로마서 13장 4절.

들이 아니라 악인들을 두렵게 만들기 위해서 세워졌다. 그러므로 그들의 권력을 두려워할 이유가 없기를 바라는 사람은 선을 행하기만 하면 된다. 왜냐하면, 그들은 선을 위해 세워진 하나님의 대행자들이기 때문이다.〉[5] 그래서, 이러한 제한은 그들의 권력을 거의 약화시키지 않고, 오히려 더욱 강화시킵니다. 왜냐하면, 이것은 그들의 권력을 하나님의 권력과 유사하게 만들어서, 악을 행하는 데는 무력하게 만들고, 선을 행하는 데는 전능하게 만들기 때문입니다. 그리고 이것은 그들의 권력을 선을 행하는 데는 무능하고, 악을 행하는 데만 유능한 악마의 권력과 구별되게 만듭니다. 하나님과 군주들 사이에는 다만 다음과 같은 차이점이 있을 뿐입니다. 즉, 하나님은 정의와 지혜 그 자체이시기 때문에, 그분은 자기 마음에 드는 방법으로 자기 마음에 드는 현장에서 사람을 죽이실 수 있습니다. 왜냐하면, 그분은 인간들의 생명에 대한 최고의 주권자라는 점 외에도, 그분은 아무런 이유 없이 모르는 사이에 그들의 생명을 결코 빼앗지 않기 때문입니다. 왜냐하면 그분은 불의나 오류를 행하실 수 없기 때문입니다. 그렇지만 군주들은 이런 식으로 행동할 수가 없습니다. 왜냐하면, 그들은 하나님의 사역자들이기는 하지만, 그들은 인간이지 신은 아니기 때문입니다. 그들은 나쁜 인상 때문에 놀랄 수도 있고, 잘못된 의심 때문에 화를 낼 수도 있으며, 열정에 사로잡힐 수도 있습니다. 바로 이런 점 때문에, 그들은 하나님께서 주신 권위를 그들이 받은 목적을 위해서만 사용할 수 있도록 그들 스스로가 인간적인 방법을 쓰게 되고, 그들의 국가에서는 법관들을 세워서 이들에게 그런 권력을 전달하기도 합니다.

그러므로 신부님들, 살인죄를 짓지 않으려면, '하나님의 권위에 의해서', 그리고 '하나님의 정의에 따라서'라는 이 두 가지를 모두 고려하여

5 로마서 13장 3절.

행동하지 않으면 안 된다는 것을 명심하십시오. 이 두 가지의 조건들이 결합되지 않으면, 하나님의 권위는 있으나 그분의 정의가 없고, (반대로) 하나님의 정의는 있으나 그분의 권위가 없이 살인을 범하게 되어 죄를 짓게 된다는 점을 명심하십시오. 성 아우구스티누스의 말에 의하면, 이 (두 가지) 결합의 필요성으로 인해서, 하나님의 권위 없이 범죄자를 죽인 자는 그 자신이 범죄자가 됩니다. 하나님께서 그에게 부여하지 않은 권위를 그가 강탈했다는 이유 때문에 그 자신이 범죄자가 되는 것입니다. 그렇지만, 반대로 이런 권위를 가진 법관들이 그들이 따라야만 하는 법을 위반하고 죄 없는 자를 죽인다면, 그들 역시 살인자가 됩니다.

신부님들, 이것이 바로 모든 시대, 모든 장소에서 받아들여진 안녕과 안전의 원칙들입니다. 이 원칙들에 근거하여, 세상의 모든 입법자들은, 교회법이건 세속법이건 간에 그들의 법을 제정했습니다. 그래서 정숙함이나 생명을 잃어버릴 위험을 다른 방법으로는 도저히 피할 수 없는 경우를 제외하고는, 이교도들조차도 결코 이 규칙에 예외를 두지 않았습니다. 왜냐하면 그들은, 키케로가 말했던 것처럼, 이 원칙들이 없다면 〈법조차도 필요한 사람들에게 무기가 될 수 있는 것처럼 보인다.〉고 생각했기 때문입니다.

하지만 내가 여기에서 전혀 말하지 않은 경우 외에도, 특별한 사람들에게 살인을 허용하는 법이 언젠가 존재했었고, 그와 동시에 생명의 위험이 전혀 없을 때 당신들이 그렇게 하는 것처럼, 모욕을 당하지 않도록 보호해 주기 위해서, 그리고 명예나 재산을 잃지 않도록 하기 위해서, 사람들은 살인을 묵인했었습니다. 그러나 신부님들, 이것은 비기독교인들조차도 결코 하지 않았던 일이라고 나는 주장합니다. 이들은 오히려 분명하게 살인을 금지했습니다. 왜냐하면, 로마 12법전의 법에 다음과 같은 내용이 포함되어 있기 때문이죠. 〈무기를 들고 자기방어를 전혀 하지 않는 낮도둑을 죽이는 것은 허용되지 않는다.〉[6] 출애굽기 22장에서도 이미 이것을 금지하였습니다.[7] 그리고 울피앙[8]에게서 인용한 코르넬리아 법전의 절도에 관한 법(*Furem, ad Legem Corneliam*)은 우리들을 죽일 위험이 없는 밤도둑을 죽이는 것도 금지하고 있습니다. 퀴자스[9]의 제3서 「정의와 맹세 개요」를 보십시오.

그러므로 신부님들, 하나님의 법도 인간의 법도 금지하고 있는 것을 당신들은 무슨 권위로 허용하시는지 말씀해 보시지요. 그리고 레시우스가 무슨 권위로 제1권 2서, 9장 66번과 72번에서 다음과 같이 말할 수 있는지 말씀해 보시지요. 〈출애굽기는 무기를 들고 자기방어를 하지 않는 낮도둑을 죽이는 것을 금지한다. 그래서 이런 식으로 사람을 죽인 자들은 법정에서 처벌한다. 그렇지만 소투스가 말한 것처럼, 우리들에게서 훔쳐간 것을 되찾을 수 있다는 확신이 없거나, 그에 대해서 의심이 생길 때, 죽이는 것은 양심상 죄가 되지 않는다. 왜냐하면 도둑의 목숨을 살리려다가 뭔가를 잃어버릴 위험에 빠질 필요는 없는 것이기 때문이다. 이 모든 일은 성직자들에게도 허용된다.〉[10] 이 무슨 이상한 대담성이란 말입니까! 모세의 율법에 의하면, 도둑이 우리의 생명을 위협하지 않을 때 그를 죽인 자를 처벌합니다. 그런데 당신들의 말로는, 복음서의 법에 의해 그런 자를 용서한다고요? 뭐라고요! 신부님들, 예수 그리스도께서 율법을 완성하러 오신 것이 아니라, 파괴하러 오셨다고요?[11] 레시우스가 이렇게 말했죠. "법관들은 이런 경우에 살인한 자를 처벌할지도 모른다. 그렇지만, 그 때문에 양심상 죄가 되지는 않을 것이다." 그렇다면, 법관들이 이교도의 윤리에서 살인자들을 단죄하는 민법을 차용해 왔고, 예수 그리스도의 윤리는 이교도의 윤리보다도 더 잔인하고, 살인에 대

6 R. J. Pothier, *Pandectae Justinianae*, Paris, 1818, 제1권의 83쪽 참조.

7 출애굽기 22장 2-3절.

8 울피앙(Ulpien, 170-228). 고대 로마의 법률가.

9 자크 퀴자스(Jacques Cujas, 1522-1590). 로마법을 연구한 박식한 프랑스 법학자.

10 레시우스의 *De justitia et jure*에서 인용.

11 마태복음 5장 17절.

해서는 이교도 윤리보다도 덜 적대적이라는 말입니까? 우상 숭배자들이나 불신자들보다 기독교인들이 지상의 재물을 더 존중하고, 인간의 생명을 덜 존중해도 된다는 말입니까? 신부님들, 무슨 근거로 그런 말씀을 하시는 겁니까? 이것은 하나님의 법이나 인간의 법의 어떤 명확한 법규에 근거한 것이 아니라, 이상한 추론에 근거한 것일 뿐입니다. 당신들은 이렇게 말하고 있죠. "법은 도둑에 맞서서 자기방어를 할 수 있도록, 그리고 무력에는 무력으로 대항할 수 있도록 허용하고 있다. 그래서 자기방어가 허용되기 때문에, 살인 역시 허용된 것으로 간주하며, 이것이 없다면, 자기방어는 때로는 불가능해질 것이다."[12]

신부님들, 자기방어가 허용되기 때문에 살인 역시 허용된다는 말은 틀린 것입니다. 이 잔인한 방법의 자기방어가 당신들의 모든 오류의 근원입니다. 그래서 루뱅 대학에서, 살인에 관한 라미 신부의 교리를 검열할 때, 이것이 살인적 자기방어(*defensio occisiva*)라고 불려진 것입니다.[13] 그래서, 나는 이렇게 주장합니다. 법에 의하면 살인과 자기방어 사이에 커다란 차이점이 있기 때문에, 자기방어가 허용되는 경우에도, 죽음의 위험이 전혀 없을 때에는, 살인이 금지됩니다. 신부님들, 퀴자스 신부의 책의 동일한 부분에서 한 말을 들어 보세요. "우리의 재산을 빼앗으려고 침입한 자를 쫓아내는 것은 허용되어 있지만, 그를 죽이는 것은 허용되어 있지 않다." 그리고 "만약에 누군가가 우리를 때릴 경우, 우리를 죽이려는 것이 아니라면, 그를 쫓아내는 것은 허용되지만, 그를 죽이는 것은 허용되지 않는다."

몰리나, 레기날두스, 필리우티우스, 에스코바르, 레시우스, 그리고 또 다른 이들이 말하는 것처럼, 누가 당신들에게 다음과 같은 말을 할 권리를 부여했단 말입니까? "우리를 때리러 온 사람을 죽이는 것이 허용되

12 이것은 파스칼이 레시우스의 말을 요약적으로 인용한 것이다.

13 검열은 1649년 10월 8일에 있었다. 열세 번째 편지, 283-284쪽 참조.

어 있다." 게다가, 레시우스가 74번[14]에서 말한 것처럼, 당신들은 이렇게 말합니다. "모든 결의론자들의 의견에 따르면(*ex sentensia omnium*), 우리들에게 모욕을 주려고 하는 자를 죽이는 것이 허용되어 있다." 단지 개인에 불과한 당신들이 무슨 권위로 다른 개인들에게, 게다가 수도사들에게까지 사람을 죽일 수 있는 권한을 부여한단 말입니까? 그리고 오직 하나님께만 속해 있는, 최고 권세의 가장 영광스러운 상징인 생명과 죽음을 좌우할 수 있는 이 권한을 당신들이 어떻게 감히 강탈할 수 있단 말입니까? 이 점에 대해서 당신들은 답변해야만 했었죠. 그런데 당신들은 열세 번째 '사기'에서, "우리들에게 아무런 폭력도 가하지 않고 도망치는 도둑을 죽이기 위해서, (그가 훔친) 값은 내가 말했던 것만큼 적지는 않고, 6뒤카 이상은 되어야만 한다."[15]고 간단히 답함으로써 의문을 해소시켜 주었다고 생각하시는군요. 신부님들, 그 값은 너무나 미약합니다! 당신들은 그 값을 어느 정도로 결정하고 싶으시죠? 15뒤카인가요, 16뒤카인가요? 그래도 역시 나는 당신들을 비난할 것입니다. 당신들은 최소한 그 값이 말 한 필의 값을 넘어간다고 말할 수는 없을 겁니다. 왜냐하면, 레시우스의 책 제2서 9장, 74번에서, 〈우리 말을 타고 도망치는 도둑을 죽이는 것은 허용된다.〉라고 분명하게 정해 놓았기 때문입니다. 하지만, 나는 당신들에게 좀 더 이야기하는데, 몰리나의 말에 의하면, 그 값은 6뒤카로 정해집니다. 만약에 당신이 거기에 찬성하고 싶지 않으면, 거절할 수 없는 중재자 한 사람을 세우시죠. 그 일을 위해서, 나는 당신네 레기날두스 신부를 선택하기로 하죠. 이 사람은 몰리나의 책, 동일한 곳인 제1서 21장, 68번에서 몰리나가 그 값을 결정해서, 3뒤카나 4뒤카 혹은 5뒤카로는 사람을 죽이는 것이 허용되지 않는다고 선언하고 있죠.[16]

14 실제는 78번이다.

15 열세 번째 '사기', 22-23쪽. 인용이 아닌 내용의 요약. 뒤카는 당시 유럽의 금화.

16 레기날두스의 "*Praxis fori paenitentialis*"의 내용을 요약한 것. 역주) 이것은 사실은 살인을 허

그래서, 신부님들, 나는 몰리나만이 아니라 레기날두스도 중재자로 세우겠습니다.

몰리나의 말대로, '우리들에게서 1에퀴의 돈을 빼앗으려고 하는 도둑을 죽여도 되는지'에 관해 다룬 당신들의 열네 번째 '사기'에 대해서, 내가 반박하는 것은 쉬운 일일 것입니다. 그것은 일관성이 있기 때문이죠. 에스코바르가 1론 예제 7, 44번에서 당신들에게 그것을 말해 줄 것입니다. 거기에서 그는 이렇게 말하죠. 〈몰리나는 사람을 죽일 수 있는 값을 일정하게 1에퀴로 결정한다.〉[17] 그런데 당신들은 이 문제에 있어서 단지 〈정당방위의 적정가(適定價)를 지켜야만 할 것〉이라는 구절의 마지막 말들을 내가 삭제했다는 이유로 열네 번째 '사기'에서 나를 비난하고 있죠.[18] 그렇다면, 당신들은 왜 에스코바르가 그 말들을 전혀 표현하지 않은 것에 대해서는 불평하지 않는가요? 당신들은 섬세하지 못하시군요! 당신들은 그것이 당신들의 자기변명이라는 것을 사람들이 이해하지 못한다고 생각하시는군요. 그것이 '살인적인 방어'를 이용하려는 것임을 우리들이 모르겠습니까? 당신들은 몰리나가 그 말을 통해서, 사람들이 자기의 돈을 지키려다가 생명에 위협을 느낄 때는, 자기의 생명을 방어하기 위한 것이기 때문에, 살인을 할 수 있다고 말하려고 했다는 것을 이해시키고 싶어 하시는 것 같군요. 그렇지만 만약에 그것이 사실이라면 신부님들, 어째서 몰리나는 동일한 대목에서 자신의 생명을 구하기 위해서 살인을 허용하는 카르루스[19]와 발델로[20]의 의견에 반대한다고 말할까요? 그래서, 나는 당신들에게 다음과 같이 선언합니다. 몰리나가

용하기 위해서 인간의 생명을 값으로 정하려는 제주이트를 비꼬는 우스꽝스러운 농담이다.

17 에스코바르, 119쪽.

18 몰리나의 구절에서 다음과 같은 말이 발견된다. "*cum moderamine inculpatae tutelae.*"

19 알레산드로 카리에로(Alessandro Carriero, 1548-1626). 이탈리아 파도바(Padova) 대학 학장.

20 니콜라스 발델로(Nicolas Baldello, 1573-1655). 이탈리아의 제주이트 수도사.

의미하는 바는 단순히 이런 것입니다. "만약에 도둑을 죽이지 않고서도 자기의 돈을 되찾을 수 있다면, 그를 죽여서는 안 된다. 그러나 만약에 도둑이 무기를 가지고 있지 않을 때처럼, 전혀 생명의 위협에 직면하지 않을 때에라도, 그를 죽여야만 돈을 되찾을 수 있다면, 자기의 돈을 되찾기 위해서 무기를 가지고 그를 죽이는 것이 허용된다. 이 경우, 사람들은 정당방위의 적정선에서 전혀 벗어나지 않는다." 당신들에게 이것을 보여 주기 위해서, 몰리나 자신이 제4권 3론, 토의 11, 5번에서 다음과 같이 설명하는 것을 보십시오. "사람들은 무기를 가지지 않은 사람들과 맞설 때, 비록 자기가 무기를 가지고 있다 하더라도, 혹은 그들보다 유리한 무기를 가지고 있다 하더라도, 그래도 역시 정당방위의 범위에서 결코 벗어나면 안 된다. 나는 이와 반대된 견해를 가진 사람들을 알고 있다. 그렇지만, 나는 외부의 법정에 있을 때라 하더라도, 그들의 의견에 결코 찬성하지 않는다."

따라서 신부님들, 당신네 저자들이 자기 생명에 아무런 위험이 없음에도 불구하고, 자신의 재산과 명예를 지키기 위해서 살인을 허용하고 있다는 것은 변함없는 사실입니다. 그리고 그들이 결투를 허용하고 있는 것도 동일한 원칙에 의해서입니다. 나는 여러 구절들을 예로 들어서 그것을 보여 주었지만, 당신들은 거기에 대해서 아무런 답변도 하지 않았습니다. 당신들은 당신들이 쓴 글에서, 살인을 허용한 레이망 신부의 다음과 같은 한 구절에 대해서만 공격합니다. 〈달리 행동하면, 자기의 재산이나 명예를 잃을 위험이 있을 때.〉 당신들은 그가 〈그런 경우는 매우 드물다.〉라고 덧붙인 말을 내가 삭제했다고 나를 비난합니다. 신부님들, 나는 당신들이 감탄스럽습니다! 당신들이 나를 비난한다는 것 자체가 바로 재미있는 '사기'거든요! 그런 경우가 과연 보기 드문지 그렇지 않은지를 알아보는 것이 정말로 문제죠! 결투가 허용되는지 그렇지 않은지 알아볼 필요가 있습니다. 이 두 가지 문제들은 서로 별개의 문제들입니다. 결의론자의 자격으로, 레이망은 결투가 허용되는지를 판단해야 됩니다. 그런데 그는 허용된다고 선언합니다. 그러나 그와 관계없이 우리들은 그런 경우가 드문지를 판단할 것입니다. 그리고 우리들은 결투가 매우 흔한 일이라고 그에게 선언할 것입니다. 만약에 당신들이 당신들이 좋아하는 친구 디아나의 말을 더 믿고 싶다면, 그는 당신들에게 5부 14론, 잡록 2 해답 99에서, "결투가 아주 흔한 일이다."라고 대답할 것입니다. 그러나 결투가 드물건 드물지 않건, 그리고 당신들이 여러 번 강조했던[21] 레이망이 그 점에 있어서 나바르를 추종하건 하지 않건, 그가 다음과 같은 의견에 동의한다는 것은 가증스런 일이 아닙니까? 즉, "당신들이 여기에서 또다시 사악한 모든 금언들을 용납하기 위해서, 모든 기독교 국가의 칙령에 반대하고 모든 교회법에 반대하면서, 법도 칙령도 성서나 교부들의 권위도, 어느 성자의 모범도 따르지 않고, 단지 불경한 추론만을 따르면서, 거짓 명예를 보존하기 위해서 결투를 수락하는 일을 양심상 허용한다는 것", 이것이 바로 불경한 추론인 것입니다. 불경한 추론은 바로 이런 것입니다. "명예는 생명보다도 더 값진 것이다. 그런데 자기의 생명을 수호하기 위해서 살인을 하는 것이 허용된다. 그러므로 자기의 명예를 수호하기 위해서 살인을 하는 것도 허용된다."[22] 뭐라고요! 신부님들, 방탕한 인간들이 하나님께서 자기를 섬기라고 그들에게 주셨던 생명보다도 거짓된 명예를 더 사랑하기 때문에, 이 명예를 보존하기 위해서 살인하는 일이 그들에게 허용된다고요? 생명보다도 그런 명예를 사랑하는 것 자체가 흉악한 죄악입니다. 지극히 거룩한 행동이라 할지라도, 만약에 사람들이 그것들을 이 목적(명예)에 관련시킨다면, 그 거룩한 행동을 오염시킬 수 있는 사악한 집착으로 인해서, 지극히 범죄적인 행동임에도 불구하고 (쉽게) 정당화되고 말 것입니다. 왜냐하면, 사람들이 그것들을 명예와 관련시키기 때문입니다.

21 열한 번째 '사기', 15쪽.

22 파스칼이 생각하는 적들의 추론.

신부님들, 이 무슨 주객의 전도입니까? 이것이 어떤 극단으로 치닫게 될지 예상 못할 사람이 누가 있겠어요? 왜냐하면, 사람들이 지극히 사소한 것들을 보존하는 일에 명예를 걸 경우, 그것들 때문에 사람을 죽이는 데까지 갈 게 분명하거든요. 그렇다면 나는 사과 한 개 때문에 살인까지 할 수 있다고 말할 겁니다. 신부님들, 당신들은 나에 대해서 불평하실 겁니다. 그래서 내가 근엄한 레시우스의 권위에 의존하지 않는다면, 당신들의 교리에서 억지로 악의적인 결과들을 이끌어 낸 거라고 말씀하겠지요. 그런데 레시우스는 68번에서 이런 말을 합니다. 〈1에퀴나 사과 한 개처럼(*AUT PRO POMO*), 잃어버려도 별 수치가 되지 않을 만큼, 그렇게 별 가치가 없는 것을 지키기 위해서 살인을 하는 것은 허용되지 않는다. 왜냐하면, 꼭 필요하다면 사람들은 그것을 되찾을 수가 있고, 그것을 되찾기 위해서 필요하다면 살인할 수도(*si opus est, occidere*) 있기 때문이다. 왜냐하면, 자기의 명예만큼 자기 재산을 그 정도로 수호하지는 않기 때문이다.〉 신부님들, 이것은 분명합니다. 다른 모든 금언들을 금언 하나로 요약하도록 당신들의 교리를 정리하자면, 레시우스에게서 차용해 온, 에로 신부의 다음과 같은 금언을 들어 보십시오. 〈자기를 방어할 권리는 온갖 종류의 모욕으로부터 우리들을 지키기 위해 필요한 모든 것으로 확대된다.〉

이 비인간적인 원칙 속에 얼마나 많은 이상한 결과들이 숨겨져 있는지요! 그래서, 온 세상 사람들, 특히 공적인 사람들이 얼마나 많은 반대를 해야 될 것인지요! 내 편지들 속에 언급된 당신네 결의론자들은 이 공적인 사람들에게까지 '살인의 허용'을 퍼뜨리고 있기 때문에, 일반인들의 관심뿐만 아니라 이 사람들 자신의 관심 역시 그런 일에 말려들게 됩니다. 그래서, 선동적인 사람들은 그들의 공격 행위 — 그들에게는 전혀 부당하게 보이지 않는 — 에 대한 처벌을 두려워하여 다른 사람들이 자기들을 폭력으로 억압한다고 느끼자마자 즉시 자기방어권을 이유로 자신을 지키기 위해 필요한 모든 행동을 하게 됩니다. 그들은 태어날 때부터 대부분의 범죄와 거리가 먼 사람들이기 때문에, 더 이상 양심의 가책을 극복할 필요가 없을 것입니다. 그래서 그들은 외부의 장애물을 극복하는 것 외에는 더 이상 아무것도 생각하지 않게 될 것입니다.

신부님들, 나는 여기에서 그에 관해서도, 당신들이 허용하고 있는 다른 살인들에 관해서도 결코 말하지 않겠습니다. 이것들은 당신네 저자들이 말하는 수많은 다른 살인들과 마찬가지로,[23] 레시우스가 '의심' 4번과 10번에서 공개적으로 다루고 있는 모든 살인보다도 국가에는 훨씬 더 가증스럽고, 훨씬 더 중대합니다. 우리는 이 무서운 금언들이 결코 지옥으로부터 빠져 나오지 못하기를, 그리고 그 금언들의 최초의 저자인 사탄이 자기의 명령에 따라서 이것들을 기독교인들에게 널리 광고하는 일에 헌신할 사람들을 결코 찾아내지 못하기를 기다려야 할 것입니다.

지금까지 내가 이야기한 모든 것들을 통해서, 세속법이나 이교(異教)법의 엄격함에 비해서 당신들의 견해들이 얼마나 문란한가를 판단하기는 아주 쉬운 일입니다. 그러니 당신들의 견해들을 비길 데 없이 더 거룩해야만 하는 성직자들의 법과 비교한다면, 어떠하겠습니까? 왜냐하면, 교회 외에는 진정한 거룩함을 이해하고, 또 소유하고 있는 곳이 없기 때문입니다. 그리고 하나님 아들의 정결한 신부인 교회는 그의 신랑을 닮아서, 다른 사람들을 위해 자신의 피를 흘릴 줄은 알지만, 자신을 위해 다른 사람들의 피를 흘리게 할 줄은 모르기 때문에, 하나님께서 그에게 전해 주신 특별한 빛과 어울리게, 살인을 아주 특별한 혐오의 대상으로 생각합니다. 교회는 사람들을 인간으로 생각할 뿐만 아니라, 교회가 사랑하는 하나님의 형상으로 생각합니다. 교회는 사람들 개개인에 대하여 거룩한 존경심을 가지고, 살아 계신 하나님의 성전이 될 수 있도록 하기 위하여 무한한 값으로 구속하였기 때문에, 그들을 모두 존경할 만한 존

23 '의심' 4번은 폭군 암살을 다루고, 10번은 낙태를 다룬다.

재로 만들어 줍니다.[24] 따라서, 교회는 하나님의 명령 없이 죽임을 당한 사람의 죽음을 살인이라고 생각할 뿐만 아니라, 교회의 지체들 중 하나를 빼앗아 가는 신성모독이라고 생각합니다. 왜냐하면, 교회는 그 사람이 신자이건 아니건, 그를 교회의 자녀 중 한 사람으로, 또는 교회의 자녀가 될 수 있는 사람으로 간주하기 때문입니다.

신부님들, 사람들을 구원하기 위해서 하나님께서 사람이 되신 후로부터 사람들의 신분이 교회를 위해 매우 중요한 존재로 변한 것은 바로 위에서 말한 거룩한 이유들 때문입니다. 그러한 이유 때문에, 교회는 사람들을 파괴하는 살인을 인간이 하나님을 대항하여 범할 수 있는 가장 큰 테러 중 하나로서 계속해서 처벌해 왔습니다. 나는 당신들에게 그에 대한 몇 가지 실례를 이야기해 보겠습니다. 이것은 이런 모든 엄격함이 지켜져야만 한다는 생각 때문에서가 아니라, 이 문제에 관한 교회의 변함없는 정신이 어떤 것인지를 이해시키기 위한 것입니다. 왜냐하면, 교회가 살인자에게 명령하는 참회의 내용은 시대의 변화에 따라서 달라질 수 있으나, 살인자에 대한 교회의 혐오감은 결코 시대의 변화에 따라서 변할 수 없기 때문입니다.

교회는 오랫동안 고의적 살인으로 인해서 범죄자가 된 사람들을 죽을 때가 되어서야 교회로 복귀시켜 왔습니다. 그런 자들을 당신들은 용인해 주었습니다. 그 유명한 앙시르 공의회는 살인자들에게 평생 동안 참회하도록 명령했는데, 교회가 그들에게 관용을 베풀어 준 후부터는 그 기간이 매우 단축되었습니다. 그러나 교회는 기독교인들로 하여금 고의적 살인으로부터 훨씬 더 멀어지게 만들기 위해서, 부주의로 살인을 범한 사람들까지도 매우 엄격하게 처벌을 했습니다. 우리는 성 바실리우스와 니스(Nysse)의 성 그레고리오, 그리고 교황 자카리와 알렉산데르 2세의 칙령에서 그것을 알 수 있죠. 랑그르의 주교인 이삭이 2권 13장에서

24 고린도전서 3장 16절, 고린도후서 6장 16절 참조.

말해 주는 교회법은 자기방어를 위해 범한 살인에 대해서 7년간의 참회를 명하고 있습니다. 그리고 사람들은 망스의 주교인 힐데베르트가 샤르트르 성당의 이브에게 다음과 같이 답장을 보낸 것을 읽어 볼 수 있습니다. "그가 자기방어를 위해서 도둑을 돌로 쳐 죽인 사제에게 평생 동안 직무 수행을 금지시킨 것은 옳은 일이었다."

그러므로 당신들의 결정이 교회의 정신과 교회법에 일치한다고 대담하게 말하지 마십시오. 사람들은 당신들에게 단지 자기의 재산을 지키기 위한 살인을 허용하는 것은 어떤 법을 따르는 것인지 보여 달라고 할 겁니다. 왜냐하면, 나는 자기의 생명을 방어해야만 하는(*se suaque liberando*) 경우들에 대해서 말하는 것이 아니니까요. 라미 신부의 책 5권, 토의 36, 136번에서 보는 것처럼, 당신네 저자들은 그런 법이 결코 없다는 것을 인정합니다. 그는 이렇게 말했죠. "신의 법이든 인간의 법이든, 그 어떤 법도 자기를 방어하지 않는 도둑을 살인하는 것을 분명하게 허용하고 있지 않다." 그런데 당신들은 분명하게 이것을 허용하고 있습니다. 사람들은 명예 때문에, 따귀 때문에, 모욕 때문에, 그리고 험담 때문에 살인을 허용하는 어떤 법이 있는지를 보여 달라고 당신들에게 도전하고 있습니다. 사람들은 아무리 불공정이 두렵다 하더라도 증인이나 법관이나 공무원을 죽이도록 허용하는 어떤 법이 있는지를 보여 달라고 당신들에게 도전할 것입니다. 교회의 정신은 사람들로 하여금 아주 자연스럽게 폭동을 일으키게 만드는 선동적인 금언들과는 전적으로 거리가 먼 것입니다. 교회는 항상 자녀들에게 결코 악을 악으로 갚지 말라고 가르쳤습니다. 그리고 교회는 항상 분노하는 자에게 져 주어라, 결코 폭력에 저항하지 말라, 빚진 것을 갚아라, 명예든 조세든 복종이든, 비록 불의한 자일지라도, 관리들과 위에 있는 자들에게 복종하라[25]고 가르쳤

25 로마서 12장 17-19절과 13장 7절을 암시.

습니다. 왜냐하면, 우리는 항상 그들에게서, 우리 위에 그들을 세우신 하나님의 권세를 존중해야만 하기 때문입니다. 교회는 자녀들에게 그들 스스로 정의를 집행하는 세속법보다도 훨씬 더 강하게 살인을 금지합니다. 기독교인 왕들이 최고 수뇌인 왕권을 침해한 범죄에 있어서도, 자기 스스로가 정의를 집행하지 않고, 법관들의 손에 맡기는 것이 바로 교회의 정신입니다. 이것은 법에 따라서, 정의의 형식을 갖추어 범죄자들을 처벌하기 위한 것입니다. 이 정의의 형식은 당신들의 행동과 반대될 수도 있고, 반대될 경우에는 당신들을 부끄럽게 만들 수도 있습니다. 말이 나온 김에, 나는 당신들에게, 당신들의 의견대로 자기의 적을 죽일 수 있는 방법과, 법관들이 범죄자를 죽이는 방법을 비교해 보기를 부탁드립니다.

신부님들, 모든 사람들이 이것을 알고 있습니다. 어떤 개인이 누군가에게 죽음을 요구하는 것은 결코 허용되어 있지 않다는 것을요. 그리고 어떤 사람이 우리를 파산시키고, 불구자로 만들고, 우리 집을 불태우고, 우리 아버지를 죽이고, 우리를 암살하도록 조종하고, 우리의 명예를 떨어뜨리려고 했을 때, 우리가 그 사람의 죽음을 요구하는 것을 법정 사람들이 결코 듣지 않으리라는 것을요. 그래서 왕의 입장에서, 아니 오히려 신의 입장에서 그 사람의 죽음을 요구하는 공적인 사람들을 세워야만 했습니다. 신부님들, 당신들의 의견으로는 기독교인 법관들이 이런 법규를 제정한 것이 어떤 가식이나 속임수에 의해서라고 생각하십니까? 법정의 대외적인 집행이 기독교인들이 가져야만 하는 내면적인 감정과 반대될 것을 염려해서, 그들이 복음서의 법과 형평을 이루도록 세속법의 법규를 제정하지 않았습니까? 정의의 길에 들어선다면, 당신들이 얼마나 당황하게 될지 우리는 충분히 알 수 있습니다. 그리고 남은 과정들도 당신들을 더욱 짓누를 것입니다.

그러니 신부님들, 공무원들이 범죄자의 죽음을 요구한다고 가정해 보십시오. 그러고 나면, 사람들이 어떻게 할까요? 사람들이 즉시 그 범죄자의 가슴에 칼을 꽂을까요? 아니죠. 신부님들, 인간의 생명은 너무도 중요하기 때문에, 사람들은 그 일에 더 많은 존경심을 가지고 행동합니다. 법은 그의 생명을 온갖 종류의 사람들에게 맡기지 않고, 다만 청렴성과 능력이 검증된 법관들에게만 맡깁니다. 그리고 한 사람에게 사형 언도를 내리기 위해서, 한 명의 법관으로 충분하다고 생각하시나요? 신부님들, 사형 선고를 위해서는 최소한 일곱 명의 법관들이 필요합니다. 격한 감정 때문에 판결이 변질되거나 부패하지 않도록, 그 일곱 명 가운데 범죄를 저지른 사람이 한 사람도 없어야만 합니다. 신부님들, 당신들도 알고 계시죠? 사람들은 그들의 정신이 좀 더 맑은 상태에서, 이런 직무를 수행할 수 있도록 하기 위해서 재판을 아침 시간에 배정하려고 노력합니다. 그 정도로, 사람들은 그들이 아주 중요한 행동을 준비할 수 있도록 정성스럽게 살펴 줍니다. 그들은 하나님을 대신하는 자리를 차지하고 있습니다. 그들은 하나님께서 단죄하는 사람들만을 단죄하기 위한 하나님의 사역자들인 것입니다.

그렇기 때문에, 하나님의 능력을 성실하게 대행하는 자로서 행동하기 위해서, 그리고 인간의 생명을 빼앗기 위해서, 그들은 증인들의 증언에 따라서만, 그리고 그들에게 규정되어 있는 모든 다양한 형식에 따라서만, 판결할 수 있는 자유를 가집니다. 그러고 나서, 그들은 오직 법에 따라서만 양심껏, 그리고 법이 단죄하는 사람들에게만 사형에 해당하는 판결을 내립니다. 그런데 신부님들, 하나님의 명령이 이 비참한 사람들의 육체에 형벌을 내리라고 하실지라도 하나님의 동일한 명령은 범죄자들의 영혼을 돌보아 주라고 하십니다. 그 이유는 그들이 죄를 범했기 때문에 그만큼 더 돌봄이 필요하다는 것입니다. 그래서, 사람들은 그들에게 양심을 돌아볼 수 있는 방법을 제공해 준 뒤에서야, 그들이 죽음을 맞이할 수 있도록 합니다. 그 모든 일은 매우 순수하고 순결합니다. 그렇지만, 이와 같이 매우 종교적인 상황들이 동반되고 있음에도 불구하고, 교회는 피를 흘리는 일을 너무도 혐오하기 때문에, 사형 판결에 참여했던 사람들을 성전 제단의 사역에 참여할 수 없다고 판단하고 있습니다. 이를 통해서, 우리는 교회가 살인에 대해서 어떤 개념을 가지고 있는지를 쉽게 깨달을 수 있습니다.

신부님들, 바로 이것이 정의(正義)의 차원에서, 사람들이 인간의 생명을 어떤 방식으로 다루고 있는지에 대한 설명입니다. 이제 당신들이 생명을 어떻게 다루는지 봅시다. 당신들의 새로운 법에 보면, 법관이 한 사람밖에 없습니다. 그리고 그 법관은 법을 위반했던 바로 그 사람입니다. 그는 법관이자 소송 당사자인 동시에 사형 집행인입니다. 그는 자기 적의 죽음에 대해서 스스로에게 물어보고, 스스로에게 명령하고, 즉석에서 그것을 집행합니다. 그는 자기 형제의 육체도 영혼도 존중하지 않고, 예수 그리스도께서 그를 위해 죽으셨음에도 불구하고, 그를 죽이고 단죄합니다. 그 모든 일은 따귀나, 험담이나, 모욕적인 말이나 또는 그와 유사한 다른 모욕들을 피하기 위한 것이죠. 만약 그런 것들 때문에, 합법적인 권위를 가진 법관이 그런 행동들을 범한 사람들에게 사형 선고를 내린다면, 그 법관도 역시 범죄자가 될 것입니다. 왜냐하면, 법이 그들에게 사형 선고를 내리도록 한 것과는 아주 거리가 먼 방식이기 때문이죠. 결국 이런 방종의 극치로 말할 것 같으면, 권위도 없이 법을 위반해가면서 이런 식으로 사람을 죽인다면, 비록 그가 수도사나 사제라 할지라도, 죄도 부정도 줄어들지 않을 것입니다. 신부님들, 우리가 지금 어디에 있는 것인가요? 이런 식으로 말하는 자들이 수도사들이나 사제들인가요? 기독교인들인가요? 터키인들인가요? 사람들인가요? 악마들인가요? 그것이 어린양이 그의 교단 사람들에게 계시해 주신 신비인가요?[26] 아니면, 자기 편을 따르는 사람들에게 용이 암시해 준 가증스러운 것들인가요?[27]

26 에스코바르의『자유 윤리 신학』(*Liber theologiae moralis*)에 대한 조소적인 암시.

27 역주) 요한계시록 12-13장.

왜냐하면, 신부님들, 결국 당신들은 사람들이 당신들을 누구 편으로 생각하길 바라십니까? 복음의 자녀들 편입니까? 아니면, 복음의 적들 편입니까? 이쪽 편 아니면 저쪽 편이 있을 뿐, 중간은 결코 있을 수 없습니다. 〈예수 그리스도와 함께하지 않는 자는 그를 반대하는 자입니다.〉[28] 모든 사람들은 이 두 종류의 사람들로 나누어집니다. 성 아우구스티누스의 말에 의하면, 지구 상에는 두 개의 민족과 두 개의 세상,[29] 즉 예수 그리스도가 지도자이며 왕이신, 하나의 몸을 형성하는 하나님의 자녀들의 세상과, 사탄이 지도자이며 왕인, 하나님의 적들의 세상이 있습니다. 그렇기 때문에, 예수 그리스도는 왕이며 세상의 신이라 불립니다.[30] 왜냐하면, 도처에 그의 신하들과 숭배자들이 있기 때문입니다. 악마 역시 성경에 보면 세상의 군주이며,[31] 이 시대의 신이라고 불립니다.[32] 왜냐하면, 그에게는 도처에 그의 앞잡이들과 노예들이 있기 때문입니다. 예수 그리스도는 그분의 왕국인 교회 안에 그분의 영원한 지혜에 따라서 그분의 마음에 드는 법을 제정해 놓으셨습니다. 그리고 사탄은 자신의 왕국인 이 세상에 자기가 원하는 법을 제정해 놓았습니다. 예수 그리스도께서는 고난받는 것을 명예로 생각하셨고,[33] 사탄은 결코 고난받지 않는 것을 명예로 생각했습니다. 예수 그리스도께서는 따귀를 맞은 사람들에게 다른 편 뺨도 내밀라고 말씀하셨죠.[34] 그런데 사탄은 따귀를 때리고 싶어 하는 사람들에게, 자기들에게 모욕을 주고 싶어하는 사람들을 죽이라고 말했습니다. 예수 그리스도께서는 그분이 당하는

28 마태복음 12장 30절.

29 성 아우구스티누스의 『하나님의 도성』(*La Cité de Dieu*) 참조.

30 이 명칭들은 요한계시록 17장 14절, 19장 16절 참조.

31 요한복음 12장 31절, 14장 30절, 16장 11절 참조.

32 고린도후서 4장 4절.

33 마태복음 5장 4절 참조.

34 마태복음 5장 39절.

수치에 동참하는 자들은 복이 있다고 선포하셨죠.[35] 그런데 사탄은 수치를 당하는 자들은 불행하다고 선포했죠. 예수 그리스도께서는 이렇게 말씀하셨죠. 〈사람들이 너희에게 축복의 말을 하면, 너희에게 불행이 있을 것이다.〉[36] 그런데 사탄은 이렇게 말했죠. "세상 사람들로부터 존경심의 말을 듣지 못하는 자들은 불행할 것이다!"

그러므로 신부님들, 이제는 당신들이 이 두 왕국 중에서 어느 왕국에 속해 있는지 보십시오. 당신들은 신비로운 예루살렘 성[37]이라고 부르는 평화의 도시의 언어를 들었습니까? 성경에서 영적 소돔 성이라고 부르는 혼란의 도시의 언어를 들었습니까?[38] 당신들은 이 두 언어 중 어떤 도시의 언어를 들으셨나요? 당신들이 말하는 언어는 어떤 언어인가요? 성 바울의 말에 의하면, 예수 그리스도께 속한 사람들은 예수 그리스도와 동일한 감정을 소유하고 있습니다. 그리고 예수 그리스도의 말씀에 의하면, 창세 때부터 살인자였던 아비 마귀로부터 나온(*ex patre diabolo*) 자식들은 사탄의 가르침에 따라서 삽니다. 그러면 당신네 학파의 언어를 들어 봅시다. 그리고 당신네 저자들에게 물어봅시다. 누군가가 우리들의 빰을 때릴 때, 그 모욕을 피하기 위해서 살인을 하기보다는 오히려 그 모욕을 참아야 합니까? 그에 대해서 레시우스와, 몰리나, 에스코바르, 레기날두스, 필리우티우스, 발델루스, 그리고 또 다른 제주이트들은 이렇게 대답합니다. "우리들의 따귀를 때리고 싶어 하는 사람을 죽이는 것이 허용되어 있다." 이것이 예수 그리스도의 언어입니까? 다시 한번 대답해 보세요. 빰을 때린 자를 죽이지 않고, 참고 있는 것이 명예를 잃어버리는 일일까요? 에스코바르는 이렇게 말했습니다. "자기의 빰을 때

35 마태복음 5장 11-12절.

36 누가복음 6장 26절.

37 요한계시록 3장 12절, 21장 2절, 10절.

38 요한계시록 11장 8절.

린 자를 살려 두는 동안에는, 자기가 불명예 상태에 있다는 것이 사실이 아닙니까?" 그렇습니다. 신부님들, 사탄이 그의 오만한 자녀들의 정신 속에 자기의 오만한 정신을 감염시킨 것이 오히려 불명예입니다. 세속적인 정신에 사로잡힌 사람들의 우상이 되었던 것이 바로 이 '명예'입니다. 이것은 스스로 영광을 보존하려는 것인데, 그 영광의 진정한 분배자는 사탄입니다. 사람들은 그들이 피할 수 없는 결투에 대한 공포심 때문에 이 사탄에게 그들의 생명을 제물로 바치고, 그들이 직면한 형벌의 치욕 때문에 그들의 명예를 제물로 바치고, 그들이 휘말려 드는 저주의 위험 때문에 그들의 구원을 제물로 바칩니다. 그러면, 사탄은 교회법에 의해서 그들에게서 매장지마저 박탈해 버립니다. 그러나, 우리는 하나님께서 당신들의 신학의 빛보다 더 순수한 빛으로 왕의 정신을 깨우쳐 주신 점에 대해서 찬양을 드려야 합니다. 비록 이 문제에 관한 아주 엄격한 법령들에 의해서, 결투는 범죄가 되지는 않았지만, 결투와 불가분의 관계에 있는 범죄는 처벌하게 되었습니다. 왕은 하나님의 정의에 대한 두려움 때문에 체결되지 못한 법령들을 자기의 엄격한 정의에 대한 두려움 때문에 체결했습니다. 왕은 그의 신앙심에 의해서, 기독교인들의 명예는 하나님의 명령과 기독교의 법규를 지키는 데 존재하는 것이지, 살인에 대한 합법적인 변명이 전적으로 헛된 것임에도 불구하고 당신들이 주장하고 있는 그 명예의 환상 속에 있지 않다는 것을 알게 되었습니다. 따라서, 살인에 관한 당신들의 결정들은 지금은 모든 사람들에게 혐오의 대상이 되었습니다. 그래서, 당신들은 종교의 원칙에 의해서가 아니라 최소한 정치적 교훈에 의해서라도 견해를 바꾸라는 충고를 더 많이 듣게 되었습니다. 신부님들, 이런 비인간적인 견해들을 기꺼이 단죄함으로써, 그로 인해서 발생할 수 있는 잘못된 결과들을 미리 예방하도록 하십시오. 당신들은 그에 대한 책임이 있습니다. 그리고 살인에 대한 좀 더 큰 혐오감을 가지기 위해서, 타락한 인간들의 최초의 범죄는 최초의 의인에게 저질러진 살인이었다는 것, 인간들의 가장 큰 범죄는 모든 의인들 중 최고의 의인에게 저질러진 살인이었다는 것, 그래서 살인은 국가와 교회와 인간성과 신앙심을 모두 함께 파괴하는 유일한 범죄라는 사실을 꼭 기억하십시오.

(추신) 나는 내 열세 번째 편지에 대해서 당신들을 변호하는 사람의 답장을 방금 읽었습니다.[39] 하지만, 만일에 그가 자기의 대부분의 난제들을 해결해 주는 내 편지에 잘 응답하지 못한다면, 그는 내 답장을 받을 만한 자격이 없는 사람일 것입니다. 나는 그가 매번 주제에서 벗어나서, 지금 생존해 있는 자들과 죽은 자들에 대한 중상모략과 모욕을 늘어놓고 있는 것이 유감스럽습니다.[40] 그렇지만, 당신들이 그에게 제공하는 기록들을 신뢰할 수 있게 만들기 위해서는, 콩피에뉴의 따귀 사건만큼이나 공개된 일을 공개적으로 부인하게 만들어서는 안 됩니다. 신부님들, 그는 자기가 당한 모욕을 고백했기 때문에, 그가 어느 제주이트 신부에게서 뺨을 맞은 것은 분명합니다. 그런데 당신네 친구들이 할 수 있었던 일은 고작 그가 손바닥으로 맞았는지, 아니면 손등으로 맞았는지 의심해 보는 것과, 손등으로 뺨을 때리는 것을 따귀라고 부를 수 있는지 아닌지의 문제에 대해서 논의하는 것이었습니다.[41] 나는 이 문제를 누가 결정할 수 있는지 모릅니다. 그렇지만 나는 적어도 그것을 따귀라고 부를 수 있는 개연성이 있다고 생각합니다. 이것은 양심상 분명한 일입니다.

39 이것으로 10월 20일이 지난 후에, 이 답장이 회람되고 있었음을 추측할 수 있다.

40 이후, 누에 신부가 생 시랑과 장세니우스와 포르루아얄 그룹을 고발하게 된다.

41 이 사건의 정확한 경위는 생 질(Saint-Gilles)이 페리에에게 보낸 10월 27일 자 편지에서 알 수 있다.

[열다섯 번째 편지 내용 요약]

몽탈트는 이렇게 말한다. "당신들은 상대방을 중상모략하면서도 구원을 얻을 수 있다고 믿고 있다. 당신들은 너무나 오랫동안 세상 사람들을 속여 왔고, 당신들에 대한 맹목적인 신뢰를 남용해 왔다. 나는 당신들의 의도가 거짓을 말하며 중상모략하는 데 있다는 것을 보여 주려고 한다. 그래서 당신들이 당신들의 상대방은 죄가 없다는 것을 알면서도, 의도적으로 그들에게 죄를 전가시키고 있다는 것을 보여 주려고 한다. 당신들이 상대방에 대하여 고발하는, 믿기 어려운 일들을 믿어야 할지 아니면, 당신들을 사기꾼으로 생각해야 할지 사람들은 주저하고 있다. 당신들은 상대방을 중상모략하면서도 구원을 얻을 수 있다고 믿고 있다. 사람들이 이 사실을 알게 된다면, 틀림없이 진실의 무게가 즉시 당신들의 사기를 더 이상 믿지 못하도록 만들 것이다. 당신들은 책에서뿐만 아니라, 발표 논문에서도 이런 주장을 했다. "우리들을 헐뜯는 사람들의 신뢰를 떨어뜨리기 위해서 그들을 중상모략하고, 거짓으로 그들에게 범죄를 전가시키는 것은 가벼운 죄에 불과하다. <자기의 명예를 지키기 위해서, 거짓으로 중상모략하는 일은 결코 죽을 죄가 되지 않는다.>라는 견해는 확실히 개연성이 있다. 왜냐하면, 이 견해는 20명 이상의 비중 있는 박사들과 제주이트 신부들이 지지했기 때문이다. 온 세상 사람들이 그들의 이야기를 다 알고 있는데도 불구하고, 그들은 처벌을 받지 않았다. 하지만 그들은 너무나도 명백하게 부당하고 무례했기 때문에, 나는 나 자신을 변호하기 위해서만이 아니라, 순진한 사람들이 그들의 유혹을 받지 않도록 하기 위해서도 그들의 행동을 공개적으로 증오했다. 만약에 그렇게 하지 않았다면, 나는 예수 그리스도와 그분의 교회를 포기해야만 했을 것이다."

열다섯 번째 편지

존경하는 제주이트 신부님들께*

1656년 11월 25일

존경하는 신부님들,

당신들의 '사기'가 계속해서 출판되고 있고, 당신들이 당신들의 오류에 반대하는 신앙심 깊은 모든 사람들을 아주 심하게 모욕하는 일에 그 '사기'를 이용하고 있기 때문에, 나는 그들의 이익과 교회의 이익을 위해서, 당신들의 행동의 비밀을 밝혀내야만 하겠다고 느낍니다. 이것은 내가 오래전부터 약속했던 일인데, 당신들의 비난과 욕설을 얼마나 믿어야 할지 당신들 자신의 금언을 통해서 확인해 보려는 것입니다.

당신들을 충분히 알지 못하는 사람들은 이 문제에 대해서 결정하기 어렵다는 것을 나는 알고 있습니다. 왜냐하면 그 사람들은 적들이 당신들에게 비난하는 믿기 어려운 범죄 사실들을 믿기 어려움에도 불구하고 믿어야만 하고, 당신들을 사기꾼이라고 생각해야만 하는데도 불구하고, 그것은 믿기 어려운 일이기 때문이죠. 그들은 이렇게 말하죠. "뭐라고요! 만약에 그런 일들이 있었다면, 수도사들이 그것들을 세상에 공개

* 니꼴이 붙인 소제목이다. 제주이트 신부들은 중상모략을 범죄 속에 포함시키지 않았다. 그래서 그들은 적들을 중상모략하는 일을 조금도 망설이지 않았다.

했을걸요! 그리고 그들이 정말로 자기들의 양심을 버리고 싶어 했을까요? 게다가, 그들이 이런 중상모략 때문에 지옥에 떨어지고 싶어 했을까요?" 이게 바로 사람들이 추론하는 방식이죠. 이와 같이, 거짓을 무너뜨리는 당신들의 명백한 증거들이, 그들이 가지고 있는 당신들의 신실성에 대한 의견과 충돌하면서, 부인할 수 없는 명백한 진실과 상처를 주게 될까 봐 두려워하는 사랑의 의무 사이에서, 그들은 결정을 하지 못한 채 주저하고 있습니다. 그들이 당신들의 비방을 물리치지 못하도록 방해하는 유일한 것은 당신들에 대한 그들의 존경심이기 때문에, 만약에 당신들이 중상모략에 대해서 대중들의 인식과는 (실제로는) 다른 생각을 가지고 있다는 사실을 사람들이 알게 된다면, 그리고 당신들이 적들을 중상모략하면서도 구원을 얻을 수 있다고 믿는 사실을 알게 된다면, 틀림없이 그들은 진실의 무게로 인해 즉시 당신들의 사기를 더 이상 믿지 않기로 결정하게 될 것입니다. 신부님들, 이것이 바로 이번 편지의 주제입니다.

나는 당신들의 글이 중상모략으로 가득 차 있다는 것만을 보여 주는 것이 아니라, 조금 더 깊이 이야기하려고 합니다. 사람들은 어떤 것이 거짓된 것임에도 불구하고, 그것이 진실한 것이라 믿고 말할 수 있습니다. 하지만, 거짓말쟁이의 특성은 거짓말을 하려는 의도를 품고 있다는 것입니다. 그러므로 신부님들, 나는 당신들의 의도가 거짓을 말하며 중상모략을 하는 데 있다는 것을 보여 주겠습니다. 그래서 당신들은 당신들의 적들이 죄가 없다는 것을 알면서도, 의도적으로 그들에게 죄를 전가시키고 있다는 것을 보여 주겠습니다. 왜냐하면, 당신들은 은총을 받은 상태에서 타락하지 않고서도 그렇게 할 수 있다고 생각하기 때문이죠. 신부님들, 나와 마찬가지로, 당신들도 윤리의 초점을 잘 알고 있음에도 불구하고, 내가 당신들에게 그것을 이야기하는 이유는 당신들에게 내가 그렇게 주장하는 것을 사람들이 지켜보면서, 아무도 그 점에 대하여 의심할 수 없도록 하려는 것입니다. 부인하는 것 자체가 내가 당신들을 비난하고 있다는 것을 확인해 주기 때문에, 당신들은 자신 있게 그것을 부인할 수 없을 것입니다.[1] 왜냐하면, 이것은 당신들이 책에서뿐만 아니라, 최근에 발표한 논문에서도 대담하게 주장했던, 당신네 학파의 공통된 교리이기 때문입니다. 그것들 중에서 1645년 루뱅 대학에서 발표된 논문에는 이런 글이 있었죠. 〈우리들을 헐뜯는 사람들의 신뢰를 떨어뜨리기 위해서, 그들을 중상모략하고, 거짓으로 범죄를 그들에게 전가시키는 일은 가벼운 죄에 불과하지 않은가?(*Quidni nonnisi veniale sit, detrahentis autoritatem magnam, tibi noxiam, falso crimine elidere?*)〉 그리고 이 교리는 당신들에게는 너무도 확고하기 때문에, 누군가가 감히 그것을 공격한다면, 당신들은 그를 무식한 자나 무모한 자 취급을 합니다.

이것은 불과 얼마 전에, 독일 카푸친회의 키로가 신부[2]가 이 교리에 반대하려고 했을 때 겪었던 일이었습니다. 왜냐하면 당신네 디카스틸루스 신부[3]가 즉시 그를 공격했기 때문입니다. 그는 이 논쟁에 대해서 『정의에 관하여』 제2서 2론, 토의 12, 404번에서 이렇게 말했습니다. "내가 이름은 밝히지 않겠지만, 맨발에 탁발 수도복을 입은(*cucullatus gymnopoda*) 어떤 근엄한 수도사가 여인들과 무식한 자들 가운데서 이 견해를 대담하게 비난했다. 그는 이것이 미풍양속을 해치며, 국가와 사회의 평화에 반대되고, 모든 가톨릭 박사님들뿐만 아니라 가톨릭 신자가 될 수 있는 모든 사람들의 뜻에 반하는 해롭고 수치스러운 견해라고 말했다. 그러나 나는 지금까지도 주장하고 있는 바와 같이, 그에게 이렇게 말했다. 〈중상모략가에게 대항하는 중상모략은 비록 그것이 거짓말이

1 이 편지를 목적으로 파스칼이 쓴 자필 원고가 『팡세』, 셀리에 판, 796편에 있다.

2 디에고 데 키로가(Diego de Quiroga, 1572-1649). 카푸친회 사제, 필립 2세, 3세, 4세의 고해신부.

3 장 드 디카스틸로(Jean de Dicastillo, 1585-1653). 스페인 톨레도와 오스트리아 비엔나에서 교수를 지냈던 제주이트 사제. 인용문은 파스칼이 *De justitia et jure*(Angers, 1641)에서 요약적으로 발췌한 것이다.

라 할지라도, 결코 죽을 죄(대죄)가 아니며, 정의에 위배되는 것도 아니고, 사랑에 위배되는 것도 아니다. 그리고 이것을 증명하기 위해서, 나는 그에게 내가 참고했던 우리의 수많은 신부들과, 이들이 소속되어 있는 대학들을 모두 제시해 주었다. 그리고 나는 그들 중에서도 황제의 고해 사제인 존경하는 장 강스 신부님, 레오폴드 대공의 고해 사제인 다니엘 바스텔 신부님,[4] 두 왕자들의 스승이었던 앙리 신부님, 비엔나 대학의 국가 교수들과 일반 교수들(모두 제주이트 신부들), 그라츠 대학[5]의 모든 교수들(모두 제주이트 신부들), 프라하 대학의 모든 교수들(그 스승들이 제주이트 신부들)로부터 받은, 그들이 직접 쓰고 서명한, 내 의견에 대한 동의서들을 가지고 있다. 이 외에도, 내 의견에 찬성한 더 많은 분들, 예를 들어 스페인의 황제이자 국왕의 설교자인 제주이트 사제 페날로사 신부님,[6] 제주이트 사제인 피리체로리 신부님, 그리고 우리의 논쟁 이전에 이 의견이 개연성이 있다고 판단했던 수많은 다른 사제들이 있다.〉" "신부님들, 당신들에게는 필요한 것이 별로 없었기 때문에, 애써 제정하고 싶어 하는 견해도 별로 없다는 것을 당신들은 잘 알고 있습니다. 그리고 당신들이 그 견해에 너무나 많은 권위를 부여했기 때문에, 결의론자들은 그것을 의심할 여지가 없는 확고한 원칙으로 사용하고 있습니다. 카라뮈엘이 1151번에서 이렇게 말했죠. 〈자기의 명예를 지키기 위해서, 거짓으로 중상모략하는 일이 결코 죽을 죄가 되지 않는다는 견해는 개연성 있는 견해임이 확실하다. 왜냐하면, 이 견해는 20명 이상의 비중 있는 박사들과 제주이트 신부들인 가스파르 후르타도와 디카스틸루스 같은 분들이 지지했기 때문이다. 그래서 만약에 이 교리가 개연적인 것이 아니

4 네덜란드의 제주이트 신부.

5 오스트리아 그라츠 대학.

6 암브루아즈 페날로사(Ambroise Penalosa, 1588-1656). 비엔나 대학의 교수이며 제주이트 신부.

라면, 신학 전체에서 개연적인 교리는 더 이상 아무것도 없을 것이다.〉"[7]

만약에 이런 당신들의 금언에 따라서 자기의 명예를 지키기 위해서는 중상모략을 해도 죄가 되지 않는다는 것이 개연적인 것이고, 양심에 거리낌 없이 확실한 것이라면, 신학의 결정들 중에는 그 어느 것도 확실한 것이 거의 없다고 할 수 있겠죠. 오! (그거야말로) 가증스럽고, 너무나도 부패한 신학이로군요! 신부님들, 이런 원칙을 주장하는 사람들이 가끔씩 그 원칙을 실천에 옮긴다니, 얼마나 그럴듯한 일입니까! 인간들의 부패한 성향은 그 스스로가 너무나도 쉽고 극성스럽게 그런 방향으로 쏠리기 때문에, 한 번 양심의 장애물을 제거하게 되면, 그런 성향은 당연히 믿을 수 없을 정도로 격렬하게 확산될 것입니다. 한 가지 예를 들어 볼까요? 카라뮈엘이 동일한 대목에서 이렇게 말했습니다. 〈제주이트 신부 디카스틸루스의 중상모략에 관한 금언을 독일의 어느 백작 부인이 황후의 딸들에게 가르쳤다. 그 후 이 딸들은 중상모략이 기껏해야 가벼운 죄에 불과하다는 믿음을 가지게 되었고, 그로 인해 불과 며칠 사이에 수많은 비방과 거짓된 관계들이 발생하게 되었다. 이것은 궁정 전체를 어수선하고 경악스럽게 만들었다. 그녀들이 이 금언을 어떻게 사용하게 되었는지를 상상하기란 쉬운 일이다. 그 결과, 이런 소동을 진압하기 위해서, 모범적인 삶을 살고 있던 키로가라는 카푸친회 신부(이 사람이 디카스틸루스 신부와 그렇게 심하게 다툰 것은 바로 이 문제 때문이었다)를 부르지 않으면 안 되었다. 결국 이 신부가 와서 이 금언은 특히 여인들 사이에서 매우 해롭다고 선언했다. 그리고 황후는 이 금언을 완전히 폐지하기 위해서 특별히 정성을 쏟았다.〉 당신들은 이 교리가 야기한 잘못된 결과를 보고 놀랄 필요는 없습니다. 오히려 이 교리가 이런 방종을 가져오지 않는다면, 그것이야말로, 놀랄 일이죠. 우리들은 자애심 때문에 곧잘, 남

7 카라뮈엘의 *Theologia moralis fundamentalis*(프랑크푸르트, 1652)에서 발췌한 내용.

들이 우리들을 공격하는 것은 항상 부당한 일이라고 믿습니다. 신부님들, 특히 당신들은 모든 글에서 당신들의 교단에 상처를 입히는 것은 곧 바로 교회에 상처를 입히는 일이라고 믿을 정도로 맹목적인 허영심에 빠져 있습니다. 따라서 신부님들, 당신들이 이 금언을 실천하지 못한다면, (거기에는) 무엇인가 이상하게 생각할 만한 이유가 있을 겁니다. 당신들을 알지 못하는 사람들이 그러듯이 당신들에 대해서 그렇게 말해서는 안 되기 때문입니다. 즉, "이렇게 좋은 신부님들께서 어떻게 그들의 적들을 중상모략하려고 하겠어요? 왜냐하면, 만약 그들이 그렇게 한다면, 구원을 얻지 못할 텐데요."라고요. 그 대신에 반대로 이렇게 말해야만 합니다. "이렇게 좋은 신부님들께서 어떻게 그들의 적들을 중상모략할 수 있는 특권을 놓치고 싶겠어요? 왜냐하면, 그들은 구원을 포기하지 않아도 그렇게 할 수 있을 텐데요."라고요. 그러므로 제주이트 중상모략가들을 보고서 놀라지 마시기 바랍니다. 그들은 양심에 아무런 거리낌이 없이 그런 일을 하며, 또한 그들이 그런 일을 못하도록 방해할 수 있는 것은 아무것도 없습니다. 왜냐하면, 그들은 세상 사람들에게서 신뢰를 얻고 있기 때문이죠. 그들은 사람들의 정의를 두려워하지 않고서도 중상모략을 할 수 있습니다. 그리고 그들은 양심에 관계된 문제에서도 신뢰를 얻고 있기 때문에, 하나님의 정의를 두려워하지 않고서도 그런 일을 할 수 있도록 여러 가지 금언들을 만들어 놓았습니다.

신부님들, 그렇게나 많이 발생하는 흑색 사기 선전의 근원이 바로 거기에 있습니다. 당신들의 브리자시에 신부가 이미 고인이 된 파리 대주교의 검열을 이끌어 내기까지 사기 선전을 퍼뜨렸던 것도 바로 그것 때문이죠.[8] 당신들의 앙주 신부님[9]이 1655년 3월 8일, 파리에 있는 생 브누아 성당에서 설교 도중에, 피카르디와 샹파뉴 지방의 빈민들을 위해서

8 브리자시에 신부의 문제는 열한 번째 편지에 나온다. 240쪽 두 번째 문단 참조.

9 장 당주(Jean d'Anjou, 1611-1683). 제주이트 신부이며 잘 알려진 설교가.

모금을 했던 귀족들 — 이들도 그만큼의 기부금을 냈지만 — 을 중상모략했던 것도 바로 그것 때문이었습니다. 만약에 사람들이 당신들의 사기를 어느 정도 신뢰하고 있었다면, 자선의 마음을 고갈시킬 수 있는 당신들의 끔직한 거짓말, 즉 "교회와 국가의 목적에 위배되게 돈을 사용하려고, 이 귀족들이 그 돈을 유용했다는 것을 확실히 알고 있다."는 말이었죠. 이것 때문에, 소르본 대학 박사님인 본당 신부는 다음날 강단에 올라가서 이런 중상모략을 부인해야만 했었죠. 당신들의 크라세 신부[10]가 오를레앙에서 너무나 중상모략에 가득 찬 설교를 했던 것도 바로 이와 같은 원칙 때문이었습니다. 그래서, 오를레앙의 주교[11]는 지난 9월 9일 그의 칙서를 통해서, 크라세 신부의 설교를 공개적인 중상모략이라고 금지시키지 않으면 안 되었습니다. 이 칙서에서, 그는 다음과 같이 선언했습니다.[12] "나는 제주이트 교단의 사제인 장 크라세 형제가 그의 교구에서 설교하는 것을 금한다. 그리고 그 교구의 신자들이 그의 설교를 듣는 것을 금한다. 전술한 크라세 신부는 강단에서 이 도시의 성직자들에 대해서, 그들이 이단적이고 불경한 명제들을 주장했다고 거짓으로, 그리고 악의적으로 그들을 모함하였다. 그리고 거짓과 중상모략에 가득 찬 설교, 즉 하나님의 계명들은 수행하기 불가능하다는 것, 인간은 결코 내적 은총에 저항할 수 없다는 것, 예수 그리스도는 모든 사람들을 위해서 죽지 않았다는 것,[13] 이 외에도 인노첸시오 10세에 의해서 단죄되었던 저술과 유사한 것들을 주장했다는 사실을 내가 알게 되었기 때문에, 이를 어길 경우 심각한 불순종의 죄를 짓게 될 것이다." 왜냐하면 신부님들, 이 선언이 바로 중상모략을 중요하게 생각하는 사람들 모두에게

10 장 크라세(Jean Crasset, 1618-1692). 영성 설교가이며 작가. 제주이트 신부.

11 알폰스 델벤(Alphonse d'Elbène, 1600-1665). 1647년에 오를레앙의 주교였고, 1651년에는 장세니우스의 5개 명제의 단죄에 반대했었다.

12 파스칼은 첫 번째 칙서 내용을 요약적으로 인용했다.

13 역주) 이것들은 제주이트 교단이 적들에게 적용하는 이단적인 주장들이다.

당신들이 비난을 퍼붓는, 일상적이고도 으뜸가는 사기 수법이기 때문입니다. 그런데 오를레앙의 성직자 중 한 명인 크라세 신부의 경우와 마찬가지로, 당신들 역시 그 중상모략이 누구에 대해서 말하는지를 증명할 수 없음에도 불구하고, 당신들의 양심은 태평하기만 합니다. "왜냐하면, 당신들은 당신들을 공격하는 사람들을 중상모략하는 것이 너무도 확실하게 허용되어 있으므로, 당신들은 전체 시민들이 지켜보는 가운데서 공개적으로, 그 중상모략을 공표하는 것을 조금도 두려워하지 않기 때문입니다."

그에 대한 뚜렷한 증거는 당신들이 리옹 시에 있는 생 니지에 성당의 사제인 퓌이 신부[14]와 다투었던 분쟁입니다. 이 이야기는 당신들의 머릿속에 완전히 각인되어 있기 때문에, 나는 그 주요 상황에 대해서만 이야기하겠습니다. 신부님들, 당신들은 1649년에 퓌이 신부가 또 다른 카푸친회 수도사의 명저인 『교구에서 신자들을 빗나가게 만드는 사람들에 대한 기독교인의 의무에 대하여』를 프랑스어로 번역했다는 사실을 알고 계시겠지요. 그는 아무런 욕설도 하지 않았고, 어떤 수도사의 이름도, 어떤 특정 교단의 이름도 지적하지 않았습니다. 그런데 당신네 신부들은 그것이 자기들을 비난한다고 생각했죠. 그래서 당신들 교단의 알비 신부[15]는 프랑스 대주교 관할 교구의 재판관이며, 도시 전체에서 존경받는 이 원로 사제에 대한 아무런 존경심도 없이, 그를 통렬하게 비판하는 책을 만들어, 성모 승천 축일에 당신들의 교회당에서 직접 판매했습니다. 그 책에서, 알비 신부는 그를 여러 가지로 고발했는데, 그중에는 "그는 여자들에게 추근거리다가 수치를 당했고, 불경스런 사람이며, 이단

14 퓌이 신부(Benoit Puys)의 이름은 『팡세』, 셀리에 판, 789편에 있는 파스칼의 자필 원고에서 발견된다.

15 앙리 알비(Henri Albi, 1590-1658). 아비뇽, 아를, 그르노블, 리옹에서 신학교 학장을 지낸 제주이트 신부.

의 의혹이 있어서 파문을 당했으니, 결국 화형을 당할 만하다."는 내용이 있었습니다. 그에 대해서, 퓌이 신부가 답변을 했고, 알비 신부는 자기가 처음에 고발했던 것들을 두 번째 책에서 그대로 다시 주장했습니다. 그러니 신부님들, 당신들이 중상모략가들이며 당신들이 이 선량한 사제에 대해 모함한 말들을 모두 그대로 믿고 있다는 것이 사실이 아닌가요? 그래서, 당신들은 이 사제가 당신들과 우정을 맺을 만한 사람인지 판단하기 위해서, 그의 오류들은 제쳐 두고서라도, 먼저 그가 끽소리 못하게 만들어야만 했던 것 아닙니까? 그리고 그 도시의 수많은 상류층 사람들 앞에서 있었던 조정 과정에서 일어난 이야기를 들어 보세요. 1650년 9월 25일, 작성된 문서에 그들의 이름이 이 페이지 아래에 다음과 같이 적혀 있습니다.*

*리옹 추기경의 주교대리 빌르 씨, 참사 회원이며 생-폴 사제 스카롱 씨, 성가대원 마르가 씨, 생-니지에의 참사 회원 부보, 세브, 오베르, 데르비외 씨, 프랑스 회계원장 기외 씨, 상인 대표 그로스리에 씨, 감독관이며 책임자 플레세르 씨, 생-로맹과 바르톨리의 귀족 브와사 씨, 프랑스 재무부, 왕의 수석 변호사인 부르주아 씨, 코통 부자(父子), 보니엘 씨 모두가 퓌이 신부, 알비 사제와 함께 선언문 초안에 서명함.

퓌이 신부는 이 모든 사람들 앞에서 다음과 같은 발언 외에 다른 말은 일체 하지 않았습니다. "내가 쓴 글은 전혀 제주이트 신부들에게 쓴 것이 아니며, 신자들을 교구로부터 멀어지게 만드는 사람들에 대해서 일반적으로 말한 것이었고, 이 문제에 대해 제주이트 교단을 공격할 생각은 없었으며, 반대로 나는 이 교단을 사랑하고 존경한다." 단지 이 말만 함으로써, 그는 취소도 사면도 없이, 배교와 스캔들과 파문으로부터 회복되었습니다. 그러고 나서, 알비 신부는 그에게 이렇게 말했습니다. "선생님, 나는 우리 교단의 존재에 대해서 명예롭게 생각하고 있는

데, 당신이 우리 교단을 공격했다고 믿었기 때문에, 거기에 답변하려고 펜을 들었던 것입니다. 나는 내가 사용했던 방법이 받아들여졌다고 믿었습니다. 하지만, 이로써 당신의 의도를 더 잘 알게 되었기 때문에, 나는 당신이 심오한 정통 교리에 밝고, 품행이 나무랄 데 없는 매우 명철한 사람이며, 한마디로 말해서, 당신 성당의 사제 자격이 있는 사람이라고 생각하지 못하게 만들 만한 것은 아무것도 없는 사람이라는 것을 선언합니다. 나는 이것을 기쁜 마음으로 선언하며, 여러분들도 이 점을 기억해 주시길 부탁드립니다."

신부님들, 그들은 이 일을 아직도 기억하고 있습니다. 그리고 사람들은 분쟁보다도 화해한 것을 더 수치스럽게 생각했습니다. 왜냐하면, 보세요. 알비 신부의 말을 듣고 놀라지 않을 사람이 누가 있겠어요? 이 사람은 자기가 퓌이 신부의 품행과 교리의 변화를 알았기 때문에, 그의 지위가 회복되었다고 말하지 않고, 단지 "그의 의도가 당신들의 교단을 공격하는 데 있지 않다는 것을 알았기 때문에, 그리고 그를 가톨릭으로 생각하지 못하게 만들 만한 것이 더 이상 아무것도 없기 때문에, 그는 회복되었다."고 말한 것입니다. 그러면 알비 신부는 결국 퓌이 신부가 이단자라고 생각하지 않았던 것이군요? 그렇지만, 퓌이 신부가 알고 있는 것을 고발한 후에, 자기가 과오를 범했다고 선언하지 않고, 반대로 "그에 대해서 자기가 사용했던 방법이 받아들여졌다고 생각한다."고 감히 말하고 있는 것입니다.[16]

신부님들, 사람들이 당신들의 교단에 대해서 가지고 있는 감정만으로 그들의 신앙과 덕성을 측정한다는 것을 이렇게 공개적으로 증언하시다니, 도대체 당신들은 무슨 생각을 하고 계신 건가요? 어떻게 해서 당신들은 당신 자신들의 고백을 통해서 자신들 스스로가 사기꾼이나 중상모

16 이 구절은 파스칼의 노트에서 발견된다. 파스칼, 『팡세』, 셀리에 판, 796편, 636쪽 참조.

략가를 자처하는 것이 조금도 두렵지 않은 것인가요? 뭐라고요! 신부님들, 동일한 사람이, 그에게 아무런 변화도 일어나지 않았는데, 그가 당신네 교단을 명예롭게 하느냐 아니면 공격하느냐에 따라서 경건한 사람이 되거나 아니면 불경한 사람이 되거나, 나무랄 데 없는 사람이 되거나 아니면 파문을 당할 만한 사람이 되거나, 교회의 목자가 될 만하거나 아니면 화형을 당할 만하거나, 그래서 결국에는 가톨릭이 되든지, 아니면 이단자가 되든지 할 수 있는 것인가요? 당신들의 말대로 하면, 당신들의 교단을 공격하는 일과 이단자가 되는 일은 동일한 일이란 말인가요? 신부님들, 그거야말로 재미있는 이단이로군요! 그래서 당신들의 글에서 수많은 가톨릭 신자들을 이단자라고 부를 경우, 그것은 그들이 당신들을 공격한다고 당신들이 생각하는 것 외에는 다른 것을 의미하지 않습니다. 신부님들, 그 이상한 언어를 이해하는 것이 좋겠습니다. 그 언어에 따르면, 나는 틀림없이 대단한 이단자일 것입니다. 당신들이 나에게 그렇게 자주 이단자라는 이름을 붙이는 것은 바로 그런 의미에서죠. 당신들이 나를 교회에서 잘라 내는 것은, 단지 내 편지들이 당신들에게 피해를 준다고 생각하기 때문인 것입니다. 그래서 내가 가톨릭이 되기 위해서는 당신들의 윤리적 방탕을 인정해 주거나 — 나는 이것을 신앙심의 감정들을 모두 포기하지 않고서는 할 수 없을 것 같군요 — 아니면, 이 문제에서 내가 추구하는 것은 단지 당신들의 '진정한 선'일 뿐이라고 당신들을 설득해야 합니다. 그런데 이 사실을 인정하기 위해서는 당신들이 방종에서 돌이켜야만 될 것입니다. 그 결과, 나는 이상하게도 이단에 연루되었습니다. 그리고 내가 이런 종류의 오류에서 빠져 나오기 위해서는, 내 신앙의 순수성은 아무런 도움도 되지 않기 때문에, 나는 내 양심을 배반하고 빠져 나오거나, 아니면 당신들의 양심을 개조시키고 빠져 나올 수밖에 없습니다. 그때까지 나는 계속해서 악인이거나 중상모략가일 것입니다. 그래서 내가 아무리 당신들의 글에 대해서 충실하게 이야기한다 하더라도, 당신들은 가는 곳마다 이렇게 소리칠 것입니다.

당신들의 책 속에서 말한 것처럼, "아무런 표시도 흔적도 없는 것들로 우리들에게 책임을 떠넘기다니 사탄의 도구임에 틀림없다."[17]고 말입니다. 그리고 당신들은 이 문제에서 당신들의 금언이나 당신들의 일상적인 실천에 부합하는 일 외에는 아무 일도 하지 않을 것입니다. 그 정도로, 당신들이 거짓말할 수 있는 특권의 범위가 넓습니다. 그에 대해서, 내가 일부러 선택한 한 가지 예를, 인내하면서 들어 주십시오. 왜냐하면, 나는 그와 동시에 당신들의 아홉 번째 '사기'에 대해서 답변을 하려고 하기 때문이죠. 그도 그럴 것이, 이 '사기'들은 슬쩍 지나치는 정도로밖에는 반박할 만한 가치가 없는 것들이거든요.

10년 혹은 12년 전에,[18] 사람들은 보니 신부가 4론, 질문 14에서 말했던 다음과 같은 금언 때문에 당신들을 비난했습니다. 〈우리들 혹은 우리들의 이웃의 정신적이거나 물질적인 행복을 위해서는 죄짓는 것과 유사한 경우를 '우선 그리고 스스로'(*PRIMO ET PER SE*) 직접 추구해도 된다.〉 그리고 그 예시로 보니 신부는 다음과 같이 이야기합니다. 〈타락한 여자들을 회개시키기 위해서, 누구나 사창가에 가도 된다. 사람들이 그런 여자들의 애무를 받으면서, 종종 (그런 곳에) 가서 습관적으로 죄에 빠졌던 경험이 이미 있었기 때문에, 비록 그곳에서 죄를 짓게 될 수 있다 할지라도 말이다.〉 그에 대해서, 당신들의 코생 신부는 1644년에 「예수회 교단을 위한 변호」 120쪽에서 뭐라고 답변합니까? 〈보니 신부가 쓴 그 부분을 읽어 보기를 바란다. 그 페이지와 여백, 서문, 문맥, 나머지 모든 것과 책 전체를 읽어 보기 바란다. 우리는 거기에서팽 (보니 신부의) 문장의 흔적을 단 한 군데도 발견하지 못할 것이다. 이 문장은 극도로 타락한 사람의 영혼만이 빠져들 수 있는 문장이며, 사탄의 도구라고 생각될

17 좀 더 아래, 329쪽의 각주 19번에서, 인용된 팽트로(Pinthereau) 신부의 비방문을 암시.

18 사실은 12년 전이다. 보니 신부의 금언은 1644년 *Théologie morale des Jésuites*에서 발견된다. 파스칼은 다섯 번째 편지와 열 번째 편지에서 인용했다.

수 있을 것처럼 보이는 문장이다.〉 그리고 당신들의 팽트로 신부는 1부 24쪽에서 동일한 문체로 이렇게 말합니다. 〈그토록 가증스런 원리를 가르치려면 양심을 잃어버려야만 하며, 그 원리가 보니 신부의 것이라고 말하려면 악마보다 더 사악해야만 한다. 독자여, 그의 책 전체를 살펴보아도, 그에 대한 아무런 표시도 흔적도 보이지 않는다.〉[19] 하지만 사람들이 이런 어조로 말하고 있는 것은 그들이 불평할 만한 이유가 있었기 때문이며, 결국 그 책임은 보니 신부에게 돌아가게 되리라는 것을 누가 생각하지 못하겠습니까? 당신들은 나에 대해서 이보다 더 강한 어조로 주장했던 적이 없지 않습니까? 당신들이 "책 전체에서 그에 대한 아무런 표시도 흔적도 없다."고 말한 경우에는, 사람들이 인용하고 있는 바로 그곳에, 본래 그 말 그대로 어느 구절이 있을 거라고, 어떻게 감히 우리가 상상할 수 있겠어요?

신부님들, 사실은 이것이 바로 누군가가 당신들에게 답장을 쓸 때까지 당신들의 말을 믿게 만드는 방법이죠. 하지만, 이것은 또한 사람들이 당신들에게 답장을 쓴 후에는, 그들이 당신들의 말을 더 이상 믿지 못하게 만드는 방법이기도 합니다. 왜냐하면, 당신들이 그 당시에 거짓말을 했었던 것은 사실이니까요. 당신들이 답변을 하면서, 보니 신부의 책 속에, 사람들이 이 금언을 인용했던 것과 동일한 곳에 그 금언이 들어 있다는 것을 확인하는 것은 오늘날에는 전혀 어려운 일이 아니거든요. 그런데 감탄스러운 것은 이 금언이 12년 전에는 가증스럽게 생각되었던 것과는 달리, 지금은 매우 순수하게 생각된다는 것입니다. 그럴 정도로, 당신들의 아홉 번째 '사기' 10쪽에 보면, 당신들이 나를 무식하고 악의적인 사람이며, 학파에서 전혀 거부당한 적이 없는 의견에 대해서 보니 신부와 다투는 사람이라고 고발하고 있으니까요. 신부님들, 찬성과 반대

19 팽트로 신부의 비방문 *Les impostures et les Ignorances*에서 인용한 것.

만을 말하는 사람들을 상대한다는 것은 얼마나 편리한 일입니까! 나는 당신들만 있으면 얼마든지 당신들을 당황하게 만들 수 있죠. 왜냐하면, 나는 두 가지만 증명하면 되니까요. 한 가지는, 이 금언이 아무런 가치가 없다는 것이고, 다른 한 가지는, 이 금언이 보니 신부의 것이라는 사실입니다. 그래서, 지금부터 나는 이 두 가지를 당신들이 스스로 고백한 것을 가지고 증명하겠습니다. 1644년에 당신들은 이 금언이 가증스러운 것임을 인정했었죠. 그리고 1656년에 당신들은 그것이 보니 신부의 것임을 시인했었습니다. 신부님들, 이 두 가지를 인정했던 것이 나를 충분히 정당화시켜 줍니다. 그런데 그 두 가지를 인정한 것은, 한 걸음 더 나아가서, 당신들의 정책의 정신을 드러내 줍니다. 왜냐하면, 당신들의 글에서 당신들이 제시하고자 하는 목적이 무엇인지를 부디 나에게 말씀해 주시겠습니까? 그것이 진실하게 말하는 것입니까? 아니죠. 신부님들, 왜냐하면 당신들이 답변한 것들이 서로 충돌하고 있으니까요. 그것이 신앙의 진리를 따르고 있는 것입니까? 그것도 아닙니다. 왜냐하면, 당신들의 말에 의하면, 당신들이 가증스러운 금언을 허용하고 있으니까요. 생각해 보십시다. 당신들이 이 금언은 가증스럽다고 말했고, 동시에 당신들은 이 금언이 보니 신부의 것이라는 사실을 부인했습니다. 따라서 보니 신부는 순수했습니다. 그런데 당신들이 이 금언이 보니 신부의 것임을 시인했을 때, 동시에 당신들은 이 금언이 좋은 것이며, 따라서 이 신부는 여전히 순수하다고 주장한 것입니다. 결국, 이 신부의 순수성은 당신들의 두 가지 답변에서 공통된 유일한 것이기 때문에, 이것은 또한 이 금언 속에서 당신들이 찾고 있는 유일한 것이며, 이 금언이 당신들의 책 속에 들어 있다는 것과 들어 있지 않다는 것을 동일한 금언으로 (동시에) 말하고 있기 때문에, 당신들의 목표는 오직 당신네 신부들을 옹호하는 것밖에 없음이 분명한 것입니다. 다시 말해서, 이 금언은 좋은 것인 동시에 나쁜 것이고, 불변의 진리에 따라서 말한 것이 아니라 매순간 변하는 당신들의 이익에 따라서 말한 것임이 분명합니다. 거기에 대해서,

내가 당신들에게 무슨 말을 할 수 있겠습니까? 당신들은 그런 것이 설득력이 있다고 생각하세요? 그렇지만, 당신들에게는 이보다 더 일상적인 것은 없습니다. 그러나 그것에 대한 무수히 많은 예시들을 생략하고, 한 가지 예시만 더 이야기해 주면 당신들이 만족할 것이라고, 나는 생각합니다.

동일한 책, 4론 질문 22, 100쪽에 나오는 보니 신부의 다음과 같은 또 다른 명제 때문에, 사람들이 여러 번[20] 당신들을 비난했었죠. 〈하나님의 법, 자연법, 교회법을 위반하는 범죄 습관을 가진 사람들에게, 비록 앞으로 개선될 희망이 전혀 보이지 않을지라도(*et si emendations futurae spes nulla appareat*), 사면을 거절하거나 연기해서는 안 된다.〉 신부님들, 부디 이 문제에 대해서 어느 것이 최선의 답변인지 말씀해 주십시오. 두 가지 방식으로 보니 신부를 변호하고 있는 팽트로 신부의 답변이든지, 아니면 브리자시에 신부의 답변이든지, 당신들이 좋을 대로 말씀해 주시지요. 전자는 이 명제를 단죄하면서도, 이 명제가 보니 신부의 것임을 부인하고 있고, 후자는 이 명제가 보니 신부의 것임을 시인하면서도, 동시에 이 명제를 정당화하고 있습니다. 각자의 이야기를 들어 보십시오. 18쪽에[21] 있는 팽트로 신부의 이야기입니다. 〈그토록 영벌을 받아 마땅한 교리를, 마치 확인된 것인 양, 보니 신부에게 책임을 돌리는 것 외에는, 정숙함의 한계를 벗어나는 사람, 그리고 모든 파렴치한 행동을 넘어서서 행동하는 사람을 뭐라고 불러야 할 것인가? 독자여, 이 중상모략의 비열함을 판단해 보십시오. 그리고 제주이트 신부들이 누구를 상대하는지, 그리고 그토록 음흉한 추측의 주동자를 이제부터 거짓말하는 신부의 대변인으로 간주해도 되는지 판단해 보십시오.〉 반면에 이것은 4론 21쪽에 나

20 아르노의 『윤리 신학』과 『어느 신학자의 편지』에서 인용(그의 전집, 87쪽과 102쪽). 파스칼은 열 번째 편지에서 이것을 인용한다.

21 실제로는 19쪽.

오는, 당신들의 브리자시에 신부의 말입니다. 〈결국, 보니 신부는 당신들이 이야기한 것을 말한 것입니다.〉 (이것은 명백하게 팽트로 신부의 말을 부인하는 것이지요.) 그리고 그는 보니 신부를 정당화하기 위해서, 이렇게 덧붙여 말합니다. 〈하지만, 그것을 비난하고 있는 당신들은 참회자가 당신들의 발 앞에 있을 때, 그의 수호천사가 그의 보증인이 되어 주기 위해서, 그가 하늘에서 가지고 있는 모든 권리들을 담보해 줄 때까지 기다리십시오. 다윗이 성령을 통하여, 모든 인간은 거짓말쟁이이며 사기꾼이고 연약한 자라고 말했을 때, 하나님 아버지께서 자신의 권위로 그가 거짓말을 했다고 선언하고, 그런데 이 참회자는 더 이상 거짓말쟁이가 아니며, 연약한 자도 변덕쟁이도 아니고, 다른 사람들처럼 죄인도 아니라고 선언해 주시기를 기다리십시오. 그러면 당신들은 예수 그리스도의 피를 아무에게도 적용시키지 못할 것입니다.〉

신부님들, 만약에 죄인들을 사면하기 위해서, 그들에게 어떤 개선의 희망이 있기를 기다려야 한다면, 그들이 결코 더 이상 넘어지지 않을 것이라고 '하나님 아버지께서 자신의 권위로 선언하시기를' 기다려야만 한다는 이런 엉뚱하고도 불경스러운 표현들이 당신들에게는 어떻게 보입니까? 뭐라고요! 신부님들, '희망'과 '확신' 사이에는 전혀 차이가 없는 것입니까? 기독교인들이 하나님의 법이나 자연법이나 교회법을 위반한 범죄로부터 언젠가 빠져 나오는 일은, '성령님께서 거짓말하지 않고서는' 기대할 수 없을 만큼 거의 불가능한 일이라고 말한다면, 그것은 예수 그리스도의 은총을 얼마나 모욕하는 일입니까! 당신들의 말에 의하면, 만약에 우리가 '아무런 개선의 희망도 보이지 않는' 사람들을 용서해 주지 않는다면, 예수 그리스도의 피는 쓸모없는 상태에 머물러 있는 것이고, 우리는 〈그분의 피를 결코 아무에게도 적용할 수 없을 것〉이라는 말인 것이죠! 신부님들, 당신네 교단 저자들의 명예를 지켜 주려는 지나친 욕망 때문에, 당신들이 어떤 상태로 전락하게 되었는지 보십시오! 왜냐하면, 당신들은 그들을 정당화하기 위해서, 사기와 불경건이라는 두 가지 외에 다른 방법은 발견하지 못했으니까요. 따라서 당신들을 보호해 주는 가장 순수한 방법은 가장 분명한 것들마저도 대담하게 부인하는 것이 되어 버렸거든요!

당신들이 그런 방법을 그렇게 자주 사용하는 이유가 바로 거기에 있죠. 하지만, 그것이 당신들이 할 수 있는 전부는 아닙니다. 당신들은 「아르노 씨에게 보낸 어느 성직자의 편지」[22]와 같이, 당신들의 적들을 추악한 사람으로 만들기 위한 글을 날조합니다. 당신들은 수많은 주교들과 박사님들이 인정했으나 사실상 당신들의 견해와는 조금 반대되는 『잦은 영성체』라는 책이 샤랑통의 성직자들과 은밀한 공모에 의해서 만들어졌다는 것을 믿게 만들기 위해서, 이 비방문을 전 파리 시내에서 판매했었죠. 어떤 때는 당신들이 적들에게 「장세니스트들의 회람 편지」와 같은 불경건한 내용으로 가득 찬 글들을 보내 주었는데, 그 글의 불손한 문체로 인해서 이 교활한 글은 너무 조잡한 것이 되었고, 따라서 메이니에 신부[23]의 우스꽝스러운 악의가 너무 분명하게 드러나게 되었죠. 이 메이니에 신부는 28쪽에서 자기의 가장 음흉한 사기를 뒷받침하기 위해서 감히 그것을 인용합니다. 당신들은 때로는 『성사(聖事)의 제정』과 같은 세상에 한 번도 존재했던 적이 없는 책들을 인용하고, 당신들이 재미로 만들어 낸 구절들을 책 속에서 인용하는데, 그 구절들은 거짓말을 조작해서 발표하는 당신들의 대담성을 잘 모르고 있던 단순한 사람들의 머리카락까지 곤두서게 만듭니다. 왜냐하면, 당신들이 활용해 보지 않은 중상모략의 종류가 하나도 없을 정도이기 때문입니다. 이것을 용서해 주는 금언은 선량한 사람에게서는 결코 나올 수가 없습니다.

그렇지만, 그런 중상모략들은 너무도 쉽게 무너집니다. 그렇기 때문

22 1644년 6월 18일에 소르본 대학의 박사인 아르노에게 보낸 비방문. 그 의미와 내용은 메이예(Albert de Meyer)의 『최초의 논쟁들』 참조.

23 베르나르 메이니에(Bernard Meynier, 1604-1682). 논쟁가. 제주이트 사제.

에, 당신들은 더 교묘한 중상모략들을 가지고 있지만, 거기에 대해서 대답해 줄 만한 실마리나 방법을 모두 제거해 버리기 위해서, 상세하게 말해 주지 않습니다. 브리자시에 신부가 다음과 같이 말했을 때도 그러했죠. 〈그의 적들은 가증스러운 죄를 범하지만, 그는 그것들을 알려 주고 싶어 하지 않는다.〉[24] 사람들에게 확실치 않은 비난거리를 사기인 것처럼 설득할 수는 없지 않겠습니까? 그런데, 어떤 수완이 좋은 사람이 그 비결을 찾아냈죠. 신부님들, 그 사람 역시 카푸친회 수도사입니다. 당신들이 오늘은 카푸친회 사람들이라서 유감스러운데, 하지만 다음번에는 당신들이 베네딕트회 사람들이라서 유감스러울 거라고 나는 예상합니다.[25] 이 카푸친회 수도사의 이름은 발레리엥 신부인데, 마니 백작 가문 사람입니다. 당신들은 이 짧은 이야기를 통해 그가 당신들의 중상모략에 대해서 어떻게 답변했는지 배우도록 하세요. 그는 다행히도 독일 백작인 다름슈타트[26]를 회심시키는 데 성공했죠. 그러나 당신네 신부들은 마치 자기들을 부르지 않은 채 공작을 회심시키는 것을 지켜보기가 괴롭기라도 한 듯이, 즉시 그를 반대하는 책을 만들었습니다(왜냐하면, 당신들은 곳곳에서 선량한 사람들을 박해하고 있으니까요). 그 책에서 그들은 그가 쓴 구절 중 하나를 변조해서, 이단적인 교리에 대한 책임을 그가 뒤집어쓰게 만들었죠. 그들은 또한 그를 공격하는 편지를 돌리게 했는데, 거기에서 그에게 이렇게 말합니다. "오! 우리들이 들춰 내야 할 것들이 얼마나 많은지, 그것들에 대해 말하지 않으면 당신은 몹시 괴로울 겁니다! 왜냐하면, 만약에 당신이 지시를 내리지 않으면, 우리들은 그것을 교황님이나 추기경님들에게 알리지 않으면 안 될 테니까요." 이것은 결코 서툰 일이 아닙니다. 신부님들, 나는 당신들이 나에 대해서도 그들에게 이런

24 열한 번째 편지, 240쪽에 나오는 브리자시에 신부의 글을 참조할 것.

25 열한 번째 편지의 추신(追伸)에 암시되어 있다.

26 독일 백작의 정확한 이름은 Ernest de Hesse-Rheinfels(1623-1693)이다.

식으로 말했으리라는 것을 조금도 의심치 않습니다. 하지만, 작년에 프라하에서 발간된 그의 책 112쪽에서 그가 어떤 식으로 답변하고 있는지 주의 깊게 보세요. 그는 이렇게 말했습니다. 〈그런 애매모호하고 불확실한 모욕들에 대해서, 내가 어떻게 해야 할까? 전혀 설명도 해 주지 않는 비난들에 대해서, 내가 어떻게 반박해야 할까? 그렇지만, 여기에 그 방법이 있다. 그것은, 만약에 그들이 이 범죄를 온 세상에 들춰 내지 않는다면, 나를 위협하는 사람들에게, 이 사람들은 분명한 사기꾼들이며, 아주 능수능란하고 파렴치한 거짓말쟁이들이라고 큰소리로, 공개적으로 선언하는 것이다. 그러니, 고발자들은 얼굴을 드러내 보시오. 그리고 사람들의 귀에 대고 소곤거리지 말고, 사람들의 귀에 대고 안심하고 거짓말을 하지 말고, 지붕 위에서 그것들을 공표해 보시오. 이러한 논쟁들이 수치스럽다고 생각하는 사람들이 있다. 그들은 이단과 같은 범죄를 내 책임으로 돌리게 만들고, 여러 가지 다른 범죄에 대해서도 나를 용의자로 만드는, 흉악한 스캔들을 불러일으킬 것임이 분명하다. 그렇지만 나는 내 결백을 주장함으로써 그런 스캔들을 막아 내려고 노력할 뿐이다.〉

신부님들, 당신들은 정말로 혹평을 받았습니다. 그리고 그 어떤 사람도 그[27]보다 더 자기 변호를 잘했던 사람이 없었습니다. 왜냐하면, 그와 대항하기 위해서는 당신들에게 최소한의 범죄의 흔적조차도 없어야만 했으니까요. 그리고 당신들이 그의 도전에 대해서 전혀 답변을 하지 못했기 때문입니다. 당신들은 가끔씩 유감스러운 만남을 가졌지만, 그것 때문에 당신들이 더 분별력 있는 사람들이 되지는 못했습니다. 왜냐하면, 또 다른 주제에 관해서, 당신들이 동일한 방법으로 그를 또다시 공격한 지 얼마 후에, 그는 151쪽에서 다음과 같은 말로 자기방어를 했기 때문입니다. 〈기독교 전체를 참을 수 없게 만드는 이런 종류의 사람들

27 역주) 대담하게 적들의 중상모략과 맞서 싸운, 카푸친회 수도사 발레리엥 신부를 가리킨다. 334쪽 참조.

은 선행을 한다는 핑계로 신의 법과 인간의 법, 실증법과 자연법을 그들의 목적에 맞게 왜곡시키면서, 권세와 지배력을 갈망한다. 그들은 그들의 가증스러운 음모를 성공시키기 위해서, 자기들의 교리로 두려움 또는 기대감을 조성하여 그들이 이용할 수 있는 지상의 모든 고위층 사람들과 권위 있는 사람들을 끌어모은다. 그들의 가해 행위들은 범죄임에도 불구하고, 처벌 받지도 않고, 제재를 받지도 않는다. 오히려 그들은 보상을 받고, 그러면서 하나님께 봉사할 때와 마찬가지로 대담하게 그런 가해 행위를 저지른다. 모든 사람들이 그것을 인정하고 있고, 모든 사람들이 그것에 대해서 혐오스럽다고 이야기한다. 하지만, 그렇게 강한 압제에 맞설 수 있는 사람들은 거의 없다. 그렇지만, 나는 그들에게 맞섰다. 나는 그들의 파렴치한 행위를 정지시켰고, 필요하다면 다시 동일한 방법으로 정지시킬 것이다. 그리고 나는 그들이 아주 파렴치하게 거짓말을 했다(*MENTIRIS IMPUDENTISSIME*)고 선언했다. 만약에 그들이 나에게 비난했던 내용들이 진짜라면, 그것들을 증명해 주기 바란다. 아니면, 그것들이 파렴치한 거짓말이라는 사실을 인정하기 바란다. 그것에 대한 그들의 태도를 보면, 누가 옳은지가 드러날 것이다. 나는 모든 사람들에게 그것을 관찰해 보라고 부탁한다. 그리고 거절할 수 있는 최소한의 모욕조차도 참지 못하는 이런 종류의 사람들은 그들이 변호할 수 없는 모욕들을 아주 인내하면서 참고 있는 척하지만, 그들의 진짜 무능을 가짜 덕성으로 감추고 있는 것에 주목해 보라고 나는 부탁한다. 그렇기 때문에, 만약에 그들이 침묵하고 있다면, 그들이 보여 주는 인내심은 그들이 온유한 데서 나오는 결과가 아니라, 그들의 양심이 불안한 데서 나오는 결과임을 지극히 서툰 사람이라 할지라도 알아차릴 수 있도록, 나는 그들의 단정한 태도에 대해서 더욱 더 격렬하게 화를 내고 싶었다.〉

신부님들, 그는 또한 이런 말을 했습니다. 〈이 사람들은 온 세상 사람들이 그들의 이야기를 다 알고 있는데도, 처벌도 받지 않고 있으며, 너무나도 명백하게 부당하고, 너무나도 불손하기 때문에, 만약에 내가 나 자신을 변호하기 위해서, 그리고 순진한 자들이 그들의 유혹을 받지 않도록 하기 위해서, 내가 그들의 행동을 공개적으로 증오하지 않았었다면, 나는 예수 그리스도와 그분의 교회를 포기해야만 했을 것이다.〉

존경하는 신부님들, 더 이상 물러설 방법이 없습니다. 당신들은 중상모략가들로 입증되어야만 합니다. 그리고 이런 종류의 중상모략은 범죄가 아니라고 하는 당신들의 금언에 다시 호소할 필요가 있습니다. 그 신부님은 당신들의 입을 틀어막는 비결을 발견했습니다. 즉, 당신들이 증거도 없는 사람들을 고발할 때마다 이와 같이 해야만 한다는 것입니다. 당신들 중 어느 한 사람에게 카푸친회 신부님이 하신 말씀처럼 당신들 각자가 '당신은 아주 파렴치하게 거짓말을 하는군요!'(*Mentiris impudentissime!*)라고 대답하기만 하면 됩니다. 예를 들어서, 당신들의 브리자시에 신부가 반대자들에게, 그들은 '지옥의 문들이며', '사탄의 대주교들이고', '믿음 소망 사랑에서 낙오된 자들이며 적그리스도의 보화를 쌓고 있는 자들'이라고 말하면, 뭐라고 대답해야 할까요? (그는 이렇게 덧붙입니다.) "나는 그것을 욕설 형식으로 말하지 않고, 진리의 힘으로 말한다." (우리는) '지옥의 문'이 아니라는 것, 그리고 '적그리스도의 보화를 쌓고 있지 않다'는 것을 증명하는 재미를 맛보아야 하겠죠?[28]

마찬가지로, 당신들의 책 속에, 그리고 내 편지들에 관해서 당신들이 쓴 경고문들 속에 들어 있는 온갖 종류의 애매모호한 이야기들에 대하여 우리가 뭐라고 대답해야 할까요? 예를 들어서, 가난 속에서 빚쟁이들을 줄여 가면서 손해배상을 청구했다는 것,[29] 자기들을 거부했던 유식한 수도사들에게 돈가방을 주었다는 것,[30] 신앙심에 반대되는 이단을 퍼뜨리게 하기 위해서 혜택을 준다는 것,[31] 최고 법원과 가장 유명한 성

28 브리자시에 신부의 글에서 모방한 표현들이다.

29 세 번째 '사기' 9쪽.

30 다섯 번째 '사기' 14쪽.

직자들 가운데에도 연금 수령자들이 있다는 것, 나 역시 포르루아얄의 연금 수령자라는 것,[32] 그리고 내가 편지들을 쓰기 전에는 소설을 썼다는 것[33] 등이죠. 나는 그중에 어떤 것도 읽어 본 적이 없었고,[34] 당신들의 변호인이 쓴 책들의 이름조차도 알지 못한다고 대답해야 할까요? 신부님들, 당신들이 그 모든 사람들과 그들이 한 말들에 대해 시간과 장소를 적어 놓지 않는다면, '당신이 가장 뻔뻔한 거짓말쟁이!'(*Mentiris impudentissime!*)라는 말 외에 그 모든 것들에 대해서 할 말이 뭐가 있겠어요? 왜냐하면 당신들은 내가 당신들에게 알비 신부나 장 달바의 이야기를 해 줄 때처럼, 모든 상황들에 대해 이야기하거나, 증명하거나, 아니면 침묵을 지켜야만 되니까요. 그렇지 않으면, 당신들은 당신 자신들에게 피해를 주는 일밖에 하지 않겠지요. 아마도, 사람들이 당신들의 원칙을 알기 전에는, 그 모든 이야기들이 도움이 되었을 것입니다. 그렇지만, 모든 것이 드러난 지금은, 당신들이 아무리 귀에다 대고 "자기 이름을 숨기고 싶어 하는 어떤 명망이 높은 사람이 당신에게 그 사람들에 대한 무시무시한 일들을 이야기한다"고 생각할 때, 사람들은 즉시 당신에게 '당신이 가장 뻔뻔한 거짓말쟁이'라는 그 선량한 카푸친회 신부님의 말을 생각나게 해 줄 겁니다. 당신들은 너무나 오랫동안 세상 사람들을 속여 왔고, 당신들의 '사기'에 대한 신뢰를 남용해 왔습니다. 지금은 당신들이 중상모략했던 수많은 사람들에게 그들의 평판을 되돌려 주어야 할 때입니다. 왜냐하면, 온 세상에 널리 퍼져 있는 한 교단의 너무도 대담한 사기로 인해서 아무런 피해도 입지 않을 만큼 널리 인정받는 결백성이 어떻게 존재할 수 있겠습니까? 이 교단의 사람들은 그들의 금언에 반대하기

31 두 번째 '사기' 7쪽.

32 여섯 번째 '사기' 16쪽.

33 일곱 번째 '사기' 1쪽.

34 그런데 리앙쿠르(Liancourt) 호텔에서 돌던 소문에 의하면, 파스칼은 신앙을 가지기 전에는 재미있는 책들을 좋아했었다고 한다.

는커녕 그 금언을 따라 행동하면서, 수도사의 복장을 입은 채 중상모략과 같은 범죄를 저지를 정도로 반종교적인 영혼을 감추고 있지요. 따라서, 사람들은 당신들에 대한 그들의 신뢰를 내가 깨뜨린다 할지라도, 결코 나를 비난하지 않을 것입니다. 그 이유는 당신들이 소유할 자격도 없는 그 성실성의 평판을 당신들에게 안겨 주기보다는, 당신들이 헐뜯었던 수많은 사람들에게 그들이 마땅히 잃어버려서는 안 되는 경건한 신앙심의 평판을 보존할 수 있도록 만들어 주는 것이 훨씬 더 정의로운 일이기 때문입니다. 하나가 없으면 다른 하나도 있을 수 없는 것처럼, 당신들이 어떤 사람들인지를 알게 해 주는 일이 얼마나 중요한 일인가요! 이것이 바로 내가 이 편지에서 시작했던 일입니다. 그렇지만, 이 일을 완성하기 위해서는 많은 시간이 필요합니다. 그렇지만 신부님들, 우리는 그 완성을 보게 될 것입니다. 당신들의 모든 정책들도 당신들에게 보증이 될 수는 없습니다. 왜냐하면, 그 일을 방해하기 위한 당신들이 할 수 있는 모든 노력들은, 단지 통찰력이 부족한 사람들에게 당신들이 무엇을 두려워하는지를 알려 주는 데만 도움이 될 것이기 때문입니다. 그리고 당신들의 양심은 내가 당신들에게 말한 것에 대해서 여전히 당신들을 비난할 것이기 때문입니다. 당신들은 그러한 양심의 가책을 피하기 위해서 온갖 수단을 다 써야만 될 것입니다.

[열여섯 번째 편지 내용 요약]

몽탈트는 특허 없이 익명으로 글을 발간하는 것을 금지하는 법적 조치가 곧 내려질 것을 예상하고, 조급하게 열여섯 번째 편지를 작성했다. 그래서 이 편지는 덜 다듬어지고 덜 우아하지만, 좀 더 대담하고 감탄스럽다.

당신들은 이프르의 주교 장세니우스를 공격하기 위해서, 그의 편지들 속에 쓰여진 몇 마디 애매모호한 말들을 악의적으로 남용하고 있다. 당신들은 내가 포르루아얄 측 사람이라고 말하겠지만, 사실은 그렇지 않다. 당신들은 『성체성사에 반대하는 포르루아얄과 제네바의 공모』라는 수치스러운 제목의 책을 파리에서 게시하고 있다. 이 책에서 당신들은 생 시랑 신부와 아르노 씨와 그 수녀원의 모든 수녀들이 배교했다고 고발하고 있다. 이 책 4쪽에서, 당신들은 아르노 씨가 '사실상 칼빈주의자'라고 주장하고 있다. 만약에 그 수녀들과 그들의 지도자들이 성체성사에 반대해서 제네바와 공모를 했다면, 어째서 그들은 자기들이 가증스럽게 생각하고 있는 성체성사를 그들의 신앙심의 중심 목표로 삼는 것일까? 어째서 그들은 성체성사의 딸들이란 이름이 붙여진 옷을 입는 것일까? 아르노 씨는 이렇게 말한다. "성체의 변화를 부인한다고 나를 고발하는 것은 비열한 거짓말이다. 나는 칼빈주의와는 반대로 하나님의 아들의 실제적인 임재의 진리를 나의 책의 기초로 삼고 있다."

당신들은 이렇게 말한다. "모든 종류의 사람들, 그리고 사제들까지도 가증스러운 죄를 짓고 몸이 더러워진 바로 그날에도, 예수 그리스도의 몸을 받을 수 있다. 비록 이런 영성체에는 불경스러움이 있다 할지라도, 오히려 이런 식으로 영성체하는 것을 칭찬해 주어야만 한다."

신부님들, 당신들은 당신들의 고발의 중심인물인 아나 신부와 메이니에 신부가 악의적으로 그렇게 말하고 있는 것처럼, 그들의 말 속에 결코 들어 있지도 않는 이단을 찾아내려고 그것들을 변질시키지 말고, 그 속에 담겨 있는 거룩한 진리를 존중했으면 좋았을 것이다. 당신들은 트리엔트 공의회를 날조하는 새로운 수법을 사용한 것이다. 그것은 아르노 씨를 그 공의회와 일치되지 않도록 만들려는 것이었는데, 그럴 정도로 당신들은 그 사람들을 이단자로 만들려고 온갖 수단을 다 쓰고 있다.

신부님들, 1621년에 부르-퐁텐 총회에 참석해서, '기독교를 파괴하려는 계획'을 당신들의 피요 씨에게 들려 주었다는 그 '명망 있는 성직자'가 누구인지 이름을 말해 보세요. 그리고 그곳에서 음모를 꾸몄다고 당신들이 말하는 그 여섯 사람의 이름을 말해 보세요.

열여섯 번째 편지

존경하는 제주이트 신부님들께

1656년 12월 4일[1]

존경하는 신부님들,

여기에 당신들이 보낸 중상모략들이 있습니다. 그중에서, 나는 먼저 당신들의 '경고' 속에 들어 있는 내용에 답변하겠습니다. 그렇지만 당신들의 다른 모든 책들도 마찬가지로 중상모략으로 가득 채워져 있기 때문에, 그 책들도 나에게 이 주제에 관해서 당신들과 이야기할 수 있도록 필요한 만큼의 자료들을 제공해 줄 것입니다. 나는 당신들에게, 당신들이 이프르의 주교를 공격하기 위해서 여러 책들 속에 뿌려 놓은, 그리고 이 사람의 편지들[2] 속에 쓰여진 몇 마디의 애매모호한 말들을 악의적으로 남용하고 있는, 한마디로 말해서, 당신들이 우화와 같이 꾸며 낸 이야기에 대해서 말해 보겠습니다. 이 편지의 상당 부분은 상식적인 것일

1 파스칼은 논쟁을 계속하지 못하도록 익명으로 글을 발간하는 것을 금지시키는 법적 조치가 곧 내려질 것을 예상하고, 열다섯 번째 편지가 인쇄되기도 전에 조급하게 열여섯 번째 편지를 작성했다. 그러나 그의 적들은 위원회로부터 이미 특허가 없이 익명으로 글을 발간하는 것을 금지하는 결정을 얻어 낸 상태였다. 그래서, 이 편지는 덜 다듬어지고, 덜 우아하지만, 생트 뵈브는 이 속에서 대담한 단편들을 발견하고 감탄했었다.

2 이 편지들은 이프르의 주교인 장세니우스가 생 시랑 신부에게 보낸 것들이다. 이것들은 1638년, 생 시랑 신부가 체포되었을 때 압수되었다.

수 있기 때문에 교회의 정신에 따라서 해석되어야만 하고, 당신들 교단의 정신에 따라서 달리 해석될 수 없는 것들입니다. 그런데 어째서 당신들은 그가 자기 친구에게 "자네 조카에 대해서 너무 걱정하지 말게, 내가 그에게 내 수중에 있는 돈으로 필요한 것을 주겠네."라고 한 말을 가지고, "단지 그가 친구를 대신해서 그 돈을 미리 내준 것이다."라고 생각하지 않고, "그 돈을 결코 되돌려 주지 않으려고 그것을 가져갔다."고 생각하려고 하십니까? 당신들이 인쇄한 이프르 주교의 또 다른 편지들을 보면, 그것은 결국 갚아야만 할 선불이었다는 것을 분명하게 알게 해 주거든요. 이것은 당신들이 거짓말을 했다는 확신을 당신들 스스로 제공해 줌으로써 당신들이 매우 경솔하다는 말이 되어서는 안 되겠지요? 당신들이 인용한 1619년 7월 30일 자[3] 편지에도 그 사실이 나타나 있는데, 다음과 같은 말이 당신들을 당황하게 만들것입니다. 〈'선불한 돈'에 대해서는 걱정하지 말게. 그가 이곳에 있는 동안에는 부족한 게 아무것도 없을 거네.〉 그리고 1620년 1월 6일 자[4] 편지에서도 그는 이렇게 말합니다. 〈자네가 너무 서두르는군. 보고하는 것이 문제라면, 여기에서 내가 가진 약간의 신용으로 필요한 돈을 구할 수 있을 거네.〉

그런데 신부님들, 당신들은 이 문제와 마찬가지로, 생메리 성당의 헌금함[5]에 관한 우스운 이야기에서도 사기꾼들입니다. 당신들은 당신들의 절친한 친구들 중 한 사람이, 성직자회에서 고발을 당한 일로 인해서 무슨 이익을 얻어 낼 수 있나요? 당신들은 성직자회를 분열시키고 싶으신가요? 어떤 사람이 고발을 당했다는 이유만으로 '그는 유죄다'라고 결

3 인쇄상 오류. 7월 30일이 아니라 7월 3일이다.

4 인쇄상 오류. 1월 6일이 아니라 1월 26일이다.

5 일곱 번째 '사기'. 뒤아멜 사제가 장세니스트라고 고발당하여 추방되었던 교구 내의 분규(Louis Cognet, p. 299, 각주 2). 이 사건은 생메리 성당 사제인 자크 엠마누엘 아리스트(1620-1694)와 관련되어 있다. 그는 리에스 노트르담 성당의 베네딕트 수녀원장이었고, 포르루아얄의 절친한 친구였다.

론을 내려야 할까요? 아닙니다, 신부님들. 당신들같이 중상모략을 일삼는 자들이 있는 세상에서는 그 사람과 같은 경건한 신앙을 가진 사람이 언제든지 고발을 당할 수 있을 것입니다. 그러므로 고발이 아니라 판결로 그에 대해서 판단해야만 합니다. 그런데 1656년 2월 23일에 내려진 판결에 의해서, 그의 무죄가 충분히 입증되었습니다. 그 사람은 부당한 소송 절차에 무턱대고 끌려 들어갔음에도 불구하고, 그의 동료들이 이를 취소해 준 데다가, 그 자신도 이 소송을 취하해야만 했습니다. 그리고 당신들이 '한순간에 90만 리브르의 부자가 된 그 유명한 지도자'[6]에 관해서 같은 곳에서 이야기했던 것과 관련해서는, 생 로흐 신부와 생 폴 신부의 말을 참고하면 충분합니다. 이 두 신부들은 이 사건에 대한 생글랭 신부의 전적인 무관심과, 이 '사기'에 있어서 당신들의 용서할 수 없는 악의를 증언하고 있습니다.

그렇게 쓸데없는 거짓말들에 관해서는 이것으로 충분합니다. 그것들은 당신네 교단에서 종신 서원을 한 중요한 분들의 의미 있는 행동이 아니라, 수습 수도사들이 시험 삼아 해 보는 행동들에 불과합니다. 그러므로 신부님들, 나는 이런 중상모략을 보면서 당신들의 정신에서 나오는 가장 어두운 단면들 중 하나를 떠올립니다. 나는 당신들이 성체 변화의 신비도, 성체 속의 예수 그리스도의 임재도 믿지 않는 것을, 감히 거룩한 수녀님들과 박사님들 탓으로 돌리는 그 참을 수 없는 대담성에 대해서 말하는 것입니다. 신부님들, 이런 '사기'야말로 당신들에게 어울리는 것입니다. 이런 것이 바로 하나님만이 처벌하실 수 있고, 당신들만이 범할 수 있는 범죄입니다. 인내심을 가지고 그 사기를 참아 내기 위해서는, 중

6 일곱 번째 '사기' 4쪽. 1652년에 죽은 내무부 장관 샤비니 백작과 생글랭 신부가 관련된 사건. 샤비니 백작은 죽기 직전에 973,734리브르의 거액을 생글랭 신부에게 증여했다. 그러나 고인의 미망인이 이를 반대했기 때문에 중재 재판에서 10만 리브르만 자선금으로 사용하는 것으로 종결지었다. 포르루아얄의 적들은 이 사건을 생글랭 신부의 청렴성을 문제 삼는 데 악용했다.

상모략을 당한 겸손한 수녀님들만큼이나 겸손해져야만 합니다. 그리고 그 사기를 믿기 위해서는 매우 악한 중상자들만큼이나 악해져야만 됩니다. 그래서 나는 그런 일에서 그 수녀님들의 무죄를 입증하려고 노력하지 않습니다. 그 수녀님들은 전혀 의심스럽지 않습니다. 만약에 그녀들을 변호해 줄 사람이 필요하다면, 나보다도 더 유능한 사람이 필요하겠지요. 내가 여기에서 그 점에 대해 이야기하는 것은 그녀들의 순수성을 입증하려는 것이 아니라, 당신들의 악의를 입증하기 위함인 것입니다. 나는 다만 당신들이 자기 스스로에게 혐오감을 불러일으키도록 만들고 싶고, 그 다음에는 모든 세상 사람들에게 당신들이 할 수 없는 일이 아무것도 없다고 말해 주고 싶습니다.

그렇지만 당신들은 틀림없이 내가 포르루아얄 측 사람이라고 말하겠지요. 왜냐하면, 당신들의 방종을 공격하는 사람이라면 누구에게나 당신들이 첫 번째로 하는 말이 그것이니까요. 마치 당신들과는 반대로, 기독교 윤리의 순수성을 옹호할 정도로 열성을 가진 사람들이 포르루아얄에만 있기라도 하는 것처럼 말이죠. 신부님들, 나는 그곳에서 은둔 생활을 하고 있는 경건한 은자들의 공로를 알고 있고, 또 교회가 얼마나 그들이 쓴 감화력 있고 내용이 충실한 저서들의 혜택을 입고 있는지를 알고 있습니다. 나는 그들이 얼마나 신앙심이 깊고 지혜가 있는지를 잘 알고 있습니다. 왜냐하면, 당신들이 내가 누구인지도 모르면서 나를 포르루아얄 사람이라고 믿고 싶어 하는 것처럼, 나는 그들과 시설을 함께 사용하고 있는 것은 아니지만, 그래도 역시 그들 중 몇 사람을 알고 있고, 그들 모두의 덕성을 존경하고 있기 때문이죠. 하지만 하나님께서 당신들의 무질서한 생활에 반대하도록 만든 사람들이 이 사람들만 있는 것은 아닙니다. 신부님들, 나는 당신들이 주님의 도우심으로 그것을 느낄 수 있도록 만들어 주기를 바랍니다. 만약에 하나님께서 나에게 은혜를 베푸셔서, 그분이 나에게 주신 계획 안에서 내가 그분으로부터 받은 모든 것을 그분을 위해 사용할 수 있도록 나를 지원해 주신다면, 나는 아마도 당신들이 포르루아얄 사람과 관계가 없는 것을 후회할 수 있도록 당신들에게 말해 줄 것입니다. 그리고 신부님들, 당신들에게 그것을 입증해 주기 위해서, 당신들이 명백한 중상모략으로 모욕을 준 사람들이 당신들에게서 용서를 받아 내기 위해서 그들의 신음 소리를 하나님께 바치는 것으로 만족하는 반면에, 한번도 이런 욕설에 관여한 적이 없는 나는 성경이 말하는 구원에 이르는 수치심을 당신들에게 안겨 주기 위해서, 모든 교회 앞에서 당신들의 얼굴이 부끄러움 때문에 붉어지지 않을 수 없도록 만들어 줄 책임을 느낍니다. 성경은 당신들처럼 냉혹한 마음을 가진 자들에 대한 거의 유일한 처방입니다. 주여, 그들의 얼굴을 수치심으로 덮으소서! 그래서 그들이 당신의 이름을 찾게 하소서!(*Imple facies eorum ignominia, et quoerent nomen tuum, Domine!*)[7]

당신들은 지극히 신성한 장소를 조금도 배려하지 않는 이런 오만한 행동을 멈추어야만 합니다. 왜냐하면, 이런 성격의 중상모략을 당한 후에, 과연 누가 안전할 수 있겠습니까? 뭐라고요! 신부님들, 당신들 스스로가 첫머리에 메이니에 신부의 이름이 씌여 있는 『매우 성스러운 성체성사에 반대하는 포르루아얄과 제네바의 공모』[8]라는, 수치스러운 제목의 추문을 일으키는 책을 파리에서 게시하다니요. 이 책에서, 당신들은 생 시랑 신부와 아르노 씨뿐만 아니라, 이 사람의 누이인 안네스 수녀와 이 수녀원의 모든 수녀들이 배교했다고 고발하고 있습니다. 당신들은 95쪽에서 〈그들의 신앙은 아르노 씨의 신앙과 마찬가지로 성체성사에 관해서 의심스럽다.〉라고 말하고 있습니다. 당신들은 이 책의 4쪽에서, 아르노 씨가 '사실상 칼빈주의자'라고 주장하고 있습니다. 그 점에 대해서 나는 모든 사람들에게, 교회 안에 그만큼 가증스러운 비난을 쏟아 부

7 시편 83편 16절.

8 이 책의 제목과 저자는 열여섯 번째 편지 355쪽, 각주 23 참조. 포르루아얄 수도원의 적들은 이 수도원이 제네바의 개신교와 공모하고 있다고 중상모략을 했다.

을 만한 사람들이 있는지 묻습니다. 왜냐하면 신부님들, 나에게 말씀해 보시지요. 만약에 이 수녀님들과 그들의 지도자들이 성체성사에 반대해서 제네바와 공모를 했다면, 그것은 생각만 해도 끔찍한 일인데요. 어째서 이 수녀님들은 자기들이 가증스럽게 생각하고 있는 성체성사를 그들의 신앙심의 중심 목표로 삼는 걸까요? 어째서 그녀들은 성체성사 제도를 그들의 규칙에 포함시켰을까요? 어째서 그녀들은 그들의 교회를 성체성사의 교회라 부르고, 성체성사의 딸들이란 이름이 붙여진 옷을 입을까요?[9] 만약에 그녀들이 교회의 신앙을 폐지하기로 제네바와 음모를 꾸몄다면, 어째서 그녀들은 로마에 요청하여 이 기관의 승인을 얻어 내고, 매주 목요일마다 성체성사의 성무를 드릴 수 있는 권한을 얻어 냈을까요?[10] 교회의 신앙은 여기에 완전히 표현되어 있는 것인데요. 어째서 그녀들은 밤이나 낮이나 끊임없이, 교황님께서도 인정하시는 특별한 헌신으로 속죄를 하고, 영원한 성사를 위해 영원히 경배를 드리지 않을 수 없는 걸까요? 이단의 배교자라면 그것을 폐지하고 싶어 할 텐데요? 그러니 신부님들, 할 수 있다면 나에게 말씀해 주십시오. 어째서 그녀들은 우리 기독교의 모든 신비들 가운데서, 그녀들이 믿지 않는 것들을 선택하기 위해서, 믿고 있는 것들을 버리려고 할까요? 이단들처럼, 만약에 그녀들이 그것을 죄악의 신비로 생각한다면, 어째서 그녀들은 우리 신앙에 그렇게도 충만하고 완전한 방법으로 헌신하고 있을까요? 신부님들, 당신들은 말로만이 아니라 행동으로도, 그리고 어떤 특별한 행동으로만이 아니라, 우리의 제단 위에 머물러 계시는 예수 그리스도께 경배하는 그들의 삶 전체를 연속적으로 바칠 정도로 너무나도 분명한 증거들에 대해서 뭐라고 대답하시겠습니까? 마찬가지로, 당신들은 이런 신

9 포르루아얄의 수녀들은 흰색 스카프에 붉은색 십자가를 새긴 복장을 입는다.

10 1647년 초에 앙제의 주교 앙리 아르노의 도움으로 성체성사를 드리는 것에 대한 승인을 받았다.

앙의 신비의 본질을 가르쳐 주기 위해서 교부님들과 여러 공의회가 사용했던 가장 정확한 용어들로 가득 채워져 있는, 당신들이 포르루아얄의 서적들이라고 부르는 것들에 대해서는 뭐라고 대답하시겠습니까? 당신들이 쓴 다음과 같은 비방문 속에서 그런 문제에 대답하는 것을 본다는 것은 우스꽝스럽고도 끔찍스런 일입니다. 당신들은 이렇게 대답하죠. "아르노 씨는 '성체변화'에 대해서 잘 이야기하고 있지만, 그가 말하는 성체변화는 어쩌면 어떤 '의미가 담겨 있는 성체변화'일 것이다. 그리고 그는 분명히 '실제적인 임재'를 믿는다고 증언하고 있다. 그렇지만 그가 '믿는다는 것이 실제적이고 진정한 형태의 임재'를 의미하지는 않는다는 것을 우리들에게 말해 준 사람이 누가 있는가?" 신부님들, 지금 우리가 서 있는 위치가 어디죠? 아무리 신성하고 교회법에 맞는 표현들이라 할지라도, 만약에 누군가가 당신들에게 악의적이고 교활하며 기발하고 애매모호한 표현으로 그것들을 변질시킬 수 있는 권한을 부여해 준다면, 그가 누구든지 간에, 당신들 마음대로 칼빈주의자로 만들지 못할 사람이 누가 있을까요? 특히 논쟁거리가 전혀 없는 순전히 경건한 글에서, 이전에 누군가가 그런 용어와 다른 용어를 사용했던 적이 있었습니까? 그렇지만 그들의 모든 글은 거룩한 신비에 대한 사랑과 존경심으로 가득 채워져 있습니다. 그래서, 나는 당신들에게 이렇게 도전합니다. 당신들이 아무리 교활하다 할지라도 거기에 조금이라도 애매모호한 점이 있는지. 조금이라도 제네바의 견해와 일치하는 점이 있는지 찾아보라고 말입니다.

신부님들, 당신들 스스로가 이야기했던 것처럼,[11] 제네바의 이단성은 근본적으로 다음과 같은 것들을 믿는 데에 있다는 사실을 모든 사람들

11 거의 2쪽 분량에 달할 정도로 길게 쓴 장황한 구절은 1644년, 니꼴이 파리에서 발간한 『성체성사에 관한 기독교 신앙의 영속성』의 내용인 것처럼 보인다. 파스칼은 여기에서 포르루아얄의 신학과 제네바의 신학은 차이점이 있다는 사실을 입증하려고 노력한다.

이 알고 있습니다. 즉, 예수 그리스도께서는 결코 성체 속에 내재하고 있지 않다는 것, 그리고 그분이 (동시에) 여러 장소에 임재하는 것이 불가능하므로 사실은 오직 하늘에만 계시다는 것, 그래서 우리들이 그분께 경배해야 되는 것은 오직 그곳일 뿐이며 제단 위가 아니라는 것, 그리고 빵의 본질은 본질 그대로 있고, 예수 그리스도의 몸은 결코 사람의 입이나 가슴 속으로 들어가지 않는다는 것, 우리는 그분을 오직 믿음으로만 먹는 것이며, 따라서 악인들은 결코 그분을 먹을 수 없다는 것, 그리고 미사는 결코 제사가 아니라, 신성모독이라는 것 등입니다. 그러니 신부님들, '포르루아얄이 그들의 서적들을 통해서 제네바와 어떤 방법으로 공모하고 있는지' 들어 보십시오. 당신들은 당황스럽겠지만, 포르루아얄의 서적들의 내용은 다음과 같습니다. 〈예수 그리스도의 살과 피는 빵과 포도주의 형질 속에 내재되어 있지 않다는 것〉(아르노 씨의 두 번째 편지, 239쪽). 〈성자 중의 성자께서 성소에 임재하고 계시며, 우리들은 그곳에서 그분에게 경배해야만 된다〉(같은 책, 243쪽). 〈예수 그리스도께서는, 비록 영성체를 하는 죄인들의 마음속에 그분의 영의 임재를 통해서는 아니라 할지라도, 그 죄인들 안에 실질적인, 진정한 임재에 의해서 내재하신다〉(『빈번한 영성체 성사』 3부 16장). 〈성인들의 몸의 유골들은 예수 그리스도의 생명을 살리는 불멸의 육체와의 접촉함으로써 그들에게 남아 있는 생명의 씨앗으로부터 그들의 주된 존엄성을 이끌어 낸다〉(1부 40장).[12] 〈이것은 어떤 자연적인 능력에 의해서가 아닌, 하나님의 전지전능함에 의해서 이루어진 것이다. 그분의 전지전능함에는 불가능한 것이 없으므로, 예수 그리스도의 몸은 밀떡 속에, 그리고 그 밀떡의 지극히 작은 부분 속에도 내재되어 있을 수 있다〉(『친숙한 신학』 15과). 〈하나님의 거룩한 덕성은 축성의 말씀들이 의미하는 효력을 나타내기 위해서 존재한다〉

12 어린이들을 위해서 생 시랑 신부가 1637년에 작성한 교리문답서인 『친숙한 신학』의 내용.

(같은 책). 〈제단 위에 몸을 낮추시고 누워 계시던 예수 그리스도께서는 그분의 영광 가운데서 우뚝 서 계신다. 그분은 스스로 일상적인 권능으로 승리한 교회 가운데에도, 순회하는 전투적인 교회 가운데에도 동시에 계신다〉(「성체현시의 이유」, 21론).[13] 〈성체의 형질은 정지된 상태에 머물러 계시고, 어떤 주체에도 의존하지 않으신 채 특별하게 임재하신다. 예수 그리스도의 몸은 또한 형질 속에 정지되어 계시고, 실체가 우유성(偶有性)에 의존하지 않는 것처럼, 그분 역시 전혀 형질에 의존하지 않으신다〉(같은 책, 23론). 〈우유성은 불변이지만, 빵의 실체는 변화한다〉(「성체 송가의 시간」).[14] 〈예수 그리스도는 그분이 하늘에서 가지셨던 영광과 동일한 영광 가운데 휴식하고 계신다〉(「생 시랑의 편지들」 1권, 편지 93).[15] 〈영광스런 그분의 인성은 그 인성을 가시적으로 덮고 있는 빵의 형태 속에서 교회의 성막 안에 머물러 계신다. 그분은, 우리의 모습이 추한 것을 아시기 때문에, 특정한 장소에 계시는 그분의 인성에 대한 경배를 통해서, 모든 장소에 계시는 그분의 신성에 대한 경배로 우리들을 인도하신다〉(같은 책). 〈우리는 예수 그리스도의 몸을 우리의 혀로 받고, 그분은 신적인 접촉에 의해서, 우리의 혀를 성화시키신다〉(편지 32). 〈그분은 사제의 입 안으로 들어가신다〉(편지 75). 〈비록 예수 그리스도는 그분의 사랑과 자비의 효력으로 인해서 성체 안에서 접근이 가능하지만, 그래도 역시 그분의 신성에서 분리될 수 없는 신분으로 인해서, 접근할 수 없는 상태를 유지하신다. 왜냐하면, 오직 몸과 피만이 말씀의 힘을 통해서 거기에 존재하지만(*vi verborum*, 말의 힘으로), 그렇다고 해서, 그것이 스콜라 학파가 이야기하는 것처럼, 그분의 모든 인성과 똑같이 그분의 모든 신성도 필연적인 연합에 의해서 거기에 존재하는 것을 막지 못한다〉(「성체조배 옹

13 1633-1640년 사이에 생 시랑 신부가 포르루아얄의 수녀들을 위해 작성한 소논문.

14 포르루아얄의 성무일도. 라틴어를 프랑스어로 번역한 것이다.

15 1645-1647년 사이에 생 시랑이 작성한 「기독교적인 영적 편지들」.

호」 217항). 그리고 마지막으로, 〈성체는 성사와 희생을 모두 합한 것이다.〉(『친숙한 신학』 15과) 그리고 〈이 희생이 십자가 희생의 기념이기는 하지만, 십자가 희생은 성경에 나오는 것처럼 모든 사람들을 위해 주어지는 것과 달리, 미사의 희생은 오직 교회와 영성체에 참여하는 성도들에게만 주어진다는 차이점이 있다〉(같은 책, 153쪽).[16] 신부님들, 이런 사실은 아마도 당신들보다 더 파렴치한 사람들이 결코 없었을 것이라는 사실을 분명히 보여 주기에 충분할 것입니다. 그렇지만, 나는 당신들 스스로가 당신들에게 불리한 판결을 선언하도록 만들고 싶습니다. 왜냐하면, 한 사람이 제네바와 공모하고 있다는 의혹을 모두 제거하기 위해서, 당신들이 요구하는 것은 무엇이죠? 당신들의 메이니에 신부는 그의 책 83쪽에서 이렇게 말했죠. 〈만약에 아르노 씨가 이런 경배의 신비 속에서, 그 (성체의) 형질 속에는 어떤 빵의 실체가 없고, 다만 예수 그리스도의 살과 피만이 존재한다고 말했다면, 나는 그가 제네바와는 완전히 다른 선언을 한 것임을 벌써 인정했을 것이다.〉 그러므로 사기꾼들이여, 이것을 인정하십시오. 그리고 아르노 씨에게 공개적으로 사과하십시오. 당신들은 내가 방금 인용한 구절들 속에서 그것을 얼마나 많이 보았습니까? 게다가, 아르노 씨는 생 시랑 신부의 『친숙한 신학』을 인정했기 때문에,[17] 이 책은 이 두 사람의 견해를 내포하고 있는 것입니다. 그러므로 15과 전체, 특히 두 번째 항목을 읽어 보십시오. 그러면, 당신들은 당신 자신들이 표현하는 것보다 훨씬 더 명확하게 당신들이 원하는 말들을 거기에서 발견하게 될 것입니다. 〈밀떡 속에는 빵이, 포도주 잔 속에는 포도주가 존재하는가? 아니다. 왜냐하면, 빵과 포도주의 모든 본질이 예수 그리스도의 살과 피로 대체되기 위해서 제거되었기 때문이다. 이

16 미사 예전에 관한 설명 및 생 시랑 신부의 『친숙한 신학』과 연결된 소논문을 참조.

17 1642년 10월 1일, 아르노 및 포르루아얄과 친밀한 또 다른 박사님들이 이 책에 찬동하는 서명을 했다.

살과 피의 본질만이 빵과 포도주의 특성과 형질에 가려져서 거기에 남아 있다.〉

신부님들, 그런데도 당신들은 아직도 포르루아얄이 '제네바가 받아들이는 것' 외에는 아무것도 가르치지 않는다고, 그리고 아르노 씨는 그의 두 번째 편지에서 '샤랑통의 목사가 말할 수 있는 것' 외에는 아무것도 말하지 않았다고 말씀하시겠습니까? 그러면, 아르노 씨가 이 편지의 237쪽 이하에서 말한 것처럼 메트레자[18]가 말하도록 해 보십시오. 아르노 씨는 이렇게 말합니다. 〈성체변화를 부인한다고 자기를 고발하는 것은 비열한 거짓말이다. 그는 칼빈주의 이단과는 반대로 하나님의 아들의 실제적인 임재의 진리를 그의 책의 기초로 삼고 있다. 그는 지성소에 계신 성자 중의 성자께 영원히 경배 드리는 곳에 있는 것을 행복으로 삼고 있다.〉[19] 이것은 '실제적인 임재' 그 자체보다도 훨씬 더 칼빈주의 신앙에 위배되는 것입니다. 왜냐하면, 리슐리외 추기경이 그의 「논쟁」[20] 536쪽에서 다음과 같이 말한 것과 같기 때문입니다. 〈프랑스의 새로운 성직자들은 예수 그리스도께서 성체 안에 실제적으로 임재하고 계신다고 믿는 루터주의자들과 협력하고 있으나, 이 신비와 관련해서는, 그들은 다만 가톨릭 신자들이 성체에 대해서 표시하는 경배 때문에 교회로부터 분리되었다고 선언했다.〉 신부님들, 포르루아얄의 서적 중에서 내가 당신들에게 이야기했던 구절들을 모두 제네바에서 인정할 수 있게 만드십시오. 그리고 그 구절들만이 아니라, 이 신비에 관한 모든 규정들, 빈번한 영성체에 관한 책, 미사 예전에 관한 설명, 미사 의식 집전, 성체 현시의 이유, 포르루아얄의 성무 시간의 성가 번역 등 이 신비에 관한

18 메트레자(Jean Mestrezat, 1592-1657). 샤랑통 교회의 목사이며, 1624년 발표된 논문 「성체성사에서 예수 그리스도의 영성체에 관하여」의 저자.

19 아르노의 두 번째 편지의 인용문.

20 「교회로부터 분리된 사람들을 개종시키는 가장 쉽고 확실한 방법」을 포함하고 있는 논문.

모든 논문들도 제네바에서 인정할 수 있게 만드십시오. 그래서 결국에는, 우리들이 포르루아얄에서 하는 것처럼, 성체 안에 내재하시는 예수 그리스도를 끊임없이 경배하게 만드는 신성한 제도를 샤랑통 교회에서 제정할 수 있도록 만드십시오. 그렇게 되면, 이것은 당신들이 교회를 위해 봉사할 수 있는 가장 괄목할 만한 일이 될 것입니다. 왜냐하면, 그때에는 포르루아얄이 제네바와 공모하지 않고, 제네바가 포르루아얄과 공모하며, 전 교회와 공모하게 될 것이기 때문입니다.

사실 신부님들, 당신들이 성체를 믿지 않는다고 해서 포르루아얄을 고발한 것은 최악의 선택이었습니다. 하지만, 나는 당신들이 무엇 때문에 그런 선택을 하게 되었는지를 보여 주고 싶습니다. 당신들도 알다시피, 나는 당신들의 정책에 대해서 약간 들어서 알고 있지요. 이번 경우에도, 당신들은 그 정책을 잘 따르는 셈입니다. 만일에 생 시랑 신부와 아르노 씨가 이 성체의 신비에 관해서 사람들이 무엇을 믿어야 할지만 말해 주고, 그것을 준비하기 위해서 무엇을 준비해야 하는지를 말해 주지 않았다면, 그들은 세상에서 가장 훌륭한 가톨릭 신자가 되었을 것이고, '성체변화'와 '실제적인 임재'라는 용어들 속에 애매모호한 점이 조금도 발견되지 않았을 것입니다. 그렇지만, 당신들의 방종을 공격하는 사람들은 모두 이단자가 될 수밖에 없었기 때문에, 그들이 이 방종을 공격한 바로 그 시점에, 아르노 씨가 공교롭게도 이 성사 문제에서 당신들이 저지른 신성모독에 반대하는 책을 저술했는데,[21] 어떻게 그가 이단자가 되지 않을 수 있겠어요? 뭐라고요! 신부님들, 그가 다음과 같은 말을 하고도 아무런 탈이 없을거라고요? "항상 똑같은 죄에 빠지면서, 개선될 희망이 전혀 보이지 않는 사람들에게는 예수 그리스도의 몸을 주어서는 안 된다. 그들이 진지하게 참회하며 그의 죄가 정화되고 나서, 결실을 맺

21 그의 저서 『빈번한 영성체』는 세메종(Sesmaisons)이라는 제주이트 신부의 글을 반대하기 위해 쓰여졌다.

은 후에 나오도록 만들기 위해서는, 그들을 얼마 동안 제단에서 떼어 놓아야만 한다."[22] 신부님들, 누군가가 이런 말을 하면 용서하지 마십시오. 당신들의 고해소에 그렇게 많은 사람들이 몰려 오지 않을 테니까요. 왜냐하면, 당신들의 브리자시에 신부는 이렇게 말했기 때문입니다. "만일에 당신들이 이런 방법을 따른다면, 당신들은 예수 그리스도의 피를 아무에게도 적용하지 못할 것이다." 사람들이 당신네 교단의 실천 규칙을 따르는 것이 훨씬 더 좋습니다. 당신네 박사님들과 존경하는 총회장 신부님까지도 인정한 책에서 마스카렌하스 신부님은 다음과 같이 말합니다. 〈모든 종류의 사람들, 그리고 사제들까지도 가증스런 죄를 짓고 몸이 더러워진 바로 그날에도, 예수 그리스도의 몸을 받을 수 있다. 이런 영성체에는 불경스러움이 있기는커녕 오히려 이런 식으로 영성체를 받는 것을 칭찬해 주어야만 한다. 고해신부들은 결코 그들이 영성체를 받지 못하고 되돌아가게 해서는 안 된다. 오히려, 방금 죄를 지은 사람들이라 할지라도 그들이 제 시간에 영성체를 하도록 충고해 주어야만 한다. 왜냐하면, 교회는 그것을 금지했지만, 이런 금지는 전 지구상에서 일반적으로 실행됨으로써 폐지되었기 때문이다.〉(마스카렌하스, 4론 5조 284번)

신부님들, 바로 이것이 전 세계에 제주이트 신부들이 존재하는 이유입니다. 바로 이것이 당신들이 전 세계에 도입했고, 또 그대로 유지시키고 싶어 하는 보편적인 실천 규칙이지요. 당신들의 교회가 사람들로 가득 차기만 한다면, 예수 그리스도의 식탁이 가증스런 것들로 가득 채워지든 말든, 그것은 중요한 문제가 아닙니다. 그러니, 당신들은 거기에 반대하는 사람들을 성체성사에 대한 이단자로 만드시지요. 아무리 많은 대가를 치른다 할지라도, 그렇게 해야만 되겠지요. 하지만, 만약에 그들이 자기들의 신앙에 대해 물리칠 수 없는 수많은 증언들을 한다면, 당신

22 이 문장은 아르노의 저서 내용의 요약이다.

들은 어떻게 그렇게 할 수 있을까요? 그들이 이단임을 입증하기 위해서, 당신들이 제시하는 네 가지의 큰 증거들을 내가 이야기하더라도 (당신들은) 전혀 두렵지 않은 거죠? 신부님들, 당신들은 그것을 두려워해야 할 것입니다. 그리고 나는 결코 당신들의 수치를 눈감아 주지 않을 것입니다. 그러면, 먼저 그 첫 번째 증거를 살펴 봅시다.

메이니에 신부는 제1권, 편지 14에서 다음과 같이 말합니다. 〈생 시랑 씨는 그의 친구의 모친의 죽음을 위로하면서 '이런 경우에 우리들이 하나님께 드릴 수 있는 그분의 가장 기뻐하시는 제사는 인내의 제사다.'라고 말했다. 그러므로 그는 칼빈주의자다.〉[23] 신부님들, 이것은 매우 미묘한 문제입니다. 나는 누군가 그 이유를 알고 있는지 모르겠습니다. 그러므로 그 사람에게서 그 이유를 배워 봅시다. 그 위대한 논쟁가는 이렇게 말할 것입니다. "그 이유는 그가 미사의 제사를 믿지 않기 때문입니다. 왜냐하면 모든 것들 중에서, 하나님께서 가장 기뻐하시는 것은 바로 이 미사의 제사이기 때문입니다." 이제 나는 사람들이 제주이트들은 추론을 할 줄 모른다고 말할 수 있기를 바랍니다. 그러나 그들은 그런 식으로 추론을 하기 때문에, 그들이 원하는 모든 것을, 그래서 성경마저도 이단으로 만들 것입니다. 왜냐하면, 집회서에서 말하듯이 〈돈을 사랑하는 것보다 더 악한 것은 없다.〉(*nihil est iniquius quam amare pecuniam*)[24]라고 말하는 것은 이단이 아닐까요? 마치 간음이나 살인이나 우상 숭배가 중대 범죄가 아니기라도 한 것처럼 말이죠? 매 순간마다 그와 유사한 것들을 이야기하는 일이 어느 누구에게나 결코 일어나지 말란 법이 있을까요? 예를 들어서, "회개하는 겸손한 마음은 하나님이 보시기에 가장 기뻐하시는 일이다."라고 말하는 것처럼요. 왜냐하면 그러한 논리 속에서,

23 베르나르 메이니에, 『성체성사에 반대하는 포르루아얄과 제네바의 공모』, 첫 번째 증거, 27쪽.

24 집회서 10장 10절.

사람들은 서로 어떤 내면의 덕을 비교할 생각만 하고 있지, 무한히 더 높은, 전혀 다른 차원의 미사의 제사를 생각하지는 못하는 것 아닙니까? 그러므로 신부님들, 당신들이 우습지 않습니까? 이제 당신들을 그만 당황스럽게 만들기 위해서, 이 동일한 편지의 용어들을 설명해 드리지요. 이 편지에서 생 시랑 씨는 다음과 같이 말하면서, 모든 것들 중에서 '가장 탁월한' 것으로서 미사의 제사를 이야기합니다. "우리들은 하나님 아버지께 영광을 돌리기 위해서 그보다 더 탁월한 방법을 결코 찾지 못했기 때문에, 매일 어느 곳에서나 하나님께 그분의 아들의 몸으로 제사를 드려야만 되겠죠?" 그러고 나서, 예수님께서는 죽으시면서 자신의 희생당한 몸을 먹어야 하는 의무를 우리들에게 남겨 주신 것이죠? 그 이유는 우리 몸의 제사가 하나님께서 좀 더 기뻐 받으시는 제사가 되도록 하려는 것이며, 우리들이 우리의 생명과 몸으로 하나님께 드리는 마지막 제사가 그분의 임재로 인해서 더욱 거룩해지고 견고해져서 우리들이 죽을 때 그분과 연합하도록 하려는 것입니다. 신부님들, 그 모든 것들을 숨기십시오. 그리고 당신들이 35항에서 했던 것처럼, 그래도 역시 죽을 때 영성체를 포기했다고, 그리고 미사의 제사를 믿지 않았다고 말하십시오. 왜냐하면, 전문적인 중상모략가들에게는 어느 것도 지나치게 대담하다고 말할 수 있는 것이 없으니까요.

당신들의 두 번째 증거는 그에 대한 중요한 증언입니다. 당신들은 페트루스 아우렐리우스의 책이 고인이 되신 생 시랑 씨의 저서라고 생각하고, 생 시랑 씨를 칼빈주의자로 만들기 위해서, 아우렐리우스 89쪽에 있는 구절을 인용합니다. 그런데 여기에서 그는 교회가 사제들, 특히 면직시키거나 직위를 떨어뜨리고자 하는 주교들에 대해서 어떤 식으로 행동하는지를 설명하고 있습니다. 그는 이렇게 말합니다. 〈교회는 사제들의 특성을 지울 수는 없기 때문에, 그들에게서 교단의 세력을 제거할 수는 없지만, 교회 안에 있는 일은 교회가 할 수 있다. 즉, 사제의 특성을 부여받은 사람들의 영혼 속에서는 그 특성을 제거할 수 없기 때문에, 교회는 그들의 기억 속에서 그 특성을 제거한다. 그래서, 교회는 그들을 마치 더 이상 사제나 주교가 아닌 것처럼 간주한다. 그 결과, 교회에서 통용되는 용어로 말한다면, 비록 그들의 불멸의 특성 때문에(*Ob indelebilitatem characteris*) 그들은 항상 사제들임에도 불구하고, 사람들은 그들이 더 이상 사제들이 아니라고 말할 수 있다.〉 신부님들, 보십시오. 세 번에 걸친 프랑스의 성직자 총회에서 인정한 이 저자는 분명하게 이렇게 말합니다. 〈사제직의 특성은 지워질 수 없는 것이다.〉 그렇지만, 당신들은 이 저자로 하여금 바로 같은 장소에서, 정반대로, 〈사제직의 특성은 지워질 수 없는 것이 아니다.〉라고 말하도록 만들었습니다. 바로 이것이 뚜렷한 중상모략입니다. 즉, 당신들의 말을 빌리자면 '작은 죄'입니다. 왜냐하면, 이 책은 주교의 권위와 관련해서 영국에 있는 당신네 동료들[25]의 이단을 반박함으로써 당신들에게 피해를 주었기 때문입니다. 하지만, 이것은 분명히 괴상한 말입니다. 즉, 생 시랑 씨가 이런 특성은 지워질 수 있는 것이라고 주장했다고 잘못된 전제를 했기 때문에, 당신들은 그로부터 그가 성체 속에 예수 그리스도의 실제적인 임재를 믿지 않는다고 결론을 내린 것입니다.

신부님들, 그 점에 대해서 내가 대답해 주기를 기대하지 마십시오. 만약에 당신들이 상식적인 사람들이 아니라면, 나는 그에 대해서 당신들에게 대답해 줄 수 없습니다. 당신들뿐만 아니라, 상식이 있는 모든 사람들은 당신들이 제시하는 세 번째 증거에 대해서도 역시 비웃을 겁니다. 이 증거는 『빈번한 영성체』 3부, 11장의 다음과 같은 말에 근거하고 있죠. 〈하나님께서는 하늘에 있는 성자들에게 주시는 것과 똑같은 몸(肉)을 성체 안에서 우리들에게 주신다. 이곳에서는 감지할 수 있는 우리들의 시각과 미각을 제거하시고, 하늘에서는 이 두 감각을 보존해 두신다

25 페트루스 아우렐리우스는 영국의 제주이트 사제들인 크노트(Knott)와 플로이드(Floyd)를 목표로 삼았다.

는 것을 제외하고는 다른 차이점이 없다.〉 신부님들, 사실 이런 말은 교회의 의미를 너무나 순진하게 표현한 것이기 때문에, 나는 당신들이 어디에서 그런 말을 가져와서 남용하고 있는지를 매 순간 잊어버립니다. 왜냐하면, 나는 여기에서 트리엔트 종교회의 회기 13, 8장에서 가르치고 있는 다음과 같은 내용, 즉 하늘에 계신 예수 그리스도와 성체 안에 있는 예수 그리스도 사이에, 이곳에서는 감추어져 있고 저 하늘에서는 그렇지 않다는 것 외에는, 별 다른 차이점을 발견하지 못하기 때문입니다. 아르노 씨는 예수 그리스도를 받아들이는 방법에 있어서 다른 차이점이 없다고 말한 것이 아니고, 단지 우리들이 받아들이는 예수 그리스도에게 있어서 결코 다른 차이점이 없다고 말한 것입니다. 그렇지만 당신들은 이 구절을 가지고, 아르노 씨가 우리들이 하늘에서처럼 이곳에서도 예수 그리스도를 입으로 먹지 않는다는 의미로 말한 것처럼, 만들고 싶어 합니다. 그렇게 해서 당신들은 그가 이단이라고 결론을 내린 것입니다.

신부님들, 당신들을 보니 측은한 생각이 드는군요. 당신들에게 이 문제를 좀 더 설명해야 될까요? 어째서 당신들은 이 하늘의 양식을 그것을 받아 먹는 방식과 혼동하시나요? 내가 방금 말했던 것처럼, 지상의 양식과 하늘의 양식 사이에는, 단 한 가지 차이점이 있을 뿐입니다. 즉, 지상에서는 베일에 가려져 있어서 우리들이 시각과 미각을 느낄 수 없다는 점입니다. 하지만, 이 세상과 저 하늘에서 양식을 받는 방식에는 여러 가지 차이점이 있습니다. 그중에서 중요한 차이점은 아르노 씨가 3부, 16장에서 말했던 것처럼, 지상에서는 선한 자나 악한 자나, 그 양식이 그들의 입과 가슴 속으로 들어가는데,[26] 하늘에서는 그렇지 않다는 것입니다.

26 위에서 인용한 『빈번한 영성체』의 내용.

그래서, 만약에 당신들이 이러한 다양성의 이유를 모르신다면, 신부님들, 내가 당신들에게 그 이유를 설명해 드리겠습니다. 하나님께서 동일한 몸을 받아 먹는 데에 다양한 방식을 제정하신 이유는 지상에 살고 있는 기독교인들의 상태와 하늘에서 지복(至福)을 누리는 자들의 상태에는 차이가 있기 때문입니다. 기독교인들의 상태는 교부님들의 뒤를 이어서 뒤 페롱 추기경님이 말씀하신 것처럼, 지복을 받은 자들의 상태와 유대인들의 상태의 중간입니다. 지복을 받은 자들은 예수 그리스도를 형상도 베일도 없이 실제적으로 소유합니다. 유대인들은 만나와 유월절 어린양처럼 예수 그리스도의 형상과 베일만을 소유했었죠. 그리고 기독교인들은 성체 안에 계신 예수 그리스도를 진정으로, 그리고 실제적으로 소유하지만, 아직도 베일에 가려진 채로 소유하지요. 성 유세르가 말한 것처럼, 하나님께서는 세 가지의 성막을 만드셨습니다. 유대교 회당은 진리 없이 그림자만 가졌고, 교회는 진리와 그림자를 모두 가지고 있고, 하늘에는 그림자가 전혀 없는 진리만이 존재합니다.[27] 만약에 우리들이 예수 그리스도가 없이 그 형상만을 소유한다면, 성 바울이 분명한 비전과 율법을 대조했듯이, 우리들은 우리들의 현재 상태인 믿음의 상태로부터 벗어나게 될 것입니다. 왜냐하면, 율법의 속성은 그림자만을 소유할 뿐이고, 사물의 본질을 소유하지 못하기 때문입니다. 만약에 우리들이 그분에 대한 분명한 비전을 소유하게 된다면, 우리들은 또다시 그 상태에서 벗어나게 될 것입니다. 왜냐하면, 사도 바울이 말한 것처럼, 믿음은 결코 눈에 보이는 것들이 아니기 때문입니다.[28] 따라서, 성체는 우리의 믿음 상태와 완전히 조화를 이룹니다. 왜냐하면, 성체는 진정으로 예수 그리스도를 내포하고 있지만, 예수 그리스도는 감추어져 있기

27 이 내용은 성 유세르의 저서가 아니라, 성 브루노(Saint Bruno)의 저서 속에 있다. 뒤 페롱이 잘못 언급한 것.

28 히브리서 10장 1절, 11장 1절 참조.

때문입니다. 그 결과, 이단자들이 주장하는 것처럼, 만약에 예수 그리스도께서 빵과 포도주의 형질 속에 실제로 임재하시지 않는다면, 믿음의 상태는 깨어져 버릴 것입니다. 그리고 만약에 우리들이 하늘에서와 같이 그분을 드러내 놓고 받아들인다면, 그런 상태가 또다시 깨어져 버릴 것입니다. 왜냐하면, 그것은 우리의 상태를 유대교의 상태 또는 영광스런 상태와 혼동하는 것이기 때문입니다.

신부님들, 바로 이것이 완전히 신적인 신비의, 신비스럽고도 불가사의한 이유입니다. 바로 이것이 우리들을 유대인의 상태로 만들어 버리기 때문에, 우리들은 칼빈주의자들을 싫어하는 것입니다. 이것 때문에 우리들은 예수 그리스도를 충분히 그리고 영원히 향유하는, 지복을 누리는 자들의 영광을 갈망하게 됩니다. 그리고 당신들은 그분이 기독교인들이나 지복을 누리는 자들에게 자신을 알게 하는 방법 사이에 여러 가지 차이점이 있다는 것을 알게 될 것입니다. 그중에서도 우리들이 이 땅에서는 그분을 입으로 받는데, 하늘에서는 그렇지 않은 차이점이 있습니다. 그러나 그 여러 가지의 차이점은 모두가 우리들의 믿음 상태와 그들의 분명한 비전의 상태 사이에 놓여 있는, 단 한 가지 차이점에 달려 있습니다. 그런데 신부님들, 이것은 바로 아르노 씨가 다음과 같은 말로 아주 분명하게 말했던 것과 같습니다. "성체 안에 계신 예수 그리스도를 받아들이는 사람들의 순수성과 지복을 누리는 자들의 순수성 사이에는, 하나님을 믿음으로 보는 것과 눈으로 분명하게 보는 것 사이에 존재하는 차이점 이외에 또 다른 차이점이 결코 없어야만 한다. 우리들이 지상에서와 하늘에서 그분을 취하는 방법이 서로 다른 것은 오로지 그런 차이점 때문이다." 신부님들, 당신들은 고발의 중심 인물인 아나 신부와 메이니에 신부가 악의적으로 그렇게 말하고 있는 것처럼, 이 말 속에 결코 있지도 않고, 있을 수도 없는, 입에 의해서가 아니라 믿음에 의해서만 예수 그리스도를 받아 먹는 이단을 찾아 내려고, 그 말을 변질시키지 않고 그 말 속에 담겨 있는 거룩한 진리를 존중했더라면 좋았을 것입니다.

그러므로 신부님들, 당신들의 증거는 매우 빈약합니다. 그렇기 때문에, 당신들은 트리엔트 공의회의 결정을 위조하는 새로운 수법을 사용한 거죠. 그것은 아르노 씨를 그 공의회와 일치하지 않도록 만들려는 것이었고, 그럴 정도로 당신들은 아르노 씨를 이단자로 만들려고 온갖 수단을 쓴 거죠. 메이니에 신부는 그의 저서 50군데에서, 심지어 54쪽 한 곳에서만 8-10번이나 이런 주장을 하고 있습니다. 〈가톨릭 신자로서 표현하기 위해서는, '나는 예수 그리스도께서 성체 안에 실제로 임재하고 계심을 믿는다.'라고 말하는 것만으로는 충분치 않고, 이렇게 말을 해야만 된다. '나는 공의회와 함께 그분이 진정한 국지적 임재로서 혹은 국지적으로, 성체 안에 임재하고 계심을 믿는다.'〉 이것을 위해서, 그는 공의회 회기 13, 법 3, 4, 6을 인용합니다.[29] 보편적인 공의회의 3개의 법을 인용한 '국지적 임재'라는 말을 보면서, 이 말이 실제로 거기에 있을 거라고 믿지 않을 사람이 누가 있겠어요? 그것은 내가 열다섯 번째 편지를 쓰기 전에는 도움이 될 수가 있었죠. 그렇지만 신부님들, 지금은 사람들이 더 이상 거기에 속지 않습니다. 우리들이 공의회를 살펴보면, 당신들이 사기꾼들이란 사실을 발견하게 됩니다. 왜냐하면, 거기에는 '국지적 임재', '국지적으로', '국지성'이란 용어들이 전혀 없으니까요. 게다가, 신부님들, 나는 그 용어들은 이 공의회의 다른 어떤 곳에도, 그 이전의 다른 어떤 공의회에도, 그리고 교회의 어떤 교부의 글에도 없다는 것을 선언합니다. 그래서 신부님들, 이런 용어를 결코 사용해 본 적이 없는 사람들을 모두 칼빈주의자로 의심하시는 것인지 말씀해 보시지요. 만약에 그렇다면, 트리엔트 공의회도, 모든 교부님들도, 예외 없이 의심스럽겠지요. 수많은 사람들을 모욕하지 않고서는 아르노 씨를 이단자로 만

29 베르나르 메이니에, 『성체성사에 반대하는 포르루아얄과 제네바의 공모』, 53쪽. 메이니에 신부는 그가 자주 사용하는 '국지적(local)'이란 용어를 강조한다.

들 수 있는 방법이 전혀 없던가요? 당신들에게 전혀 피해를 주지 않았던 수많은 사람들 중에서 성 토마스는 성체를 옹호한 가장 위대한 인물들 가운데 한 분인데, 그는 이 용어를 거의 사용하지도 않았고, 오히려 3부, 질의 76, a. 5에서 이 용어의 사용을 거부했습니다. 그는 다음과 같이 말하고 있습니다. 어떤 방식으로든지, 그리스도의 몸은 이 성체 안에 '국지적으로' 존재하지 않는다.(*Nullo modo corpus Christi est in hoc sacramento localiter.*) 신부님들, 당신들의 권위를 이용해서 새로운 용어들을 강요하고, 자기의 신앙을 잘 표현하기 위해 그 용어들을 사용하도록 명령하고 있는 당신들은 도대체 누구입니까? 공의회의 지시에 따라서 교황님들이 수립한 신앙 고백 — 그 속에서도 이런 용어는 전혀 발견되지 않습니다 — 이 마치 어떤 결함이 있기라도 한 것처럼, 그리고 마치 성도들의 신앙 속에 당신들만이 찾아낸 어떤 애매모호한 점이 있기라도 한 것처럼 그런 용어들을 강요하는 당신들은 누구입니까? 이 용어들을 박사님들에게까지 지시하다니, 얼마나 무모한 일인가요! 이 용어들을 전체 공의회에 강요하다니, 얼마나 거짓된 일인가요! 지극히 현명한 성자들조차도 이 용어들을 수용하는 데 어려움이 있었다는 것을 인식하지 못했었다니, 얼마나 무지한 일인가요! 신부님들, 당신들처럼 무지한 사기꾼들에게 성경이 다음과 같이 말하고 있는 것을 부끄러운 줄 아십시오. 너의 무지한 거짓말에 대해서 부끄러워 하라.(*De mendacio ineruditionis tuae confundere.*)[30]

그러니 더 이상 선생이 되려고 하지 마십시오. 당신들은 그럴 만한 인성도, 자격도 없습니다. 그렇지만, 만약에 당신들이 좀 더 겸손하게 어떤 제안들을 하고 싶으시다면, 우리들이 그것들을 들어 줄 수는 있을 것입니다. 왜냐하면, 어떤 물체가 그 놓여 있는 장소의 일상적인 공간에서 보

30 「집회서」, 4장 25절.

면, 예수 그리스도의 몸이 성체 안에 들어 있는 것이 아니므로, 당신들이 앞에서 보았듯이 '국지적 임재'라는 용어가 성 토마스에 의해서 거부되었음에도 불구하고, 이 용어가 몇몇 논쟁적인 저자들에 의해서 수용되었기 때문입니다. 그 이유는 그들이 다만 이 용어에 의해서 예수 그리스도의 몸이 정말로 그 형질 속에 존재한다고 이해하기 때문이죠. 그 형질은 어느 특정 장소에 존재하는 것이기 때문에, 예수 그리스도의 몸도 역시 거기에 존재한다고 보는 것이죠. 그런 의미에서, 아르노 씨는 이 점을 인정하는 데 전혀 어려움을 제기하지 않습니다. 왜냐하면, 생 시랑 씨와 아르노 씨는 성체 안에 임재하는 예수 그리스도께서 정말로 어느 특정한 장소에, 그리고 기적적으로 동시에, 여러 장소에 임재하신다는 것을 여러 번 공언했었기 때문입니다. 따라서, 당신들의 교묘한 설명들은 모두 땅에 떨어지고 맙니다. 그래서 반박할 수 없는 증거들 만을 제시해야만 하는 비난에 대해서 당신들은 최소한의 그럴듯한 대답도 줄 수가 없었던 것이죠.

하지만 신부님들, 당신들의 중상모략과 그들의 순수성을 대립시켜 본들 무슨 소용이 있겠습니까? 당신들이 이런 오류들을 그들의 책임으로 돌리는 이유는 그들이 그 오류들을 주장한다고 생각하기 때문이 아니라, 그들이 당신들에게 피해를 준다고 생각하기 때문입니다. 당신들의 신학에 의하면, 당신들이 그들을 중상모략을 해도 죄가 되지 않습니다. 그래서 당신들은 고해나 참회 없이도 미사를 올릴 수 있고, 그와 동시에, 당신들은 미사가 순전히 우상숭배라고 믿는 책임이 매일 미사를 올리는 사제들에게 있다고 생각합니다. 이것은 아주 끔찍한 신성모독이기 때문에, '자리지 신부[31]가 제네바와 공모했을 때' 당신들 스스로 그가 미사를

31 자리지(P. Jarrige, 1604-1670). 개신교로 개종했다가 다시 가톨릭으로 개종한 제주이트 신부. 아르노는 「장 라바디의 배교 문제에 관해서 어느 신학 박사에게 보낸 편지」(1651)에서 이 사람의 예를 들었다.

올렸다는 이유를 내세워 그의 허수아비를 교수형에 처한 적이 있었죠.

그러므로 나는 당신들이 그렇게 중대하고 거짓된 범죄들을 아무런 양심의 가책도 없이, 그들의 책임으로 돌리는 것 때문에 놀라는 것이 아닙니다. 오히려, 사실 같지도 않은 범죄들을 아무런 조심성도 없이 그들의 책임으로 돌리는 것 때문에 놀라는 것입니다. 왜냐하면, 당신들은 수많은 죄악들을 당신들 마음대로 규정하기 때문이죠. 그런데도, 당신들은 그 사람들의 신앙도 마찬가지로 규정하려고 생각하시나요? 진심으로 신부님들, 만약에 칼빈주의자라는 혐의를 그들에게 두거나, 아니면 당신들에게 두어야만 했었다면, 나는 당신들과 좋지 않은 관계에 놓이게 되었을 겁니다. 그들의 말은 당신들의 말과 동일하게 가톨릭적입니다. 그렇지만, 그들의 행동은 그들의 신앙을 확인해 주는 데 반해서, 당신들의 행동은 당신들의 신앙을 부인합니다. 만약에 당신들이 그들과 마찬가지로 이 빵이 실제로 예수 그리스도의 몸으로 변화된다고 믿는다면, 어째서 당신들은 그들과 마찬가지로, 당신들이 성체를 가까이 하라고 조언하는 사람들의 돌이나 얼음 같이 굳어진 마음이 진심으로 몸(肉)이나 사랑의 마음으로 변화되었는지를 물어보지 않으십니까?[32] 만약에 당신들이 성체를 가까이 하는 사람들에게 세상에 대하여, 죄에 대하여, 자기 자신에 대하여, 죽음에 대하여 가르쳐 주시기 위해서, 예수 그리스도께서 성체 안에 머물러 계신다고 믿는다면, 어째서 당신들은 그들 속에 죄악과 범죄의 열정이 아직도 생생하게 살아 있는 사람들에게 성체를 가까이 하라고 지도하시나요? 어떻게 해서 당신들은 이 세상의 빵을 먹을 자격도 없을 것 같은 사람들을 하늘의 빵을 먹을 만한 자격이 있는 사람들이라고 판단하시는가요?

오, 이 거룩한 신비[33]의 위대한 숭배자들이여! 당신들의 그 열정이 무

32 이것은 생 시랑이 1627년에 쓴 논문「새로운 마음에 관하여」를 암시한다.

33 성체를 의미.

수히 많은 거룩한 영성체들에 의해서, 이 신비에 영광을 돌리는 사람들을 박해하기 위해서 사용되고 있고, 그 열정이 무수히 많은 신성모독적인 영성체에 의해서, 이 신비를 욕보이는 사람들에게 아첨하기 위해서 사용되고 있다니요! 예수 그리스도를 대신해서 거룩하신 하나님께 완전히 거룩한 희생 제물을 제단에 바치기 위하여, 그리고 그의 더러워진 손으로 그 희생 제물을 온통 더러워진 입 속에 넣어 주기 위하여, 예수 그리스도의 (성만찬) 식탁을 그들의 수치로부터 완전히 벗어난 뿌리 깊은 죄인들로 둘러 싸게 만들고, 그들 가운데 한 사람의 사제 ─ 그의 고해신부조차도 그의 추잡스런 것들을 제단으로 보내 버리는 ─ 를 앉히는 당신들의 열정은 너무도 순수하고 사랑스러운 제사의 지지자들에게 잘 어울리는군요! 성체성사를 믿지 않는 책임을 『빈번한 영성체』의 저자[34]와 성체성사의 딸들[35]에게 지우려 하는 것이 과연, 그들 자신의 총회장이 인정해 준 금언에 따라 '온 땅에서'[36] 이런 행위를 실천하고 있는 자들에게 적절한 일인가요?

그러나 그것이 그들에게는 아직도 충분치 않습니다. 그들의 열정을 만족시키기 위해서는, 그들은 결국 이 사람들이 예수 그리스도와 그들의 세례를 포기했다고 고발해야만 합니다. 신부님들, 그것들은 당신들의 것과 같은 가공의 이야기들이 아닙니다. 그것은 당신들의 중상모략의 분량을 가득 채워 주는 불길한 행동입니다. 그렇게도 뚜렷한 거짓이 당신들의 절친한 친구인 피요[37]의 손에 머물러 있었으므로, 그런 거

34 아르노를 가리킨다.

35 포르루아얄의 수녀들을 가리키는 것으로 보인다.

36 위에서 인용한 Mascarenhas의 저서의 내용을 암시한다.

37 장 피요(Jean Filleau, 1600-1682). 푸아티에(Poitiers) 대학 법과대 교수, 변호사, 반 장세니스트 논쟁가. 그는 1621년, 부르-퐁텐에서 개최된 컨퍼런스에 관한 이야기를 익명의 성직자로부터 들었는데, 여기에서 장세니우스와 생 시랑 등 참석자들이 성체에 대한 신앙을 무너뜨리고 이신론을 수립할 계획을 세웠다는, 터무니없이 전설 같은 이야기를 만들어 냈다.

짓을 주장할 만한 사람들의 손에는 들어가지 않았던 것 같군요. 피요를 통해서 당신들은 그 거짓말을 탄생시켰던 것이죠. 그리고 당신네 교단은 공개적으로 이 거짓에 대한 책임이 자기들에게 있다고 주장했습니다. 게다가, 당신들의 메이니에 신부는 방금 이렇게 주장했습니다. 포르루아얄이 35년 전부터 성육신의 신비를 무너뜨리고, 복음서를 가짜 역사로 간주하게 만들며, 기독교를 무너뜨린 자리에 이신론을 세우기 위해서 은밀하게 음모를 꾸며 왔고, 그 주동자들은 생 시랑 신부와 이프르의 주교라는 것을, 마치 확실한 진리인 것처럼 주장했죠. 신부님들, 그것이 전부인가요? 만약에 당신들이 미워하는 사람들에 관한 그 모든 중상모략들을 사람들이 믿는다면, 당신들은 만족하시겠습니까? 만약에 당신들이 제네바와 공모한 교회 내에 있는 모든 사람들과, 비록 교회 밖에 있지만 이신론을 믿는 모든 사람들이 그들을 혐오하게 된다면, 마침내 당신들의 증오심이 충족되겠습니까?

예수 그리스도의 은총과 복음의 순수성과 세례의 의무만을 설교하는 사제님들이 그들의 세례와 복음서와 예수 그리스도를 포기했다는 것을, 그럴듯한 최소한의 증거도 없이, 상상할 수 있는 온갖 모순들과 함께, 대체 누구에게 설득할 작정이십니까? 신부님들, 누가 그런 말을 믿을까요? 당신들이 아무리 비열해진다 하더라도, 그것을 믿으시겠습니까? 그것 때문에 당신들이 얼마나 극단적인 처지에 떨어지게 되겠습니까? 왜냐하면, 당신들은 그들이 예수 그리스도를 믿고 있지 않다는 것을 증명하든지, 아니면 당신들이 일찍이 없었던, 가장 자포자기한 중상모략가들로 인식되든지 둘 중 하나는 해야만 될 테니까요. 그러니 신부님들, 그것을 증명해 보시지요. 1621년에 부르-퐁텐 총회에 참석해서, 기독교를 파괴하려는 계획을 그곳에서 있었던, 피요 씨에게 들려 주었다는, 당신들이 말하는 그 '명망 있는 성직자'가 누구인지 이름을 말해 보시지요. 당신들이 그곳에서 음모를 꾸몄다고 하는 그 여섯 사람의 이름을 말해 보시죠. 당신들이 15쪽에서 '앙투안 아르노는 아니고'(왜냐하면, 아르노 씨는 자기가 그 당시에 아홉 살에 불과했었다고 당신들을 이미 설득했기 때문입니다). '아직 생존해 있는 다른 어떤 사람', 그리고 '아르노 씨와 너무 가까운 친구라서 그가 모를 수가 없다'[38]고 말하는, 그 편지에서 A. A.라고 지칭하는 그 사람의 이름을 말해 보시죠. 신부님들, 당신들은 그 사람을 알고 있겠죠. 따라서, 만약 당신들이 무종교인이 아니라면, 마땅히 처벌을 받아야만 하는 그 불경한 자를 왕이나 의회에 고발하십시오. 신부님들, 당신들은 그 사람의 이름을 말해 주셔야만 됩니다. 그렇지 않으면, 당신들은 더 이상 결코 믿을 수 없는 거짓말쟁이로밖에는 인식되지 않는, 창피한 상황을 감수해야만 됩니다. 친절한 발레리엥 신부님이 우리들에게 이런 식으로 말씀하시는군요. 그런 중상모략가들을 난처한 처지에 빠뜨려서, 참을 수 없는 궁지로 몰아 넣어야 된다고요. 따라서, 당신들이 침묵하는 것은 그 악마적인 중상모략에 대해서 충분한 확신을 가지고 있다는 말이 될 겁니다. 그러므로 당신들의 친구들 중에서 가장 분별력이 없는 사람이라 할지라도, 그것은 결코 당신들의 덕성의 결과가 아니라, 당신들의 무능의 결과라는 것을 부득이하게 인정하지 않을 수 없을 것입니다. 그리고 포르루아얄의 수녀님들에게까지도 그런 중상모략을 할 만큼 당신들이 악의적이라는 것에 감탄하지 않을 수 없을 것입니다. 그래서 당신들이 14쪽에서 말한 것처럼, 그 수녀들 중의 한 분[39]이 작성한 「성체성사의 은밀한 묵주 기도」가 예수 그리스도를 거역하는 음모의 첫 번째 결과라고 말하지 않을 수 없을 것입니다. 그리고 95쪽에서 말했듯이, 이 글의 모든 혐오스런 금언들에 대한 영감을 누군가가 그들에게 불러일으켜 주었다고 말하지 않을 수 없을 것입니다. 당신들의 말에 의하면, 이런 금언들은 이신론의 교육을 받은 결과라고 하더군요. 당신들은

38 이 완곡한 표현은 아르노의 맏형인 아르노 당디(Robert Arnauld d'Andilly, 1589-1674)를 가리킨다.

39 아녜스(Agnès) 수녀라고 불리는 잔-카테린 아르노(Jeanne-Cathérine Arnauld)의 글.

고인이 되신 파리 대주교가 당신들의 브리자시에 신부를 검열한 것을 변호하면서, 이미 이 글에 대한 중상모략을 회복할 수 없을 정도로 무너뜨려 버렸죠. 따라서 당신들은 거기에 대해서 대꾸할 말이 전혀 없습니다. 그런데도, 당신들은 그 어느 때보다도 더 수치스런 방법으로 그런 중상모략을 남용하면서, 불경건의 극치에 대한 책임을, 온 세상 사람들이 다 알고 있는 경건한 수녀님들 탓으로 돌리고 있죠. 잔인하고 비열한 박해자들이여, 그렇게 되면 가장 외딴 곳에 있는 수녀원[40]이라 할지라도 당신들의 중상모략을 피할 만한 은신처가 될 수 없겠군요! 이 성스러운 처녀들이 그들의 제도에 따라서 밤낮으로 성체 안에 계신 예수 그리스도께 경배를 드리는 동안, 당신들은 밤낮으로 쉬지 않고 성체 안에도 하나님 우편에도 그리스도가 임재하고 있다는 것을 그녀들이 믿지 않는다고 발표하고 있군요. 그녀들이 당신들과 교회를 위하여 기도하고 있는 동안에, 당신들은 그녀들을 공개적으로 교회에서 잘라 내는군요. 당신들은 당신들의 말을 들을 수 있는 귀도 없고, 당신들에게 대답할 수 있는 입도 없는 그녀들을 중상모략하고 있습니다. 그렇지만, 그녀들이 예수 그리스도 안에 숨어 있다가, 어느 날 그분과 함께 나타날 때, 그리스도께서는 당신들의 말을 듣고, 그녀들을 위해서 당신들에게 대답을 하실 것입니다. 오늘, 우리들은 그 거룩하고 무서운 목소리를 듣고 있습니다.[41] 그 목소리는 자연을 놀라게 만들고, 교회를 위로해 줍니다. 그래서 신부님들, 그분이 하나님으로서 말씀하실 때는 그들의 마음이 완고해져서 고집스럽게 듣기를 거절하다가 그분이 재판관으로서 그들에게 말씀하실 때는, 공포에 질려서 그 말을 듣지 않을 수 없게 되지 않을까 걱정됩니다.

40 포르루아얄 수녀원의 위치는 파리 근교의 한적한 슈브뢰즈 계곡에 있다.

41 1656년 3월 24일에 일어났던 성 가시관의 기적을 암시. 이때, 파스칼의 조카인 마르게리트 페리에의 난치병이 치유되었다. 파스칼은 1656년 6월 8일, 정보 취재의 소송에 증인으로 참석했었다.

왜냐하면, 신부님들, 마침내 예수 그리스도께서 그 수많은 중상모략들을 심문하실 때, 당신들은 그분께 뭐라고 설명할 수 있겠습니까? 그분은 당신들의 신부인 디카스틸루스나 강스나 페날로사의 환상에 근거하지 않고, 그분의 영원한 진리의 규칙과 교회의 신성한 법규에 근거해서 당신들을 심문하실 텐데요? 당신들의 신부들은 그 중상모략들을 용서하지만, 그분의 교회는 이 범죄를 용서하기는커녕 고의적 살인과 똑같이 처벌할 만큼 그것을 혐오하고 있는데요? 왜냐하면, 교회는 제1, 2차 아를 공의회에서, 살인자들과 마찬가지로 중상모략가들에게도 죽을 때까지 영성체를 보류시켰기 때문입니다.[42] 라트랑 공의회는, 아무리 그들이 뉘우쳤다 할지라도, 그런 죄가 입증된 사람들은 성직자의 신분에 어울리지 않는다고 판단했습니다. 교황님들은 주교들이나 사제들이나 부제들을 중상모략한 사람들에게 죽는 순간까지 결코 영성체를 주지 말라고 위협하기까지 했습니다. 그리고 아드리엥 교황님께서는 명예를 훼손하는 글을 쓴 저자들에게, 그들이 제시한 내용을 입증하지 못할 때 '채찍을 맞게 하는'(*flagellantur*) 단죄를 내렸습니다. 존경하는 신부님들, 그 정도로 교회는 당신네 교단이 저지르는 잘못과는 항상 거리를 두었습니다. 당신들의 교단은 너무 타락해서 중상모략만큼 중대한 범죄들을 용서하고 있고, 그래서 교단 스스로가 자유롭게 그런 죄들을 범하고 있습니다.

확실히 신부님들, 만약에 하나님께서 당신들 스스로 범죄를 방지하고, 모든 중상모략들을 효력이 없게 만드는 방법을 제공하도록 허락하지 않으셨다면, 당신들은 수많은 죄악들을 범할 수 있었을 것입니다. 왜냐하면, 당신들이 모든 신뢰를 상실하기 위해서는, 중상모략이 범죄에 포함되지 않는다는 이상한 금언을 발표하기만 하면 되기 때문이죠. 중

42 니꼴은 이 내용을 열다섯 번째 편지, 317쪽에서 사용하였다.

상모략은 중상모략가가 매우 진실하다는 좋은 평판과 결부되지 않는다면, 무용지물입니다. 비방자는, 자기가 비방을 저지를 수도 없고, 비방을 하나의 범죄로서 혐오하는 사람이라는 평판을 얻지 못한다면, 비방에 성공할 수 없습니다. 그와 같이, 신부님들, 당신 자신들의 원칙이 당신들과 이율배반적입니다. 처음 당신들이 원칙을 세웠던 이유는 당신들의 양심을 확고히 하기 위해서였습니다. 왜냐하면, 당신들은 스스로는 단죄를 받지 않으면서 타인을 비방하기를 원하고, 성 아타나시우스가 말하는 '거룩하고 경건한 비방자들'이 되기를 원했기 때문입니다.[43] 그래서, 당신들은 지옥에 가지 않기 위해서, 당신네 박사님들의 신앙에 근거하여 당신들을 지옥에서 구해 주는 이 금언을 신봉했던 것이죠. 하지만, 이 박사님들의 말에 의하면, 당신들이 두려워하는 저세상에서의 불행으로부터 당신들을 보호해 주는 이 금언 자체가 저세상에서 당신들이 바라는 유용성을 제거해 버립니다. 그 결과 당신들은 비방의 악을 피할 생각을 하다가 비방의 결실을 잃어버렸던 것이죠. 그만큼 악은 악 자체와 반대됩니다. 그리고 그만큼 악은 악 때문에 혼란에 빠지고, 그 자체의 악성(惡性)에 의해서 무너집니다.

그러므로 당신들은 성 바울처럼 단순한 비방자들(*maledici*)은 하나님을 만날 자격이 없다[44]고 공언하면서, 중상모략을 당신들에게 좀 더 유익하게 사용하십시오. 왜냐하면, 비록 당신 자신들은 진리를 비난한다 할지라도, 적어도 당신들이 비방한 말은 그 때문에 오히려 신뢰를 얻게 될 테니까요. 그러나 당신들처럼 적들을 중상모략하는 것은 범죄가 아니라고 말한다면, 당신들이 비방한 말은 결코 믿어지지 않을 것이고, 당신들은 결국 영벌을 받게 될 것입니다. 왜냐하면 신부님들, 당신들의 권위 있는 저자들이 하나님의 정의를 파괴할 수 없다는 것은 분명한 사실

43 이것은 파스칼이 아르노의 글에서 인용한 것이다.

44 고린도전서 6장 10절.

이며, 당신들이 거짓의 도움을 받지 않고서는 진리 가운데 머무를 수 없다는 것보다 더 확실한 증거를 주지 못할 것이 분명하니까요. 만약에 진리가 당신들 편이라면, 진리가 당신들을 위해 싸울 것이고, 진리가 당신들을 위해 승리할 것입니다. 그리고 그분의 약속에 따라서, 당신들이 어떠한 적을 만나더라도, 진리가 당신들을 해방시켜 줄 것입니다.[45] 당신들이 거짓의 도움을 받는 이유는 단지 이 세상 죄인들의 비위를 맞추기 위해서 오류를 지지하려는 것이며, 중상모략에 반대하는 경건한 사람들을 박해하려고 중상모략을 뒷받침하기 위한 것입니다. 진리는 당신들의 목적에 반대되기 때문에, 당신들은 거짓말을 신뢰해야만 했던 것이죠. 이것은 어느 예언자가 말한 바와 같죠. 〈너희들이 말했다. 사람들을 슬프게 만드는 불행은 우리들에게 미치지 않을 것이다. 왜냐하면, 우리들은 거짓을 원했고, 그 거짓이 우리들을 보호해 줄 것이기 때문이다.〉[46] 그렇지만, 예언자가 그들에게 뭐라고 대답할까요? 그는 이렇게 말합니다. 〈당신들이 중상모략과 혼란에 기대를 걸었기 때문에(*sperastis in calumnia et in tumultu*), 그만큼 더 이 부정은 너희에게 책임이 있다. 그래서, 너희의 멸망은 높은 성벽이 예상치 못하게 무너지는 것 같을 것이며, 질그릇이 한 조각도 남지 않을 만큼 강력하고 총체적인 힘에 의해서, 산산조각으로 부서지고 깨어지는 것 같을 것이라. 그래서 그 깨어진 조각으로는 약간의 물도 길을 수 없고, 약간의 불도 옮길 수 없을 것이다.〉[47] 그리고 또 다른 예언자는 이렇게 말합니다. 〈너희들은 내가 결코 슬프게 만들지 않은 의인의 마음을 슬프게 만들었고, 불경한 자들의 악을 기뻐하며, 그것을 견고하게 만들어 주었다. 그래서, 나는 너희의 손에서 내 백성을 구하여, 내가 그들의 하나님이고, 너희들의 하나님인 것을 알게

45 요한복음 8장 32절.
46 이사야 28장 15절.
47 이사야 30장 12-14절.

하겠다.〉[48]

그렇습니다. 신부님들, 만약에 당신들이 생각을 바꾸지 않는다면, 당신들이 아주 오래전부터 속여 왔던 사람들을 당신들의 악행에 의해서 무질서 속에 버려 두든지, 아니면 당신들의 비방에 의해서 그들을 중독시키든지 하면서, 하나님께서 그들을 당신들의 손에서 구원해 주시기를 기대해야만 합니다. 하나님께서는 일부 사람들에게, 당신네 결의론자들의 거짓된 규칙들을 가지고는 그분의 분노를 결코 피할 수 없을 것이라 생각하도록 만드실 것입니다. 그리고 하나님께서는 다른 일부 사람들의 머릿속에, 당신들이 중상모략을 꾸며 내어 세상에 퍼뜨리면서 당신 자신들이 길을 잃었던 것처럼, 당신들의 말을 듣고 당신들의 중상모략을 믿다가 길을 잃게 되지 않을까 하는 당연한 두려움을 심어 주실 것입니다. 왜냐하면, 거기에 속으면 안 되기 때문입니다. 우리들은 결코 하나님을 조롱해서는 안 됩니다. 그리고 복음서에서 그분이 우리들에게 주신 계명, 즉 우리 이웃이 범죄자라는 확신 없이는 결코 그를 정죄하지 말라는 계명을 침해해서는 안 됩니다. 그리고 당신들의 거짓말을 쉽게 받아들이는 사람들이 아무리 자신들이 경건하다고 주장한다 하더라도, 그리고 그들이 아무리 신앙심 핑계를 댄다 하더라도, 그들은 이 한 가지 범죄, 즉 당신들의 조잡한 중상모략에 대해서는 별다른 증거 없이, 이단이나 분리주의만큼 중대한 범죄에 대한 책임을 가톨릭의 사제님들과 성스러운 수녀님들에게 돌린 이 한 가지 범죄로 인해서, 하나님 나라에서 쫓겨날 것을 두려워하지 않으면 안 됩니다. 제네바의 선생님[49]은 이렇게 말했습니다. "사탄은 비방하는 자의 혀 끝에 있고, 그 비방을 듣는 자의 귀에 있다." 그리고 성 베르나르는 아가서 24장[50]에서 이렇게 말했습니

48 에스겔 13장 22-23절.

49 성 프랑수아 드 살, 『경건한 삶의 서론』 3부, 29장(전집, Talon, 파리, 1652).

50 「아가서에 관한 설교」, 29, 4.

다. 〈비방의 말은 서로의 마음속에 있는 사랑의 불씨를 끄는 독이다. 따라서, 단 한 번의 중상모략이라 할지라도 무수히 많은 영혼들을 죽일 수 있다. 왜냐하면, 비방은 그것을 공표하는 사람들뿐만 아니라, 그것을 배척하지 않는 사람들의 영혼까지도 모두 죽게 만들기 때문이다.〉

존경하는 신부님들, 내 편지들은 매번 곧바로 이어서 발표되지도 않았고, 분량도 그렇게 길지 않았습니다.[51] 두 가지 모두 시간 부족 때문이었죠. 이번 편지가 더 길어진 이유는 좀 더 짧게 만들 수 있는 시간적 여유가 없었기 때문이었습니다. 내가 서두르지 않을 수 없었던 이유는 나보다도 당신들이 더 잘 알고 있을 것입니다. 당신들이 쓴 답장들은 성공적이지 못했습니다. 물론 당신들이 방법을 바꾼 것은 잘한 일입니다. 하지만, 나는 당신들이 선택을 잘한 일인지, 그리고 당신들이 베네딕트회를 두려워한다고 사람들이 말할지는 잘 모르겠습니다.[52]

나는 방금, 모든 사람들이 당신들의 「변호」를 쓴 저자라고 알고 있던 그 사람이 이 사실을 부인하고 있고, 사람들이 자기가 그 「변호」를 썼다고 말하는 것에 화를 내고 있다는 사실을 알았습니다. 그의 말이 옳습니다. 내가 그를 의심했던 것은 잘못이었습니다. 왜냐하면, 사람들이 아무리 나에게 그것에 대한 확신을 주었다 할지라도, 나는 그가 당신들의 '사기'를 믿지 않을 정도의 판단력을 가지고 있는 사람이라는 것을, 그리고 그것을 믿지도 않고 발표하지도 않을 정도의 명예심은 가지고 있는 사람이라는 것을 생각했어야만 했거든요. 세상에는 당신들에게 꼭 어울리는 그런 방종을 할 만한 사람들이 적고, 그리고 거기에서 당신

51 이전의 편지들은 20쪽 분량인 데 비해서, 9일 만에 발표된 열여섯 번째 편지는 30쪽 분량이다.

52 열다섯 번째 편지, 334쪽 참조. 파스칼은 제주이트들이 베네딕트회에 불법으로 세금을 부과한 것에 관하여 글을 쓰려는 계획을 가지고 있었다. 파스칼, 『팡세』, 셀리에 판, 799편. 「도처에 난폭한 제주이트 기관들의 편지」 참조.

들을 알아보지 못했다고 해서 나에게 용서를 구할 만큼 당신들의 성격을 잘 표현해 줄 만한 사람들이 거의 없거든요. 하지만 떠도는 소문이 나를 분노하게 만드는군요. 그런 변명이 당신들에게는 너무나 좋겠지만, 나에게는 충분하지 않습니다. 왜냐하면 나는 이미 확실한 증거 없이는 아무것도 말하지 않겠다고 공언했고, 불확실한 것 외에는 아무런 증거가 없으니까요. 나는 그 점이 아쉽고, 그것이 유감스럽습니다. 그래서, 나는 당신들이 나의 사례(事例)를 이용하시기를 바랍니다.

[열일곱 번째 편지 내용 요약]

편지의 수신자는 루이 14세의 고해신부인 제주이트 아나(Annat) 신부다. 몽탈트는 이렇게 말한다. 당신이 공개한 글을 보고, 나는 평화에 대해서 확신할 수 없다고 생각했다. 당신은 나를 이단자 취급했다. 그래서, 나는 거기에 대응하지 않을 수 없다. 당신은 내가 이단자라는 어떤 증거를 가지고 있는가? 당신은 편지에서 나를 포르루아얄 측 사람이라고 전제하고, 포르루아얄이 이단이므로 나도 이단이라고 결론을 내린다. 그러나, 나는 포르루아얄 측 사람이 아니다. 나는 혼자다. 내가 이단이란 것을 증명해 보라. 나는 오히려 그 반대임을 보여 주겠다. 나는 그 불경한 명제들을 지지한다는 말을 한마디도 하지 않았다. 오히려 나도 역시 그 명제들을 혐오한다. 나는 로마 가톨릭 교회 외에 아무 연고가 없다. 나는 교황과의 일치 속에서 살고 싶고, 또 죽고 싶다. 나는 교회를 떠나서는 어떤 구원도 없다고 믿는다. 나는 당신이 두렵지 않다. 당신의 모든 영향력이 나에게는 무용하다. 당신이 포르루아얄에게는 타격을 입힐 수 있겠지만, 나에게는 아니다.

나는 자유로운 사람이다. 나는 당신과 진리를 대립시킨다. 제주이트는 단 한 명의 지도자 아래 연합된 단체를 구성한다. 장세니스트라고 부르는 이단은 어떤 사람들인가? 만약에 당신이 교회의 의견과 일치되는 신앙 고백을 하는 사람들의 고백을 믿지 못하겠다면, 그것은 모든 가톨릭 신자들의 신앙을 의심하는 것이다. 그것은 이단에 맞서는 것이 아니라, 오히려 하나의 이단을 만드는 것이다. 나는 그 문제가 다섯 개의 명제들이 장세니우스의 책 속에 들어 있느냐, 아니냐에 관한 문제임을 알게 되자, 그것은 종교 문제와 관련이 없다고 판단했고, 나의 관심도 사라졌다. 당신은 진실을 말하지 않는다. 당신은 그 명제들을 '글자 그대로' 발견했다고 말하면서도, 그 책 페이지들을 인용하지 못한다. 그럼에도 불구하고 '이단'이라고 공표하는 것이 놀랍다. 만약에 장세니스트들이 <은총에 저항할 수 있다>고 믿는다면, 그들을 이단으로 취급할 이유가 없다. '효력은총'은 단죄되지 않았다. 그러므로, 모든 문제는 장세니우스가 효력은총 외에 다른 것을 가르쳤는지 아닌지를 알아보는 것이다. 그 명제들이 장세니우스의 책 속에 들어 있는지 여부를 알기 위해서는, 그의 책을 읽어 보기만 하면 된다. 신앙 문제에 대한 결정은 공의회마다 서로 모순되는 것을 볼 수 없지만, 사실 문제에 대한 결정은 공의회마다 모순되는 것을 볼 수 있다.

만약에 박사들이 단죄에 서명한다면 그것은 하나님 앞에 죄를 짓는 것이고, 만약에 그들이 서명을 거부한다면 이단으로 취급될 것이다. 당신의 모든 행동은 정치적이다. 나는 당신이 왜 장세니우스의 의미를 설명하지 않는지, 그 이유를 설명하겠다. 당신의 주된 관심은 제주이트인 몰리나의 충분은총을 부각시키고, 그 대신에 효력은총을 와해시키려는 것이기 때문이다. 그러나, 효력은총이 공인된 사실임을 알기 때문에 이 효력은총과 싸울 수가 없어서, 당신은 '장세니우스의 교리'라는 이름으로 아무런 설명도 없이 공격하고 있는 것이다. 교황은 장세니우스의 교리를 단죄했다. 그러나 그는 효력은총의 교리를 단죄하지는 않았다.

열입곱 번째 편지

존경하는 제주이트 아나 신부님께

1657년 1월 23일

존경하는 신부님,

나는 당신의 태도를 보고, '우리들 쌍방이 휴전을 바라고 있구나'라고 생각했었고, 나도 그럴 생각이었습니다. 그렇지만 얼마 전에 당신이 발표한 여러 편의 글을 읽어 보니, 평화는 거의 불확실한 것처럼 보입니다. 왜냐하면, 그 평화는 제주이트 신부님들이 침묵을 지켜 주어야만 가능하기 때문이죠. 화평을 깨는 것이 당신에게 크게 유리한 일인지 나는 잘 모르겠습니다만, 나로서는 그리 유감스럽게 생각하지는 않습니다. 왜냐하면, (이 싸움은) 당신이 책을 쓸 때마다 언급하고 있는 그 '이단'이라는 통상적인 비난을 멈추게 할 수 있는 방법이 되기 때문이죠.

당신은 날이 갈수록 점점 더 대담하게 나를 이단자 취급하고 있으니까, 이번에야말로 내가 그것을 중단시켜 드려야 할 때입니다. 결국 당신은 최근에 출판한 책에서도 더 이상 참기 어려운 방식으로 나를 비난하고 있으니, 만약에 내가 거기에 대응하지 않는다면, 이런 종류의 비난이 모두 그렇듯이 결국에는 나를 혐의가 있는 사람으로 만들어 버릴 것 같군요. 나는 당신의 동료들의 글들과 무수히 많은 또 다른 글들이 뒤섞여 무차별적으로 쏟아 내고 있는 욕설들을 무시해 왔었습니다. 그러다가 나는 열다섯 번째 편지에서 그에 대한 답을 충분히 썼습니다. 그런데도 당신은 또 다른 태도로 이야기를 시작하면서 심각할 정도로 방어 자세를 취하더군요. 당신의 방식은 거의 유일무이한 것입니다. 왜냐하면, 당신이 이렇게 말씀하고 있기 때문이죠. "내가 쓴 열다섯 통의 편지 하나하나에 답장을 쓰면서 내가 이단자라는 말을 열다섯 번 반복한 것으로 충분하다. 그렇게 선언하고 나면, 나는 당연히 신용불량자가 된다." 결국 당신은 나를 배교자로 취급하지는 못하면서, 마치 그것이 확고한 원칙인 것처럼 가정하고 그 위에 대담하게 집을 짓고 계시는군요. 그럼, 신부님! 당신이 정말로 나를 이단자 취급하신다면, 나도 정말로 그에 맞게 응수하겠습니다.

신부님, 그 고발이 매우 중요하다는 사실을 당신도 잘 아실 겁니다. 왜냐하면 만약에 그것을 입증하지 못할 경우에는 그 고발 행위가 참을 수 없이 무모한 짓이 되기 때문입니다. 당신이 가지고 있는 증거가 무엇이죠? 샤랑통에서 나를 본 사람이 있습니까? 내가 언제 미사에 참석하지 않은 적이 있었습니까? 내가 언제 교구 내에서 신자의 의무를 소홀히 한 적이 있었습니까? 내가 언제 이단자들과 협력하거나 교회를 분열시키는 행동을 한 적이 있었습니까? 내가 어떤 공의회의 결정에 반대한 적이 있었습니까? 내가 언제 교황님의 규정을 어긴 적이 있었습니까? 대답하셔야만 됩니다, 신부님. 아니면, 내 말을 잘 들으셔야 됩니다. 뭐라고 대답하시겠습니까? 나는 온 세상 사람들이 이것을 다 지켜보고 있기를 바랍니다. 우선, 당신은 이 편지들을 쓴 사람이 포르루아얄 측 사람이라고 가정하고 계시고, 그 다음에는 포르루아얄이 이단이라고 공언하고 계시며, 그 결과 당신은 이 편지들의 저자가 이단이라고 결론을 내리고 계신 거죠. 그러므로 신부님, 이 고발의 핵심은 내가 아니라 포르루아얄입니다. 당신이 내가 포르루아얄 측 사람이라고 가정하고 있기 때문에, 나를 고발하신 거죠. 따라서, 나를 변호하는 일은 별로 어렵지 않습니다. 왜냐하면 나는 당신에게 내가 포르루아얄 측 사람이 아니라고 말하기만 하면 되고, 내 편지들을 읽어 보라고 말하기만 하면 될 테니까요. 당신의 책이 나오기 조금 전에 내가 쓴 열여섯 번째 편지에서 말했던 것처럼, 나는 결코 포르루아얄 사람이 아닙니다. 나는 혼자입니다.

그러므로 내가 이단자라는 사실을 다른 방법으로 증명해 보세요. 그렇지 않으면, 모든 사람들이 당신의 무능을 인정하게 될 겁니다. 내가 쓴 편지들을 예로 들면서, 내가 교황님의 교서[1]를 인정하지 않고 있다는 것을 증명해 보세요. 교서의 내용이 그렇게 많은 분량도 아니고, 내 편지는 열여섯 통만 살펴보면 됩니다. 그 속에 그에 대한 최소한의 흔적이라도 있다면 내놓아 보라고 나는 당신에게, 그리고 온 세상 사람들에게 도전하고 싶습니다. 오히려 나는 그 반대쪽을 분명하게 보여 드리겠습니다. 왜냐하면 예를 들어서, 열네 번째 편지에서 나는 이렇게 썼지요. "당신들의 원칙에 따라서 어떤 사람이 자기 형제들을 죽임으로써 죽을 죄(대죄)를 범했다면, 그 사람은 예수 그리스도께서 죽으시면서 구원하기 원하셨던 사람들을 지옥에 떨어지게 만드는 것이다." 이 말은 예수 그리스도께서 그 지옥에 떨어진 자들을 위해 죽으셨다는 사실을 내가 분명하게 인정한 것이 아닙니까? 그리고 "예수 그리스도께서 예정된 사람들만을 위해 죽으셨다는 말은 오류다."라는 사실을 인정한 것이 아닙니까? 이것은 다섯 번째 명제와 함께 단죄되었지요? 그러므로 신부님, 나는 그 불경한 명제들을 지지하는 말은 단 한 마디도 하지 않았고, 그래서 나는 그 명제들을 진심으로 혐오한다는 사실이 확실한 거죠. 그리고 포르루아얄이 그 명제들을 인정한다 하더라도, 내가 공언하건대, 당신은 나에게 불리한 결론을 내릴 수 없을 것입니다. 왜냐하면, 하나님의 은혜로, 내가 지상에서 가지고 있는 인연이라고는 오로지 가톨릭 교회뿐이며, 사도적인 교회, 곧 로마 교회뿐입니다. 나는 이 교회 안에서 최고의 지도

1 교황 인노첸시오 10세의 1653년 5월 31일자 교서. 그 내용은 5개의 명제들이 장세니우스의 것이라는 결정을 담고 있다.

자이신 교황님과의 일치 속에서 살다가 죽고 싶습니다. 그 외에는 결코 구원이 없다는 사실을 나는 매우 잘 깨닫고 있습니다.

이런 식으로 말하는 사람을 당신은 어떻게 하시겠습니까? 내 말도, 내 글도 당신이 나를 이단이라고 고발할 만한 아무런 구실도 던져 주지 않는데, 무엇으로 나를 공격하실 셈인가요? 나는 어둠 속에 숨겨져 있기 때문에, 당신의 위협에도 불구하고 나는 안전합니다. 당신은 아마도 눈에 보이지 않는 어떤 손으로 얻어맞은 느낌이 들 것이고, 당신이 갈팡질팡하고 있는 모습을 온 세상 사람들이 모두 알게 될 것입니다. 그렇게 되면, 당신이 내가 어떤 사람들과 연합되어 있다고 생각하고 나를 공격하려고 노력해 보았자 아무런 소용도 없을 것입니다. 나는 어떤 개인과도, 어떤 공동체와도 결부되어 있지 않기 때문에, 나 자신을 위해서건 어떤 다른 사람을 위해서건 나는 당신을 무서워할 필요가 없습니다. 당신의 세력이 아무리 강하다 할지라도, 나에게는 아무런 쓸모가 없습니다. 나는 세상에서 아무것도 바라지 않고, 아무것도 무서워하지 않고, 아무것도 기대하지 않습니다. 하나님의 은혜로, 나는 재물도 필요 없고 어느 누구의 권위도 필요 없습니다. 신부님, 나는 나를 체포하려는 어떠한 시도에도 불구하고 빠져나갈 것입니다. 당신이 어느 쪽에서 공격해 오든지 간에 나를 붙잡지는 못할 것입니다. 포르루아얄에게는 타격을 입힐 수 있겠지만, 나한테는 아닙니다. 소르본 대학에서는 사람들을 쫓아냈지만, 내 집에서는 나를 쫓아낼 수 없을 것입니다. 당신이 사제들과 박사님들에게는 폭력을 휘두를 수 있겠지만, 그런 지위에 있지 않은 나에게는 그럴 수가 없을 것입니다.[2] 그래서 당신은, 당신의 영향력이 전혀 미치지 않는, 게다가 당신의 잘못들을 공격하기에는 딱 좋은, 이 사람에게는 아마도 할 수 있는 일이 없을 것입니다. 왜냐하면, 이 사람은 아무런

2 성직자 총회는 1656년 9월에 모든 사제들과 박사들로 하여금 "5개의 명제들을 단죄한다"는 서식에 서명하도록 강요했었다.

약속도 없고, 아무런 집착도 없고, 아무런 연결 고리도, 관련성도, 볼일도 없는 자유인이기 때문이죠. 게다가 이 사람은 당신네 규칙을 잘 알고 있고, 하나님께서 개입하게 만드신 일은 끝까지 밀고 나가려고 결심하고 있는 사람이기 때문에 어떠한 인간적 고려도 이 사람의 추적을 멈추게 만들 수 없고, 지연시킬 수 없을 것입니다.

그러므로 신부님, 당신이 나를 전혀 해칠 수도 없는데, 당신네 신부들이 모두 그렇듯이 우리들의 분쟁에 아무런 관련도 없는 사람들을 해치려고 그렇게 많은 중상모략을 퍼트린다고 한들 무슨 소용이 있을까요? 그런 핑계를 대며 빠져나가려는 것은 아니죠? 당신은 내가 당신과 맞서기 위해 인용한 이 진리의 힘을 느끼실 겁니다. 나는 당신에게 이렇게 말하죠. 당신이 기독교 윤리에서 '하나님의 사랑'을 분리시킴으로써 이 윤리를 파괴하고 있다고요. 당신이 사람들에게 '하나님의 사랑'을 면제해 주셨으니까요. 그러면 당신은 나에게, 내가 생전에 본 적도 없는 '메테르 신부의 죽음'에 대해서 이야기하죠.[3] 나는 당신에게 또 이렇게 이야기하죠. 당신네 필자들은 사과 한 개 잃어버리는 것이 창피해서, 즉 사과 한 개 때문에 살인하는 것을 허용한다고요. 그러면 당신은 나에게, '생메리 성당에서 헌금함이 털렸다'고 말하죠.[4] 당신은 날마다, 오라토리오회의 한 신부 — 내가 이 책 말고는 한 번도 본 적도 없는 — 가 쓴 『성 동정녀론』이라는 책에 대한 책임을 나에게 돌리고 있는데, 그것은 무슨 의미죠? 나는 당신이 당신을 반대하는 모든 사람들을 마치 단 한 사람인 것처럼 간주하는 것을 보고 감탄했습니다. 당신은 모든 사람들을 한꺼번에 증오로 덮어서 마치 버림받은 하나의 단체인 것처럼 만들어 버리고, 각자가 다른 모든 사람들을 위해 대답해 주기를 원하시는군요.

3 재능 있는 설교자였으나 정신 이상으로 1644년 초에 자살했다. 반장세니스트 측에서는 특별한 증거도 없이 이 죽음의 책임을 생 시랑에게 돌렸다.

4 열여섯 번째 편지 343쪽 각주 5 참조.

제주이트 신부들과 그들을 대적하는 사람들 사이에는 많은 차이점이 있습니다. 당신들은 정말로 단 한 사람의 지도자 밑에 결합된 하나의 단체를 구성하고 있습니다. 내가 보여 드렸듯이 당신들의 규칙에서는 당신들의 최고 지도자의 의견 없이는 아무것도 출판하지 못하도록 금지하고 있습니다. 그래서 최고 지도자들의 명령이나 당신네 총회장들인 아쿠아비바나 비텔레쉬 등의 공문에 의거하여, 그들은 그들의 오류들을 구분해 놓아야만 하기 때문에, 그들이 지적받은 오류들에는 미처 주목하지 못했다고 변명을 못할 경우에는, 모든 개인의 오류에 대한 책임은 그 최고 지도자들이 지게 됩니다. 그러므로 당신네 최고 지도자들과 당신네 교단의 신학자들이 승인해 준 작품들 속에서 발견되는 당신네 동료들의 실수에 대해서 사람들이 당신들을 비난하는 것은 그럴 만한 이유가 있습니다. 하지만 신부님, 나의 경우에는 이와 달리 판단해야만 됩니다. 나는 그 『성 동정녀론』이라는 책에 서명하지 않았거든요. 내가 독실한 가톨릭 신자라 할지라도, 파리에 있는 모든 헌금함을 개봉할 것 같습니다. 마지막으로, 나는 당신에게 큰소리로 분명하게 선언하는데, 나 외에는 아무도 내 편지에 책임질 사람이 없고, 나도 내 편지 외에는 그 어떤 것에도 책임을 지지 않습니다.

신부님, 이 고발 속에 나를 포함시키기 위해서 당신이 이단자 취급하고 있는 다른 사람들의 언급을 피하면서, 나는 이 정도로 멈출 수도 있을 것입니다. 그렇지만, 내가 그 당사자가 되어 있기 때문에, 말하자면 나는 이 기회를 이용해서 세 가지 장점을 얻어 내려고 결심을 하고 있습니다. 왜냐하면, 너무도 많은 사람들이 중상모략을 당하고 있는데, 그 사람들의 결백을 드러내는 일이 아주 중요한 한 가지 장점이기 때문이죠. 또 다른 장점은 이 고발 사건 속에 숨어 있는 당신 술책의 농간질을 계속해서 들추어 내는 일이죠. 그것은 나에게 아주 적합한 일입니다. 하지만, 내가 가장 중요하게 생각하는 장점은 당신이 "교회가 새로운 이단에 의해서 분열되어 있다."고 사방에 퍼뜨리고 있는 그 터무니없는 소문이 거짓이라는 사실을 모든 사람들에게 알려 주는 일입니다. 당신은 당신이 대단한 소동을 일으키려고 애쓰고 있는 문제들이 신앙에서도 중요한 문제들이라고 수많은 사람들을 속이면서 그들을 이용하고 있기 때문에, 나는 실제로 교회 안에 이단자들이 아무도 없다는 사실을 보여 주기 위해서 그 그릇된 인상들을 깨뜨리고, 어디에 문제가 있는지 분명하게 설명해 주는 것이 극히 중요한 일이라고 생각합니다.

왜냐하면, 만약에 사람들이 "당신이 장세니스트라고 부르는 사람들이 어떤 점에서 이단인가요?"라고 묻는다면, 당신은 즉시 이렇게 대답하겠죠? "그 사람들은 이렇게 말할 것입니다. 하나님의 계명은 실천 불가능하다. 인간은 하나님의 은총을 거역할 수 없다. 인간은 선악을 행할 수 있는 자유가 없다. 예수 그리스도는 모든 사람들을 위해 죽은 것이 아니라 단지 예정된 사람들만을 위해서 죽었다. 마지막으로, 그들은 교황이 단죄했던 5개의 명제들을 지지한다." 당신이 당신의 적들을 박해하는 이유가 바로 이 문제 때문이 아닌가요? 당신은 당신의 책에서, 대화에서, 교리문답에서, 그리고 생-루이[5]의 크리스마스 축제에서 어떤 양치기 소녀에게 이렇게 말하죠? "얘야, 예수 그리스도께서 누구를 위해 오셨지? 모든 사람들을 위해 오셨어요, 신부님. 그렇지! 얘야, 너는 그분이 예정된 사람들만을 위해 오셨다고 말하는 새로운 이단자가 아닌거지?" 그 점에 있어서, 어린아이들과 다른 여러 사람들은 당신 말을 그대로 믿지요. 왜냐하면, 설교가 금지되어 있는 오를레앙에서 크라세 신부[6]가 그랬던 것처럼, 당신도 설교 중에 똑같은 이야기를 그들에게 들려 주고 있으니까요. 그리고 나도 역시 예전에는 당신 말을 믿었다는 것을 고백합니다. 당신은 나에게 다른 사람들과 똑같은 생각을 주입시켜 주었지요.

5 생-앙뚜안 거리에 있는 제주이트 수녀원. 현재의 생-폴 성당. 다섯 번째 편지에서 교리문답 문제를 언급했다.

6 열다섯 번째 편지, 323쪽 각주 10 참조.

그리고 당신이 그 5개 명제들을 배척할 때마다, 나는 그들이 뭐라고 대답하는지 주의 깊게 지켜보았습니다. 그들이 만약에 분명하게 불경스러운 것이므로 포기한다고 선언하지 않을 경우에는, 나는 그들을 쳐다보지도 않을 작정이었습니다. 그렇지만, 그들은 아주 큰 소리로 그렇다고 선언했지요. 왜냐하면, 소르본 대학에 있는 국왕의 교수, 생트-뵈브 씨가 교황님보다도 훨씬 먼저 공문서에서 이 5개 명제들을 비판했었으니까요. 그리고 박사들은 여러 글들을 발표했는데, 그것들 가운데에는 그들이 동시에 발표했던 '승리하는 은총에 관하여'라는 글이 있습니다. 이 글에서 그들은 그 5개 명제들이 이단적이며 이질적인 것이라고 배척했습니다. 왜냐하면, 그들은 그 글의 서문에서 그 5개 명제들이 이단적이며 루터적인 것이고, 장세니우스에게서도, 그의 옹호자들에게서도 발견되지 않는, 재미 삼아 조작된, 날조된 것이라고 말하고 있기 때문입니다. 이것은 그들의 표현 그대로입니다. 그들은 사람들이 5개 명제들에 대한 책임을 자기들에게 지우고 있다고 불평합니다. 전에, 프랑스의 반펠라기우스주의자들은 그와 유사한 말로 성 아우구스티누스에게 5개 명제들의 책임을 떠넘김으로써 그의 이름을 더럽힌 적이 있었지요. 그것 때문에, 그들은 그들의 스승인 성 아우구스티누스의 수제자, 성 프로스페의 말을 당신들에게 전해 주고 있습니다. 이 성자는 이렇게 말했습니다. "우리들을 중상모략하는 일에 맹목적인 열정을 쏟고 있는 사람들이 있습니다. 그 사람들은 자기들의 명성을 떨어뜨리는 짓을 하고 있습니다. 왜냐하면, 그들은 고의적으로 배교와 신성모독으로 가득한 몇 개의 명제들을 만들어 사방에 퍼뜨리면서, 그들이 글에서 표현한 것과 똑같은 의미로 우리들이 그 명제들을 주장하고 있다는 것을 믿게 만들려고 하고 있습니다. 그렇지만 이 답장을 통해서, 사람들은 우리들이 결백하다는 사실과 그 불경한 명제들의 책임을 우리에게 지우려고 하는 사람들의 악한 의도를 알게 될 것입니다. 그 명제들을 만들어 낸 것은 바로 그 사람들입니다."

신부님, 사실은 내가 교황님의 교서(constitution) 이전에 그들이 그런 식으로 말하는 소리를 들었을 때, 그러고 나서 그들이 가능한 한 모든 존경심을 다 기울이면서 그 교서를 받아들이고, 거기에 서명할 것을 제안했을 때, 한편으로는 아르노 씨가 그의 두 번째 편지에서 내가 말할 수 있었던 것보다 훨씬 더 강경한 어조로 선언하는 것을 보았을 때, 나는 그들의 신앙심을 의심하는 죄를 지을 뻔했었습니다. 실제로 아르노 선생의 편지 이전에는 친구들에게 아르노 씨를 사면하지 말기를 바란다고 말했던 사람들이, 아르노 씨가 자기와 관련된 오류들을 아주 분명하게 단죄한 후에는 그와 그의 친구들을 교회로부터 제명시킬 아무런 이유가 없다고 선언했습니다.[7] 하지만, 당신은 그렇게 하지 않았었죠. 바로 그것 때문에, 나는 당신이 편견을 가지고 행동하는 것이 아닌지 의심하기 시작했습니다.

왜냐하면, 그들이 저항할 거라고 당신이 생각했을 때는 교서에 서명하라고 그들을 협박하다가, 그들 스스로 서명하려고 하는 것을 보았을 때는 당신은 더 이상 아무 말도 하지 않았기 때문입니다. 그 일이 있은 후에, 당신은 그들의 행동에 대해서 만족스러워 했던 것처럼 보였음에도 불구하고, 여전히 그들을 이단자 취급했습니다. '몇 가지 질의에 대한 답변' 27쪽과 47쪽에서, 당신 자신이 이렇게 말했지요. "그들의 마음은 그들의 손과 모순된다. 그래서, 그들은 겉으로는 가톨릭이지만 속으로는 이단이다."[8]

신부님, 그러한 태도는 나에게 너무도 이상하게 보이는군요! 왜냐하면 어느 누구에 대해서건, 그만큼 이야기하지 못할 수 있을까요? 그런 핑계라면, 무슨 소동을 못 일으키겠어요? 성 그레고리오 교황님이 이렇

7 이 문장은 리앙쿠르 공작의 사면을 거절했던 파리 생-쉴피스 성당 사제들의 입장 변화를 암시한다.

8 당시 해명해야 될 몇 가지 질의에 대해서 1655년에 아나 신부가 쓴 답변들.

게 말씀하셨지요. "교회의 의견에 일치하는 신앙 고백을 하는 사람들의 고백을 믿지 못한다면, 우리는 모든 가톨릭 신자들의 신앙심을 의심해야 한다." 그러므로 신부님, 나는 '당신의 의도가 그들이 이단자가 아님에도 불구하고 그들을 이단자로 만들려는 것이 아닌지' 걱정됩니다. 앞서 말한 그 교황님께서는 당시의 이와 유사한 논쟁에 관해서 이렇게 말씀하셨거든요. "신앙 고백을 통해서 참된 신앙을 증명해 주는 사람들의 말을 믿지 못하겠다는 것은 이단을 정화하는 것이 아니라 오히려 하나의 이단을 만들어 내는 것이다."(*Hoc non est haeresim purgare, sed facere.*)[9] 그런데, 당신은 장세니우스에 대해서 단지 사실 문제에 관련해서만 — 이것은 이단 문제가 성립될 수 없다 — 그들을 고발할 수 있었죠. 그리고 당신은 정통 신앙에 위배되는 어떤 오류에 대해서도 그들을 고발할 수 없었죠. 그 정도로 그들이 모든 이단으로부터 무죄가 입증되었다는 사실을 알게 되었을 때, 나는 교회 안에 실제로 이단자들은 아무도 없다는 사실을 알게 되었습니다. 왜냐하면 당신은, 당신 스스로가 『조롱』 39장에서 썼던 것처럼, 그들이 "그 5개 명제들 한 마디 한 마디가 모두, 그리고 꼭 같은 말로 장세니우스의 책 속에 들어 있다."(*Singulares, individuoe, totidem verbis apud jansenium contentoe.*)라는 사실을 인정할 수밖에 없기를 바라셨으니까요.[10]

그때부터 나는 당신의 논쟁에 무관심해지기 시작했습니다. 당신이 그 명제들의 진실 혹은 거짓에 대해 논쟁을 하고 있다고 생각했을 때는 나는 당신의 말을 주의 깊게 듣고 있었죠. 왜냐하면 그것이 신앙과 관계가 있었기 때문입니다. 하지만 당신이 그 명제들 '한 마디 한 마디'가 장세

9 아르노의 두 번째 편지에서 인용된 라틴어.

10 아나 신부는 5개의 명제들이 장세니우스의 책 속에 한 마디 한 마디, 그리고 어휘 전체가 들어 있다고 주장했다. 그러나 아르노는 첫 번째 명제만 들어 있는데, 그것은 정통 신앙에 일치하는 것이고, 나머지 4개는 들어 있지 않다고 주장했다.

니우스의 책 속에 들어 있는지 그렇지 않는지를 알아보기 위해서 논쟁하고 있지 않다는 사실을 알았을 때, 종교가 더 이상 거기에 관련이 없었기 때문에, 나는 그 논쟁에도 역시 흥미를 잃게 되었습니다. 당신이 진실을 말하고 있다는 사실은 여러 가지 겉모습만 보고 판단하는 것이 아니거든요. 왜냐하면, 누군가가 어떤 저자의 책 속에 어떤 '한 마디 한 마디' 말들이 들어 있다고 말하는 것은 그 말한 사람이 결코 잘못 생각할 수 없는 것이기 때문입니다. 따라서 나는 프랑스에서나 로마에서나 그렇게나 많은 사람들이 거의 의심할 수 없는 표현에 근거해서 장세니우스가 그 명제들을 실제로 가르쳤다고 믿는 것을 보고 별로 놀라지 않았습니다. 그 때문에 나는 당신이 마치 확실한 것처럼, 마치 중요한 것처럼 제시했던 그 동일한 사실의 문제가 거짓이었다는 사실을 알고서도 별로 놀라지 않았습니다. 그래서 나는, 당신이 한 번도 그것을 인용한 적이 없었기 때문에, 사람들이 당신에게 장세니우스의 책 몇 페이지에서 그 명제들을 '한 마디 한 마디' 발견했는지 인용해 보라고 도전했었다는 사실을 알고서도 별로 놀라지 않았습니다.[11]

내가 그 모든 줄거리를 이야기하는 이유는 그 일이 이 문제 속에 담겨 있는 당신네 교단의 사상을 충분히 드러내 주는 것처럼 보이기 때문입니다. 그리고 내가 방금 이야기했던 모든 것에도 불구하고 당신이 계속해서 그들은 이단자들이라고 공표하는 것을 보고 사람들이 깜짝 놀라고 있기 때문입니다. 그렇지만, 당신은 그들이 어떤 점에서 이단인지에 대해서는 시간에 따라서 바꾸었습니다. 왜냐하면, 그들이 한 가지 이단에서 무죄가 입증되고 나면, 당신네 신부들은 그들이 결코 면제받을 수 없도록 하기 위해서 또 다른 이단으로 대체하기 때문이죠. 그렇게 해서 1653년에는 그들의 이단이 명제들의 성격에 따라서 결정되었습니다. 그

11 아르노는 아나 신부에게 보낸 답장에서, 그리고 그의 두 번째 편지에서 5개 명제들에 관한 도전을 했었다. 『팡세』, 셀리에 판, 792편 참조.

다음에는, 그들의 이단이 '한 마디 한 마디'에 따라서 결정되었습니다. 그때부터 당신은 마음속에 이단을 품고 살고 있습니다. 그런데 오늘날에는 사람들이 더 이상 그것에 대해서 이야기하지 않는군요. 그리고 사람들은 그들이 〈장세니우스의 교리의 의미는 5개 명제들의 의미 속에서 발견된다.〉라는 것에 서명하지 않는다면 그들이 이단자들이 되기를 원하는 거죠.[12]

바로 이것이 현재 당신의 논쟁의 주제입니다. 당신에게는, 그들이 5개 명제들과 장세니우스의 책 속에 들어 있는 모든 것들 — 그것들이 성 아우구스티누스의 교리에 일치하든 위배되든 — 을 단죄하는 것만으로 충분치 않습니다. 왜냐하면, 그들은 그 모든 것을 단죄하고 있으니까요. 그 결과, 당신들에게는, 예를 들어서 예수 그리스도께서 예정된 사람들만을 위해서 죽으셨는지 그렇지 않은지를 알아보는 것이 문제가 아니라 — 그들은 그것을 당신만큼 잘 단죄하고 있으니까요 — 장세니우스가 그런 의견을 가지고 있는지 그렇지 않은지를 알아보는 것이 문제입니다. 당신의 논쟁이 교회를 거의 감동시키지 못하는 것처럼, 나를 거의 감동시키지 못한다는 것을 내가 그 어느 때보다도 더 강하게 선언하는 이유는 바로 그 때문입니다. 왜냐하면 신부님, 당신도 나도 박사는 아니지만, 그것이 신앙 문제가 아니라는 사실은 잘 알고 있습니다. 왜냐하면, 장세니우스의 의미가 무엇인지를 아는 것만이 문제가 되기 때문입니다. 만약에 그들이 그의 교리가 그 명제들의 본래의 문자적인 의미와 일치한다고 생각했다면, 그들은 당연히 그것을 단죄할 것입니다. 그리고 만약에 그들이 그것을 단죄하지 않는다면, 그의 교리가 그 명제들의 의미와 다르다는 사실을 깨달았기 때문일 것입니다. 그렇게 해서, 그들이 그의 교리를 잘못 이해하고 있을 때라 할지라도 그들은 이단자들이 아닐

12 파스칼은 이 문장 속에서 1656년 성직자 총회가 작성했던 서명의 의미를 요약하고 있다.

것입니다. 왜냐하면, 그들은 그의 교리를 가톨릭의 의미로만 이해하고 있기 때문입니다.

그것을 설명하기 위해서 한 가지 예를 들어 보겠습니다. 알렉산드리아의 성 드니의 글에 관해서 성 바실리우스와 성 아타나시우스 사이에 견해 차이가 있었습니다. 성 바실리우스는 아리우스의 의미가 성부와 성자의 동등됨에 위배된다고 생각했기 때문에 그를 이단자로 단죄했습니다. 그렇지만, 성 아타나시우스는 반대로 교회의 진정한 의미가 그의 글 속에 들어 있다고 생각했기 때문에 그를 가톨릭으로 지지했습니다.[13] 그런데 신부님, 당신은 성 드니의 글을 아리우스 이단으로 간주했던 성 바실리우스가 성 드니의 글을 옹호했던 성 아타나시우스를 이단자로 취급하는 것이 옳았을 거라고 생각하시나요? 성 바실리우스에게 무슨 다른 이유라도 있었을까요? 성 아타나시우스가 옹호했던 것은 아리우스의 이단이 아니라, 그가 성 드니의 글 속에 들어 있다고 생각했던 바로 그 신앙의 진리가 아니었을까요? 비록 이 두 성자들이 그 글의 진정한 의미에 대해서 합의를 했다 하더라도, 그러면서도 이 두 사람 모두가 그 이단성을 확인했다 하더라도, 그것은 아마도 성 아타나시우스가 그 글 속에 이단성이 없다고 인정할 수는 없었기 때문일 것입니다. 그렇지만 그들 사이에 그 의미에 관해서 의견 충돌이 있었기 때문에 성 아타나시우스는 설령 그가 그 글을 잘못 이해했었다 할지라도 그 글을 지지하면서 가톨릭이 되었던 것입니다. 왜냐하면, 그것은 사실 문제의 오류에 불과했고, 그가 그 교리 속에서 옹호했던 것은 단지 그가 그 글 속에 들어 있다고 생각했던 가톨릭 신앙이었기 때문이죠.

신부님, 나는 당신에게도 똑같은 말을 합니다. 만약에 당신이 장세니우스의 의미를 인정한다면, 그리고 당신의 적들이 장세니우스가, 예를

13 삼위일체 교리에 관한 논쟁 참조.

들어서 "인간은 하나님의 은총을 거역할 수 없다."[14]라고 주장하는 것에 당신과 의견이 일치한다면, 장세니우스를 단죄하기를 거절하는 사람들은 이단자가 될 것입니다. 그렇지만, 당신이 그 의미에 대해서 다툴 경우에는, 그리고 그들이 그의 교리에 따라서 "인간은 하나님의 은총을 거역할 수 있다."라고 믿고 있다면, 아무리 당신 자신이 그들을 이단자 취급하고 싶어도 그들을 이단자로 취급할 만한 아무런 이유도 찾지 못할 것입니다. 그래서 당신은 감히 그들이 생각하고 있는 의미를 단죄할 수 없을 것입니다. 그러므로 만약에 당신이 그들을 설득하고 싶으면, 그들이 장세니우스에게 부여하고 있는 의미가 이단이라는 것을 증명해 보십시요. 왜냐하면 그럴 경우에는 그들 자신이 이단일 테니까요. 그렇지만 당신이 어떻게 그렇게 할 수 있겠어요? 왜냐하면 당신의 고백에 의하면, 그들이 장세니우스에게 부여하는 의미는 결코 단죄 받을 수 없는 것이라는 사실에 변함이 없기 때문입니다.

당신에게 그것을 분명하게 보여 주기 위해서, 나는 당신 스스로가 인정했던 것, 즉 효력은총은 전혀 단죄를 받지 않았다는 것, 그리고 교황님의 교서에서도 그것을 전혀 건드리지 않았다는 것을 원칙으로 삼을 것입니다.[15] 실제로 교황님께서 5개 명제들을 판결할 때, 효력은총의 문제는 모든 검열에서 제외되었습니다. 그 사실은 교황님께서 그 명제들을 검토해 보라고 맡겼던 고문관들의 '의견서'에 의해서 완벽하게 드러납니다. 파리에 있는 몇 사람들 — 그들 중 한 사람은 몽펠리에의 주교인데, 이분이 그 의견서를 로마에서 가지고 왔죠 — 과 마찬가지로, 나는 그 '의견서'를 입수했습니다. 거기에 보면, 고문관들의 의견이 갈렸던 것 같습니다. 그들 가운데는 교황청 신학 고문과 종교 재판소 위원, 아우구스티누스 수도회 총회장과 같은 주요 인사들이 있었습니다. 몇몇 분들

14 개신교 종교개혁자들의 견해.

15 1653년 6월 13일의 교서 *Cum occasione* 이후 교황 인노첸시오 10세가 보낸 교서.

은 그 명제들을 효력은총의 의미로 볼 수 있다고 생각했기 때문에, 그것들이 결코 검열을 받아서는 안 된다는 의견을 가지고 있었습니다. 반면에, 또 다른 분들은 그 명제들을 효력은총의 의미로 생각한다면 단죄되어서는 안 된다는 의견에 찬성하지만, 그들이 이미 표명했던 것처럼, 그것들은 본래의 자연스런 의미가 효력은총의 의미와는 거리가 멀기 때문에 단죄되어야 한다고 평가했습니다. 그렇기 때문에 교황님이 그 명제들을 단죄했고, 모든 사람들이 그분의 판단을 따르게 된 것입니다.

그러므로 신부님, 효력은총은 결코 단죄되지 않았다는 것이 확실합니다. 그러므로 이 효력은총은 성 아우구스티누스와 성 토마스에 의해서, 그리고 모든 학파와 수많은 교황님들과 공의회들에 의해서, 그리고 모든 전통에 의해서 아주 강력하게 지지를 받았었기 때문에 거기에 이단이란 딱지를 붙이는 것은 매우 불경한 일이 될 것입니다. 그런데 당신이 이단 취급하고 있는 사람들 모두가 장세니우스의 책 속에서 효력은총의 교리 외에 다른 것을 발견하지 못하겠다고 선언합니다. 그것이 바로 그들이 로마에서 주장했던 유일한 것입니다. 당신 자신도 『조롱』 35장에서 그것을 인정하셨지요. 거기에서 당신은, "그들이 교황님 앞에서 이야기할 때 그 명제들에 관해서는 단 한마디 말도 하지 않고(*ne verbum quidem*), 효력은총에 관해서 이야기하는 데에만 모든 시간을 다 소모했다."라고 진술하셨죠.[16] 그런 것처럼, 그들의 가정이 잘못되었건 그렇지 않건, 적어도 그들이 가정하고 있는 의미는 결코 이단이 아니라는 것, 따라서 그들도 역시 결코 이단이 아니라는 것은 틀림없는 사실입니다. 왜냐하면, 이것을 단 두 마디로 요약하자면, 장세니우스가 효력은총만을 가르쳤거나 — 이 경우 그에게는 오류가 전혀 없고, 아니면 그가 다른 것을 가르쳤거나 — 이 경우에는 그를 옹호해 줄 사람이 아무도 없을 것

16 파스칼은 아나 신부의 『조롱』의 한 구절을 요약하고 있다.

이기 때문입니다. 그러므로 모든 문제는 장세니우스가 실제로 효력은총 외에 다른 것을 가르쳤는지 알아보는 데에 있습니다. 만약에 그것이 사실이라면, 그를 가장 잘 이해했다는 명예가 당신에게 돌아갈 것이고, 반면에 그들은 신앙에서 방황하게 되는 불행을 겪지 않게 되겠지요.[17]

그러니 신부님, 사실상 교회 안에 이단이 존재하지 않는다는 점에 대해서 하나님께 찬양을 드려야 합니다. 그 이유는 여기에 단지 이단을 조성할 수 없다는 사실만이 문제가 되기 때문입니다. 왜냐하면, 교회는 신앙에 관한 문제들을 신성한 권위로서 결정하고, 그것들을 수용하기를 거부하는 사람들을 교회에서 내쫓을 수 있기 때문입니다. 그렇지만 교회는 사실의 문제에 관해서는 신성한 권위를 동일하게 사용하지 않습니다. 그 이유는 우리의 구원이 우리에게 계시되고 전승에 의해 교회 안에서 보존되어 온 신앙과 관련이 있는 것이지, 하나님으로부터 전혀 계시되지 않은 다른 특정의 사실들과 관련이 있는 것은 아니기 때문입니다. 이처럼, 하나님의 계명은 실천이 불가능하지 않다는 사실을 믿어야만 되며, 장세니우스가 그 문제에 관해서 무엇을 가르쳤는지를 알아야 할 필요는 없습니다. 그렇기 때문에, 하나님께서는 신앙에 관한 문제들을 결정함에 있어서 결코 오류를 범할 수 없는 성령의 도우심에 의해서 교회를 잘 인도하고 계십니다. 반면에, 하나님께서는 사실에 관한 문제들을 결정함에 있어서 교회가 당연히 그 판단자라고 할 수 있는 감각과 이성에 의해서 행동하도록 하고 있습니다. 왜냐하면, 신앙에 관해서 교회를 가르칠 수 있는 분은 오직 하나님밖에 없기 때문입니다. 그렇지만, 어떤 명제들이 그의 책 속에 들어 있는지를 알기 위해서는 장세니우스의 책을 읽어 보기만 하면 됩니다. 믿음을 결정한 것들을 거부하는 것은

17 『팡세』, 셀리에 판, 792편. “그것이 장세니우스의 책 속에 들어 있거나 그렇지 않거나, 만약에 들어 있다면 그는 단죄될 것이고, 만약에 그렇지 않다면 왜 당신은 그를 단죄하고 싶어 하죠?”

이단이라고 말하는 이유는 바로 그 때문입니다. 그것은 하나님의 성령에 자기의 정신을 대립시키는 일이기 때문입니다. 하지만, 어떤 특정의 사실들을 믿지 않는 것은 무모한 일이 될 수는 있지만, 이단은 아닙니다. 왜냐하면, 그것은 단지 그런 일에 있어서 위대하지만 오류가 전혀 없을 수 없는 어떤 권위와 명료한 이성을 대립시키는 것일 뿐이기 때문입니다.

이것은 모든 신학자들이 다 알고 있는 사실입니다. 이것은 당신네 교단의 벨라르멩 추기경[18]의 다음과 같은 주장을 따르고 있는 것처럼 보입니다. 즉, "합법적인 전체 공의회가 신앙의 교리를 규정하는 일에서는 오류를 범할 수 없다. 그렇지만 사실의 문제에 있어서는 오류를 범할 수 있다. 그러므로 교황이, 교황으로서, 그리고 세계 공의회 수장으로서 사람들이 주는 정보와 증언에 의존하는 어떤 사실의 문제와 관련된 특정한 논쟁들에 있어서는 오류를 범할 수도 있다." 바로니우스 추기경[19]도 똑같은 말을 했습니다. "신앙에 관한 문제에 있어서는 전적으로 종교 회의의 결정에 따라야만 한다. 그러나 어떤 인물들이나 그들의 글과 관련해서 이루어진 검열들은 그와 같은 정도의 엄밀성이 유지되었다고 볼 수 없다. 왜냐하면 오류를 전혀 범하지 않을 사람은 아무도 없기 때문이다." 툴루즈의 대주교[20]가 두 명의 위대한 교황님들, 성 레오와 펠라기우스 2세의 서신으로부터 다음과 같은 규칙을 이끌어 냈던 것은 바로 그러한 이유 때문이었습니다. "종교 회의의 목적 자체는 신앙이다. 신앙을 벗어나서 결정된 모든 것들은 수정될 수 있고 재검토될 수 있다. 반면에, 신앙 문제에 있어서 결정된 것은 더 이상 다시 검토되어서는 안 된다. 왜냐하면 테르툴리아누스가 말했던 것처럼, 신앙의 규칙은 부동의, 취

18 로베르 벨라르멩(Robert Bellarmin, 1542-1621). 교회의 박사이며 제주이트.

19 세자르 바로니오(César Baronio, 1538-1607). 로마의 오라토리오회 수도사.

20 피에르 드 마르카(Pierre de Marca, 1594-1662). 프랑스 교회주의자이며 반 장세니스트.

소될 수 없는 유일한 것이기 때문이다."

툴루즈의 대주교가 말했듯이, 신앙의 문제에 있어서는 이미 결정된 것을 다시 검토하는 일이 허락되어 있지 않기 때문에, 우리들은 신앙 문제에 있어서는 합법적인 전체 공의회들 간에 서로 상반된 결정을 하는 것을 본 적이 없습니다. 반면에, 툴루즈의 대주교가 또다시 인용한 교황님들의 말씀에 의하면, 신앙 문제 외에 종교 회의에서 결정된 모든 것들은 수정되고 재검토 될 수 있기 때문에, 우리들은 어떤 저자의 글의 의미를 이해하는 것과 관련된 사실 문제에 있어서는 여러 공의회들 간에도 의견이 상반되는 경우를 종종 보게 됩니다. 예를 들자면, 제4차 공의회와 제5차 공의회가 동일한 저자들의 글을 해석함에 있어서 서로 상반된 것처럼 보입니다.[21] 그리고 스키티아의 수도사들에 관한 명제들과 관련해서, 두 교황님들 사이에 똑같은 일이 벌어졌습니다. 교황 호르미다스가 그 명제를 악한 의미로 이해하고 단죄한 이후, 그의 후계자인 교황 요한 2세는 그것을 좋은 의미로 이해하고 인정하면서 가톨릭적이라고 공표했습니다. 그렇다고 해서, 당신은 그 두 교황님들 중 한 분이 이단이라고 말씀하시겠어요? 그러므로 어떤 글에서 교황 한 분이 이단적 의미라고 생각한 것을 우리들이 단죄한다면, 그 교황님이 단죄하지 않은 것이 분명한 어떤 의미로 그 글을 이해하면서, 그가 이 글을 단죄하지 않고 있기 때문에, 우리들은 이단이 아니라는 것을 인정해야만 하지 않겠어요? 왜냐하면 그렇지 않으면, 두 교황들 중 한 분은 오류에 빠져 있는 셈이니까요.[22]

신부님, 나는 어떤 저자가 무슨 의미로 글을 썼는지에 관한 사실 문제

21 에데스의 주교인 이바와 페르샤의 아르다쉬 주교인 마레스의 편지가 451년에 고발당했으나, 칼세두안 공의회에서 단죄되지 않았다. 그러나 553년에 제2차 콘스탄티노플 공의회에서 다시 검토되어 단죄를 받았다.

22 역주) 어떤 글을 어떤 교황은 이단이라 하고, 어떤 교황은 이단이 아니라고 선언하기 때문에, 우리들이 그 글을 이단이 아니라고 이해하면 우리들은 이단이 아니다.

에 있어서 가톨릭 교도들 간에, 즉 어느 교부와 다른 교부 사이에, 어느 교황과 다른 교황 사이에, 그리고 어느 공의회와 다른 공의회 사이에 발생하는 불일치에 당신이 익숙해지기를 바랐습니다. 이것은 그와 유사하기는 하지만 좀 더 어울리지 않는, 어떤 대립의 예들을 당신에게 보여주기 위해서였습니다. 왜냐하면, 당신은 거기에서 한쪽에는 공의회와 교황이 있고, 다른 한쪽에는 제주이트 사제들이 있는 것을 보게 될 것입니다. 이들은 어떤 저자가 무슨 의미로 글을 썼는지에 관한 결정을 내림에 있어서 서로 대립하고 있습니다. 당신은 당신의 동료들을 고발하지 않았고, 나도 이단이란 말도 무모한 결정이란 말도 하지 않았습니다.

신부님, 당신은 오리게네스의 글이 여러 공의회와 여러 교황들에 의해서, 그리고 제5차 총회에서조차도 여러 이단들 — 그중에서도 심판의 날에 사탄과 화해한다는 이단 — 을 내포하고 있는 것처럼 단죄되었던 사실을 잘 알고 계실 겁니다. 이 점에 관해서 당신은 오리게네스가 실제로 그러한 오류를 범했다고 고백하는 것이 가톨릭 신자가 되기 위해서 절대로 필요한 일이라고 생각하세요? 그리고 그 오류들의 책임을 오리게네스에게 지우지 않으면서 그 오류들을 단죄하는 것은 충분치 않다고 생각하세요? 만일에 그렇게 했었다면, 당신네 교부인 알루아는 어찌 되었을까요? 이 교부는 다른 여러 가톨릭 사제들, 예를 들어서 픽 드라 미랑드와 소르본 대학의 박사인 주느브라르가 그랬던 것과 마찬가지로 오리게네스의 신앙의 순수성을 지지했었거든요. 또한 동일한 총회에서 성 시리유를 반대하는 테오도레투스의 글을 마치 진정한 신앙에 반대되며 네스토리우스의 이단을 내포하고 있는 불경한 글이라고 단죄했던 사실은 확실하지 않습니까? 그렇지만, 제주이트 교부인 시르몽은 그래도 어쨌든 테오도레투스를 옹호했고, 그가 살아 있을 때, 동일한 글 속에 네스토리우스의 이단이 내포되어 있지 않다고 말했습니다.

그러므로 신부님, 교회가 어떤 저자의 글을 단죄할 때는 그 글 속에 교회가 단죄하는 오류가 들어 있다는 것을 전제하고 있는지 보십시오.

그럴 경우, 그 오류가 단죄되는 것은 신앙에 속한 문제입니다. 하지만, 교회가 그 속에 들어 있다고 전제하는 오류를 그 글이 포함하고 있느냐 그렇지 않느냐는 신앙에 속한 문제가 아니라는 것을 아십시오. 나는 그 문제가 충분히 증명되었다고 생각합니다. 그래서 나는 마지막으로 매우 잘 알려져 있는 이야기인 교황 호노리우스의 예를 들어 보겠습니다.[23] 7세기 초에, 교회가 단의론(單意論) 이단 문제로 시끄러웠기 때문에 이 교황님은 분쟁을 끝내기 위해서 이단자들에게 유리하게 보이는 칙령을 공포했었고, 그 결과 여러 사람들이 빈축을 샀었습니다. 하지만 이 교황의 재위 기간에는 그 문제가 별 잡음 없이 지나갔습니다. 그렇지만 50년 후, 아가토 교황님이 주재한 제6차 총회가 소집되자 그 칙령이 고발을 당했고, 다시 읽혀지고 재검토 된 후 단의론 이단을 내포하고 있다는 죄목으로 단죄되어, 회기 중에 그 이단자들의 또 다른 글들과 함께 불태워졌습니다. 이 결정은 전체 교회에서 만장일치로 존중되고 수용되었으며, 그 후 다른 두 번의 총회에서 확인되었고, 교황 레오 2세와 200년 후에 살았던 아드리아누스 2세에 의해서도 마찬가지로 확인되었습니다. 매우 보편적이고 평화로운 이 결정을 7-8세기 동안 아무도 문제 삼지 않았습니다. 그러나 최근에, 벨라르멩 추기경을 포함해서 몇몇 저자들은 수많은 교황님들과 여러 공의회와는 반대로, 호노리우스의 글 속에 그들이 공포한 오류가 들어 있지 않다고 주장한다 하더라도 이단이 되지 않는다고 생각했습니다. 벨라르멩 추기경은 이렇게 말했습니다. "여러 총회들이 사실 문제에 있어서 오해할 수 있기 때문에 우리는 제6차 공의회가 그 사실 문제에서 오류를 범했다고, 그래서 호노리우스의 서신의 의미를 잘못 이해했기 때문에, 실수로 이 교황을 이단자들 속에 포함시켰다고 확실하게 말할 수 있다."

23 17세기에 교황의 과오 가능성의 증거로 제시되었던 호노리우스의 이야기.

그러므로 신부님, '호노리우스 교황님은 이단이 아니다.'라고 말하는 것은 이단이 아니라는 점에 주목해 주십시오. 비록 여러 교황님들과 여러 공의회들이 조사한 후에 그를 이단이라고 공표했다 하더라도 말입니다. 이제 우리의 문제로 돌아오도록 하죠. 나는 당신의 소송을 가능한 한 좋게 만들어 보려고 합니다. 신부님, 당신은 당신의 적들을 이단자로 만들기 위해서 뭐라고 말씀하실 겁니까? "교황 인노첸시오 10세께서 5개 명제들의 오류가 장세니우스의 글 속에 들어 있다고 선언하셨다."라고요? 나는 당신이 그런 말을 얼마든지 하도록 내버려 두겠습니다. 당신은 거기에서 어떤 결론을 내리시겠어요? "5개 명제들의 오류가 장세니우스의 글 속에 들어 있다는 것을 인정하지 않는 것은 이단이다."라고요? 신부님, 그 결과가 당신에게는 어떻게 보여집니까? 거기에 이전의 문제들과 똑같은 성격의 사실 문제가 있지 않습니까? 그의 전임자들이 네스토리우스의 오류와 단의론의 오류가 테오도레투스와 호노리우스의 글 속에 들어 있다고 공표했던 것과 마찬가지로, 교황님께서 5개 명제들의 오류가 장세니우스의 글 속에 들어 있다고 공표했습니다. 그러고 나서, 당신네 신부님들은 자기들이 그 이단자들을 단죄한다고 썼지만, 그들은 그 글의 저자들이 그 오류들을 포함하고 있다는 것에는 동의하지 않고 있습니다. 마찬가지로 당신의 적들인 장세니스트들은 현재 5개 명제들을 단죄한다고 말하고 있지만 그들은 장세니우스가 그것들을 가르쳤다는 데에는 동의하지 않고 있습니다. 신부님, 정말로 이 두 경우는 매우 유사합니다. 만약에 거기에 어떤 차이점이 있다면, 그 자체로서 눈에 띄게 알아보기 쉬운 몇 가지 특수 상황들을 비교해 봄으로써 그것이 현재의 문제에 얼마나 도움이 되는지를 쉽게 알 수 있습니다. 그래서 나는 쉬지 않고 다시 이야기하는 것입니다. 그러니 신부님, 동일한 입장에서 당신네 신부님들은 가톨릭이 되고, 당신네 적들은 이단자가 되는 이유가 무엇인가요? 무슨 이상한 이유를 들어서, 당신은 모든 신자들에게 부여하는 자유를 그들에게서 박탈하시는 건가요?

신부님, 그 점에 대해서 뭐라고 하실 건가요? "교황님께서 교서를 통해 그 칙령을 확인하셨다."라고요?[24] 나는 당신에게, "두 번의 총회와 두 분의 교황님들이 호노리우스의 서신을 단죄했다."고 대답하겠습니다. 하지만, 그 교황님이 "자기가 5개 명제들 속에 포함된 장세니우스의 교리를 단죄했다."고 선언한 그 칙령의 용어를 빌려서, 당신은 어떤 위력을 행사하시겠다는 건가요? 그것이 칙령에 무엇을 덧붙여 줄까요? 그리고 그로 인해서 어떤 일이 발생할까요? 제6차 공의회는 호노리우스의 교리가 단의론의 교리와 동일하다고 생각했기 때문에 이 교리를 단죄했던 것과 마찬가지로, 그 교황님은 5개 명제들 속에 포함된 장세니우스의 교리가 5개 명제들과 동일하다고 가정했기 때문에 이 교리를 단죄했다고 말했죠? 그 교황님께서 어떻게 그것을 믿지 않을 수 있겠어요? 당신네 교단도 다른 것을 공표한 게 아닙니다. 신부님, 당신 자신도 그 명제들 '한 마디 한 마디'가 그 속에 들어 있다고 말씀하셨고, 그 검열이 있었을 때 당신은 로마에 계셨었죠. 왜냐하면 내가 여러 곳에서 당신을 만났었으니까요. 그런데 어떻게 교황님께서 그렇게나 많은 근엄한 성직자들의 진실성과 능력을 의심할 수 있었겠어요? 그리고 당신이 그에게 그 명제들 '한 마디 한 마디'가 그 저자의 글 속에 들어 있다는 확신을 심어 주었는데, 그가 어떻게 장세니우스의 교리가 5개 명제들의 교리와 동일하다는 것을 믿지 않을 수 있겠어요? 그러므로 신부님, 만약에 장세니우스가 그 명제들을 주장하지 않았던 것이 사실이라면, 당신네 신부님들이 예를 들어가면서 말했던 것처럼, 교황님께서 사실의 문제에 있어서 오해하셨다고 말할 필요가 없다는 것이 분명해 보입니다. 그것을 발표하는 것은 항상 유감스러운 일이 될 것입니다. 그렇다고 해서, 당신이 교

24 1654년 9월 20일 자로 전체 주교들에게 보낸 인노첸시오 10세의 교서. "우리는 『아우구스티누스』라는 제목의 저서 속에 포함된 5개 명제들 속에 들어 있는 코르넬리우스 장세니우스의 교리를 단죄했다."

황님을 속였다고 말할 필요도 없을 것입니다. 그것은 더 이상 추문이 되지도 않을 것입니다. 그 정도로 이제는 사람들이 당신을 잘 알고 있거든요.[25]

따라서 신부님, 이 모든 문제는 전혀 이단을 형성할 수가 없습니다. 그렇지만, 당신은 어떻게 해서든지 그것으로 이단을 만들고 싶어 했기 때문에, 억지로 사실의 문제를 왜곡시켜 신앙의 문제 속에 집어넣었습니다. 그래서 당신이 했던 것은 다음과 같은 방식이었죠. 당신은 이렇게 말씀하셨습니다. "교황님께서 5개 명제들 속에 들어 있는 장세니우스의 교리를 단죄한다고 선언하셨다. 그러므로 5개 명제들과 관련된 장세니우스의 교리가 있는 그대로 이단이라는 것은 신앙의 문제다." 신부님, 어떤 교리가 있는 그대로 이단이라는 것은 매우 이상한 신앙의 문제로군요. 아니 뭐라구요! 만약에 장세니우스의 말대로 인간이 내적 은총을 거역할 수 없다면, 그래서 그의 말대로 예수 그리스도께서 예정된 사람들만을 위해 죽으셨다는 것이 오류라면, 그것도 또한 단죄될까요? 왜냐하면, 그것이 장세니우스의 교리이니까요. "인간에게는 선과 악을 행할 자유가 있다"는 말이 교황님의 칙령 속에 있으면 진리이고, 장세니우스의 글 속에 있으면 오류인가요? 진리가 그의 책 속에 있으면 이단이 되다니, 이 얼마나 불행한 숙명인가요? 그러므로 단죄를 받은 오류에 그가 일치할 경우에만 '그는 이단이다'라고 고백하면 안 됩니까? 왜냐하면 교황님의 칙령은 우리들이 장세니우스에게 적용해야 할 규칙이므로, 장세니우스가 이 규칙과 어떤 관계에 놓여 있느냐에 따라서 그가 어떤 사람인지를 판단할 수 있기 때문입니다. 그리고, 그의 교리가 이 규칙과 일치한다면 이단이 될 수가 없고, 이 규칙에 어긋난다면 가톨릭이 될 수가 없기 때문에, 사실의 문제에 의해서 그의 교리가 이단인지 알아보고, 그

25 장세니스트 그룹은 제주이트들이 교황 알렉산데르 7세에게 『아우구스티누스』라는 저서를 변조해서 보여 주었다고 비난했었다.

의 교리가 그 명제들의 본래의 의미와 일치하는지 알아봄으로써, 우리들은 이 문제를 해결할 수 있기 때문입니다. 왜냐하면, 결국에는 교황님과 주교님들의 말씀에 의하면, 그 명제들이 그 본래 자연스러운 의미로 단죄되었기 때문에, 장세니우스의 의미가 그 명제들의 본래 자연스런 의미와 동일한 경우가 아니라면, 그 명제들이 장세니우스의 의미로 단죄되는 것은 불가능한 일이기 때문입니다. 바로 이것이 사실의 문제입니다.

그러므로 문제는 항상 사실의 문제 속에 있습니다. 사람들이 어떤 문제를 이 사실의 문제로부터 끌어내어 법의 문제 속으로 옮겨 놓을 수는 없으니까요. 그래서 사람들은 그것으로 이단을 만들어 낼 수 없습니다. 그렇지만 당신과 충분히 좋은 이해관계가 있어서 아주 부당한 방법이라 할지라도 추종할 수 있는 사람들과, 당신이 원하는 것처럼 장세니우스의 의미가 무엇인지를 설명도 하지 않고 '사람들이 그 명제들을 장세니우스의 의미로 단죄한다는 것'에 강제로 서명하기를 원하는 사람들이 아무도 없기를 기대할 만한 하등의 이유가 없을지라도, 당신은 그것으로 충분히 박해의 구실을 만들어 낼 수 있는 것 같습니다. 백지 상태의 신앙 고백에 서명할 사람은 아무도 없지요. 그런데 이것은 백지 상태에 서명하는 것 같았고, 그러고 나서 당신의 마음에 드는 것으로 여백을 모두 채우는 것 같았습니다. 왜냐하면, 당신에게는 장세니우스의 의미가 무엇인지 설명해 주지 않았던 것을 당신 마음대로 해석할 수 있는 자유가 주어져 있으니까요. 그러므로 그 의미를 미리 설명해 주기를 바랍니다. 그렇지 않으면, 당신은 여기서 또다시 우리들에게 '모든 의미로 추론함으로써'(*abstrahendo ab omnu sensu*)라는 '근접능력'을 행사하는 셈이 될 테니까요.[26] 당신은 그것이 세상 사람들 가운데서 성공하지 못한다는

26 첫 번째 편지 32쪽 참조.

것을 알고 계시죠. 세상 사람들은 애매모호한 것을 싫어합니다. 그리고 적어도 자기가 무엇을 단죄하는지를 이해하는 것이 매우 당연하게 생각되는 신앙의 문제에서는 특히 그렇습니다. 그리고 장세니우스가 효력은총의 의미 외에 다른 의미를 결코 가지고 있지 않다는 사실을 알고 있는 박사들이 어떻게 그 의미를 설명하지도 않고서 그의 교리를 단죄한다고 선언하는 일이 가능하겠습니까? 왜냐하면, 그에 대한 박사들의 신뢰와, 이 박사들에 대한 사람들의 신뢰 — 결코 철회될 수 없는 — 속에서, 그의 교리를 단죄한다는 것은 효력은총을 단죄하는 것과 다를 바가 없는 일이고, 그것은 범죄를 저지르지 않고서는 단죄할 수 없는 일이 될 것이기 때문이죠. 그러므로 그 박사들은 만약에 그들의 양심을 거스르면서 그 단죄에 서명한다면 하나님 앞에서 죄인이 되는 일이고, 만약에 이 서명을 거절한다면 이단자 취급을 받게 됩니다. 이런 불행한 궁지 속으로 그들을 빠뜨린다는 것은 이상야릇한 압제가 아닐까요?

그렇지만, 신기하게도 이 모든 일들이 일어나고 있습니다. 당신의 모든 행동은 정치적입니다. 나는 왜 당신이 장세니우스의 의미를 설명하지 않는지를 설명해야만 합니다. 내가 이 편지를 쓰는 이유는 단지 당신의 계획을 밝혀내기 위해서이고, 그것을 밝혀냄으로써 그것을 무용하게 만들기 위해서입니다. 그러므로 나는 그러한 사실을 모르는 사람들에게, 이 논쟁에서 당신의 주된 목적이 당신네 몰리나의 충분은총을 재건하는 일이기 때문에, 이 은총에 전혀 반대되는 효력은총을 와해시키지 않고서는 당신이 그 일을 할 수 없다는 것을 가르쳐 주어야만 합니다. 하지만, 이 효력은총이 로마에서 현재 인정을 받고 있다는 사실을 당신이 알기 때문에, 그리고 교회의 모든 학자들이 보는 가운데서 효력은총 자체를 공격할 수는 없기 때문에, 사람들이 알아차리지 못하도록 장세니우스의 교리라는 명목으로 그것을 공격할 생각을 하고 있습니다. 그래서 당신은 장세니우스를 단죄하도록 만들려고 노력해야만 했고, 그 일에 성공하기 위해서 당신은 그의 교리가 결코 효력은총의 교리와 동일한 것이 아니라는 것을 이해시키려고 했었죠. 그 이유는 사람들로 하여금 효력은총 없이 그의 교리를 단죄할 수 있다고 믿게 만들어야 했기 때문입니다. 당신이 오늘 이 저자에 대해서 아무런 지식도 없는 사람들에게 그것을 설득하려고 노력하고 있는 이유가 바로 거기에 있는 거죠. 신부님, 그래서 당신 자신이 당신의 『조롱』이라는 저서 27장에서 또다시 미묘한 논리로 설득하려고 한 것이 바로 이런 겁니다. "교황님께서 장세니우스의 교리를 단죄하셨다. 그런데 교황님께서는 효력은총을 단죄하지 않으셨다. 그러므로 효력은총의 교리는 장세니우스의 교리와 다른 것이다." 만약에 이 증명이 결론적인 것이라면, 마찬가지로 사람들은 호노리우스와 그의 모든 지지자들이 이단자들임을 다음과 같이 증명해야만 될 것 같습니다. 즉, "제6차 공의회는 호노리우스의 교리를 단죄했다. 그런데 그 공의회는 교회의 교리를 단죄하지 않았다. 그러므로 호노리우스의 교리는 교회의 교리와 다른 것이다. 그러므로 그를 지지하는 모든 사람들은 이단자들이다." 이것은 아무런 결론도 내려지지 않았음이 분명합니다. 왜냐하면, 교황님께서는 5개 명제들의 교리만을 단죄하셨는데, 사람들은 그에게 이것이 장세니우스의 교리라고 알려 주었기 때문입니다.

하지만, 그것은 중요치 않습니다. 왜냐하면 당신은 이런 논리를 오랫동안 이용할 생각이 없으니까요. 그런 논리는, 그것이 아무리 빈약하다 할지라도, 당신이 필요로 하는 만큼은 지속되겠죠. 그런 논리가 당신에게 필요한 이유는 단지 효력은총을 단죄하고 싶어 하지 않는 사람들이 장세니우스를 아무 거리낌 없이 단죄할 수 있도록 만들기 위해서일 뿐이죠. 이 목적이 달성되었을 때는 사람들은 곧 당신의 논증을 잊어버릴 겁니다. 그렇게 되면, 서명한 것들이 장세니우스 단죄의 영원한 증거로 남게 될 것이고, 당신은 당신이 그 당시에 만들었던 논리보다도 훨씬 더 확고한 또 다른 논리로 효력은총을 직접 공격할 기회를 가지게 되겠죠. 당신은 이렇게 말할 겁니다. "장세니우스의 교리는 모든 교회의 전체적인 서명에 의해서 단죄되었다. 그런데 이 교리는 명백하게 효력은총의 교리다." 그리고 당신은 그것을 아주 쉽게 증명할 수 있을 것입니다. 그러므로 효력은총의 교리는 이 교리를 옹호하는 자들의 승인에 의해서조차도 단죄된 것입니다.

당신이 이 교리를 설명하지 않은 채 단죄하는 것에 서명하라고 제안했던 이유가 바로 그것입니다. 그것이 바로 당신이 이 서명에서 얻어 내기를 바랐던 장점입니다. 그러나 만일에 당신의 적들이 서명을 거부한다면, 당신은 그들의 거부에 또 다른 올무를 놓겠죠. 왜냐하면, 사실의 문제가 신앙의 문제와 교묘하게 결부되어 있기 때문입니다. 당신은 적들이 이 두 가지를 분리시키는 것도 바라지 않고, 그중 어느 한 가지에만 서명하는 것도 바라지 않습니다. 그들은 이 두 가지 모두에 서명할 수는 없을 테니까, 당신은 그들이 두 가지를 모두 거부했다고 사방에 나가서 공표하겠죠. 그렇게 해서, 그들은 그 명제들을 단죄하고 있고, 단지 장세니우스가 그 명제들을 주장했다는 것을 인정하는 것만을 거절했을 뿐임에도 불구하고 — 그것으로 이단이 될 수는 없으므로 — 당신은 대담하게, 그들이 그 명제들 자체를 단죄하는 것을 거부했다고 말씀하겠죠. 그리고 그것이 바로 그들의 이단이라는 거죠.

바로 그것이 그들이 서명을 거부했을 때 당신이 얻어 내게 될 결실이며, 이 결실은 그들이 찬성했을 때 당신이 얻어 내게 될 결실 못지않게 당신에게는 유용하겠죠. 따라서 사람들에게 서명을 요구한다면, 그들이 서명을 하건 하지 않건 간에 그들은 항상 당신의 함정 속에 빠지게 될 것입니다. 그래서 어떻게 되든지 간에 당신에게는 타산이 맞을 것입니다. 그럴 정도로, 당신은 상황이 어떤 방향으로 전개되든지 간에 항상 당신에게 유리한 상태에 놓이도록 만드는 수완을 가지고 있죠.

신부님, 내가 당신을 얼마나 잘 알고 있다고요! 당신이 매우 불행한 행동을 하면서도 매우 행복하게 성취감을 느끼시다니… 그 정도로, 하나님께서 당신을 버리신 것을 볼 때 나는 고통을 느낍니다! 당신의 행복은 동정심을 살 만합니다. 그것은 진정한 행복이 무엇인지 모르는 사람들만이 부러워하는 것입니다. 당신이 그런 행동을 하면서 추구하는 행복을 그냥 지나쳐 버리는 것이 오히려 자비로운 일입니다. 왜냐하면 당신의 행복은 거짓 위에 세워져 있고, 그래서 당신은 다음의 두 가지 거짓 중 하나를 믿게 만들려는 경향이 있기 때문이죠. 즉, 교회가 효력은총을 단죄했다는 것, 아니면 이 효력은총을 옹호하는 사람들이 단죄된 5개의 오류들을 주장한다는 것이 그것입니다.[27]

그러므로 모든 사람들에게 가르쳐 주어야만 합니다. 당신 스스로가 고백한 바에 의하면, 효력은총은 단죄되지 않았다는 것과 어느 누구도 그 오류들을 주장하지 않는다는 것을 말입니다. 당신이 원하는 바대로 강요하는 서명을 거부하고 있는 사람들은 단지 사실의 문제 때문에 그것을 거부하고 있다는 것을 사람들이 알아야만 합니다. 그들은 신앙의 문제에는 서명할 준비가 되어 있으므로, 그들이 서명을 거부한다고 해서 이단자가 될 수는 없습니다. 왜냐하면, 그 명제들이 이단적이라는 것은 신앙의 문제이지만 그 명제들이 장세니우스의 글 속에 들어 있다는 것은 결코 신앙의 문제가 아니기 때문입니다. 그들에게는 오류가 없습니다. 그것으로 충분합니다. 아마도 (당신의 적들은) 장세니우스를 너무 호의적으로 해석했던 것 같습니다. 반면에 당신은 어쩌면 그를 별로 호의적으로 해석하지 않고 있습니다. 나는 이 문제에 관여하지 않겠습니다. 당신은 자신의 지식과는 반대로 장세니우스가 이단자라고 공표하는 것이 죄가 되지 않는다고 생각하고 있습니다. 나는 당신의 원칙에 따라서 최소한 그것을 알고 있습니다. 반면에 당신의 적들은 그들의 원칙에 따라서 그렇게 깨달았다면, 장세니우스가 가톨릭 신자라고 말해도 죄가 되지 않을 것입니다. 그러므로 신부님, 그들은 당신보다 더 진실합니다.

27 역주) 실제로, 교회는 효력은총을 단죄하지 않았을 뿐만 아니라, 장세니우스는 효력은총을 옹호하고 5개의 명제들을 주장하지 않았다.

그들은 당신보다 더 깊이 장세니우스를 조사했습니다. 그들은 당신 못지않게 지혜가 있습니다. 따라서, 그들은 당신 못지않게 믿을 만합니다. 그리고 사실의 문제의 관점에서 보더라도 그들은 확실히 가톨릭 신자입니다. 왜냐하면, 가톨릭 신자가 되기 위해서는 다른 사람이 그가 가톨릭 신자가 아니라고 말할 필요가 없기 때문입니다. 그리고 아무도 오류를 남에게 지우는 일이 없이, 자기 스스로 오류에서 벗어나는 것으로 충분하기 때문입니다.

[열여덟 번째 편지 내용 요약]

편지의 수신자는 여전히 아나 신부다. 몽탈트는 이렇게 말한다. “만일에 장세니우스에게 잘못이 있다면, 당신은 적어도 죄가 되는 것이 무엇인지 알 수 있도록 그의 오류를 공표해야만 될 것이다. 당신이 장세니우스의 의미로써 단죄하려고 하는 것은 단지 칼뱅의 오류일 뿐이다. 성 아우구스티누스에 의하면, 인간에게는 본성상 죄를 저지르는 힘이 있고, 동시에 은총에 저항하는 힘이 있다. 이 원리는 루터와 칼뱅의 견해와 다르고, 동시에 몰리나의 견해와도 다르다. 이것은 토마스주의자의 견해와 일치한다.

결국 당신은 이단이 아닌 사람들을 이단으로 만드는 것보다 더 어려운 일이 없다는 것을 인정하게 될 것이다. 만일에 장세니우스에게 잘못이 있다면, 당신은 적어도 죄가 되는 것이 무엇인지 알 수 있도록 그 오류를 공표해야만 될 것이다. 가장 큰 논쟁은 장세니우스의 의미가 무엇인지를 아는 것이다. 한쪽 편 사람들은 거기에서 성 아우구스티누스의 의미와 성 토마스의 의미를 보았다고 말하고 있고, 다른 한쪽 편 사람들은, 비록 설명은 할 수 없지만, 거기에서 이단적인 의미를 보았다고 말하고 있다. 그러한 상황에서도, 그 의미에 대한 아무런 설명도 없이 단죄만 하려는 교서는 아무런 결정도 내리지 못할 것이다. 만약에 당신이 그 의미를 설명하지 않는다면, 비록 아무것도 모르는 사람이라 할지라도, 당신이 그들을 효력은총의 의미로써 단죄하려는 것으로 생각할 것이다. 그렇지만, 교회가 이 은총을 거룩한 교리로 공경하는 상황에서, 그것은 혼돈을 야기할 것이다.

“만일에 장세니우스가 토마스주의자를 따라서 효력은총을 옹호한다면, 그는 가톨릭 신자다. 그러나 그가 토마스주의자와 반대되고, 은총에 저항하는 힘을 부인하는 칼뱅과 동일한 입장을 견지한다면, 그는 이단이다." 당신이 장세니우스의 의미로써 단죄하려고 하는 것은 단지 칼뱅의 오류일 뿐이다. 왜 좀 더 일찍 그런 사실을 말하지 않았는가? 이제서야 당신은 당신 진영의 최고 수장으로서, 장세니우스의 의미는 칼뱅의 의미 외에 다른 것이 아니라는 것을 말해 주고 있다.

성 아우구스티누스의 설명에 의하면, 인간에게는 본성상 죄를 저지르는 힘이 있고, 동시에 은총에 저항하는 힘이 있다. 하나님께서는 그분의 비밀스럽고 찬탄할 만한 방식으로 인간의 타고난 자유를 조금도 파괴하지 않으신다. 이러한 방식은 은총의 지배력과 은총에 저항하는 '자유의지' 사이의 모순을 일소해 준다. 자유의지는 은총에 저항할 수는 있지만, 하나님께서 이끌고자 하실 때는 자유롭게 그분을 향하여 움직인다. 이 원리는 루터와 칼뱅의 견해와 다르고, 동시에 몰리나의 견해와도 다르다. 이것은 토마스주의자의 견해와 일치한다. 칼뱅은 우리에게 이 은총에 저항할 힘이 있다는 것을 부인한다. 장세니우스는 우리에게 은총에 저항하는 힘이 있다고 믿는다. 장세니우스의 의미가 칼뱅의 의미와 같다는 것을 인정하지 않는다고 해서 이단일까? 이것 때문에 교회 내에 이단이 있다고 주장하는 것은 우스운 일이다. "효력은총이 자유의지를 움직일 때 자유의지는 거의 틀림없이 동의하게 되는데, 그 이유는 자유의지가 동의하지 않을 수 있다 하더라도, 결국은 동의하도록 만드는 것이 효력은총이기 때문이다."

결론적으로, 초자연적인 것이면 성경과 교회의 결정이, 이성의 영역에 속한 것이면 이성이, 사실에 관한 것이면 감각이 판단한다는 것이다. 당신은 갈릴레이에 대한 로마의 칙령을 입수해 보았자 소용없는 일이다. 그렇게 한다고 해서, 지구가 움직이지 않는다는 것을 증명할 수는 없다(그래도 역시 지구는 움직인다). 여기에서 우리의 주제에 대한 결론을 쉽게 내릴 수 있다. 다섯 개의 명제들이 장세니우스의 책 속에 들어 있는지 판단할 수 있는 유일한 방법은 위원회가 이 책을 직접 검토하는 일이다. 만약에 당신이 교회에 분쟁을 일으키려 한다면, 평화의 자녀들도 역시 그에 반해서 온갖 노력을 다하려고 할 것이다.

열여덟 번째 편지

존경하는 제주이트 아나 신부님께

1657년 3월 24일

존경하는 신부님,

당신은 오래전부터 당신의 반대자들에게서 어떤 오류를 찾으려고 노력해 왔습니다. 하지만, 나는 당신이 이단이 아닌 사람들을 이단으로 만드는 일만큼 어려운 일이 없다는 사실을 결국에는 인정하게 될 것이라고 확신합니다. 그 사람들은 이단이 되는 일만큼은 반드시 회피하는 자들이거든요. 지난번 편지에서, 나는 당신이 오랫동안 물고 늘어졌으나 이단을 하나도 발견하지 못하게 되자, 하나씩 하나씩 번갈아 가면서 그들에게 이단의 누명을 씌우려고 얼마나 많은 노력을 기울였는지를 보여 주었습니다. 그 결과, 그들이 장세니우스의 의미를 단죄하기를 거부했다는 점 때문에, 그들을 고발하는 일 외에는 당신에게 더 이상 할 일이 남아 있지 않게 되었습니다. 당신은 그것의 의미를 설명하지도 않은 채 그들이 단죄해 주기만을 바라셨죠. 그 지경에 이르게 된 것은 그들에게 이단이라고 비난할 만한 점이 없었기 때문일 겁니다. 왜냐하면, 설명할 수도 없는 그 이단에 대해서 이야기하는 소리를 누가 들어 본 일이 있었겠습니까? 따라서, 사람들은 다음과 같이 설명하면서 당신에게 쉽게 대답을 해 주었습니다. "만약에 장세니우스에게 오류가 전혀 없다면 그를 단죄하는 것은 부당한 일입니다. 만약에 그에게 오류가 있다면 사람들이 적어도 단죄하는 것이 무엇인지 알 수 있도록, 그것을 밝혀 주어야만 합니다. 그러나 당신은 그렇게 하기를 원치 않았습니다. 오히려 당신은 칙령을 통해서 당신의 주장을 강화하려고 노력했습니다. 그 칙령은 사실 당신에게 아무런 도움도 되지 않았습니다. 왜냐하면, 5개 명제들 속에서 단죄되었다고 말하는 그 장세니우스의 의미에 대해서는 아무런 설명도 없기 때문입니다. 그런데 당신의 논쟁을 끝내는 방법은 그런 것이 아니었습니다. 만약에 당신이 장세니우스의 진정한 의미에 관해서 쌍방으로부터 합의를 얻어 낸다면, 그래서 그 의미가 이단인지 아닌지를 알아보는 일에 있어서 더 이상 의견 충돌이 없다면, 그때는 그 의미가 이단이라고 선언하는 판단들이 진정으로 문제에 적합한 해답이 될 것입니다. 그러나 가장 큰 논쟁은 장세니우스의 의미가 무엇인지를 아는 것인데, 한쪽 편 사람들은 거기에서 성 아우구스티누스의 의미와 성 토마스의 의미를 보았다고 말하고 있고, 다른 편 사람들은 비록 설명은 할 수 없지만, 거기에서 이단적인 의미를 보았다고 말하고 있습니다. 그런데도, 교서는 이런 의견 충돌에 관해서는 단 한 마디 언급도 하지 않으면서, 장세니우스의 의미를 설명하지도 않은 채, 이 의미를 총괄적으로 단죄하도록 만들려고만 한다면, 그 교서는 이 논쟁에서 아무런 결정도 내릴 수 없을 것입니다.

그래서 우리는 당신에게, 이 논쟁이 '사실의 문제'에 관한 것이기 때문에 장세니우스의 의미가 무엇을 뜻하는지를 밝혀 주지 않는다면, 당신은 이 논쟁을 결코 끝낼 수 없을 것이라고 수백 번 이야기했습니다. 그렇지만 당신은 계속해서 집요하게 그것을 거절해 왔기 때문에, 나는 결국 지난번 편지에서[1] 당신을 압박했었습니다. 그 편지에서 나는 당신이

1 열일곱 번째 편지.

그 의미를 설명하지도 않은 채, 그것을 단죄하려는 시도에 대해서 신비스러운 점이 없지 않다고 말해 주었습니다. 그리고 장세니우스의 교리는 효력은총의 교리와 다를 바가 없다는 것을 증명하면서, 당신의 계획은 언젠가는 이 효력은총을 단죄하게 되는 결과를 가져 오게 될 것이라고 말해 주었습니다. 그 일은 당신에게 어렵지 않을 것입니다. 하지만 당신은 이 문제를 답변하지 않으면 안될 것입니다. 왜냐하면, 만약에 당신이 이후에도 또다시 고집스럽게 그 의미를 설명하지 않는다면, 결국에는 당신이 효력은총만을 조명해 주는 것처럼 보일 가능성이 있기 때문입니다. 이 은총은 교회가 존경심을 가지고 대하는 매우 성스러운 교리이기 때문에, 이 문제는 마지막까지 당신을 혼돈에 빠뜨릴 가능성이 있습니다.

그러므로, 당신은 이 은총의 의미를 밝혀 주어야만 했습니다. 내 편지[2]에 대한 답장에서 방금 당신이 밝힌 내용이 바로 그것입니다. 내가 당신에게 이렇게 설명했었지요. "만약에 장세니우스가 5개 명제들 속에 효력은총의 의미 외에 다른 의미를 가지고 있다면, 아무도 그를 결코 지지해 주지 않을 것입니다. 하지만 만약에 그 속에 효력은총의 의미 외에 다른 어떤 의미도 전혀 가지고 있지 않다면, 그에게는 결코 아무런 오류도 없을 것입니다." 신부님, 당신은 그것을 부인할 수 없었습니다. 하지만 당신은 21쪽에서 이런 식으로 구분을 지었습니다. 당신은 이렇게 말했죠. "장세니우스를 정당화하기 위해서, 그가 효력은총의 의미만을 가지고 있다고 말하는 것은 충분한 대답이 아니다. 왜냐하면 그는 다음과 같은 두 가지 방식으로 그 의미를 가질 수 있기 때문이다. 한 가지는, 칼뱅의 의견처럼 은총을 따라 움직이는 인간의 의지는 그 은총을 거역할 수 있는 능력이 없다고 말하는 이단적인 의견이다. 또 한 가지는, 토마스

2 아나 신부는 3월 15일 자로 열일곱 번째 편지에 대한 답장을 썼다.

주의자나 소르본 학파의 의견처럼 공의회에서 확립된 교리에 근거한 정통한 의견으로 인간의 의지는 언제든지 은총을 거역할 수 있는 능력을 가지고 있지만, 효력은총 스스로가 인간의 의지를 다스린다는 의견이다."[3]

신부님, 우리는 당신의 의견에 모두 동의합니다. 당신은 다음과 같은 말로 끝을 맺었지요. "만약에 장세니우스가 토마스주의자의 의견에 따라서 효력은총을 옹호한다면, 그는 가톨릭일 것이다. 하지만 그가 토마스주의자의 의견에 반대하고, 은총을 거역할 수 있는 능력을 부정하는 칼뱅의 의견에 일치한다면, 그는 이단일 것이다." 신부님, 나는 여기에서 사실의 문제, 즉 장세니우스의 주장이 실제로 칼뱅의 의견과 일치하는지를 검토하지 않겠습니다. 나로서는, 당신이 그렇게 주장한다는 것, 그리고 당신이 오늘 장세니우스의 의미는 칼뱅의 의미 외에 다른 것을 의미하지 않는다는 것을 우리들에게 알게 해 주었다는 것으로 충분합니다. 그렇다면 신부님, 당신이 말하고 싶어 하는 바는 바로 이런 것이 아니었습니까? 당신이 장세니우스의 의미라는 명목하에 단죄하고 싶은 것은 단지 칼뱅의 오류일 뿐인 것이죠? 왜 당신은 좀 더 일찍 그것을 밝혀 주지 않았죠? 그랬더라면, 이런 수고를 하지 않아도 되었을 텐데요. 왜냐하면 칙령이나 교서가 없더라도, 모든 사람들이 당신과 함께 이런 오류를 단죄했을 테니까요. 이런 해명이 얼마나 필요한지요! 또 그것이 얼마나 많은 어려움을 제거해 주는지요! 신부님, 우리들은 교황님들과 주교님들께서 장세니우스의 의미라는 명목하에 어떤 오류를 단죄하고 싶어 했는지를 모르고 있었습니다. 그 때문에 전체 교회가 극도의 어려움에 빠져 있었습니다. 그리고 아무도 그것을 우리들에게 설명해 주려고 하지 않았습니다. 신부님, 당신의 진영 전체가 당신을 모든 조언의 최

3 파스칼의 이 문장은 단순한 인용이 아닌 인용의 요약이다. 이것은 니꼴의 인용과 동일하다.

고 지도자이며 원동력으로 생각하고 있는데, 이런 모든 행동의 비밀을 알고 계시는 당신께서 지금 그 일을 하시는군요. 당신은 우리들에게 그 것을 말씀해 주셨습니다. 장세니우스의 의미는 공의회에서 단죄를 받은 칼뱅의 의미 외에 다른 것이 아니라는 것을요. 이제야 그 많은 의심들이 풀렸습니다. 이제 우리들은 그들이 '장세니우스의 의미'라는 용어로 단죄하려고 계획했던 오류가 칼뱅의 의미와 다른 것이 아님을 알게 되었습니다. 그렇게 해서, 우리들은 그들이 단죄하고 싶어 했던 칼뱅의 의미를 그들과 함께 단죄함으로써 그들의 칙령에 순종하게 되었습니다. 우리들은 교황님들과 일부 주교님들께서 장세니우스의 의미에 반대하여 그렇게 열정을 쏟으시는 것을 보고 이제 더 이상 놀라지 않습니다. 신부님, 그들은 그것의 의미가 칼뱅의 의미와 동일한 것임을 공언하고 있는 사람들을 신뢰하고 있는데, 어떻게 그들이 그런 열정을 가지지 않을 수 있겠어요?

그러므로 신부님, 나는 당신이 더 이상 당신의 반대자들을 비난할 필요가 없다는 것을 밝힙니다. 왜냐하면, 그들도 역시 당신이 증오하는 것을 확실히 증오하고 있으니까요. 나는 다만 당신이 그 사실을 모르고 있다는 것을 알고 깜짝 놀랐습니다. 그리고 그들이 이 문제에 관한 그들의 생각을 그들의 작품 속에서 여러 번 밝혔었는데, 당신이 그것을 거의 모르고 있다는 사실을 알고 깜짝 놀랐습니다. 나는 이렇게 확신합니다. 이 교리는 매우 순수하고 매우 기독교적이기 때문에, 만약에 당신이 조금 더 잘 알아보신다면, 조금 더 평온한 마음으로 살펴보지 못했던 것에 대해서 후회하시게 될 거라고요. 그만큼 당신은 열정 때문에 이 교리를 잘 알지 못하고 공격하게 된 것이죠. 신부님, 당신은 이와 같은 사실을 알게 되실 겁니다. 즉 그들은 인간이 실제로 희미한 은총 — 이 은총이 우리 인간에게 불러일으키는 선(善)을 실천하지 못하기 때문에 '현존하는 은총' 혹은 '비효과적인 은총'이라고 부르는 — 에 저항한다는 것을 인정할 뿐만 아니라, 칼뱅과 달리 인간의 의지가 효력있게 승리하는 은총에게도 역시 저항할 수 있는 능력을 소유하고 있다고 단호하게 주장합니다. 그와 동시에, 그들은 몰리나와 달리 양쪽의 진리들 가운데 이쪽이나 저쪽이나 똑같이 소중히 여기면서, 인간의 의지를 지배하는 은총의 능력을 확고하게 옹호합니다. 인간은 그 자신의 본성에 의해서 항상 은총에 저항하여 죄를 지을 수 있는 능력을 가지고 있다는 것, 그리고 인간은 타락한 이후로 이 능력을 무한히 증대시켜 주는 사욕의 악한 뿌리를 소유하고 있다는 것을 그들은 잘 알고 있습니다. 그렇지만, 하나님께서는 자비로움에 의해서 그를 감동시키기 원하실 때, 그 분의 간섭이 '무오성' 때문에 인간의 천성적인 자유가 파괴되지 않고, 그 분이 원하시는 방법으로, 그리고 이러한 변화를 일으키시는 은밀하고도 감탄할 만한 방법으로, 인간으로 하여금 그 분이 원하시는 일을 하도록 만드십니다. 성 아우구스티누스가 아주 탁월하게 설명한 바가 있는 이 하나님의 방법은 효력은총의 반대자들이 자유의지에 미치는 은총의 능력과 이 은총에 저항하는 자유의지의 능력 사이에서 나타나는, 상상할 수 있는 모든 모순을 사라지게 만듭니다. 왜냐하면, 교회의 교황님들께서 이 문제에 대한 규범으로 제시했던 이 위대한 성자 아우구스티누스의 의견에 따르면, 하나님께서는 인간의 마음속에 하늘의 감미로움을 퍼뜨리셔서 그의 마음을 변화시키기 때문입니다. 이 하늘의 감미로움은 그로 하여금 육체의 환희를 뛰어넘어서 한편으로는 그의 죽음과 허무를 느끼게 만들고, 다른 한편으로는 하나님의 위대성과 영원성을 느끼게 만들며, 썩지 않을 축복으로부터 멀어지게 만드는 죄악의 환희에 대한 혐오감을 느끼게 만듭니다. 그때 그는 하나님 안에서 자기를 매혹시키는 가장 큰 기쁨을 발견하기 때문에, 틀림없이 그 스스로가 완전히 자유롭고 완전히 자발적이며, 완전히 사랑스러운 동작으로 하나님께로 향하게 됩니다.[4] 그 결과

4 역주) 아나 신부의 견해: 은총에 관한 장세니우스의 의미는 그가 이단이라고 판단하는 칼뱅의 의미와 동일하다. 칼뱅에 의하면, "인간의 의지는 하나님의 은총에 저항할 수 있는 능

그에게는 하나님으로부터 갈라서는 것만이 고통이요, 형벌입니다. 그가 항상 하나님에게서 멀어질 수 없는 것은 아닙니다. 그가 원할 때는 실제로 그분에게서 멀어질 수도 있을 것입니다. 하지만, 어떻게 그가 그렇게 하기를 바라겠습니까? 왜냐하면, 그의 의지는 가장 만족스러운 것으로가 아니면 결코 쏠리지 않기 때문이죠. 그리고 다른 모든 축복을 포함하고 있는 이 유일의 행복만큼 인간의 마음에 드는 것은 아무것도 없기 때문이죠. 성 아우구스티누스가 말했던 것처럼, 우리들을 가장 기쁘게 해주는 것에 따라서 행동하는 것은 매우 당연합니다.(*Quod enim amplius nos delectat, secundum id operemur necess est.*)

이와 같이, 하나님께서는 인간에게 필요성을 강요하지 않으면서도 그의 자유의지를 자기 뜻대로 사용하십니다. 그리고 이 자유의지는 언제든지 하나님의 은총에 저항할 수는 있지만, 항상 그렇게 하기를 원하는 것만은 아니며, 하나님께서 이 자유의지를 효과적인 계시로써 부드럽게 이끌어 가기를 원하실 때는 그는 자유롭게, 동시에 틀림없이 하나님께로 나아갑니다.

신부님, 그것이 바로 성 아우구스티누스와 성 토마스의 숭고한 원리들입니다. 이 원리들에 의하면, 칼뱅의 의견과는 달리, 우리들은 하나님의 은총에 저항할 수 있습니다. 그렇지만, 교황 클레멘스 8세께서는 '데옥실리스'(*De auxilliis*) 위원회[5]에 보낸 글에서 이렇게 말씀하셨습니다. "성 아우구스티누스의 의견에 따르면, 하나님께서는 우리 속에 우리 의지의 움직임을 조성하시며, 하늘 아래에 있는 다른 피조물들은 물론 인

력이 없다." 반면에 성 아우구스티누스와 성 토마스 아퀴나스에 의한 가톨릭 정통 교리에 의하면, "인간의 의지는 하나님의 은총에 저항할 수 있다. 그렇지만, 하나님의 효력은총은 인간의 의지를 다스리신다. 그 방법은 인간의 마음속에 하늘의 감미로움을 퍼뜨리셔서 그 의 마음을 변화시키시기 때문에, 인간의 의지는 완전히 자유롭고 자발적이며 사랑스러운 동작으로 하나님의 뜻에 따르게 된다."

5 몰리나의 *Concordia*가 출판된 후, 은총 문제를 논의하기 위해 클레멘스 8세와 바오로 5세의 주도하에 1598년 1월 2일부터 1607년 8월 28일까지 로마에서 여러 차례에 걸쳐 열린 회의.

간들의 의지 위에, 그분의 최고의 위엄이 가진 영향력에 의해서 우리들의 마음을 효과적으로 주관하십니다."

우리들 스스로가 행동하는 것도 역시 이러한 원리를 따르고 있습니다. 이 점 때문에 칼뱅의 오류와는 달리, 우리에게 공로 — 진정으로 우리의 공로 — 가 있다고 말할 수 있습니다. 그렇지만, 하나님께서는 우리 행동의 제일 원리가 되시기 때문에, 그리고 〈우리 속에서 그분의 마음에 드는 일을 하시기 때문에〉[6], 트랜트 공의회가 말한 것처럼, 그리고 사도 바울이 말한 것처럼, 〈우리의 공로는 하나님의 선물〉입니다.

이렇게 해서, 동일한 공의회에서 단죄되었던 〈우리는 생명 없는 사물과 마찬가지로, 인간의 구원을 위해서 조금도 협력하지 않는다.〉라는 루터의 불경한 교리가 타파됩니다. 그리고 우리가 우리의 구원 사역에 있어서 은총과 협력하게 만드는 것은 바로 이 은총 자체의 능력이라는 사실을 인정하려고 하지 않는, 그래서 〈우리 속에 의지와 행동을 만드시는 분은 하나님이시다.〉[7]라는 성 바울이 확립했던 신앙의 원리를 무너뜨리는 몰리나 학파의 불경한 교리도 역시 바로 이렇게 해서 타파됩니다.

그리고 성경에서 서로 가장 대립하는 것으로 보이는 다음과 같은 모든 구절들이 결국 이런 방식에 의해서 서로 조화를 이루게 됩니다. 〈너희 하나님께로 돌아오라.〉[8] 〈주여, 우리가 당신께 돌아가게 하소서.〉[9] 〈너희의 죄악을 너희 밖으로 던져 버려라.〉[10] 〈자기 백성의 죄악을 없

6 히브리서 13장 21절.

7 빌립보서 2장 13절.

8 호세아 14장 2절. 여기 각주 7-14의 성구들 중 네 개는 하나님의 은총의 능동성을, 네 개는 인간 의지의 능동성을 의미한다.

9 시편 84장 5절.

10 에스겔 18장 31절.

애시는 분은 바로 하나님이시다.〉[11] 〈회개에 합당한 열매를 맺어라.〉[12] 〈주여, 당신은 우리 안에서 우리의 모든 일을 이루셨습니다.〉[13] 〈너희의 마음과 영을 새롭게 할지어다.〉[14] 〈내가 너희에게 새 영을 부어 주고, 너희 안에 새 마음을 창조하겠다.〉[15]

우리의 선행의 원인을 어느 때는 하나님 탓으로, 어느 때는 우리 탓으로 돌리는 이 분명한 모순들을 일치시키는 유일한 방법은, 성 아우구스티누스가 말했던 것처럼, "우리의 행위는 이 행위를 일으킨 자유의지에 원인이 있기 때문에 우리의 행위이며, 그와 동시에 이 자유의지로 하여금 그 행위를 일으키도록 만드시는 하나님의 은총에 그 원인이 있기 때문에, 그것은 또한 하나님의 행위다."라는 사실을 인정하는 것입니다. 그리고 이 성자가 다른 곳에서 말했던 것처럼, 하나님께서는 우리들이 원치 않는 일을 원하도록 만드심으로써, 우리들로 하여금 자기의 마음에 드는 일을 하도록 만드신다(*A Deo factum est ut vellent quod nolle potuissent.*)는 것을 인정하는 것입니다.

신부님, 이처럼 당신의 반대자들은 신토마스주의자들과도 의견이 완전히 일치합니다. 왜냐하면, 토마스주의자들은 그들과 마찬가지로 은총에 저항하는 능력과 은총의 효력의 확실성을 인정하기 때문입니다. 그들은 그들 교리의 대표적인 교훈에 따라서 이 두 가지를 목소리 높여 주장합니다. 그들 가운데 가장 영향력 있는 사람들 중 한 사람인 알바레츠[16]가 그의 저서에서 매우 자주 그것을 반복해서 이야기했습니다. 그는 토의 72의 4번에서 다음과 같은 말로 표현했습니다. 〈효력은총이 자유의

11 출애굽기 34장 7절.

12 마태복음 3장 8절.

13 이사야 26장 12절.

14 에스겔 18장 31절.

15 에스겔 36장 26절.

16 디에고 알바레츠(1550-1635). 도미니크회 수도사. 토마스주의자. *De Auxiliis* 위원회 위원.

지로 하여금 행동을 하도록 만들 때, 이 자유의지는 틀림없이 거기에 동의한다. 왜냐하면, 은총의 효력은 자유의지가 거기에 동의하지 않을 수 있을 때조차도 결국에는 동의하게 만들기 때문이다.〉 알바레즈는 그에 대한 이유로써 그의 스승인 성 토마스의 교리를 제시합니다. 〈하나님의 뜻은 성취되지 않을 수가 없다. 따라서, 그분께서 인간이 은총에 동의하기를 원하실 때, 인간은 틀림없이, 그리고 필연적일 정도로 동의하게 된다. 이것은 절대적인 필요성이 아닌 틀림없는 필요성이다.〉 그 점에 있어서, 은총은 인간이 저항하기를 원할 때 저항할 수 있는 인간의 능력을 손상시키지 않습니다. 이것은 당신네 교단의 페토 신부가 10권 602쪽에서 다음과 같은 말로 인정했던 것과 같습니다. 〈예수 그리스도의 은총에 의해서, 사람들은 비록 필요성에 의한 것은 아니라 하더라도, 경건함 속에서 틀림없이 끝까지 인내하며 견딘다. 왜냐하면, 공의회에서 말했던 것처럼 사람들이 저항을 원할 때는 동의하지 않을 수 있기 때문이다. 하지만 이 동일한 은총에 의해서 인간은 저항을 원치 않게 된다.〉[17]

신부님, 바로 그것이 성 아우구스티누스와 성 프로스페르, 그리고 이들을 따르는 교부님들과 공의회들과 성 토마스와 모든 토마스주의자들 전체의 한결같은 교리입니다. 당신은 미처 생각지 못했을지 모르지만, 그것은 또한 당신의 반대자들의 교리이기도 합니다. 그리고 그것은 결국 당신 자신이 방금 다음과 같은 말로 인정했던 교리입니다. "인간이 은총에 저항할 수 있는 능력을 소유하고 있음을 인정하는 효력은총의 교리는 여러 공의회에 근거하고 있으며, 토마스주의자들과 소르본 학자들에 의해서 지지를 받는 정통 교리이다." 신부님, 진실을 말씀해 주십시오. 당신은 당신의 반대자들이 이 교리를 실제로 인정하고 있다는 사실을 알았었다 하더라도, 아마도 당신은 당신 교단의 이익 때문에 거기

17 파스칼은 이 구절을 니꼴의 글에서 인용하고 있다.

에 공개적으로 찬성하지 못했을 겁니다. 반대로, 당신은 그들이 이 교리에 반대하고 있다고 생각하면서, 마찬가지로 당신 교단의 이익 때문에 자연스럽게 그들의 견해에 반대하는 견해를 승인하게 된 것이지요. 이러한 오해로 인해서, 그들의 원리를 무너뜨리고 싶어 했던 당신 자신이 그들의 견해를 완벽하게 확립해 주었습니다. 그 결과, 우리들은 오늘날 몰리나의 옹호자들이 효력은총의 옹호자들을 변호하고 있는 것을 일종의 경이로운 눈으로 바라보게 됩니다. 그 정도로 하나님의 섭리는 놀라운 것이여서, 모든 일이 진리를 위해 협력하도록 만드십니다.[18]

그러므로 나는 모든 사람들이 당신 자신의 선언을 통해서 이 효력은총의 진리를 알게 되기를 바랍니다. 이 효력은총은 구세주가 흘린 보혈의 대가이며 교회에게는 매우 소중하고, 모든 신앙 행위에 있어서 필수적인, 변함없는 가톨릭 교리이기 때문에, 제주이트들도 이 교리를 정통교리로 인정하지 않는 사람이 단 한 명도 없기를 바랍니다. 동시에, 사람들은 당신 자신의 고백을 통해서 당신이 그렇게 여러 번 고발했던 사람들의 발언 속에는 오류에 대한 최소한의 의심도 존재하지 않는다는 사실을 알게 될 것입니다. 왜냐하면, 당신이 그 감춰진 오류를 드러내지 않으면서 그 책임을 그들에게 돌리고 있었을 때 당신이 그런 식으로 그들을 고발하기는 쉬웠겠지만, 그들이 그 오류를 변호하기는 그만큼 어려웠을 것이기 때문이죠. 그렇지만, 지금은 당신이 공격하지 않으면 안 되는 오류가 바로 칼뱅의 오류이며, 당신은 그들이 이 오류를 주장한다고 생각하는데, 사실은 그들에게 아무런 오류가 없다는 사실을 모두가 알고 있습니다. 왜냐하면, 그들의 견해는 당신이 그들에게 부여하는 그 유일한 오류와는 전혀 반대되기 때문이죠. 그리고 그들은 글이나 책, 또는 그들의 견해를 입증하기 위해서 그들이 발표할 수 있는 모든 수단들

18 몰리나의 지지자들인 아나 신부와 제주이트 교단, 그리고 그와 적대관계에 있다고 생각했던 장세니스트 신부들이 모두 사실은 효력은총의 교리에 찬성한다는 뜻이다.

을 통해서 당신이 어렵지 않게 가톨릭으로 인정하고 있고, 한 번도 가톨릭이 아니라고 의심했던 적이 없는 토마스주의자들과 동일한 방식으로, 그들이 이 이단을 진심으로 단죄한다고 주장하고 있기 때문입니다.

그렇다면 신부님, 당신은 이제 무슨 말로 그들을 공격하시겠습니까? 그들이 칼뱅의 의미를 추종하고 있지는 않지만, 그들이 장세니우스의 의미가 칼뱅의 의미와 동일하다는 것을 인정하려 하지 않기 때문에 이단이라고요? 당신은 그것이 이단의 문제라고 감히 말씀하시겠어요? 그것은 이단 문제를 형성할 수 없는, 순수한 사실의 문제가 아닌가요? 인간이 효력은총에 저항할 수 있는 능력을 소유하고 있지 않다고 말하는 것은 이단이 될 수 있을 것 같습니다. 하지만, 장세니우스가 그렇게 주장하고 있는지를 의심한다는 것이 이단인가요? 그것이 계시된 진리입니까? 그것이 영벌의 고통을 걸고 믿어야만 하는 신조인가요? 그리고 당신의 생각과 달리, 그것은 사실의 문제가 아닌가요? 그것 때문에 교회 안에 이단자들이 존재한다고 주장하는 것은 우스꽝스러운 일일 겁니다.

그러니 신부님, 그들에게 더 이상 이단이란 명목을 주지 마시고, 당신들의 분쟁의 성격에 어울리는 어떤 다른 명목을 주어 보세요. 그들은 무지한 자들이고 어리석은 자들이라고, 그래서 그들은 장세니우스를 잘못 이해하고 있다고 말씀해 보세요. 그것이 당신의 논쟁에 어울리는 비난일 겁니다. 하지만, 그들을 이단자라고 부르는 것은 전혀 관련이 없는 일입니다. 그리고 그것은 그들이 받은 유일한 명예 훼손이고, 나는 그것을 변호해 주고 싶기 때문에, 나는 그들이 장세니우스를 잘 이해하고 있다는 것을 증명하려고 많은 수고를 하지는 않겠습니다. 신부님, 내가 그에 관해서 당신에게 이야기할 수 있는 전부는, 내가 보기에는 당신이 당신의 규칙에 따라서 그들을 판단하기 때문에 그들을 가톨릭으로 간주하기가 어렵다는 것입니다. 왜냐하면, 이 규칙은 바로 당신이 그들을 조사하기 위해서 설정한 것이기 때문입니다.

당신은 이렇게 말씀하시죠. "장세니우스가 확실히 이단인지 알아보기 위해서는, 인간이 은총에 저항할 수 있는 능력을 소유하고 있다는 사실을 부인하는 칼뱅과 똑같은 방식으로, 그가 효력은총을 주장하는지 알아야만 한다. 왜냐하면, 그럴 경우 그는 이단자일 것이기 때문이다. 그렇지 않다면, 그가 은총에 저항할 수 있는 능력을 인정하는 토마스주의자의 방식으로 효력은총을 주장하는지 알아야만 한다. 왜냐하면, 그럴 경우 그는 가톨릭일 것이기 때문이다."[19] 그러므로 신부님, 그가 전체 논문에서, 또 그 밖의 다른 논문 3권 8서 20장에서 다음과 같이 말했을 때, 그가 인간이 (은총에) 저항할 수 있는 능력을 소유하고 있다고 주장하는지를 보십시오. 〈공의회에 의하면, 인간은 항상 은총에 저항할 수 있는 능력을 소유하고 있다. 자유의지는 항상 행동하거나 행동하지 않을 수 있고, 원하거나 원치 않거나, 동의하거나 동의하지 않을 수 있고, 선을 행할 수도 있고 악을 행할 수도 있다. 인간은 삶 속에서 이 두 가지 자유를 소유하고 있는데, 당신은 그것을 모순이라고 부른다.〉 마찬가지로, 당신 자신도 칼뱅의 오류를 설명했듯이, 장세니우스가 이 칼뱅의 오류와 반대되지 않는지를 보십시오. 그는 21장 전체에서 교회가 이 이단을 단죄했다는 것을 보여 주고 있습니다. 〈이 이단[20]은 우리들이 교회에서 오랫동안 믿어 왔던 방식으로는 은총이 자유의지 위에 영향력을 행사하지 않는다고 주장한다. 그 결과, 동의하거나 동의하지 않는 것은 자유의지의 능력에 달려 있다고 말한다. 반면에 성 아우구스티누스와 공의회에 따르면, 인간은 항상 그가 원한다면 은총에 동의하지 않을 수 있는 능력을 소유하고 있다. 그리고 성 프로스페르에 의하면, 하나님께서는 자신의 선택을 받은 자들에게 참고 끝까지 견딜 수 있는 의지를 주신다. 그 결과 하나님께서는 반대쪽을 원할 수 있는 능력을 그들에게서 제거하지

19 아나 신부의 글을 요약적으로 인용한 것.

20 당시에 가톨릭은 칼뱅을 이단으로 보았다. 특히 그의 '불가항력적 은총'의 교리를 이단으로 보았다.

않으신다.〉 그리고 마지막으로, 그가 토마스주의자들과 일치하는지, 일치하지 않는지를 판단하십시오. 그는 4장에서 다음과 같이 선언했습니다. 〈은총의 효력과 거기에 저항할 수 있는 (자유의지의) 능력을 서로 조화시키고자 토마스주의자들이 글로 썼던 모든 것들은 그(장세니우스)의 의미와 매우 일치하기 때문에 사람들이 그의 견해를 알아보기 위해서는 그들의 책을 읽어보기만 하면 된다. 그들 자신이 직접 말했던 것을 내가 말했다는 사실을 생각하라.(*Quod ipsi dixerunt, dictum puta.*)〉[21]

이상과 같이, 장세니우스는 그 모든 지도자들의 말에 근거해서 이야기 하고 있습니다. 그가 은총에 저항할 수 있는 능력을 믿고 있고, 칼뱅의 견해에 반대하며, 토마스주의자들의 견해에 찬성한다고 내가 생각하는 이유는 바로 그 때문입니다. 왜냐하면, 그가 그렇다고 말했기 때문입니다. 그래서, 그는 당신의 말대로 하면 가톨릭입니다. 만약에 당신에게 어떤 저자의 표현들과 전혀 다른 내용을, 그 저자의 의미로 해석할 수 있는 방법이 있다면, 그래서 당신이 그가 쓴 어떤 글귀들과 관계없이 그가 했던 말과 달리 그가 '저항할 수 있는 능력을 부인한다'라고 주장하고 싶으시다면, 그래서 그는 칼뱅의 의견에 찬성하고 토마스주의자들의 의견에 반대한다고 주장하고 싶으시다면, 신부님, 그것 때문에 내가 당신을 이단으로 고발할까 두려워하지는 마십시오. 나는 단지 당신이 장세니우스를 잘못 이해하고 있는 것 같다고만 말하겠습니다. 그렇지만 우리들은 그래도 역시 동일한 교회의 자녀들일 것입니다.

그런데 신부님, 당신이 이 논쟁에서 그렇게도 열정적으로 행동하시는 이유가 뭐죠? 그리고 그들이 장세니우스를 당신처럼 잘못 이해하고 있지 않다는 점 말고는, 당신이 어떤 오류에 대해서 또는 어떤 다른 것에 대해서 고발할 수도 없는데, 마치 그들이 가장 잔인한 적들인 것처럼, 가

21 라틴어는 장세니우스의 글에서 문자 그대로가 아닌 문장의 의미를 인용한 것이다.

장 위험한 이단인 것처럼 취급하는 이유가 뭐죠? 당신이 다투는 이유가 이 저자의 의미 때문이 아니라면 무엇 때문이죠? 당신은 그들이 그 의미를 단죄해 주기를 바라고 있습니다. 하지만, 그들은 그것으로 당신이 무엇을 의미하고 있는지 묻고 있습니다. 당신은 칼뱅의 오류를 의미한다고 말씀하고, 그들은 그것을 단죄한다고 대답합니다. 그처럼 당신은 그것의 음절을 원하지 않고, 그 음절이 의미하는 것을 원하고 있으니, (그 정도로) 만족하셔야만 합니다. 만약에 그들[22]이 장세니우스의 의미를 단죄한다고 말하기를 거절한다면, 그 이유는 그들이 그것을 성 토마스의 의미라고 믿고 있기 때문입니다. 이처럼, 이 단어는 당신들 사이에서 매우 애매모호합니다. 당신의 입에서는 그것이 칼뱅의 의미이지만, 그들의 입에서는 성 토마스의 의미입니다. 당신들은 동일한 어휘에 대해서도 서로 다른 개념들을 가지고 있고, 그것이 모든 불화의 원인이 됩니다. 만일에 내가 당신들의 논쟁의 중재자라면, 나는 당신들 쌍방 모두에게 장세니우스라는 단어를 사용하지 못하도록 금지시키겠습니다. 그렇게 해서, 당신이 거기에서 의미하는 것만을 표현함으로써 사람들은 당신이 칼뱅의 의미에 대한 단죄 외에 다른 것을 요구하지 않는다는 것을 알게 될 것이고, 그들은 거기에 동의할 것입니다. 그리고 사람들은 그들이 성 아우구스티누스와 성 토마스의 의미를 옹호하는 것 외에 다른 것을 요구하지 않는다는 것을 알게 될 것이고, 당신들은 모두 거기에 동의하게 될 것입니다.

그러므로 신부님, 나는 그들이 장세니우스에게서 오류를 발견한 경우 그를 단죄하든지, 아니면 그들이 그에게서 당신 자신이 가톨릭적이라고 선언했던 것만을 발견한 경우 그를 전혀 단죄하지 않든지, 나로서는 그들을 항상 가톨릭으로 간주하겠다고 선언합니다. 그리고 오리게네스의

22 장세니우스의 지지자들(= 장세니스트들).

여덟 개 명제들을 옹호했다고 고발을 당한, 예루살렘의 주교 요한에게 성 제롬이 말했던 것처럼, 나 역시 동일한 말을 할 것이라고 선언합니다. 이 성자는 이렇게 말했습니다. "만일에 당신이 그(오리게네스)가 오류를 주장했다는 것을 인정한다면, 그를 단죄하시오. 그렇지 않다면, 그가 오류를 주장했다는 것을 부인하시오."(*Aut nega hoc dixisse eum qui arguitur; aut, si locutus est talia, eum damna qui dixerit.*)

신부님, 바로 이것이 사람에게 목적을 두지 않고 오류에만 목적을 두는 사람들이 행동하는 방식입니다. 반면에, 당신은 오류보다는 사람에게 목적을 두고 있기 때문에, 이렇게 생각하죠. 어떤 오류에 책임이 있는 사람들을 우리들이 단죄하지 않고 그들의 오류만을 단죄하는 것은 아무런 가치도 없다.[23]

신부님, 당신의 방식은 매우 폭력적이로군요! 그것은 거의 성공할 수 없을 것입니다. 내가 당신에게 다른 곳에서도 이 말을 했었지만, 한 번 더 이야기합니다. 폭력과 진리는 서로에게 아무것도 할 수 없습니다. 당신의 고발은 결코 더 이상 모욕을 주지 못할 겁니다. 그리고 당신의 반대자들의 결백은 이전보다도 훨씬 더 잘 알려질 것입니다. 효력은총은 결코 더 이상 교활하게 공격을 받지 않을 것입니다. 그래서 우리들은 이 효력은총이 이보다 더 견고하게 확립되는 것을 본 적이 없을 것입니다. 당신은 당신의 논쟁이 신앙 문제에 관한 것이라는 점을 믿게 만들기 위해서 최후의 노력을 기울이고 있군요. 그렇지만, 사람들은 당신의 모든 논쟁이 단지 사실문제에 불과하다는 것을 너무도 잘 알고 있습니다. 결국, 당신은 이 사실의 문제가 진리라고 믿게 만들기 위해서 모든 문제들을 혼동시키고 있습니다. 그래서 사람들은 거기에 대해서 더 이상 의심할 생각을 못하고 있습니다. 그 이유는 간단합니다. 그것은 신부님, 당신

23 역주) 당신의 목표는 오류를 제거하는 것이 아니라 사람을 처벌하는 것이다.

이 어떤 사실의 문제를 믿을 수 있게 만들기 위해서, 그 의미들을 납득시켜 주고, 그 책 속에 들어 있다고 하는 단어들을 보여 주는 자연스러운 방법을 사용하지 않고 있기 때문입니다. 반대로 당신은 이런 단순한 방법과는 아주 거리가 먼 방법을 찾으려고 합니다. 그것은 지극히 어리석은 사람들에게조차도 반드시 충격을 던져 줍니다. 왜 당신은 내가 내 편지들 속에서 사용했던 방법과 동일한 방법을 사용하지 않으시는 거죠? 그 방법으로 당신은 당신네 저자들의 수많은 그릇된 교훈들을 찾아낼 수 있고, 그것들의 출처를 충실하게 인용할 수 있는데요? 파리의 사제들이 사용했던 방법도 바로 그와 같은 것이었죠. 그 방법은 사람들을 틀림없이 설득할 수 있는 것이죠. 하지만 예를 들어서, 사람들이 당신 앞에서 라미 신부의 다음과 같은 명제를 비난할 때, 당신은 뭐라고 하겠습니까? 그리고 사람들은 어떻게 생각할까요? 〈자신이나 자신의 공동체를 대적하여 중상모략을 퍼뜨리겠다고 위협하는 사람이 있을 때, 그런데 그것을 막을 수 있는 별다른 방법이 없을 때, 수도사는 그를 죽일 수 있다.〉[24] 만약에 그들이 이 명제가 동일한 말로 쓰여 있는 출처를 인용하지 못한다면, 그리고 사람들이 그들에게 출처를 인용하라고 아무리 요구를 해도 그들이 계속해서 고집스럽게 그것을 거절한다면, 그리고 그 대신에 그들이 로마에 가서 칙서를 얻어 내어 모든 사람들에게 그것을 인정하라고 명령한다면, 사람들은 아마도 그들이 교황님을 속였을 거라고 판단하지 않겠어요? 그리고 사실에 관한 진리들을, 그것들을 지지하는 모든 사람들의 손에 닿게 할 만한 자연스러운 방법이 없어서 이상한 방법을 사용하고 있는 것 같다고 판단하지 않겠어요? 그래서 그들은 라미 신부가 두에(Douai) 판(板) 5권 토의 36, 118번 544쪽에서 이 교리를 가르치고 있다고 지적했을 뿐입니다. 그렇게 해서, 이 교리의 출처

24 일곱 번째 편지에서 제기되었고, 1656년 9월 13일 자 「파리 사제들의 견해」에 첨부되었던 명제.

를 보고 싶어 했던 모든 사람들이 그것을 찾아냈고, 아무도 그것에 대해서 의심할 수가 없었습니다. 바로 이것이 사람들이 옳다고 생각하는, 사실의 문제를 종결짓는 아주 쉽고 신속한 방법입니다.[25]

그런데 신부님, 당신이 그와 같은 방법을 사용하지 않는 이유는 무엇이죠? 당신의 저서 『조롱』 속에서 당신은 이렇게 말했죠. 〈5개 명제들은 장세니우스의 책 속에 한 마디 한 마디가, 모두 똑같은 말로(*iisdem verbis*) 들어 있다.〉[26] 우리는 당신에게 아니라고 말했죠. 만약에 당신이 실제로 그 단어들을 보았다면 그 쪽수를 인용하든지, 그렇지 않으면 당신이 오해했다고 고백하든지 하면 되는 것이지, 그밖에 거기에서 해야 할 일이 뭐가 있습니까? 그렇지만, 당신은 이것도 저것도 하지 않고 있습니다. 그 대신에, 당신이 이따금씩 사람들을 속이기 위해서 보여 주었던 장세니우스의 책 속에 있는 여러 구절들은, 당신이 그의 책 속에서 보여 주겠다고 약속했던 개인적이고 이상한 그 '단죄받은 명제들'이 결코 아니라는 것을 알게 되자, 당신은 우리들에게 그 명제들이 발췌되었다고 선언하는 출처를 밝히지 않은 채, 교서들을 보여 주었습니다.

신부님, 나는 기독교 신자들이 당연히 교황청에 존경심을 표시해야 한다고 알고 있어요. 그리고 당신의 반대자들도 그 존경심을 결코 버리지 않겠다고 굳게 결심하고 있는 모습을 충분히 잘 보여 주고 있습니다. 어쨌든 당신은 사람들이 사실의 문제로 인해서 교황님을 놀라게 만들 수 있었던 것은 마치 자녀들이 아버지에게 순종하듯이, 그리고 구성원들이 지도자에게 순종하듯이, 완전히 순종하는 모습으로 의견을 제시하는 존경심의 부족 때문일 거라고 상상하지 마십시오. 그 분은 교황에 즉위했을 때부터 결코 그 문제를 조사하라고 시키지 않았고, 그의 전임자인 인노첸시오 10세는 단지 그 명제들이 이단인지 조사해 보라고 시켰

25 역주) 간단한 인용의 출처만 지적하면, 더 이상 읽지도 않고 다툼이 끝난다는 의미.

26 열입곱 번째 편지. totidem.

을 뿐이고, 그것들이 장세니우스의 것인지 조사하라고 시키지는 않았다고 합니다. 최근에 인쇄된 그들의 투표용지에서 보여 준 것처럼,[27] 그들이 대표적인 조사자들 가운데 한 사람인 교황청의 조사 위원에게 했던 말은 이것입니다. "그 명제들은 어떤 저자의 의미로서 검열받을 수 없었다.(*Non sunt qualificabiles in sensu proferentis.*) 왜냐하면 그것들은 그 명제들 자체로서 검토되도록, 그래서 그 명제들이 어떤 저자의 것이라고 생각되지 않은 채로 추상적으로, 그리고 그것들이 어떤 저자의 것인지를 고려하지 않은 채(*in abstracto, et ut praescindunt ab omni proferente*) 검토되도록, 그들에게 제시되었기 때문이다." 60명 이상의 박사들[28]과 수많은 유능하고 경건한 사람들이 그 책을 정확하게 읽어 보았으나, 거기에서 그 명제들을 전혀 발견하지 못했습니다. 그들은 거기에서 그 반대의 의미를 갖는 명제들을 발견했습니다. 교황님께 그런 인상을 심어 주었던 사람들은 몰리나의 50개 이상의 오류들을[29] 입증했던 이 저자를 중상모략하는 데만 관심이 있었기 때문에, 그들이 그들에 대한 교황님의 신뢰를 이용했을 가능성이 있죠. 이것을 보다 더 신빙성 있게 만들어 주는 것은 그들이 그들의 신학 중에서 가장 권위 있는 것 중 하나인 다음과 같은 금언을 가지고 있다는 것입니다. 즉, "그들은 자기들을 부당하게 공격한다고 생각되는 사람들을 중상모략한다 하더라도 죄가 될 수 없다. 그리고 그들의 증거는 매우 의심스럽고, 다른 사람들의 증거가 매우 유력하다면, 그에 대한 엄숙하고 합법적인 결정을 내리기 위해서 양쪽 진영의 박사들이 참석한 가운데, 가능한 한 아주 겸손하게 교황님께 이 사실을 검토해 달라고 간청할 만한 어떤 명목을 가져야만 한다." 성 바실리우

27 1657년 3월 중순경에 실시된 투표.

28 1655년 71명의 박사들이 아르노의 명제를 옹호했다.

29 제주이트 저자들, 특히 몰리나, 레시우스, 바스케즈를 생생하게 공격하는 『아우구스티누스』의 부록을 암시. 이 책의 저자는 장세니우스이다.

스는 이와 유사한 주제에 대해서 서간 75에서 다음과 같이 말했습니다. 〈유능한 법관들을 모이게 할 것. 거기에서 저마다 자유롭게 말하게 하고, 나의 글을 검토하게 하고, 신앙에 위배되는 오류가 있는지 볼 것. 형식을 갖추고, 검증하지 않은 채 명예훼손하는 일이 없도록, 그래서 사정을 알고 판결을 내릴 수 있도록 하기 위해서 여러 반대와 답변들을 읽어 줄 것.〉[30]

신부님, 이런 식으로 행동하는 사람들을 교황청에 거의 복종하지 않는 사람들이라고 간주할 생각은 하지 마십시오. 교황님들께서 신자들을 대하는 방법은 우리들이 기대하는 것처럼 그분들의 명성에 의지하여 위력 있게 대하는 방법과는 아주 거리가 멉니다. 겸손의 학교에서 교육을 받았던 그레고리오 교황님께서는 욥기 주해서 8서 1장[31]에서 이렇게 말씀하십니다. 〈교회는 어떤 오류 속에 빠져 있다고 생각되는 자녀들을 권위로 명령하지 않고 이성적으로 설득한다.〉(*recta quoe errantibus dicit, non quasi ex autoritate proecipit, sed ex ratione persuadet.*) 성 베르나르가 서간 180에서 다음과 같이 증언하고 있듯이, 그들은 자기들을 속이는 판결을 수정하려고 하기는커녕, 반대로 오히려 그것을 자랑한다. 그는 이렇게 말한다. 〈교황청은 명예를 자랑하지 않는 것을 권장할 만한 일이라 생각하며, 속여서 얻어 낸 것을 기꺼이 취소하려고 노력한다. 따라서, 누구든지 불의를 이용하지 않는 것이 옳다. 특히 교황청 앞에서는 더욱 그렇다.〉[32]

신부님, 바로 이것이 교황님들의 마음에 드는 진정한 감정입니다. 왜냐하면 모든 신학자들이 교황님들도 속임을 당할 수 있다는 데 동의하고 있기 때문입니다. 그리고 교황님들의 최고의 품성이 그들이 속임을

30 아르노의 두 번째 편지에서 길게 인용된 본문.

31 오류. 1장이 아니고 2장이다.

32 1643년 10월 6일 「파리 대학을 위한 두 번째 변호」에서 에르망(Hermant)이 인용한 글. 아르노는 그의 두 번째 편지에서 이것을 인용했다.

당하지 않도록 보증해 주기는커녕, 오히려 그들의 마음을 분열시키는 수많은 보살핌들로 인해서, 더 많은 속임수에 노출됩니다. 위에서 언급한 성 그레고리오께서 다른 어떤 교황님이 속임을 당하신 것을 보고 깜짝 놀라는 사람들에게 대화편 1서에서 다음과 같이 말씀하십니다. 〈당신들은 우리들이 속는 것을 보고 왜 놀라십니까? 우리들도 인간인데요? 예언의 영을 받은 다윗 왕이 시바의 속임수를 믿고 요나단의 아들에게 부당한 판결을 내렸던 것을 보지 않았습니까? 그러므로 때로는 사기꾼들이 우리들을 속이는 것을 보고 이상하게 생각할 사람이 누가 있을까요? 우리들은 결코 예언자들이 아닌데요? 수많은 일들이 우리들을 짓누릅니다. 그래서 우리의 정신은 수많은 일들로 분산되어 있기 때문에, 때때로 어떤 일에는 덜 집중하게 되고, 그 때문에 어떤 일에서는 속아 넘어가기 쉽습니다.〉 신부님, 사실 나는 교황님들께서 자기들이 속을 수 있는지 그렇지 않는지를 당신보다 더 잘 알고 있다고 생각합니다. 그분들 스스로가 교황님들이나 지극히 위대한 왕들이 중요한 업무가 많지 않은 다른 사람들보다도 더 속임을 당하기 쉽다고 고백합니다. 그 점에 있어서는 그분들의 말을 믿어야만 합니다. 그래서 어떤 방식으로 사람들이 그분들을 속이게 되는지를 상상하기란 매우 쉬운 일입니다. 성 베르나르는 인노첸시오 2세에게 보낸 편지에서 다음과 같이 쓰고 있습니다. 〈인간의 정신이 남을 속일 수도 있고 남에게 속을 수도 있다는 것은 놀라운 일도 아니고 새로운 일도 아닙니다. 여러 수도사들이 거짓과 착각의 정신 상태로 교황님을 찾아 왔습니다. 그들은 교황님에게 그들이 미워하는, 그렇지만 매우 모범적인 삶을 살고 있는 어떤 주교에 대해서 불리한 말을 했습니다. 그들은 개처럼 물어뜯고, 선한 것을 악한 것으로 만들고 싶어 했습니다. 그런데 교황님, 당신은 그 주교에 대해서 화를 내셨습니다. 왜 당신은 원수들에게 즐거움을 선사하셨습니까? 모든 영들을 다 믿지 말고 그 영들이 하나님께 속한 것인지 시험해 보십시오. 나는 당신이 진리를 알게 될 때 거짓된 관계에 기초한 모든 것들이 사라지기를 바랍니다. 나는 진리의 영께서 당신에게 빛과 어둠을 갈라 놓고, 악을 버리고 선을 택하는 은총을 베풀어 주시도록 기도합니다.〉 그러므로 신부님, 탁월한 수준에 도달한 교황님들이라 할지라도 속임수에서 제외되어 있는 것은 아니고, 그 탁월한 수준 때문에 오히려 더 위험하고 더 심각하게 속을 수 있는 또 다른 일이 발생하게 됩니다. 성 베르나르가 『고찰』 2서 마지막 장에서 외젠느 교황님께 설명한 것이 바로 이것이었습니다. 〈세상에서 높으신 분들치고 이것을 피해 가는 것을 본 적이 없을 정도로 일반화된 잘못이 있습니다. 교황님, 그것은 남의 말을 너무 쉽게 믿는 것인데, 거기에서 너무도 많은 혼란이 발생합니다. 왜냐하면, 바로 거기에서 순수한 사람들에 대한 격렬한 박해가 발생하고, 자리에 없는 사람들에 대한 부당한 편견들과 아무것도 아닌 것들(*pro nihilo*) 때문에 무서운 분노가 일어나기 때문입니다. 교황님, 이것이 바로 보편적인 악이며, 만약에 당신에게 이것이 없다면, 나는 당신이야말로 당신의 모든 동료들 가운데서 가장 우월한 분이라고 말씀드리겠습니다.〉

신부님, 나는 이러한 예시들 때문에 당신이 교황님들께서 속임수에 노출되기 쉽다는 사실을 이해하기 시작하셨으리라 생각합니다. 하지만 당신에게 그 사실을 완벽하게 보여 주기 위해서는, 당신이 단지 당신의 책 속에서 당신 스스로가 소개하고 있는, 실제로 이단자들에게 속았던 교황님들이나 황제들의 사례들을 기억해 보면 된다고 말하고 싶습니다. 왜냐하면, 당신은 아폴리네르가 다마시우스 교황님을 속였고, 마찬가지로 셀레스티우스는 조지무스 교황님을 속였다고 말했으니까요. 당신은 또 아타나시우스라는 사람이 황제 헤라클리우스를 속여서 가톨릭 신자들을 박해하도록 만들었다고 말했죠. 끝으로, 당신은 세르기우스가 교황님 곁에서 착한 시종 노릇을 하면서, 제6차 공의회 때 불태워졌던 교서들 중 한 권을 호노리우스한테서 입수했다고 말했죠.

그러므로 신부님, 이와 같이 왕들이나 교황님들 곁에서 속임수를 쓰는 사람들은 이단자들을 박해할 생각을 하다가 가끔씩 신앙의 진리를 옹호하는 사람들까지 박해하게 된다는 사실이 분명합니다. 이런 속임수를 극히 싫어하시는 교황님들께서 자신들이 속았다는 것을 깨달았을 때는, 그들의 칙령이나 교서의 시행을 중지시키기 위해서 알렉산드르 3세의 편지를 교회법 안에 삽입하여 교회법전으로 만들었는데, 그 이유가 바로 거기에 있었던 거죠.[33] 이 교황님은 라벤느 대주교님에게 다음과 같이 말했습니다. "가끔씩 우리들이 당신의 형제들에게 당신의 견해에 충격을 주는 칙령을 보낸다 하더라도, 걱정하지 마십시오. 왜냐하면, 당신이 그것들을 존경심을 담아 시행하든지, 아니면 그것을 시행하지 않는 것이 좋겠다고 생각하는 이유를 우리에게 통지해 주든지 하면 되니까요. 왜냐하면, 속임수나 농간에 의해서 우리들에게서 얻어 낸 칙령이라고 생각되면 당신이 시행하지 않는 것이 좋겠다고 우리는 생각하기 때문이죠." 혼란을 일으키고 싶어 하는 사람들의 열정을 따르지 않고, 신자들의 분쟁을 해명하려고 노력하는 교황님들이 행동하는 방식은 바로 이와 같습니다. 그리스도 이후로, 성 베드로와 성 바울이 말한 것처럼, 그들은 지배력을 행사하지 않습니다. 오히려 그들의 모든 행동에서 나타나는 정신은 평화와 진리입니다. 그 때문에 그들은 모든 것이 함축되어 있는 다음과 같은 조항을 그들의 편지에 삽입합니다. '만약 그것이 우리들이 이해한 것과 동일하다면, 만약 그 사실들이 진실하다면.'(*Si ita est; si preces veritate nitantur.*) 따라서 교황님들은 그들의 교서가 진실한 사실에 근거하고 있을 때에만 그 교서에 힘을 실어 주기 때문에, 사실의 진실성을 입증해 주는 것은 교서만이 아닙니다. 오히려 교회법 학자들의 말에 의하면, 교서를 인정할 수 있게 만들어 주는 것이 바로 사실의 진실성입니다.

그렇다면, 우리는 '사실의 진리'를 어디에서 배워야 할까요? 신부님,

33 니꼴이 참조 사항을 알려 주었고, 아르노와 파스칼은 카레(Quarré)의 글을 인용하였다.

그에 대한 합법적인 판단자는 바로 눈일 것입니다. 마치 지성적이고 자연적인 사물들에 대해서는 이성이, 초자연적이고 계시적인 사물들에 대해서는 신앙이 합법적인 판단자인 것처럼 말이죠. 신부님, 당신이 꼭 알아야만 한다면, 나는 이렇게 말씀드리죠. 교회의 가장 위대한 두 박사님들인 성 아우구스티누스와 성 토마스의 말에 의하면, 우리 지식의 세 가지 원리는 감각과 이성과 신앙이며, 이것들은 각자 그 대상이 분리되어 있고, 각자의 영역 내에서는 각각의 확신을 가지고 있습니다. 그래서 하나님께서는 우리가 신앙을 가지도록 하기 위해서 감각의 중재를 통하기를 원하시기 때문에 〈믿음은 들음에서 나며〉(*fides ex auditu*)[34] 감각의 확신이 신앙을 파괴하기는커녕, 반대로 감각의 성실한 진술을 의심하는 것이 도리어 신앙을 파괴하는 일이 될 것입니다. 그렇기 때문에 성 토마스는, 하나님께서는 우연적인 것들에 의해서만 판단하는 감각이 착각하지 않도록 하기 위해서(*Ut sensus a deceptione reddentur immunes.*), 감각할 수 있는 우연적인 것들이 성체 속에 존재하기를 원하셨다고 분명히 지적했습니다.[35]

그렇다면, 그로부터 다음과 같이 결론을 내릴 수 있습니다. 우리의 검토 대상이 어떤 명제든지 간에, 우리들이 관련시켜야 할 세 가지 원리 중 어느 것과 관련되어 있는지를 알기 위해서는, 먼저 그 성격이 어떤 것인지를 알아야만 합니다. 먼저 그것이 초자연적인 사물과 관련되어 있다면, 우리들은 그것을 감각에 의해서도, 이성에 의해서도 판단하지 말고 성서에 의해서, 그리고 교회의 결정에 의해서 판단해야만 할 것입니다. 만약에 그것이 계시되지 않은 명제이거나 자연의 이성과 균형을 이루고 있는 문제라면, 이성이 첫 번째 판단자가 될 것입니다. 그리고 마지막으로, 그것이 사실의 문제에 관한 것이라면, 그것을 아는 것은 감각

34 로마서 10장 17절.

35 이 글은 성 토마스 소논문 57에서 발췌한 것이며, 파스칼에게는 친숙한 글이다.

에 속한 문제라고 생각하는 것이 자연스러울 것입니다.

이 규칙은 매우 일반적인 것으로서, 성 아우구스티누스와 성 토마스의 말에 의하면, 성경 자체가 우리들에게 어떤 구절을 제시할 때, 그중 첫 번째의 문자적 의미가 감각이나 이성이 확실하게 인정하는 의미와 반대될 경우, 그것들을 성경의 표면상 의미의 권위에 복종시키기 위해 그 감각과 이성을 부정하려고 시도해서는 안 됩니다. 오히려 성경을 해석하고, 거기에서 감각적인 진리와 일치하는 또 다른 의미를 찾을 필요가 있습니다. 왜냐하면, 사실 하나님의 말씀은 그 자체에는 오류가 없고, 감각과 이성의 활동 영역 내에서 그들의 진술도 또한 확실한 것이므로, 이 두 가지 진리들이 서로 일치해야 하기 때문입니다. 성경은 감각의 진술만이 유일한 것이 아니고 다양한 방식으로 해석될 수 있기 때문에, 우리들은 이러한 문제에 있어서 감각의 충실한 진술과 일치하는 해석을 성경의 진정한 해석으로 선택해야만 합니다. 성 토마스는 1부, 질문 68 답 1에서 이렇게 말하고 있지요. 〈성 아우구스티누스의 말에 의하면, 두 가지를 관찰해야만 된다. 하나는, 성경은 항상 어떤 진정한 의미를 가지고 있다는 것이고, 다른 하나는, 성경은 여러 가지 의미를 가지고 있을 수 있기 때문에, 이성이 확실하게 거짓이라고 판단할 수 있는 의미가 발견된다면, 그것이 자연스런 의미라고 고집하지 말고 거기에 일치하는 또 다른 의미를 찾아야만 한다는 것이다.〉[36]

창세기의 구절을 예로 들어 설명하자면 바로 이와 같습니다. 창세기에는 〈하나님께서 두 개의 큰 광명인 해와 달, 그리고 별들을 창조하셨다.〉라고 기록되어 있습니다. 이 구절을 보면, 성경은 달이 모든 별들보다 더 크다고 말하고 있는 것 같습니다. 그 성자는 이렇게 말합니다. 하지만 의심할 수 없는 증명에 의해서 그것은 오류임이 분명하기 때문에,

36 성 토마스의 『신학총론』의 구절 참조.

우리는 문자적 의미를 옹호하려고 고집을 부리지 말고, "큰 광명이라는 말이 우리가 볼 때 큰 달빛의 크기만을 나타내는 것일 뿐, 그 물체 자체의 크기를 나타내는 것은 아니다."라고 말함으로써, 사실의 진실성에 일치하는 또 다른 의미를 찾아야만 합니다.

만약에 우리들이 이런 해석을 달리 사용하려고 한다면, 그것은 성경을 존경할 만한 것으로 만드는 것이 아니라, 오히려 불신자들에게 경멸할 만한 것으로 만들게 될 겁니다. 왜냐하면, 성 아우구스티누스가 말했던 것처럼, 그들이 확실히 거짓이라고 알고 있는 것들을 우리들이 성경에서 믿고 있다는 것을 알게 될 때, 그들은 죽은 자의 부활이나 영생처럼 보다 감추어져 있는 다른 것들을 우리들이 쉽게 믿는 것을 보고 조롱하게 될 것이기 때문입니다. 그래서, 성 토마스는 이렇게 덧붙여 말합니다. "그것은 그들로 하여금 우리 종교를 경멸하게 만들 것이고, 우리 종교의 문을 닫아 버리는 결과가 될 것이다."

그러므로 신부님, 그 책 속에서 어떤 말들이 발견되지 않기 때문에, 그 책 속에 그것들이 들어 있다고 믿지 않는 사람들을 가톨릭으로 인정하기를 거절한다는 것은 이단자들에게 문을 닫아 버리고, 그들로 하여금 교황님의 권위를 경멸하게 만드는 것과 마찬가지 방법이 될 것입니다. 그 이유는, 교황님께서 속임을 당하셔서 그렇게 선언하셨기 때문이죠. 왜냐하면, 그 말들이 그 책 속에 들어 있는지 알 수 있는 방법은 그 책을 조사해 보는 방법밖에 없기 때문입니다. 만약에 당신이 주장하는 것이 사실이라면, 그것을 보여 주십시오. 그렇지 않으면, 아무에게도 그것을 믿으라고 간청하지 마십시오. 그것은 쓸데없는 일일 겁니다. 세상의 모든 권력을 동원한다 하더라도 권위로써 사실의 문제를 설득할 수도 없고, 그것을 바꾸어 놓을 수도 없습니다. 왜냐하면, 그 무엇으로도 존재하지 않는 것을 존재하는 것으로 만들 수는 없기 때문이죠.

예를 들어서, 라티스본의 수도사들이 교황 성 레오 9세로부터 엄숙한 칙령을 얻어 냈던 일은 아무런 쓸모가 없는 것이었습니다. 이 교황은 이 칙령에 의해서, 일반적으로는 아레오파고스라고 알려져 있는 파리의 초대 주교인 성 드니(Saint Denis)의 시신을 프랑스에서 이장하여 그들의 수도원 교회에 안장했다고 선언했습니다. 그렇지만 이 성인의 시신은 여전히 그곳에 없고, 지금도 그의 이름이 붙어 있는 그 유명한 수도원에는 그의 시신이 없습니다. 비록 교황님께서 가능한 한 매우 신속하게(*diligentissime*), 여러 주교들과 수도원장의 조언에 따라서 그 일을 조사했다고 증언했음에도 불구하고, 당신은 그 수도원에서 그 교서를 인정하도록 만들기는 어려울 것입니다. 그 결과 그는 모든 프랑스인들에게 엄중히 명령해서 그들이 더 이상 관할구역 안에(*proecipientes*) 이 성유물을 가지고 있지 않다는 것을 고백하고 인정할 수밖에 없도록 만들었습니다. 그렇지만, 프랑스인들은 그들 자신의 눈으로 직접 확인한 후에 이 사건이 거짓임을 알고 있었고, 그 유골함을 열고 그 당시의 역사가들이 증언한 것과 마찬가지로 그 속에서 유골 전체를 발견했었습니다. 그래서 그들은 성자들과 예언자들 조차도 속임을 당하기 쉽다는 사실을 잘 알게 되었기 때문에, 사람들은 그때부터 계속해서 그렇게 믿어 왔던 것처럼, 이 거룩한 교황께서 그들에게 믿으라고 명령하는 것과 반대의 것을 믿게 되었습니다.[37]

당신이 갈릴레이의 견해에 반대해서, 로마로부터 지동설을 단죄하는 칙령을 얻어 낸다 하더라도 아무런 소용이 없을 것입니다. 지구가 움직이지 않고 가만히 있다는 것을 어떤 칙령도 증명하지 못할 것입니다. 지구가 돌고 있는 것을 사람들이 끊임없이 관찰하고 증명했었다면, 모든 사람들이 단합해서 지구가 도는 것을 막을 수는 없을 것이고, 또 모든 사람들이 지구와 함께 돌지 않을 수도 없을 것입니다. 마찬가지로, 성 비르길리우스가 지구의 대척점이 있다고 주장했기 때문에, 그를 파문시

37 역주) 교황이 본의 아니게, 신자들을 속이는 일이 발생했다.

키려고 했던 교황 자카리아의 편지가 새로운 세계를 없애 버렸다고 생각하지는 마십시오.[38] 그리고 이 교황은 이러한 견해가 아주 위험한 오류라고 선언하기는 했지만, 스페인의 왕은 거기에 다녀온 적이 없는 교황의 판단보다는 오히려 거기에 다녀온 크리스토프 콜럼버스의 말을 더 믿지 않았을 거라고 생각하지는 마십시오. 그리고 교회가 그 때문에 큰 이익을 얻지 못했다고 생각하지는 마십시오. 왜냐하면, 그로 인해서 신앙을 갖지 못하고 죽었던 수많은 백성들에게 복음서에 대한 지식을 가져다 주었으니까요.

그러므로 신부님, 당신은 사실의 문제들의 성격이 어떤 것인지, 그리고 어떤 원칙으로 그것들을 판단해야 되는지 아셨을 겁니다. 그로부터, 우리의 주제에 대한 결론을 내리기는 쉽습니다. 즉, 만약에 5개 명제들이 결코 장세니우스의 것이 아니라면, 그것들이 그의 책에서 발췌되었다는 것은 불가능한 일이죠. 그리고 그에 대해서 잘 판단해 보고, 사람들을 설득하는 유일한 방법은 사람들이 매우 오래전부터 당신에게 요청해 왔던 것처럼, 정식으로 위원회에서 그 책을 조사해 보는 일입니다. 그때까지는 당신은 당신의 집요한 적들을 소환할 아무런 권리도 없습니다. 왜냐하면, 그들은 신앙 문제에 있어서 오류가 없는 것과 마찬가지로, 사실의 문제에 있어서도 비난받을 일이 없을 것이고, 법적으로는 가톨릭이고, 사실의 문제에서는 합리적이고, 어느 면으로 보나 순수하기 때문이죠.

그런데 신부님, 한쪽에서는 아주 충분히 정당화되어 있고, 반대쪽에서는 아주 격렬하게 고발당하고 있는 것을 보고 놀라지 않을 사람이 누가 있겠어요? 당신들 사이의 문제가, 사람들이 사실을 보여 주지도 않으면서 믿게 만들고 싶어 하는, 아무런 중요성도 없는, 사실의 문제에 불과

38 748년의 사건. 교황 보니파키우스는 잘츠부르크의 성 비르길리우스를 이단자라고 폭로했었다.

하다고 누가 생각하겠어요? 그리고 성 베르나르가 말했듯이[39] 교회 전체가 아무것도 아닌 것(*pro nihilo*) 때문에 그렇게 큰 소동을 벌였다고 누가 감히 상상이나 하겠어요? 그렇지만, 당신 행동의 주된 계략은 아무것도 아닌 문제 속에 모든 것이 들어 있다고 믿게 만드는 것, 바로 그것이죠. 그래서, 당신 말을 듣는 유력 인사들에게 당신의 논쟁들이 칼뱅의 가장 해로운 오류들과 관련되어 있고, 신앙의 가장 중요한 원리들과 관련되어 있다고 말해 주는 것이죠. 그 이유는 그렇게 설득함으로써 그들로 하여금 당신이 공격하고 있는 사람들을 대적하는 데 그들의 모든 열정과 그들의 모든 권위를 사용하도록 만들기 위한 것입니다. 마치 가톨릭 교회의 구원이 거기에 달려 있기라도 한 것처럼 말이죠. 그런데 만약 그들이 그 문제가 조그만 사실의 문제에 불과하다는 것을 알게 된다면, 그들은 그 일에 아무런 감동도 느끼지 못할 것입니다. 그리고 교회를 위해서가 아니라 중요하지 않은 사건에 특별한 열정을 쏟고 있는 당신을 추종하기 위해 너무나 많은 노력을 기울여 왔음을 깨닫고, 그들은 후회하게 될 것입니다.

왜냐하면, 결국 최악의 경우를 생각해 보자면, 장세니우스가 그 명제들을 주장한 것이 사실일 경우인데, 그렇다 하더라도 그들이 그 명제들을 혐오한다고 공개적으로 발표하기만 한다면, 설령 몇몇 사람들이 그것을 의심한다고 해서 무슨 불행한 일이 일어날까요? 당신은 사람들이 그 명제들을 단죄하기를 바라고 있는데, 당신이 설명하는 바로 그 의미로, 모든 사람이 예외 없이 그 명제들을 단죄한다면 그것으로 충분하지 않은가요? 장세니우스가 그 명제들을 주장했다고 해서, 그것들이 더 심하게 검열을 받게 될까요? 그러니, 그런 확인을 요구하는 것은 교회 공동체 안에서 돌아가신 어느 박사님이나 어느 주교님을 중상모략하는 것

39 파스칼, 『팡세』, 셀리에 판, 792편에서 그 초안이 발견된다.

외에 무슨 도움이 되겠습니까? 나는 그것이 그렇게 많은 소동을 일으키면서 애써서 쟁취해야 할 정도로 그렇게 중대한 일이라고는 보지 않습니다. 국가와 교황님, 주교님, 박사님, 그리고 교회 전체에 무슨 유익이 있을까요? 신부님, 그런 일은 그들과는 추호도 관련이 없습니다. 그리고 당신에게 뭔가 잘못을 저지른 장본인이라고 해서 그의 명예를 훼손하면서 진정으로 재미를 느낄 수 있는 사람들은 오직 당신네 교단밖에 없습니다. 그런데도 모든 사람들이 동요하고 있습니다. 왜냐하면, 모든 사람들이 위협을 받고 있다고 당신이 암시해 주었으니까요. 은밀한 원인이 모든 커다란 움직임에 자극을 주게 되고, 그 커다란 움직임은 사람들이 당신 논쟁의 진정한 상태가 어떤지를 알게 되자마자 곧 멈추게 될 것입니다. 따라서 교회의 안정은 이런 해명에 달려 있기 때문에, 당신의 모든 위장이 들추어지고, 당신의 고발이 근거가 없다는 것과 당신의 적들에게는 오류가 없고, 교회에는 이단이 없다는 사실이 온 세상에 드러나도록 하기 위해서는 이런 해명을 해 주는 일이 지극히 중요합니다.

신부님, 바로 이것이 내가 얻어 내려고 노력했던 유익입니다. 내가 보기에, 이것은 종교 전체를 위해서 매우 중요한 일이라 생각됩니다. 그래서 당신이 수많은 화젯거리로 삼았던 그 사람들[40]이 어떻게 조용히 침묵을 지킬 수 있는지 나는 쉽게 이해할 수가 없습니다. 내가 보기에, 그들은 당신에게서 받은 모욕들 때문에 상처받지 않는다 하더라도, 교회가 받은 모욕들 때문에 분명히 당신을 원망하게 될 것입니다. 그 외에도 나는, 특히 신앙 문제에 있어서 성직자들이 명성을 포기하고 중상모략에 빠진다는 것이 믿어지지 않습니다.[41] 하지만, 그들은 당신이 마음대로 모든 것을 말하도록 내버려 두고 있습니다. 그 결과, 당신이 우연

40 역주) 아나 신부가 이단으로 생각하는 장세니우스의 지지자들.

41 포르루아얄에서 아르노, 니꼴, 파스칼만이 논쟁에 참여했고, 대부분의 사람들이 참여하지 않았다.

히 나에게 만들어 준 기회가 아니었더라면, 아마도 당신이 사방에 뿌려 놓은 인쇄물들에 대해서 반박할 기회가 전혀 없었을지도 모르겠습니다. 나는 그들의 참을성이 놀랍습니다. 나는 그들이 스스로를 변호할 만한 이성이 부족한 것도 아니고, 진리에 대한 열정이 부족한 것도 아니라는 것을 잘 알기 때문에, 그 참을성이 수줍음이라고 의심할 수도 없고, 무능이라고 의심할 수도 없으니까 그만큼 더 놀랍습니다. 하지만 나는 그들이 너무 지나친 것이 아닌가 걱정스러울 정도로, 그들이 침묵을 지키고 있는 것이 매우 종교적이라고 생각합니다. 신부님, 나로서는 그렇게 할 수 없다고 생각합니다. 교회를 평화롭게 내버려 두십시오. 그러면, 나도 당신을 기꺼이 내버려 두겠습니다. 그렇지만, 당신이 교회에 혼란을 끌어들이려고 노력한다면 교회에는 평화를 사랑하는 자녀들이 있다는 것을 의심하지 마십시오. 그들은 교회의 안정을 유지하기 위해서 모든 노력을 기울이지 않으면 안 된다고 생각할 것입니다.

[부록]

이것은 작성 중에 중단한 미발송 편지다. 그 수신인은 여전히 아나 신부다.

만약에 주교들이 당신의 조언에 따라서, '사실의 문제'를 믿는다고 맹세한 후, 거기에 서명하도록 하는 일을 실행에 옮긴다면, 당신의 적들은 극도의 슬픔 속에 빠질 것이다. 장세니스트들은 부드럽고 견고한 신앙심, 자신에 대한 불신, 교회에 대한 존경, 평화에 대한 사랑, 진리를 향한 열정, 그것을 알고 지키려는 열망, 자신들의 나약함에 대한 두려움, 시험에 든 것에 대한 후회, 하나님의 능력에 대한 기대, 예수 그리스도의 은총이 그들의 빛과 힘이 될 것이라는 기대를 가진 사람들이다. 그들에게는 이단의 모습이 보이지 않는다.

부록

작성 중에 중단한 미발송 편지

경애하는 신부님,[1]

나는 당신이 비방할 만큼 중요시되는 사람들의 결백을 설명하는 나의 이전의 편지들로 인해서 당신께 다소 불쾌감을 드리게 되었습니다만, 이번의 편지에서는 당신이 그들에게 주었던 고통의 실상을 들춰내면서 당신에게 기쁨을 드리고자 합니다. 신부님, 당신이 미워하고 있는 사람들이 고통을 당하고 있다는 것에 위안을 받으십시오. 만약에 주교님들이 그들의 교구에서 '자기가 진정으로 믿고 있지 않고, 믿을 필요도 없는 어떤 일을 사실이라고 믿는다'라고 맹세하고 서명하라는 당신의 권고를 그대로 실천하고 있다면, 당신은 당신의 적들로 하여금 교회가 이 지경에 놓여 있는 것을 보면서 최악의 슬픔 속에 빠지도록 만들 것입니다. 신부님, 나는 사실 그들을 보며 지극히 만족스러웠다는 것을 당신에게 고백합니다. 나는 그들에게서 어떤 철학적인 관대함이라든지 자기의

1 파스칼은 아나 신부에게 「열아홉 번째 편지」를 보낼 계획이었으나, 상황 변화에 따라서 작성을 중단하였다(1657년 5월 말). 이 내용은 파스칼, 『팡세』 셀리에 판, 747편에 보존되어 있다. 페리에 원고는 이 편지의 첫 부분에 붙여진 난외의 각주들만 재생하였다. 제2사본에 있는, 다음 내용들에 연결된 부분 가운데 우리들이 보존하고 있는 이 첫 부분 없이는 이 각주들을 출판할 수 없었을 것이 분명하다.

의무라고 믿는 것이면 무엇이든지 강압적으로 추종하게 만드는 불손하고 완고한 태도, 또는 진리를 보고도 따르지 못하도록 가로막는 나약하고 소심하며 비열한 태도를 발견하지 못했습니다. 오히려 나는 그들에게서 유순하면서도 확고한 신앙심을 발견했습니다. 그들은 자신들에 대한 불신과 교회의 권력에 대한 존중, 평화에 대한 사랑, 진리에 대한 애정과 열심, 또 진리를 알고 옹호하려는 욕구, 자신들의 약점에 대한 두려움, 그리고 이러한 시련 속에 빠져 있다는 후회감, 하지만 그런 가운데서도 하나님께서 그 분의 지혜와 능력으로 자신들을 후원해 주실 것이며, 자신들이 신봉하고 있고 또 자신들의 고통의 원인이 되시는 예수 그리스도의 은총 자체가 지혜와 능력이 되어 주실 것이라는 기대감으로 가득 차 있었습니다. 마침내 나는 그들에게서 어떤 능력을 보여 주는 기독교 신앙의 특성을 보았지요….

나는 그들이 마찬가지로 이 문제를 검토한 적이 있었던 그들의 친지들에게 둘러싸여 있다는 것을 알게 되었는데, 이 사람들은 현재 상태에서 자기들이 가장 최선이라고 믿고 있는 방향으로 그 친지들을 이끌어 가고 있었습니다. 나는 사람들이 그들에게 충고하는 소리를 들었고, 그들이 이 충고를 받아들이는 태도와 거기에 대답하는 말에 주의를 기울였습니다. 신부님, 정말로 당신이 이곳에 계셨다면, 당신은 이들의 태도 속에 반란이나 이단의 모습과는 무한히 거리가 먼 것들 외에는 아무것도 없다는 것을 인정하셨을 것이라고 나는 믿습니다. 왜냐하면 당신도 이곳에 와서 보시면 알게 되겠지만, 그들이 무한히 사랑하고 있는 두 가지, 즉 진리와 평화를 모두 함께 보존하기 위해서 그들이 사는 삶을 보면 모든 사람이 그 사실을 알 수 있을 것이기 때문입니다.

왜냐하면, 그들이 거부함으로써 불러올 수 있는 고통에 대해서 사람들이 전체적으로 그들에게 설명한 후, 만약 사람들이 서명해야 할 새로운 교서와 그로 인해서 교회에서 발생할 수 있는 소란들을 그들에게 설명해 준다면 그들은 …에 주의하게 될 것이니까요.

만약에 제주이트들이 부패한 사람들이고 우리들은 우리들뿐이라는 것이 사실이라면, 더더군다나 우리들은 지금 상태대로 머물러 있어야만 될 것 같습니다.

심판의 날.

Quod bellum firmavit, pax ficta non auferat.[2]

Neque benedictione, neque maledictione movetur, sicut angelus Domini.[3]

사람들은 기독교의 덕 중에서 가장 큰 덕인 진리에 대한 사랑을 공격하고 있습니다.

만약에 서명이 이런 것을 의미한다면, 조금이라도 애매모호한 점이 없도록, 우리들이 그것에 대해서 설명하는 말을 참고하여 들어 보시기 바랍니다. 왜냐하면 서명하는 것은 곧 동의를 의미한다고 많은 사람들이 믿고 있다는 점에 있어서 서로 의견이 일치하고 있으니까요.[4]

그러면 신부님, 당신이 말씀하시는 장세니우스의 의미가 바로 이런 것이로군요![5] 당신이 교황님과 주교님들께 이해시켜 드린다는 것이 바로 이런 것이로군요!

만약에 검찰관이 서명하지 않는다면, 그 판결은 무효일 것입니다. 그런데도 교서에 서명이 되어 있지 않을지라도, 효력이 있을 것이라는군요. 그러므로 그것은 …이 아닙니다.

믿지 않는 것은 죄가 될 수 없습니다.[6] 그러나 믿지 않으면서도 서약

2 전쟁이 굳혀 놓은 것을 거짓 평화가 없애지 못한다.

3 이스라엘의 왕께서는 "하나님의 천사처럼, 축복에도 저주에도 동요하지 않으십니다."(사무엘하 14장 17절) 「파리의 신부들에게 보낸 두 번째 편지」에서도 사용된 내용.

4 파스칼이 보기에는, 5개 명제들을 단죄하는 서명은 포르루아얄을 단죄하는 것이며, 칼뱅과 아우구스티누스를 단죄하는 것이다.

5 열여덟 번째 편지, 412쪽 참조. "당신이 장세니우스의 의미라는 명목하에 단죄하게 만들려고 했던 것이 칼뱅의 오류가 아니었습니까?"

6 그 명제들이 그 책 속에 들어 있다는 것, 또는 저자가 그 명제들에다 부여하고 있는 의미에 관한 '사실의 문제'를 믿지 않는 것.

하는 것은 죄가 될 수 있을 것입니다.

멋있는 질문들. 그것은 …

"하지만 당신이 오해했을 가능성도 있겠지요?" 나는 내가 오해했을 가능성이 있다고 믿는다고 서약하겠습니다. 그러나 내가 오해했다고 믿는다고는 서약하지 않겠습니다.

나는 당신에게 모든 것에 대해서 이야기하는 것을 유감스럽게 생각합니다. 나는 한 가지만 이야기하겠습니다.

이것은 에스코바르와 함께 그 사람들[7]을 상석(上席)[8]에 놓는 일입니다. 그러나 그들은 이 문제를 이와 같이 생각하지 않고 있습니다. 그래서 하나님과 교황님 사이에 서 있는 자신들의 모습을 보고 불쾌한 감정을 표시하면서 …

7 포르루아얄의 사람들.

8 가장 명예로운 자리.

옮긴이 해설

저자 파스칼

파스칼은 천재다. 당시 사람들이 그것을 인정했고, 그의 작품들이 또한 그것을 입증한다. 파스칼은 1623년 6월 19일 프랑스의 중부 오베르뉴 지방의 중심 도시인 클레르몽에서 태어났다. 그의 아버지 에티엔은 당시 클레르몽의 인접 도시였던 몽페랑에서 재정 문제에 관한 소송을 판결하는 재판소 소장의 직책을 맡고 있었다. 그는 1617년경 앙투안 베공과 결혼하여 1620년에 맏딸 질베르트를 낳았고, 3년 후에 파스칼을, 다시 2년 후에 막내딸 자클린을 낳았다. 불행히도 그 이듬해에 파스칼의 모친이 세상을 떠났다. 그의 부친 에티엔은 재혼을 단념하고 파스칼이 여덟 살 되던 해인 1631년, 그의 관직을 타인에게 양도한 후 파리로 이사하여, 자녀 교육에 전념하였다. 당시의 공무원들이 그러했던 것처럼, 그는 교양이 풍부하고 명성이 있는 수학자였다. 그는 당시 유럽 엘리트 그룹의 학자들과 교류하고 있던 수학자인 마랭 메르센의 과학 아카데미 회원이었다. 이 모임에 쉽게 출입하기 위해서, 그는 파리 생메리 교회 근처에 집을 얻어 1648년까지 살았다.

파스칼은 어려서부터 신동이란 말을 들었다. 그는 자기 집에서 학술 모임이 개최되었을 때, 사람들의 대화 내용을 엿듣고서 유클리드 제1권의 32번 명제를 풀었다. 이 일이 계기가 되어 파스칼은 아버지와 함께 학술 모임에 참석하게 되었다. 열여섯 살에 그는 '원추곡선론'이라는 투영 기하학 논문을 발표하여 아르키메데스 이후 최고의 업적이라는 칭찬을 들었다. 처음에는 수학 분야에서 나타난 그의 재능이 다음에는 물리학 분야에서, 그 다음에는 공학 분야에서 나타났다. 공학 분야의 업적이 계산기의 발명이었다. 그 후, 그의 재능은 신학 분야에서 나타났고, 그 다음에는 문학 분야에서 나타났다. 파스칼과 그의 누이들은 바리옹 가문이나 로안네즈 가문 등 고위 귀족들의 모임에 자주 출입하였다. 열두 살에 이미 여류시인이라는 평판을 들었던 그의 여동생 자클린은 루이 14세의 모친인 안느도트리쉬 대비(大妃)에게 소개되었다.

파스칼이 열두 살 되던 해인 1635년, 30년 전쟁이 발발하자, 국가의 재정이 어렵게 되어 시청은 정기 금리를 지불하지 못하게 되었다. 그의 부친은 이런 상황에 대해서 항의하였는데, 그것 때문에 그는 재무장관 리슐리외의 분노를 사게 되었고, 1638년 초 감옥에 투옥되는 것을 모면하기 위해서 오베르뉴 지방으로 피신해야만 했다. 다행히도 1년 후에, 연극을 좋아하던 수상 리슐리외가 사적(私的)으로 연극 극단을 만들어 공연하도록 하였는데, 이 극단의 여배우들 가운데 자클린이 포함되어 있었다. 그녀는 연극이 끝나자 용기 있게 리슐리외 앞에서 자기를 소개하고, 부친의 사면을 간청하였다. 리슐리외는 이를 승낙하였을 뿐만 아니라, 그 이듬해에는 에티엔을 루앙시에서 인두세를 거두는 노르망디 지방 총감독관의 보좌관으로 임명하였다. 그 후, 파스칼은 그의 부친이 밤늦도록 세금 분배를 위해서 고심하는 것을 보고 1642년 열아홉 살의 나이에 오늘날 컴퓨터의 조상인 계산기를 발명하였다. 루앙의 기술자들의 도움을 받으면서, 그가 이 기계를 완성하는 데에는 2년이 걸렸다. 비록 제작비가 비싸게 들어서 소수(50여 대)의 제작에 그치기는 했지만, 이것은 파스칼을 유명하게 만들었다. 파스칼의 누이 질베르트는 1641년 루앙시에서 그의 사촌 플로랭 페리에와 결혼하여 여섯 명의 자녀를 낳았는데, 그중 세 명(루이, 에티엔, 마르게리트)은 후일에 파스칼의 생애에 있어서 중요한 역할을 하게 된다.

파스칼이 스물세 살 되던 해인 1646년 1월, 가벼운 사고로 인해서 그의 부친의 넓적다리 뼈가 탈골되었다. 데샹이라는 두 형제들이 그를 치료해 주었는데, 이들은 외과 의술을 통해서 사람들에게 봉사하는, 신앙심이 깊은 사람들이었다. 그들은 1643년에 세상을 떠난 생 시랑 신부의 제자, 장 기유베르에게 감화를 받아서 회심한 사람들이었다. 그들은 파스칼의 가족들에게 생 시랑과 장세니우스, 앙투안 아르노의 저서들을 빌려주어 읽게 하였다. 먼저 파스칼이, 그 다음에 자클린이 감화되었고, 곧 그들의 부친과 온 가정이 변화되었다. 여기에서 '감화'가 의미하는 것은 '진정으로 충실한 기독교인의 삶을 사는 것'이었다. 동시에 파스칼 가족은 아우구스티누스의 신학에 눈을 뜨게 되었다. 이것은 서양의 가장 심오한 종교적 천재였던 성 아우구스티누스(354-430)의 사상을 옹호하는 것을 의미하였는데, 당시에 이 사상의 중심지는 파리의 포르루아얄 수도원이었다. 파스칼은 누이들과 함께 생 시랑을 연구하였고, 지금의 벨기에에 위치한 이프르의 주교였던 얀센이 쓴 『아우구스티누스』(*Augustinus*)를 읽게 되었다.

한편 파스칼의 건강이 악화되자, 의사들은 그에게 모든 정신 집중을 포기하라고 권고하였다. 그래서 그는 1647년 여름부터 1654년 가을까지 자클린과 함께 파리에 머물면서 사교계에 출입하게 된다. 그러면서도, 다른 한편으로는 진공 문제에 관한 생각을 계속하였다. 그는 1651년에 『진공론』을 작성하여 리슐리외의 조카 애귀용 공작 부인의 살롱 등 귀족들의 살롱에서 강연을 하였다. 파스칼은 그 즈음에 옛 친구였던 로안네즈 공작과 가까이 지냈다. 이 사람은 대관식에서 루이 14세에게 왕복을 입혀 주었던 여섯 사람의 귀족들 가운데 한 사람이었고, 오베르뉴 지방의 총책임자(오늘의 주지사)였다. 그리고 그는 수학에 대한 열정을 가진 사람이었다.

신학 논쟁

인간의 구원이 자신의 공로에 의해서인가? 아니면, 하나님의 은총에 의해서인가? 이 문제에 대한 논쟁이 5세기에 펠라기우스와 성 아우구스티누스 사이에 있었다. 결국 종교회의에서 아우구스티누스의 신학이 인정을 받았고, 펠라기우스는 단죄되었다. 그런데 16세기에 또다시 이 논쟁이 재현되었다. 이번에는 펠라기우스와 상반된 교리를 주장했던 개혁자 칼뱅이 가톨릭 교회에 의해서 배척을 받았다. 반면에, 스페인의 제주이트 신학자인 몰리나는 칼뱅에게 대응하면서 아우구스티누스의 교리를 다소 완화시켜서, 인간은 자신의 공로에 의해서 하나님의 은총을 받을 수 있다고 주장했다. 그러나 인간의 가능성에 관한 이러한 낙관주의적 흐름에 반대하던 이프르의 주교 얀센은 그의 저서에서, 성 아우구스티누스의 교리를 좀 더 엄격하게 만들었고, 그 때문에 칼뱅의 교리와 가까워지게 되었다. 그 결과, 벨기에 루뱅 대학에서 얀센과 몰리나 사이에 논쟁이 재현되었고, 프랑스에서는 장세니스트와 몰리니스트 사이에 논쟁이 시작되었다. 논쟁의 불씨는 얀센의 저서 『아우구스티누스』의 발간이었다. 얀센은 그의 라틴식 이름인 '장세니우스'로 프랑스에 알려졌고, 그의 신학 사상은 장세니즘이라는 이름으로 알려지게 되었다. 얀센의 저서를 프랑스에 소개한 사람은 1635-1636년 사이에 포르루아얄 수도원의 원장을 역임했던 생 시랑이었다. 그리고 장세니즘과 신학적으로 대립한 것은 스페인의 신학자 몰리나의 신학 사상인 몰리니즘이며, 이를 지지한 사람들은 프랑스 제주이트 교단의 사제들이었다.

논쟁의 쟁점

기독교 교리에 의하면, 아담의 범죄로 인해서 전 인류가 영벌을 받게 되었다. 그렇지만 하나님께서는 인류에게 자비를 베푸셨다. 그래서 예수 그리스도께서 인류를 구원하시기 위해 십자가에서 죽으셨다. 그렇다면 구원은 인간의 노력에 달려 있는 문제인가, 아니면 하나님의 은총에 달려 있는 문제인가? 수도사 펠라기우스는 전자라고 주장했다. 그는 인간의 '자유의 변함없는 자율성'과 인간이 '자력으로 선을 행할 수 있음'

을 강조하였다. 여기에 반대하여, 성 아우구스티누스는 정통 교리를 주장했다. 즉, 하나님의 은총 없이는, 인간은 아무도 구원을 얻을 수 없다는 것이다. 하나님께서는 이 은총을 자신의 뜻에 따라 인간에게 내려 주기도 하시고, 거절하기도 하신다. 이 '효력은총'[1]의 영향 아래서 우리의 영혼은 자유롭게, 그리고 기쁘게 그리스도께로 향한다. 이후 13세기에 토마스 아퀴나스는 이 교리의 엄격함을 조금 완화시켰다.

15세기에 들어서서는 가톨릭 교회의 신학자들 사이에서 '인간의 자유의지에 대한 신뢰'와 함께 '인간 중심의 사상'이 뚜렷이 나타나기 시작했다. 그런데 이와는 대조적으로 개신교의 개혁주의는 '인간 존재가 부패하였다'는 사실과 인간에게 '자유가 없다'는 사실을 힘 있게 강조하고 있었다. 이것은 가톨릭 교회와 개혁교회의 신학적 차이였다. 결국 프랑스에서는 구교와 신교 사이에 종교전쟁(1562-1598)이 벌어졌다. 전쟁 후, 수많은 신교도들이 해외로 망명을 떠났고, 칼뱅의 신학은 이단으로 인식되었다. 이에 대해서, 구교는 트렌트 종교회의(1545-1563)를 계기로 '모든 인간에게 자유의지가 주어져 있으며, 각 개인이 지속적으로 하나님과 교통을 가지기 위해서는 신의 은총이 필요하다'는 것을 강조하였다. 그렇지만 회의에 참석했던 교부들은 유한한 존재인 인간의 '자유'와 무한한 존재인 신의 '은총' 사이에 어떠한 구분이 이루어지는가를 명확히 밝히는 것을 주저했다. 그리고 16세기의 종교개혁자들은 아우구스티누스를 방패막이로 삼아, 인간의 타락을 강조하는 대신에 '자유의지'의 자율성을 부정하였다.

30년 전쟁(1618-1648)은 두 진영, 두 세계관이 서로 대립하도록 만들었다. 그렇지만 이것은 단순히 신학적 대립이 아닌 신학과 정치가 혼합된 대립이었다. 그 결과, 가톨릭 국가인 프랑스의 리슐리외와 정치인들이

1 아우구스티누스 이후에 생긴 용어. 프랑스어로는 grâce efficace.

오스트리아의 가톨릭 가문에 반대하면서 오히려 홀란드의 칼빈주의자들, 독일의 프로테스탄트들, 스웨덴의 루터주의자들 편에 서서 싸웠고, 유럽 대륙의 종교적인 통일의 관점에서 자국의 일시적인 이익을 앞세웠다. 다른 한편으로, 스페인의 독실한 가톨릭 정치인들은 이단자들과 협력하는 것은 지옥의 영감을 받아서 신의 존엄을 침해하는 범죄라고 생각했다.

이러한 신학적 분위기 속에서, 장세니즘은 말하자면 가톨릭 내에서 개혁을 원하는 신학적 흐름으로 인식되었다. 아래의 도표에서 보는 것처럼, 당시 가톨릭 교회는 아우구스티누스를 신학의 중심에 놓고, 좌우 양극단에 위치한 칼뱅과 펠라기우스를 이단으로 인식하고 있었다.

5세기		아우구스티누스		펠라기우스
13세기			토마스 아퀴나스	
16세기	칼뱅			몰리나
17세기		장세니우스		

가톨릭 교회는 **아우구스티누스와 토마스 아퀴나스를 신학의 중심축으로 삼고 있었다**. 그리고 은총에 관한 가톨릭 교리는 반몰리나주의와 반칼빈주의다. 이 가운데 토마스주의는 **충분은총**이 모든 사람들에게 주어지지 않는다는 것이다. 그리고 토마스와 마찬가지로, 파스칼은 하나님께서는 모든 사람들을 다 구원하기를 원치 않으신다는 것, 그리고 예정된 사람들만을 구원하기 원하신다는 것을 증명하고 싶어 했다.[2]

장세니즘과 몰리니즘, 이 두 가지의 신학적 경향들이 충돌하게 된 이유는 바로 '인간의 자유'와 '신의 은총' 사이의 부조화 때문이었다. 창

2 Gérard Ferreyrolles, *De Pascal à Bossuet, La littérature entre théologie et anthropologie*, Honoré Champion, Paris, 2020, pp. 44-47.

설된 지 얼마 되지 않았던 예수회 교단은 트렌트 종교회의가 끝나자마자 르네상스의 이상을 환영함과 동시에, 신교의 견해를 반박하려는 의도에서 '인간의 자유'를 강조하였다. 이 교단의 스페인 신학자 몰리나(Luis Molina, 1536-1600)는 1588년에 『은총의 선물과 자유의지의 조화』(*De Concordia liberii arbitrii cum divinaie gratiae donis*)라는 책을 출판하였다. 이 책에서 그는 이렇게 주장했다. "모든 인간에게는 '충분은총'이 주어졌다. 모든 인간은 자신의 공로에 의해서 이 '충분은총'이 결실을 맺도록 함으로써, 자기에게 '효력은총'이 내려지도록 만들 수 있다. 이 효력은총 없이는 구원받는 것이 불가능하다. 그리고 이 은총을 받은 인간은 충분히 효과적으로 부패를 피할 수 있고, 또 기독교의 복음대로 살아갈 수 있다. 또한 하나님께서는 자신의 은밀한 제안을 인간이 자유롭게 수락하거나, 아니면 거절할 수 있도록 그에게 자유를 주셨다." 이와 같은 몰리나의 신학은 언뜻 보기에 매우 유혹적인 것이었다. 그러나 성서의 본문 속에서 이것을 이해하기는 그리 쉽지 않다. 게다가 이 이론대로라면 인간은 신의 '전지전능함'을 무시할 수밖에 없게 된다. 따라서 이 이론은 성 아우구스티누스의 영향을 받은 일부 로마 가톨릭 신학자들로부터 빈축을 샀다.

장세니우스[3]는 그의 저서 『아우구스티누스』(1640)에서 몰리나의 이러한 교리에 반대하면서, 성 아우구스티누스의 은총 신학을 종합하려고 시도하였다. 이 책은 1641년에 프랑스에서 발간되었다. 그러자, 몰리나의 신학에 동조하는 제주이트들은 이 책의 저자를 맹렬하게 공격하였다. 그들에 의하면, 성 아우구스티누스가 하나님을 향한 근본적인 방향전환을 위해서는 인간에게 은총이 필요하다고 주장했던 것은 옳다. 그러나 그가 주장했던 '은총의 틀림없는 효력'과 '소수의 선택자들에게만

3 네덜란드식 이름은 얀센. 프랑스식 이름은 장센. 라틴어식 이름은 장세니우스(Jansenius).

은총의 선물이 주어진다'는 주장은 설득력이 없다는 것이었다.

소르본 대학의 사건

그 후, 이 신학 논쟁은 파리에서 다시 불붙기 시작했다. 1649년 파리 소르본 대학 신학과는 장세니우스의 저서 『아우구스티누스』 속에 들어 있다고 주장하는 다섯 개 명제들의 짧은 리스트를 작성하여 이를 근거로 장세니우스를 로마에 고발하였다. 1653년 5월 31일에 교황 인노첸시오 10세는 그의 교서(*Cum Occasione*)를 통해서 이 다섯 개의 명제들을 단죄하였다. 그러자 소르본 대학의 젊고 유능한 신학자 앙투안 아르노가 이 책의 저자를 옹호하고 나섰다. 1655년 초에, 아르노는 '사실의 문제'와 '법의 문제'(당위성의 문제)를 구분하면서, 당위성의 문제에 있어서는 고발당한 문구들이 그릇된 의미를 나타내고 있으나, 사실의 문제에 있어서는 "이 명제들이 장세니우스의 작품 속에서 발견되지 않는다."라고 주장했다. 만약에 그 명제들이 『아우구스티누스』 속에 들어 있다면, 아르노 자신도 역시 이 다섯 개의 명제들을 단죄한다고 주장하면서, 그 책 속에서 그 명제들을 자기에게 보여 달라고 응수했다.

그러나 소르본 당국은 이러한 입장에 답변하지 않고, 아르노 교수를 대학에서 제명하려고 정당하지 못한 방법을 시도하였다. 이 대학에서 재직 중인 71명의 교수들이 아르노를 옹호했음에도 불구하고, 프랑스 교회 권력은 정치 권력의 비호를 받으면서, 이 대학에 재직하지 않는 재속 신학자 80명과 탁발 수도회 수도사 40명으로 구성된 120명을 동원하여 투표를 강행한 결과, 3표 차이로 가까스로 아르노를 징계하자는 의견을 통과시켰다. 결국, 그는 '사실의 문제'로 인해 징계를 받게 된 것이다. 게다가 아르노는 '법의 문제'로 인해 또다시 징계를 받을 위기에 놓이게 되었다. 만약에 그가 또다시 징계를 받게 된다면, 그 자신의 존재는 물론 포르루아얄 수도원의 명성도 역시 위기에 빠질 가능성이 있었다. 이렇게 억울하고 부당한 탄압에 직면하여, 아르노는 파스칼이 자기의 입장을 대변해 주기를 바랐다.

시골 친구에게 보낸 편지

이런 상황에서는, 아무도 선뜻 나서려고 하지 않았다. 바로 그때, 파스칼이 뛰어들었다. 그는 신속하게 소르본 대학의 반감을 진정시킬 수 있을 만한 지원을 대중들에게서 얻어 내야 한다고 생각했다. 그래서 그는 1656년 1월 23일 '루이 드 몽탈트'(Louis de Montalte)라는 가명으로 「소르본 대학에서 현재 벌어지고 있는 논쟁에 관하여, 한 친구가 시골 친구에게 보낸 편지」를 발행하였다. 발행 이후 파스칼은 열여섯 통의 다른 편지들을 연이어 발표하였고, 1657년 3월 24일의 날짜가 적혀 있는 마지막 편지를 5월에 발표하였다. 경찰의 개입에도 불구하고 당국은 이 책의 비밀 인쇄를 막지 못했을 뿐만 아니라, 가명의 필자를 밝혀내는 데에도 역시 실패하였다. 파스칼은 그의 동료들이 주는 자료와 조언에 힘입어, 은총에 관한 논쟁을 전개한 후에(첫 번째~네 번째 편지), 일부의 퇴폐적인 결의론자들과 제주이트 사제들의 윤리 신학을 공격하고 나서(다섯 번째~열여섯 번째 편지), 은총에 관한 논쟁으로 다시 돌아온다(열일곱~열여덟 번째 편지).

파스칼은 그의 편지들 속에 아이러니와 열정과 웅변을 쏟아 부었다. 1656년 3월에 포르루아얄 수도원이 박해를 받았고, 교황의 단죄가 있었고, 시골 친구에게 보낸 편지가 금서로 지정되었음에도 불구하고 그의 열정은 조금도 약화되지 않았다. 그러나 그는 경찰의 추적을 피하기 위해서 자주 이름을 바꾸고 숙소를 옮기지 않을 수 없었다.

『시골 친구에게 보낸 편지』의 논쟁이 한창 진행되고 있을 때, 이 글의 저자인 파스칼의 삶 속에 지진과 같은 또 하나의 사건이 일어났다. 그의 조카인 마르게리트 페리에는 파리 포르루아얄 수도원의 기숙사 학생이었는데, 1653년부터 눈물관에 악성 질병이 생겼다. 그의 눈에 화농이 계속 생기는 것을 보고, 의사들은 여러 가지 처방을 시도했으나 실패하였다. 그 무렵, 포르루아얄 수도원에서는 수난절을 맞이하여 그리스도의 가시관의 일부인 유물을 전시하고 있었는데, 1656년 3월 24일 미사가 진행되는 동안에 마르게리트가 이 유물을 만지는 순간, 놀랍게도 이 소녀의 병이 거의 즉시 완치되었다. 이 사건은 놀라운 반향을 불러일으켜서 파리 사람들이 포르루아얄로 몰려들기 시작하였고, 조사를 담당했던 파리 주교의 파견자들은 이 치료의 기적적인 성격을 인정하였다(1656년 10월 22일). 파스칼은 이 기적이 포르루아얄을 위한 하나님의 분명한 현현(顯現)이며, 그의 가정에 내려 주신 전례 없는 선물이라고 판단하였다.[4] 파스칼이 그의 불후의 명작인 『팡세』를 구상하게 된 것은 바로 이 무렵의 일이었다.

『시골 친구에게 보낸 편지』의 작성 기간은 또 다른 작품 『팡세』의 작성 기간과 일부 중첩된다. 이 두 작품들 사이에는 연속성과 불연속성의 밀접한 관계가 있다. 『시골 친구에게 보낸 편지』를 작성하는 도중에 『팡세』의 호교론 계획이 탄생했다. 이것은 연속성이다. 그러나 전자의 작성이 논쟁적인데 반해서, 후자의 작성은 호교론적이다. 전자의 대화 상대가 당시 교회의 일부 부패한 지도자들인데 반해서, 후자의 대화 상대는 신앙이 없는 모든 사람들이다. 이것은 불연속성이다. 열여덟 번째 편지에는 코페르니쿠스에 대한 언급이 나타나는데, 이것은 폴란드의 천문학자를 옹호하면서, 교황의 한계성을 보여 주려는 것이었다.

일부 제주이트 사제들의 환상(fantaisie)에 대한 비판은 '진리로부터 벗어나는' 탈선(divertissement)에 관한 성찰에 기초한 것이다. 코페르니쿠스는 프톨레마이오스의 천동설에 반대하면서, 지동설을 주장하였다. 1616년, 교황 바오로 5세는 코페르니쿠스의 주장이 성경에 위배된다는 이유로 그를 단죄하였다. 그 후, 로마 교회가 그의 지동설을 인정한 것은 440

4 파스칼, 『팡세』, 김형길 옮김, 서울대학교출판문화원, 449편과 753편 참조.

년 후인 1992년의 일이었다. 그러므로 『시골 친구에게 보낸 편지』 속에서 파스칼이 전개하는 투쟁은 로마의 영적인 압제에 맞서서 용기 있게 '검토의 정신'을 호소하는 갈릴레이의 투쟁에 비교될 수 있을 것이다.

파스칼의 편지들에 의해서 고발당한 결의론자들의 도덕적인 환각을 보고서 분개한 일부 성직자들이 동요하기 시작했다. 파스칼은 1657-1658년에 여러 개의 다른 반박서들을 작성하여 발표했다. 비록 은총에 관한 논쟁에서 아르노가 응수했던 반박은 성과가 없이 끝났지만, 포르루아얄에 의해서 광범하게 전개된 운동은 1666-1679년 사이에 마침내 로마 당국에 의해서 '결의론'이 단죄를 받도록 이끌었다. 반면에, 교황 알렉산데르 7세는 1656년 10월 16일에 그의 교서(*Ad Sacram*)에서 5개의 명제들을 단죄했다. 그는 이 명제들이 장세니우스의 의미로서 단죄되었다고 밝혔지만, 그 의미가 정확히 무엇인지는 끝까지 밝히지 않았다. 파스칼과 포르루아얄이 아무리 자료의 애매함을 반박해 보았자 소용없는 일이었다. 반(反) 장세니스트 편에서는 끊임없이 장세니우스가 칼뱅의 오류를 되풀이하고 있다는 것을 증명하려고 노력했고, 반대로 장세니스트 편에서는 그들이 정확하게 성 아우구스티누스의 신학에 충실하다는 사실을 보여 주려고 노력했다.[5]

열여덟 통의 편지들은 당국의 허가를 받지 않고 몰래 출판되었다. 저자는 계속해서 '루이드 몽탈트'라는 가명으로 경찰의 추적을 피했다. 편지들은 감동을 불러일으켰다. 그것은 파스칼의 재능과 그의 열정적인 확신이 가져 온 성공이었다. 파스칼은 그때까지만 해도 전문가들만이 다룰 수 있는 까다로운 신학 문제들을 수학자의 정확성으로 모든 교양인들이 쉽게 이해할 수 있도록 설명하였다. 그는 독자들을 계몽시키면서, 동시에 그들이 어려운 신학 문제들을 재미있게 생각하고 열정을 느

5 Louis Cognet, *Le Jansénisme*, P.U.F., 1985, p. 42.

길 수 있도록 만드는 묘기를 발휘했다.

첫 번째~열 번째 편지들은 대화 형식으로 쓴 편지들이었다. 그러다가 열한 번째~열여섯 번째 편지들은 대화 형식을 버리고 직접 제주이트의 고위 사제들에게 쓴 것들이고, 마지막 열일곱 번째~열여덟 번째 편지들은 프랑스 국왕의 고해신부이며 제주이트의 최고위층 사제인 아나(François Annat, 1590-1670) 신부에게 쓴 것들이다. 이러한 표현 형식의 변화는 논쟁의 주제 자체의 변화와 절묘하게 조화를 이룬다.

편지들 속에서 은총 문제

첫 번째~네 번째 편지들은 은총 문제를 다루고 있다. 그리고 마지막 열일곱~열여덟 번째 편지들도 다시 이 문제를 다룬다. 여기에서 파스칼이 말하고 싶어 하는 것은 두 가지다. 첫째, 장세니스트의 교리는 결코 이단이 아니라, 순수하게 성 아우구스티누스의 교리를 다시 소개한 것이라는 점과, 둘째, 모든 논쟁은 '근접능력'이나 '충분은총'과 같은 몇 가지 용어들의 애매모호함에서 비롯된 것이라는 점이다. 이 용어의 애매성은 제주이트들이 장세니스트들에게 반대하기 위해서, 인위적으로 다수의 사람들을 소르본 신학 대학으로 결집시키려는 의도에서 조작된 것이다.

파스칼은 토마스주의자들의 의견이 실상은 장세니스트들과 일치하며, 오히려 몰리니스트들과 대립된다는 것을 보여 준다. 네 번째 편지에서, 그는 정면으로 어떤 변화를 유도한다. 그리고 첫 번째~네 번째 편지들과 열일곱 번째~열여덟 번째 편지들 사이에 나오는 편지들, 즉 다섯 번째~열여섯 번째 편지들은 당시 윤리적으로 문란해져 있던 제주이트와 몰리니스트 사제들의 윤리 문제를 비판한다.

결의론자들의 그릇된 윤리

다섯 번째 편지는 훨씬 더 다루기 쉬운 윤리의 차원에서 논쟁을 전개한다. 여기에서는 윤리적으로 흠잡을 데 없는 장세니스트들의 입장이 훨씬 더 유리하다. 파스칼의 의도는 두 가지다. 하나는 적들의 용서할 수 없는 오용에 반대하는 것이고, 다른 하나는 적들의 신용을 떨어뜨리는 것이다. 제주이트들은 그들이 윤리적으로 잘못을 범하고 있는데, 어떻게 교리적으로는 자기들이 옳다고 주장할 수 있을 것인가? 그런데도, 제주이트들은 기독교의 원칙들을 그대로 표방하면서, 그 대신에, 인간의 연약성과 타협하는 입장을 취했다.

'결의론'은 윤리 신학의 원리들을 구체적인 사례에 적용하는 기술이다. 즉, 이것은 양심의 사례 연구다. 달리 말해서, 이것은 일반적인 윤리 규칙을 특별한 경우에 적용하는 것이다. 이것은 고해자들이 실천해야만 될 필수적인 지식이기도 했다. 결의론과 윤리의 관계는 판례와 법률의 관계와 같다. 이것은 스페인에서 시작되었고, 인간적인 호응을 얻기 위해서 관용주의에 도움을 받고 싶어 한다. 이것은 기독교 교리의 의무를 다소 생략하려고 노력한다. 그 때문에, 여기 저기에서 항의가 빗발쳤다. 여기에서 우리는 당시 가톨릭 신자인 군주들과 대귀족들은 대체로 제주이트 사제들을 고해신부로 두고 있었다는 점을 기억해야만 한다. 그들은 모두 공식적으로는 기독교인이라고 표방하지만, 실제로는 기독교인의 덕을 거의 실천하지 않았던 것이다. 그렇다면 그들을 어떻게 지도해야 될까? 기독교 윤리를 왜곡하면서까지 그들을 관대하게 다루어야만 될까? 제주이트들은 이 방법을 선택했지만, 장세니스트들은 그러한 타협에 대해서 크게 반발했다.

때문에, 파스칼은 '개연성의 교리'를 공격한다. 이 교리에 의하면, 고해자들은 자신들의 죄를 변호하기 위해서 결의론자가 주장하는 개연적 견해의 도움을 받는다(다섯 번째~여섯 번째 편지). 예를 들면, 결투나 살인과 같은 가장 중대한 범죄라 할지라도 의도의 방향을 바꿈으로써 변명이 가능해진다(일곱 번째~여덟 번째 편지). 용이한 종교적 의무의 심중유보(restriction mentale, 의중을 숨기거나 생각을 말하지 않는 것)

와 가까스로 위장하는 거짓말 등 "사람들은 자기가 실제로 그런 일을 저질렀음에도 불구하고, 자기가 어떤 날, 또는 자기가 태어나기 이전이라도 그런 일을 저지르지 않았다고 스스로 이해하면서, 그리고 자기가 사용하는 말들이 그 사실을 알 수 있게 해 줄 만한 어떤 의미도 내포하지 않도록 함으로써, 자기는 그런 일을 저질르지 않았다고 선언할 수 있다."(아홉 번째 편지) 마지막으로, 그들은 신자들에게 하나님을 사랑하는 것을 면제해 준다(열 번째 편지). 이 열 번째 편지의 끝부분에서, 아이러니와 함께 파스칼의 분노가 폭발한다. 실제로, 파스칼은 열한 번째~열여섯 번째 편지에서 끊임없이 제주이트들의 문란해진 윤리를 공격하다가, 그들의 중상모략을 격렬하게 비판한다.

신학 논쟁의 가치와 범위

파스칼은 소르본 대학을 넘어 운명의 문제, 윤리적 삶의 문제 등 영원한 문제들을 제기했다. 그는 이 문제들을 순수한 신학자로서가 아니라, 인간의 본질적 문제에 골몰하는 철학자로서 다루었다. 우리는 제주이트들을 공격하는 그를 보면서, 나중에 불신앙자들에게 글을 쓰는 『팡세』의 호교론자를 감지하게 된다. 1709년에 포르루아얄 수도원의 파괴로 인해서, 장세니즘은 외형적으로는 실패한 것처럼 보였으나, 윤리적으로는 승리했다고 볼 수 있다.

17세기는 겉으로 보기에 매우 기독교적인 것처럼 보였지만, 자세히 들여다 보면, 비종교적인 자유 사상의 강한 기류가 흐르고 있었다. 특히 1600-1660년 사이에는 더욱 그러했다. 포르루아얄 수도원은 신앙적으로나 윤리적으로나 대중들의 존경을 받고 있었지만, 정치 권력은 이 집단의 독립성을 경계하였다. 따라서 프랑스 성직자 총회는 각 사제들과 수도사들에게 반 장세니스트적인 서식에 서명할 것을 강요하기로 결정했는데, 이 서명의 문제는 오랫동안 프랑스 교회를 혼란에 빠뜨렸다.

결의론이란 무엇인가? 이것은 범죄의 경중을 정확히 결정하기 위해서, 범죄 주변의 특수한 상황을 판단하는 기술이다. 이것은 또한 고해신부들을 교육하기 위한 법률 지식이다. 이것은 복음서의 요구와 세상의 조류를 화해시키려 할 때 필요한 것이다. 이것은 사람들의 윤리적인 노력을 좌절시키는, 접근하기 어려운 기독교의 교리들을 사람들이 쉽게 접근할 수 있도록 그들의 능력 범위 내에 놓아 주는 것이다. 그렇지만 이것을 너무 관대하게 다룰 경우, 기독교 윤리는 단지 명목에 불과할 뿐, 실상은 세상의 윤리와 전혀 다를 바가 없게 될 위험성이 있다. 파스칼이 폭로한 것은 바로 이 부분이었다. 금욕주의는 기독교인의 삶에 있어서 어느 정도 필요한 요소다. 양심의 관점에서만 보더라도, 진정한 기독교인은 인간의 본능과 이익에 반해서 끊임없이 영적 싸움을 하면서 성숙해져야만 된다는 것이 기독교 윤리의 조건이기도 하다.

그 때문에, 파스칼은 신학 문제들을 교회 밖으로 끌어내어, 대중들에게 판단해 달라고 호소했다. 그는 종교적인 문제들을 해결하는 데 있어서, 세속의 단순한 기준과 상식이면 충분하다고 대중들을 설득했다. 그는 신학 논쟁을 세상 사람들의 판단에 맡김으로써, 결과적으로는 18세기 계몽주의자들에게 출로를 열어 주었다. 종교개혁자들의 경우도 마찬가지였다. 그들은 성서를 검토하는 일을 백성들에게 맡김으로써, 비록 신앙이 없는 사람들이라 할지라도, 특별한 종교적 지식 없이도 시비를 판단할 수 있도록 만들었다.

그러므로 『시골 친구에게 보낸 편지』의 문학적 가치는 바로 인간의 이성에 호소하는 데에 있다. 오직 이성에만 호소하는 이 편지들은 인간의 윤리성과 지성의 본질적인 원칙 위에서, 그리고 진리와 선에 대한 감각 위에서, 백성들로 하여금 스스로 판단할 수 있도록 하기 위해 쓰여졌다. 그러므로 기독교인이건 아니건 간에, 인생의 규칙을 추구하는 사람이라면, 이 편지들은 누구나 읽을 만한 가치가 있는 것이다.

파스칼의 수사학

파스칼은 전문가들만이 다룰 수 있는 난해한 신학 문제들을, 수학자의 정확성으로 예리하게 분석하면서, 일반 교양인들은 물론 여인들과 어린아이들까지도 재미있게 읽고 이해할 수 있을 만한 글로 옮겨 쓰는 묘기를 보여 주었다. 그리고 그는 변증법과 아이러니와 웅변이라는 세 가지의 수사학적 무기들을 자유자재로 활용하면서, 결의론자들의 문란한 윤리를 무섭게 공격했다.

파스칼의 누이 질베르트 페리에가 쓴 「**파스칼 씨의 생애**」 속에 이런 글이 나온다. "자연스럽고 순진하면서 동시에 강렬한 그의 글쓰기 방식 덕분에, 그가 계속해서 가까운 사람들에게조차 자기를 숨기려고 노력했음에도 불구하고, 사람들은 『시골 친구에게 보낸 편지』가 그의 것임을 곧 알아보았다." 여기에서 '사람들'은 소수의 파스칼의 측근들을 의미한다. 『파스칼 씨의 생애』는 그가 죽은 후 몇 달 동안에 걸쳐 작성되었고, 그로부터 22년 후인 1684년에 네덜란드 암스테르담에서 발간되었다.

파스칼의 조카 마르게리트 페리에에 의하면, 아르노는 자기 자신을 변호하기 위해서 글을 작성하여 여러 사람들 앞에서 읽었다. 그러나 아무도 칭찬해 주지 않았다. 그러자 아르노는 파스칼에게 이렇게 말했다고 한다. "젊은 당신이 뭔가를 하셔야 되겠습니다." 그렇지만, 이 일화는 신빙성이 떨어지는데, 파스칼이 편지들을 작성하기 훨씬 전인 1655년 12월에 아르노가 이미 포르루아얄을 떠났었기 때문이다.[6] 그에 비해서, 니꼴의 다음과 같은 말은 좀 더 신빙성이 있어 보인다. 몇몇 사람들이 소르본 대학에서의 논쟁에 대해 이야기를 나누다가 그들 중 한 사람이 이렇게 암시를 주었다. "최선의 방법은 소르본 대학의 논쟁이 말싸움에 불과하다는 것을 알려 주는 변박서를 대중들에게 퍼뜨리는 것이다." 모

6 Gérard Ferreyrolles, *De Pascal à Bossuet, La littérature entre théologie et anthropologie*, Paris, Honoré Champion, 2020, p.320, 각주 27.

두가 이 계획에 찬성했다. 그리고 파스칼은 자기가 그 일을 해 보겠다고 자청했다. 그가 첫 번째 편지 원고를 작성하여 한 친구에게 보여 주자, 그는 당장에 그것을 인쇄하는 것이 좋겠다고 말했다. 이렇게 해서, 저자의 익명성은 몇몇 측근들에게만 공유된 비밀이 되었다는 것이다.

파스칼의 수사학을 좀 더 깊이 이해하기 위해서는 이것과 관련된 몇 사람의 이름을 언급하는 것이 좋을 것이다. 수사학(rhêtorikê)이라는 용어가 처음으로 알려진 것은 플라톤이 쓴 『고르기아스』(*Gorgias*)(A.D. 390-380)에서 였다. 그 당시 수사학은 소피스트들과 함께 대중들을 유혹하거나 조종하려는 의도로 발전할 가능성이 있었다. 그래서, 이것은 바른 것과 정의로운 것을 추구하기보다는 즐거움을 추구하고, 진실 자체를 추구하기보다는 '진실임직한 것'(vraisemblance)을 추구할 가능성이 있었다. 만약에 수사학이 진실에 있지 않고 진실임직함에 있다면, 그것은 과학의 대상이 아니라 그럴 법한 논리학의 대상일 것이다. 그때 플라톤이 진실한 수사학, 즉 '진실의 수사학'으로 통하는 문을 열어 놓았다. 이 수사학은 진실만을 말하기 위해서 여론을 따라가지 않는다. 그것이야말로 진정으로 말하는 기술이다.[7]

아리스토텔레스의 수사학은 진실 위에 근거하지 않고 진실임직함 위에 근거했다. 그의 증명의 도구는 생략 삼단논법[8]이었다. 이것은 과학적 삼단논법이 아니라, 변증법적 삼단논법이었다. 즉, 이것은 필연적인 전제 위에 근거하지 않고, 단지 그럴법한 전제 위에 근거한다. 또한 과학은 필연적인 것을 대상으로 삼는데 반해서, 이 수사학은 상반된 두 개의 해결이 가능한, 토론의 여지가 있는 문제들을 대상으로 삼는다.[9]

인쇄술의 발명으로 인해서, 그 동안 교부 신학과 스콜라 신학의 통제

7 위의 책, pp. 456-462.

8 삼단논법에서 두 개의 전제 중 하나를 생략하거나 함축시키는 방법(enthymema, enthymème).

9 위의 책, pp. 457-458.

를 받아 오던 권위와 전통의 글쓰기 체제가 르네상스의 자유로운 글쓰기 체제로 변화되기 시작했다. 16-17세기 프랑스 수사학에 크게 영향을 미친 사람은 피에르 드라 라메(Pierre de la Ramée, 1515-1572)였다. 페트루스 라무스(Petrus Ramus)라는 라틴식 이름으로 더 잘 알려진 그는 데카르트보다 먼저 권위에 의한 논증법을 이성의 이름으로 가차없이 비판했다. 프랑스어로 쓰여진 최초의 철학서인 그의 『변증법』(*dialectique*)이 왕의 특허를 얻은 것은 1555년이었다. 철학자이며 논리학자이기도 했던 그는 철학과 신학 분야에서 아리스토텔레스적인 전통을 비판했다. 또한 그는 키케로 계열의 수사학 이론은 쓸데없이 군더더기 말들이 너무 많다고 비판했다. 그에 의하면, 텍스트의 해석은 전달 방식과 불가분의 관계에 놓여 있다. 왜냐하면, 독서의 오류나 왜곡으로 인해서 텍스트의 내용이 변질될 수 있기 때문이다. "멋진 말은 오류를 매력있게 만드는 대신에 진리를 숨긴다. 그러므로 진정한 설득을 위해서는 기교가 필요하지 않다. 오직 진실만으로 충분하다." 그러나 아리스토텔레스나 키케로의 수사학적 견해는 그와 달랐다. 아리스토텔레스적 전통에 의하면, 수사학은 마치 사회 질서를 유지하는, 그리고 정치 권력의 통제를 확고히 하는 효과적인 수단인 것처럼 인식되고 있었다.

라무스는 그가 인식하고 있는 지식을 뚜렷하게 분류하기 위해서 족보 형태로 인식론적 관계들을 설명하려고 했다. 거기에서 그의 유명한 '나무들' 형태의 그림이 탄생하였다. 그때부터 지식 자체는 그림의 형태로 표현될 수 있었고, 여러 개념들 사이의 관계들이 시각화되기 시작했다.[10] 그의 글쓰기 방식은 개신교 국가에서는 환영을 받았던 반면에, 프랑스에서는 무시를 당했다.[11] 파스칼은 이것을 알고 있었을까? 그것을 증명할 만한 근거를 찾기는 어렵다. 그렇지만, 파스칼의 글쓰기는 마치

10 Denis Hollier, *De la Littérature française*, Bordas, p. 272.

11 위의 책, p. 213.

이러한 흐름들을 잘 알고 있었던 것처럼 보인다. 대수학에 능숙했던 데카르트의 글쓰기는 추상적인 면모를 보여 주는데 비해서, 기하학에 능숙했던 파스칼의 글쓰기는 보다 더 구체적이며 시각적인 면모를 보여 준다. 우리의 사고 속에 떠오르는 개념들은 그것들이 명료하면 명료할수록 시각적으로 더 쉽게 표현할 수 있다. 왜냐하면, 명확한 사고는 반드시 사물들의 명확한 질서를 반영해 주기 때문이다. 게다가, 사물들에 대한 명확하고 진실한 지식은 이성을 명확하게 사용해야만 얻어질 수 있는 것이다. 지식의 분명하고도 뚜렷한 명증성은 개념들을 시각적으로 탐색하는 것에서부터 시작된다. 그리고 언어로써 문장들이 정확하게 작성되고 나면, 이번에는 그 문장들이 그런 질서와 그런 메커니즘의 형식을 좀 더 명확하게 보여 주게 된다.[12] 이런 과정을 가장 분명하게 보여 주는 것은 아르노와 니꼴이 포르루아얄 학교를 위해서 저술했던 책인 『논리학 혹은 사고의 방법』(*La Logique ou l'Art de penser*)이었다.[13]

성 아우구스티누스는 성직자가 되기 전에 수사학을 가르치는 교수였다. 그는 주교가 된 후에 성직자들에게 설교학을 가르치기 위해서 수사학이 필요함을 깨달았다. 왜냐하면, 설교자는 강단에서 영원한 구원에 관해서 청중들을 설득해야만 되기 때문이었다. 아우구스티누스는 키케로의 수사학을 참고했다. 이 로마의 수사학자는 수사학의 기능을 다음의 세 가지로 구분했다. 그것들은 가르치는 것(docere, instuire), 즐거움을 주는 것(delectare, plaire), 감동시키는 것(movere, émouvoir)이다. 그리고 가르치기 위해서는 단순한 문체(style simple)가 필요하고, 즐거움을 주기 위해서는 절도있는 문체(style tempéré)가 필요하고, 감동을 주기 위해서는 숭고한 문체(style sublime)가 필요하다고 말했다.

12 위의 책, p. 273.

13 위의 책, p. 273. Antoine Arnauld et Pierre Nicole, *La Logique ou l'Art de penser*, Paris, Vrin, 1981.

보쉬에는 17세기 프랑스의 성직자이며 웅변가였다. 파스칼과 거의 동시대 인물이었던 그는 성 아우구스티누스를 그의 웅변의 모델로 삼았다. 그가 맨 처음 읽은 책은 이 성자의 『기독교 교리』(*De doctrina christiana*)였다. 그런데 파스칼이 수사학의 필요성을 강조하기 위해서 그의 열한 번째 편지에서 인용했던 책도 역시 이 『기독교 교리』였다. "거짓과 싸울 때 진리가 무장을 해제해야 한다고 누가 감히 말할 것인가? 그리고 신앙의 적들이 강렬한 말로 신자들에게 겁을 주며, 유쾌한 지적(知的) 모임들을 즐기는데 반해서, 신자들은 독자들을 졸게 만드는 무덤덤한 문체로 글을 써야만 된다고 누가 감히 말할 것인가?"[14]

그렇지만, 파스칼의 적들은 오히려 그의 능수능란한 수사학을 비난했다. 즉, 경박하고 세속적인 재치를 사용하여 거룩한 것들을 조롱한다는 것이다. 사도 바울이 "나는 설득력 있는 지혜의 말이 아니라, 성령의 능력으로 전도하려고 하였다."라고 말했던 것처럼, 이것은 기독교 수사학이 부딪치기 쉬운 장애물이기도 했다. 그러나 그에 대한 파스칼의 대답은 분명했다. "수사학의 목표는 진리다. 즉 거짓을 멀리하고 진리를 사랑하게 만드는 것이다. 악한 행동을 배척하고 선한 행동을 사랑하게 만드는 것. 다시 말해서 가르치는 것도 진리이며, 즐거움을 주는 것도 진리이며, 감동을 주는 것도 진리다." 즉, 진리는 파스칼이 생각하는 수사학의 목표인 것이다.

로제 뒤셴(Roger Duchêne)은 그의 책[15]에서 파스칼이 아르노가 준 자료를 검증하지도 않고 인용했다고 말했다. 그러나 페레이롤(Gérard Ferreyrolles)은 실제로는 파스칼이 아르노의 자료를 검증하여 수정한 후 정확하게 인용했음을 보여 준다.[16] 마르게리트 페리에의 말에 의하면, 사람

14 위의 책, p. 461.

15 Roger Duchêne, *L'imposture littéraire dans les Provinciales de Pascal*, 1985, p. 224, n. 2.

16 Gérard Ferreyrolles, *De Pascal à Bossuet*, p. 329.

들이 파스칼에게 물어보자 그는 이렇게 대답했다고 한다. "나는 친구들이 준 책들을 모두 읽어 보지는 않았다. 다만, 에스코바르의 책은 두 번 읽어 보았다. 그 외에 다른 책들은 직접 읽어 보지는 않았지만, 인용한 책에서 인용 구절을 직접 찾아 읽어 보지 않고서는 인용문으로 사용하지 않았다."

예수 그리스도는 이 세상에 평화뿐만 아니라 검과 분열을 가져왔다는 사실을 성경이 우리들에게 가르쳐 준다.[17] 테르툴리아누스(150-222?)는 우상의 광기에 반대하는 호교론을 썼다. 아우구스티누스는 마니교, 도나티스트, 펠라기우스와 싸웠다. 각 세기마다 이단과의 싸움은 존재했었다. 다시 말해서, 어느 시대에나 교회의 적들과의 싸움이 존재했었던 것이다.

'진리'라는 수사학의 목표에 도달하기 위해서는 수사학자의 힘만으로 되는 것이 아니다. 여기에서 파스칼은 기도의 필요성을 깨달았다. 그는 그의 『팡세』 속에서 이렇게 썼다. "만약에 이 논설이 강렬하고 마음에 드신다면, 필자가 이 글을 쓰기 전후에 무릎을 꿇고 기도했었다는 사실을 아시기 바랍니다."[18]

수사학적 특징들

파스칼은 **변증법**에 능숙했다. 그는 비논리와 핑계를 꿰뚫어 보는 탁월한 재능의 소유자다. 뿐만 아니라, 그는 빈틈없는 추론에 의해서 독자를 설득하는 재능과 독자로 하여금 완벽한 딜레마 속에 빠져들지 않을 수 없게 만드는 재능의 소유자다. 설득하는 재능은 그보다 더 명석하고, 그보다 더 효과적인 사람이 없다고 말할 수 있을 정도이다.[19] 그의 수사

17 마태복음 10장 34절.

18 『팡세』, 김형길 옮김, 서울대학교출판문화원, 680편, p. 461.

19 A. Lagarde & L. Michard, *Collection Littéraire* (*XVII e siècle*), Paris, Bordas, 1970. p. 134.

학은 가능한 한 가장 자연스럽게 쓰는 것, 그리고 어떤 경우에든지 가장 설득력 있게 쓰는 것이다. 그리고 그의 문체에서 가장 생생한 두 가지 특성들은 논리성과 열정이다.[20]

파스칼의 변증법이 이성에 호소하는 것이라면, 그의 **아이러니**는 재능 있는 사람들을 자기 편으로 만드는 데 도움을 주는 것이다. 아이러니에 있어서 가장 탁월했던 18세기의 작가들마저도 그를 부러워한다. 그 정도로 그의 필체는 재치 있고 다양하다. 그는 순진한 사람인 척 가장한다. 이 편지들 속에서, 주인공인 몽탈트의 모습은 지당한 여론을 조성하기 위해서 아주 순진한 모습으로 사실을 조사하고 있는 비종교인의 모습으로 그려진다. 그렇게 해서, 장세니스트의 명제는 공정하고도 명료한 추론을 거쳐서 불가피한 결론에 도달하게 된다.[21] 선량한 사제들의 눈에 필자는 가끔씩 다정다감한 사람으로 보인다. 주인공은 그들의 수완이 좋다고 말하면서 생생하게 감탄사를 연발한다. 다만 그들이 순진하게도 자기들의 전략을 노출시켰을 때는, 그는 혹독하게 그들을 공격한다. 결국 그들은 말장난을 하고 있다. 그들은 할 수 없는데도 '능력'이라고 하고, 충분하지 않은데도 '충분'이라고 말한다. 그중에서도 가장 유명한 것은 두 번째 편지의 끝에서, '근접'(prochain)이란 말에 대해서 오랫동안 논란을 벌인 후에, "토마스주의자들과 몰리니스트들 사이에 입술로만 일치가 이루어진다."라고 꼬집는 대목이다. 그래서, 파스칼은 이렇게 결론을 내린다. "나는 당신들이 '근접'이란 말의 편을 들든지, 그렇지 않든지 할 수 있도록 자유를 드리겠습니다. 왜냐하면 나는 내 이웃(prochain)을 너무 사랑하기 때문에 그런 핑계로 그를 괴롭힐 수는 없기 때문입니다."

파스칼은 숭고한 **웅변**을 통해서 사람들의 마음을 감동시킨다. 볼테르는 그의 저서 『루이 14세의 시대』 속에서 이렇게 쓰고 있다. "산문에 있

20 Gustave Lanson, *Histoire de la Littérature Française*, Paris, Hachette, 1929, p. 201.

21 A. Lagarde & L. Michard, *Collection Littéraire* (*XVII e siècle*), Paris, Bordas, 1970. p. 136.

어서 최초로 천재적인 작품은 『시골 친구에게 보낸 편지』다." 여기에 우리들은 이렇게 덧붙인다. "야유와 저주로부터 묵상과 비장한 주문에 이르기까지, 온갖 종류의 웅변이 그 속에 포함되어 있다." 열두 번째 편지의 결론 외에도, 우리는 열 번째 편지의 다음과 같은 구절을 인용할 것이다. "예수 그리스도의 피의 대가가 우리들로 하여금 예수를 사랑하지 않도록 만든 것이라고요! 성육신하시기 이전에 우리는 하나님을 사랑하지 않으면 아니 되었습니다. 그런데 하나님께서 이 세상을 너무도 사랑하시어 자기 외아들을 주셨는데, 그 아들에 의해서 구원을 받은 세상 사람들이 그 예수를 사랑하지 않아도 된다고요! 요즘에는 이상한 신학도 다 있군요! 성 바울이 감히 주 예수 그리스도를 사랑하지 않는 사람들에게 던졌던 저주를 우리가 입에 올려야 하다니요! 성 요한은 '사랑하지 않는 자는 죽은 자'라고 했고, 예수 그리스도께서도 '사랑하지 않는 자는 나의 계명을 지키지 않는 자'라고 했는데, 우리가 감히 그런 말씀들을 폐지하다니요! 그렇다면, 일생 동안 하나님을 사랑하지 못했던 사람들을 영원히 하나님을 기뻐할 수 있도록 만들어야만 되겠군요! 그것은 바로 타락의 극치입니다. 나의 아버지시여, 저들의 눈을 열어 주소서! 만약에 당신이 결의론자들의 잘못에 충격을 받지 않으셨다면, 이 결의론자들의 방탕을 물리쳐 주소서! 당신을 위해서, 그리고 당신의 모든 사제들을 위해서 전심으로 그들을 그러한 벼랑으로까지 몰고 갔던 각성이 얼마나 잘못되었는지를 그들이 알게 하소서! 사랑하는 것을 면제받은 사람들, 즉 사랑하지 않아도 된다고 생각하는 사람들을 당신의 사랑으로 채워 주소서!"

볼테르가 말했던 것처럼, 이 책에는 파스칼의 왕성한 논리와 열정적인 격분, 그리고 미묘하면서도 무서운 아이러니 등 모든 종류의 웅변이 포함되어 있다. 제주이트 신부들이 자기 나름의 어조로, 그리고 삶의 자연스러운 모습으로 우리들 앞에서 행동하고 손짓하고 말하도록 만드는 그 최고의 기술은 드라마틱한 상상력의 능력을 표시하는 것이다. 라신

느는 이렇게 말했다. "당신에게는 『시골 친구에게 보낸 편지』가 코메디로 보이지 않습니까?"

그 외에도 자연스러운 글쓰기, 설득력 있는 글쓰기, 생기 있는 논리와 열정적인 설득, 화자(話者)의 단순 솔직한 성격, 해설의 객관성 등이 파스칼의 글쓰기에서 우리들이 엿볼 수 있는 특징들이다. 하지만 그의 편지들 속에 들어 있는 조금 더 감탄스러운 특징은 역시 **단순성**과 **객관성**이다. 파스칼이 전개하고 있는 증명 뒤에 필자의 모습은 지워져 보이지 않는다. 우리들은 필자가 표현을 선택하고 논증을 전개해 나가는 과정 속에서만, 필자의 개성을 알아차릴 수 있게 된다. 왜냐하면, 파스칼은 모든 종류의 수사학적 방법들을 오로지 글의 주제로부터 이끌어 내기 때문이다. 그 때문에 그는 그의 수사학적 재능을 마음껏 발휘하면서도 자연스러움을 그리도 완벽하게 표현할 수 있었다. 고대의 웅변가였던 데모스테네스가 그와 비교될 수 있겠지만, 그 역시 결코 파스칼보다 더 좋은 글을 썼다고 말할 수는 없을 것이다.[22]

문학사가인 앙투안 아담은 17세기의 비평가 브왈로의 말을 인용하면서 '『시골 친구에게 보낸 편지』는 프랑스 문학이 낳은 가장 위대한 작품 중의 하나'라고 격찬하였다.[23] 교양 있는 독자들의 눈에 비친 이 작품의 매력은 당시 교회와 국가의 절대권력에 맞서서, 사상과 양심의 자유를 옹호했다는 데에 있었다.[24] 이 작품은 그 목표가 증명에 있는 이성의 작품이다. 이것은 추론의 연결에 의한 방법을 사용하면서, 아름다움과 진실의 보편적 성격을 실현한다. 이것은 또한 이성의 흐름을 따르면서, 작가 자신에 대해서는 전혀 이야기하지 않고, 항상 주제에 대해서 이야기

22 Demosthenes(B.C. 384?-322). 고대 그리스의 최고의 웅변가.

23 Antoine Adam, *Histoire de la Littérature Française*, Tome II, Paris, del DUCA, 1962, p. 270.

24 Denis Hollier, *De la Littérature Française*, Bordas, 1993, pp. 308-309.

한다. 결국 이것은 이성을 최대한 잘 사용하기 위해서 수사학적 방법을 사용하는, 하나의 예술 작품인 것이다.[25] 그래서, 논리의 정연함과 형식의 자연스러움은 프랑스인들로 하여금 아직까지도 이 작품을 프랑스 문학사에서 불후의 기념비로 인식하도록 만들고 있다.

독자들의 반응

이 편지들은 17세기 파리 소르본 대학에서 일어났던 실제 사건을 다루고 있다. 즉 이것은 17세기 프랑스 저널리즘의 표본인 셈이다. 왜냐하면, 이 편지들의 저자는 1년 2개월 동안에 파리에서 벌어지고 있는 논쟁을 열여덟 통의 편지에 담아서 한 통씩 한 통씩 프랑스의 시골 한 구석에 살고 있는 친구에게 전달해 주고 있기 때문이다. 파스칼은 신학 논쟁에 대한 심판을 대중들의 판단에 맡기려고 했다. 이 방법은 18세기 말에 프랑스 대혁명을 주도했던 계몽주의자들이 답습했던 방법이기도 하다. 『페르시아인의 편지』를 쓴 몽테스키외와 『철학서간』을 쓴 볼테르, 그리고 『달랑베르에게 보낸 편지』를 쓴 장 자크 루소의 글에서, 우리는 파스칼의 영향을 느낄 수 있다. 사도 바울이 쓴 여러 통의 편지들이 세계 역사의 흐름을 바꾸어 놓았던 것처럼, 파스칼이 쓴 편지들은 분명히 후대 역사의 흐름을 바꾸어 놓았다. 신(神)은 언제나 우리들에게 따뜻한 햇볕과 온갖 종류의 축복을 내려 주신다. 그럼에도 불구하고, 불행한 사람들이 그렇게 많은 이유는 무엇 때문일까? 그것은 정치 권력과 교회 권력이 그 축복을 가로막고 있기 때문이다. 이것이 바로 파스칼과 계몽주의자들의 공통된 생각이었다.

이 편지들에 대한 대중들의 반응은 매우 뜨거웠다. 지성인들의 갈채는 물론이고,[26] 아카데미 회원 중 한 사람도 찬사를 보냈다. 문학인들 사

25 Gustave Lanson, *Histoire de la Littérature Française*, Paris, Hachette, 1929, p. 214.

26 2008년 Chez Nolin에서 발간한 *Journal de Saint-Gilles*는 좋은 자료다.

이에서도 감탄사가 터져 나왔다. 유명한 소설 작가였던 스퀴데리 양[27]과 귀족이며 여류 작가였던 세비녜(Sévigné) 부인[28]이 편지들에 대한 그들의 감탄을 글로 표현했다. 정치계의 분위기도 매우 뜨거웠다. 리슐리외의 후임자인 수상 마자랭과 어린 루이 14세는 사람을 시켜서 일곱 번째 편지를 읽어 보게 했다. 국회의원들도 편지들이 발간될 때마다 관심을 기울였다. 일반 대중들의 반응은 매우 호의적이었다. 다섯 번째 편지부터 6천 부를, 열일곱 번째 편지부터는 1만 부를 인쇄했다. 당시로서는 놀랄 만한 부수였다. 경찰들은 인쇄업자들의 집을 급습했고, 포르루아얄 수녀원을 수색했다. 프랑스 국왕의 경호 책임자이며 국쇄 관리 책임자였던 삐에르 세귀예[29]는 두 번째 편지가 발간되었을 때부터, 주변 사람들에게 분노로 인한 자신의 고통을 호소했다.

『시골 친구에게 보낸 편지』의 재판이 인쇄된 것은 1657년이었고, 그 후 1700년까지 최소한 30판 이상 인쇄되었다. 1657년에 영어 번역판이 나왔고, 1658년에 그 재판이 인쇄되었다. 1658년에 니꼴이 라틴어 번역판을 인쇄했고, 1660, 1661, 1665, 1679년에 그 재판이 인쇄되었다. 이것은 이 편지들이 전 유럽의 지성인들 사이에서 환영을 받았음을 확인해 주는 것이다.

파스칼과 포르루아얄

파스칼이 포르루아얄 수도원에 발을 들인 것은 1656년 1월이었다. 그가 가장 아끼던 여동생 자클린이 그곳에 있었기 때문이었다. 이 수도원은 처음에 슈브뢰즈 계곡(파리에서 남서쪽으로 25km 거리에 위치)에 설립되었다가 전염병이 유행할 때 파리 시내로 이전해 왔다. 그 후 이 수도원

27 Mlle. De Scudéry(1607-1701).
28 Mme. De Sévigné(1626-1696).
29 Pierre Séguier(1588-1672).

은 수녀원장 앙젤리크의 현명한 개혁(1642-1654)에 힘입어 빠르게 성장하면서 수녀들이 100여 명으로 증가했다. 한편, 80km 정도 떨어져 있는 포르루아얄의 시골 분원(分院)은 은퇴하여 연구와 기도 생활을 원하는 남자들을 받아들였다. 그들 중에는 뛰어난 학자들도 있었는데, 그들은 포르루아얄 소학교에서 아이들을 가르쳤다. 그러다가 1648년부터는 파리와 시골에 있는 두 개의 수도원이 한 수녀원장의 지도 밑에서 하나의 공동체를 형성하게 되었다. 1651년 10월에 파스칼의 부친이 세상을 떠나자, 자클린은 그녀가 스물여섯 살 되던 해인 1652년 1월에 이 수녀원으로 들어간다. 부친의 사망과 누이의 출가는 파스칼의 내면에 혼란을 일으켰다. 결국 그는 1652-1653년과 1654년 초의 몇 달 동안 학문적 활동과 사교 생활에 더욱 힘썼다.

파스칼은 31세 되던 1654년 10월 1일, 그가 살고 있던 파리의 우측 세느 강변을 떠나서 포르루아얄에서 그리 멀지 않은 뤽상부르 주변(현재의 무슈러 프랭스 거리 54번지)으로 이사하였다. 바로 이곳에서 그는 1654년 11월 23일 밤, 두 시간여 동안에 '불 같은 체험'을 하게 된다. 그는 이때 하나님의 임재를 체험한 후, 유명한 「메모리알」[30]의 필적을 남겼다. 이 두 시간의 결정적인 체험 후, 그는 시골의 포르루아얄 분원에 은둔하였는데, 1655년 1월 7일부터 28일까지 3주 동안, 포르루아얄의 숙소 중에서 독방 하나를 얻어 머물렀다. 이때부터 그에게 새로운 생활이 시작된다. 얼마 후, 그는 예리한 사상과 작가의 재능을 겸비한, 포르루아얄 그룹의 두드러진 신학자로서 알려지게 된다. 또, 그는 명성이 있는 시인이며 『포르루아얄 성서』의 번역자였던 사시 씨를 만난 이후 점차로 이 수도원의 중심 인물들과 만나게 된다. 그들은 당시 가장 유력한 신학자였던 앙투안 아르노, 그리고 그가 기적의 문제에 관해서 상담하였던 생 시랑

30 파스칼, 『팡세』, 김형길 옮김, 서울대학교출판문화원, 2010, 742편.

의 조카 마르탱 바르코스, 우아한 라틴어 번역을 통해서 전 유럽의 지식인 독자들에게 『시골 친구에게 보낸 편지』를 알리는 데 공헌하게 될 피에르 니꼴 등이었다. 이후 파스칼은 포르루아얄의 소학교 학생들을 위해서 「기하학 정신 논고」라는 제목으로 알려진 두 개의 단편들과 『독서법』을 저술하였다.

파스칼은 1646년에 개심한 후로, 성경을 공부했고, 교부들의 책과 장세니우스, 생 시랑, 아르노의 책을 읽었다. 그리하여 그는 1647년에 이미 생 앙주라는 신학자와 논쟁에서 이길 만큼의 신학적 지식을 가지고 있었다. 필립 셀리에에 의하면, 1648년부터 그는 어거스틴주의자로 인식되었다. 그리고 그는 『시골 친구에게 보낸 편지』를 작성하기 몇 달 전에 이미 이 책보다도 훨씬 더 전문적인 「은총론고」를 작성했었다. 이 논문의 신학적 중심축은 아우구스티누스의 신학이다. 뿐만 아니라, 그 속에는 토마스 아퀴나스의 신학에 대한 암시가 3번, 『신학대전』의 인용이나 주석이 9번, 합해서 모두 50여 줄이 나타난다. 이것은 파스칼의 은총에 관한 지식 속에서 아우구스티누스와 함께 토마스 아퀴나스가 커다란 비중을 차지하고 있었음을 말해 주는 것이다. 파스칼은 생 시랑의 조카인 바르코스에게 기적에 관한 조언을 구한 적이 있었다. 그는 〈인간이 사용하는 자연적 능력을 초월하는 모든 결과를 기적적이라고 볼 수 있는지, 그리고 토마스 아퀴나스는 이런 정의에 반대하고 있지 않는지〉를 물었다.[31] 이것은 그에게 이 교부의 신학이 중요한 참고 사항이었음을 의미한다. 그리고 아르노나 장세니우스 역시도 토마스 아퀴나스의 『신학대전』을 아우구스티누스 신학의 요약인 것처럼 인식하고 있었다. 그래서, 파스칼은 앞에서 언급한 신학자들의 반대편에 몰리니스트들이 있다고 생각했었다.[32]

31 위의 책, 419편, p. 254.

32 Gérard Ferreyrolles, *De Pascal à Bossuet*, pp. 44-47.

포르루아얄의 역사

장세니즘 운동은 거의 대부분 프랑스와 네덜란드의 가톨릭 교회 내에서 일어났다. 이 운동은 사람들의 영혼이 곳곳에서 금욕주의로 기울어지고 있을 무렵, 벨기에 이프르(Ypres)의 주교 얀센의 신학 사상에서부터 시작되었다. 그의 라틴식 이름은 장세니우스(Jansenius)였다. 그는 20년의 시간을 바쳐서 『아우구스티누스』라는 대작을 저술하여 1640년에 벨기에의 루뱅에서 발간하였다. 이것은 자유의지에 관한 성 아우구스티누스의 교리를 설명하는, 세 권으로 된 책이다. 이절판(*in-folio*)으로 1300쪽에 달하는 이 방대한 책의 내용은 하나님의 은총 없이는 인간의 자유의지는 무능하다는 것이었다.[33] 제1권은 펠라기우스와 반 펠라기우스의 의견에 대한 분석이며, 제2권은 신학과 철학 사이의 관계에 대한 연구다. 그리고 제3권은 아우구스티누스의 중심 주제인 '은총'의 문제를 다룬다.

프랑스에서 장세니즘의 중심지는 포르루아얄 수녀원이었다. 그리고 1635-1636년 사이에 이 수녀원의 원장은 생 시랑 신부였다. 그는 자기와 친분이 있었던 장세니우스의 교리를 이 곳에서 가르쳤다. 그리고 시골에도 수녀원의 부속 건물이 세워져서 수도자들의 은신처가 되었다. 반면에 장세니스트들의 적대 세력은 제주이트들이었다. 이들은 교황의 권력을 비호하는 사람들이었다. 이 두 진영은 영혼을 지도하는 문제와 아이들의 교육 문제에 있어서 서로 충돌하였다. 후자는 전자가 갈리카니즘의 일파라고 생각했다.[34] 후자는 1638년부터 전자를 박해하기 시작했다. 그러다가, 마침내 그들은 장세니우스의 저서 『아우구스티누스』 속에서 5개 명제들을 찾아내어 신학적인 공격의 근거로 삼았다. 장세니스트들은 그 5개 명제들이 장세니우스의 저서 속에 들어 있지 않다고 주장했다. 그러나 제주이트들은 그것들이 본문 그대로 들어 있는 것

33 책명은 라틴어로, *Cornelii Jansenii Episcopi Iprensis Augustinus*였다.

34 교황의 권력에 대해서, 프랑스 교회의 독립을 원하는 사상.

은 아니지만, 그것들이 그 책의 핵심 내용이라고 주장했다. 소학교가 여러 번 문을 닫았고, 수도사들과 수녀들이 강제로 추방을 당했다. 수녀원 건물과 교회와 묘지가 파괴되었다. 그렇지만 그들은 장세니즘을 파괴할 수는 없었다. 이 신앙 집단에서 파스칼이 배출된 것이다. 1713년, 교황의 교서(*Unigenitus*)에 의해서 장제니즘이 단죄를 받았다. 하지만 논쟁은 그후에도 오랫동안 계속되었고, 윤리 문제와 정치 문제에 심대한 영향을 주었다. 그 후, 1773년에 제주이트 교단이 교황에 의해서 폐지되었다. 그리고 18세기의 계몽주의자들은 파스칼에게 깊은 영향을 받게 된다.

포르루아얄의 교리와 사상

장세니즘은 인간의 자유라는 어려운 문제에 대한 해결책이었다. 원죄를 범한 인간은 악하다. 그러므로 인간은 은총이 없이는 구원을 얻을 수 없다. 그렇다면, 어떤 조건 하에서 하나님은 우리에게 은총을 부여해 주시는가? 우리는 우리들의 기도나 노력에 의해서 은총을 받을 수 있을까? 장세니스트들은 성 아우구스티누스의 견해에 따라서, 추호도 그렇지 않다고 주장한다. 왜냐하면, 만약에 하나님께서 은총을 받을 만하게 되거나 그렇지 못하게 되거나 하는 자유를 인간에게 부여하셨다면, 그것은 전지전능하신 하나님의 통치권을 제한하게 될 것이기 때문이다. 그것은 용납하기 어려운 일이다. 게다가 만약에 인간이 자기의 선행으로 천국의 문을 열 수 있다면, 그리스도의 구원 사역이 무슨 필요가 있겠는가? 그래서, 결론은 인간은 아무것도 할 수 없고, 하나님만이 모든 것을 하신다. 영원 전부터 하나님은 소수의 선택된 자들을 선택하셨다는 것이다. 우리가 출생하기 전에도 하나님은 우리를 구원하시거나 심판하셨다.[35]

35 당시 프랑스 사회에 널리 퍼져 있었던 견해는 교회는 신자들에게 자유의지와 은총을 조화시키는 체계들 사이에 선택권을 준다는 것이었다. 성 토마스 아퀴나스는 은총을 선택했고,

장세니즘의 전조

'신의 은총'과 '인간의 자유'와의 관계에 대한 문제는 기독교 신학에서 자주 등장하는 문제다. 성 아우구스티누스는 펠라기우스와 20여 년에 걸쳐서 논쟁을 하는 동안, 이 문제에 대한 그의 사상을 명확하게 규명하기에 이르렀다. 그는 인간의 비참함과 무기력을 강조하면서 신의 은총(은혜)의 전능함을 부각시켰다. 반면에, 인간의 자유의지는 선을 행할 수 없는 무능한 것이 되고, 거짓과 죄의 장본인이 되었다. 현대인의 눈으로 보면, 성 아우구스티누스의 사상은 논쟁적인 분위기 속에서 형성된 것이었고, 그의 생애와 작품들 속에서는 약간의 망설임이 나타난다. 그렇지만 여러 공의회가 공식적인 자료에서 성 아우구스티누스의 사상과 용어를 그대로 사용할 정도로, 그의 사상은 권위를 얻고 있었다.

신학자들 가운데서는 두 가지 명제가 자리 잡고 있다. 하나는 무상의 '예정론' 사상이다. 이것은 하나님이 그의 전능하심에 의해서 인간의 구원을 예정하셨다는 사상이다. 또 하나는 '효력은총'의 사상이다. 이것은 하나님이 인간에게 은총을 주셔서 인간의 자유를 침해하거나 파괴하지 않으면서도, 틀림없이 그 효력을 나타낸다는 사상이다. 이 두 가지 명제들이 바로 중세의 신학을 지배하였다.

성 토마스 아퀴나스는 성 아우구스티누스의 권위를 충분히 인정하면서도, 가능한 한 은총과 자유를 화해시킬 수 있는 일관성 있는 형이상학적 논리를 세우려고 노력했다. 그러나 14-15세기에 일부 스콜라 학자들은 성 아우구스티누스의 비관주의와 반대되는 추론에 의해서, 인간의 가능성에 대한 낙관주의적인 관점을 드러내었다.

종교개혁과 함께 루터와 칼뱅도 성 아우구스티누스의 글을 인용하였다. 그러나 그들은 은총과 자유의 조화 문제를 정확히 다루지 않았다. 그

제주이트인 몰리나는 자유의지를 선택했다. 교회는 어떠한 설명도 강요하지 않았다.

리고 종교개혁에 반대하는 가톨릭의 트랜트 종교회의(1547)에서도 자유의지의 존재 확인과 인간의 선행을 위해서 신의 은총이 필요함을 확인하는데 그쳤을 뿐, 이 둘 사이의 관계에 대해서는 아무런 언급이 없었다.

다수의 제주이트들은 인문주의 사조의 영향을 깊게 받았다. 그들은 성 아우구스티누스의 사상이 구원의 문제에 있어서 인간의 역할을 지나치게 제한한다고 생각했다. 그래서 인간의 본성에 대해서 전통 신학보다는 덜 어두운 관점을 부여하려고 노력했다. 제주이트 교단의 총사령관이 된 레네(Lainez)의 교시는 성 토마스 아퀴나스의 이론이 가장 시대에 적합한 신학 이론임을 암시하고 있다. 그러자, 이러한 주장에 반대하여 성 아우구스티누스 진영의 신학자들 사이에서 저항이 일어났다.

루뱅에서 바이우스(Baïus)[36]가 일으킨 사건은 매우 의미심장하다. 그는 교부 신학의 전문가로서 스콜라 신학에 반감을 가지고 있었다. 그는 은총의 문제를 다루면서 교부들의 용어만을 사용할 것과 중세의 학자들이 사용한 용어와 사상을 사용하지 말 것을 제안했다. 그러자, 반대 진영 사람들은 그에게 자유의지의 모든 현실을 부정하며, 칼빈주의를 허용한다고 비난했다. 바이우스에게는 루뱅에 수많은 동조자들이 있었다. 그 후, 아우구스티누스 주의의 신학 대학과 제주이트 교단의 신학 대학 사이에 긴장감이 고조되었다.

이런 분위기 속에서 1588년, 스페인 리스본에서 제주이트 신학자 몰리나가 그의 유명한 저서 『은총의 선물과 자유의지의 조화』를 발간했다. 이 두터운 책은 여러 신학자들의 의견을 합성한 저작으로서 독창적이지 않고, 항상 일관성이 있는 것은 아니었기 때문에, 결코 걸작은 아니었다. 그렇지만 이 책의 저자는 약간 놀랄 정도로 순진하게, 성 아우구스티누스도, 성 토마스 아퀴나스도, 그리고 또 다른 교부들도 알지 못했던

36 본명은 미쉘 드 베이(Michel de Bay).

원리들을 자기가 설명했다고 자랑했다. 그러나 그러기에는 너무 미흡한 점들이 많이 노출되었기 때문에, 전통적 신학사상에 집착하고 있는 신학자들의 분노를 자극했다. 몰리나는 아우구스티누스주의자들이 생각하는 '효력은총'을 '충분은총'의 개념으로 대체하였고, 이 충분은총은 인간이 선을 행하기에 필요한 모든 것을 가져다주며, 자유의지의 결정만으로 그 효력을 일으킨다고 주장했다.

그렇게 공표된 그의 이론은 폭풍을 일으켰고, 아우구스티누스주의자들과 토마스주의자들에게서 격렬한 반발을 불러 일으켰다. 몰리나의 저서의 인쇄를 반대했던 도미니크 교단 사람들이 특히 더 격렬히 반발했다. 교황 클레멘스 8세의 명령에 따라서 제주이트 교단의 지도자 아카비바(Claudio Aquaviva, 1543-1615)는 토마스 아퀴나스를 이 교단에 적합한 박사로 추천한다는 새로운 교시를 출판하려고 했다. 그러나 도미니크 교단 사람들이 항의를 했고, 대학 교수들과 주교들의 의견을 종합해서 투표한 결과 몰리나에 반대하는 표가 19명 중 18표였다. 교황 클레멘스 8세의 교서에 의해서 1597년 10명의 고문들이 몰리나의 저서(*Concordia*)를 조사하는 일에 참여한 후, 그중 8명이 그것에 대해 반대 의견을 표시했다. 그러나 교황은 제주이트들과 도미니크 교단 사람들에게 논증을 펼칠 기회를 부여하여, 1598년 1월 2일에 로마에서 'De auxiliis'라는 유명한 총회를 열고, '효력은총'과 '충분은총' 중 어느 한 편을 선택할 수 있도록 했다.[37]

1599년, 교황 클레멘스 8세는 논쟁을 종식시키지 못했지만, 몰리나에게 비호감을 표시하는 대신에, 도미니크 사람들에게 호감을 표시했다. 그러한 시점에서, 1605년 교황이 서거했다. 그의 후계자인 바울 5세가 회의를 계속한 후, 몰리나의 *Concordia*에서 발췌한 40여 개의 명제들이

37 Louis Cognet, *Le Jansénisme*, P.U.F., p. 14.

검열을 기다리고 있었다. 그러한 단죄는 제주이트 교단을 크게 약화시킬 우려가 있었다. 따라서 그 순간에 그들은 교황청을 찾아갔고, 정치적으로 크게 '봉사'를 했다. 결국 여러 추기경들의 조언에 따라, 바울 5세는 교서를 공포하지 않기로 결정했다. 그는 제주이트 장군들과 도미니크 지도자들을 소집하여 서로 상대를 이단시하는 것을 금지했다. 1611년 12월 1일, 교황청의 결정은 은총의 문제에 관한 출판을 모두 금지시켰다.

그럼에도 불구하고, 이 금지는 실제적인 효력이 없었다. 양쪽에서 수많은 저서들이 출판되는 것을 막지 못했다. 몰리니즘은 로마, 네덜란드, 스페인, 그리고 독일의 몇 개 대학에서 신학 문제의 중심으로 떠올랐다. 그러나 프랑스는 종교 전쟁으로 인해서 찢겨져 있었기 때문에, 그런 사실을 전혀 모르고 있었다. 가톨릭의 보수주의자들과 소르본 대학과 의회와 다수의 주교들은 제주이트들에게 반감을 표시했었다. 그렇지만, 칼빈주의에 반대하는 흐름이 너무 강했었기 때문에, 모든 다른 논리들을 흡수해 버렸다. 그리고 1595년부터 1603년 사이에, 여러 나라의 의회에서 제주이트들이 추방을 당했다. 이 날짜에 프랑스 내에서 제주이트 교단의 지위는 아직 너무도 약했기 때문에, 이 교단의 신학 교육이 프랑스 내에서 큰 영향을 미칠 수 없었다. 그렇지만, 은총의 문제에 있어서는 대부분의 신학자들의 의견이 성 아우구스티누스에게 최고의 권위를 인정하는 데 일치하였다. 장세니우스의 『아우구스티누스』가 발간된 것은 바로 이러한 분위기 속에서였다.

장세니즘의 기원

장세니즘은 17세기 프랑스의 특수한 상황 속에서 형성된 신학적 흐름이다. 코르넬리우스 얀센(Cornelius Jansen, 1585-1638)은 벨기에에서 태어나 루뱅 대학에서 공부하고, 다시 파리에서 신학을 공부한 후, 루뱅 대학 교수가 되었다. 그가 1600-1604년 사이에 파리에서 공부할 때, 뒤베르지에(Jean Duvergier de Hauranne)라는 프랑스 학생과 친구가 되었다. 프랑스에서는 장세니우스라는 이름으로 알려진 그는 다시 루뱅으로 돌아와서 공부하다가 은총의 문제에 관심을 갖게 되었다. 그의 친구인 뒤베르지에는 1621년에 프랑스 푸아투에서 서품을 받고 생 시랑 신부가 되었다. 그는 1535-1536년 사이에 포르루아얄 수녀원의 원장을 역임했고, 수녀들에게 그의 친구 장세니우스의 저서를 소개했다. 그리고 그는 1620년부터 베륄(Pierre de Bérulle, 1575-1629)을 알게 되었다. 이 사람은 오라토리오회의 창설자이며, 성 아우구스티누스를 공부한 영성이 있는 인물이며, 경건한 신앙 그룹을 대표하는 인물이었다.

처음에는 리슐리외가 경건한 그룹에서 베륄의 도움을 받고 싶어 했다. 이 사람은 리슐리외를 가까이 하다가, 그의 인간성이 드러나면서부터 점차로 그를 멀리하려고 했다. 리슐리외는 그의 권력이 확고해진 후부터 경건한 그룹과 충돌하게 되었고, 베륄을 제거하려고 했다. 베륄은 그의 생애 마지막 2년 동안 외면을 당하다가 1629년에 죽었다. 그가 죽은 후, 생 시랑은 경건한 그룹에서 베륄의 위치를 대신하게 되면서, 자연히 리슐리외의 증오의 대상이 되었다.

생 시랑은 파리의 법복 귀족 가문인 아르노의 가족과 친밀하게 지냈다. 그는 특히 이 집안의 장남인 아르노 당디유(Arnauld d'Andilly)와 깊은 우정을 나누고 있었다. 리슐리외는 처음에는 경건한 그룹을 탄압하는 것을 주저했다. 그 때문에 그는 1637년에 생 시랑에게 주교직을 제안했으나, 거절 당하게 되자 1638년 그를 체포하여 이단이라는 명목으로 벵센느 감옥에 투옥하였다. 생 시랑은 5년 정도 투옥 생활을 했고, 결국 석방된 지 몇 개월 후인 1643년에 사망했다. 경건한 그룹의 사람들은 그를 순교자로 인식했다.

은총의 문제

'신의 은총'과 '인간의 자유'라는 겉으로는 서로 모순되지만, 실제로는 상호보완적인 이 두 신앙의 주제들 사이에서 균형을 유지하기 위해서,

로마교회는 끊임없이 고심해 왔다. 5세기에 펠라기우스는 인간이 자신의 공로에 의해서 천국에 갈 수 있다고 주장했다가, 아우구스티누스의 반박에 부딪친 후 종교회의에서 단죄되었다. 그리고 16세기에 칼뱅이 펠라기우스와 상반된 교리를 주장했다. 그에 의하면, 인간은 구원 혹은 영벌이 이미 예정되어 있다. 그의 신학은 '인간의 자유'를 손상시키는 대신에, '신의 은총'에 의해서 구원받는 자들을 선택하는 것에 강조점이 있었다. 그에 비해서, 스페인의 제주이트 사제인 몰리나는 그의 저서 『은총의 선물과 자유의지의 조화』에서 칼뱅과 대립하였다. 그의 의도는 신자들로 하여금 성사(성례)와 기도와 덕행을 실천하도록 함으로써 은총을 받을 수 있다는 희망을 주려는 것이었다.

은총에 관한 논쟁의 중심에는 아우구스티누스가 있다. 17세기에는 아우구스티누스가 교회의 가장 위대한 교부로 인식되었다. 말하자면, 이 세기는 아우구스티누스주의의 전성기였다. 1649년에 아르노 당디유가 번역한 아우구스티누스의 참회록은 40판 이상 출판되었다. 그러다가 18세기에 토마스 아퀴나스가 그와 경쟁적 위치로 부상하게 된다. 그렇지만, 토마스 아퀴나스의 사상은 아우구스티누스 사상을 대부분 흡수하고 있었다.[38]

은총에 관한 논쟁은 장세니스트와 제주이트 사이에 분열되어 있었다. 은총에 관한 아우구스티누스의 교리는 세 가지 요점으로 구분된다. 첫째, 인간이 원죄로부터 오는 죄성과 싸워 이기기 위해서는 은총이 필요하다. 둘째, 율법을 성취하기 위해서는 은총이 가장 필요하다. 즉, 하나님께 항상 주도권이 있다. 셋째, 은총은 인간의 자유를 파괴하는 것이 아니라 자유의지에게 도움을 준다. 즉, 인간의 의지는 자유에 의해서 은총을 얻는 것이 아니라 은총에 의해서 자유를 얻는다.

38 Gérard Ferreyrolles, *De Pascal à Bossuet*, pp. 703-705.

그렇지만 은총에 관한 아우구스티누스의 사상은 이해하기가 항상 쉬운 것만은 아니다. 그래서 종종 엄격한 교리 혹은 극단적인 교리라는 평가를 받기도 한다. 그의 영향을 받은 장세니우스나 칼뱅의 경우가 그러했다. 그렇기 때문에, 교회는 아우구스티누스의 권위를 인정하면서도, 인간의 자유와 하나님의 전능하심 사이를 조화시키려는 다양한 견해들이 존재한다는 사실을 인정하고 있었다. 제주이트와 장세니스트 양 진영은 서로 상대방을 고발했다. 제주이트는 장세니스트가 인간의 자유를 부정한다고, 따라서 위장한 칼뱅주의자라고 주장했다. 반면에, 장세니스트는 제주이트가 하나님의 은총의 전능하심을 부정한다고, 따라서 펠라기우스의 이단을 부활시킨다고 주장했다.[39]

토마스 아퀴나스에 의하면, 선행을 하기 위해서는 하나님과 인간이 협력한다. 하나님은 첫 번째 원인이고, 인간은 두 번째 원인이다. 그에 비해서, 아우구스티누스는 하나님의 전능하심과 인간의 자유를 동시에 조율한다. 파스칼은 이 성자의 생각을 그의 논문 「은총론고」(*Ecrits sur la grâce*, 1655-1656) 속에서 증명하려고 노력했다. 즉, 구원의 주도권은 하나님께 있다. 그분은 자기가 선택한 인간들에게 효력은총을 주신다. 그리고 선택받은 사람들은 틀림없이, 그리고 자유롭게 효력은총을 따라간다. 왜냐하면, 인간의 의지는 지상의 유혹보다 더 큰 즐거움을 이 효력은총 속에서 발견하기 때문이다.

17세기에 장세니즘은 단죄되었다. 그렇다면, 아우구스티누스도 역시 단죄되었는가? 결코 아니었다. 아우구스티누스를 잘못 해석한 자들이 단죄되었을 뿐, 이 성자는 여전히 은총에 관한 한 가장 신뢰할 만한 정통 신학의 보증인이었다. 우리는 루터가 어거스틴 교단의 수도사였다는 사실과 칼뱅이 그의 저서 속에서 아우구스티누스를 1,400번 이상 인용

39 위의 책, p. 707.

했다는 사실을 알고 있다.[40]

철학적 관점

철학적 관점에서 본다면, 아우구스티누스는 플라톤의 계보에 속한다. 그에 비해서, 토마스 아퀴나스는 아리스토텔레스의 계보에 속한다. 하지만 아우구스티누스주의자와 아리스토텔레스주의자 사이에는 두 가지 점에서 차이가 있다. 하나는 인간에 관한 개념이고, 다른 하나는 인식에 관한 개념이다. 아우구스티누스에 의하면, 인간은 흙으로 된 육체를 사용하는 이성적인 영혼이다. 그에 비해서, 아리스토텔레스 계보의 토마스주의자에 의하면, 인간은 영혼과 육체의 결합체다. 인식론에 있어서, 아우구스티누스는 인간의 인식이 관념으로부터 오는 것이며, 감각으로부터 오는 것이 아니라고 생각했다. 반면에 아리스토텔레스주의자들은 감각 속에 존재하지 않는 것은 지성 속에도 존재하지 않는다고 생각했다.

17세기 프랑스의 철학계에 데카르트의 사상이 두드러지게 나타났다. 이 철학자와 아울러서, 아우구스티누스의 사상이 자주 언급되곤 했다. 후자의 제자들은 데카르트의 '나는 생각한다'(cogito)가 이 성자의 영향을 받은 것이라고 주장했다. 그러나 파스칼은 그의 「정신논고」(*De l'esprit géométrique*) 속에서 데카르트의 cogito의 독창성을 인정하고 있다.[41] 그는 "우연히 지나치면서 언급한 것과 오랫동안 깊이 있게 그리고 폭넓게 성찰하여 놀라운 결과를 이끌어 낸 것과는 커다란 차이가 있다."라고 그 이유를 설명했다. 포르루아얄의 대표적인 인물인 아르노는 신학적으로는 아우구스티누스주의자였지만, 철학적으로는 데카르트주의자였다.

아우구스티누스의 눈에 인간은 원죄의 영향 아래 놓여 있다. 금단의

40 위의 책, p. 708.

41 Louis Lafuma, *Oeuvres Complètes*, Seuil, Paris, 1963, p. 358a.

열매를 따먹은 후, 아담은 하나님의 사랑에서 멀어진 대신에 피조물의 사랑에 가까이 접근했다. 파스칼의 『팡세』 속에서 그려진 인간의 비참한 모습 역시 원죄의 영향 아래 놓여 있다. 파스칼은 진정한 철학을 원했기 때문에 철학을 멸시했다. 즉, 그는 비판철학의 입장에 서 있다. "철학을 멸시하는 것이 진정으로 철학하는 것이다."[42] "세 가지 사욕들이 세 가지 학파를 만들어 내었다. 철학자들은 이 세 가지 사욕들 중 어느 한 가지를 따르는 것 외에 다른 것을 하지 않았다."[43]

최초의 장세니스트 논쟁들

생 시랑의 제자들 중 가장 두드러진 인물은 앙투안 아르노(Antoine Arnauld, 1612-1694)였다. 그는 1609년부터 포르루아얄의 수녀원장을 맡아 개혁을 추진한 앙젤리크(1591-1661)의 막내 동생이었다. 그는 처음에는 법학을 공부하다가, 나중에 생 시랑의 조언에 따라서 신학을 공부했다. 그 무렵 장세니우스의 저서 『아우구스티누스』는 프랑스에서 큰 호응을 얻었기 때문에, 지지자들이 많았었다. 특히 오라토리오회, 도미니크회, 카르멜회, 그리고 소르본 대학의 다수의 박사들이 장세니우스를 지지했다. 반면에 리슐리외는 이 책에 대한 반감을 분명하게 드러냈다. 그래서 그는 개인적으로 몰리니스트 편이었다. 게다가 그는 제주이트들과 화해하기를 바랬다. 이들 중 몇 사람은 그를 위해 충성하고 있었기 때문에, 그는 교황청과의 갈등을 해결하는 데 이들의 도움을 얻고 싶어 했다. 그렇지만 아우구스티누스주의자들의 세력이 강했기 때문에, 신중하게 처리해야만 했었다. 아르노는 사제 서품을 받았고, 1641년 12월 19일에 박사 학위를 받았다. 그런데 리슐리외 추기경이 1642년에 갑작스운 임종을 맞이했다. 이후 그의 후임자가 된 마자렝(Mazarin)도 마찬가지로 아르

42 파스칼, 『팡세』, 김형길 옮김, 서울대학교출판문화원, 671편.
43 위의 책, 178편.

노에게 반감을 표시했다.[44]

논쟁은 동일했다. 반장세니스트 편에서는 장세니우스가 칼뱅의 오류를 반복한다는 것이고, 장세니스트 편에서는 그가 성 아우구스티누스의 신학에 충실하다는 것이었다. 아르노는 아우구스티누스주의를 확고하게 주장했다. 장세니스트 그룹은 1643년에 교황의 교서(*In eminenti*)를 받기는 했으나, 그들이 의회의 지지를 얻고 있었기 때문에 프랑스에서는 실제로 아무런 영향이 없었다. 반면에, 네덜란드에서는 그 영향이 있었다.

아르노는 리슐리외가 죽은 후인 1643년, 그의 저서 『빈번한 영성체』(*De la fréquente communion*)를 발간했는데, 이 책은 대단히 성공적이었다. 21명의 박사들과 15명의 주교들이 동의서를 써 주었고, 여러 번 거듭해서 재판을 발행했다. 아르노의 글은 우아하고 명료하며, 정확하고 견고했다. 그러나 국왕의 고해신부인 누에(Jacques Nouet, 1605-1680)는 제주이트 모임에서 아르노에게 반대 의견을 표시했다.

가톨릭 개혁의 표현 장세니즘

종교개혁으로 인해서 프랑스의 가톨릭 교회에는 신앙적으로나 윤리적으로나 강렬한 각성이 일어났다. 도처에 수도원들이 설립되었다. 수년 동안 사람들은 영적인 불일치와 비참한 상황들을 경험했었기 때문에 엄격한 종교를 갈망하고 있었다. 그 때문에, 너무 사랑스럽고 화려하게만 보였던 제주이트들은 작은 성공에 만족해야만 했던 것에 반해서, 장세니스트들은 대중들의 삶에 깊은 영향을 심어 주었다. 장세니즘은 교회 밖에서 더욱 폭넓게 확산되었다. 그 때문에 정규 성직자들 속으로 파고들지 못한 대신에, 세속 성직자들과 경건한 평신도들 사이에는 찬동

44 Louis Cognet, *Le Jansénisme*, P.U.F., 1961, pp. 19-47.

자들이 많았다. 이렇게 세속 사회에 널리 확산되었기 때문에, 이 운동은 자유사상가들을 공격하기에 유리한 입장에 놓여 있었다.[45]

장세니즘은 17세기와 18세기의 상황이 전혀 다르다. 17세기의 장세니즘은 종교적인 문제들을 정치적인 문제들보다 훨씬 더 중요하게 다루었다. 그러나 18세기의 장세니즘은 의회의 갈리카니즘과 결탁하게 되면서 전혀 다른 관점에서 이야기해야만 한다. 그 이유는 교회사보다는 정치사와 훨씬 더 관련이 깊어졌기 때문이다.

장세니스트 신학자들의 생각은 이러했다. 첫째, 은총은 모든 사람들에게 주어지는 것은 아니다. 둘째, 모든 의인들에게는 하나님의 계명을 실천할 수 있는 능력이 있다. 셋째, 의인들은 계명을 실천하기 위해서 그들의 의지를 결정해 주는 효력은총이 필요하다. 넷째, 이 효력은총은 항상 모든 의인들에게 주어지는 것이 아니며, 그것은 하나님의 순수한 자비에 달려 있다.

사실상, 장세니스트의 명제는 칼빈주의의 예정론과 구분이 잘 되지 않는다. 왜냐하면 장세니스트는 다음의 두 가지 사상을 강조하기 때문이다. 하나는, 예수 그리스도는 모든 인간들을 구원하러 온 것이 아니라, 소수의 선택받은 자들을 구원하러 오셨다는 것이고, 다른 하나는, 하나님은 그의 은총을 의인들에게도 거절하실 수가 있다는 것이다.

장세니스트의 엄격함 속에는 어떤 숭고함이 존재한다. 포르루아얄의 수녀들과 수도사들, 그리고 파스칼 자신도 보기 드물 정도로 지극히 높은 덕성과 모범을 보여 주었다. 하지만, 엘리트들에게는 칭송을 받을 만하고, 프랑스의 사상사에 큰 영향을 주었던 이 교리가 일반 신자들에게는 무관심과 실망감을 안겨 줄 수도 있었다. 그리고 몰리니스트들과 토마스주의자들은 바로 이 점을 우려했다.[46] 가톨릭 진영 내에서 강한 종

45 위의 책, p. 202.

46 A. Lagarde & L. Michard, *Collection Littéraire* (*XVII e siècle*), Bordas, Paris, 1970, p. 132.

교적 각성을 불러일으켰던 이 신학 사상은 왕의 권력을 뒤에 업은 제주이트들의 공격을 받았고, 마침내 1710년 포르루아얄의 건물들이 권력에 의해서 파괴되었다.[47]

그럼에도 불구하고, 파스칼은 죽기 전에 『시골 친구에게 보낸 편지』에 대해서 이렇게 썼다. "만약에 나의 편지가 로마에서 단죄된다면, 내가 거기에서 비난했던 것들은 하나님 앞에서 단죄될 것이다." 그의 이 말은 이 세상에서도 깊은 파장을 남겼다. 그의 강력한 편지들은 제주이트 교단이 결코 줄 수 없을만큼 깊은 인상을 사람들에게 심어 주었다. 그 결과, 1773년에 제주이트 교단은 교황에 의해서 폐지되었다.[48] 그 판결문 중 한 구절은 정확하게 파스칼이 결의론자들의 그릇된 윤리를 지적했던 구절과 동일하다.[49] 이후, 대혁명과 함께 사회의 두 축인 왕의 권력과 교회의 권력이 무너지게 되었고, 오늘날 프랑스 공화국의 헌법에는 정치와 종교의 분리가 명시되었다.[50]

47 Gustave Lanson, *Histoire de la Littérature Française*, Hachette, Paris, 1929, p. 206.

48 이때 교황 클레멘스 14세는 제주이트 교단의 해산을 선언했다. 그 후 40년 후인 1814년 교황 비오 7세는 이 교단의 복원을 선언했다. cf. 김형길, 「파스칼의 은총론에 관한 연구」, (In) 『한국기독교신학논총』 83, 2012. pp.168-169.

49 위의 책, pp. 212-213.

50 프랑스 공화국은 헌법 제1조에서 "프랑스는 불가분적, 비종교적, 민주적, 사회 공화국이다."(La France est une République indivisible, laïque, démocratique et sociale.)라고 규정하고 있다.

| 블레즈 파스칼 연보(年譜) |

1623 6월 19일에 오베르뉴 지방의 클레르몽에서 고급 공무원(조세재판소 소장)이었던 아버지 에티엔 파스칼과 어머니 앙투안 베공 사이에서 출생. 그의 누이 질베르트는 1620년에 출생.

1625 누이동생 자클린 출생.

1626 어머니 앙투안 베공 사망.

1631 11월에 고향을 떠나 파리로 이사함. 수학을 열렬히 좋아했던 그의 아버지가 학문 연구와 자녀 교육에 전념하기를 원했기 때문.

1635 어린 블레즈는 혼자서 유클리드의 32번 명제를 증명함. 깜짝 놀란 그의 아버지는 수학자 메르센을 중심으로 형성된 학자들의 모임에 그를 데리고 다니기 시작함. 6월 24일에 파스칼 가족들은 모임 장소(현 보쥬 광장)에서 가까운 생메리 성당의 브리즈미쉬 가(街)에 거주지를 정함.

1638 3월, 에티엔 파스칼은 시청에서 연금을 지불하지 않게 되자 이것에 항의하는 민중 시위에 참가했다가 리슐리외의 분노를 사게 되었고, 이를 피하기 위해서 지방으로 피신함.

1639 4월 3일, 리슐리외 앞에서 스퀴데리 작(作) 《억압적인 사랑》이 상연됨. 공연이 끝난 후 배우 중 한 사람이었던 자클린이 리슐리외로부터 부친의 사면(赦免)을 얻어 냄.

1640 연초에 파스칼 가족은 루앙에 체류함. 이곳에서 에티엔은 리슐리외에 의해서 세금징수 책임자로 임명됨. 블레즈는 〈원추곡선론〉을 발표함.

1641 6월 15일, 질베르트는 클레르몽의 조세재판소 법률 고문이었던 그녀의 사촌, 플로랭 페리에와 결혼.

1642-45 블레즈는 계산기를 발명하여 제작에 성공.

1646 1월, 얼음판 위에서 넘어진 에티엔 파스칼은 생 시랑에게 영적인 감화를 받았던 두 젊은이들에 의해서 치료를 받음. 이들의 영향을 받아 전 가족들

이 개심하게 되었고, 심도 있게 기독교적인 삶을 살기 시작함. 10월에 에티엔과 블레즈는 진공의 존재 문제를 제기한 토리첼리의 실험을 프랑스에서 처음으로 실시함. 그 후 블레즈는 조건들을 바꾸어 가면서 여러 차례 동일한 실험을 실시함.

1647 2월부터 4월까지 생 앙주 사건이 발생. 파스칼과 그의 두 친구들은 생 앙주라고 불리는 옛 카프친회의 수도사인 자크 포르통의 신학적인 환상을 공격함. 봄철부터 건강이 좋지 않았던 블레즈는 여름 동안에 그의 누이 자클린과 함께 파리로 올라옴. 의사들은 그에게 모든 정신적 긴장을 피하라고 지시함. 9월 23-24일에 파스칼은 데카르트의 방문을 받음. 데카르트는 진공의 존재를 인정하기 싫어함. 10월에 파스칼은 〈진공에 관한 새로운 실험〉을 발표. 이 논문은 파리에 있는 클레르몽 중학교(현 루이대왕 고등학교)의 교장이며 제주이트인 노엘 신부와의 논쟁의 원인이 됨. 블레즈와 자클린은 파리에 있는 포르루아얄 수도원에 자주 출입함. 이들은 이곳에서 생 시랑의 영성을 발견함. 자클린은 수녀가 되기를 희망함.

1648 1월 26일 질베르트에게 보낸 편지에서 블레즈는 포르루아얄의 수녀들의 고해자였던 르부르 씨와의 대담에 대해서 이야기함. 이 대담에서 그는 자신이 장세니우스가 그의 기념비적인 작품, 『아우구스티누스』(1640) 속에서 종합했던 것과 같은, 아우구스티누스의 은총의 신학의 지지자임을 밝힘. 9월 19일 파스칼의 부탁에 의해서 플로랭 페리에는 대기의 압력에 관한 여러 가지의 가정들을 확인하는 퓌이드 돔의 실험을 실시함. 이 결과는 가을, 「액체의 평형에 관한 실험 이야기」에 발표됨.

1649 5월에 파스칼 가족들은 프롱드 내란을 피하여 클레르몽에 있는 페리에의 집으로 내려감. 이곳에서 1650년 11월까지 머무름.

1651 파스칼은 〈진공론〉을 준비함. 이 논문의 훌륭한 서문의 초안과 그 흔적들이 팡세 속에 남아 있음(795편). 9월 24일, 아버지 에티엔 파스칼 사망. 10월 17일, 파스칼은 〈부친의 사망에 관한 편지〉라는, 신학적인 농도가 짙은 위로의 글을 작성해 발표함.

1652 1월 4일, 자클린은 오빠 블레즈 파스칼의 만류에도 불구하고 파리의 포르루아얄 수도원으로 들어감. 이때부터 파스칼은 비교적 종교적인 것과는 거리가 먼, 세속 생활의 기간을 보냄. 4월, 그는 리슐리외의 조카 애귀용 공작 부인의 집에서 학술 강연을 함. 6월, 그는 스웨덴의 크리스틴 여왕

에게 정신적인 위대함의 우월성에 관한 멋진 편지와 함께 계산기 한 대를 증정. 10월, 블레즈는 클레르몽에 있는 누이 질베르트의 집으로 가서 1653년 5월까지 머무름.

1653 교황 인노첸시오 11세는 장세니우스의 『아우구스티누스』 속에 들어 있다고 하는 5개의 명제들을 단죄함(5월 31일 자의 교서 *Cum Occasione*). 여름에 블레즈는 젊은 로안네즈 공작과 우정의 관계를 다시 맺음. 그리고 교양 있는 이론가이며 기사인 메레를 알게 됨. 동시에 세상에 대한 심한 경멸감을 느끼기 시작함.

1654 이해의 전반기, 블레즈는 물리학과 수학 분야에서 활발하게 활동함. 「액체의 평형과 대기의 압력론」을 완성(이것은 그가 죽은 후인 1663년 11월에 발표됨). 그는 노름에 열중했던 메레의 영향을 받아 확률 계산의 기초가 되는 아이디어를 제공함. 〈산술삼각형론〉을 작성. 9월에 블레즈는 자클린에게 세상에 대한 싫증을 고백. 10월 1일, 뤽상부르 근처인 현재의 무슈르프랭스 가(街) 54번지로 숙소를 옮긴 후 파리의 포르루아얄 수도원과 가까이 지냄. 11월 23일 그의 회심의 결정적인 이유가 되는 강렬한 종교적 체험을 경험함. 그 충격의 흔적이 〈메모리알〉 속에 나타남(742편).

1655 블레즈는 파리의 포르루아얄 수도원의 분원인 시골의 수도원에 은둔함(1월 7-28일). 아마도 〈에픽테투스와 몽테뉴에 관한 사시 씨와의 대화〉가 이때 만들어진 것으로 추정됨. 〈예수의 생애 요약〉 작성. 가을에는 논리학과 수사학에 관한 핵심 내용인 〈기하학 정신논고〉의 두 단편들을 작성. 이해 말(末)과 1656년 초에 〈은총논고〉 작성(이 세 작품들의 작성 연대 추정은 장 메나르에 의한 것임).

1656 1월 23일, 블레즈는 소르본으로부터 제명의 위협을 받고 있던 신학자 앙투안 아르노를 지원하기 시작함. 첫 번째 『시골 친구에게 보낸 편지』(프로뱅시알) 출판. 열일곱 통의 다른 편지들이 잇달아 출판됨. 3월 24일, 성가시관의 기적이 일어남. 파리의 포르루아얄 수도원의 기숙사 학생이었던 블레즈의 어린 조카 마르게리트 페리에가 수난절을 맞이하여 예수 그리스도의 가시관의 일부를 손으로 만지는 순간에 즉시 그녀의 불치병이 완치됨. 이 사건은 전 파리 시민들을 동요시킴. 파스칼은 〈기적에 관한 편지〉를 작성하기 위해서 자료를 수집. 그러나 그는 작업 도중에 방향을 전환하여, 이 제한된 성찰은 기독교의 호교론 계획으로 발전함. 8월에 제주

이트인 아나 신부가 쓴 〈장세니스트들의 홍을 깨기〉가 출판됨. 이 사람은 포르루아얄이 기적으로부터 얻게 될 이점(利点)을 깨뜨리기 위해 노력함(425편). 10월 26일, 팡세 해석의 열쇠 중 하나인 '숨은 신'에 관하여 로안네즈 공작의 누이동생인 샤를로트 로안네즈에게 편지를 씀. 1656년 9월부터 1657년 2월까지 파스칼이 그녀에게 쓴 편지들 가운데 9통이 보존됨.

1657 2월, 제주이트인 랭장드 신부가 성 가시관의 기적의 의미를 축소시키려는 의도에서 사순절을 이용하여 설교. 두 개의 단편들(419편, 442편)이 이때의 설교를 암시하고 있음. 3월 11일, '장세니우스의 의미로'(그 의미가 무엇인지는 밝히고 있지 않지만) 5개 명제들을 정죄하는 교황 알렉산데르 7세의 교서(*Ad Sacram*)가 루이 14세에게 전달됨. 17일 성직자 총회는 사제들과 수녀들에게 반 장세니스트적인 서식에 서명을 강요하기로 결정. 3월 24일, 마지막 열여덟 번째 편지가 발표됨. 팡세 747편에는 열아홉 번째의 편지를 작성하기 위한 노트들로 추정되는 것들이 실려 있음. 10월 18일, 파리 사람들은 프로뱅시알이 가톨릭의 금서 목록에 포함된 것을 알게 됨. 블레즈의 분노는 팡세 746편에 나타나 있음. 12월, 제주이트인 피로 신부의 〈결의론자들을 위한 변호〉가 발표됨. 이 발표로 인해서 파리의 사제들 간에 싸움이 시작됨. 블레즈는 여러 통의 변박서를 작성하는 데에 협력함.

1658 연초에 블레즈는 불면증에 시달리다가 사이클로이드의 어려운 기하학 문제의 해결을 발견. 봄철에 「죄인 회심 논고」와 「초대 교회의 신자들과 오늘날의 신자들과의 비교」를 작성(이 두 단편들의 작성 연대 추정은 장 메나르에 의한 것임). 5월, 블레즈는 〈파리 사제들의 다섯 번째의 글〉을 작성. 이 글은 6월 11일에 서명을 받음. 사이클로이드 문제에 관한 콩쿠르(현상 공모)를 준비함.

6월, 블레즈는 호교론의 준비 노트들의 분류에 착수하여 제목이 있는 27개의 묶음들을 구성하고 7개의 다른 묶음들을 분리시켜 놓음. 이 작업 도중에 그의 친구들은 그의 계획에 관하여 질문을 하였고, 그는 포르루아얄에서 2-3시간 동안의 강연을 통해 이 계획을 설명함. 작품의 계획이 수립되자마자 그는 다음 단계로 넘어가서 프로그램에 맞는 원고의 작성을 시작함. 1658년 말과 1659년 초에 사이클로이드(혹은 룰레트)에 관한 논문을 신속하게 작성하여 인쇄. 이것이 미적분학의 기초가 됨.

1659 2월, 블레즈의 건강이 극도로 쇠약해짐. 편지에 답장을 쓰는 일조차 할 수

없게 됨. 11월 초에 〈하나님께 질병의 선용을 간구하는 기도〉를 작성.

1660 여전히 건강이 쇠약했던 블레즈는 5월부터 9월 사이에 클레르몽에 있는 누이 질베르트의 집에 가서 휴식함. 이해에 여러 편의 단편들이 작성됨(616, 622편). 팡세 649편과 650편은 〈대귀족의 신분에 관한 논설〉의 흔적들인데, 이것들은 1670년에 피에르 니꼴에 의해 재구성되어 발표됨.

1661 반 장세니스트적인 서식에 '무조건적인 서명'을 거부한 포르루아얄은 극심한 박해의 표적이 됨. 모든 종류의 서명을 싫어하였던 블레즈는 〈서식의 서명에 관한 글〉을 작성. 10월 4일, 자클린이 이런 마찰로부터 오는 도덕적인 긴장으로 인해서 사망. 가을철에 페리에 가족이 파리로 이사 옴. 연말에 블레즈는 진리의 수호에 너무 미온적이라고 생각되었던 아르노, 니꼴과 격렬하게 대립함. 얼마 후 포르루아얄에서 자신이 소외된 것을 느낀 블레즈는 모든 논쟁에서 손을 떼고 호교론의 작성에 전념.

1662 블레즈와 로안네즈 공작은 최초의 대중교통 수단인 '5수짜리 4륜 마차' 사업을 파리에서 시작함.[1] 6월 29일, 질병이 다시 악화되자 블레즈는 질베르트의 집으로 옮겨짐.

8월 19일, 새벽 1시에 블레즈 파스칼 사망. 21일에 그의 유해가 성 에티엔 뒤몽 교회에 안장됨. 연말에 사본가는 파스칼의 자필 원고들을 '발견된 순서'로 정서하여 두 개의 사본들을 제작하기 시작함. 질베르트는 〈파스칼 씨의 생애〉를 작성. 이것은 1684년에 발간됨.

1663 11월, 「액체의 평형과 대기의 압력론」이 발표됨.

1664 12월, 페리에 가족들이 블레즈의 모든 서류들을 가지고 클레르몽으로 다시 이사함.

1665 「산술 삼각형 논문」이 발표됨.

1667-69 『팡세』의 출판 준비. 로안네즈 공작과 그의 친구들이 페리에 가족들, 아르노, 니꼴과 공동으로 협력함. 이때의 편집 방법은 완성에 가까운 단편들만을 재손질한 후에 가장 편리한 질서 속에서 출판하는 것이었음.

1670 1월 2일, 파리에서 에티엔 페리에의 서문과 함께 『종교와 그 밖의 다른 몇

1 1수(sou)는 5상팀(sentime) 정도에 해당하는 프랑스의 옛날 화폐 단위.

가지 주제들에 관한 팡세』가 출판됨.[2]

1684 질베르트가 쓴 〈파스칼 씨의 생애〉가 암스테르담에서 출판됨(그녀는 1687년에 사망).

1711 파스칼의 조카 루이 페리에는 팡세의 자필 원고들을 ≪팡세의 원본≫이라고 쓴 앨범에 붙여서 생제르맹 데프레 수도원에 기증.

1723 파스칼의 조카 마르게리트 페리에는 제1사본을 장 게리에에게 주고, 제2사본을 클레르몽의 오라토리오회 수도원에 기증함.

1727 몽펠리에의 주교가 〈기적에 관한 파스칼의 팡세들〉을 출판(이것은 두 개의 사본들 속에서 발췌한 것들임).

1728 오라토리오회의 수도사 데몰레가 〈사시 씨와의 대화〉를 출판하면서 루이 페리에가 출판을 목적으로 준비해 두었던 원고에서 발췌한 내용 전체를 함께 발간. 이 속에는 〈설득술론〉이라고 제목이 붙어 있는 「기하학 정신 논고」와 자애심에 관한 긴 단편(743편), 그리고 다른 여러 가지의 단편들이 포함되어 있음.

1731 장 게리에가 사망한 후에 팡세의 제1사본이 생제르맹 데프레 수도원에 기증됨.

1740 《포르루아얄의 역사에 도움이 될 여러 소품집》(유트레이트 모음집이라고 부름) 속에서 「메모리알」이 발표됨.

1772 제2사본을 보관하고 있었고, 블레즈의 많은 수의 글들을 수집하던 장 게리에의 조카 피에르 게리에 사망. 이 사본은 그의 상속자의 한 사람에게로 넘어갔다가 다시 1779년 왕립도서관에 기증됨.

1776 『팡세』의 콩도르세 판이 출판됨. 이것은 1778년에 볼테르의 해설과 함께 재발간됨.

1779 보슈에에 의해서 5권으로 된 파스칼 전집이 출판됨. 제2권에 실려 있는 『팡세』는 세속적인 단편들과 종교적인 단편들로 분류되어 있음. 이 판은 1850년까지 포르루아얄 판을 대신하여 지배적인 위치를 차지하게 됨.

2 '포르루아얄 판'이라고 부르는 이 판은 1678년에 40여 개의 단편들이 추가되어 증보판으로 출판되었다.

1842 빅토르 쿠쟁은 〈파스칼의 팡세의 새로운 판의 필요성에 관한 보고서〉를 발표. 그는 포르루아얄 판을 개선한 텍스트들과 다른, 정확한 텍스트의 필요성을 역설함.

1844 포제르 판 출판. 쿠쟁의 보고서의 요구가 실현됨.

1852 하베 판이 질적으로 매우 우수한 해설들과 함께 출판됨. 이 판은 보슈에 판의 분류를 그대로 유지하면서 포제르 판의 정확한 텍스트를 제공함으로써 브롱슈빅 판이 나올 때까지 지배적인 위치를 차지하게 됨.

1897 『팡세』의 브롱슈빅 판(小)과 소품집 출판. 이 판은 파스칼 자신의 분류 질서를 따르는 판들이 나올 때까지 하베 판을 대신하여 인정을 받음. 브롱슈빅은 작품의 본래의 구성을 발견하려던 생각을 단념하고 논리적인 질서를 채택하여 단편들을 14개 부문으로 나눔.

1904-14 『팡세』의 브롱슈빅 판(大)이 출판됨. 『팡세』는 파스칼 전집 14권 중에서 3권을 차지함.

1938 사본의 구성에서 암시를 얻어 2권으로 된 투르뇌르 판이 출판됨. 1942년, 투르뇌르는 파스칼의 자필 원고의 모든 이본(異本)들에 대한 괄목할 만한 판독(判讀)을 출판함.

1951 제1사본의 구성에 따라서 라퓨마(Lafuma)가 세 개의 서로 다른 판들을 각각 1951년 뤽상부르(Luxembourg) 출판사, 1952년 델마(Delmas) 출판사, 1963년 쇠이유(Seuil) 출판사에서 출판함. 뤽상부르 판은 내용을 세 부분으로 나누어, I부에서는 분류된 단편들, II부에서는 미분류된 단편들, 그리고 III부에서는 사본에 수록되지 않은, 출처가 다른 단편들을 소개함. 이것은 제1사본의 분류에 충실한 편집 방법임. 그러나 델마 판에서는 라퓨마가 미분류된 단편들을 분류된 단편들 속에 임의로 분류해 넣으면서, I부에서 호교론과 관련된 단편들을, II부에서 호교론과 관련이 없는 단편들을 소개함. 이것은 제1사본에 충실한 분류가 아니었으므로, 미분류된 단편들을 어느 묶음 속에 분류하는 것이 타당한가에 대한 논란이 많았기 때문에, 라퓨마는 그의 오류를 수정하기 위해서 쇠이유 판에서는 처음의 뤽상부르 판의 분류 방법으로 돌아가서, I부에서 분류된 단편들, II부에서 미분류된 단편들을 소개하고, III부에서 기적에 관한 단편들, IV부에서 사본에 수록되지 않은 단편들을 소개함.

1954 자크 슈발리에는 그의 파스칼 전집 속에 『팡세』와 『시골 친구에게 보낸 편지』를 발간.

1962 장 메나르는 14개의 미발간된 팡세의 단편들을 공개함.

1963 루이 라퓨마는 그의 파스칼 전집 속에 『팡세』와 『시골 친구에게 보낸 편지』를 발간.

1976 제2사본에 따라서 셀리에 판 『팡세』가 출판됨.

1977 르 게른 판이 출판됨. 이 판은 제1사본에 따른 라퓨마 판을 개정한 것임.

1983 루이 코녜는 가르니에 출판사에서 『시골 친구에게 보낸 편지』를 발간.

1991 제2사본에 의한 셀리에 판 『팡세』의 재판이 발행됨. 그는 여기에서 〈팡세의 지질학과 지층학〉의 저자인 폴 에른스트의 연구 결과를 수용함.

1995 셀리에 판 『팡세』의 제3판이 발행됨.

1999 페레이롤과 셀리에는 클라식 가르니에 출판사에서 『팡세』와 『시골 친구에게 보낸 편지』를 발간.

| 참고문헌 |

Text

Pascal, Blaise, *Oeuvres Complètes*, Louis Lafuma (éd.), 3 vols, Paris, Luxembourg, 1951.

______, *Oeuvres Complètes*, Jacques Chevalier (éd.), Paris, Gallimard, 1954.

______, *Oeuvres Complètes*, Louis Lafuma (éd.), Paris, Seuil, 1963.

______, *Oeuvres Complètes*, Jean Mesnard (éd.), 4 vols, Paris, Desclée de Brouwer, 1964-1992.

______, *Pensées de M. Pascal sur la religion et sur quelques autres sujets* (édition de Port-Royal, 1670), G. Couton & J. Jehasse (éds.), Universités de la région Rhône-Alpes, 1971.

______, *Les Provinciales*, Louis Cognet (éd.), Paris, Classiques Garnier, 1983.

______, *Les Provinciales*, Pensées et opuscules divers, Gérard Ferreyrolles & Philippe Sellier (éds.), Paris, La Pochothèque, 2004.

Bibliography

권진호, 『성 어거스틴의 은총론 연구』, 기독교문서선교회, 2011.

김형길, 「파스칼과 정치」, (In) 『프랑스어문교육』 23, 한국프랑스어문교육학회, 2006.

______, 「퓨리터니즘과 장세니즘의 비교연구」, (In) 『프랑스어문교육』 33, 한국프랑스어문교육학회, 2010.

______, 「파스칼의 은총론에 관한 연구」, (In) 『한국기독교신학논총』 83, 한국기독교학회, 2012.

드바쉬, 샤를르(Debbasch, Charles), 김형길 · 박균성 · 김재협 옮김, 『프랑스 사회와 문화』 vol. 2, 서울대학교출판부, 2004.

메나르, 장(Mesnard, Jean), 변규용 옮김, 『파스칼 인간과 사상』, 서강대학교출판부, 1997.

박영식, 「하나님의 섭리와 인간의 자유」, (In) 『한국기독교신학논총』 65, 한국기독교

학회, 2009.
샤프, 필립(Schaff, Philip), 차종순 옮김, 『어거스틴의 은총론』 vol. 2, 기독교고전 시리즈 4권, 한국장로교출판사, 1996.
아우구스티누스(Augustine), 김종흡 옮김, 『아우구스티누스의 은혜론』, 생명의 말씀사, 1990.
______, 박일민 옮김, 『아우구스티누스의 예정론』, 야웨의말씀, 2010.
유태주, 「칼빈의 이중은혜론의 의미와 적용」, 『한국기독교신학논총』 77, 한국기독교학회, 2011.
이　환, 『파스칼 연구』, 민음사, 1980.
______, 『파스칼 팡세』, 대학고전총서, 서울대학교출판부, 1985.
______, 『파스칼 그 생애와 사상』, 서울대학교출판부, 1997.
______, 「파스칼의 정치사상」, (In) 『불어불문학연구』 48, 한국불어불문학회, 2001.
토마스 아퀴나스(Thomas Aquinas), 박형국 · 손은실 옮김, 『신학대전: 자연과 은총에 관한 주요 문제들』, 두란노 아카데미, 2011.
파스칼, 블레즈(Pascal, Blaise), 이 환 옮김, 『파스칼의 편지』, 지훈출판사, 2005.
______, 김형길 옮김, 『팡세』, 서울대학교출판문화원, 2010.
호이시, 칼(Heussi, Karl), 손규태 옮김, 『세계교회사』, 한국신학연구소, 2004.

Adam, Antoine, *Histoire de la littérature française au XVII e siècle*, Paris, del Duca, 1962.
Arnauld, Antoine and Nicole, Pierre, *La Logique ou l'art de penser*, Paris, Vrin, 1981.
Belin, Christian, "Calvin et Sacy, préfaciers du Nouveau Testament", (In) *Colloque de Port-Royal et les Protestants*, 1997.
Bouchilloux, Hélène, *Apologétique et Raison dans les Pensées de Pascal*, Paris, Klincksieck, 1995.
Casalis, Georges, *Protestantisme*, Paris, Larousse, 1976.
Cognet, Louis, *Le Jansénisme*, Paris, P.U.F., 1961.
Cottret, Bernard, "Jansénisme et Puritanisme", *Actes du Colloque de Port-Royal des Champs*, Paris, Nolin, 2002.
De Franceschi, Sylvio Hermnn, *Entre saint Augustin et saint Thomas*, Paris, Nolin, 2009.
Descotes, Dominique, *L'Argumentation chez Pascal*, Paris, P.U.F., 1993.
______ (éd.), *Courrier du Centre International Blaise Pascal*, n° 12, P.U.B.P., 1990.

______ (éd.), *Courrier du Centre International Blaise Pascal*, n° 39-40, P.U.B.P., 2017-2018.

______ (éd.), *Courrier du Centre International Blaise Pascal*, n° 41-42, P.U.B.P., 2019-2020.

Duchêne, Roger, *L'imposture littéraire dans les Provinciales de Pascal*, Presse Univ. Provence, 1985.

Fayard, Arthème, *Pascal et Port-Royal*, Paris, Fayard, 1962.

Ferreyrolles, Gérard, *Blaise Pascal, Les Provinciales, Etudes littéraires*, Paris, P.U.F., 1984.

______, *Pascal et la Raison du politique*, Paris, P.U.F., 1984.

______, "La politique dans les Pensées", (In) *Accès aux Pensées de Pascal*, Paris, Klincksieck, 1993.

______, *De Pascal à Bossuet: La littérature entre théologie et antropologie*, Paris, Honoré Champion, 2020.

Godard de Donville, Louise (éd.), *XVIIe Siècle, 'Pascal' (spécial)*, Revue publiée par la Société d'étude du XVIIe siècle, n° 177, Paris, 1992.

Gouhier, Henri, *Blaise Pascal, Commentaires*, Paris, Vrin, 1971.

______, *Cartésianisme et augustinisme au XVIIe siècle*, Paris, Vrin, 1978.

Gounelle, André, "Calvinisme et jansénisme: les grandes structures doctrinalles", (In) *Colloque du "Port-Royal et les Protestants*, Chroniques de Port-Royal, n° 47, 1998.

Goyet, Thérèse (éd.), *Pascal Port-Royal Orient Occident*, Actes du Colloque de l'université de Tokyo 1988, Paris, Klincksieck, 1991.

______, *L'Accès aux Pensées de Pascal*, Actes du colloque scientifique et pédagogique de Clermont-Ferrand, Paris, Klincksieck, 1993.

Guitton, Jean, *Génie de Pascal*, Paris, Aubier, 1962.

Harrington, Thomas M., *Pascal Philosophe*, Paris, SEDES, 1982.

Hollier, Denis, *De la littérature française*, Paris, Bordas, 1993.

Hugh, Davidson, *The Origine of Certainty, Means and Meaning in Pascal's Pensées*, Chicago Press, 1979.

Kim, Hyung-Kil, *De l'art de persuader dans les Pensées de Pascal*, Paris, Nizet, 1992.

______, "Le concept d'ordre dans les Pensées de Pascal", (In) *Etudes de Langue et Littérature Françaises*, Société Coréenne de Langue et Littérature Françaises,

Séoul, 1990.

Le Guern, Michel, *Pascal et Descartes*, Paris, Nizet, 1971.

Lesaulnier, Jean & Mckenna, Antony (éds.), *Dictionnaire de Port-Royal*, Paris, Champion, 2004.

Mauriac, François, *Blaise Pascal et sa soeur Jacqueline*, Paris, Hachette, 1931.

Mckenna, Antony, *De Pascal à Voltaire: Le rôle des Pensées de Pascal dans l'histoire des idées entre 1670-1734*, Oxford, The Voltaire Foundation at the Taylor Institution, 1990.

Mesnard, Jean, *Les Demeures de Pascal à Paris*, Etude Topographique, Extrait du tome IV des Mémoires publiés par la Fédération des sociétés historiques et archéologiques de Paris et de l'Ile-de-France, Paris, 1955.

______, *Pascal et les Roannez*, Paris, Desclée de Brouwer, 1965.

______, *Les Pensées de Pascal*, Paris, SEDES, 1976.

______, *Méthodes chez Pascal* (Ouvrage Collectif), Paris, P.U.F., 1979.

______, "La Construction de Port-Royal de Paris", (In) *Chroniques de Port-Royal*, Paris, 1991.

Newton, William Ritchey, "Port-Royal et le Jansénisme: le point de vue américaine", (In) *Port-Royal au miroir du XXe siècle*, Chroniques de Port-Royal (périodique), n° 49, Paris, Bibliothèque Mazarine, 2000.

Nicole, Pierre, *De l'éducation d'un Prince*, Paris, 1670.

Pascal, Blaise, *Deux pièces imparfaites sur la Grâce et le Concile de Trente*, Introduction et Notes de Louis Lafuma, Paris, Vrin, 1947.

______, "Ecrits sur la grâce", (In) *Oeuvres Complètes*, Louis Lafuma (éd.), Paris, Seuil, tome III, 1963.

______, "Ecrits sur la grâce", (In) *Oeuvres Complètes*, Jean Mesnard (éd.), Desclée de Brouwer, 1991.

Pol, Ernst, *La trajectoire pascalienne de l'apologie*, Paris, coll. "Archives des Lettres Modernes", n° 84, Lettres Modernes, 1967.

Puzin, Claude, *Littérature(XVII e siècle)*, Paris, Nathan, 1987.

Sedgwick, Alexandre, *Jansenism in Seventeenth Century France*, Charlotteville, Univ. Press of Virginia, 1977.

Sellier, Philippe, *Pascal et Saint Augustin*, Paris, Armand Colin, 1970.

Shiokawa, Tetsuya, *Pascal et les Miracles*, Paris, Nizet, 1977.

______, "Jansénisme et Politique: Autour de l'affaire de la signature du formulaire", *Journal of the Faculty of Letters*, vol. 12, Univ. of Tokyo, Aesthetics, 1987.

Topliss, Patricia, *The rhetoric of Pascal: A study of his art of persuasion in the Provinciales and the Pensées*, Leicester University Press, 1966.

Vier, Jacques, *Histoire de la Littérature Française(XVIe-XVIIe siècles)*, Paris, Armand Colin, 1959.

| Abstract |

Letters to a Provincial Friend

Hyung-Kil KIM

This is a version translated into the Korean language from the French masterpiece of the genius, Blaise Pascal. The author Pascal, published eighteen letters, one by one, from January 23, 1656 to March 24, 1657, under the pseudonym of Louis de Montalte. In later years, they were entitled "The Letters written by Louis de Montalte to a Provincial Friend."

In the letters, a personnage by the name of Montalte, who lived in Paris, shared with his country friend by letters, what was happending in the University of Sorbonne. He divulged a case of Antoine Arnauld. This person, who was a competent professor and a leader of the Jansenist Order, was dismissed by an unfair and disciplinary punishment. Of the eighteen letters, the first ten were written in a conversational style among the personages who appeared in the letters, while the final eight letters were written in a unilateral style.

In the first four letters, Montalte shares about the real facts of the legal case of Arnauld, which includes the theological dispute concerning the grace of God. He explains the meaning of "sufficient grace", "effective grace", and "immediate power" through an episode of a man who was robbed. In the end, when the disciplinary punishment of Arnauld was determined, Montalte protested vehemently against the Jesuit priests.

The thomists, who were of the centrist party, early on, supported the Jesuits, who attacked Arnauld; however, in the end, they came to support the Jansenists, who were in opposition to the Jesuits, as they came to realize by the persuasive speech of Montalte, that their theological position was closer to the Jansenists than to the Jesuits.

From the fifth to the sixteenth letters, Montalte divulges the loose moral actions of the Jesuits. He strongly criticizes their probabilism and casuistry. The root cause of their disordered morality was probabilism. The casuists thought that a man who commits murder for his friend without reward was not a murderer. They believed that to murder with good intentions was not murder. While the king forbid to murder, they permitted and justified the act. They also justified bribery and usury. They spoke that one of the hundred acts of reverence, for example, to greet the image of the Virgin Mary or to call her name, was sufficient to open the door to the Kingdom of heaven. On the other hand, they permitted all sorts of concealment during the sacrament of confession. They neglected beneficience and permitted to tacitly buy and sell the holy orders. They believed that to slander others and to plan a stratagem to keep his honor was not a grave sin. Montalte strongly criticized all sorts of these terrible acts that the casuists committed using the name of duel or of honor, including all of the acts of negligence of life that they easily perpetrated because of the loopholes within the laws. He attacked the ridiculous logic and singular doctrine of the casuistic priests, who were later condemned by the Pope. To make the sacred an object of ridicule was a principal refutation by the enemies of Montalte. This person replied against their refutation that the raillery is a biblical rhetoric used by God himself. He criticized the violations against the moral principles on the basis of the Gospel and the injuries against the Christian precepts by the reasoning associated with compromising solutions.

Finally, in the seventeenth and eighteenth letters, Montalte speaks directly to the priest Anna, who is not only a confessor to the King of France, but is also the highest ranking official among the Jesuit priests. This person insists that Arnauld is Calvinist in reality. However, Montalte denies this accusation and emphasizes that the doctrine of Arnauld is different from that of Calvin. In concluding his letters, he asserts that there is no heresy in the Church.

The role of Pascal in this work is in being an equitable observer of his age and of his society. His spirit of persevering for the truth intensely influenced on the thinkers of the century of enlightenment. He displayed an eminent talent to proficiently master his opponents in analyzing, demonstrating, and persuading many disputed points, sometimes delicately and extremely equivocally, that occurred among the priests. For this reason, the historians of French literature appreciate this work as one of the best masterpieces of the classical period.

| 추천의 말 |

벌써 오래전 일이다. 김형길 교수는 프랑스의 천재 파스칼의 작품 『팡세』를 번역하여 서울대학교출판문화원에서 출간하였다. 서울대 총장으로 재임하고 있던 시기에 그가 나에게 증정한 이 책을 펼쳐 보면서, 나는 갈대와 같은 한 인간의 사색에 깊은 인상을 받았었다. 그 후로, 내가 10여 년 전부터 운영해 오고 있는 동반성장연구소의 여러 활동들을 통해서, 나는 김 교수의 성실성과 학구적인 면모를 엿볼 수 있었다. 그런데, 이번에 파스칼의 또 다른 걸작인 『시골 친구에게 보낸 편지』가 그의 우수한 번역과 해설을 통해서 발간된다는 말을 듣고, 나는 기꺼이 여러 분에게 이 책을 추천하고자 한다.

동반성장은 21세기 우리 사회의 시대정신이다. 이것은 인류 공동체를 구성하는 개인, 집단, 국가 사이를 동반자 관계로 조성함으로써, 더불어 사는 사회, 모두에게 공정한 기회를 주는 사회, 꿈과 도전이 가능한 사회를 추구한다. 동반성장은 대기업·중소기업 간, 남녀 간, 빈부 간, 세대 간 동반성장뿐만 아니라 지역 간, 국가 간 동반성장 등 매우 광범위한 개념이다. 프랑스의 문화유산이 한국에 소개되는 것처럼, 한국의 세종대왕이나 이순신 장군 같은 분들이 프랑스에 소개될 수 있다면, 그것은 더욱더 반가운 일이 될 것이다.

애덤 스미스에 의하면, 정의의 덕은 공정한 사회를 만들려는 정부의 역할을 통하여 이루어진다. 그러므로 정부는 개인의 내면에 있는 '공정한 관찰자' 역할을 확대하여 사회가 공정을 유지할 수 있도록 노력해야만 한다. 그런데 파스칼이 살았던 17세기의 프랑스 사회는 이런 개념을 모르고 있었기 때문에, 개인과 집단과 국가 사이에 갈등과 불평등이 증폭되고 있었다. 그러나 파스칼은 시대를 앞서가는 통찰력의 소유자였다. 그는 이미 공정하고 평등한 사회를 추구하고 있었던 것이다. 나는 이 기회에 우리 사회가 개인의 행복과 공동체 구성원들의 행복, 나아가서 공동체 사회의 행복을 함께 추구할 수 있기를 기원한다.

동반성장연구소 이사장

정운찬*

* 전 국무총리. 전 서울대학교 총장.